Travaux du Groupe de Recherches
et d' Etudes Sémitiques Anciennes,
Université des Sciences Humaines de Strasbourg

Index Documentaire d'El-Amarna
– I.D.E.A., 1 –

Index Documentaire d'El-Amarna

– I.D.E.A., 1 –

Liste/Codage des textes
Index des ouvrages de référence

par Jean-Georges Heintz
avec la collaboration
de D. Bauer, A. Marx
et L. Millot

Programmation J. Françon

1982

Otto Harrassowitz
Wiesbaden

CIP-Kurztitelaufnahme der Deutschen Bibliothek

Heintz, Jean-Georges:
Index documentaire d'El-Amarna : IDEA, 1 ;
liste/codage des textes ; index des ouvrages
de référence / par Jean-Georges Heintz. Avec
la collab. de D. Bauer . . . Programmation J.
Françon . . . [Le présent ouvrage a été réalisé
dans le cadre du G.R.E.S.A. (Groupe de Recherches
et d'Etudes Sémitiques Anciennes), rattaché à
la Fa. de Théologie Protestante de l'Univ.
des Sciences Humaines de Strasbourg, et
Equipe de Recherche Associée (No. 759/B) du
Centre National de la Recherche Scientifique
(France)]. – Wiesbaden: Harrassowitz, 1982.

   ISBN 3-447-01990-5
   NE: HST

Le présent ouvrage a été réalisé dans le cadre du G.R.E.S.A. (Groupe de
Recherches et d'Etudes Sémitiques Anciennes), rattaché à la Faculté de
Théologie Protestante de l'Université des Sciences Humaines de Strasbourg,
et Equipe de Recherche Associée (N° 759/B) du Centre National de la
Recherche Scientifique (France). – Il est publié avec le concours de ces institutions.

Umschlaggestaltung: Reinhard Friedrich, Mainz
Satz: Renate Dingeldein, Wiesbaden-Nordenstadt
Druck und Bindung: fotokop w. weihert KG, Darmstadt
Printed in Germany

TABLE DES MATIÈRES

I° PARTIE

INTRODUCTION et LISTES/CODAGES

par J.G. HEINTZ

Die denkwürdigen stätten, wo sich der erste ge-
schichtliche ring der völkerentwicklungskette schlang
nennt der begründer ägyptologischer forschungen in
Deutschland die städte des alten Aegyptens: die
entwicklung der wissenschaft hat uns seit der
zeit gezeigt, dass gleichzeitig mit der cultur
des Nilthales im Euphratthale eine nicht
minder grossartige blühte. Unverhofft hat uns
vor wenigen monaten der thontafelfund von
Tell-el-Amarna gezeigt, wie die beiden ältesten
culturvölker der welt in einem verkehr mit
einander standen, der dem der heutigen völker
des abendlandes nicht nachstand. dieser
fund, dessen erforschung mich nach Aegypten
und auch nach Luxor geführt hat, ist für
uns die brücke, welche zwei länder, die uns
bisher getrennt erschienen, mit einander
verbindet; es giebt nur weniges, was ihm
an bedeutung zur seite steht, nichts was ihn
übertrifft; mögen bald weitere funde neues
licht auf dieses der wissenschaft neu
erschlossene gebiet werfen.
Luxor 10.9.1888.   Dr. H.Winckler.

INTRODUCTION

Les sites archéologiques majeurs du Proche-Orient antique — tels que EBLA, MARI, ALALAH, NUZI, EL-AMARNA, UGARIT, NINIVE, QUMRÂN, etc. — ont livré une masse de données textuelles qu'une recherche documentaire menée individuellement ne peut plus guère maîtriser, et qui en outre nécessite le plus souvent une mise à jour urgente [1].

Pour chaque *corpus,* en effet, l'importance numérique des textes, la dispersion de leurs lieux de conservation et de publication, les divergences de lectures et d'interprétations qu'ils suscitent, constituent — surtout pour le débutant — un véritable obstacle à tout projet de recherche et rendent ainsi la nécessité d'un système de recherche documentaire et d'indexation textuelle de plus en plus impérieuse. Celui-ci impliquera une ,,mise en ordre'' préalable du corpus considéré [2], sous fa forme d'une liste exhaustive des textes actuellement connus [3], en tant que préliminaire indispensable au codage et à l'analyse documentaire proprement dits [4].

Dans cette perspective, les avantages multiples qu'offre à l'heure actuelle le recours à l'ordinateur [5] — essentiellement par sa possibilité de mises à jour successives [6] — devraient inciter à réviser dans les faits un jugement prématurément pessimiste, tel celui de I.J. GELB:

> ,,Limited as we are by matters of practical (...) nature, we can never hope to achieve an ideal completness of documentation of sources'' [7].

L'enjeu scientifique, en effet, est d'importance, puisqu'il s'agit non seulement de collecter et d'organiser la documentation complète, sinon exhaustive, concernant un *corpus* textuel donné, mais également de situer chaque texte, en chacun de ses éléments contextuels. à l'intersection des divers niveaux de lecture dont il a été à ce jour l'objet, et de lui restituer ainsi son entière densité philologique et historique.

Cependant, précisons d'emblée que le présent *Index* se limitera à son objet propre, à savoir fournir au chercheur un accès à la fois rapide et précis, et autant que possible exhaustif, dans le champ documentaire préalablement ainsi défini:

1°) aux *textes cités* [= zone primaire: colonne de gauche de l'*Index*] en l'occurence l'ensemble constitué par le *corpus* des textes d'EL — AMARNA, ou ,,amarnien'' [= EA 1-381, et HC [8]];

2°) parallèlement, aux *ouvrages citants* [= zone secondaire: colonne centrale de l'*Index*], c'est-à-dire l'ensemble des lieux bibliograhiques attestant à cette date un traitement de l'un de ces textes, entièrement ou partiellement — cet ensemble se limitant cependant, à ce premier niveau d'analyse du présent *Index* [= IDEA 1], aux seuls ouvrages de référence [9]);

3°) aux *caractéristiques* [ou indices de pondération: colonne de droite de l'*Index*], qui fournissent une série de renseignements complémentaires quant à la nature du traitement attesté pour chaque citation textuelle, et ceci après contrôle au niveau épigraphique et/ou philologique du texte [autographies ou éditions de référence [10]].

A l'exposé de ces trois modes d'analyse convergents, il faut immédiatement apporter la précision suivante; une telle méthode d'indexation évitera sciemment, par souci d'objectivité et de présentation homogène de ses résultats, toute forme de jugement de valeur quant aux diverses interprétations attestées pour chaque texte. Sa finalité se borne en effet, à fournir au chercheur, en ce lieu unique, toutes les références pertinentes en vue de l'étude, globale ou partielle, du *corpus* textuel considéré. Par cette voie conforme aux principes de la recherche documentaire [11]) s'établira — du moins pouvons-nous maintenant l'espérer — la possibilité d'une étude critique directe à la pleine mesure de la compétence et de l'intuition de chacun, le temps d'un travail d'approche fastidieux et toujours inachevé se trouvant ainsi libéré pour l'ensemble de la communauté scientifique.

Depuis sa découverte, en effet, ce *corpus* a suscité un grand nombre d'études et de publications, et il n'est guère de manuel ou de monographie, aussi bien dans le domaine philologique qu'historique, qui ne se fonde à diverses reprises sur l'un ou l'autre de ces documents. Dès lors, engager une recherche documentaire exhaustive au sujet de ces textes et de leurs interprétations, c'est courir le risque — dès le niveau d'enquête bibliographique, comme c'est d'ailleurs le cas pour tous les sites archéologiques majeurs ayant livré une riche moisson épographique — d'établir en fin de compte une bibliographie ... du Proche-Orient antique [12], sans parvenir pour autant à mieux cerner l'objet-même de la recherche, en l'occurence le *corpus* textuel amarnien.

Dans le cas présent, la difficulté de l'entreprise est encore accrue par le fait que la richesse du *corpus* amarnien le fait participer à divers secteurs linguistiques et géographiques, donc à diverses disciplines dans le domaine de l'orientalisme:

— l'*égyptologie,* par le lieu de la découverte et le cadre géo-politique et historique des documents;

— l'*assyriologie,* par l'écriture et la langue (moyen-babylonien) des tablettes;

— la *hittitologie* et ses secteurs connexes, par les relations épistolaires et politiques attestées par certains de ces documents [cf. EA N° 31-32 (en langue hittite) [13] et 24 (en hurrite); cp. N° 17-30];

— les *études sémitiques* (écritures alphabétiques) par la présence des ,,gloses cananéennes'', et en raison de leur ancienneté [14];

— les *études bibliques* (Ancien Testament) enfin, par certaines particularités grammaticales et stylistiques, ainsi que par les données relatives à la situation historique et politique en Canaan avant l'installation d'Israël [15].

En conséquence, il faut bien le constater, c'est en raison même de cette situation que de nombreuses informations, établies au sujet d'un même document par ces diverses disciplines, sont restées trop souvent ignorées et n'ont donc pu être valablement exploitées par les disciplines connexes respectives. Ainsi, du fait du cloisonnement de plus en plus accentué des recherches spécialisées, celles-ci courent le risque d'évoluer vers une ,,science ésotérique'' [16], donc de se faire parfois au détriment de l'interprétation du *corpus* textuel lui-même.

Aujourd'hui encore, en effet, et ceci malgré l'excellence de plusieurs études récentes, un sévère jugement de W.F. ALBRIGHT, l'un des maîtres des études amarniennes, conserve toute son actualité. Voici ce qu'il écrivait, il y a de cela 40 ans:

„Malgré toutes les recherches qui leur ont été consacrées durant ce dernier demi-siècle, les tablettes de Tell el Amarnah n'ont en aucune manière livré tous leurs secrets" [17].

Au terme de près d'un siècle d'afforts, il est certes possible de nuancer partiellement un tel jugement: de nombreux progrès ont en effet été accomplis durant les trois dernières décennies, tant sur le plan des études philologiques (grammaire, phonétique, syntaxe, onomastique, etc.) qu'historiques (chronologie, topographie historique, histoire diplomatique, etc.) [18], mais il n'en reste pas moins que l'ensemble de l'information relative à un texte ou à un passage donné, et pouvant provenir — nous l'avons vu — de disciplines diverses, est encore loin d'être à chaque fois réuni et exploité . . .

Tel sera donc le but premier du présent *Index,* en vue de contribuer ainsi aux travaux préliminaires à une ré-édition exhaustive du *corpus* (en autographies, transcription et traduction) [19], à en indiquer l'urgence et à souligner la prudence qui devrait encore marquer la rédaction d'ouvrages de synthèse en ce domaine.

C'est là, durant cette dernière décennie, un champ de travail et une tâche que nous souhaiterions proposer — sur la base documentaire ainsi établie et que nous maintiendrons à jour, dans la mesure de nos moyens et au service de tous — à la coopération assyriologique internationale en vue de marquer, par un effort commun et de qualité, le centenaire de cette importante découverte des tablettes d'EL-AMARNA.

1. *Le corpus textuel* [= CT]

La découverte fortuite, durant l'hiver 1887/88, par des fellah de la rive orientale du Nil, sur le site de Tell el-Amârna en Moyenne-Egypte (environ 300 kms au Sud de Caire), des premières tablettes d'argile portant une écriture cunéiforme (moyen-babylonien) devait éclairer brusquement cette période du 14° siècle avant notre ère, que l'on s'accorde depuis à qualifier d' „amarnienne" pour l'ensemble du monde proche-oriental antique.

Il nous est possible d'apprécier encore aujourd'hui l'intérêt considérable alors suscité par cette découverte pour l'ensemble des disciplines orientales anciennes, grâce à un texte encore inédit, du moins à notre connaissance — de l'un des premiers déchiffreurs de ces tablettes. Il s'agit de l'assyriologue Hugo WINCKLER, alors appelé en Egypte à la suite de cette découverte, et qui consigna ses premières impressions dans le *Salamat* de Thèbes (cf. frontispice du présent ouvrage) [20].

a. Découverte et édition des textes

À la suite de l'apparition de ces premières tablettes sur le marché des antiquités, et de leur acquisition par divers musées nationaux [21], des fouilles systématiques furent entreprises, d'abord sous la direction de W.M.F. PETRIE (1891/92), puis sous celle de L. BORCHARDT (1911/14), et enfin par la „Egypt Exploration Society" (1921 à 1936) [22].

Suite à de nombreuses études de détail et tentatives — plus ou moins heureuses — de traduction des textes, une édition critique d'ensemble, fondée sur les autographies et transcriptions publiées antérieurement par d'autres auteurs [23], fut publiée par J.A. KNUDTZON sous le titre: *Die El-Amarna-Tafeln, mit Einleitung und Erläuterungen* (1915). À cette édition, absolument remarquable pour l'époque par son acribie philologique et son information documentaire [24], a paru récemment un supplément, visant à regrouper tous les documents publiés depuis cette date, par A.F. RAINEY, sous le titre: *El Amarna Tablets* (1970).

Sur la base de ces deux ouvrages, dont la commodité d'accès en fait une sorte d' édition „vulgate" pour l'ensemble des chercheurs, se justifie aujourd'hui une approche documentaire plus poussée, dont le premier résultat sera de joindre aux 379 numéros actuellement attribués à ce *corpus* textuel [= CT] deux fragments -- déjà connus antérieurement - [25] ainsi que plusieurs textes „amarniens" exhumés hors du site, notamment en Syrie-Palestine, mais que la langue et la graphie, ainsi que le genre littéraire et parfois le lieu d'expédition rattachent au présent *corpus* [26].

b. Cadre historique et genre littéraire

Par la nature-même de ce dépôt d'archives, composé dans sa quasi totalité [27] par la correspondance diplomatique échangée entre l'Egypte d'une part, et la Babylonie, l'Assyrie, l'île de Chypre, la Syrie et la Palestine d'autre part durant la période que couvrent les règnes des pharaons Aménophis III et de son fils Aménophis IV/Akh. en.aton, c'est-à-dire approximativement de l'an 1410 à 1360 avant notre ère [28], il est peu de documents qui présentent autant d'intérêt quant au milieu historique et géographique, ainsi qu'aux échanges internationaux durant cette période qui précède de peu celle de l'installation du peuple d'Israël en Canaan [29].

2. Le corpus documentaire [= CD]

Le corpus documentaire [= CD], en son sens spécifique, est constitué par l'ensemble du champ bibliographique, dans toute son étendue et toute sa variété, et défini au préalable par son rapport fondamental au corpus textuel [= CT: en l'occurence, EA n° 1-379 (381) et HC].

Par CD il ne faut donc pas entendre uniquement, et par trop superficiellement, l'ensemble des seules données bibliographiques relatives au CT, préalablement collectées et classées. En effet, s'il est vrai que cette démarche classique de la recherche et de l'établissement de la „bibliographie" — qui au demeurant reste encore à réaliser — constitue l'un des modes d'approche de la recherche documentaire celle-ci ne pourre être validée que dans la mesure où toutes les connexions que ce donné bibliographique atteste avec le CT, auquel il se réfère, auront été établies. Car ce n'est qu'après l'examen descriptif et critique de chacune de ces connexions, au niveau épigraphique et philologique et sur la base des éditions de référence (ou des documents originaux, si nécessaire), après leur enregistrement dans un cadre formalisé adapté à l'outil informatique — qui est l'objet propre de la présente méthode d'indexation —, et après leur traitement à l'aide de ce dernier, que ce CD correspondra pleinement à sa définition opératoire.

Ces précisions méthodologiques [30] sont fondamentales, car, elles permettent:
— d'une part, de ramener la richesse et le foisonnement des publications relatives aux tablettes d'El-Amarna à ce donné épigraphique fondamental, le CT et les corpus connexes dans le domaine linguistique étudié, ici celui des inscriptions sémitiques [31] ;
— d'autre part, de préciser et de segmenter cet immense et incessant afflux bibliographique constituant le CD, certes secondaire, par rapport au CT mais dont l'étude s'avère cependant indispensable à une réelle maîtrise de l'information disponible à son sujet [32], en d'autres termes à une véritable connaissance du domaine.

Dans la démarche documentaire qui est la nôtre, cette segmentation du champ bibliographique en vue de l'établissement progressif et exhaustif du CD se fera en trois niveaux d'analyse, dont seul le premier, fondamental, fait d'ailleurs l'objet du présent volume [33].

3. Perspectives méthodologiques

Le but de toute recherche documentaire, et du présent *Index* en son domaine particulier, étant de produire *toutes* les références pertinentes pour un ensemble documentaire donné, il importe donc de délimiter et de définir au préalable cet ensemble documentaire, à savoir — ainsi qu'il a été exposé précédemment — le corpus textuel [= CT] en question d'une part, le corpus documentaire [= CD] qui s'y rapporte, en ses divers niveaux d'analyse, d'autre part.

La validité même de la démarche documentaire dépendra donc pour une large part d'une définition rigoureuse de la notion même de *corpus,* autant quant à la possibilité de son analyse propre que quant à celle de l'usage de l'outil informatique mis à son service.

Or, bien qu'en usage constant en domaine archéologique et épigraphique, la notion de *corpus* s'y trouve rarement soumise à une définition rigoureuse. Tentons donc rapidement, au sujet de cette notion fondamentale, de situer le problème à l'aide des trois propositions successives que voici:

a) L'épigraphie se réfère au ,,principe essentiel de la série'', sur la base de la règle d'or archéologique: ,,Qui a vu un monument n'en a vu aucun; qui en a vu mille en a vu un'' [E. GERHARD] [34], et aux réalisations des recueils épigraphiques (complets?), les *corpus* d'édition;

b) La linguistique contemporaine s'avère plus exigeante: ,,on dira qu'un *corpus*, pour être bien constitué, doit satisfaire à trois conditions: être représentatif, exhaustif et homogène'' [35];

c) La méthodologie informatique, en nécessitant la constitution d'un corpus documentaire, c'est-à-dire d'un ,,ensemble de documents considérés dans une expérience d'analyse et/ou de recherche automatique(s) d'informations'' [36], dépasse le niveau purement conceptuel pour faire du *corpus* un réel principe d' application.

Un *corpus* doit permettre, en effet, d'opérer la confrontation entre un savoir propre à une discipline, à un moment donné de son élaboration, et des contraintes logiques de formalisation, imposées par l'usage de l'ordinateur. Un *corpus* adéquat est donc un *corpus* qui permette cette confrontation.

Cette réflexion méthodologique sur la notion même de *corpus* ne peut manquer ainsi de déboucher sur une appréciation critique de certains postulats propres à chaque discipline, tant il est vrai qu'il serait surprenant que l'on puisse construire des langages documentaires satisfaisants dans des domaines où le langage scientifique est lui-même des plus flottants [37]. Rappelons ici, pour mémoire, les travaux préliminaires quant au problème de la reconnaissance des formes en archéologie et en histoire de l'art [38], celui du repérage et de la description des inscriptions en épigraphie [39].

Dans cette perspective critique, en effet, la notion de ,,*corpus* n'est jamais neutre, mais bien au contraire, sa sélection puis son traitement correspondent déjà à certaines hypothèses, relativement fortes'' [40].

Or il est un fait acquis que le flottement de la terminologie descriptive autant que l'extrême variété des procédés d'identification et de nomenclature ne sont guère de nature à faciliter une approche cohérente de certains secteurs de nos disciplines de l' orientalisme, pour un débutant ou un chercheur d'un domaine connexe, si ce n'est — en plus d'un cas — pour le spécialiste lui-même.

C'est afin de réduire, autant que faire se peut, cette part d'imprécision et de subjectivité qui se manifeste pratiquement en chaque étude, qu'il importera de déterminer, en chaque secteur archéologique et philologique, une série de caractéristiques indispensables à la constitution et à l'adéquation même de la notion de *corpus*, telle qu'elle e été définie précédemment. En ce domaine des études sémitiques, il est à cet égard significatif de noter à quel point les travaux antérieurs relatifs au corpus d'El-Amarna [41], autant qu'à celui de Mari [42], nous ont admirablement ouvert la voie.

Il suffirait en effet, le plus souvent, de procéder à cette ,,mise en ordre'' globale de la vaste documentation élaborée et traitée antérieurement par la communauté scientifique, mais à partir et en vue de l'analyse d'un *corpus* textuel donné, pour assurer la réelle maîtrese de son champ documentaire et y réaliser ainsi pleinement les conditions optimales de toute démarche heuristique ultérieure. Les spécialistes établiront aisément, en leur domaine respectif, l'urgence d'une telle tâche! [43]

[1] Cf., dans cette même perspective de recherche, notre *Index documentaire des textes de Mari,* in coll. A.R.M.T., vol. XVII/1, (Paris, 1975), 46* + 342 pp.

[2] Celle-ci doit impérativement être effectuée en vue de l'établissement d'une ,,Liste/codage des textes'' [cf. *A.R.M.T.,* vol. XVII/1 (1975), pp. 7*-46*] à laquelle il faudra adjoindre, le cas échéant, une ,,Table des équivalences'' [cf. — *ibidem* —, pp. 34*-35*]; — Dans le cas de *corpus* moins systématiquement édités, comme pour les textes d'Ugarit, d'El-Amarna (voir *infra,* n. 41) ou les inscriptions phéniciennes ou palmyréniennes, à titre d'exemples, c'est une véritable ,,Concordance générale des sigles'' qu'il s'agira d'établir en vue de — et préalablement à — toute analyse du *corpus* (voir note suivante).

[3] Que ceux-ci soient entièrement ou partiellement publiés, ou uniquement répertoriés comme ,,inédits''; dans tous ces cas, un *sigle* (alphanumérique) *unique* doit correspondre à chaque texte, dont il constitue ainsi le codage de référenciation (ou: adressage) normatif, en vue de l'établissement du langage documentaire et l'utilisation de programmes informatiques adaptés: cf. J.-C. GARDIN (Ed.), *L'informatique et l'Inventaire général,* (Paris, 1972), pp. 1-82.

[4] L'ensemble de ces opérations constituant l' ,,indexation automatique'': cf. M. COYAUD, *Linguistique et Documentation,* in coll. ,,Langue et Langage'', (Paris, 1972), pp. 135 ss.

[5] Cf. Cl. CROZIER-BRELOT, ,,L'ordinateur remplacera-t-il le scribe? '', in *Textes et langages de l'Egypte pharaonique. Hommage à J.-F. CHAMPOLLION ...,* vol. III, (Le Caire, s.d. [1974]), pp. 301-306.

[6] Sur cette notion d'une indispensable documentation progressive (,,updating''), cf. W.W. HALLO, in *Bi. Or.,* 33/1976, p. 37, en référence au célèbre instrument de travail des sciences exactes: *Science Citation Index* (Institute for Scientific Information, Philadelphia — 1961 ss.): le recenseur de l'important ouvrage de R. BORGER, *Handbuch der Keilschriftliteratur,* vol. I-III, (Berlin, 1967 et 1975), pose ainsi de manière pertinente ce problème, non résolu à ce jour pour nos disciplines.

[7] — in *Language,* 33/1957, p. 199.

[8] Voir — *infra* —, la ,,Liste/Codage des textes'' (= pp. XXIX - XXIII).

[9] Voir — *infra* —, la ,,Liste des ouvrages citants'' (= pp. XXVI - XXXII); sur la necessite d'une stricte délimitation, en chacun de ses niveaux d'approche, de l'ensemble documentaire ainsi défini, voir — *infra* —, pp. XII - XIII.

[10] Voir — *infra* —, la ,,Liste des caractéristiques'' (= pp. XXXIII - XXXIV).

[11] Sur les impératifs méthodologiques de cette discipline propre, voir les travaux cités ci-dessus (n. 3-6), ainsi que — pour le domaine sémitique — nos remarques introductives à l'*Index documentaire des textes de Mari,* in coll. A.R.M.T., vol. XVII/1 (Paris, 1975), pp. 9*-15*, et nos études préliminaires cités — *infra* —, p. XIII (n. 30).

[12] Une telle critique de méthode s'applique encore trop souvent aux résultats de recherches documentaires menées récemment, et avec quelque ampleur, dans le domaine de l'orientalisme à l'aide de l'informatique: cp., à titre d'exemple, l'ouvrage de DIETRICH M. — LORETZ O. — BERGER P.-R.— SANMARTÍN J. [EDV-Leitung KISKER H.-W.], *Ugarit-Bibliographie (1928-1966)*, in coll. A.O.A.T., vol. 20/1-4, (Kevelaer/Neukirchen-Vluyn, 1973); Tomes 1-3; *Bibliographie*, xii + 1275 pp.; Tome 4: *Indizes*, v + 860 pp.

[13] Cf. E. LAROCHE, *Catalogue des textes hittites,* in coll. ,,Etudes et Commentaires", vol. 75, (Paris, 1971), p. 21 [= N° 151-152].

[14] Cf. P. ARTZI, ,,The Glosses in the El-Amarna Tablets. A Contribution to the Study of Cultural and Writing Traditions among the Scribes of Canaan before the Israelite Conquest" [en hébreu], in *P. Churgin Volume,* (Jerusalem, 1963), pp. 24-57 (et pp. xiv-xvii: résumé en anglais).

[15] Pour un état de la question, voir les études de J. BOTTÉRO, in: *Le problème des Ḫabiru à la 4° Rencontre Assyriologique Internationale,* in coll. ,,Cahiers de la Société Asiatique", t. XII, (Paris, 1954) pp. 85-118, et récemment in *R.I.A.,* vol. 4 (1972), fasc. 1, pp. 14-27; ainsi que M. WEIPPERT, *Die Landnahme der israelitischen Stämme in der neueren wissenschaftlichen Diskussion. Ein kritischer Bericht,* in coll. F.R.L.A.N.T., vol. 92, (Göttingen, 1967), pp. 74-76 (= Chap. III/1).

[16] Cette notion, appliquée à l'assyriologie, est énoncée par R. BORGER, *Handbuch der Keilschriftliteratur,* vol. I. (Berlin, 1967), p. VII (,,Vorwort"); par les services qu'il rend aux sémitisants, cet ouvrage peut être considéré comme une première parade à cette situation préjudiciable à toute recherche scientifique (cf., pour la documentation relative aux textes d'El-Amarna eux-mêmes, *H.K.L.,* vol. I (1967), pp. 237-240, et vol. III (1975), pp. 56-57). — Cp. également, sur ce même thème, Fr. ELLERMEIER, *Alttestamentliche Wissenschaft und Sumerologie,* (Göttingen, 1977), 47 pp. (voir pp. 11 ss.).

[17] — *J.E.A.,* 23/1937, p. 190 (traduit de l'anglais); ce jugement sera d'ailleurs repris peu après par A. ALT, in *A.f.O.,* 11/1941-44, pp. 349-352, en ces termes: ,,Wer aus eigener Erfahrung weiß, wie unvollkommen unser Verständnis der Amarna-Briefen selbst heute, mehr als ein halbes Jahrhundert nach ihrer Entdeckung, noch immer ist, ..." (= p. 349), dans sa recension de l'ouvrage de J. DE KONING, *Studiën over de El-Amarnabrieven en het Oude Testament,* (Delft, 1940), 557 pp.

[18] C'est la raison pour laquelle nous avons inclus dans le présent ouvrage l'indexation des principales monographies relevant de ces deux modes d'approche, philologique et historique, du *corpus* amarnien (voir — *infra* —, p. XII ss: ,,Le corpus documentaire — Ier niveau").

[19] Une étude d'ensemble des documents d'El-Amarna, sous le forme d'une traduction commentée, est annoncée par W.L. MORAN. [Après sa publication en anglais, cet ouvrage doit également paraître en traduction française, dans la collection: ,,Littératures Anciennes du Proche-Orient" (Paris)].

[20] Cf. le fac-similé du document, publié en frontispice au présent ouvrage. Nous tenons à remercier vivement Mr. K. KRAMER, de Karlsruhe (R.F.A.), qui nous a si aimablement transmis ce document, ainsi que l'autorisation de le publier.

[21] Sur l'historique détaillé de cette question, qui reste en partie à écrire, cf. A.H. SAYCE, ,,The Discovery of the Tel El-Amarna Tablets", in *A.J.S.L.,* 33/1917, pp. 89-90; cp. K.-H. BERNHARDT, *Die Umwelt des Alten Testaments,* vol. I, (Gütersloh, 1967), pp. 102-103.

[22] Sur le site et ses monuments, cf. B. PORTER — R.L.B. MOSS, *Topographical Bibliography of Ancient Egyptian Hieroglyphic Texts, Reliefs, and Paintings,* — Vol. IV: *Lower and Middle Egypt,* (Oxford, 1934), pp. 192-237 [= Chap. X: El-ᶜAmarna (voir p. 199, n. 1)]. — Sur les questions égyptologiques en rapport avec ce site (aspect qui se situe naturellement en-dehors de notre recherche), voir la présentation récente de C. ALDRED, in *The Cambridge Ancient History* [= *C.A.H.*], 3° éd. revue, Vol. II/2, (Cambridge, 1975), Chap. XIX (pp. 49 ss.) et Notes (pp. 919-

927), ainsi que la *Bibliographie Egyptologique Annuelle* [J.J. JANSSEN et I. HOFMANN, Ed.], publiée à Leyde.

[23] Voir — *infra* —, la „Liste des ouvrages citants" (= pp. XXVI - XXXII, et notre: *Concordance générale des sigles d'El-Amarna,* (sous presse), p. 2, sous les noms de: H. WINCKLER (1896), H. WINCKLER et L. ABEL (1889/90), O. SCHROEDER (1915), C. BEZOLD — W. BUDGE (1892), etc.

[24] Tel est encore récemment le jugement de D.O. EDZARD, in *Z.A.*, 62/1972, pp. 123-125: „Seit der immer noch unübertroffenen Edition KNUDTZON's (VAB 2, 1915) ..." (= p. 123), ainsi que de W. RÖLLIG, in *W.d.O.*, 6/1971, pp. 122-123: „..., eine der wenigen assyriologischen Publikationen, die in mehr als 50 Jahren nach ihrem Erscheinen kaum überholt ist." (= p. 122). Dans les deux cas, il s'agit d'une recension de l'ouvrage de A.F. RAINEY, in coll. A.O.A.T., vol. 8 (1970), qui a été expressément conçu comme un *„Supplement to J.A. KNUDTZON, Die El-Amarna-Tafeln"* [réédition revue et corrigée parue en 1978].

[25] Codés par nous: EA 380 et 381 — voir *infra, Index,* p. 410, *ad hoc.*

[26] Codés par nous: EA HC — voir *infra,* Codage, pp. XX - XXIII, et *Index,* pp. 410-411, *ad hoc*

[27] Cf. H. KLENGEL, in *M.I.O.,* 10/1964, pp. 57 ss.: les documents à caractère non-épistolaire sont les tablettes EA 22 et 25 [Listes de cadeaux de Tušratta au Pharaon], ainsi que 356-359 et 375 (?) [textes mythiques et épiques]; en outre, plusieurs listes lexicographiques ou exercices de scribes sont attestés [cf. EA 368, 373, 374, 376 et 379; cp. le fragment récemment découvert à Tel Aphek: cf. A.F. RAINEY, „A Tri-Lingual Cuneiform Fragment from Tel Aphek", in *Tel Aviv,* 3/1976, pp. 137-140, alors que plusieurs fragments ne permettent guère d'identification sûre [cf. EA 360, 361, 372, 377, 380 et 381] et que divers autres — anépigraphes (?) — échappent le plus souvent à tout inventaire: cf. notre *Concordance générale des sigles d'El-Amarna,* (sous presse), sous les sigles: EA XX1 à XX6, *ad loc.*

[28] Cf. E. DRIOTON — J. VANDIER, *Les peuples de l'Orient Méditerranéen,* in coll. „Clio", (Paris, 1952), pp. 410 ss., ainsi que les traités de chronologie et d'histoire cités *infra* (Codage, p. XII), sous les noms de: CAMPBELL (1964), HELCK (1971 - 2° éd.), HORNUNG (1964), KITCHEN (1962), KLENGEL (1965/69 - 3 vols.), KÜHNE (1973), VAN DER MEER (1955), REDFORD (1967), etc. — en rappelant que le détermination précise de cette „période amarnienne", en chronologie absolue, n'est toujours pas établie avec une certitude absolue. Certains ouvrages, par ailleurs, notamment d'histoire du droit, envisagent cette période au sens large, soit jusqu'à la fin de la XIX° dynastie égyptienne, soit 1186 avant notre ère: ainsi V. KOROŠEC, in *R.I.D.A.,* (3° série), 22/1975, pp. 48-49.

[29] Cf. H.-J. KRAUS, *Geschichte der historisch-kritischen Erforschung des Alten Testaments, von der Reformation bis zur Gegenwart,* (Neukirchen, 1956), pp. 267 et 270-271 (et p. 455: notes), ainsi que les diverses présentations de l'état de la question: „El-Amarna (Les tablettes d') et l'Ancien Testament", de E. DHORME (1928) à F.F. BRUCE (1967), par ex.: cf. notre *I.D.E.A., 2 — Bibliographie,* pp. 1 ss.

[30] Nous avons présenté sur ce sujet, à titre préliminaire et en divers lieux, plusieurs notes et communications: voir, par ex., — „Délimitation et codage de corpus de textes anciens", in [Rapport introductif près la] Commission de la Science et de la Technologie, Conseil de l'Europe, Table-ronde à Strasbourg, 14-15 Juin 1974, 4 pages (multigraphié); — „Une méthode d'indexation automatique des textes de Mari, à l'aide de l'informatique, et ses prolongement documentaires", in *Etudes Sémitiques* [A. CAQUOT, Ed.], = *Actes du XXIX° Congrès International des Orientalistes* [Paris, Juillet 1973] (Paris, 1975), pp. 19-22; — „Problèmes de définition et d'analyse d' un corpus à l'aide d'un ordinateur (Application: les textes sémitiques anciens)", in *Actes du XXX° Congrès International des Orientalistes* [= ... des Sciences Humaines en Asie et en Afrique du Nord], (Mexico, 3-8 Acût 1976), — sous presse -; — „Bible et Orient: l'apport des corpus sémitiques à l' exégèse biblique. (Etat de la question et conditions d'une recherche documentaire)", in *Traduc-*

tion de la Bible en francais. (Histoire, Problèmes, Méthodes et Instruments de références), [Nancy, 10-12 Octobre 1977], Colloque du C.N., R.S., — sous presse —.

— Pour un domaine où ces problèmes ont été abordés de manière plus systématique et collective, celui des inscriptions latines, cf. *Applications à l'épigraphie des méthodes de l'informatique,* extrait de: *Antiquités Africaines,* 9/1975, pp. 11-151.

31 Il s'agit en effet, sur un plan virtuel (c-à-d. non au niveau de la typographie-même du présent *Index,* mais à celui des renvois bibliographiques constituant l'ensemble documentaire analysé), d'établir toutes les possibilités de relations inter-textuelles entre le CT indexé (ici EA) et les autres CT sémitiques, y compris la Bible, — ou du moins de permettre aux chercheurs de les établir, car à ce niveau le champ d'investigation est quasi illimité! — Sur ce principe de l'intertextualité, tel que l'établit la linguistique contemporaine, cf. O. DUCROT — T. TODOROV, *Dictionnaire encyclopédique des sciences du langage,* (Paris, 1972), p. 446; cf. également, pour une application de cette perspective de recherches, *A.R.M.T.,* vol. XVII/1 (1975), p. 14*, n. 9-11.

32 Cf., parmi bien d'autres constatations du même ordre, la remarque suivante: ,,The enormous growth of information within all the modern disciplines has necessitated an application of modern methods of research as well'', de R. HOLTHOER, in *Chron, d'Eg.,* 48/1973, pp. 276-278 (= p. 276), qui introduit sa recension de l'ouvrage collectif: *Dokumentation ägyptischer Altertümer* [A. SCHWAB-SCHLOTT, Ed.], in coll. ,,Akten der Arbeitsgemeinschaft Dokumentation in den historischen Wissenschaften'', vol. 1, (Darmstadt, 1970), 90 pp.

33 Sur ces principes de segmentation du champ documentaire, cf. notre: *Bible et Orient,* (Strasbourg, 1978), pp. 34-41 (et notes).

34 Cf. L. ROBERT, in *L'Histoire et ses méthodes,* (Paris, 1961), p. 473.

35 A.J. GREIMAS, *Sémantique structurale,* (Paris, 1966), p. 143.

36 J.C. GARDIN [Ed.], *L'informatique et l'Inventaire général,* (Paris, Mars 1972), p. 80.

37 J.-C. GARDIN [Ed.], *L'informatique appliquée à la réalisation de l'Inventaire général des monuments et des richesses artistiques de la France,* (Paris, Mars 1972), xii + 136 pp (= p. 10).

38 Cf., à titre d'exemple, J.-C. GARDIN — M.S. LAGRANGE, *Essais d'analyse du discours archéologique,* in coll. ,,Notes et Monographies Techniques du C.R.A./C.N.R.S.'', (Paris, 1975), 105 pp. (Voir notamment les pp. 1-5, et les solutions, pour le moins drastiques, proposées face à la situation actuelle: pp. 97-105 — conclusion).

39 Cp. E. CHOURAQUI — P. CORBIER — M. JANON — J. VIRBEL, ,,Le SYCIL, un système documentaire pour l'exploitation d'un corpus d'inscriptions latines'', in *Antiquités africaines,* 9/1975, pp. 63-96.

40 Selon A. HESNARD — J. VIRBEL, *Analyse sémantique d'un champ lexicographique,* in coll. ,,Documents U.R.A.D.C.A./C.N.R.S.'', (Marseille, Juillet 1973), pp. 2-3.

41 À savoir les éditions de J.A. KNUDTZON (V.A.B., 2 — 1915) et de A.F. RAINEY (A.O.A.T., 8 — 1970): cf. *— supra —,* p. XII et *— infra —,* Codage, p. XIX.

42 Par la publication des textes dans la collection: ,,Archives Royales de Mari'' [= *A.R.M.(T.)*], sous la direction de A. PARROT et G. DOSSIN; cependant cette collection est à compléter, dès à présent, par les documents publiés hors-collection [= HC]: cf. notre *A.R.M.T.,* vol. XVII/1, (Paris, 1975), pp. 24*-47*.

43 Cf. notre: *Bible et Orient* (1978) — Conclusion.

I. LISTE/CODAGE DES TEXTES CITÉS [EA]

A. Textes publiés en collection [1]

Codage:　　　　　　Référence bibliographique:

EA n° 1 - 358 | KNUDTZON J.A., *Die El-Amarna-Tafeln, mit Einleitung und Erläuterungen* (Anmerkungen und Register von O. WEBER und E. EBELING), in coll. V.A.B., vol. 2, (Leipzig, 1915):
= tome 1 (1915), pp. 60-977 [= 358 N^{os}];
— réédition anastatique: Aalen, 1964.
Note: Cette publication des tablettes d'El-Amarna par J.A. KNUDTZON in *VAB* 2 (achevée en 1915) [2] est fondée sur les autographies et transcriptions publiées antérieurement par d'autres auteurs, à savoir:

a) WINCKLER H. — ABEL L., *Der Thontafelfund von El Amarna*, in coll. ,,Mitteilungen aus den Orientalischen Samm-lungen — Königliche Museen zu Berlin'', Heft 1-3, (Berlin, 1889/90), 166 pp. (dont certaines doubles) et 3 Pl. [= 240 N^{os}];

b) BEZOLD C. — BUDGE E.A.W., *The Tell El-Amarna Tablets in the British Museum, with autotype Facsimiles*, (London, 1892), xciv + 157 pp., et 24 Pl. [= 82 N^{os}];

c) WINCKLER H., *Die Thontafeln von Tell-El-Amarna*, in coll. ,,Keilinschriftliche Bibliothek'', vol. 5, [E. SCHRADER, Ed.], (Berlin, 1896), xxxvi + 415 + 50* pp. [= 296 N^{os}];

d) SCHROEDER O., *Die Tontafeln von El-Amarna*, in coll. ,,Vorderasiatische Schriftdenkmäler der königlichen Museen zu Berlin'' [= VS (ou: *VAS*)], Heft XI-XII, (Leipzig, 1915); 1ère Partie: ii + 184 pp.; 2ème Partie: iii + 95 pp. [= 202 N^{os}].

---

[1] Pour un accès rapide et systématique à chaque référence textuelle de cet ensemble documentaire et à tous ses équivalents (complets ou partiels), et ceci quel que soit le recueil et numéro de texte servant de point de départ (y compris les N^{os} d'inventaires des Musées, et les références bibliographiques de base pour les textes publiés hors-collection), cf. la *Concordance générale des sigles d'El-Amarna*, par D. BAUER et J.G. HEINTZ (Programmation J. FRANÇON), un fascicule de 65 pp. env., sous presse.

[2] Cp. l'édition parallèle de MERCER S.A.B., *The Tell El-Amarna Tablets*, vol. I-II, (Toronto, 1939), xxiv + 909 pp., 2 Pl. et 1 Carte [comprenant les textes EA n° 1-358, ainsi que les n° 362-369 et 379, mais selon un classement intercalaire (cf. notre *Concordance, ad loc.*]. Souvent contestée [,,Verschlimmbesserte englische Bearbeitung'': ainsi R. BORGER, in *H.K.L.*, vol. I, (Berlin, 1967), p. 237], cette édition n'en entre pas moins dans le champ documentaire des tablettes d'El-Amarna; mais ceci n'exclut pas, bien au contraire, un usage prudent de cette publication.

Codage: Publication du texte:

EA n° 359 – 379 | RAINEY A.F., *El Amarna Tablets 359-379. Supplement to J.A.*
                  KNUDTZON, ,,Die El-Amarna-Tafeln, in coll. A.O.A.T., vol. 8,
                  (Kevelaer/Neukirchen-Vluyn, 1970), pp. 6-52 [= 21 N°ˢ].
                  — 2° éd., revue et complétée (1978).

B. Textes publiés hors-collection [=HC]

Codage: Publication du texte:

EA HC GZR | ALBRIGHT W.F., ,,A Tablet of the Amarna Age from Gezer'', in
              B.A.S.O.R., 92/ (Dec.) 1943, pp. 28-30.
              [Cf. également:
              MACALISTER R.A.S., ,,Twenty-First Quarterly Report on the
                  Report on the Excavation of Gezer'', in *P.E.F.Q.St.,* 41/1909,
                  pp. 87-105 [= par. III: ,,Recent Epigraphic Discoveries'', pp.
                  96-97 et Pl. III (photographie)].
              DHORME P. [E.], ,,A Note on the New Cuneiform Tablet
                  from Gezer'', in *P.E.F.Q.St.,* 41/1909, p. 106 [,,a part of a
                  neo-Babylonian letter''; à corriger!].
              MACALISTER R.A.S., *The Excavation of Gezer, 1902-1905
                  and 1907-1909,* vol. I, (Londres, 1911), pp. 29 ss. [*n.b.:* la
                  photographie de la p. 30 est retouchée, souvent de manière
                  erronée].
[= EA 333 | [au lieu de: (EA *HC T.HESI*), cité d'après:
              KNUDTZON J.A., *Die El-Amarna-Tafeln ...,* in coll. V.A.B., vol.
                  2, (Leipzig, 1915), pp. 944-947 (cf. pp. 13 et 15) [= N°333].
              [Cf. également:
              SAYCE A.H.,
                  in *P.E.F.Q.St.,* 1893, pp. 31 et 241.
              SCHEIL V., ,,Une tablette palestinienne cunéiforme'', in *Rec.
                  Tr.,* 15/1893, pp. 137-138 [copie, transcr., trad,; provenan-
                  ce indiquée, par erreur: Gaza].
              SAYCE A.H., *apud* BLISS F.J., *A Mound of Many Cities; or,
                  Tell el Hesy Excavated,* (Londres, 1894; [2° éd., 1898]),
                  pp. 184-187 (cp. pp. 52-60).
              HILPRECHT H.V., *Old Babylonian Inscriptions, chiefly from
                  Nippur,* in coll. ,,The Babylonian Expedition of the Univer-
                  sity of Pennsylvania'', Series A: ,,Cuneiform Texts'', vol.
                  I/II, (Philadelphie, 1896), p. 65 [= texte N° 147], et Pl. 64
                  et XXIV (N° 66-67): [auto- et photographies].

Codage:	Publication du texte:
	ALBRIGHT W.F., „A Case of Lèse-Majesté in Pre-Israelite Lachish, with some Remarks on the Israelite Conquest", in *B.A.S.O.R.*, 87/ (Oct.) 1942. pp. 32-38.
EA HC JRHØ	SMITH S., „A Note on an Inscribed Tablet [*ou:* Report on Tablet from Jericho]", *apud* GARSTANG J., „Jericho ...", in *A.A.A.*, 21/1934, pp. 116-117 (2 fig.) et Pl. XLIII/1 [„Most similar to Tell el Amarna tablets" (p. 116)].
EA HC KMD 1	EDZARD D.O., „Die Tontafeln von Kāmid el-Lōz", *apud:* EDZARD D.O., HACHMANN R., *et al.: Kamid el-Loz — Kumidi. Schriftdokumente aus Kamid el-Loz,* in coll. „Saarbrücker Beiträge zur Altertumskunde", vol. 7, (Bonn, 1970), pp. 55-62 et Fig. 10-14;
	— [N° inv. de fouilles: *KL 69:277;* = pp. 55-56, 58-60 et Fig. 10/1 (= p. 50) et 12 (= p. 52)].
EA HC KMD 2	EDZARD D.O., — *ibidem* —:
	— [N° inv. f.: *KL 69:279;* = pp. 56-58 et Fig. 10/2 (= p. 50) et 13/a (= p. 53)].
EA HC KMD 3	EDZARD D.O., — *ibidem* —:
	— [N° inv. f.: *KL 69:100;* = p. 60 et Fig. 11/1 a-b (= p. 51) et 14 (= p. 54)].
EA HC KMD 4	EDZARD D.O., — *ibidem* —:
	— [N° inv. f.: *KL 69:278;* = pp. 60-61 et Fig. 11/2 (= p. 51) et 13/2 (= p. 53)].
EA HC KMD 5	WILHELM G., „Ein Brief der Amarna-Zeit aus Kāmid el-Lōz (KL 72:600)", in *Z.A.,* 63/1973, pp. 69-75 (1 Fig.):
	— [N° inv. f.: *KL 72:600;* = pp. 70 (autographie) et 69/71].
EA HC KMD 6	EDZARD D.O., „Ein Brief an den ,Grossen' von Kumidi aus Kāmid el-Lōz", in *Z.A.,* 66/1976, pp. 62-67 (1 Fig.):
	— [N° inv. f.: *KL 74:300;* = pp. 63 (autographie) et 62/64].
EA HC MGDDØ	GOETZE A. — LEVY S., „Fragment of the Gilgamesh Epic from Megiddo", in *ᶜAtiqōt,* 2/1959, pp. 121-128 (Fig. 1 de la p. 122), et Pl. XVIII. (auto- et photo-graphies) — [„There is no doubt that it belongs roughly to the Amarna age" (p. 128)].
EA HC SKM 1	BÖHL F.M.Th., „Die bei den Ausgrabungen von Sichem gefundenen Keilschrifttafeln" [Anhang], in *Z.D.P.V.,* 49/1926, pp. 321-327, et Pl. 44-46 [= pp. 322-323, et Pl. 44/a et 45 (photo- et auto-graphies)],

Codage:	Publication du texte:
	[Cf. également: ALBRIGHT W.F., „A Teacher to a Man of Shechem about 1400 B.C.", in *B.A.S.O.R.*, 86/ (Apr.) 1942, pp. 28-31 [= pp. 29-30].
EA HC SKM 2	BÖHL F.M.Th., – *op. cit.* –, in *Z.D.P.V.*, 49/1926, pp. 321-327, et Pl. 44-46. [= pp. 325-326, et Pl. 44/b et 46 (photo- et auto-graphies)]. [Cf. également: ALBRIGHT W.F., – *op. cit.* –, in *B.A.S.O.R.*, 86/ (Apr.) 1942, pp. 28-31 [= pp. 30-31].
	BÖHL F.M.Th. (De LIAGRE), „Der Keilschriftbrief aus Sichem (Tell Balâṭa)", in *Baghd. Mitt.* [*A. MOORTGAT ... gewidmet*], 7/1974, pp. 21-30 (1 Fig.) [= pp. 29-30, et 23 (autographie)].
EA HC T'NK 1	ALBRIGHT W.F., „A Prince of Taanach in the Fifteenth Century B.C.", in *B.A.S.O.R.*, 94/ (Apr.) 1944, pp. 12-27 [= pp. 16-20].
EA HC T'NK 2	ALBRIGHT W.F., – *ibidem* – [= pp. 20-23]
EA HC T'NK 3	HROZNÝ F., „Keilschrifttexte aus Taᶜannek [Anhang]", *apud:* SELLIN E., *Tell Taᶜannek, Bericht über eine ... Ausgrabung in Palästina*, in coll. „Denkschriften der kaiserl. Akad. der Wiss., Philos.-histor. Kl., vol. 50 [IV. Abhandlung], (Wien, 1904), 122 pp. (avec 14 Pl., 132 Fig. et 6 Plans (= pp. 113-122 et Pl. X): – [= pp. 117-118 et 122/a].
EA HC T'NK 4	HROZNÝ F., – *ibidem* – [= p. 119 et 122/b (autographie)].
EA HC T'NK 4A	HROZNÝ F., – *ibidem* – [= pp. 119-120 et 122/b-inf. (autographie du fragment)].
EA HC T'NK 5	ALBRIGHT W.F., – *ibidem* – [= pp. 23-24].
EA HC T'NK 6	ALBRIGHT W.F., – *ibidem* – [= pp. 24-25].
EA HC T'NK 7	HROZNÝ F., „Die neuen Keilschrifttexte von Taᶜannek", *apud:* SELLIN E., *Eine Nachlese auf dem Tell Taᶜannek in Palästina*, même collection, vol. 52 [III. Abh.], (Wien, 1906), pp. (avec 67 Pl. et 92 Fig.): – [= pp. 38-39, et Pl. II/inf. et III/C-sup.].
EA HC T'NK 8	HROZNÝ F., – *ibidem* – [= pp. 39-40, et Pl. II/sup. (B/a) et III (A/inf.-a)].
EA HC T'NK 8A	HROZNÝ F., – *ibidem* – [= p. 40, et Pl. II/sup. (B/b) et III (A/inf.-b)].
EA HC T'NK 9	HROZNÝ F., – *ibidem* – [= p. 40, et Pl. II/sup. (A/a) et III (B/inf.-a)].
EA HC T'NK 10	HROZNÝ F., – *ibidem* – [= p. 41, et Pl. II/sup. (B/c) et III (C/inf.-a)].

Codage:	Publication du texte:
EA HC T'NK 11	HROZNÝ F., — *ibidem* — [= p. 41, et Pl. II/sup. (A/b) et III (B/inf.-b)].
EA HC T'NK 12	HROZNÝ F., — *ibidem* — [= p. 41, et Pl. II/sup. (A/c) et III (C/inf.-b)].

LISTE/CODAGE DES LIVRES BIBLIQUES

ANCIEN TESTAMENT

AT	GN	=	GENÈSE	(CHAP. 1- 50)
AT	EX	=	EXODE	(CHAP. 1- 40)
AT	LV	=	LÉVITIQUE	(CHAP. 1- 27)
AT	NM	=	NOMBRES	(CHAP. 1- 36)
AT	DT	=	DEUTÉRONOME	(CHAP. 1- 34)
AT	JØS	=	JOSUÉ	(CHAP. 1- 24)
AT	JDC	=	JUGES	(CHAP. 1- 21)
AT	1 S	=	1 SAMUEL	(CHAP. 1- 31)
AT	2 S	=	2 SAMUEL	(CHAP. 1- 24)
AT	1 R	=	1 ROIS	(CHAP. 1- 22)
AT	2 R	=	2 ROIS	(CHAP. 1- 25)
AT	JES	=	ÉSAÏE	(CHAP. 1- 66)
AT	JR	=	JÉRÉMIE	(CHAP. 1- 52)
AT	EZ	=	ÉZÉCHIEL	(CHAP. 1- 48)
AT	HØS	=	OSÉE	(CHAP. 1- 14)
AT	JL	=	JOËL	(CHAP. 1- 4)
AT	AM	=	AMOS	(CHAP' 1- 9)
AT	ØB	=	ABDIAS	(CHAP. 1)
AT	JØN	=	JONAS	(CHAP. 1- 4)
AT	MI	=	MICHÉE	(CHAP. 1- 7)
AT	NAH	=	NAHUM	(CHAP. 1- 3)
AT	HAB	=	HABAKUK	(CHAP. 1- 3)
AT	ZEP	=	SOPHONIE	(CHAP. 1- 3)
AT	HAG	=	AGGEE	(CHAP. 1- 2)
AT	ZAC	=	ZACHARIE	(CHAP. 1- 14)
AT	MAL	=	MALACHIE	(CHAP. 1- 3)
AT	PS	=	PSAUMES	(CHAP. 1-150)
AT	JØB	=	JOB	(CHAP. 1- 42)
AT	PRV	=	PROVERBES	(CHAP. 1- 31)
AT	RT	=	RUTH	(CHAP. 1- 4)
AT	CT	=	CANTIQUE	(CHAP. 1- 8)
AT	QØH	=	ÉCCLÉSIASTE	(CHAP. 1- 12)
AT	THR	=	LAMENTATIONS	(CHAP. 1- 5)
AT	EST	=	ESTHER	(CHAP. 1- 10)
AT	DAN	=	DANIEL	(CHAP. 1- 12)
AT	ESR	=	ESDRAS	(CHAP. 1- 10)
AT	NEH	=	NÉHÉMIE	(CHAP. 1- 13)
AT	1 C	=	1 CHRONIQUES	(CHAP. 1- 29)

ANCIEN TESTAMENT

AT	2 C	=	2 CHRONIQUES	(CHAP. 1- 36)
AT	TØB	=	TOBIE	(CHAP. 1- 14)
AT	JDT	=	JUDITH	(CHAP. 1- 16)
AT	1 M	=	1 MACCABÉES	(CHAP. 1- 16)
AT	2 M	=	2 MACCABÉES	(CHAP. 1- 15)
AT	SAP	=	SAGESSE	(CHAP. 1- 19)
AT	SIR	=	SIRACIDE	(CHAP. 1- 51)
AT	BAR	=	BARUCH	(CHAP. 1- 5)

NOUVEAU TESTAMENT

NT	MT	=	MATTHIEU	(CHAP. 1- 28)
NT	MC	=	MARC	(CHAP. 1- 16)
NT	LC	=	LUC	(CHAP. 1- 24)
NT	JØN	=	JEAN	(CHAP. 1- 21)
NT	ACT	=	ACTES	(CHAP. 1- 28)
NT	RM	=	ROMAINS	(CHAP. 1- 16)
NT	ICØ	=	1 CORINTHIENS	(CHAP. 1- 16)
NT	2CØ	=	2 CORINTHIENS	(CHAP. 1- 13)
NT	GAL	=	GALATES	(CHAP. 1- 6)
NT	EPH	=	ÉPHÉSIENS	(CHAP. 1- 6)
NT	PHI	=	PHILIPPIENS	(CHAP. 1- 4)
NT	CØL	=	COLOSSIENS	(CHAP. 1- 4)
NT	1 TH	=	1 THESSALONICIENS	(CHAP. 1- 5)
NT	2 TH	=	2 THESSALONICIENS	(CHAP. 1- 3)
NT	1 TM	=	1 TIMOTHÉE	(CHAP. 1- 6)
NT	2 TM	=	2 TIMOTHÉE	(CHAP. 1- 4)
NT	TIT	=	TITE	(CHAP. 1- 3)
NT	PHM	=	PHILÉMON	(CHAP. 1)
NT	HEB	=	HÉBREUX	(CHAP. 1- 13)
NT	JAC	=	JACQUES	(CHAP. 1- 5)
NT	1 P	=	1 PIERRE	(CHAP. 1- 5)
NT	2 P	=	2 PIERRE	(CHAP. 1- 3)
NT	1 J	=	1 JEAN	(CHAP. 1- 5)
NT	2 J	=	2 JEAN	(CHAP. 1)
NT	3 J	=	3 JEAN	(CHAP. 1)
NT	JUD	=	JUDE	(CHAP. 1)
NT	APC	=	APOCALYPSE	(CHAP. 1- 22)

II. LISTE/CODAGE DES OUVRAGES CITANTS

A. Notes et Recensions sur les éditions de textes

Codage:	Référence bibliographique
15 KNUDTZON EL-AM.	KNUDTZON J.A., *Die El-Amarna-Tafeln, mit Einleitung und Erläuterungen* (Anmerkungen und Register von O. WEBER und E. EBELING), in coll. V.A.B., vol. 2, (Leipzig, 1915): — tome 1: viii + 1007 pp.; — tome 2: vii + pp. 1009 a 1614. [*N.B.:* Dans cet ouvrage, l'indexation porte uniquement sur les pages: — 997-998: ,,Nachträge und Verbesserungen'', — 1001-1007: ,,Undeutliche oder fragliche Zeichen'', du tome 1, et — 1584-1603: ,,Weitere Nachträge und Verbesserungen'', du tome 2].
15 KNUDTZ.CR/DELI.	DELITZSCH F., in *Memnon,* 3/1909, pp. 163-165;
15 KNUDTZ.CR/MEIS.	MEISSNER B., in *D.L.Z.,* 35/1916, col. 1514-1517;
15 KNUDTZ.CR/UNGN.	UNGNAD A., in *O.L.Z.,* 19/1916, col. 180-187.
70 RAINER TABLETS*	RAINEY A.F., *El Amarna Tablets 359-379. Supplement to J.A. Knudtzon, Die El-Amarna-Tafeln,* in coll. A.O.A.T., vol. 8, (Kevelaer/Neukirchen-Vluyn, 1970), viii + 107 pp. — 2° éd., revue et complétée, (1978), xiv + 120 pp.
70 RAINEY CR/BRINK.	BRINKMAN J.A., in *C.B.Q.,* 33/1971, pp. 289-290;
70 RAINEY CR/CAPLI.	CAPLICE R., in *Or.,* 41/1972, pp. 474-475;
70 RAINEY CR/EDZAR.	EDZARD D.O., in *Z.A.* 62/1972, pp. 123-125;
70 RAINEY CR/KLENG.	KLENGEL H., in *O.L.Z.,* 69/1974, col. 261-263;
70 RAINEY CR/1MILL.	MILLARD A.R., in *B.S.O.A.S.,* 34/1971, p. 594;
70 RAINEY CR/2MILL.	MILLARD A.R., in *Bibl.,* 53/1972, pp. 125-127;
70 RAINEY CR/ROBER.	ROBERTS J.J.M., in *B.A.S.O.R.,* 202/1971, p. 30;
70 RAINEY CR/ROLLI.	RÖLLIG W., in *W.d.O.,* 6/1971, pp. 122-123;
70 RAINEY CR/STOL**	STOL M., in *Bi.Or.,* 32/1975, pp. 72-73;
70 RAINEY CR/TOURN.	T(OURNAY) R., in *R.B.,* 78/1971, p. 471.
74 RAINEY EA NOTES*	RAINEY A.F., ,,El-cAmarna Notes'', in *U.F.,* 6/1974, pp. 295-312.

B. *Dictionnaires et Syllabaire*

Codage: Référence bibliographique

Codage	Référence bibliographique
[xx AHW y RV**]	*A.H.W.: Akkadisches Handwörterbuch* [unter Benützung des lexikalischen Nachlasses von B. Meissner, bearbeitet von] W. von SODEN:
	vol. I (Wiesbaden 1965), pp. I-XVI et 1-568 [A.-L];
	vol. II (Wiesbaden 1972), pp. I-II et 569-1064 [M-S];
	vol. III (Wiesbaden 1972-) [en cours de parution]:
59 AHW A RV**	fasc. 1 (1959), pp. 1-80, et fasc. 2 (1959), pp. 81-93;
59 AHW B RV**	fasc. 2 (1959), pp. 93-145;
59/60 AHW D RV**	fasc. 2 (1959), pp. 145-176, et fasc. 3 (1960), pp. 177-179;
60 AHW E RV**	fasc. 3 (1960), pp. 180-270;
60/62 AHW G RV**	fasc. 3 (1960), pp. 271-272, et fasc. 4 (1962), pp. 273-300;
62 AHW H RV**	fasc. 4 (1962), pp. 300-363;
62/63 AHW I RV**	fasc. 4 (1962), pp. 363-368, et fasc. 5 (1963), pp. 369-411;
63 AHW J RV**	fasc. 5 (1963), pp. 411-413;
63/65 AHW K RV**	fasc. 5 (1963), pp. 413-464, et fasc. 6 (1965), pp. 465-520;
65 AHW L RV**	fasc. 6 (1965), pp. 520-565;
66/67 AHW M RV**	fasc. 7 (1966), pp. 569-664, et fasc. 8 (1967), pp. 665-692;
67/69 AHW N RV**	fasc. 8 (1967), pp. 692-760, et fasc. 9 (1969), pp. 761-806;
69/71 AHW P RV**	fasc. 9 (1969), pp. 807-856, et fasc.10(1971), pp. 857-885;
71 AHW Q RV**	fasc. 10 (1971), pp. 886-931;
71/72 AHW R RV**	fasc. 10 (1971), pp. 932-952, et fasc. 11 (1972), pp. 953-998;
72 AHW S RV**	fasc. 11 (1972), pp. 998-1064;
74 AHW 'S RV**	fasc. 12 (1974), pp. 1065-1115.
74/76/77AHW >S RVxx	fasc. 12 (1974), pp. 115-1160; fasc. 13 (1976), pp. 1161-125ı et fasc 14 (1977), pp. 1257-1295;
77/7. AHW T RVxx	fasc. 14 (1977), pp. 1295-1352.
[xx CAD y RV**]	*C.A.D.: The Assyrian Dictionary of the Oriental Institute of the University of Chicago* [Ed.: I.J. GELB, B. LANDS-BERGER, A.L. OPPENHEIM, *e.a.*], (Chicago-Glückstadt, 1956-);
64 CAD 1A RV**	vol. A/I (1964), xxxvi + 392 pp. [N° 1/I].
68 CAD 2A RV**	vol. A/II (1968), xx + 531 pp. [N°1/II].
65 CAD B RV**	vol. B (1965), xviii + 366 pp. [N° 2].
59 CAD D RV**	vol. D (1959), xvi + 203 pp. [N° 3].
58 CAD E RV**	vol. E (1958), xiv + 435 pp. [N° 4].
56 CAD G RV**	vol. G (1956), xiii + 158 pp. [N° 5].
56 CAD H RV**	vol. Ḫ (1956), xiii + 266 pp. [N° 6].
69 CAD IJ RV**	vol. I-J (1960), xv + 331 pp. [N° 7].

B. *Dictionnaires et Syllabaire (suite)*

Codage   Référence bibliographique

71	CAD K RV**	vol. K (1971), xix + 617 pp. [N° 8].
73	CAD L RV**	vol. L (1973), xx + 259 pp. [N° 9].
77	CAD 1M RVxx	vol. M/1 (1977), xxiv + 441 pp. [N° 10/I].
77	CAD 2M RVxx	vol. M/2 (1977), xxiv + 324 pp. [N° 10/II].
— — —		... (à compléter)
62	CAD 'S RV**	vol. S (1962), xv + 262 pp. [N° 16].
— — —		... (à compléter)
61	CAD Z RV**	vol. Z (1961), xv + 170 pp. [N° 21, Fin].
65	DISO-2 RV**	JEAN Ch.-F. — HOFTIJZER J., *Dictionnaire des Inscriptions Sémitiques de l'Ouest,* nlle ed., (Leyde, 1965), xxxi + 342 pp.
		[*N.B.:* dans ce dictionnaire (abrév.: *DISO),* les gloses cananéennes sont en principe indiquées par le sigle: *Can. Anc.,* placé au début de lemme].
76	SYL. 2 RV**	VON SODEN W. — RÖLLIG W., *Das Akkadische Syllabar,* 2° éd. rev. et cpl., in coll. An. Or., vol. 42, (Rome, 1967), xli + 76 pp.

C. *Grammaire, Phonétique, Syntaxe*

76 ADLER AKKADISCH*	ADLER H.-P., *Das Akkadische des Königs Tušratta von Mitanni,* in coll. A.O.A.T., vol. 201, (Kevelaer/ Neukirchen-Vluyn, 1976), xiii + 363 pp.
	[*N.B.:* Le présent *Index* ne comprend que l'analyse des références textuelles citées aux pp. 121-253 de cet ouvrage [= Partie B): ,,Transcription et traduction des textes'': = EA N° 17-30 (sauf N° 24)]. — Pour l'indexation des deux autres parties [A): ,,Grammaire'' (= pp. 1-120) et C) ,,Glossaire'' (= pp. 255-363)], cf. I.D.E.A. 2].
09 BOHL SPRACHE****	BÖHL F.M.Th., *Die Sprache der Amarnabriefe mit besonderer Berücksichtigung der Kanaanismen,* in coll. ,,Leipziger Semitische Studien'', vol. 5/2, (Leipzig, 1909), iv + 96 pp.
09 BURCHARDT ALTK.1	BURCHARDT M., *Die altkanaanäischen Fremdworte und Eigennamen in Aegyptischen,* I. Teil: *Die kritische Analyse der Schreibung,* (Leipzig, 1909), viii + 60 pp. (= 180 paragraphes);

C. Grammaire, Phonétique, Syntaxe (suite)

Codage: Référence bibliographique

10 BURCHARDT ALTK.2	BURCHARDT M., *idem*, II. Teil: *Listen der syllabisch geschriebenen Worte ...*, (Leipzig, 1910), iv + 87 pp.
51 DHORME LANGUE***	DHORME E. [P.], ,,La langue de Canaan'', in *R.B.*, 22/1913, pp. 369-393, et 23/1914, pp. 37-59 et 344-372; — réédité in: *Recueil Edouard DHORME. Etudes Bibliques et Orientales* [abrév.: *RED*], (Paris, 1951), pp. 405-487 (et p. 766).
51 DHORME NOUV.TAB*	DHORME E. [P.], ,,Les nouvelles tablettes d'El-Amarna'', in *R.B.*, 33/1924, pp. 5-32; — réédité in: *Recueil Edouard DHORME*, (Paris, 1951), pp. 489-519 (et p. 766).
10 EBELING VERBUM**	EBELING E., *Das Verbum der El-Amarna-Briefe*, in coll. ,,Beiträge zur Assyriologie ...'', vol. 8/2, (Leipzig, 1910), pp. 39-79.
39 HARRIS CANAANIT*	HARRIS Z.S., *Development of the Canaanite Dialects. An investigation in linguistic history,* in coll. A.O.S., vol. 16, (New Haven, 1939), x + 108 pp. (et 1 Pl.).
66 JUCQUOIS PHONET*	JUCQUOIS G., *Phonétique comparée des dialectes moyens-babyloniens du Nord et de l'Ouest,* in coll. ,,Bibliothèque du Muséon'', vol. 53, (Louvain, 1966), 318 pp. (1 carte).
10 RANKE KEILSCHR.*	RANKE H., *Keilschriftliches Material zur altägyptischen Vokalisation,* in coll.: ,,(Anhang zu den) Abhandlungen der Königl. Preuss. Akademie der Wissenschaften zu Berlin'', (Berlin, 1910), 96 pp.
52 GAG 1 RV**	von SODEN W., *Grundriß der Akkadischen Grammatik* [abrév.: GAG], in coll. An. Or., vol. 33 (Rome, 1952), xxvii + 274 pp. (+ 51 pp. de paradigmes).
69 GAG S1 RV**	von SODEN W., *Ergänzungsheft zum G.A.G.,* in coll. An. Or., vol. 47 (Rome, 1969), viii + 35 pp.
50 MORAN SYNTACTIC*	MORAN W.L., *A Syntactical Study of the Dialect of Byblos as Reflected in the Amarna Tablets,* (Baltimore, 1950), [unpubl. doct. diss., J. Hopkins Univ.], 190 pp.

C. Grammaire, Phonétique, Syntaxe (suite)

Codage: Référence bibliographique

D. Chronologie et Histoire

Codage:	Référence bibliographique
64 CAMPBELL CHRON.*	CAMPBELL E.F., ,,*The Chronology of the Amarna Letters, with Special Reference to the Hypothetical Coregency of Amenophis III and Akhenaton,* (Baltimore, 1964), ix + 163 pp.
71 HELCK BEZIEHUNG*	HELCK W., *Beziehungen Ägyptens zu Vorderasien im 3. und 2. Jahrtausend v. Chr.,* in coll. ,,Ägypt. Abh.'', vol. 5, 2º éd. rev. et cpl. (Wiesbaden, 1971), ix + 611 pp., avec 13 cartes et 2 Pl. [*N.B.:* La 1ère édition (1962), moins complète, n'est pas indexée dans le présent ouvrage].
64 HORNUNG UNTERS.*	HORNUNG E., *Untersuchungen zur Chronologie und Geschichte des Neuen Reiches,* in coll. ,,Ägypt. Abh.'', vol. 11, (Wiesbaden, 1964), 121 pp.: [EA = chap. IX-XI (= pp. 63-94)].
74 KESTEMONT DIPL.*	KESTEMONT G., *Diplomatique et droit international en Asie Occidentale (1600-1200 av. J.C.),* in coll. P.I.O.L. (= Publications de l'Institut Oriental de Louvain), vol. 9, (Louvain, 1974), ix + 679 pp.
62 KITCHEN SUPPILU*	KITCHEN K.A., *Suppiluliuma and the Amarna Pharaohs. A Study in Relative Chronology,* in coll. ,,Liverpool Monographs in Archaeology and Oriental Studies'', vol. 5, (Liverpool, 1962), ix + 62 pp.
65 KLENGEL GESCH.1*	KLENGEL H., *Geschichte Syriens im 2. Jahrtausend v.u.Z.:* Teil 1 — *Nordsyrien,* in coll. ,,Deutsche Akad. der Wiss. zu Berlin, Institut für Orientforschung'', N° 40: vol. 1, (Berlin, 1965), xvi + 311 pp., et 2 cartes.
69 KLENGEL GESCH.2*	KLENGEL H., *idem:* Teil 2 — *Mittel- und Südsyrien,* vol. 2, (Berlin, 1969), xvi + 485 pp., et 1 carte.
69 KLENGEL GESCH.3*	KLENGEL H., *idem:* Teil 3 — *Historische Geographie und Allgemeine Darstellung,* vol. 3, (Berlin, 1969), xiv + 270 pp., et 6 cartes.
73 KUHNE CHRONOLOG*	KÜHNE C., *Die Chronologie der internationalen Korrespondenz von El-Amarna,* in coll. A.O.A.T., vol. 17, (Kevelaer/Neukirchen-Vluyn, 1973), vii + 174 pp., et 2 Pl.
55 MEER CHRONOLOGY*	MEER P. (VAN DER), *The Chronology of Ancient*

D. Chronologie et Histoire (suite)

Codage: Référence bibliographique

| | *Western Asia and Egypt, with a Synchronistic Table ...,* 2° éd. rév., (Leyde, 1955), 95 pp. et 4 Pl.: [EA = pp. 16-18]. |
| 67 REDFORD HISTORY | REDFORD D.B., *History and Chronology of the Eighteenth Dynasty of Egypt. Seven Studies,* (Toronto, 1967), xii + 235 pp. |

III. CARACTÉRISTIQUES

Les caractéristiques,
ou niveaux de traitement de la référence textuelle

Ces caractéristiques, ou indices de pondération, apportent une série de renseignements complémentaires au sujet de chaque citation textuelle, après vérification sur l'édition de référence [= KNUDTZON, in V.A.B., 2 (1915), et RAINEY, in A.O.A.T., vol. 8 (1970)], à l'aide d'une ou plusieurs lettres-sigles que voici:

A   B   C   D / G   +   R   E   C   EC   ?

En précisant ainsi la nature exacte et le niveau d'approfondissement du traitement attesté pour chacun des textes ou passages cités, cette rubrique permettra au chercheur d'opérer, s'il le désire, une première sélection parmi l'ensemble des références fournies.

Caractéristiques: A indique une *copie* (autographie) du texte cunéiforme, même lorsqu'il d'un seul signe (sauf en ce qui concerne les syllabaires).

B indique une *transcription,* littérale ou phonétique, du passage cité:
a) dans les ouvrages de référence, dès qu'il s'agit d'un mot isolé;
b) dans les autres études, uniquement à partir d'une expression (ou d'un seul mot lorsque celui-ci occupe one ligne entière du texte cité).

C indique une *traduction* du passage cité.

D indique un *commentaire,* ou même un début de commentaire, quelle que soit sa nature (philologique, syntaxique, thématique, historique, etc.); il apparaît cependant pour les ouvrages de référence, même si le commentaire immédiat n'est pas explicite: en effet, l'ensemble du paragraphe ou du vocable traité (par ex. pour les dictionnaires) constitue déjà un commentaire.

G (exclusif des indices A, B, C, D et R), indique une simple *mention* de la référence textuelle, telle qu'elle apparaît le plus fréquemment dans une liste de références, ou en tant que *renvoi* à une autre page, où le texte cité se trouve traité.

+ indique le traitement d'une *glose,* cananéenne ou autre (avec ou sans ,,Glosskeil'').

R indique une *restitution* de lecture, en principe pour un minimum de deux signes entiers dans le passage cité. Exceptionnellement pour une seule syllabe, lorsque celle-ci peut en modifier la valeur lexicale ou sémantique. Le sigle apparaît même lorsque la restitution proposée est identique à celle de l'édition de référence.

E indique une *erreur* de référence par l'ouvrage citant, établie après consultation de l'édition de référence.

•

C indique une *référence* incomplète de l'ouvrage citant, *complétée* par nos soins après consultation de l'édition de référence

EC indique une *erreur corrigée* par nos soins, après consultation de l'édition de référence

? indique un *élément d'incertitude* énoncé par l'ouvrage citant lui-même dans l'usage qui est fait de la citation indiquée. En principe, cet indice concerne l'ensemble du passage cité (par ex: interprétation incertaine, lacune, etc.), ou du moins le terme ou l'expression traités.

II° PARTIE:

INDEX DES OUVRAGES DE RÉFÉRENCE

par J.G. HEINTZ,

avec la collaboration de D. BAUER, A. MARX et L. MILLOT

NOTE:

Rappelons brièvement au lecteur les principes de présentation de cet *Index documentaire*. Comme il est indiqué dans l'Introduction (supra, pp. XIX – XXXIV), chaque page de l'Index, établi en „listing" par l'ordinateur, comporte trois zones:

- lère zone (colonne de gauche): „TEXTES CITÉS", selon le codage EA + N° (cf. pp. XIX - XX) ou EA HC (cf. pp. XX - XXIII);
- 2ème zone (colonne centrale): „ OUVRAGES CITANTS", selon le codage indiqué aux pp. XXVI – XXXII;
- 3ème zone (colonne de droite): „ CARACTÉRISTIQUES", selon les sigles indiqués aux pp. XXXIII – XXXIV.

```
I                                       C I T A T I O N S                      I
I      T E X T E S             ------------------------------------------------ I
I                              DATE,  OUVRAGE, PAGES, NOTES   CARACTERIST.       I
I      ----------------------  ----------------------------   ------------       I
I                                                                                I
I EA   1                                                                         I
I ******                                                                         I
I      1-379              65 KLENGEL GESCH.1   6            D    C   I
I      :   :                 -                40            D    C   I
I      :   :              70 KLENGEL GESCH.3   4            D    C   I
I      1-377              69 KLENGEL GESCH.2   9-10   11    G        I
I      1-358              10 RANKE KEILSCHR.   4       1    D        I
I      :   :              15 KNUDTZ.CR/DELI. 163-165       D    C   I
I      :   :              15 KNUDTZ.CR/MEIS 1514-1517      D    C   I
I      :   :              15 KNUDTZ.CR/UNGN. 180-187       D    C   I
I      :   :              39 HARRIS CANAANIT  26           G    C   I
I      :   :              64 CAMPBELL CHRON.   79-80   29   G        I
I      :   :              70 RAINEY CR/CAPLI 474          G    C   I
I      :   :              70 RAINEY CR/EDZAR 123          G    C   I
I      :   :              70 RAINEY CR/KLENG 261          G    C   I
I      :   :              70 RAINEY CR/ROBER  30          G    C   I
I      :   :              70 RAINEY CR/ROLLI 122          G    C   I
I      :   :              70 RAINEY CR/STOL   72          G    C   I
I      :   :              70 RAINEY CR/TOURN 471          G    C   I
I      :   :              70 RAINEY CR/1MILL 594          G    C   I
I      :   :              70 RAINEY CR/2MILL 125          G    C   I
I      :   :              73 KUHNE CHRONOLOG   3       13   G        I
I      1- 99             66 JUCQUOIS PHONET  52           D        I
I      1- 43             64 CAMPBELL CHRON.   37-65       D    C   I
I      1- 16             67 REDFORD HISTORY 148           D        I
I      1- 14             64 CAMPBELL CHRON.   38          D        I
I      :   :             73 KUHNE CHRONOLOG   49-75       D        I
I      1- 11                -               125      A2   D        I
I      1-  5             62 KITCHEN SUPPILU   39          D        I
I      :   :             64 CAMPBELL CHRON.   44-45       D    C   I
I      :   :                -               134      1B   D        I
I      :   :             71 HELCK BEZIEHUNG 351      82   D        I
I      :   :             73 KUHNE CHRONOLOG   54     257   D        I
I      1-  4             64 HORNUNG UNTERS.   63          D        I
I      1-  3             73 KUHNE CHRONOLOG   49          D        I
I      1                09 BOHL SPRACHE      17       7C  D        I
I      :                   -                18       8B  D        I
I      :                   -                21       9D  D        I
I      :                   -                27      15A  D        I
I      :                   -                78      36C  D        I
I      :                66 JUCQUOIS PHONET  33           D        I
I      :                   -               131           D        I
I      :                69 KLENGEL GESCH.2 341           D        I
I      :                71 HELCK BEZIEHUNG 348           D        I
I      :                73 KUHNE CHRONOLOG   10       42  D        I
I      :                   -                45      209  D        I
I      :                   -                51-53       D        I
I      :                   -                53      246  D        I
I      :                   -                91          D        I
I      :                   -               126      625  D        I
I      :                   -               135          D        I
I      :                   -               136          D        I
I      :                75 MORAN SYRIAN SC 164       64  D        I
I      1      1-  3     64 CAD 1A RV**     200-B         D    C   I
I      :      1-  2     71 HELCK BEZIEHUNG 475       3   D    C   I
I      :      1         15 KNUDTZON EL-AM 1001/1   60A A      C   I
I      :      :         73 KUHNE CHRONOLOG   49     228  b D    C   I
I      1      2, 3         -               138           D        I
```

TEXTES		CITATIONS DATE, OUVRAGE, PAGES, NOTES			CARACTERIST.
1	2	10 RANKE KEILSCHR.	14		B D
:	:	73 KUHNE CHRONOLOG	18	79	B D
:	:	-	52	241	D
:	:	-	136		D
:	:	-	137	675	D
1	5	71 AHW R RV**	934-B		B D
1	6, 9	09 BOHL SPRACHE	6	3H	B D
:	6	73 KUHNE CHRONOLOG	139	684	D
1	10- 15	-	51	236	D
:	10, 11	-	136		D
:	10	66 JUCQUOIS PHONET	244		BCD
:	:	73 KUHNE CHRONOLOG	51	236	B
1	11-	-	23	110	D
:	11	10 EBELING VERBUM	61	12	BCD
:	:	15 KNUDTZON EL-AM	1587		G
:	:	59 AHW A RV**	85-A		B
:	:	65 CAD B RV**	363-B		BCD
:	:	68 CAD 2A RV**	472-B		B D
:	:	73 KUHNE CHRONOLOG	10	42	D
:	:	-	52	239	BCD
:	:	-	91	458	D
1	12- 14	-	52	241	D
:	12- 13	64 CAD 1A RV**	171-B		BCD C
:	12	64 HORNUNG UNTERS.	63		D
:	:	68 CAD 2A RV**	454-A		BCD
:	:	73 KUHNE CHRONOLOG	52	240	D
:	:	-	54	257	D
:	:	-	67	319	D
1	13	09 BOHL SPRACHE	30	19C	BCD
:	:	10 EBELING VERBUM	53	7/3A	BCD
:	:	73 KUHNE CHRONOLOG	137		D
:	:	77 CAD 1M RV**	196-A		BCD
1	14- 15	-	423-A		B D C
:	14, 17	73 KUHNE CHRONOLOG	136		D
:	14	10 EBELING VERBUM	53	7/3A	BCD
1	15- 22	73 KUHNE CHRONOLOG	53	245	D
:	15- 16	60 CAD IJ RV**	24-A		BCD C
:	: :	71 CAD K RV**	121-B		BCD C
:	: :	77 CAD 1M RV**	408-A		BCD C
:	15	09 BOHL SPRACHE	19	8D	B D
:	:	63 AHW K RV**	432-A		BCD
:	:	66 JUCQUOIS PHONET	266		B D
:	:	67 SYL. 2 RV**	45	231	B D C
:	:	70 RAINEY CR/STOL	73		D C
:	:	73 KUHNE CHRONOLOG	51	234	D
:	:	-	53	245	B D
:	:	75 MORAN AMARNA GL	156		B D R
1	16- 17	59 CAD D RV**	5-B		BCD
:	16, 17	60 CAD IJ RV**	31-B		B D C
:	16	66 JUCQUOIS PHONET	281		BCD
:	:	73 KUHNE CHRONOLOG	10	42	D
:	:	-	138		D
1	17	09 BOHL SPRACHE	24	11C	BCD ?
:	:	15 KNUDTZON EL-AM	1001/2	60G	A C
:	:	66 AHW M RV**	640-A		B D
:	:	71 CAD K RV**	121-B		BCD C
1	18- 19	15 KNUDTZ.CR/UNGN.	181		CD C
:	: :	73 KUHNE CHRONOLOG	51	235	D
:	18-	-	107	527	G

I	TEXTES			C I T A T I O N S					I
I				DATE, OUVRAGE, PAGES, NOTES			CARACTERIST.		I
I	1	18	15	KNUDTZON EL-AM	1001/3	61H	A	C	I
I	:	:	15	KNUDTZ.CR/UNGN.	181		B D		I
I	:	:	71	HELCK BEZIEHUNG	441		B D		I
I	:	:	72	AHW R RV**	979-B		G		I
I	:	:	73	KUHNE CHRONOLOG	53	245	BCD		I
I	1	19	72	AHW R RV**	977-B		B		I
I	:	:	73	KUHNE CHRONOLOG	53	245	CD		I
I	:	:		-	119	599	D		I
I	1	20	10	EBELING VERBUM	52	7/3A	BCD	?	I
I	:	:	66	JUCQUOIS PHONET	244		BCD		I
I	:	:	71	AHW Q RV**	915-B		G		I
I	:	:	73	KUHNE CHRONOLOG	136		D		I
I	1	21		-	10	42	B D		I
I	1	22- 40	71	HELCK BEZIEHUNG	437		D	C	I
I	:	22-	73	KUHNE CHRONOLOG	53	247	D		I
I	:	22	60	CAD IJ RV**	292-B		BCD	R	I
I	1	24	09	BOHL SPRACHE	51	28H	B D		I
I	:	:	73	KUHNE CHRONOLOG	10	44	B D		I
I	1	25		-	136		D		I
I	1	26- 32		-	52	241	D		I
I	:	26-		-	51	235	D		I
I	:	26, 32		-	10	42	D		I
I	:	26	09	BOHL SPRACHE	76	35E	BCD		I
I	1	27		-	75	35A	B D		I
I	1	28- 29	65	CAD B RV**	190-A		BCD	C	I
I	:	: :	68	CAD 2A RV**	14-B		BCD	C	I
I	:	28	73	KUHNE CHRONOLOG	10	42	D		I
I	:	:		-	136		B D	R	I
I	1	29, 31	60	CAD IJ RV**	24-A		B D		I
I	1	30, 31	73	KUHNE CHRONOLOG	136		D		I
I	:	30	09	BOHL SPRACHE	71	34C	BCD		I
I	:	:	65	AHW K RV**	474-B		B D	?	I
I	:	:	71	CAD K RV**	351-A		BCD		I
I	:	:	73	KUHNE CHRONOLOG	138		D		I
I	1	31- 32	60	CAD IJ RV**	31-B		BCD	C	I
I	:	31	10	EBELING VERBUM	45	5/1A	BCD		I
I	1	32- 33	71	CAD K RV**	121-B		BCD	C	I
I	:	: :	73	KUHNE CHRONOLOG	53	245	D		I
I	:	32, 34		-	138		D		I
I	:	32	10	EBELING VERBUM	42	1/5	BCD	R	I
I	:	:		-	50	6/2A	BCD		I
I	:	:	15	KNUDTZON EL-AM	1001/4	62D	A	C	I
I	:	:	66	AHW M RV**	640-A		G		I
I	:	:	77	CAD 1M RV**	215-A		BCD		I
I	1	33, 37	73	KUHNE CHRONOLOG	51	234	D		I
I	:	33	09	BOHL SPRACHE	17	7C	B D		I
I	:	:	63	AHW K RV**	432-A		G		I
I	:	:	70	RAINEY CR/STOL	73		D	C	I
I	:	:	71	CAD K RV**	471-B		B D		I
I	:	:	73	KUHNE CHRONOLOG	53	245	B D		I
I	:	:	75	MORAN AMARNA GL	156		B D	R	I
I	1	34	59	AHW A RV**	52-B		B		I
I	:	:	68	CAD 2A RV**	132-B		BCD		I
I	:	:	73	KUHNE CHRONOLOG	54	252	D		I
I	1	35, 37		-	10	42	D		I
I	:	35	10	EBELING VERBUM	44	4/3	BCD		I
I	:	:	15	KNUDTZON EL-AM	1585		C		I
I	:	:	66	JUCQUOIS PHONET	187		BCD		I
I	:	:	70	RAINEY TABLETS	73		B D		I

I		TEXTES		CITATIONS				CARACTERIST.	I
I				DATE, OUVRAGE, PAGES, NOTES					I
I	1	35		73 KUHNE CHRONOLOG	53	247	БCD	R	I
I	:	:		-	138	683	D		I
I	1	37- 45		-	52	241	D		I
I	:	37- 39		-	88	442	D		I
I	:	:	:	-	136		D		I
I	:	:	:	77 CAD 2M RV**	273-A		БCD	C	I
I	:	37, 39		09 BOHL SPRACHE	73	34L	БCD		I
I	:	:	:	77 CAD 2M RV**	84-B		БCD		I
I	:	37		10 EBELING VERBUM	65	14	BCD		I
I	:	:		73 KUHNE CHRONOLOG	53	245	B D		I
I	1	38, 39		-	136		D		I
I	:	38		-	6	34F	D		I
I	:	:		-	138		D		I
I	1	39- 40		77 CAD 1M RV**	262-B		БCD	C	I
I	:	39		69 KLENGEL GESCH.2	341		D		I
I	:	:		-	345		D		I
I	1	40, 42		10 EBELING VERBUM	44	4/3	БCD		I
I	:	:	:	66 JUCQUOIS PHONET	187		БCD		I
I	:	:	:	73 KUHNE CHRONOLOG	10	42	D		I
I	:	40		71 AHW Q RV**	919-A		G		I
I	:	:		71 CAD K RV**	351-A		C	C	I
I	:	:		77 CAD 1M RV**	214-B		Б D		I
I	1	41		09 BOHL SPRACHE	71	34C	BCD		I
I	:	:		65 AHW K RV**	474-B		Б D	?	I
I	:	:		71 AHW P RV**	859-B		Б		I
I	:	:		71 CAD K RV**	351-A		БCD		I
I	:	:		73 KUHNE CHRONOLOG	138		D		I
I	1	42- 43		-	53	245	Б D		I
I	:	42, 43		-	51	234	D		I
I	1	43- 44		71 CAD K RV**	302-A		БCD	C	I
I	:	43-		73 KUHNE CHRONOLOG	53	247	D		I
I	:	43		09 BOHL SPRACHE	19	8D	B D		I
I	:	:		10 EBELING VERBUM	53	7/3A	БCD		I
I	:	:		66 JUCQUOIS PHONET	266		Б D		I
I	:	:		67 SYL. 2 RV**	45	231	Б D	C	I
I	1	44		09 BOHL SPRACHE	30	18E	БCD		I
I	:	:		63 AHW K RV**	464-B		Б		I
I	:	:		66 AHW M RV**	599-B		BCD		I
I	:	:		73 KUHNE CHRONOLOG	52	241	CD		I
I	:	:		77 CAD 1M RV**	189-B		БCD		I
I	1	45		10 EBELING VERBUM	63	14	BCD	?	I
I	1	46		10 RANKE KEILSCHR.	7		B D	EC	I
I	:	:		-	70		B D	+ EC	I
I	1	47		73 KUHNE CHRONOLOG	138		D		I
I	1	48		65 CAD B RV**	190-B		Б D		I
I	1	49		71 AHW Q RV**	894-A		Б D		I
I	1	50		73 KUHNE CHRONOLOG	136		D		I
I	1	52- 62		-	51	237			I
I	1	53- 55		71 HELCK BEZIEHUNG	351		CD	C	I
I	:	53		15 KNUDTZON EL-AM	1001/5	64B	A	C	I
I	:	:		-	1587		G		I
I	:	:		59 AHW A RV**	85-A		B		I
I	:	:		68 CAD 2A RV**	472-B		BCD		I
I	:	:		73 KUHNE CHRONOLOG	51	237	B D	R	I
I	1	54		59 CAD D RV**	5-B		B D		I
I	:	:		68 CAD 2A RV**	454-A		БCD	R	I
I	1	55- 56		71 CAD K RV**	351-A		Б D	C	I
I	:	55		09 BOHL SPRACHE	28	15E	БCD		I
I	1	56- 57		73 CAD L RV**	193-B		B D	R C	I

	TEXTES			DATE, OUVRAGE, PAGES, NOTES			CARACTERIST.			
1	56-	57	73 KUHNE CHRONOLOG	51	237	B D		C		
:	:	:	77 CAD 2M RV**	84-B		B D	R C	?		
:	56		09 BOHL SPRACHE	18	8B	B D				
:	:		-	73	34L	BCD				
:	:		65 AHW K RV**	474-B			G		?	
:	:		73 KUHNE CHRONOLOG	51	234	D				
:	:		-	52	241	D				
1	57		65 AHW L RV**	558-B			G			
1	58		10 EBELING VERBUM	63	14	BCD				
:	:		72 AHW R RV**	961-B			G			
1	59-	61	15 KNUDTZON EL-AM 1585			CD			?	
:	59-	60	09 BOHL SPRACHE	75	35A	B D		C		
:	59,	65	73 KUHNE CHRONOLOG 138			D				
:	59		66 JUCQUOIS PHONET 131			BCD				
1	60		10 EBELING VERBUM	50	6/2A	BCD				
:	:		71 CAD K RV**	280-A		BCD				
1	61-	62	65 AHW L RV**	558-B		B D	R C			
:	:	:	72 AHW R RV**	961-A		B D	R C			
:	:	:	73 CAD L RV**	206-B		BCD	R C			
:	61,	66	73 KUHNE CHRONOLOG 138			D				
:	61		15 KNUDTZON EL-AM 1001/6		64F	A		C		
:	:		52 GAG S1 RV**	11	59A	BCD				
:	:		70 RAINEY TABLETS	76		B D				
:	:		73 KUHNE CHRONOLOG	10	42	D				
1	62-	63	58 CAD E RV**	419-A		BCD		C		
:	:	:	73 KUHNE CHRONOLOG	52-53	244	D				
:	62,	66	-	136		D				
:	62		73 CAD L RV**	193-B		D				
1	63		10 EBELING VERBUM	40	1/3	BCD				
:	:		60 AHW E RV**	268-A		D				
1	64,	66	73 KUHNE CHRONOLOG	11	45	BCD				
:	64,	65	09 BOHL SPRACHE	24	11D	BCD				
:	:	:	-	31	20C		G			
:	64		-	71	33Q	BCD				
:	:		59 AHW A RV**	87-A		B				
:	:		65 CAD B RV**	247-B		BCD				
:	:		68 CAD 2A RV**	493-B		BCD				
:	:		73 KUHNE CHRONOLOG	53	245	B D				
1	65-	66	68 CAD 2A RV**	148-A		BCD		C		
:	:	:	-	493-A		BCD		C		
:	:	:	71 CAD K RV**	355-A		BCD		C		
:	65,	68	62 CAD 'S RV**	89-A		C		C		
:	65		10 EBELING VERBUM	55	7/3A	BCD				
:	:		59 AHW A RV**	22-B		BC				
:	:		66 JUCQUOIS PHONET 266			B D				
:	:		68 CAD 2A RV**	138-B		BCD				
:	:		70 RAINEY TABLETS	59		BCD				
1	66-	77	73 KUHNE CHRONOLOG	51		D				
:	:	:	-	53	245	D				
:	66-	67	62 CAD 'S RV**	89-A		BCD		C		
:	:	:	71 CAD K RV**	319-B		BCD		C		
:	:	:	74 AHW 'S RV**	1080-A		B D		C		
:	66		70 RAINEY TABLETS	78		B D				
1	67-	68	73 KUHNE CHRONOLOG	52	242	D				
:	:	:	77 CAD 2M RV**	74-B		B D		C		
:	67		10 EBELING VERBUM	51	6/2A	BCD				
1	68,	69	-	51	6/2A	BCD				
:	68		09 BOHL SPRACHE	24	11C	B D				
:	:		73 KUHNE CHRONOLOG	52	242	C				

```
I                                  C I T A T I O N S             I
I        T E X T E S        ------------------------------------ I
I                           DATE,  OUVRAGE, PAGES, NOTES  CARACTERIST.  I
I        -----------------  ------------------------------ --------- I
I        1    69           09 BOHL SPRACHE      27    15B    D        I
I        :    :            77 CAD 2M RV**      175-A        B D    R  I
I        1    70           09 BOHL SPRACHE      11    4F    B D       I
I        :    :            10 EBELING VERBUM    66    16    BCD       I
I        :    :            71 CAD  K RV**       91-A        B D       I
I        :    :            71 HELCK BEZIEHUNG  402   203     D        I
I        :    :            77 CAD 2M RV**       77-A        BCD       I
I        1    71           10 EBELING VERBUM    50   6/2A   BCD       I
I        :    :            65 AHW  K RV**      495-A         G        I
I        :    :            71 CAD  K RV**      469-B        B D       I
I        1    72- 73       60 CAD IJ RV**      282-A        BCD    R C I
I        :    :   :        64 CAD 1A RV**      323-B        BCD      C I
I        :    :   :        73 MORAN DUAL PRON  52-53        BCD       I
I        :    72           09 BOHL SPRACHE      24    11D   B D       I
I        :    :            10 EBELING VERBUM    67    16    BCD       I
I        :    :            63 AHW  I RV**      401-A        BCD       I
I        :    :            73 KUHNE CHRONOLOG   10    42     D        I
I        :    :            74 RAINEY EA NOTES  304          B D       I
I        :    :            76 ADLER AKKADISCH  170     2    B D       I
I        1    73, 74       70 RAINEY TABLETS    77          B D       I
I        :    :   :        72 AHW  S RV**     1031-A        BCD       I
I        1    74           09 BOHL SPRACHE      28    15E   BCD       I
I        :    :            60 CAD IJ RV**      282-A        BCD      C I
I        :    :            64 CAD 1A RV**      323-B        B D       I
I        :    :            73 KUHNE CHRONOLOG   51   234    BCD       I
I        :    :                 -             136           D        I
I        1    75- 77                           51   235    D        I
I        1    76, 82       63 AHW  K RV**      437-B        B D       I
I        :    76           64 CAD 1A RV**      262-B        BCD    R  I
I        :    :            73 KUHNE CHRONOLOG   26   117     D        I
I        1    77                 -             10    42    B D       I
I        1    78-                -             52   243     D        I
I        1    79, 83             -            136           D        I
I        :    79, 81       66 JUCQUOIS PHONET 244          BCD       I
I        1    80, 87       73 KUHNE CHRONOLOG 136           D        I
I        :    80, 86             -             10    42     D        I
I        :    80           10 EBELING VERBUM    53   7/3A   BCD       I
I        :    :            59 AHW  B RV**      102-B        B        I
I        :    :            62 CAD 'S RV**      231-A        BCD       I
I        :    :            65 CAD  B RV**       82-A        BCD       I
I        :    :            73 KUHNE CHRONOLOG   52   243    CD        I
I        :    :                 -             138           D        I
I        :    :            74 AHW 'S RV**     1109-A         G        I
I        :    :            75 MORAN AMARNA GL 152          BCD       I
I        1    81- 82       64 CAD 1A RV**      262-B        B D    C  I
I        :    81           09 BOHL SPRACHE      28    15E   BCD       I
I        :    :            60 CAD IJ RV**      323-B        BCD       I
I        :    :            65 AHW  K RV**      495-A         G        I
I        :    :            68 CAD 2A RV**       32-A        BCD       I
I        :    :            71 CAD  K RV**      469-B        BCD       I
I        1    82- 85       15 KNUDTZON EL-AM 1585          CD     ? I
I        :    :   :        56 CAD  H RV**      244-B        BCD    C  I
I        :    82- 83       60 CAD IJ RV**       30-B        BCD    C  I
I        :    82           62 AHW  H RV**      357-B         G        I
I        :    :            73 KUHNE CHRONOLOG   52   243    B D       I
I        1    83           09 BOHL SPRACHE      18    8B    B D       I
I        :    :                 -              72   34D    BCD       I
I        :    :            10 EBELING VERBUM    61    12    BCD       I
I        :    :            66 JUCQUOIS PHONET 264          BCD       I
```

```
I                                      C I T A T I O N S                     I
I        T E X T E S          -------------------------------------------    I
I                             DATE, OUVRAGE, PAGES, NOTES  CARACTERIST.       I
I        ----------------     ----------------------------  ------------     I
I      1    83           73 KUHNE CHRONOLOG  52     243     CD               I
I      :    :            77 CAD 2M RV**      94-A           BCD              I
I      1    84- 85       68 CAD 2A RV**      514-A          BCD              I
I      :    84           09 BOHL SPRACHE     27      15C    B D              I
I      1    85- 86       58 CAD  E RV**      1-A            BCD      C        I
I      :    85           09 BOHL SPRACHE     27      15B    D                I
I      :    :                 -              72      34F    B D              I
I      :    :            60 AHW  E RV**      180-A          D                I
I      1    86- 88       73 MORAN DUAL PRON  52-53          BCD              I
I      :    86- 87       68 CAD 2A RV**      132-B          BCD      C        I
I      :    :    :       73 KUHNE CHRONOLOG  53      245    D                I
I      :    86, 87       70 RAINEY TABLETS   77             B D              I
I      :    86           72 AHW  S RV**      1029-A         B                I
I      :    :            73 MORAN DUAL PRON  50             B D              I
I      :    :                 -              53             D        C        I
I      :    :            77 CAD 1M RV**      262-B          BCD              I
I      1    87- 88       68 CAD 2A RV**      370-371        BCD      C        I
I      :    87           59 AHW  A RV**      52-B           B                I
I      :    :            72 AHW  S RV**      1031-A         B D              I
I      :    :            73 KUHNE CHRONOLOG  52      243    BCD              I
I      1    88           09 BOHL SPRACHE     69      33C    B D              I
I      1    90, 97       73 KUHNE CHRONOLOG 138             D                I
I      :    90, 92       64 CAD 1A RV**      189-A          BCD              I
I      :    :    :       73 KUHNE CHRONOLOG  52      243    B D              I
I      :    90           10 EBELING VERBUM   45      5/1A   BCD              I
I      :    :                 -              74      24     BCD              I
I      1    91           09 BOHL SPRACHE     71      34C    BCD              I
I      :    :            10 EBELING VERBUM   67      17/1   BCD              I
I      :    :            65 AHW  K RV**      474-B                 G      ?   I
I      :    :            71 CAD  K RV**      351-A          B D              I
I      1    92- 94       58 CAD  E RV**      89-B           BCD      E        I
I      :    92- 93       68 CAD 2A RV**      132-B          D                I
I      :    92, 93       59 AHW  A RV**      52-B           B                I
I      1    96           15 KNUDTZ.CR/UNGN.  181            D                I
I      :    :            71 HELCK BEZIEHUNG  441            B D              I
I      1    97- 98       61 CAD  Z RV**      1-A            BCD      R C ?    I
I      :    97           62 CAD 'S RV**      231-A          D                I
I      :    :            70 RAINEY TABLETS   85             B D              I
I      :    :            74 AHW 'S RV**      1109-A                 G         I
I      1    98           15 KNUDTZON EL-AM 1001/7  66L A            C        I
I      :    :            71 HELCK BEZIEHUNG  401            D                I
I      :    :            73 KUHNE CHRONOLOG 138             D                I
I                                                                            I
I EA   2                                                                     I
I ******                                                                     I
I      2- 12            09 BOHL SPRACHE      17      7C     D                I
I      2-  4            66 JUCQUOIS PHONET   33             D                I
I      2               67 REDFORD HISTORY   149            D                I
I      :               73 KUHNE CHRONOLOG   53             D                I
I      :                    -               55             D                I
I      :                    -               56             D                I
I      :                    -               56      269    D                I
I      :                    -               59             D                I
I      2    1          10 RANKE KEILSCHR.   15       1     B D              I
I      2    2          15 KNUDTZON EL-AM 1001/8  66M A            C        I
I      :    :               -              1585            B        R        I
I      :    :          73 KUHNE CHRONOLOG   49      228    B D      C        I
I      2    3-  4      59 CAD  D RV**       91-92          BCD      R C      I
I      :    3,  5      59 AHW  D RV**       160-B          B                I
```


```
I                                        C I T A T I O N S                    I
I      T E X T E S                  ---------------------------------------   I
I                                   DATE,  OUVRAGE, PAGES, NOTES  CARACTERIST. I
I      ----------------------       -----------------------------  ---------- I
I        2      5           56 CAD   G RV**      4-A        BCD   R            I
I        :      :           59 CAD   D RV**      91-92      BCD   R            I
I        :      :           75 MORAN SYRIAN SC 149   N.125 AB D        C      I
I        2      6- 11       73 KUHNE CHRONOLOG 121      615     D      EC      I
I        :      6-  7        -              55      263  BCD   R    ?          I
I        2      7-  9       64 CAMPBELL CHRON.  44             D              I
I        :      7           10 EBELING VERBUM   50    6/2A BCD               I
I        :      :            -              75      24   BCD               I
I        :      :           15 KNUDTZ.CR/UNGN. 181            B D             I
I        :      :           65 AHW   L RV**    521-A          B              I
I        :      :           73 KUHNE CHRONOLOG  55      265  B D             I
I        2      8- 10        -              55      264   D                  I
I        :      8           09 BOHL SPRACHE    11      5B  B D             I
I        :      :           15 KNUDTZON EL-AM 1585          G              I
I        :      :           66 AHW   M RV**    614-B        B              I
I        :      :           66 JUCQUOIS PHONET 183          BCD             I
I        :      :           73 KUHNE CHRONOLOG  55      267   D              I
I        :      :           77 CAD 1M RV**     301-B         D              I
I        2      9           61 CAD   Z RV**     95-B        BCD             I
I        2      12          15 KNUDTZ.CR/UNGN. 181          BC    R         I
I        2      24          15 KNUDTZON EL-AM 1585          CD             I
I        2      35           -            1585          CD             I
I        2     '5- '7       71 HELCK BEZIEHUNG 381         D      C        I
I        :     '5           56 CAD   H RV**     89-A        BCD   R    ?     I
I        2     '8           71 HELCK BEZIEHUNG 388     109  BCD             I
I        :     :           73 KUHNE CHRONOLOG  67      319   D         ?    I
I                                                                           I
I EA   3                                                                    I
I ******                                                                    I
I        3                  73 KUHNE CHRONOLOG  49      223   D             I
I        :                   -              53-55        D             I
I        :                   -              54      256   D             I
I        :                   -              55      266   D             I
I        :                   -              59            D             I
I        :                   -              59      287   D             I
I        3      1-  2       64 CAD 1A RV**     200-B        D      C        I
I        :      1           10 RANKE KEILSCHR.  15          B D             I
I        :      :           73 KUHNE CHRONOLOG  49      225   D             I
I        3      2            -              49      228  B D     C        I
I        3      3            -              49      223   D    R C        I
I        3      6           59 CAD   D RV**     92-A         D             I
I        3      7-  8       62 CAD  'S RV**    231-A        BCD     C      I
I        :      :   :       73 KUHNE CHRONOLOG  39            D             I
I        :      :   :        -              49      223   D             I
I        :      :   :        -              54      250   D             I
I        :      7           09 BOHL SPRACHE    27      15C BCD             I
I        :      :           15 KNUDTZ.CR/UNGN. 181          B D     R       I
I        :      :            -              186          G             I
I        :      :           59 AHW   A RV**     23-A        B              I
I        :      :           64 CAD 1A RV**     217-A        BCD             I
I        :      :           73 KUHNE CHRONOLOG  52      239   D             I
I        :      :           74 AHW  'S RV**   1109-A         G             I
I        :      :           74 RAINEY EA NOTES 300          B D             I
I        :      :           75 MORAN SYRIAN SC 163      52  BCD             I
1        3      8           61 CAD   Z RV**    112-A        BCD             I
I        :      :           68 CAD 2A RV**     47-48        BCD             I
I        :      :           71 AHW   R RV**    939-A        B D             I
I        :      :           71 HELCK BEZIEHUNG 171          D             I
I        :      :           73 CAD   L RV**    134-A        BCD             I
```

TEXTES		CITATIONS					CARACTERIST.
		DATE,	OUVRAGE,	PAGES,	NOTES		
3	8	76	AHW >S RV**	1224-B		B D	
3	9- 12	73	KUHNE CHRONOLOG	54	252	D	
:	: :	-		54	257	D	
:	9- 10	71	CAD K RV**	97-A		BCD	C
:	9-	73	KUHNE CHRONOLOG	92	463	D	
:	9	09	BOHL SPRACHE	31	20B	BCD	
:	:	-		79	36D	BCD	
:	:	66	JUCQUOIS PHONET	247		BCD	
3	10- 11	71	CAD K RV**	281-B		BCD	C
:	10, 14	09	BOHL SPRACHE	67	32N	D	
:	10	56	CAD H RV**	75-B		BCD	
:	:	66	AHW M RV**	573-B		B	
:	:	73	KUHNE CHRONOLOG	120	606	D	
:	:	77	CAD 1M RV**	22-B		B D	
3	11	09	BOHL SPRACHE	79	36D	D	
:	:	63	AHW K RV**	461-A		B D	
:	:	65	CAD B RV**	82-A		D	
3	12	52	GAG 1 RV**	102	78E	BCD	
3	13- 20	73	KUHNE CHRONOLOG	54	253	D	
:	13- 17	-		54	252	D	
:	13- 15	71	HELCK BEZIEHUNG	436		D	C
:	13- 14	71	CAD K RV**	97-A		BCD	C
:	13-	73	KUHNE CHRONOLOG	121	609	D	
3	14, 18	64	HORNUNG UNTERS.	64		D	
:	: :	73	KUHNE CHRONOLOG	126	625	D	
:	14, 15	52	GAG 1 RV**	193	138I	BCD	
:	14	64	CAMPBELL CHRON.	44		BCD	
:	:	64	HORNUNG UNTERS.	67	26	D	
:	:	67	REDFORD HISTORY	166	329	D	
:	:	73	KUHNE CHRONOLOG	144	720	D	
3	15- 17	62	CAD 'S RV**	$59-B		BCD	C
:	15, 21	73	KUHNE CHRONOLOG	71	347	D	
:	15	58	CAD E RV**	196-A		BCD	
:	:	60	AHW E RV**	227-A		BC	
:	:	71	CAD K RV**	245-246		BCD	
:	:	-		322-B		BCD	
:	:	71	HELCK BEZIEHUNG	381		D	
3	16- 17	77	CAD 1M RV**	262-B		BCD	C
:	16, 17	68	CAD 2A RV**	14-B		BCD	C
:	16	71	HELCK BEZIEHUNG	438		B D	
3	17	70	RAINEY TABLETS	78		B D	
:	:	74	AHW 'S RV**	1074-A		B D	
3	20, 22	73	KUHNE CHRONOLOG	54	252	BCD	
:	20	15	KNUDTZ.CR/UNGN.	181		B D	
:	:	77	AHW >S RV**	1268-A		B D	
3	21- 22	73	KUHNE CHRONOLOG	54	252	D	
3	22	77	AHW >S RV**	1268-A		D	
3	23- 34	73	KUHNE CHRONOLOG	55	259	D	
:	23- 31	-		49	223	D	
:	: :	-		54	253	D	
3	26	-		55	258	D	
:	:	77	AHW T RV**	1351-B		B D	
3	30- 31	73	KUHNE CHRONOLOG	55	259	B D	R ?
:	30	68	CAD 2A RV**	48-A		B D	R
:	:	71	HELCK BEZIEHUNG	348		CD	R C
3	32	15	KNUDTZON EL-AM	1585		B D	R
:	:	71	HELCK BEZIEHUNG	374		D	
3	33	77	AHW >S RV**	1268-A		D	
3	58	10	EBELING VERBUM	40	1/3	BCD	E

```
-----------------------------------------------------------------------
I                              C I T A T I O N S                      I
I      T E X T E S      ------------------------------------------     I
I                       DATE,  OUVRAGE, PAGES, NOTES  CARACTERIST.     I
I      ----------------------  ----------------------  ------------    I
I                                                                     I
I EA   4                                                              I
I ******                                                              I
I     4              67 REDFORD HISTORY 149              D            I
I     :              73 KUHNE CHRONOLOG  49              D            I
I     :                 -               49    227        D            I
I     :                 -               52    239        G            I
I     :                 -               55-59            D            I
I     :                 -               56    269        D            I
I     :                 -               56    270        D            I
I     :                 -               58    279        D            I
I     :                 -               67    322        G            I
I     :                 -               72              D             I
I     :                 -               72    356        D            I
I     :                 -               92    466        D            I
I     :                 -              121              D             I
I     :                 -              176-A            D          ?  I
I     :                 -              176-B            D          ?  I
I     4    4-  7        -               57    276        D            I
I     :    4-           -               72    355        D            I
I     4    5         09 BOHL SPRACHE     1     1B   B D               I
I     :    :         15 KNUDTZ.CR/UNGN. 181-182     AB D     R        I
I     4    6-  7     62 KITCHEN SUPPILU  34     2   CD                I
I     :    :  :      69 KLENGEL GESCH.2 345          D                I
I     :    :  :      71 HELCK BEZIEHUNG 337         CD          C     I
I     :    :  :         -              474     2    CD          C     I
I     :    :  :      73 KUHNE CHRONOLOG  56    268   D                I
I     :    6         69 AHW  P RV**     817-B       B D               I
I     4    7         09 BOHL SPRACHE     30    19C  BCD               I
I     :    :         67 AHW  N RV**     703-A        B                I
I     :    :         77 CAD 1M RV**     196-A       B D               I
I     4    8         65 AHW  L RV**     549-B          G              I
I     :    :         68 CAD 2A RV**     504-A       BCD               I
I     :    :         71 CAD  K RV**     323-B       B D               I
I     :    :         73 CAD  L RV**     171-B        D                I
I     :    :         75 MORAN SYRIAN SC 148    N.74 AB D       C      I
I     4    9         77 CAD 1M RV**     214-B       B D     R         I
I     4    10- 13    73 KUHNE CHRONOLOG  58    283   D                I
I     :    10, 17    68 CAD 2A RV**     138-A       B D               I
I     :    10, 11    65 AHW  K RV**     469-B       B D         C     I
I     :    :  :      71 CAD  K RV**     316-B       BCD         C     I
I     :    10        15 KNUDTZON EL-AM 1585         B D               I
I     4    11        59 AHW  A RV**      27-B       BCD               I
I     :    :         64 CAD 1A RV**     260-A       B D               I
I     4    12        15 KNUDTZ.CR/UNGN. 182         BCD               I
I     :    :         65 CAD  B RV**      82-A       BCD         EC    I
I     :    :            -               150-B        D                I
I     :    :         68 CAD 2A RV**      47-B       BCD               I
I     4    13        76 AHW  >S RV**    1224-B      B D               I
I     :    :         77 CAD 1M RV**     214-B       BCD               I
I     4    14        15 KNUDTZ.CR/UNGN. 182           G              I
I     :    :         68 CAD 2A RV**     504-A       BCD               I
I     :    :         73 KUHNE CHRONOLOG  59    284   D                I
I     4    15- 18       -               92    463    D                I
I     :    15- 16       -               56-57 272    D                I
I     :    15        09 BOHL SPRACHE     3     2B   B D               I
I     :    :         52 GAG S1 RV**      30   151B  BCD               I
I     :    :         59 AHW  B RV**     145-A       B D               I
I     :    :         64 CAD 1A RV**     188-A       BCD               I
```

TEXTES			CITATIONS				
			DATE, OUVRAGE, PAGES, NOTES			CARACTERIST.	
4	15		65 CAD B RV**	363-B		BCD	
4	16- 17		64 CAD 1A RV**	217-A		BCD	C
:	16, 21		73 KUHNE CHRONOLOG	55	263	D	
:	16, 18		59 AHW A RV**	23-A		B	
:	:	:	71 AHW Q RV**	916-A		B D	
:	:	:	73 KUHNE CHRONOLOG	52	239	D	
:	:	:	74 RAINEY EA NOTES	300		B D	
:	16		59 AHW A RV**	17-B		BC	
4	17- 18		73 KUHNE CHRONOLOG	57	273	D	
:	17		64 CAD 1A RV**	188-A		D	
4	18		-	166-A		BCD	
:	:		-	217-A		BCD	
:	:		68 CAD 2A RV**	469-B		BCD	
4	19- 20		77 CAD 2M RV**	84-A		CD	C
:	19, 20		15 KNUDTZ.CR/UNGN.	182		G	
:	19		68 CAD 2A RV**	47-B		D	
4	20- 22		73 KUHNE CHRONOLOG	59	284	D	
:	20, 23		09 BOHL SPRACHE	73	34L	BCD	
:	20		77 CAD 2M RV**	84-A		B D	
4	21, 22		09 BOHL SPRACHE	67	32N	D	
:	21		65 AHW L RV**	559-A		B D	
:	:		66 AHW M RV**	570-B		B	
:	:		71 CAD K RV**	101-B		BC	
:	:		-	288-B		B D	
4	22		15 KNUDTZON EL-AM	1585		CD	
:	:		65 CAD B RV**	150-B		BCD	
:	:		66 JUCQUOIS PHONET	183		BCD	
:	:		73 KUHNE CHRONOLOG	55	267	D	
:	:		77 CAD 1M RV**	301-B		B D	R
4	23		59 AHW A RV**	23-A		B	
:	:		64 CAD 1A RV**	217-A		D	
:	:		73 KUHNE CHRONOLOG	52	239	D	
:	:		74 RAINEY EA NOTES	300		B D	
:	:		77 CAD 2M RV**	84-A		BCD	R
4	24		71 HELCK BEZIEHUNG	395		D	
:	:		73 KUHNE CHRONOLOG	56	270	D	
4	25		-	56	270	D	
4	32		-	56	270	BCD	
4	33- 34		64 CAMPBELL CHRON.	45		D	
:	:	:	73 KUHNE CHRONOLOG	57	277	D	?
4	35-		-	56	270	D	
:	35		52 GAG 1 RV**	50	48G	BCD	
:	:		58 CAD E RV**	282-A		BCD	R
:	:		66 JUCQUOIS PHONET	279		B D	
:	:		77 CAD 2M RV**	94-A		BCD	
4	36- 40		73 KUHNE CHRONOLOG	121	615	D	
:	36-		-	72	359	G	
:	:	:		122	620	D	
:	36		66 AHW M RV**	592-A		B	R
:	:		77 CAD 1M RV**	145-B		B D	R
4	38- 40		58 CAD E RV**	20-A		BCD	C
:	38, 41		60 AHW E RV**	184-A		B	
:	:	:	73 KUHNE CHRONOLOG	121	618	D	
:	38		56 CAD H RV**	75-B		D	
:	:		73 KUHNE CHRONOLOG	59	284	D	
4	39, 41		-	72	358	D	
:	:	:		122	619	D	
4	40, 49		15 KNUDTZ.CR/UNGN.	182		D	
:	40		58 CAD E RV**	207-A		D	

TEXTES			DATE	OUVRAGE	PAGES	NOTES	CARACTERIST.
4	40		59	AHW D RV**	175-A		G
:	:		59	CAD D RV**	175-A		D
4	41- 50		73	KUHNE CHRONOLOG	59	284	D
:	41-			-	54	251	D
:	41		58	CAD E RV**	20-A		D
:	:		68	CAD 2A RV**	138-A		BCD
4	43, 46		15	KNUDTZ.CR/UNGN.	182		BCD
:	: :		74	RAINEY EA NOTES	310		BCD
:	43		67	AHW N RV**	701-B		B D
4	44, 45		58	CAD E RV**	207-A		BCD C
:	44		73	KUHNE CHRONOLOG	72	358	D
4	45, 47		59	AHW D RV**	175-A		G
:	: :		59	CAD D RV**	175-A		D
:	45		62	CAD 'S RV**	22-A		D
4	46		77	CAD 2M RV**	94-A		B D
4	47, 48		52	GAG 1 RV**	224	171H	BCD
:	47		58	CAD E RV**	207-A		BCD
:	:		60	AHW E RV**	225-B		B
4	48		56	CAD H RV**	135-A		BCD
:	:		62	AHW H RV**	332-B		BC
:	:		65	AHW L RV**	559-A		G
:	:		77	CAD 2M RV**	94-A		BCD
4	49- 50		77	CAD 1M RV**	54-B		BCD C
:	49		65	AHW L RV**	553-B		G
:	:			-	559-B		B D
:	:		66	AHW M RV**	578-B		B
:	:		71	HELCK BEZIEHUNG	381		D
:	:		73	CAD L RV**	197-B		BCD
4	50		59	AHW A RV**	23-A		BC
:	:		64	CAD 1A RV**	217-A		B D
:	:		67	AHW N RV**	701-B		G
:	:		73	KUHNE CHRONOLOG	52	239	D
:	:		74	RAINEY EA NOTES	300		B D
:	:		77	CAD 1M RV**	301-B		BCD
EA 5							
******							
5			09	BOHL SPRACHE	21	90	D
:			66	JUCQUOIS PHONET	33		D
:			73	KUHNE CHRONOLOG	45	209	D
:				-	49		D
:				-	49	223	D
:				-	53		D
:				-	54	253	D
:				-	54	256	D
:				-	55		D
:				-	59		D
:				-	135		D
:				-	136		D
5	1- 3		64	CAMPBELL CHRON.	45		D
:	1- 2		71	HELCK BEZIEHUNG	475	3	D C
:	: :		73	KUHNE CHRONOLOG	59	286	D
:	1		10	RANKE KEILSCHR.	15		B D
:	:		73	KUHNE CHRONOLOG	49	225	D
5	2, 3			-	49	223	D R C ?
5	3			-	52	241	D R ?
5	4		15	KNUDTZON EL-AM	1585		B
5	9		09	BOHL SPRACHE	36	23G	B D
5	10		71	AHW R RV**	934-B		B D

	T E X T E S		C I T A T I O N S						
			DATE, OUVRAGE, PAGES, NOTES				CARACTERIST.			
I	5	11- 12	77 CAD 1M RV**	30-B			B D		R C	I
I	5	12	70 RAINEY TABLETS	61			G			I
I	5	13- 17	73 KUHNE CHRONOLOG	49	223		D			I
I	:	13-	-	55	258		D			I
I	:	13, 14	-	136			D			I
I	:	13	09 BOHL SPRACHE	18	8C		B D			I
I	:	:	10 EBELING VERBUM	41	1/4		BCD			I
I	:	:	-	66/1	16		BCD			I
I	5	14- 17	58 CAD E RV**	358-A			BCD		C	I
I	5	15- 17	73 KUHNE CHRONOLOG	54	251		D			I
I	:	: :	-	55	262		D			I
I	:	: :	-	69	336		G			I
I	:	15- 16	-	55	262		BC			I
I	:	15	15 KNUDTZ.CR/UNGN.	182			BCD			I
I	:	:	67 SYL. 2 RV**	12	59		B D		C	I
1	:	:	73 KUHNE CHRONOLOG	55	258		BCD			I
I	:	:	77 AHW T RV**	1349-B			B D			I
I	5	16- 17	77 CAD 1M RV**	145-A			BCD		C	I
I	:	16, 17	73 KUHNE CHRONOLOG	136			D			I
I	:	16	66 JUCQUOIS PHONET	151			BCD			I
I	5	17	10 EBELING VERBUM	40	1/4		BCD			I
I	:	:	-	41	1/4		BCD			I
I	:	:	66 JUCQUOIS PHONET	138			BCD			I
I	:	:	-	273			B D			I
I	:	:	73 CAD L RV**	134-A			BCD			I
I	:	:	73 KUHNE CHRONOLOG	10	42		D			I
I	5	18- 19	58 CAD E RV**	374-B			BCD		C	I
I	:	18-	73 KUHNE CHRONOLOG	55	261		D			I
I	:	18	09 BOHL SPRACHE	23	10D		B D			I
I	5	19	10 RANKE KEILSCHR.	25			B D			I
I	:	:	60 AHW E RV**	258-B			B D			I
I	:	:	71 AHW Q RV**	911-A			B D			I
I	:	:	71 HELCK BEZIEHUNG	439			B D			I
I	5	20- 33	-	384			D		C	I
I	:	20- 30	-	378			D		C	I
I	:	20- 21	58 CAD E RV**	315-B			BCD			I
I	:	20, 21	71 HELCK BEZIEHUNG	422			D		C	I
I	:	20	-	394	159		D			I
I	5	22	10 RANKE KEILSCHR.	19	2		BCD			I
I	:	:	15 KNUDTZ.CR/UNGN.	182			BCD	R		I
I	:	:	71 HELCK BEZIEHUNG	423			BCD	R	?	I
I	5	23- 29	-	422			D		C	I
I	:	23	64 CAD 1A RV**	180-A			B D			I
I	:	:	71 CAD K RV**	590-A			B D			I
I	5	26, 33	73 KUHNE CHRONOLOG	71	347		D			I
I	:	26, 27	09 BOHL SPRACHE	8	3V		B D			I
I	:	: :	73 KUHNE CHRONOLOG	138			D			I
I	:	26	15 KNUDTZON EL-AM	997			CD			I
I	:	:	-	1586			B D			I
I	5	28, 30	62 AHW G RV**	286-A			CD			I
I	:	28	09 BOHL SPRACHE	6	3G		B D			I
I	:	:	71 CAD K RV**	362-A			BCD			I
I	5	30	-	362-A			BCD	R		I

I EA 6
I ******
I	6- 14	64 CAMPBELL CHRON.	45-65	D	C	I
I	6- 13	66 JUCQUOIS PHONET	33	D		I
I	6- 11	67 REDFORD HISTORY	165	D		I

```
I                                        C I T A T I O N S        I
I         T E X T E S         -------------------------------------  I
I                             DATE,  OUVRAGE, PAGES, NOTES  CARACTERIST.  I
I       ----------------------  --------------------------  ----------  I
I         6,  7               64 CAMPBELL CHRON.    48            D         I
I         :   :               64 HORNUNG UNTERS.    63            D      ?  I
I         :   :               73 KUHNE CHRONOLOG    49            D         I
I         6                   62 KITCHEN SUPPILU    10-11         D         I
I         :                        -               10-11    5    D         I
I         :                        -               40            D         I
I         :                   64 CAMPBELL CHRON.    64            D         I
I         :                        -               134      1B   D      ?  I
I         :                        -               134      2B   D      ?  I
I         :                   67 REDFORD HISTORY 166             D         I
I         :                   73 KUHNE CHRONOLOG    49      227  D      ?  I
I         :                        -               56       269  D         I
I         :                        -               57       272  D         I
I         :                        -               60            D         I
I         :                        -               75       379  D         I
I         :                        -               92       463  D         I
I         :                        -               128      D2   D         I
I         :                        -               129      D2   D         I
I         :                        -               176-A         D      ?  I
I         :                        -               176-B         D      ?  I
I         6         1-  4     64 CAD 1A RV**        200-B         D      C  I
I         :         1         64 CAMPBELL CHRON.    45-46    43  B D   R C ? I
I         :         :         67 REDFORD HISTORY 165       325  B D   R C   I
I         :         :         73 KUHNE CHRONOLOG    60      289  B D   R C   I
I         :         :              -               129      D2   D         I
I         :         :              -               129      642  B D   R   ? I
I         :         :              -               129      644  D         I
I         6         3               -              60       289  D      C  I
I         6         8- 10     64 CAMPBELL CHRON.    46           BCD   R C  I
I         :         :  :      68 CAD 2A RV**        504-A        BCD      C  I
I         :         8         09 BOHL SPRACHE       31       20B BCD        I
I         :         :         62 KITCHEN SUPPILU    11       5   D         I
I         :         :         66 JUCQUOIS PHONET   247           BCD        I
I         :         :         69 AHW   P RV**       817-B        B D        I
I         :         :         71 CAD   K RV**       325-A        B D        I
I         6         9, 10     15 KNUDTZ.CR/UNGN.   182           B D   R   I
I         :         9         60 CAD IJ RV**        303-B        B D        I
I         6        10         09 BOHL SPRACHE       26       14B B D        I
I         :         :         71 CAD   K RV**       289-A        D         I
I         6        11- 12     15 KNUDTZ.CR/UNGN.   182            CD      C  I
I         :         :  :      65 CAD   B RV**       247          BCD   R C  I
I         :         :  :      68 CAD 2A RV**        504-A        BCD   R C  I
I         :         :  :      76 AHW  >S RV**       1165-A       B D      C  I
I         :        11         09 BOHL SPRACHE       71       33Q BCD        I
I         :         :         59 AHW   B RV**       128-A        B D        I
I         6        12         15 KNUDTZ.CR/UNGN.   182           B D   R   ? I
I         6        13- 14     73 CAD   L RV**       133-A        BCD   R C  I
I         :        13, 15     62 AHW   H RV**       332-B        B D        I
I         :        13         10 EBELING VERBUM     54      7/3A BCD        I
I         6        15         66 JUCQUOIS PHONET   283           BCD        I
I         6        16         73 CAD   L RV**       133-A        D         I
I         6        18         09 BOHL SPRACHE       17       7C  B D        I
I         :         :         67 SYL. 2 RV**        12       60  B D   R C ? I
I         :         :         71 AHW   Q RV**       918-919      B D        I
I                                                                          I
I EA   7                                                                   I
I ******                                                                   I
I         7- 11               09 BOHL SPRACHE       54      28Q  D         I
I         :   :               73 KUHNE CHRONOLOG    72            D         I
```

TEXTES			DATE, OUVRAGE, PAGES, NOTES			CARACTERIST.
7- 10			64 CAMPBELL CHRON.	63		D
7- 8			-	134	2B	D
7, 8			62 KITCHEN SUPPILU	11		D
: :			-	41		D
: :			64 CAMPBELL CHRON.	53		D
: :			73 KUHNE CHRONOLOG	60-61		D
: :			-	176-C		D
7			64 CAMPBELL CHRON.	134	2D	D
:			73 KUHNE CHRONOLOG	49	227	G
:			-	60	291	D
:			-	60	292	D
:			-	60-61	294	D
:			-	67-69		D
:			-	68	329	D
:			-	68	330	D
:			-	71-72		D
:			-	129	644	D
:			-	176-A		D
:			-	176-B		D
7	1- 3		64 CAD 1A RV**	200-B		D C
:	1, 3		73 KUHNE CHRONOLOG	57	274	D
:	1		10 RANKE KEILSCHR.	14		B D R
:	:		64 CAMPBELL CHRON.	48		B D R C
:	:		73 KUHNE CHRONOLOG	42	201	G
7	2		-	60	289	D
7	3		71 HELCK BEZIEHUNG	474	1	B D R C
7	5, 7		59 CAD D RV**	92-A		D
:	: :		71 AHW R RV**	934-B		B D
7	8- 33		73 KUHNE CHRONOLOG	69	339	D
:	8- 32		-	61	295	D
:	: :		-	67	322	D
:	: :		-	145	295	D
:	8- 18		71 HELCK BEZIEHUNG	437		D C
:	8- 10		77 CAD 1M RV**	262-B		BCD R C
:	8-		73 KUHNE CHRONOLOG	68	330	D
:	: :		-	176-A		D
7	9- 10		15 KNUDTZON EL-AM	1585		C C
:	: :		64 CAD 1A RV**	237-A		BCD R C
:	: :		-	247-B		BCD R C
:	9		09 BOHL SPRACHE	72	34D	BCD R
:	:		15 KNUDTZON EL-AM	1585		BCD R
:	:		52 GAG 1 RV**	101	77D	BCD
:	:		59 AHW A RV**	25-B		B D R
7	10		-	26-B		G
:	:		76 AHW >S RV**	1232-B		B D
7	11		73 KUHNE CHRONOLOG	61	295	BCD R
7	12- 13		-	61	296	D
7	13		15 KNUDTZON EL-AM	997		B R I.
:	:		66 AHW M RV**	653-B		G
:	:		77 CAD 2M RV**	80-A		B D R
7	14- 30		73 KUHNE CHRONOLOG	121	613	D
:	14, 16		66 JUCQUOIS PHONET	247		BCD
:	14		09 BOHL SPRACHE	31	20B	B D
:	:		15 KNUDTZ.CR/UNGN.	182		BCD R
7	15		65 AHW L RV**	548-B		G
:	:		73 CAD L RV**	164-A		D
7	16		66 AHW M RV**	609-B		G
:	:		77 CAD 1M RV**	270-B		BCD R
7	17		15 KNUDTZ.CR/UNGN.	182		D

```
I                                             C I T A T I O N S                    I
I     T E X T E S           ------------------------------------------------------ I
I                           DATE, OUVRAGE, PAGES, NOTES  CARACTERIST.              I
I   ----------------------  ------------------------------  -----------            I
I     7    17         69 AHW  N RV**      763-A                G                    I
I     :     :         77 CAD 2M RV**       94-B            BCD     R                I
I     7    18- 21     73 KUHNE CHRONOLOG  61       296      D                       I
I     :    18         77 CAD 2M RV**       94-B             D                       I
I     7    20- 21     52 GAG  1 RV**      211      158E    BCD                       I
I     :    20         09 BOHL SPRACHE      17        7C    B D                       I
I     :     :         71 AHW  Q RV**      901-B           B D                       I
I     7    22, 29     77 CAD 1M RV**      417-A           B D                       I
I     :    22         09 BOHL SPRACHE      17        7C    B D                       I
I     :     :         52 GAG  1 RV**      102       78E   BCD                       I
I     :     :         72 AHW  R RV**      971-B                G                    I
I     :     :         77 CAD 1M RV**      214-B           B D                       I
I     7    24         09 BOHL SPRACHE       3         2B   B D                       I
I     :     :         52 GAG  1 RV**      233      177C   BCD                       I
I     :     :         66 AHW  M RV**      609-B           B D                       I
I     :     :         66 JUCQUOIS PHONET  221           BCD                       I
I     :     :            -               250           BCD                       I
I     :     :         76 AHW >S RV**     1212-A          B D                       I
I     :     :         77 CAD 1M RV**      270-B           BCD                       I
I     7    26- 32     73 KUHNE CHRONOLOG  69       335      D                       I
I     :    26, 27     77 CAD 1M RV**      417-A           BCD       C              I
I     :    26         64 CAD 1A RV**      260-A           BCD                       I
I     :     :         65 CAD  B RV**      150-B           BCD       C              I
I     7    27            -               150-B           BCD                       I
I     :     :         66 JUCQUOIS PHONET  174           BCD                       I
I     :     :         71 AHW  Q RV**      914-A           B D                       I
I     7    28- 29     65 AHW  K RV**      469-B           BCD       C              I
I     :     :     :   71 CAD  K RV**      318-B           BCD       C              I
I     :    28         15 KNUDTZ.CR/UNGN.  182           B D     R    ? I
I     :     :         64 CAD 1A RV**      260-A            D                       I
I     :     :         66 JUCQUOIS PHONET  218           BCD                       I
I     :     :         68 CAD 2A RV**      469-A            C        C              I
I     7    29, 30        -               469-A           BCD       C              I
I     :    29         15 KNUDTZ.CR/UNGN.  182           BCD                       I
I     :     :         59 AHW  A RV**       84-A           B                        I
I     :     :         72 AHW  R RV**      971-B           B D                       I
I     7    31- 32     56 CAD  G RV**       90-A           BCD       C              I
I     :    31         73 KUHNE CHRONOLOG  68       330      D                       I
I     7    32         15 KNUDTZ.CR/UNGN.  182           B D                       I
I     :     :         62 AHW  G RV**      285-A           BCD                       I
I     :     :         65 AHW  L RV**      548-B           B D                       I
I     :     :         72 AHW  R RV**      971-B                G                    I
I     :     :         73 CAD  L RV**      164-A           BCD                       I
I     7    34, 36     62 AHW  H RV**      332-B                G                    I
I     :    34, 35     60 AHW  G RV**      272-A           B                        I
I     :    34         65 CAD  B RV**      150-B            D                       I
I     :     :         66 AHW  M RV**      653-B           B D                       I
I     :     :         66 JUCQUOIS PHONET  247           BCD                       I
I     :     :         77 CAD 2M RV**       80-A            D                       I
I     7    35- 36     56 CAD  H RV**      135-A           BCD     R C              I
I     :    35         65 CAD  B RV**      150-B           BCD                       I
I     7    36         66 AHW  M RV**      653-B                G                    I
I     :     :         68 CAD 2A RV**      107-B           BCD                       I
I     :     :         77 CAD 2M RV**       80-A           BCD     R                I
I     7    37- 39     15 KNUDTZ.CR/UNGN.  182            C        C              I
I     :    37- 38     65 CAD  B RV**       82-B           BCD       C              I
I     :     :     :   66 AHW  M RV**      578-B           B D       C              I
I     :     :     :   77 CAD 1M RV**       59-A           BCD       C              I
I     :    37         09 BOHL SPRACHE      17        7C    B D                       I
```

TEXTES			DATE, OUVRAGE, PAGES, NOTES				CARACTERIST.
7	37		69 AHW P RV**	817-B			B D
:	:		76 AHW >S RV**	1189-B			B D
7	38		09 BOHL SPRACHE	44	27G		BCD
:	:		64 CAD 1A RV**	165-A			B D
7	39		59 AHW B RV**	128-A			B D
:	:		63 AHW K RV**	420-B			b
:	:		65 CAD B RV**	247-A			BCD
:	:		66 AHW M RV**	569-B			B
:	:		68 CAD 2A RV**	41-B			BCD
:	:		71 CAD K RV**	41-B			BCD
:	:		76 AHW >S RV**	1224-B			B D
7	49- 50		73 KUHNE CHRONOLOG	61	294		D
:	:	:	—	67	327		D
:	:	:	—	68	330		D
:	:	:	—	144	720		D
:	:	:	—	176-A			D
:	:	:	—	176-B			D
:	49		64 CAMPBELL CHRON.	48			BCD R
:	:		67 REDFORD HISTORY	166	330		D
:	:		73 KUHNE CHRONOLOG	74	376		D
7	50		09 BOHL SPRACHE	67	32N		D
7	51		52 GAG 1 RV**	199	145C		BCD
:	:		66 JUCQUOIS PHONET	280			B D
:	:		74 AHW >S RV**	1135-B			BCD
7	52			1135-B			G
7	53- 60		73 KUHNE CHRONOLOG	71	347		D
:	53- 55		—	68			D
:	53- 54		56 CAD G RV**	90-A			BCD C
:	:	:	58 CAD E RV**	150-B			BCD R C
:	:	:	73 KUHNE CHRONOLOG	176-A			D
:	53-		—	80-81	406		D
:	53		62 AHW G RV**	285-A			G
7	54		15 KNUDTZ.CR/UNGN.	182			B D
:	:		59 AHW B RV**	114-A			BC
:	:		60 AHW E RV**	213-B			BC
:	:		65 CAD B RV**	162-A			BCD
7	55, 60		66 AHW M RV**	573-B			B D
:	55		65 CAD B RV**	82-A			D
7	56		09 BOHL SPRACHE	17	7C		B D
:	:		65 AHW K RV**	469-A			G
:	:		65 CAD B RV**	82-A			b D
:	:		71 HELCK BEZIEHUNG	388			CD
:	:		77 AHW >S RV**	1268-A			b D
7	58		52 GAG 1 RV**	195	139H		BCD
:	:		62 CAD 'S RV**	198-B			BCD
:	:		70 RAINEY TABLETS	79			B D
:	:		71 HELCK BEZIEHUNG	374			D
:	:		72 AHW S RV**	1052-A			B D
:	:		74 AHW 'S RV**	1103-A			B D
7	59, 60		52 GAG 1 RV**	226	172F		BCD
:	59		68 CAD 2A RV**	288-B			BCD
7	60		77 CAD 1M RV**	21-A			BCD
7	61, 64		66 JUCQUOIS PHONET	247			BCD
:	61		62 AHW H RV**	332-B			G
:	:		77 CAD 2M RV**	93-B			BCD
7	62		66 JUCQUOIS PHONET	122			B D
7	63		59 AHW D RV**	175-A			G
:	:		59 CAD D RV**	175-A			D
:	:		62 CAD 'S RV**	22-A			D

TEXTES			CITATIONS			CARACTERIST.
			DATE, OUVRAGE, PAGES, NOTES			
7	64- 72		71 HELCK BEZIEHUNG 381		D C	
:	64		59 CAD D RV**	175-A	C C	
:	:		65 CAD B RV**	82-A	BCD	
7	65		59 CAD D RV**	175-A	B D	
7	66- 71		64 CAMPBELL CHRON.	48	D C	
:	66- 69		66 JUCQUOIS PHONET 247		BCD	
7	67, 70		09 BOHL SPRACHE	17	7C	B D
:	: :		70 RAINEY TABLETS	68	B D	
:	67		09 BOHL SPRACHE	30	19C	BCD
:	:		71 AHW Q RV**	893-A	BCD ?	
:	:		77 CAD 1M RV**	196-A	BCD	
7	68, 70		63 AHW K RV**	434-B	B	
:	68		09 BOHL SPRACHE	58	28V	D
:	:		71 CAD K RV**	140-A	G	
7	69- 72		73 KUHNE CHRONOLOG	60	294	D
:	69- 70		68 CAD 2A RV**	15-B	BCD C	
:	69		64 CAMPBELL CHRON.	46	45	CD R
:	:		65 AHW K RV**	490-B	BCD	
:	:		66 AHW M RV**	586-A	D	
:	:		70 RAINEY TABLETS	69	B D	
:	:		71 CAD K RV**	320-A	BCD	
:	:		-	445-B	BCD	
:	:		77 CAD 1M RV**	111-B	BCD	
7	70		66 JUCQUOIS PHONET 280		B D	
:	:		71 AHW Q RV**	893-A	B D ?	
:	:		71 CAD K RV**	140-A	BCD	
7	71- 72		58 CAD E RV**	120-B	B D C	
:	71		09 BOHL SPRACHE	44	27G	BCD .
:	:		73 KUHNE CHRONOLOG	71	347	D
7	72		60 AHW E RV**	207-A	G	
7	73- 82		73 KUHNE CHRONOLOG	60-61	294	D C
:	73- 77		71 HELCK BEZIEHUNG 428		D C	
:	73- 76		73 KUHNE CHRONOLOG	176-A	D	
:	73-		-	62-63	301	D
:	: :		-	68	330	D
:	: :		-	71	347	D
:	73, 80		71 HELCK BEZIEHUNG 441		B D	
:	73		-	429	CD	
7	74- 76		56 CAD G RV**	91-B	BCD R C	
:	74, 76		73 KUHNE CHRONOLOG	119	599	D
:	74		09 BOHL SPRACHE	39	25F	B D R ?
:	:		56 CAD H RV**	10-11	BCD R	
:	:		62 AHW G RV**	285-A	BCD	
:	:		62 AHW H RV**	303-B	G	
:	:		76 AHW >S RV**	1242-A	B D	
7	75, 77		62 AHW H RV**	303-B	BCD	
:	75		09 BOHL SPRACHE	23	10D	BCD
:	:		64 CAMPBELL CHRON.	72	D	
:	:		67 REDFORD HISTORY 219		D	
:	:		67 SYL. 2 RV**	37	193	B D C
:	:		73 KUHNE CHRONOLOG	62	300	B D
:	:		76 SYL.S2 RV**	5	B D C	
7	76		10 RANKE KEILSCHR.	15	B D	
:	:		62 AHW G RV**	285-A	G	
:	:		70 RAINEY TABLETS	75	B D	
:	:		71 HELCK BEZIEHUNG 433		10	D
7	77		65 AHW K RV**	488-B	B D	
:	:		73 KUHNE CHRONOLOG	85	421	D
:	:		74 AHW >S RV**	1141-A	B D	

```
I                                    C I T A T I O N S                    I
I       T E X T E S        -----------------------------------------      I
I                          DATE,   OUVRAGE, PAGES, NOTES   CARACTERIST.    I
I       ------------------- ------------------------------ -----------     I
I       7        78         66 JUCQUOIS PHONET 247            BCD          I
I       :        :          73 KUHNE CHRONOLOG 176-A          D            I
I       7        79- 82        -                176-B          D      C    I
I       :        :   :         -                176-C          D      C    I
I       :        79-                             61      295   D            I
I       7        82         56 CAD   H RV**      179-B         BCD    R     I
I       :        :          62 AHW   H RV**      344-A         B D          I
I                                                                          I
I EA    8                                                                  I
I ******                                                                   I
I       8,   9              73 KUHNE CHRONOLOG  49             D            I
I       8                   64 CAMPBELL CHRON.  49             D            I
I       :                      -               104            D            I
I       :                      -               134      2F    D            I
I       :                      -               135      2E    D            I
I       :                   64 HORNUNG UNTERS.  63             D            I
I       :                   73 KUHNE CHRONOLOG  12       49    D            I
I       :                      -                56      269   D            I
I       :                      -                61      294   D            I
I       :                      -                61      298   D            I
I       :                      -               129      644   D            I
I       :                      -               176-A         D            I
I       :                      -               176-B         D            I
I       8        1-  4      64 CAD  1A RV**     200-B         B D    R C    I
I       :        1,  3      73 KUHNE CHRONOLOG  60      289   D            I
I       :        1         10 RANKE KEILSCHR.   14            B D    R     I
I       :        :         73 KUHNE CHRONOLOG  42      201   D            I
I       8        8- 12     62 KITCHEN SUPPILU   11            D            I
I       :        :   :     73 KUHNE CHRONOLOG   72      353   D            I
I       8        9         59 CAD   D RV**       8-A           BCD          I
I       8        10- 11    68 CAD  2A RV**      138-A         BCD     C     I
I       8        11- 12    52 GAG   1 RV**      234    178F   BCD          I
I       :        :   :     65 AHW   K RV**      469-B         B D    R C    I
I       :        11        09 BOHL SPRACHE       31    20C    B D          I
I       :        :         15 KNUDTZON EL-AM   1585           D            I
I       8        12        69 AHW   N RV**      791-A         B D          I
I       8        13- 21    71 HELCK BEZIEHUNG  429            CD      C     I
I       :        13- 16    58 CAD   E RV**      385-B         BCD     C     I
I       :        13- 15    71 HELCK BEZIEHUNG  442            D      C     I
I       :        13        15 KNUDTZON EL-AM   1586           D            I
I       :        :         77 AHW   T RV**    1315-A          D            I
I       8        14- 21    64 CAMPBELL CHRON.  104            D      C     I
I       :        14, 16    71 HELCK BEZIEHUNG  441            B D    C     I
I       :        :   :     73 KUHNE CHRONOLOG 176-A          D       ? I
I       :        14        77 AHW   T RV**    1342-B          B D          I
I       8        15        09 BOHL SPRACHE      15       6F   B D          I
I       :        :            -                 58      28U   CD           I
I       :        :         63 AHW   K RV**      429-A         B D          I
I       :        :         71 HELCK BEZIEHUNG  275            D            I
I       :        :         76 AHW  >S RV**     1240-B         BCD          I
I       8        17        10 RANKE KEILSCHR.   22            B D          I
I       8        18        64 CAMPBELL CHRON.  115            B D          I
I       :        :            -                132            D            I
I       8        19- 38       -                125            D            I
I       :        19        10 BURCHARDT ALTK.2  16-B    288   B D    C     I
I       :        :         70 RAINEY TABLETS    90            B D          I
I       :        :         71 HELCK BEZIEHUNG  185     113   B D    EC    I
I       :        :         73 KUHNE CHRONOLOG  61      298   B D          I
I       8        20- 21    58 CAD   E RV**      385-B         BCD     C     I
```

	TEXTES		C I T A T I O N S					
			DATE, OUVRAGE, PAGES, NOTES			CARACTERIST.		
8	20-	21	59 CAD D RV**	39-B		BCD	C	
:	20		10 EBELING VERBUM	44	4/2	BCD		
:	:		77 AHW T RV**	1315-A		D		
8	21		-	1297-A		D		
8	22		15 KNUDTZ.CR/UNGN.	182		B D	R	
:	:		73 KUHNE CHRONOLOG·	129	644	D		
:	:		-	176-A		D	?
8	25-	34	-	61	294	D		
:	25		09 BOHL SPRACHE	58	28U	CD		
8	26		56 CAD H RV**	60-B		BCD		
:	:		62 AHW H RV**	315-A		BC		
:	:		64 CAMPBELL CHRON.	49		CD		
:	:		72 AHW S RV**	1022-B		B D	R	
8	27		15 KNUDTZON EL-AM	1585		B D		
:	:		74 AHW >S RV**	1145-A		G		
:	:		77 AHW T RV**	1297-A		D		
8	28-	33	59 CAD D RV**	39-B		BCD	R	
:	28-	29	68 CAD 2A RV**	248-B		BCD	C	
8	29		59 AHW D RV**	158-B		BC		
:	:		59 CAD D RV**	79-B		BCD		
8	30-	31	52 GAG 1 RV**	212	161B	BCD		
8	31-	32	68 CAD 2A RV**	513-B		BCD	C	
:	31,	35	09 BOHL SPRACHE	27	15C	B D		
:	:	:	66 JUCQUOIS PHONET	247		BCD		
:	31		73 KUHNE CHRONOLOG	119	599	D		
:	:		77 AHW T RV**	1333-B		B D		
8	32-	33	77 CAD 1M RV**	262-B		BCD		
:	32		09 BOHL SPRACHE	3	2B	B D		
:	:		77 AHW T RV**	1333-B		BCD	C	
8	33		59 AHW B RV**	128-A		B D		
:	:		65 CAD B RV**	247-A		BCD		
:	:		69 AHW P RV**	832-A		B D		
8	34		15 KNUDTZON EL-AM	1585		CD		
:	:		15 KNUDTZ.CR/UNGN.	182		C		
:	:		67 AHW N RV**	719-A		B D		
8	35-	36	68 CAD 2A RV**	513-B		BCD	C	
:	35		60 CAD IJ RV**	312-B		B D		
:	:		64 CAMPBELL CHRON.	132		D		
:	:		68 CAD 2A RV**	56-B		BCD		
8	36,	37	52 GAG 1 RV**	226	172E	BCD	EC	
:	36		67 AHW N RV**	721-A		B D		
8	37		09 BOHL SPRACHE	67	32N	D		
:	:		-	70	33P	B D		
:	:		60 CAD IJ RV**	303-A		B D		
:	:		63 AHW I RV**	406-B		BCD		
:	:		71 CAD K RV**	97-A		G		
8	38		71 HELCK BEZIEHUNG	185	113	B D	C	
:	:		73 KUHNE CHRONOLOG	61	298	B D		
8	39,	40	52 GAG 1 RV**	226	172E	BCD		
:	39		09 BOHL SPRACHE	23	10D	B D		
:	:		65 AHW K RV**	469-A		G		
:	:		72 AHW R RV**	974-A		BC		
8	40		69 AHW P RV**	821-B		B D		
8	41		09 BOHL SPRACHE	28	15E	BCD		
8	42,	45	15 KNUDTZON EL-AM	1602		G		
:	42		15 KNUDTZ.CR/UNGN.	182		BCD		
8	43		09 BOHL SPRACHE	23	10D	B D		
:	:		71 HELCK BEZIEHUNG	388		CD		
:	:		73 KUHNE CHRONOLOG	73	364	G		

```
I                                      C I T A T I O N S              I
I          T E X T E S         ------------------------------------- I
I                              DATE,  OUVRAGE, PAGES, NOTES  CARACTERIST. I
I        -------------------   --------------------------  ----------- I
I        8      44- 46   73 KUHNE CHRONOLOG  61      294      D        I
I        :      44       63 AHW   K RV**       461-A           G       I
I        :      :        71 CAD   K RV**       281-B      B D    R     I
I        8      45       15 KNUDTZON EL-AM 1585          B D        ?  I
I        :      :        15 KNUDTZ.CR/UNGN. 182            D           I
I        8      46- 47   64 CAMPBELL CHRON.  49            D           I
I                                                                      I
I EA   9                                                               I
I ******                                                               I
I        9- 11          64 CAMPBELL CHRON.  49-50         D            I
I        9              62 KITCHEN SUPPILU 12             D            I
I        :                 -               20             D            I
I        :                 -               47             D            I
I        :              64 CAMPBELL CHRON.  62            D            I
I        :                 -               64             D            I
I        :                 -               69             D            I
I        :                 -              135      78     D         ?  I
I        :                 -              135      5B     D         ?  I
I        :                 -              138             D            I
I        :              64 HORNUNG UNTERS.  65-6'         D            I
I        :              67 REDFORD HISTORY 158      295   D            I
I        :                 -              166            D             I
I        :              69 KLENGEL GESCH.2  1.      14    D            I
I        :              71 HELCK BEZIEHUNG 167      140   D            I
I        :                 -              168       4     D            I
I        :              73 KUHNE CHRONOLOG  16      71    D            I
I        :                 -               60      292   D            I
I        :                 -               72-75         D            I
I        :                 -               73      366   D            I
I        :                 -               74      368   D            I
I        :                 -               80      404   D            I
I        :                 -               82             D            I
I        :                 -              126      B3    D            I
I        :                 -              126      625   D            I
I        :                 -              128      D2    D            I
I        :                 -              130      D2    D            I
I        :                 -              132      669    G           I
I        9     1-          -               73      366   D    C       I
I        :     1, 3        -               60      289   D            I
I        :     1        10 RANKE KEILSCHR.  14          B D           I
I        :     :       15 KNUDTZON EL-AM 1585          B      R       I
I        :     :       64 CAMPBELL CHRON.  53-54       B D    C       I
I        :     :          -               56           B D            I
I        :     :          -               62             D    C       I
I        :     :       64 HORNUNG UNTERS.  65            D            I
I        :     :       67 REDFORD HISTORY 158          B D    C ?     I
I        :     :          -              165             D    C       I
I        :     :       73 KUHNE CHRONOLOG  16      74     G           I
I        :     :          -               42      201   D            I
I        :     :          -               49           B D    C      I
I        :     :          -               72           B D           I
I        :     :          -               86      428   D    C       I
I        9     5       15 KNUDTZON EL-AM 1594          B D           I
I        9     7- 9    52 GAG   1 RV**    224     171E  BCD           I
I        :     7- 8    64 CAD  1A RV**    72-A          BCD    C      I
I        :     :  :    64 CAMPBELL CHRON.  62            CD            I
I        :     7, 12   09 BOHL SPRACHE    31      20C  B D           I
I        :     :  :       -               31/1    20C    G            I
I        :     :  :    66 JUCQUOIS PHONET 195          BCD           I
```

```
EA          9       7     ..... EA        9     21, 22    INDEX  22
```

I
I   C I T A T I O N S
I   T E X T E S
I   DATE, OUVRAGE, PAGES, NOTES CARACTERIST.
I
			DATE, OUVRAGE	PAGES	NOTES	CARACTERIST.
9	7		15 KNUDTZON EL-AM	1585		D
:	:		-	1586		D
:	:		-	1595		G
:	:		-	1597		G
9	8		59 CAD D RV**	8-A		D
9	9- 10		65 CAD B RV**	82-A		BCD
:	9		09 BOHL SPRACHE	3	2B	B D
9	10		-	23	10D	BCD
:	:		63 AHW K RV**	428-B		B D
:	:		64 CAD 1A RV**	165-B		BCD
:	:		66 AHW M RV**	645-B		B D
:	:		71 CAD K RV**	100-B		BCD
:	:		77 CAD 2M RV**	22-B		B D
9	11- 36		71 HELCK BEZIEHUNG	169	9	D C
:	11		09 BOHL SPRACHE	31	20B	B D
:	:		66 JUCQUOIS PHONET	247		BCD
:	:		71 HELCK BEZIEHUNG	381		D
9	12- 13		60 CAD IJ RV**	221-A		BCD C
:	12, 13		15 KNUDTZON EL-AM	1585		D
:	12		-	1586		BC R
:	:		60 CAD IJ RV**	143-A		B D
:	:		63 AHW I RV**	381-B		B D
:	:		66 AHW M RV**	591-B		B D
:	:		77 CAD 1M RV**	148-B		BCD
9	13, 14		09 BOHL SPRACHE	3	2B	B D
:	13		66 AHW M RV**	661-A		B D
:	:		67 SYL. 2 RV**	60	306	G C
:	:		77 CAD 2M RV**	127-B		BCD
9	15- 16		62 CAD 'S RV**	22-A		BCD C
:	: :		65 CAD B RV**	288-A		BCD C
:	: :		77 CAD 1M RV**	30-A		BCD C
:	15		15 KNUDTZON EL-AM	1586		C
:	:		-	1594		B D
:	:		59 CAD D RV**	175-A		D
:	:		66 AHW M RV**	574-B		B D
9	16		09 BOHL SPRACHE	44-45	27G	BCD
:	:		58 CAD E RV**	207-A		D
9	17		62 AHW H RV**	332-B		B
:	:		66 AHW M RV**	654-A		G
9	18, 20		67 SYL. 2 RV**	60	306	G C
9	19- 36		73 KUHNE CHRONOLOG	73	364	D
:	19- 30		62 KITCHEN SUPPILU	39		D
:	: :		71 HELCK BEZIEHUNG	475	4	D C
:	19- 29		73 KUHNE CHRONOLOG	80-81	406	D
:	19, 22		15 KNUDTZON EL-AM	1585		D
:	19		09 BOHL SPRACHE	15	6F	B D
:	:		-	31	20D	B D
:	:		-	58	28U	CD
:	:		52 GAG 1 RV**	189	134I	BCD
:	:		56 CAD G RV**	4-A		BCD
:	:		60 AHW G RV**	272-A		B D
:	:		62 KITCHEN SUPPILU	11	5	BCD
:	:		63 AHW I RV**	380-B		D
:	:		71 HELCK BEZIEHUNG	275		D
:	:		73 KUHNE CHRONOLOG	50	230	D
9	20		71 AHW Q RV**	897-B		B D
:	:		73 KUHNE CHRONOLOG	137	676	D
9	21, 22		09 BOHL SPRACHE	72	34E	BCD

TEXTES			CITATIONS					
			DATE, OUVRAGE, PAGES, NOTES				CARACTERIST.	
9	21		15 KNUDTZ.CR/UNGN.	182			B	R
:	:		60 CAD IJ RV**	1-A			D	
:	:		67 AHW N RV**	695-A			B	
9	22, 29		66 JUCQUOIS PHONET	247			BCD	
:	22, 25		73 KUHNE CHRONOLOG	92		463	D	
9	23, 29		74 AHW >S RV**	1138-B			G	
:	23		67 SYL. 2 RV**	60		306	B D	C
9	25, 27		74 AHW >S RV**	1138-B			B D	
:	25		73 KUHNE CHRONOLOG	29		129	D	
:	:		-	38		181	D	
9	26- 29		15 KNUDTZ.CR/UNGN.	182-183			C	C
:	26		67 AHW N RV**	719-A			G	
9	27, 29		73 KUHNE CHRONOLOG	92		463	D	
9	28		09 BOHL SPRACHE	3		2B	B D	
:	:		62 AHW H RV**	304-A			BCD	
:	:		64 CAD 1A RV**	303-B			BCD	
9	29, 30		15 KNUDTZON EL-AM	1585			D	
:	29		09 BOHL SPRACHE	31		20B	BCD	
9	30		-	31		20D	B D	
:	:		68 CAD 2A RV**	468-A			BCD	
9	31, 33		59 CAD D RV**	24-A			BCD	C
:	31		59 AHW D RV**	149-B			B D	
:	:		71 HELCK BEZIEHUNG	279		23	D	
:	:		73 KUHNE CHRONOLOG	73		364	B D	
:	:		-	74		371	D	
:	:		-	80		404	D	
9	32- 33		15 KNUDTZ.CR/UNGN.	183			BCD	C
:	:	:	71 CAD K RV**	323			BCD	C
9	33, 35		09 BOHL SPRACHE	3		2B	B D	
:	33		67 SYL. 2 RV**	60		306	G	C
9	34- 35		58 CAD E RV**	220-A			BCD	C
:	:	:	76 AHW >S RV**	1240-B			B D	C
:	:	:	77 CAD 2M RV**	78-A			BCD	C
:	34		66 AHW M RV**	653-B			B D	
:	:		73 KUHNE CHRONOLOG	73		364	BCD	
:	:		-	137		676	D	
9	35		52 GAG 1 RV**	163		113K	B D	
:	:		63 AHW K RV**	461-A			G	
:	:		71 CAD K RV**	281-B			BCD	
:	:		72 AHW R RV**	988-B			BCD	
9	36		71 HELCK BEZIEHUNG	388			CD	
9	37- 38		60 CAD IJ RV**	217-218			BCD	C
:	37		15 KNUDTZON EL-AM	1585			G	
:	:		62 CAD 'S RV**	198-B			B D	
:	:		70 RAINEY TABLETS	79			B D	
:	:		71 HELCK BEZIEHUNG	418			D	
:	:		74 AHW 'S RV**	1103-A			B D	
EA 10								
******								
10- 14			62 KITCHEN SUPPILU	41			D	
10- 11			64 CAMPBELL CHRON.	135		4B	D	
10, 11			62 KITCHEN SUPPILU	11		1	G	
:	:		64 CAMPBELL CHRON.	53			D	
:	:		64 HORNUNG UNTERS.	63			D	
:	:		-	85		38	D	
:	:		73 KUHNE CHRONOLOG	49			D	
:	:		-	56		270	D	
:	:		-	63			D	

TEXTES			DATE, OUVRAGE, PAGES, NOTES				CARACTERIST.
10			62 KITCHEN SUPPILU	11			D
:			-	11	3		D
:				45			D
:			64 HORNUNG UNTERS.	64			G
:			67 REDFORD HISTORY	149			D
:			73 KUHNE CHRONOLOG	60	290		D
:			-	60-61			D
:			-	61	294		D
:			-	66-68			D
:			-	68	329		D
:			-	68	330		D
:			-	69	340		D
:			-	71-72			D
:			-	74	376		D
:			-	74-75			D
:			-	128	D2		D
:			-	129	644		D
:			-	176-A			D
:			-	176-B			D
:			-	176-C			D
10	1		10 RANKE KEILSCHR.	14	3		B D R ?
:	:		64 CAMPBELL CHRON.	49	54		B D C
:	:		73 KUHNE CHRONOLOG	42	201		G
10	2		15 KNUDTZON EL-AM	1585			B R
10	5-	7	62 CAD 'S RV**	49-B			BCD C
:	5		71 AHW R RV**	934-B			B D
:	:		74 AHW 'S RV**	1072-B			B D
10	6		72 AHW S RV**	1052-A			B D
10	8-	10	52 GAG 1 RV**	224	171F		BCD C
:	:	:	62 KITCHEN SUPPILU	39			D
:	:	:	73 KUHNE CHRONOLOG	53	244		D
:	8-	9	-	52	240		D
:	8-		-	92			D
:	:	:	-	92	463		D
:	:	:	-	129	D2		D
:	8,	9	09 BOHL SPRACHE	31/1	20C		G
:	8		63 AHW I RV**	402-A			B
:	:		66 JUCQUOIS PHONET	122			B D
10	9		09 BOHL SPRACHE	31	20C		B D
:	:		-	71	33Q		BCD
:	:		15 KNUDTZON EL-AM	1585			D
:	:		66 JUCQUOIS PHONET	195			BCD
:	:		73 KUHNE CHRONOLOG	137	676		D
10	10		51 DHORME LANGUE	477			BCD
:	:		60 CAD IJ RV**	143-A			B D
:	:		64 CAD 1A RV**	119-B			BCD
:	:		77 AHW >S RV**	1277-B			B D
10	11-	21	73 KUHNE CHRONOLOG	60			D
:	:	:	-	60	290		CD
:	:	:	-	75	378		D
:	:	:	-	128	640		G
:	11-	17	-	74	375		G
:	11-		-	75	380		D
:	:	:	-	125	A2		G
:	11		68 CAD 2A RV**	107-B			BCD
:	:		69 AHW N RV**	791-A			B
:	:		71 CAD K RV**	289-A			BCD
10	12-	13	64 CAMPBELL CHRON.	50			CD
:	12		64 CAD 1A RV**	121-B			B D

TEXTES		CITATIONS — DATE, OUVRAGE, PAGES, NOTES	CARACTERIST.
10	12	73 KUHNE CHRONOLOG 176-A	D
:	:	- 176-C	D ?
10	13- 15	68 CAD 2A RV** 208-A	C C
:	13	66 JUCQUOIS PHONET 198	BCD
:	:	77 CAD 2M RV** 78-A	BCD
10	14, 15	68 CAD 2A RV** 107-B	BCD C
10	16- 17	- 208-A	BCD
:	16, 17	15 KNUDTZ.CR/UNGN. 183	B D C
:	16	60 CAD IJ RV** 327-A	B D
10	19, 20	58 CAD E RV** 120-B	BCD C
:	: :	62 AHW H RV** 358-A	D
:	19	69 AHW N RV** 764-A	B D
:	:	71 HELCK BEZIEHUNG 381	D
:	:	77 CAD 1M RV** 179-B	BCD
10	20	52 GAG 1 RV** 226 172E	BCD
:	:	60 AHW E RV** 207-A	B D
:	:	71 CAD K RV** 316-B	BCD
:	:	73 KUHNE CHRONOLOG 71 347	D
10	21	59 AHW D RV** 169-A	BCD ?
:	:	62 CAD 'S RV** 70-B	BCD
:	:	70 RAINEY TABLETS 78	B D
:	:	- 84	B D
:	:	74 AHW 'S RV** 1076-B	B D
10	22, 30	15 KNUDTZON EL-AM 1586	B R
:	22	73 KUHNE CHRONOLOG 137 676	D
:	:	74 RAINEY EA NOTES 303	B D R
10	23	- 303	B D R
10	29- 35	71 HELCK BEZIEHUNG 395	D C
:	29-	73 KUHNE CHRONOLOG 71 347	D
:	29	67 SYL. 2 RV** 54 275	B D R C
10	30	15 KNUDTZON EL-AM 1001/10 93E	A C
:	:	- 1001/9 92D	A C
:	:	52 GAG 1 RV** 131 98K	B D R
:	:	66 JUCQUOIS PHONET 223	BCD ?
:	:	- 250	BCD ?
:	:	71 AHW R RV** 952-B	B D
10	32- 42	73 KUHNE CHRONOLOG 66 315	D
:	32- 34	15 KNUDTZ.CR/UNGN. 183	C C
:	32- 33	73 CAD L RV** 161-A	BCD EC
:	32	09 BOHL SPRACHE 70 33P	B D
:	:	15 KNUDTZON EL-AM 1001/11 93F	A C
:	:	15 KNUDTZ.CR/UNGN. 183	B D R
:	:	60 CAD IJ RV** 312-B	B D
:	:	63 AHW I RV** 406-B	G
:	:	65 CAD B RV** 150-B	BCD
:	:	74 AHW >S RV** 1150-A	B D R
10	33- 35	71 HELCK BEZIEHUNG 395	CD C
:	33, 34	77 CAD 1M RV** 357-A	BCD EC
:	33	15 KNUDTZON EL-AM 1585	G
:	:	65 CAD B RV** 67-B	BCD EC
:	:	67 AHW N RV** 748-B	B
:	:	73 CAD L RV** 226-B	B D
10	34- 35	65 CAD B RV** 67-B	BCD REC
:	: :	77 CAD 1M RV** 377-B	BCD C
:	34, 35	59 AHW B RV** 100-B	B
:	34	66 AHW M RV** 624-B	B D R
:	:	73 CAD L RV** 161-A	BCD EC
10	35	66 JUCQUOIS PHONET 118	BCD
:	:	71 CAD K RV** 324-B	BCD

```
I                                  C I T A T I O N S           I
I      T E X T E S            -------------------------------------  I
I                            DATE,  OUVRAGE, PAGES, NOTES  CARACTERIST. I
I    ---------------------    ---------------------------  -----------  I
I      10      36, 40     58 CAD  E RV**       375-B        BCD      C  I
I      :       36            -                 247-A        BCD         I
I      :       :         60 AHW  E RV**        231-A        B D         I
I      :       :         65 AHW  L RV**        525-A        B           I
I      :       :         65 CAD  B RV**        150-B        BCD         I
I      10      37         09 BOHL SPRACHE       23     10D  B D         I
I      :       :         71 HELCK BEZIEHUNG  441          B D         I
I      10      38- 39    71 CAD  K RV**        84-B        BCD      C  I
I      :       38        15 KNUDTZON EL-AM 1586           BCD         I
I      :       :         15 KNUDTZ.CR/UNGN. 183            C          I
I      :       :         63 AHW  K RV**       426-B        BCD         I
I      :       :         69 AHW  N RV**       764-A        B D         I
I      :       :         73 KUHNE CHRONOLOG  119    599    B D      ? I
I      :       :         74 KESTEMONT DIPL.  423    280    D          I
I      10      39        71 CAD  K RV**       273-B        B D         I
I      10      41        09 BOHL SPRACHE       58     28V  B D         I
I      :       :         77 CAD 1M RV**       262-B        BCD         I
I      10      43- 46    71 HELCK BEZIEHUNG  388           D       C  I
I      :       43        73 KUHNE CHRONOLOG   73    364     G          I
I      10      44- 45       -                  66           CD      C  I
I      :       :   :     77 CAD 2M RV**        74-B         CD      C  I
I      :       44        09 BOHL SPRACHE       54    280    B D         I
I      :       :         64 CAMPBELL CHRON.    49     55    BCD         I
I      :       :         64 HORNUNG UNTERS.    85     37    D           I
I      :       :         67 REDFORD HISTORY   176     38    BCD     EC  I
I      :       :            -                 176     39    BCD     EC  I
I      :       :         71 HELCK BEZIEHUNG  169      9    BCD         I
I      :       :         73 KUHNE CHRONOLOG   49    224    CD          I
I      :       :            -                  63           D          I
I      :       :            -                  63    302    B D    R C  I
I      :       :         77 CAD 2M RV**        74-B         B D    R    I
I      10      45- 47       -                  96-A        BCD      C  I
I      :       45- 46    71 CAD  K RV**       449-A        BCD      C  I
I      :       45        15 KNUDTZON EL-AM 1586           BCD         I
I      :       :         65 AHW  K RV**       490-A        B          I
I      :       :         71 HELCK BEZIEHUNG  388           B D    R C  I
I      :       :            -                 423          BCD      ? I
I      10      46        66 AHW  M RV**       656-B        B D         I
I      10      48        71 HELCK BEZIEHUNG  441           B D         I
I                                                                      I
I EA  11                                                               I
I ******                                                              I
I      11, 12            64 CAMPBELL CHRON.    63           D          I
I      11                62 KITCHEN SUPPILU  11-12          D          I
I      :                    -                  46           D          I
I      :                 71 HELCK BEZIEHUNG  351     83     D          I
I      :                 73 KUHNE CHRONOLOG   12     49     D          I
I      :                    -                  56           D          I
I      :                    -                  56    269    D          I
I      :                    -                  61           D          I
I      :                    -                66-69          D          I
I      :                    -                  68    332    D          I
I      :                    -                  68    333    D          I
I      :                    -                  69    340    D          I
I      :                    -                71-72          D          I
I      :                    -                 121           D          I
I      :                    -                 121    614    D          I
I      :                    -                 128    640     G          I
I      :                    -                 129    644    D          I
```

TEXTES			DATE, OUVRAGE, PAGES, NOTES			CARACTERIST.	
11			73 KUHNE CHRONOLOG	176-A		D	
:			-	176-B		D	?
11	1		10 RANKE KEILSCHR.	14		B D	
:	:		67 REDFORD HISTORY	176	40	D	
:	:		73 KUHNE CHRONOLOG	42	201	D	
11	3		15 KNUDTZON EL-AM	1594		B D	
11	5- 20		73 KUHNE CHRONOLOG	67	325	D	
:	5- 8		64 HORNUNG UNTERS.	63		D	
:	5- 6		73 KUHNE CHRONOLOG	68	333	D	
:	:	:	-	176-A		D	
:	:	:	77 CAD 1M RV**	262-B		BCD	R C
:	5-		73 KUHNE CHRONOLOG	75	378	D	
:	5, 11		71 AHW Q RV**	925-B		B D	?
:	:	:	73 KUHNE CHRONOLOG	60	288	D	
:	:	:	-	60	289	D	
:	:	:	-	67	319	D	
:	5, 10		71 HELCK BEZIEHUNG	436		D	C
:	5, 6		73 KUHNE CHRONOLOG	22	99	D	
:	5		64 CAMPBELL CHRON.	45-46		BCD	R
:	:		71 HELCK BEZIEHUNG	441		B D	
:	:		73 KUHNE CHRONOLOG	121	612	D	
11	6		77 AHW T RV**	1329-B		B D	R
11	8		09 BOHL SPRACHE	3	2B	B D	
11	9- 10		73 KUHNE CHRONOLOG	176-A		D	
:	9, 10		-	22	99	D	
:	9		10 RANKE KEILSCHR.	10		B D	R
:	:		65 AHW L RV**	545-A		BCD	
:	:		71 HELCK BEZIEHUNG	438		B D	R
:	:		73 KUHNE CHRONOLOG	68	333	D	?
11	10, 16		77 AHW T RV**	1329-B		B D	R
:	10		15 KNUDTZON EL-AM	1586		B D	
11	12		65 AHW L RV**	545-B		G	
11	13, 15		59 AHW A RV**	90-A		B D	
:	:	:	68 CAD 2A RV**	47-B		BCD	
:	:	:	76 AHW >S RV**	1197-B		B D	
11	14		51 DHORME NOUV.TAB	501	4	D	
:	:		64 CAMPBELL CHRON.	55	76	D	
:	:		68 CAD 2A RV**	47-B		BCD	C
:	:		71 HELCK BEZIEHUNG	183		D	
:	:		77 CAD 1M RV**	423-A		BCD	R
:	:		77 CAD 2M RV**	296-A		BCD	R
11	16- 20		73 KUHNE CHRONOLOG	67	321	D	
:	16- 17		-	176-A		D	
:	16		10 RANKE KEILSCHR.	10		B D	R
:	:		-	23		B D	
:	:		60 CAD IJ RV**	312-B		B D	
:	:		71 HELCK BEZIEHUNG	439		B D	R
:	:		73 KUHNE CHRONOLOG	22	99	D	
11	17- 18		-	176-A		D	?
11	18		09 BOHL SPRACHE	3	2B	B D	
:	:		68 CAD 2A RV**	360-B		BCD	R
11	19- 22		73 KUHNE CHRONOLOG	92	466	D	
:	19- 20		-	176-A		D	
:	19-		-	120	601	D	
:	19, 20		09 BOHL SPRACHE	29	15H	BCD	
:	19		10 RANKE KEILSCHR.	9		B D	
:	:		71 HELCK BEZIEHUNG	437		B D	
:	:		77 CAD 1M RV**	214-B		B D	
11	20- 28		73 KUHNE CHRONOLOG	67	323	D	

TEXTES			CITATIONS					
			DATE,	OUVRAGE,	PAGES,	NOTES	CARACTERIST.	
11	20-		73	KUHNE CHRONOLOG	29	134	D	
:	20		63	AHW I RV**	381-B		B D	
:	:		68	CAD 2A RV**	488-B		B D EC	
11	21		09	BOHL SPRACHE	29	15H	BCD	
:	:		65	AHW L RV**	558-B		G	
:	:		73	CAD L RV**	193-B		BCD	
11	23, 25		73	KUHNE CHRONOLOG	71	350	B D R	
:	23		09	BOHL SPRACHE	31	20D	B D	
11	24		73	KUHNE CHRONOLOG	36	174	D	
11	25		09	BOHL SPRACHE	31	20B	BCD	
:	:		66	JUCQUOIS PHONET	247		BCD	
:	:		73	KUHNE CHRONOLOG	60	288	D	
11	26		71	HELCK BEZIEHUNG	169	9	D	
11	'1- '9		73	KUHNE CHRONOLOG	67	317	D	
11	'2, '3		73	CAD L RV**	87-B		D	
11	'3, '4		65	AHW L RV**	535-A		B D	
11	'5		15	KNUDTZ.CR/UNGN.	183		B D R ?	
11	'6- '7		56	CAD G RV**	37-B		BCD R C	
:	: :		65	AHW L RV**	525-A		B	
11	'7, '10		09	BOHL SPRACHE	3	2B	B D	
:	'7		58	CAD E RV**	375-B		BCD	
:	:		65	AHW L RV**	535-A		G	
:	:		73	CAD L RV**	87-B		BCD	
:	:		77	AHW >S RV**	1272-B		B D	
11	'8- '9		64	CAD 1A RV**	323-B		BCD C	
:	'8		09	BOHL SPRACHE	24	110	B D	
:	:		71	HELCK BEZIEHUNG	429		BCD	
:	:		-		441		B D	
:	:		73	KUHNE CHRONOLOG	61	294	D	
:	:		-		61	295	D	
:	:		-		71	347	D	
:	:		77	AHW T RV**	1315-A		D	
11	'10-'12		62	CAD 'S RV**	104-105		BCD C	
:	: :		73	KUHNE CHRONOLOG	67	318	D	
:	'10-'11		77	CAD 1M RV**	356-A		CD C	
:	'10,'12		65	AHW L RV**	535-A		B D	
:	: :		70	RAINEY TABLETS	78		B D	
:	'10,'11		71	HELCK BEZIEHUNG	394	158	D	
:	: :		76	AHW >S RV**	1243-A		B D C	
:	'10		15	KNUDTZ.CR/UNGN.	183		D	
:	:		71	HELCK BEZIEHUNG	395		D	
:	:		74	AHW 'S RV**	1084-A		B D	
11	'11-'12		62	CAD 'S RV**	143-B		BCD C	
:	: :		73	CAD L RV**	87-B		BCD EC	
:	: :		73	KUHNE CHRONOLOG	67	316	D	
:	'11		64	CAD 1A RV**	168-A		BCD	
:	:		66	AHW M RV**	623-B		B D	
:	:		70	RAINEY TABLETS	79		B D	
:	:		74	AHW >S RV**	1157-A		B D	
:	:		74	AHW 'S RV**	1095-A		B D	
:	:		77	CAD 1M RV**	356-A		B D	
11	'12,'13		09	BOHL SPRACHE	3	2B	B D	
:	'12		73	CAD L RV**	133-A		D	
:	:		74	AHW 'S RV**	1084-A		G	
11	'13-'23		73	KUHNE CHRONOLOG	67	324	D	
:	'13-'14		60	CAD IJ RV**	221-A		BCD C	
:	: :		73	KUHNE CHRONOLOG	120	601	D	
:	'13-		-		29	134	D	
:	: :		-		56	270	D	

TEXTES		CITATIONS			
		DATE, OUVRAGE, PAGES, NOTES			CARACTERIST.
11	'13	15 KNUDTZON EL-AM	997		C
:	:	60 CAD IJ RV**	303-A		B D
:	:	62 CAD 'S RV**	50-A		BCD
:	:	73 KUHNE CHRONOLOG	67	323	D
:	:	-	68	333	D
:	:	-	176-A		D
11	'14-'18	-	176-A		D
:	'14	15 KNUDTZON EL-AM	997		B R
:	:	66 AHW M RV**	573-A		B
:	:	66 JUCQUOIS PHONET	135		B D
:	:	-	223		BCD
11	'16	09 BOHL SPRACHE	71	33P	B D
:	:	59 AHW A RV**	18-B		BCD
:	:	63 AHW I RV**	406-B		G
11	'17-'18	73 KUHNE CHRONOLOG	68	334	D
:	: :	-	121	614	D
:	'17	-	68		B D
11	'18	63 AHW K RV**	426-B		G
:	:	71 CAD K RV**	84-B		G
11	'19-'23	64 CAMPBELL CHRON.	46		D C
:	: :	73 KUHNE CHRONOLOG	92	463	D
:	'19,'20	-	50	230	D
:	'19	09 BOHL SPRACHE	31	20D	B D
:	:	64 HORNUNG UNTERS.	63		D
:	:	-	67		CD
:	:	73 KUHNE CHRONOLOG	29	129	D
:	:	-	60	288	D
11	'20-'21	77 CAD 1M RV**	430-B		BCD C ?
:	'20,'25	15 KNUDTZON EL-AM	1594		B D
11	'21	65 AHW L RV**	558-B		G
:	:	66 AHW M RV**	636-A		B
:	:	73 CAD L RV**	193-B		B D
:	:	73 KUHNE CHRONOLOG	51	237	D
11	'22	59 AHW A RV**	20-B		B D
:	:	64 CAD 1A RV**	57-A		C C
:	:	-	188-A		BCD R
:	:	72 AHW S RV**	1015-B		B
11	'23	15 KNUDTZON EL-AM	997		B R
:	:	52 GAG 1 RV**	191	136I	BCD
:	:	63 AHW K RV**	418-A		BCD
:	:	64 CAD 1A RV**	57-A		BCD R
:	:	71 CAD K RV**	26-A		BCD R
11	'24, 25	71 HELCK BEZIEHUNG	388		BCD REC
:	'24	15 KNUDTZON EL-AM	1586		D
:	:	65 AHW K RV**	483-B		BCD
:	:	71 CAD K RV**	403-B		BCD R
11	'25-'27	73 KUHNE CHRONOLOG	69		D
:	'25	65 CAD B RV**	190-B		B D
:	:	67 REDFORD HISTORY	176	38	D EC
:	:	-	176	42	BCD EC
:	:	71 HELCK BEZIEHUNG	426		D EC
11	'26-'27	64 CAMPBELL CHRON.	50		BCD R C
:	: :	73 KUHNE CHRONOLOG	61	295	D
:	:	-	145	295	D
:	: :	76 AHW >S RV**	1224-A		B D C
:	'26	64 CAMPBELL CHRON.	49-50		D
:	:	64 HORNUNG UNTERS.	85	37	D
:	:	73 KUHNE CHRONOLOG	63		D
:	:	-	63	302	B D R C

TEXTES			CITATIONS					
			DATE, OUVRAGE, PAGES, NOTES				CARACTERIST.	
11	'27-'30		73 KUHNE CHRONOLOG	56	270		D	
:	:	:	-	67	324		D	
:	:	:		69	335		D	
:	'27		59 AHW	D RV**	175-B		D	
:	:		59 CAD	D RV**	179-A		Ƅ D	
:	:		69 AHW	N RV**	763-A		Ƅ D	
:	:		73 KUHNE CHRONOLOG	145	295		ƁCD	R
11	'28-'29			-	176-A		D	
:	'28		09 BOHL SPRACHE	27	15C		Ƅ D	
:	:		68 CAD	2A RV**	513-B		ƁCD	
:	:		73 KUHNE CHRONOLOG	145	295		CD	
11	'29		65 AHW	K RV**	518-A		BC	
:	:		71 CAD	K RV**	606-B		ƁCD	R
11	'30		59 CAD	D RV**	175-A		D	
:	:		71 CAD	K RV**	280-A		ƁCD	
11	'31,'32		73 CAD	L RV**	133-A		ƁCD	C
11	'32		15 KNUDTZON EL-AM	1001/12	98E	A		C
:	:		67 SYL.	2 RV**	58	294	Ƅ D	C
11	'34		66 AHW	M RV**	573-B		Ƅ D	

EA 12
******

12- 14			64 CAMPBELL CHRON.	62-63			D	
12			15 KNUDTZON EL-AM	1586			G	
:			64 CAMPBELL CHRON.	37			D	
:			67 REDFORD HISTORY	149			D	
:			73 KUHNE CHRONOLOG	4	16		D	
:			-	4	18		D	
:			-	49			D	
:			-	50			D	
:			-	50	231		D	
:			-	50-51	232		D	
12	2		09 BOHL SPRACHE	68	32S		B D	
12	3		15 KNUDTZ.CR/UNGN.	183			B D	
:	:		64 CAMPBELL CHRON.	45			B D	
:	:		73 KUHNE CHRONOLOG	51	232		CD	
12	6-		-	51	232		D	
12	7- 8		60 CAD	IJ RV**	94-B		BCD	C
:	:	:	64 CAD	1A RV**	321-A		BCD	C
:	7		15 KNUDTZON EL-AM	1001/13	100B	A		C
:	:		64 CAMPBELL CHRON.	45			D	
:	:		73 KUHNE CHRONOLOG	50	231		D	
12	8		10 EBELING VERBUM	74	24		BCD	EC
12	9- 11		68 CAD	2A RV**	319-B		BCD	C
:	9		74 AHW	>S RV**	1149-A		G	
12	10		-	1143-A			B D	
12	14- 16		62 CAD	'S RV**	208-B		BCD	C
12	15		15 KNUDTZ.CR/UNGN.	183			B D	
:	:		74 AHW	'S RV**	1092-A		B D	
12	17		09 BOHL SPRACHE	10	4E		B D	
12	21- 22		58 CAD	E RV**	64-B		BCD	C
:	:	:	60 AHW	E RV**	194-A		BC	C
:	:	:	-	212-A			B D	C
12	22		10 EBELING VERBUM	43	3/4		ƁCD	?
12	23- 26		59 CAD	D RV**	149-A		B D	C
:	:	:	73 KUHNE CHRONOLOG	4	28		D	
:	:	:	-	51	232		D	
:	:	:	75 MORAN SYPIAN SC	155	2		D	C
:	:	:	-	166	75		D	C

```
I -------------------------------------------------------------------- I
I                                      C I T A T I O N S              I
I   T E X T E S                ------------------------------------- I
I                              DATE, OUVRAGE, PAGES, NOTES  CARACTERIST. I
I -------------------          ----------------------------  ----------- I
I      13      '18,'19    71 HELCK BEZIEHUNG 410           B D         I
I      13      '20              -           385        88    D         I
I      13      '22        74 AHW  >S RV**   1148-A         B D         I
I      13      '23        59 AHW   A RV**    51-A          B D         I
I      :       :          68 CAD  2A RV**   118-B          B D         I
I      13      '24-'25    71 HELCK BEZIEHUNG 409             D         I
I      :       '24,'25    69 AHW   N RV**   777-B          B D     EC  I
I      :       '24        71 CAD   K RV**   254-A          BCD     R   I
I      :       :          71 HELCK BEZIEHUNG 409           BCD     R   I
I      13      '28-'29    60 CAD  IJ RV**    47-B          B D         I
I      :       '28        59 CAD   D RV**   201-A          BCD         I
I      :       :          60 AHW   D RV**   179-B            D         I
I      :       :          71 HELCK BEZIEHUNG 393       147  BCD         I
I                                                                     I
I EA   14                                                             I
I ******                                                             I
I      14                 10 RANKE KEILSCHR.   7         3    D         I
I      :                  64 CAD  1A RV**    143-B            D         I
I      :                  64 HORNUNG UNTERS.  63             D         I
I      :                  66 JUCQUOIS PHONET  33             D         I
I      :                  67 REDFORD HISTORY 149             D         I
I      :                  70 RAINEY TABLETS   54             D         I
I      :                  71 HELCK BEZIEHUNG 381             D         I
I      :                         -           384            D         I
I      :                         -           387            D         I
I      :                         -          409-411         D         I
I      :                  73 KUHNE CHRONOLOG  45       209   D         I
I      :                         -            49       227       G     I
I      :                         -            69       341   D         I
I      :                         -           69-72          D         I
I      :                         -            70       345   D         I
I      :                         -            71       347   D         I
I      :                         -            72       356   D         I
I      :                         -            92       467       G     I
I      :                         -           130       646   D         I
I      :                         -           135            D         I
I      :                         -           138            D         I
I      :                         -          176-A          D       ? I
I      :                         -          176-B          D       ? I
I      14  1/   1         10 RANKE KEILSCHR.  14           B D     EC ? I
I      :       :          15 KNUDTZON EL-AM 1586          B D     R   I
I      :       :          64 CAMPBELL CHRON.  45             D     C   I
I      :       :          73 KUHNE CHRONOLOG  70       342   D     R   I
I      14  1/   2                -            69            D         I
I      14  1/   3                -            52       241   D     R C ? I
I      :       :                 -           136            D         I
I      14  1/   4                -            71       347  BCD     R   ? I
I      14  1/   8                -           136            D         I
I      14  1/  10                -            69       341   D         I
I      14  1/  11, 14            -           138            D         I
I      :   1/  11         58 CAD   E RV**    51-B          B D     R   I
I      :       :          70 RAINEY TABLETS  79           B D     RE  I
I      :       :          71 HELCK BEZIEHUNG 393       148  B D     R   I
I      :       :          74 RAINEY EA NOTES 303          B D     R   I
I      14  1/  14         10 RANKE KEILSCHR.  23          B D       ? I
I      14  1/  15, 16     70 RAINEY TABLETS  77           B D       ? I
I      :       :   :      72 AHW   S RV**   1017-A         B D         I
I      :   1/  15         10 RANKE KEILSCHR.  26          B D         I
I      :       :          64 CAD  1A RV**    58-A          B D         I
```

```
I -----------------------------------------------------------------------
I                                      C I T A T I O N S              I
I         T E X T E S          -------------------------------------  I
I                               DATE, OUVRAGE, PAGES, NOTES  CARACTERIST. I
I         --------------------  ---------------------------  ----------- I
I         14  1/  15            71 HELCK  BEZIEHUNG 409          BCD      I
I         14  1/  32            10 RANKE  KEILSCHR.   13         BCD    ? I
I          :       :            71 HELCK  BEZIEHUNG 401         B D   R   I
I          :       :            73 KUHNE  CHRONOLOG 136          D        I
I         14  1/  33            10 RANKE  KEILSCHR.   11         BCD       I
I          :       :            71 HELCK  BEZIEHUNG 401         B D       I
I          :       :               -                409        BCD        I
I         14  1/  34, 36           -                409        B D   R  ? I
I          : 1/  34            10 RANKE  KEILSCHR.   22        BCD   R     I
I         14  1/  35            71 HELCK  BEZIEHUNG 401         CD      C  I
I         14  1/  36            10 RANKE  KEILSCHR.   23        B D        I
I          :       :            71 HELCK  BEZIEHUNG 402         b D   R    I
I         14  1/  38            10 RANKE  KEILSCHR.   25        BCD      ? I
I          :       :            71 AHW   Q RV**      911-A          G      I
I          :       :            71 HELCK  BEZIEHUNG 409         BCD      ? I
I          :       :            77 AHW  >S RV**      1295-B      B D     ? I
I         14  1/  40, 45        70 RAINEY TABLETS    79         B D        I
I          : 1/  40            71 CAD   K RV**       499-B       D         I
I          :       :            71 HELCK  BEZIEHUNG 410         b D        I
I         14  1/  41            67 AHW   N RV**      714-B      B D         I
I          :       :            71 HELCK  BEZIEHUNG 409         B D   R     I
I         14  1/  43, 49           -                409        B D         I
I          : 1/  43            10 RANKE  KEILSCHR.   23        B D         I
I         14  1/  45, 46        73 KUHNE  CHRONOLOG 138          D          I
I         14  1/  46, 48        71 HELCK  BEZIEHUNG 409        BCD          I
I          : 1/  46            10 RANKE  KEILSCHR.   24        B D       ? I
I          :       :            71 AHW   R RV**      943-B      b D         I
I         14  1/  47            66 JUCQUOIS PHONET  163        BCD          I
I          :       :            71 AHW   R RV**      948-B      B D         I
I          :       :            73 KUHNE  CHRONOLOG 138          D          I
I         14  1/  48            10 RANKE  KEILSCHR.   26        BCD          I
I          :       :            59 CAD   D RV**      119-120    BCD   R     I
I          :       :            70 RAINEY TABLETS    77         B D       ? I
I          :       :            72 AHW   S RV**      1017-A     b D         I
I         14  1/  49            10 RANKE  KEILSCHR.   22        BCD          I
I          :       :            56 CAD   H RV**      89-A        D          I
I          :       :            62 AHW   H RV**      322-B      b D         I
I         14  1/  55            71 HELCK  BEZIEHUNG 413         CD          I
I          :       :            73 CAD   L RV**      65-B       B D         I
I         14  1/  56            59 AHW   B RV**      133-A      B D         I
I          :       :            71 HELCK  BEZIEHUNG 401         B D         I
I         14  1/  57, 58           -                410        B D         I
I          : 1/  57            65 AHW   K RV**      487-B      B           I
I          :       :            71 CAD   K RV**      463-A      B D         I
I         14  1/  58, 60        62 AHW   H RV**      352-A      B D         I
I          : 1/  58            73 KUHNE  CHRONOLOG 138          D           I
I         14  1/  59            73 CAD   L RV**      65-B       BCD   R      I
I          :       :            73 KUHNE  CHRONOLOG  10      42   D          I
I         14  1/  60, 67        71 HELCK  BEZIEHUNG 410         B D         I
I          : 1/  60            56 CAD   H RV**      219-A      BCD   R       I
I         14  1/  61, 65        73 KUHNE  CHRONOLOG 138          D          I
I          : 1/  61, 62        71 HELCK  BEZIEHUNG 410        BCD   R C      I
I          : 1/  61            67 AHW   M RV**      665-A      B D          I
I          :       :            70 RAINEY TABLETS    79         b D         I
I          :       :            77 CAD  2M RV**      157-B       D          I
I          :       :               -                158-A      BCD          I
I         14  1/  62            15 KNUDTZON EL-AM  1586         CD          I
I          :       :            15 KNUDTZ.CR/MEIS  1515        b D   R       I
I          :       :            71 AHW   R RV**      933-B       D          I
```

```
I                                            C I T A T I O N S                    I
I        T E X T E S                ------------------------------------------    I
I                                   DATE,  OUVRAGE, PAGES, NOTES  CARACTERIST.  I
I      ---------------------        ----------------------------  -----------   I
I        14   1/  63- 64    56 CAD  H RV**      89-A        BCD     R C        I
I         :   1/  63, 66    71 HELCK BEZIEHUNG 409          B  D               I
I         :   1/  63        10 RANKE KEILSCHR.  22          BCD                I
I         :        :        62 AHW  H RV**      322-B       B  D               I
I         :        :        73 KUHNE CHRONOLOG 136            D                I
I        14   1/  64- 66    70 RAINEY TABLETS   79          B  D               I
I        14   1/  66        67 AHW  N RV**      714-B       B  D               I
I        14   1/  67        10 RANKE KEILSCHR.  13          BCD                I
I         :        :        56 CAD  G RV**       6-A        BCD     R          I
I         :        :        71 HELCK BEZIEHUNG 401          B  D               I
I        14   1/  68, 69    73 KUHNE CHRONOLOG 138            D                I
I         :   1/  68        10 RANKE KEILSCHR.  20        4  BCD          ?    I
I         :        :        58 CAD  E RV**      322-A       B  D     R    ?    I
I         :        :        61 CAD  Z RV**      119-A       BCD      EC   ?    I
I         :        :        71 HELCK BEZIEHUNG 385       88   D                I
I         :        :              -             413          BCD               I
I         :        :        73 CAD  L RV**       65-B       BCD     R          I
I         :        :        77 CAD 1M RV**       83-B       B  D               I
I        14   1/  69-       65 AHW  K RV**      500-B         D         C      I
I         :   1/  69        66 JUCQUOIS PHONET  163          BCD               I
I         :        :        71 AHW  R RV**      948-B       B  D               I
I         :        :        71 CAD  K RV**      499          BCD               I
I         :        :        71 HELCK BEZIEHUNG 410          BCD               I
I        14   1/  70              -             410         B  D               I
I        14   1/  71        10 RANKE KEILSCHR.  19          BCD     R          I
I         :        :        59 AHW  B RV**      133-A       B  D               I
I         :        :        66 AHW  M RV**      651-B       B  D          ?    I
I         :        :        71 HELCK BEZIEHUNG 410          B  D          ?    I
I         :        :        73 KUHNE CHRONOLOG 138            D                I
I         :        :        77 CAD 2M RV**       20-A       BCD     R          I
I        14   1/  72, 73    71 HELCK BEZIEHUNG 426          BCD               I
I        14   1/  73        67 SYL. 2 RV**       36      191 B  D      C       I
I         :        :        77 AHW  T RV**     1340-A       BCD          ?    I
I        14   1/  74        10 RANKE KEILSCHR.   8          BCD               I
I         :        :        65 CAD  B RV**      298-A       BCD               I
I         :        :        71 AHW  P RV**      875-A       B  D          ?    I
I         :        :        71 HELCK BEZIEHUNG 426          BCD               I
I        14   1/  75        68 CAD 2A RV**      145-A       BCD               I
I         :        :        71 HELCK BEZIEHUNG 423          BCD               I
I        14   1/  76        66 AHW  M RV**      648-B       B                 I
I         :        :        71 HELCK BEZIEHUNG 427          BCD          ?    I
I         :        :        77 CAD 2M RV**       38-B       B  D               I
I        14   1/  77, 78    71 HELCK BEZIEHUNG 426          BCD               I
I         :        :    :   74 AHW >S RV**     1134-B       B  D               I
I         :   1/  77        10 RANKE KEILSCHR.  12          BCD               I
I         :        :        64 CAD 1A RV**       57-B       BCD               I
I         :        :        72 AHW  R RV**      956-B       BCD               I
I         :        :        77 CAD 1M RV**       89-A       BCD          ?    I
I        14   1/  78        64 CAD 1A RV**       57-B         D                I
I        14   1/  79, 80    67 AHW  N RV**      711-B       B  D               I
I         :        :    :   71 HELCK BEZIEHUNG 412          BCD               I
I        14   1/  80        71 AHW  Q RV**      911-A         G                I
I        14   2/   1,  2    73 KUHNE CHRONOLOG 136            D                I
I         :   2/   1        10 RANKE KEILSCHR.  20          BCD               I
I         :        :        61 CAD  Z RV**      118-A       BCD          ?    I
I         :        :        70 RAINEY TABLETS   78          B  D      EC       I
I         :        :        71 HELCK BEZIEHUNG 410          BCD               I
I         :        :        72 AHW  S RV**     1008-B       B  D               I
I         :        :        73 KUHNE CHRONOLOG 138            D                I
```

```
I                              C  I  T  A  T  I  O  N  S           I
I     T E X T E S         -------------------------------------    I
I                         DATE,  OUVRAGE, PAGES, NOTES  CARACTERIST. I
I     ----------------    -----------------------------  ----------  I
I     14  2/   2,  8      73 KUHNE CHRONOLOG 136              D      I
I      :  2/   2,  6       -                 138             D      I
I      :  2/   2          65 AHW  L RV**       547-A        BCD     I
I      :   :              73 CAD  L RV**       156-B        BCD     I
I     14  2/   3-  4      71 HELCK BEZIEHUNG 410            BCD     I
I      :  2/   3,  6      62 CAD 'S RV**       202-A         D      I
I      :   :   :          77 CAD 2M RV**        20-A        BCD     I
I      :  2/   3,  4      71 AHW  Q RV**       898-B        B D     I
I      :  2/   3          71 CAD  K RV**       156-A        B D  EC I
I      :   :              77 CAD 1M RV**       176-B        BCD     I
I     14  2/   4,  6      71 CAD  K RV**       156-A         D      I
I      :  2/   4          67 SYL. 2 RV**        36    191   B D   C I
I      :   :              77 AHW  T RV**      1340-A        B D  ? I
I     14  2/   5,  6      59 AHW  B RV**       133-A        B D     I
I      :  2/   5          62 CAD 'S RV**       202-A        BCD     I
I      :   :              71 HELCK BEZIEHUNG 427            BCD  ? I
I      :                  74 AHW 'S RV**      1104-A        B D  ? I
I     14  2/   6          56 CAD  H RV**       246-A         D      I
I      :   :              65 AHW  K RV**       470-B        BCD     I
I      :   :              66 AHW  M RV**       630-A        B D     I
I      :   :               -                  651-B        B D  ? I
I      :   :              71 AHW  Q RV**       898-B        B D     I
I      :   :              71 CAD  K RV**       329-B        BCD  ? I
I      :   :              71 HELCK BEZIEHUNG 410            B D     I
I      :   :              77 CAD 1M RV**       390-A        B D     I
I     14  2/   7          65 AHW  L RV**       564-B        B D     I
I      :   :              71 AHW  Q RV**       928-B        BCD     I
I      :   :              71 HELCK BEZIEHUNG 410            BCD  ? I
I     14  2/   8,  9       -                  410          B D   C I
I      :  2/   8          67 AHW  M RV**       665-A         D      I
I      :   :              70 RAINEY TABLETS    79           B D     I
I      :   :              77 CAD 2M RV**       157-B         D      I
I      :   :               -                  158-A        BCD     I
I     14  2/   9          15 KNUDTZON EL-AM 1586            BCD  ? I
I      :   :              67 AHW  N RV**       724-A        BCD  ? I
I      :   :              71 AHW  Q RV**       886-A        BC   R  I
I     14  2/  10, 12      73 KUHNE CHRONOLOG 137             D      I
I      :  2/  10          62 CAD 'S RV**       253-A        BCD     I
I      :   :              67 AHW  N RV**       724-B        B D     I
I      :   :              70 RAINEY TABLETS    73           B D     I
I      :   :              71 HELCK BEZIEHUNG 412            BCD     I
I      :   :              74 AHW 'S RV**      1113-B         D      I
I     14  2/  11, 12      62 CAD 'S RV**        82-A        BCD   C I
I      :  2/  11          73 KUHNE CHRONOLOG  69    341     CD      I
I     14  2/  12          70 RAINEY TABLETS    83            D      I
I      :   :              77 AHW >S RV**      1278-B        B D     I
I     14  2/  13, 14      71 HELCK BEZIEHUNG 413             CD     I
I      :   :   :          73 CAD  L RV**        65-B        BCD     I
I      :   :   :          73 KUHNE CHRONOLOG  69    341      D      I
I      :  2/  13          68 CAD 2A RV**       464-A        BCD     I
I     14  2/  14          66 AHW  M RV**       614-B          G     I
I     14  2/  15, 16      71 HELCK BEZIEHUNG 418             D   EC I
I      :   :   :          73 KUHNE CHRONOLOG 138             D      I
I      :   :   :  :       76 AHW >S RV**      1198-B        B D     I
I     14  2/  17, 18      58 CAD  E RV**        92-A        BCD   C I
I      :   :   :          75 MORAN SYRIAN SC 149  N.124 AB D    C  I
I      :  2/  17          56 CAD  G RV**         4-A        BCD     I
I      :   :              58 CAD  E RV**       276-B        BCD  +  I
I      :   :              60 AHW  E RV**       237-B        BCD     I
```

```
I                                         C I T A T I O N S              I
I          T E X T E S                                                   I
I                                 DATE,  OUVRAGE, PAGES, NOTES  CARACTERIST. I
I       ------------------------  ---------------------------------------  I
I       14  2/  17         64 CAD  1A RV**      180-A        B D           I
I       14  2/  18- 19     71 HELCK BEZIEHUNG  414            CD           I
I        :  2/  18         58 CAD   E RV**      276-B        BCD           I
I        :   :             60 AHW   E RV**      199-B        BCD           I
I        :   :             62 CAD  'S RV**      175-B        BCD           I
I        :   :             70 RAINEY TABLETS    78           B D           I
I        :   :             72 AHW   R RV**      994-A        B D           I
I        :   :             73 KUHNE CHRONOLOG    6      34D    D           I
I        :   :             74 AHW  >S RV**      1122-A       B D           I
I       14  2/  19- 20     58 CAD   E RV**      315-B        BCD           I
I        :  2/  19, 20     71 HELCK BEZIEHUNG  422            D        C   I
I        :  2/  19         73 CAD   L RV**       65-B        BCD           I
I        :   :             76 AHW  >S RV**      1215-B       B D           I
I       14  2/  20         10 RANKE KEILSCHR.    19       2  BCD           I
I        :   :             15 KNUDTZ.CR/UNGN.   182          B D           I
I        :   :             66 JUCQUOIS PHONET   173          BCD           I
I        :   :             72 AHW   R RV**      973-B        BCD           I
I       14  2/  21, 22     69 AHW   P RV**      828-B        B D        ? I
I       14  2/  22         74 AHW  >S RV**      1132-B       BCD        ? I
I       14  2/  23, 24     71 HELCK BEZIEHUNG  423            D           I
I        :  2/  23         65 AHW   K RV**      515-A         D           I
I       14  2/  26         73 KUHNE CHRONOLOG  138            D           I
I       14  2/  27, 28     10 RANKE KEILSCHR.    8           BCD          I
I        :   :   :         65 CAD   B RV**      298-A         D           I
I        :   :   :         71 AHW   P RV**      875-A        B D        ? I
I       14  2/  31         59 CAD   D RV**      176-B        BCD          I
I        :   :            -                     176-B        B D          I
I        :   :            71 AHW    Q RV**      908-A        BCD          I
I        :   :            74 RAINEY EA NOTES   305          b D          I
I       14  2/  34        09 BOHL SPRACHE        8      3V  B D          I
I        :   :           73 KUHNE CHRONOLOG    71      348   D          I
I       14  2/  35, 42    67 AHW    N RV**      725-B        B D          I
I        :  2/  35, 36    71 HELCK BEZIEHUNG  410           B D          I
I       14  2/  36- 48    64 CAMPBELL CHRON.    63            D          I
I        :  2/  36        74 RAINEY EA NOTES   306          B D          I
I       14  2/  37, 40    71 HELCK BEZIEHUNG  410           B D          I
I        :  2/  37        66 AHW    M RV**      605-B        B D          I
I        :   :            77 CAD   1M RV**      239-B        BCD      R    I
I       14  2/  40        59 CAD    D RV**      158-B        B D      R    I
I       14  2/  41        64 CAD   1A RV**      123-A        B D          I
I        :   :            71 CAD    K RV**      499-B        BCD      R    I
I       14  2/  42        10 RANKE KEILSCHR.     9           BCD       ? I
I        :   :            71 HELCK BEZIEHUNG  410           BCD          I
I       14  2/  43, 45    73 KUHNE CHRONOLOG  138            D          I
I        :  2/  43, 44    71 HELCK BEZIEHUNG  409           b D          I
I        :  2/  43        10 RANKE KEILSCHR.    22           BCD          I
I        :   :            56 CAD    H RV**       89-A        BCD      R    I
I        :   :            62 AHW    H RV**      322-B        B D          I
I       14  2/  44        67 AHW    N RV**      714-B        B D          I
I       14  2/  45        66 AHW    M RV**      625-B        B D          I
I        :   :            71 HELCK BEZIEHUNG  410            CD           I
I        :   :            77 CAD   1M RV**      365-A        BCD          I
I       14  2/  46, 49    65 AHW    K RV**      482-A        BCD          I
I        :  2/  46        70 RAINEY TABLETS    79           B D          I
I        :   :            71 CAD    K RV**      393-B        BCD          I
I        :   :            71 HELCK BEZIEHUNG  410           B D          I
I       14  2/  47        69 AHW    N RV**      804-B        B D          I
I        :   :            74 RAINEY EA NOTES   307          B D          I
I       14  2/  48        69 AHW    P RV**      809-B        B D          I
```

```
I                                    C I T A T I O N S                  I
I      T E X T E S       --------------------------------------------   I
I                        DATE,  OUVRAGE,  PAGES,  NOTES  CARACTERIST.    I
I      ----------------  ------------------------------  ------------    I
I      14   2/   48      71 HELCK BEZIEHUNG  413              BCD     ?  I
I       :    :    :      72 AHW   S RV**        1059-B       B D         I
I       :    :    :      73 KUHNE CHRONOLOG  71         347   D          I
I       :    :    :      74 RAINEY EA NOTES  307             BCD         I
I       :    :    :      77 CAD  1M RV**       305-A         BCD         I
I      14   2/   49      10 RANKE KEILSCHR.  19          1  BCD      ?   I
I       :    :    :      59 CAD   D RV**       158-B         BCD         I
I       :    :    :      68 CAD  2A RV**       284           BCD         I
I       :    :    :      71 CAD   K RV**       393-B         BCD         I
I       :    :    :      71 HELCK BEZIEHUNG  410             BCD         I
I       :    :    :      73 KUHNE CHRONOLOG  136              D          I
I      14   2/   50      10 RANKE KEILSCHR.  13             BCD          I
I       :    :    :      56 CAD   G RV**         6-A          D          I
I       :    :    :      71 CAD   K RV**       499-B          D          I
I       :    :    :      71 HELCK BEZIEHUNG  401            B D          I
I       :    :    :      77 CAD  1M RV**       176-B        B D          I
I      14   2/   51      56 CAD   H RV**       219-A        BCD          I
I       :    :    :      62 AHW   H RV**       352-A        B D          I
I       :    :    :      71 HELCK BEZIEHUNG  410           B D           I
I      14   2/   52- 54  73 KUHNE CHRONOLOG  138              D          I
I       :   2/   52, 54  71 HELCK BEZIEHUNG  410           B D           I
I       :   2/   52      56 CAD   H RV**        83          BCD     R    I
I       :    :    :      62 AHW   H RV**       321-B        B D          I
I       :    :    :      71 HELCK BEZIEHUNG  423            BCD          I
I      14   2/   53, 55  67 AHW   N RV**       724-B        B D          I
I       :    :    :   :  70 RAINEY TABLETS     73           B D          I
I       :    :    :   :  73 KUHNE CHRONOLOG  137             D           I
I       :   2/   53      10 RANKE KEILSCHR.  19          3  B D      ?   I
I       :    :    :      66 JUCQUOIS PHONET  238           B D      ?    I
I       :    :    :      71 HELCK BEZIEHUNG  401           B D           I
I       :    :    :         -                412          BCD      ?    I
I      14   2/   54      10 RANKE KEILSCHR.  20            BCD           I
I       :    :    :      61 CAD   Z RV**       118-A        B D          I
I       :    :    :      70 RAINEY TABLETS     78           B D          I
I       :    :    :      72 AHW   S RV**        1008-B      B D          I
I      14   2/   55      71 AHW   Q RV**       911-A        BCD     R    I
I       :    :    :      71 CAD   K RV**       316-A          C        C I
I       :    :    :      71 HELCK BEZIEHUNG  377        51  BCD     R    I
I       :    :    :         -                412-413       BCD          I
I      14   2/   56, 57  73 KUHNE CHRONOLOG  138             D          I
I       :   2/   56      65 AHW   K RV**       468-B        B D          I
I       :    :    :      71 CAD   K RV**       316-A         BCD         I
I      14   2/   57      61 CAD   Z RV**        24-B        BCD          I
I       :    :    :      71 HELCK BEZIEHUNG  413           B D      ?    I
I       :    :    :      73 KUHNE CHRONOLOG  136             D           I
I       :    :    :      74 RAINEY EA NOTES  310           B D      R    I
I      14   2/   58      66 AHW   M RV**       648-B        B            I
I       :    :    :      71 HELCK BEZIEHUNG  427          · BCD      ?   I
I       :    :    :      77 CAD  2M RV**        38-B        BCD          I
I      14   2/   59      59 AHW   A RV**        60-B        BCD          I
I       :    :    :      68 CAD  2A RV**       188-B        BCD          I
I       :    :    :      71 CAD   K RV**       499-B        BCD          I
I      14   2/   60      62 CAD  'S RV**       202-A        B D          I
I       :    :    :      71 HELCK BEZIEHUNG  427            BCD     R  ? I
I      14   2/   61      67 AHW   N RV**       724-B        B D          I
I       :    :    :      70 RAINEY TABLETS     73           B D          I
I       :    :    :      71 HELCK BEZIEHUNG  413            BCD     R    I
I      14   2/   63- 64     -                422             D        C  I
I       :   2/   63      58 CAD   E RV**       315-B          D          I
```

TEXTES	CITATIONS				CARACTERIST.
	DATE,	OUVRAGE,	PAGES,	NOTES	
14 2/ 63	61	CAD Z RV**	24-B		BCD R
: :	66	JUCQUOIS PHONET	173		BCD
: :	72	AHW R RV**	973-B		BCD
14 2/ 64	69	AHW P RV**	828-B		B D R ?
: :	71	HELCK BEZIEHUNG	423		BCD
14 2/ 65	72	AHW S RV**	1017-A		B D
14 2/ 69- 70	15	KNUDTZON EL-AM	1586		D
: 2/ 69	70	RAINEY TABLETS	79		B D
: :	77	CAD 2M RV**	158-A		BCD R
14 2/ 71- 77	67	AHW N RV**	737-A		D
: 2/ 71- 74	73	KUHNE CHRONOLOG	71	348	D
: 2/ 71	15	KNUDTZON EL-AM	1001/15	114F A	C
14 2/ 72, 74	09	BOHL SPRACHE	8	3V	B D
: 2/ 72	77	CAD 1M RV**	220-B		D
14 2/ 73	73	KUHNE CHRONOLOG	138		D
14 2/ 75- 79	71	HELCK BEZIEHUNG	413		D
14 2/ 76	71	AHW R RV**	934-B		B D
14 2/ 80	10	RANKE KEILSCHR.	14		BCD
: :	71	HELCK BEZIEHUNG	409		B D
: :		-	426		D
14 2/ 82	10	RANKE KEILSCHR.	10		B D R
: :	56	CAD H RV**	237-B		BCD R ?
: :	62	AHW H RV**	356-A		B D
: :	71	HELCK BEZIEHUNG	410		BCD
14 2/ 83	59	AHW A RV**	70-B		B D
: :	68	CAD 2A RV**	303-B		BCD
14 2/ 84- 85	71	HELCK BEZIEHUNG	410		BCD R
: 2/ 84, 87	65	AHW K RV**	482-A		BCD
: 2/ 84, 86	73	KUHNE CHRONOLOG	138		D
: 2/ 84	68	CAD 2A RV**	284-B		D
: :		-	303-B		B D R
: :	71	CAD K RV**	393-B		BCD
14 2/ 86	66	JUCQUOIS PHONET	163		BCD
: :	70	RAINEY TABLETS	78		B D
: :	71	AHW R RV**	948-B		B D
14 2/ 87	10	RANKE KEILSCHR.	11		BCD
: :	65	AHW K RV**	501-A		B D ?
: :	71	CAD K RV**	393-B		B D
: :		-	502-B		BCD R
14 3/	67	AHW N RV**	737-A		D
14 3/ 2	71	HELCK BEZIEHUNG	410		BCD R ?
14 3/ 4, 7	71	AHW Q RV**	911-A		G
: 3/ 4, 5	67	AHW N RV**	711-B		B D
: : :	71	HELCK BEZIEHUNG	412		BCD R
14 3/ 6, 7	67	AHW N RV**	724-B		B D
: : :	70	RAINEY TABLETS	73		B D
: : :	71	HELCK BEZIEHUNG	413		BCD
: : :	73	KUHNE CHRONOLOG	137		D
14 3/ 8- 9	56	CAD G RV**	4-A		BCD C
14 3/ 10	09	BOHL SPRACHE	8	3V	B D
: :	77	CAD 1M RV**	220-B		B D
14 3/ 11- 33	71	HELCK BEZIEHUNG	415-416		D C
: 3/ 11- 15	65	AHW L RV**	561-A		G
: 3/ 11		-	532-A		G
: :	73	CAD L RV**	59-A		B D R
: :		-	229-A		B D R
14 3/ 12- 13		-	229-A		D
: : :		-	233-B		BCD REC
14 3/ 13	70	RAINEY TABLETS	79		B D R

```
I                                   C I T A T I O N S                      I
I        T E X T E S        -------------------------------------------    I
I                           DATE,  OUVRAGE, PAGES, NOTES  CARACTERIST.     I
I        ------------------  -----------------------------  -----------    I
I     14   3/  15           64 CAD 1A RV**      123-A       B D    R        I
I      :        :           71 HELCK BEZIEHUNG 415          BCD         ?   I
I     14   3/  16, 18       62 AHW  I RV**      364-B       B               I
I      :   3/  16, 17       71 HELCK BEZIEHUNG 415          CD        C ?   I
I      :   3/  16           60 CAD IJ RV**       10-B       B D    R        I
I     14   3/  17, 18        -                   10-B         D             I
I     14   3/  19           73 CAD  L RV**      229-A       BCD             I
I      :        :           77 AHW  T RV**     1309-A       B D             I
I     14   3/  20- 21       64 CAD 1A RV**       94-A       BCD        C    I
I      :   3/  20           73 CAD  L RV**      229-A       BCD             I
I     14   3/  21           10 RANKE KEILSCHR.   21         BCD         ?   I
I      :        :           62 CAD 'S RV**      175-A       BCD             I
I      :        :           70 RAINEY TABLETS    78         B D            I
I      :        :           73 CAD  L RV**      229-A         D             I
I      :        :           73 KUHNE CHRONOLOG 138           D             I
I     14   3/  23, 24       71 HELCK BEZIEHUNG 415          CD        C ?   I
I      :   3/  23           74 AHW >S RV**     1139-B       B D            I
I     14   3/  24, 25       74 RAINEY EA NOTES 309          B D            I
I     14   3/  25           58 CAD  E RV**      316-B       BCD            I
I      :        :           77 CAD 2M RV**      246-A       CD        C    I
I     14   3/  26, 29       73 CAD  L RV**      229-A         D            I
I      :        :    :      77 AHW  T RV**     1308-A       B D    R    ?  I
I      :   3/  26           77 CAD 2M RV**      246-A       B D    R    ?  I
I     14   3/  27           65 AHW  K RV**      514-B       B              I
I      :        :           71 CAD  K RV**      586-A       BCD    R       I
I      :        :           77 AHW  T RV**     1298-A       B D            I
I     14   3/  28           64 CAD 1A RV**       58-A       B D            I
I      :        :           72 AHW  S RV**     1017-A       B D            I
I     14   3/  29           59 AHW  A RV**       45-B       B D         ?  I
I      :        :           68 CAD 2A RV**       86-A       BCD        ?   I
I      :        :           73 KUHNE CHRONOLOG  69    341   B D    R    ?  I
I      :        :           77 CAD 2M RV**      246-A       B D            I
I     14   3/  30, 32       77 AHW  T RV**     1298-A       B D            I
I      :   3/  30           73 CAD  L RV**      229-A       BCD            I
I     14   3/  31           77 CAD 2M RV**      128-A       BCD    +    ?  I
I     14   3/  32, 38       73 KUHNE CHRONOLOG 138           D             I
I      :   3/  32           67 AHW  M RV**      675-A       B              I
I      :        :           77 CAD 2M RV**      217-A       B D            I
I     14   3/  33           73 KUHNE CHRONOLOG 138           D             I
I      :        :           77 CAD 2M RV**      128-A       B D            I
I     14   3/  34- 44       71 HELCK BEZIEHUNG 401-402       D        C    I
I      :        :    :      77 CAD 1M RV**      176-B         D        C    I
I      :   3/  34, 38       73 KUHNE CHRONOLOG 136           D             I
I      :   3/  34, 35       63 AHW  K RV**      450-A       B D            I
I      :        :    :      71 CAD  K RV**      220-A       B D            I
I      :   3/  34           10 RANKE KEILSCHR.    8         B D            I
I      :        :           56 CAD  H RV**      264-A       BCD            I
I      :        :           62 AHW  H RV**      362-A       B D            I
I      :        :           68 CAD 2A RV**      527-B       BCD            I
I     14   3/  35           10 BURCHARDT ALTK.2 49-B  968   B D        C   I
I      :        :           10 RANKE KEILSCHR.   11         BCD            I
I     14   3/  36           09 BURCHARDT ALTK.1  6     13   B D        C   I
I      :        :            -                1 40    120   B D        C   I
I      :        :            -                1 41    123   B D        C   I
I      :        :           10 RANKE KEILSCHR.   20         BCD            I
I      :        :           59 AHW  A RV**       30-B       B D            I
I      :        :           63 AHW  K RV**      450-A          G           I
I      :        :           64 CAD 1A RV**      286-A       BCD            I
I      :        :           71 CAD  K RV**      220-A       B D            I
```

```
I                                    C I T A T I O N S              I
I       T E X T E S          ------------------------------------   I
I                            DATE,  OUVRAGE, PAGES, NOTES  CARACTERIST. I
I    --------------------    ------------------------------  ----------- I
I       14  3/  37           10 RANKE KEILSCHR.  13          BCD        I
I        :       :           56 CAD   G RV**        6-A       D         I
I        :       :           71 CAD   K RV**      499-A      B D        I
I       14  3/  38           71 AHW   Q RV**      923-B      BCD        I
I       14  3/  39           10 RANKE KEILSCHR.  20     1    B D        I
I        :       :           71 AHW   R RV**      934-B      B D        I
I       14  3/  40, 42       71 CAD   K RV**      499-A      B D        I
I        :   3/  40          09 BURCHARDT ALTK.1 38    113   B D    C   I
I        :       :                   -           1 48  149   B D    C   I
I        :       :           10 BURCHARDT ALTK.2 29-B  552   B D    C   I
I        :       :           10 RANKE KEILSCHR.  12          B D        I
I        :       :           70 RAINEY TABLETS   71          B D        I
I        :       :           71 HELCK BEZIEHUNG 516          B D        I
I        :       :           77 CAD 1M RV**      438-A       BCD        I
I       14  3/  41- 42       71 CAD   K RV**      488-B      BCD        I
I        :   3/  41, 43      10 RANKE KEILSCHR.  11          B D        I
I        :   3/  41          67 AHW   N RV**      760-B      B          I
I        :       :           70 RAINEY TABLETS   74          B D        I
I       14  3/  42           10 RANKE KEILSCHR.  12          BCD        I
I       14  3/  43, 48       71 CAD   K RV**      499-A      B D        I
I        :   3/  43                  -           497-B       BCD        I
I       14  3/  44           10 RANKE KEILSCHR.   8          B D        I
I        :       :           65 AHW   K RV**      484-B      BCD    R   I
I        :       :           68 CAD 2A RV**       460-B      BCD        I
I        :       :           71 CAD   K RV**      409-A      B D        I
I       14  3/  45           10 RANKE KEILSCHR.  20     1    B D        I
I        :       :           64 CAD 1A RV**        56-B      B D    R   I
I       14  3/  47           71 HELCK BEZIEHUNG 413          B D      ? I
I        :       :           72 AHW   R RV**      988-A        G        I
I        :       :           74 RAINEY EA NOTES 310          B D    R   I
I       14  3/  48, 51       71 HELCK BEZIEHUNG 409          B D        I
I        :   3/  48, 49      70 RAINEY TABLETS   79          B D        I
I        :   3/  48          10 RANKE KEILSCHR.  14          B D        I
I        :       :           62 CAD 'S RV**      180-B       BCD        I
I       14  3/  49, 50       71 HELCK BEZIEHUNG 410          BCD        I
I        :   3/  49          69 AHW   P RV**      837-A      B D        I
I       14  3/  50, 51       62 CAD 'S RV**      175-A       BCD    C   I
I        :   3/  50          73 KUHNE CHRONOLOG 137           D         I
I       14  3/  51, 53               -            6    340    D         I
I        :   3/  51          10 RANKE KEILSCHR.  22          BCD        I
I        :       :           56 CAD   H RV**       89-A      BCD        I
I        :       :           62 AHW   H RV**      322-B      B D        I
I        :       :           70 RAINEY TABLETS   78          B D        I
I       14  3/  52           10 RANKE KEILSCHR.  20          BCD   EC   I
I       14  3/  53           70 RAINEY TABLETS   78          B D    R   I
I       14  3/  54, 55       10 RANKE KEILSCHR.  20           D     C   I
I        :   3/  54                  -           20     2    BCD    R   I
I        :       :           61 CAD   Z RV**        9-A      BCD        I
I        :       :           63 AHW   K RV**      436-B        G        I
I        :       :           71 CAD   K RV**      149-A      BCD        I
I        :       :           71 HELCK BEZIEHUNG 410          B D    R   I
I       14  3/  55           10 RANKE KEILSCHR.  11          B D        I
I        :       :           71 CAD   K RV**      497-B       D         I
I        :       :           71 HELCK BEZIEHUNG 402          B D        I
I       14  3/  59           10 RANKE KEILSCHR.  23          BCD    R  ? I
I        :       :           71 HELCK BEZIEHUNG 413          CD         I
I        :       :           73 CAD   L RV**       65-B      BCD        I
I       14  3/  60           10 RANKE KEILSCHR.  21          BCD        I
I        :       :           65 AHW   K RV**      484-B        G        I
```

```
I                                 C I T A T I O N S              I
I      T E X T E S      ----------------------------------------- I
I                       DATE,  OUVRAGE, PAGES, NOTES  CARACTERIST. I
I    ----------------------   ------------------------   ----------- I
I     14  3/  60        71 AHW   P RV**    857-A       B D      ? I
I      :       :        71 CAD   K RV**    409-A       BCD        I
I      :       :        71 HELCK BEZIEHUNG 414           D        I
I     14  3/  61, 67    71 CAD   K RV**    499-A       B D        I
I      :    :    :      71 HELCK BEZIEHUNG 410         B D        I
I      :    3/  61      09 BURCHARDT ALTK.1 44     135 B D     C  I
I      :       :        10 BURCHARDT ALTK.2 43-B   836 B D     C  I
I      :       :        10 RANKE KEILSCHR.  18         BCD        I
I      :       :        71 HELCK BEZIEHUNG 521         B D     C  I
I     14  3/  62        56 CAD   H RV**    194-A       BCD        I
I      :       :        62 AHW   H RV**    347-A       BCD        I
I      :       :        65 AHW   K RV**    484-B       BCD        I
I      :       :        71 CAD   K RV**    255-B       B D        I
I      :       :           -               409-B       B D        I
I      :       :        71 HELCK BEZIEHUNG 410         BCD        I
I     14  3/  63        66 AHW   M RV**    625-B         D        I
I      :       :        67 AHW   N RV**    714-B       B D        I
I      :       :        71 HELCK BEZIEHUNG 409         B D        I
I      :       :           -               410          CD        I
I      :       :        77 CAD  1M RV**    365-A       B D        I
I     14  3/  64        63 AHW   K RV**    436-B       BCD        I
I      :       :        68 CAD  2A RV**    284-B         D        I
I      :       :        71 CAD   K RV**    149-A       BCD        I
I     14  3/  65        59 AHW   A RV**     15-A       B D        I
I      :       :        60 CAD  IJ RV**    260-B       BCD        I
I      :       :        63 AHW   I RV**    398-A       B D        I
I      :       :        64 CAD  1A RV**    143-A       B D        I
I      :       :        71 HELCK BEZIEHUNG 427         B D        I
I      :       :        73 KUHNE CHRONOLOG 136           D        I
I     14  3/  66, 71    66 JUCQUOIS PHONET 238         B D      ? I
I      :    3/  66      10 RANKE KEILSCHR.  19         BCD        I
I      :       :           -                20       1 B D        I
I      :       :        71 HELCK BEZIEHUNG 401         B D        I
I     14  3/  67        56 CAD   G RV**      6-A         D        I
I      :       :        71 HELCK BEZIEHUNG 401         B D        I
I     14  3/  68- 69       -               422           D        I
I      :    3/  68, 69  71 AHW   Q RV**    900-A          G       I
I      :    :    :      72 AHW   R RV**    973-B       BCD        I
I     14  3/  69        59 CAD   D RV**    201-A       BCD        I
I      :       :        60 AHW   D RV**    179-B       B D        I
I     14  3/  70        10 RANKE KEILSCHR.  20         BCD        I
I      :       :        61 CAD   Z RV**    118-A       B D        I
I      :       :        70 RAINEY TABLETS   78         B D        I
I      :       :        71 HELCK BEZIEHUNG 393     147  CD        I
I      :       :           -               410         BCD        I
I      :       :        72 AHW   S RV**   1008-B       B D        I
I     14  3/  71        10 RANKE KEILSCHR.  19         BCD        I
I     14  3/  72        64 CAD  1A RV**     56-B         D        I
I      :       :        72 AHW   R RV**    988-A          G       I
I     14  3/  74        66 AHW   M RV**    648-B       B          I
I      :       :        71 HELCK BEZIEHUNG 412          CD        I
I      :       :        77 CAD  2M RV**     37-B       BCD      ? I
I     14  3/  75- 76    71 HELCK BEZIEHUNG 378           D     C  I
I      :    :    :         -               394     159   D        I
I      :    3/  75, 77  74 RAINEY EA NOTES 302         B D   R    I
I      :    3/  75, 76  71 AHW   Q RV**    908-A       BCD   R    I
I      :    :    :      73 KUHNE CHRONOLOG 136           D        I
I      :    :    :      74 RAINEY EA NOTES 305         B D   R    I
I      :    :    :         -               310         B D   R    I
```

```
I --------------------------------------------------------------------- I
I                                          C I T A T I O N S             I
I      T E X T E S                  ----------------------------------   I
I                                   DATE,  OUVRAGE, PAGES, NOTES  CARACTERIST. I
I      ---------------------        -------------------------------  ------------ I
I      14  3/  75           59 CAD  D RV**      176-B        BCD            I
I       :      :            71 HELCK BEZIEHUNG 413         B D        ?   I
I      14  3/  76- 77       61 CAD  Z RV**        1-A      BCD      R C  ? I
I       :      :   :        71 HELCK BEZIEHUNG 410         BCD       C    I
I      14  3/  77           59 CAD  D RV**      176-B      B D  +         I
I       :      :            67 SYL. 2 RV**        51    266  B D      C   I
I      14  4/  1-  5        71 HELCK BEZIEHUNG 394    160    D            I
I       :  4/  1            67 SYL. 2 RV**        51    266  B D      C   I
I       :      :            71 AHW  Q RV**      908-A        BCD          I
I       :      :            74 RAINEY EA NOTES 302        B D  R          I
I       :      -                                305        B D  R         I
I      14  4/  2-  5        -                    302        B D           I
I       :  4/  2-  3        73 KUHNE CHRONOLOG  67    316    D            I
I       :  4/  2-           59 AHW  B RV**      111-B      B D        ?   I
I       :      :   :        65 CAD  B RV**      141-A        D            I
I       :  4/  2            63 AHW  K RV**      444-B      BC             I
I       :      :            71 CAD  K RV**      188-A      BCD            I
I      14  4/  3-  4        73 KUHNE CHRONOLOG  71    347    D            I
I       :  4/  3            74 AHW >S RV**     1157-A      B D            I
I      14  4/  4            15 KNUDTZON EL-AM 1001/16 122H A        C     I
I      14  4/  5,  6        71 HELCK BEZIEHUNG 401        B D            I
I       :  4/  5            71 AHW  Q RV**      923-B            G        I
I       :      :            73 KUHNE CHRONOLOG 138          D             I
I       :      -                                139    684    D           I
I      14  4/  6            15 KNUDTZON EL-AM 1001/17 123I A        C     I
I       :      :            69 AHW  N RV**      804-B            G        I
I      14  4/  7- 16        71 HELCK BEZIEHUNG 394    160    D            I
I       :      :   :        74 RAINEY EA NOTES 302        B D            I
I       :  4/  7            65 AHW  K RV**      513-A        BCD      ?   I
I       :      :            71 CAD  K RV**      573          BCD      ?   I
I      14  4/  8            59 AHW  B RV**      133-A      B D            I
I       :      :            59 CAD  D RV**      176-B      B D  +         I
I       :      :            61 CAD  Z RV**        1-A      BCD        ?   I
I       :      :            71 HELCK BEZIEHUNG 401        B D            I
I      14  4/  9            77 CAD 2M RV**      291-A      B D            I
I      14  4/  10           59 CAD  D RV**      169-B      BCD            I
I       :      :            65 CAD  B RV**      141-A      BCD            I
I      14  4/  11           10 RANKE KEILSCHR.  26        BCD            I
I       :      :            71 HELCK BEZIEHUNG 411        BCD       EC    I
I       :      :            -                    413        BCD           I
I       :      :            -                    423        BCD       EC  I
I       :      :            73 KUHNE CHRONOLOG 136          D             I
I       :      :            74 RAINEY EA NOTES 310        B D  R          I
I      14  4/  12           72 AHW  R RV**      973-B      BCD            I
I      14  4/  13           10 RANKE KEILSCHR.  11        BCD            I
I       :      :            -                    26          D            I
I       :      :            71 CAD  K RV**      488-B      BCD            I
I       :      :            -                    499-B        D           I
I       :      :            71 HELCK BEZIEHUNG 401        B D            I
I      14  4/  14, 15       -                    401        B D           I
I       :  4/  14           64 CAD 1A RV**      370-A      BCD            I
I      14  4/  15           15 KNUDTZ.CR/MEIS 1515        B D  R     ?   I
I      14  4/  16- 17       71 HELCK BEZIEHUNG 410          CD       C    I
I       :  4/  16, 17       64 CAD 1A RV**      370-A      BCD       C    I
I       :  4/  16           67 AHW  M RV**      665-A        D            I
I       :      :            70 RAINEY TABLETS   79                        I
I       :      :            75 MORAN SYRIAN SC 149  N.95 AB D       C     I
I       :      :            77 CAD 2M RV**      158-A      BCD            I
I      14  4/  18- 19       71 HELCK BEZIEHUNG 394    160    D            I
```

```
I-------------------------------------------------------------------------I
I                               C I T A T I O N S                         I
I      T E X T E S         -------------------------------------------- I
I                          DATE,  OUVRAGE, PAGES, NOTES  CARACTERIST.  I
I      ----------------    ---------------------------------  -------------- I
I      14  4/  18, 19      74 RAINEY EA NOTES 302         B D            I
I      :   4/  18          70 RAINEY TABLETS    78        B D            I
I      :       :           72 AHW  S RV**     1008-B      B D            I
I      14  4/  20          10 RANKE KEILSCHR.   23        B D        ?   I
I      :       :           66 AHW  M RV**      577-B      B D            I
I      :       :           77 CAD 1M RV**       50-B      B D   R        I
I      14  4/  23          71 CAD  K RV**      488-B      B D      EC     I
I      :       :           71 HELCK BEZIEHUNG 401         B D   R        I
I      14  4/  60- 61         -               394    160     D           I
I      :   4/  60, 61      59 AHW  B RV**      111-A      B D            I
I      :       :    :      74 RAINEY EA NOTES 302        B D            I
I      14  4/  62          15 KNUDTZ.CR/MEIS 1515        B D            I
I                                                                         I
I EA  15                                                                  I
I ******                                                                  I
I      15- 16              64 CAMPBELL CHRON. 135      3B     D       ?   I
I      :   :                  -               135      4B     D       ?   I
I      :   :               66 JUCQUOIS PHONET  32            D            I
I      15, 16              09 BOHL SPRACHE      23     10D    D            I
I      :   :                  -                54     28Q    D            I
I      :   :               62 KITCHEN SUPPILU  12            D            I
I      :   :                  -                46            D            I
I      :   :               64 CAMPBELL CHRON.  38            D            I
I      :   :                  -               43-44          D            I
I      :   :               64 HORNUNG UNTERS.  63            D            I
I      :   :               71 HELCK BEZIEHUNG 279            D            I
I      :   :               73 KUHNE CHRONOLOG   9       38   D            I
I      :   :                  -                77      384   D            I
I      :   :                  -               77-83          D            I
I      :   :                  -               126      B3    D            I
I      :   :                  -               130      D2    D            I
I      15                     -                16      73    D            I
I      :                      -                83      418   D            I
I      15       2          75 MORAN SYRIAN SC 151       2  B D   R C      I
I      15       4-  6      62 CAD 'S RV**      51-A        B D   R C      I
I      15       7-  8      68 CAD 2A RV**      17-B        BCD      C     I
I      :       7, 11       09 BOHL SPRACHE      23     10D  B D            I
I      15       9- 11      64 CAD 1A RV**     119-B        BCD      C     I
I      :       :    :      71 HELCK BEZIEHUNG 180      82     D      C     I
I      :       :    :      73 KUHNE CHRONOLOG 77-78    387    D            I
I      :       :    9      09 BOHL SPRACHE      4       3A B D            I
I      :       :              -                31     20C  B D       ?   I
I      :       :           15 KNUDTZON EL-AM 1585              D       ?   I
I      :       :              -              1586             CD       ?   I
I      :       :           51 DHORME LANGUE   477          BCD            I
I      :       :           52 GAG  1 RV**      77      61J  BCD            I
I      :       :           59 AHW  A RV**      14-A        B D            I
I      :       :           64 CAD 1A RV**      72-A        B D            I
I      15      12          71 HELCK BEZIEHUNG 374            D            I
I      :       :              -               418            D            I
I      15      13             -               388          B D            I
I      :       :              -               411          BCD            I
I      15      16, 19      64 CAD 1A RV**     323-A        BCD      C     I
I      :       16, 18      71 CAD  K RV**     295-B        BCD    R C     I
I      :       16          15 KNUDTZ.CR/UNGN. 183        B D            I
I      15      18          09 BOHL SPRACHE      23     10B     G         I
I      :       :           59 AHW  A RV**      28-B        B D            I
I      :       :           64 CAD 1A RV**     265-B        BCD    R      I
I      15      22             -               323-A          D           I
```

```
I                                       C I T A T I O N S                    I
I         T E X T E S         ------------------------------------------     I
I                            DATE,  OUVRAGE, PAGES, NOTES  CARACTERIST.  I
I         --------------------  ----------------------------  -----------    I
I                                                                            I
I EA   16                                                                    I
I ******                                                                     I
I      16                 71 HELCK BEZIEHUNG 436              D              I
I       :                 75 MORAN SYRIAN SC 155      1/C     D              I
I       :                    -               159      12      D              I
I       :                    -               165      70      D              I
I      16         1       10 RANKE KEILSCHR.  14              B D    R    ?  I
I       :         :       73 KUHNE CHRONOLOG  77     384      D              I
I      16         4       71 HELCK BEZIEHUNG 474       1      B D      C     I
I      16       6-   8    73 KUHNE CHRONOLOG  78     388      D              I
I       :       6-   7    59 CAD  D RV**         92-A         BCD      C     I
I       :       6        68 CAD 2A RV**          6-B         BCD            I
I       :         :          -                388-A          C        C     I
I      16       7-   8       -                388-A          BCD      C     I
I       :       7        59 AHW   D RV**       160-B         B              I
I      16       8        15 KNUDTZ.CR/UNGN. 183              B D    R    ?  I
I       :         :       66 AHW   M RV**       585-A         B              I
I       :         :       75 MORAN SYRIAN SC 155      1/G     B D            I
I       :         :       77 AHW   T RV**      1344-B         BCD    R    ?  I
I      16       9-  10    62 CAD 'S RV**        91-B         BCD            I
I       :       9        65 CAD  B RV**        82-A         BCD            I
I       :         :       70 RAINEY TABLETS     78           B D    R       I
I       :         :       71 HELCK BEZIEHUNG 418              D              I
I      16     10, 14      09 BOHL SPRACHE        2      1E     BCD            I
I       :       :    :    73 KUHNE CHRONOLOG   9      38      D              I
I       :       :    :    75 MORAN SYRIAN SC 151              D              I
I       :     10, 11      70 RAINEY TABLETS     78           B D            I
I       :     10         15 KNUDTZ.CR/UNGN. 183              BCD            I
I       :         :       71 AHW   P RV**       857-A              G         I
I       :         :       71 HELCK BEZIEHUNG 374              D              I
I       :         :       74 AHW 'S RV**      1080-A         B              I
I      16      11        71 HELCK BEZIEHUNG 388              CD             I
I       :         ;       73 CAD   L RV**        3-A         B D            I
I       :         :       74 AHW 'S RV**      1081           B              I
I      16     13-  33     73 KUHNE CHRONOLOG  78     389      D              I
I       :      13        77 AHW >S RV**      1258-B         B D            I
I      16     14-  15     58 CAD   E RV**       330-B         BCD      C     I
I       :      14            -               185-B         BCD            I
I       :         :       60 AHW   E RV**       223-A         B              I
I      16     15-  16     72 AHW   S RV**      1006-A         BCD      C     I
I       :      15        15 KNUDTZON EL-AM 1587              D              I
I       :         :       60 AHW   E RV**       248-B         BC             I
I      16     16-  17     58 CAD   E RV**       375-A         BCD      C     I
I       :      16        09 BOHL SPRACHE       54     28Q     B D            I
I       :         :       58 CAD   E RV**        52-B         BCD            I
I       :         :          -               198-A         B D            I
I       :         :       60 AHW   E RV**       258-B         B D            I
I       :         :       65 AHW   K RV**       502-B         B              I
I       :         :       73 KUHNE CHRONOLOG  78     389      D              I
I      16     17-  18     56 CAD   H RV**       204-B         BCD      C     I
I       :       :    :    64 CAD 1A RV**       180-A         BCD      C     I
I       :     17, 18      77 CAD 1M RV**       149-B         BCD      C     I
I      16     19-  27     73 KUHNE CHRONOLOG  78     391      D              I
I       :     19-  25     64 HORNUNG UNTERS.  63              D              I
I       :       :    :    71 HELCK BEZIEHUNG 381              D        C     I
I       :     19-  21     -               167     143      D        C     I
I       :       :    :    73 KUHNE CHRONOLOG  77-78  387      D              I
I       :     19-  20     15 KNUDTZON EL-AM 1584      29      D              I
```

TEXTES			CITATIONS DATE, OUVRAGE, PAGES, NOTES			CARACTERIST.
16	19, 22		09 BOHL SPRACHE	76	35D	B D
:	:	:	66 JUCQUOIS PHONET	120		B D
16	19		73 KUHNE CHRONOLOG	50	230	D
16	21, 24		-	71	347	D
:	21		76 AHW >S RV**	1212-A		G
16	22- 24		15 KNUDTZON EL-AM	1584	29	D
:	22- 23		67 REDFORD HISTORY	156	285	D
16	26- 36		73 KUHNE CHRONOLOG	120	605	D
16	27		-	78	389	B D R
:	:		-	79	399	D ?
16	28- 31		77 CAD 1M RV**	345-A		CD C
:	28		15 KNUDTZ.CR/UNGN.	183		B D
16	29		64 CAD 1A RV**	303-B		BCD
:	:		77 AHW T RV**	1332-B		B D R
16	30- 31		60 CAD IJ RV**	18-A		BCD C
:	:	:	77 CAD 1M RV**	345-A		B D C
:	30, 31		66 AHW M RV**	622-A		B C
:	30		62 AHW I RV**	365-B		BC
16	32		59 CAD D RV**	68-A		BCD
:	:		66 JUCQUOIS PHONET	164		BCD
16	33		15 KNUDTZON EL-AM	1597		B D
16	34, 40		73 KUHNE CHRONOLOG	9	38	D
:	:	:	75 MORAN SYRIAN SC	150		B D
:	34		62 AHW H RV**	332-B		B
16	35		71 CAD K RV**	329-A		C C
:	:		77 CAD 1M RV**	417-A		BCD
16	36		66 JUCQUOIS PHONET	169		D
:	:		71 CAD K RV**	329-A		BCD
16	37- 42		70 KLENGEL GESCH.3	202		D C
:	:	:	73 KUHNE CHRONOLOG	81	407	D
:	:	:	-	83	418	D
:	37- 39		77 CAD 1M RV**	423-B		CD C
:	37-		73 KUHNE CHRONOLOG	118	593	G
16	38- 45		71 HELCK BEZIEHUNG	275		D C
:	38- 39		72 AHW R RV**	966-A		B D C
:	:	:	77 CAD 1M RV**	423-B		B D R C
:	38		09 BOHL SPRACHE	1	1D	B D
:	:		-	28	15E	BCD
:	:		59 AHW A RV**	18-A		BCD
16	39- 41		52 GAG 1 RV**	227	173D	BCD
:	39, 40		70 RAINEY TABLETS	76		B D
:	39		09 BOHL SPRACHE	1	1B	B D
16	40		72 AHW R RV**	966-A		G
:	:		73 KUHNE CHRONOLOG	25	113	D
16	41- 42		77 CAD 1M RV**	262-B		BCD C
16	42		09 BOHL SPRACHE	4	2C	B D
:	:		10 EBELING VERBUM	61	12	BCD
:	:		59 AHW A RV**	18-A		B D
:	:		73 CAD L RV**	225-B		BCD
16	43- 55		73 KUHNE CHRONOLOG	83	418	CD C
:	:	:	-	12C	605	D
:	43- 49		15 KNUDTZON EL-AM	1587		CD C
:	:	:	62 CAD 'S RV**	152-B		BCD C
:	43-		73 KUHNE CHRONOLOG	96	481	D
:	43, 45		70 RAINEY TABLETS	79		B D
:	:	:	74 AHW 'S RV**	1095-B		BCD C
:	43		64 CAMPBELL CHRON.	55	76	D
:	:		71 HELCK BEZIEHUNG	183		D
16	44		09 BOHL SPRACHE	23	10D	B D

```
I                                        C I T A T I O N S                        I
I     T E X T E S              ------------------------------------------------   I
I                              DATE, OUVRAGE, PAGES, NOTES  CARACTERIST.    I
I    ----------------------    -----------------------------  ------------    I
I     16      44               63 AHW  I RV**      410-B       B D            I
I     16      45               77 CAD 1M RV**      423-B       B D            I
I     16      46, 48           70 RAINEY TABLETS    79         B D            I
I     :       :   :            74 AHW 'S RV**      1095-B      BCD        C   I
I     :      46                63 AHW  I RV**      409-A       B             I
I     16      47, 49           69 AHW  N RV**      776-B           G        I
I     :      47                65 CAD  B RV**      150-A       BCD            I
I     16      48- 49           77 CAD 1M RV**      423-B         D        C   I
I     16      50- 51           60 CAD IJ RV**      324-B       BCD      R C   I
I     :      50                63 AHW  J RV**      411-B           G        I
I     :       :               77 CAD 2M RV**       94-B       B D            I
I     16      51, 54           70 RAINEY TABLETS    79         B D            I
I     :       :   :            74 AHW 'S RV**      1095-B      BCD      R C   I
I     :      51                77 CAD 1M RV**      423-B       B D    R      I
I     16      54- 55               -              427-A       B D    R C    I
I     16      55               66 AHW  M RV**      635-A       B D            I
I                                                                            I
I EA  17                                                                     I
I ******                                                                     I
I     17- 31                   73 KUHNE CHRONOLOG 135                  D     I
I     17- 30                        -             125        A1       D     I
I     17- 29                   09 BOHL SPRACHE      3        2B       D     I
I     :   :                         -              16        7B       D     I
I     :   :                         -              17        7C       D     I
I     :   :                         -              18        8B       D     I
I     :   :                         -             18-19      8C       D     I
I     :   :                         -              20        9B       D     I
I     :   :                         -              24        11C      D     I
I     :   :                         -              54        28Q      D     I
I     :   :                   64 CAMPBELL CHRON.    38                D     I
I     :   :                   66 JUCQUOIS PHONET    34                D     I
I     :   :                   70 KLENGEL GESCH.3   194                D     I
I     :   :                   73 KUHNE CHRONOLOG  17-48              D      C  I
I     :   :                        -              45        209      D     I
I     :   :                        -             139                 D     I
I     17- 24                   64 HORNUNG UNTERS.   63                D     I
I     17                       62 KITCHEN SUPPILU   24        2       D     I
I     :                             -             24-25              D     I
I     :                             -              33                 D     I
I     :                             -              35                 D     I
I     :                             -             39,40              D     I
I     :                       64 CAMPBELL CHRON.  134        1B       D     I
I     :                       64 HORNUNG UNTERS.  63,64              D     I
I     :                             -              64                D    ? I
I     :                       69 KLENGEL GESCH.2  293        9       D     I
I     :                             -             408        5       D     I
I     :                       70 KLENGEL GESCH.3  246        3       D     I
I     :                       71 HELCK BEZIEHUNG  169                D     I
I     :                       73 KUHNE CHRONOLOG   16        71       D     I
I     :                             -              39                 D     I
I     :                             -              39       185      D     I
I     :                             -              57       272      D     I
I     :                             -             89-91              D     I
I     :                             -              99                 D     I
I     :                             -             126       B1       D     I
I     :                             -             126       B5       D     I
I     :                             -            175-A               D     I
I     17      1- 54                 -             17-23              D      C  I
I     :       :   :           76 ADLER AKKADISCH 122,124           B        I
```

TEXTES			DATE, OUVRAGE, PAGES, NOTES			CARACTERIST.
17	1- 54		76 ADLER AKKADISCH	123,125		C
:	1		10 RANKE KEILSCHR.	13	1	B D
:	:		-	14		B D
:	:		64 CAMPBELL CHRON.	38	20	B D C
:	:		73 KUHNE CHRONOLOG	17	77	G
:	:		-	18	79	B D
:	:		-	49	225	D
17	2		-	138		D
17	3		-	6	34F	D
:	:		-	17	77	B D
:	:		-	135		D
:	:		-	139		D
17	5- 6		64 CAD 1A RV**	172-B		B D C
:	5, 6		73 KUHNE CHRONOLOG	21	93	D
:	5		09 BURCHARDT ALTK.1	16	46	B D C
:	:		-	1 41	123	B D C
:	:		-	1 42	126	B D C
:	:		10 BURCHARDT ALTK.2	52-B	1022	B D C
:	:		62 KITCHEN SUPPILU	39		D
:	:		65 KLENGEL GESCH.1	48	46	D
:	:		73 KUHNE CHRONOLOG	6	34D	D
:	:		-	23	110	D
17	8, 10		56 CAD H RV**	244-B		BCD C
:	8		62 AHW H RV**	357-B		B D
17	9		76 ADLER AKKADISCH	124	2	D
17	10, 19		73 KUHNE CHRONOLOG	6	34D	D
17	11- 20		-	18	78	D
:	11- 12		62 CAD 'S RV**	183-B		BCD C
:	: :		68 CAD 2A RV**	390-B		BCD C
:	11		09 BOHL SPRACHE	31	20D	B D
:	:		10 EBELING VERBUM	45	5/1A	BCD
17	12- 20		73 KUHNE CHRONOLOG	19	81	D
:	12- 14		59 CAD D RV**	36-B		BCD C
:	: :		73 KUHNE CHRONOLOG	19	84	D
:	12- 13		58 CAD E RV**	202-B		BCD C
:	: :		60 AHW E RV**	225-A		B C
:	: :		65 CAD B RV**	82-B		BCD C
:	12, 15		73 KUHNE CHRONOLOG	138		D
:	12		10 EBELING VERBUM	54	7/3A	BCD
:	:		70 RAINEY TABLETS	79		B D
:	:		71 HELCK BEZIEHUNG	169		B D R C
:	:		73 KUHNE CHRONOLOG	10	40	D
:	:		-	18	80	D
:	:		-	39	187	G
:	:		74 AHW 'S RV**	1087-B		G
17	13, 14		10 EBELING VERBUM	66	16	BCD
:	13		51 DHORME LANGUE	442		BCD
17	14- 16		73 KUHNE CHRONOLOG	20	86	D
:	14		66 JUCQUOIS PHONET	163		BCD
17	15, 21		73 KUHNE CHRONOLOG	139	684	D
17	16- 20		-	21	88	D
:	16		09 BOHL SPRACHE	28	15E	B D
:	:		73 KUHNE CHRONOLOG	18	78	BCD
:	:		-	19	83	CD
:	:		-	26	117	D
17	17- 18		77 CAD 2M RV**	8-B		BCD C
:	17, 18		58 CAD E RV**	202-B		BCD C
17	18		09 BOHL SPRACHE	54	28Q	B D
:	:		10 EBELING VERBUM	46/1	5/1B	BCD

	TEXTES		CITATIONS — DATE, OUVRAGE, PAGES, NOTES		CARACTERIST.
17	18		60 AHW E RV** 228-B		G
:	:		66 AHW M RV** 643-A		G
17	19- 20		71 HELCK BEZIEHUNG 169		CD C
:	:	:	73 KUHNE CHRONOLOG 19	84	D
:	19, 20		59 CAD D RV** 26-A		BCD C
:	19		09 BOHL SPRACHE 18	8B	BCD
:	:		59 AHW D RV** 150-B		B
:	:		64 CAMPBELL CHRON. 95		D
:	:		73 KUHNE CHRONOLOG 19	81	B D
17	20		09 BOHL SPRACHE 30	19C	BCD
:	:		10 EBELING VERBUM 66	16	BCD
:	:		77 CAD 2M RV** 81-A		B D
17	21- 28		64 CAMPBELL CHRON. 95		D C
:	21, 23		73 KUHNE CHRONOLOG 138		D
:	21		10 EBELING VERBUM 54	7/3A	BCD
17	22- 24		71 CAD K RV** 366-B		BCD C
:	22, 23		65 AHW K RV** 478-A		B D C
:	:	:	73 KUHNE CHRONOLOG 10	40	D
:	22		09 BOHL SPRACHE 28	15E	B D
:	:		73 KUHNE CHRONOLOG 137		D
17	23		- 10	42	D
17	24- 26		15 KNUDTZON EL-AM 1586		D ?
:	:	:	66 JUCQUOIS PHONET 247		B D
:	:		73 KUHNE CHRONOLOG 20	85	D
:	24, 26		- 138		D
:	24, 25		09 BOHL SPRACHE 31	20D	B D
:	24		73 KUHNE CHRONOLOG 138		D
17	25		- 18	78	BCD
17	26- 29		70 KLENGEL GESCH.3 194		D C
:	:	:	73 KUHNE CHRONOLOG 21	91	D
:	26- 28		65 KLENGEL GESCH.1 48	46	D C
:	26		10 EBELING VERBUM 50	6/2A	BCD
:	:		71 HELCK BEZIEHUNG 351	79	D
17	27, 32		73 KUHNE CHRONOLOG 138		D
:	27		10 EBELING VERBUM 59	10/6	BCD
17	28- 29		77 CAD 1M RV** 216-B		BCD R C
:	28		76 ADLER AKKADISCH 122	1	D R
17	29		09 BOHL SPRACHE 71	34C	BCD R ?
:	:		73 KUHNE CHRONOLOG 18	78	BCD R ?
:	:		- 30	142	D
17	30- 38		64 CAMPBELL CHRON. 122		D
:	30-		73 KUHNE CHRONOLOG 90	452	D
:	:	:	- 102	504	G
:	30		76 ADLER AKKADISCH 122	2	G
:	:		- 123	1	D R
17	31- 34		67 REDFORD HISTORY 218-219		D C
:	31- 33		73 KUHNE CHRONOLOG 21	89	D
:	31		15 KNUDTZON EL-AM 1001/18 133G A		C
:	:		76 ADLER AKKADISCH 124	1	D R
:	:		- 124	2	D R
17	32- 45		62 KITCHEN SUPPILU 24		D
17	33- 35		73 KUHNE CHRONOLOG 21	90	D
:	33		66 JUCQUOIS PHONET 163		BCD
:	:		73 KUHNE CHRONOLOG 137		D
17	35		09 BOHL SPRACHE 19	8C	B D
:	:		66 JUCQUOIS PHONET 244		BCD
:	:		73 KUHNE CHRONOLOG 9	40	D
17	36- 45		- 22	100	D
:	36- 38		71 HELCK BEZIEHUNG 170		D C

```
I                                        C I T A T I O N S                        I
I      T E X T E S           ------------------------------------------------    I
I                            DATE,  OUVRAGE, PAGES, NOTES  CARACTERIST.          I
I      ----------------------  ---------------------------------  ------------    I
I     17      37- 38    56 CAD  H RV**      216-A        BCD      C    I
I      :       :   :    62 CAD  'S RV**     231-A        B D      C    I
I      :      37, 38    73 KUHNE CHRONOLOG 138            D             I
I      :      37        70 RAINEY TABLETS   79           B D           I
I      :       :        71 HELCK BEZIEHUNG 348           CD       C    I
I      :       :        74 AHW  'S RV**    1109-A        B D           I
I      :                -               1109-A           G             I
I     17      38        62 AHW   H RV**     351-B        B D           I
I      :       :        73 KUHNE CHRONOLOG 138    683     D            I
I     17      39- 40    62 CAD  'S RV**     198-B        B D      C    I
I      :       :   :    71 HELCK BEZIEHUNG 373            D       C    I
I      :       :   :    -               419             D       C    I
I     17      40        70 RAINEY TABLETS   79           B D           I
I     17      41- 45    73 KUHNE CHRONOLOG  23    110     D            I
I      :      41- 43    59 CAD  D RV**      169-B        BCD      C    I
I      :       :   :    71 HELCK BEZIEHUNG 381            D       C    I
I      :      41, 42    73 KUHNE CHRONOLOG  21     93     D            I
I      :      41        62 KITCHEN SUPPILU  39            D            I
I      :       :        73 KUHNE CHRONOLOG   6    340     D            I
I     17      42, 43    74 RAINEY EA NOTES 304           B D           I
I      :      42        60 CAD IJ RV**      282-A        B D           I
I      :       :        71 HELCK BEZIEHUNG 424            D            I
I      :       :        73 KUHNE CHRONOLOG 138            D            I
I     17      43        60 CAD IJ RV**      282-A        BCD           I
I      :       :        68 CAD 2A RV**      145-A        BCD           I
I      :       :        71 HELCK BEZIEHUNG 423           BCD           I
I      :       :        73 KUHNE CHRONOLOG  18     78     D            I
I      :       :        77 CAD 1M RV**      365-B        BCD           I
I     17      44        71 HELCK BEZIEHUNG 399            D            I
I      :       :        77 CAD 1M RV**      176-B         D      EC    I
I     17      45        59 CAD  D RV**      169-B        BCD      C    I
I     17      46, 48    73 KUHNE CHRONOLOG 136            D            I
I      :      46        68 CAD 2A RV**      148-B         D            I
I      :       :        71 HELCK BEZIEHUNG 442           B D           I
I      :       :        73 KUHNE CHRONOLOG  22     96     D            I
I      :       :        -                22     97     D            I
I      :       :        -                47    215     D            I
I      :       :        -               107    527   B D            I
I      :       :        -               135            D            I
I      :       :        77 AHW  >S RV**   1263-B        B D           I
I     17      47- 50    76 ADLER AKKADISCH 222      1     D            I
I      :      47, 48    73 KUHNE CHRONOLOG  10     40     D            I
I      :      47        09 BOHL SPRACHE     1     10   B D            I
I      :       :        71 HELCK BEZIEHUNG 441           B D           I
I      :       :        73 KUHNE CHRONOLOG  22     98   B D            I
I      :       :        -               137            D            I
I     17      48        10 EBELING VERBUM   42    1/5   BCD           I
I     17      49- 50    71 CAD  K RV**      366-B        B D      C    I
I      :       :   :    73 KUHNE CHRONOLOG  39    191     D            I
I      :       :   :    77 AHW  >S RV**    1268-A        BCD      C    I
I      :      49, 53    65 AHW   K RV**     478-A         G            I
I      :       :   :    73 KUHNE CHRONOLOG  28    126   B D            I
I      :      49, 51    -               138            D            I
I      :      49        10 EBELING VERBUM   40    1/2   BCD           I
I     17      50        -                51   6/2A   BCD           I
I      :       :        73 KUHNE CHRONOLOG 138            D            I
I     17      51- 54    -                23    104     D            I
I      :      51        10 EBELING VERBUM   44    4/2   BCD           I
I      :       :        59 AHW   B RV**     145-A         G            I
```

TEXTES			CITATIONS					
			DATE, OUVRAGE, PAGES, NOTES			CARACTERIST.		
17	51		65 CAD B RV**	363-B		B D		
:	:		73 KUHNE CHRONOLOG 139		684	D		
17	52- 54		77 CAD 1M RV**	262		BCD	C	
:	52		73 CAD L RV**	133-A		C	C	
17	53- 54		-	133-A		BCD	C	
:	53, 54		77 AHW >S RV**	1268-A		BCD	C	
17	54		10 EBELING VERBUM	40	1/4	BCD		
:	:		73 KUHNE CHRONOLOG 136			D		

EA 18
******

18			64 CAMPBELL CHRON. 134		1B	D		?
:			73 KUHNE CHRONOLOG 23			D		
18	1- '7		76 ADLER AKKADISCH 126			B		
:	': :		-	127		C		
:	1		67 SYL. 2 RV**	22	124	B D	C	
:	:		73 KUHNE CHRONOLOG 138			D		
18	8		-	23	105	D		
18	'2		-	135		D		
18	'4, '6		-	136		D		
:	'4		59 AHW A RV**	81-A		B D		
:	:		68 CAD 2A RV**	444-B		B D		
:	:		71 HELCK BEZIEHUNG 394		163	D		?
:	:		73 KUHNE CHRONOLOG 138			D		
18	'5		71 HELCK BEZIEHUNG 441			B D		
18	'6		73 KUHNE CHRONOLOG 137			D		
18	'7		15 KNUDTZON EL-AM 997			B	R	
:	:		66 JUCQUOIS PHONET 156			BCD		

EA 19
******

19- 24			62 KITCHEN SUPPILU 40			D		
: :			64 CAMPBELL CHRON. 134		1B	D		
: :			65 KLENGEL GESCH.1 48		49	D		
19- 23			73 KUHNE CHRONOLOG 175-A			D		
19- 22			71 HELCK BEZIEHUNG 170			D		
19, 20			73 KUHNE CHRONOLOG 92		463	D		
19			56 CAD H RV**	226-227		D		
:			73 KUHNE CHRONOLOG 23-27			D		
:			-	91		D		
:			-	126	B1	D		
:			-	139		G		
19	1- 85		76 ADLER AKKADISCH 128-135			BC		
:	1, 3		73 KUHNE CHRONOLOG 57		274	D		
:	: :		-	139		D		
:	1		10 RANKE KEILSCHR. 13			B D		
:	:		-	13	1	B D		
:	:		64 CAMPBELL CHRON.	38	20	B D	C	
:	:		67 SYL. 2 RV**	64	323	B D	C	
19	2		73 KUHNE CHRONOLOG 30		142	D		
19	3		09 BOHL SPRACHE	31	20B	B D		
:	:		71 HELCK BEZIEHUNG 474		1	B D	C	
:	:		73 KUHNE CHRONOLOG 17		77	B D		
:	:		-	135		D		
19	4, 10		-	138		D		
19	6		64 CAD 1A RV**	172-B		D		
:	:		68 CAD 2A RV**	464-A		BCD		
:	:		71 HELCK BEZIEHUNG 351		79	D		
:	:		72 AHW R RV**	969-A		G		

```
I                                         C I T A T I O N S                    I
I          T E X T E S          ------------------------------------------     I
I                               DATE,  OUVRAGE, PAGES, NOTES  CARACTERIST.      I
I          ---------------------  ----------------------------  -----------    I
I         19       6      73 KUHNE CHRONOLOG 138                 D              I
I         19       7      09 BOHL SPRACHE       4        3C   B D              I
I         :       :       62 CAD 'S RV**      50-A            D                I
I         :       :       76 ADLER AKKADISCH 128       1     D    R            I
I         :       :                          129       1     CD               I
I         19       8,  9  09 BOHL SPRACHE       1       1C   B D              I
I         :       :   :   59 AHW   D RV**     160-B          B                I
I         :       8       09 BOHL SPRACHE      30      19C   BCD              I
I         :       :       66 AHW   M RV**     654-B          B D              I
I         19       9- 10  76 ADLER AKKADISCH 238       2     D                I
I         :       9       09 BOHL SPRACHE       4       3A   B D              I
I         :       :                            70      33N   BCD              I
I         :       :       15 KNUDTZON EL-AM 1585             D            ?   I
I         :       :                          1586            D                I
I         19      10      10 EBELING VERBUM    67      16    BCD              I
I         :       :       68 CAD 2A RV**      190-A          BCD              I
I         :       :                          490-B          D                I
I         19      11      09 BOHL SPRACHE       1       1C   B D              I
I         :       :       10 EBELING VERBUM    67      16    BCD      C       I
I         :       :       66 JUCQUOIS PHONET  268            BCD              I
I         :       :       77 CAD 1M RV**       18-A          B D              I
I         19      12, 17  73 KUHNE CHRONOLOG 138             D                I
I         :      12       10 EBELING VERBUM    67      16    BCD              I
I         :       :       64 CAD 1A RV**      166-A          BCD              I
I         :       :       67 SYL. 2 RV**       32     168    B D      C       I
I         19      13      09 BOHL SPRACHE      38      25C   BCD              I
I         :       :       10 EBELING VERBUM    68     17/2   BCD              I
I         :       :       66 AHW   M RV**     574-A          B D              I
I         :       :       77 CAD 1M RV**       27           BCD              I
I         19      14, 21  73 KUHNE CHRONOLOG 136             D                I
I         :      14       15 KNUDTZON EL-AM  997             B        R       I
I         :       :       73 KUHNE CHRONOLOG 138             D                I
I         :       :       76 ADLER AKKADISCH 128       2     D    R           I
I         19      15      10 RANKE KEILSCHR.    7            B D              I
I         :       :       59 CAD   D RV**     111-B          D                I
I         :       :       60 CAD IJ RV**      143-A          BCD              I
I         :       :       66 JUCQUOIS PHONET  134            B D              I
I         :       :                          162            BCD              I
I         :       :       73 KUHNE CHRONOLOG 139     684     D                I
I         19      17- 19                       23     109    D                I
I         :      17       10 RANKE KEILSCHR.   12            B D              I
I         19      18, 19  65 CAD   B RV**      190-B         BCD      C       I
I         :      18       10 EBELING VERBUM    58     8/4    BCD              I
I         :       :       15 KNUDTZON EL-AM 1587             G                I
I         :       :       51 DHORME LANGUE    410       6    BCD              I
I         :       :       59 AHW   A RV**      85-A          B                I
I         :       :       64 CAD 1A RV**       14-B          BCD              I
I         :       :       65 AHW   L RV**     559-B          G                I
I         :       :       68 CAD 2A RV**      472-A          B D              I
I         :       :       73 CAD   L RV**     226-A          D                I
I         :       :       73 KUHNE CHRONOLOG 135             D                I
I         19      19- 20                       24     111    D                I
I         :       :   :   77 CAD 1M RV**      275-B          B D      C       I
I         :      19       09 BOHL SPRACHE      23     10D    B D              I
I         :       :       73 KUHNE CHRONOLOG  26     118     D                I
I         :       :                           27     120     D                I
I         19      20      15 KNUDTZON EL-AM 1001/19 138A A           C        I
I         :       :       68 CAD 2A RV**      125-A          BCD              I
I         :       :       70 RAINEY TABLETS    57            D                I
```

```
I                                       C I T A T I O N S                    I
I        T E X T E S            -------------------------------------------- I
I                               DATE,   OUVRAGE, PAGES, NOTES  CARACTERIST. I
I       ----------------------  -------------------------------  ----------- I
I       19     20               73 KUHNE CHRONOLOG   24      111  BCD        I
I        :      :               76 ADLER AKKADISCH 128        3    D    R    I
I       19     21- 22           73 KUHNE CHRONOLOG   25      112    D        I
I        :     21               71 CAD   K RV**     519-B         BCD        I
I       19     22, 26           09 BOHL SPRACHE       1       1C  B D        I
I        :     22, 24           73 KUHNE CHRONOLOG  138             D        I
I        :     22               15 KNUDTZON EL-AM 1587            CD         I
I        :      :               15 KNUDTZ.CR/UNGN. 183           BCD         I
I        :      :               59 CAD   D RV**      92-A        BCD         I
I        :      :               67 AHW   N RV**     705-A        B D         I
I        :      :               71 CAD   K RV**     317-A        BCD         I
I        :      :               73 KUHNE CHRONOLOG   10       40    D        I
I        :      :                  -                 10       42    D        I
I        :      :                  -                 25      112  B D        I
I        :      :               76 ADLER AKKADISCH 128        4    D      ?  I
I       19     23               10 EBELING VERBUM    59     10/6  BCD        I
I        :      :               51 DHORME LANGUE    431        2  BCD        I
I        :      :               74 AHW  >S RV**    1143-A        B D         I
I        :      :               76 ADLER AKKADISCH 130        1  B D    R    I
I       19     24, 25           73 KUHNE CHRONOLOG  136             D        I
I        :     24               10 EBELING VERBUM    40      1/3  BCD        I
I        :      :               73 CAD   L RV**     170-B         BCD        I
I        :      :               76 ADLER AKKADISCH 144        1    D        I
I        :      :               77 CAD  1M RV**     357-A         BCD        I
I       19     25- 29           73 KUHNE CHRONOLOG   26      117    D        I
I        :     25               15 KNUDTZON EL-AM 1001/20  138D A      C    I
I        :      :               70 RAINEY TABLETS    58           B D    R  ? I
I        :      :               73 KUHNE CHRONOLOG   22       96    D        I
I        :      :                  -                 25      113    D        I
I        :      :                  -                 26      117  B D    R   I
I        :      :                  -                 32      146       G     I
I        :      :               76 ADLER AKKADISCH 130        2    D    R    I
I        :      :                  -                170        3  B D        I
I       19     26- 27           59 CAD   D RV**      92-A        B D         I
I        :      :    :          71 CAD   K RV**     324-B         BCD    C   I
I        :     26, 31           66 AHW   M RV**     574-B         BCD        I
I        :     26, 29           73 KUHNE CHRONOLOG  139      684    D        I
I        :     26, 28              -                138             D        I
I        :     26               10 EBELING VERBUM   46/1    5/1B  BCD        I
I        :      :                  -                 55     7/3A  BCD        I
I        :      :               77 CAD  1M RV**      23-B         BCD        I
I       19     27, 30           65 AHW   L RV**     559-B         B D        I
I        :      :    :          73 KUHNE CHRONOLOG   41      199  B D        I
I        :     27, 28              -                  9       40    D        I
I        :     27               68 CAD  2A RV**     138           BCD        I
I        :      :               73 KUHNE CHRONOLOG  135             D        I
I        :      :               74 RAINEY EA NOTES 309           BCD        I
I        :      :               76 ADLER AKKADISCH 131        1  B D      ?  I
I        :      :               77 AHW  >S RV**    1286-A        B D         I
I       19     29, 31           73 KUHNE CHRONOLOG  138             D        I
I        :     29               09 BOHL SPRACHE      29      16B  B D        I
I        :      :               10 EBELING VERBUM    66       16  BCD        I
I        :      :               59 CAD   D RV**     111-B         BCD        I
I        :      :               68 CAD  2A RV**      32-A         BCD        I
I        :      :                  -                 43-A           D        I
I        :      :                  -                 76-B         BCD        I
I        :      :               73 KUHNE CHRONOLOG   25      115    D        I
I        :      :                  -                 34      160    D        I
I       19     30- 48              -                 25      115    D        I
```

TEXTES			DATE, OUVRAGE, PAGES, NOTES				CARACTERIST.		
19	30		73 CAD L RV**	226-A			B D		
:	:		73 KUHNE CHRONOLOG	25	115		CD		
:	:		76 ADLER AKKADISCH	130	5		D		
19	31		59 CAD D RV**	92-A			BCD		
:	:		66 JUCQUOIS PHONET	268			BCD		
:	:		67 SYL. 2 RV**	30	156		B D	C	
:	:		73 KUHNE CHRONOLOG	6	34D		D		
:	:		-	28	126		B D		
:	:		77 CAD 1M RV**	24-A			BCD		
19	32		09 BOHL SPRACHE	20	9B		B D		
:	:		10 EBELING VERBUM	40	1/1		BCD		
:	:		-	55	7/3A		BCD		
19	33		09 BOHL SPRACHE	28	15E		BCD		
:	:		-	38/1	25C		B D		
:	:		68 CAD 2A RV**	490-B			B D		
19	34- 43		73 KUHNE CHRONOLOG	71	347		D		
:	34- 38		-	20	85		D		
:	34, 36		77 CAD 1M RV**	21-A			B D		
19	35, 38		73 KUHNE CHRONOLOG	9	40		D		
:	35		09 BOHL SPRACHE	28	15E		BCD		
:	:		10 EBELING VERBUM	63	14		BCD		
:	:		-	74	24		BCD		
:	:		15 KNUDTZ.CR/UNGN.	183			D		
:	:		66 AHW M RV**	574-A			G		
:	:		66 JUCQUOIS PHONET	156			B D		
:	:		73 KUHNE CHRONOLOG	25	115		B D	R	?
:	:		77 CAD 1M RV**	27-B			D		
19	36		09 BOHL SPRACHE	31	20D		B D		
:	:		15 KNUDTZON EL-AM	1586			D		?
:	:		66 JUCQUOIS PHONET	247			BCD		
:	:		76 ADLER AKKADISCH	131	2		D		
19	37- 38		71 HELCK BEZIEHUNG	382			CD	C	
:	37		09 BOHL SPRACHE	7	3N		B D		
:	:		65 AHW K RV**	484-B			B D	R	?
:	:		67 AHW N RV**	727-A			B D		
:	:		67 SYL. 2 RV**	52	266		B D	C	
:	:		71 CAD K RV**	407-B			G		
:	:		-	410-B			B D		
:	:		71 HELCK BEZIEHUNG	409			CD		
:	:		73 KUHNE CHRONOLOG	6	34F		D		
:	:		-	136			D		
:	:		76 ADLER AKKADISCH	130	3		D		
:	:		-	130	4		BCD		
19	38		15 KNUDTZON EL-AM	1587			C		
:	:		65 AHW L RV**	551-B			B D		
:	:		66 AHW M RV**	647-B			B D		
:	:		73 CAD L RV**	179-A			BCD	R	
:	:		73 KUHNE CHRONOLOG	32	146		G		
:	:		77 CAD 2M RV**	30			BCD	R	
19	39- 40		73 KUHNE CHRONOLOG	25	115		C		
:	39		09 BOHL SPRACHE	18	8B		B D		
:	:		-	76	35D		B D		
:	:		66 JUCQUOIS PHONET	120			B D		
:	:		73 KUHNE CHRONOLOG	25	113		D		
19	40, 45		65 AHW L RV**	559-B			B D		
:	40		76 ADLER AKKADISCH	130	5		D	R	
19	41- 42		58 CAD E RV**	196-A			BCD	C	
:	:	:	73 KUHNE CHRONOLOG	34	160		G		
:	:	:	-	36	175		G		

	TEXTES		CITATIONS — DATE, OUVRAGE, PAGES, NOTES				CARACTERIST.	
I	19	41, 42	73 KUHNE CHRONOLOG	25	115	BCD		I
I	:	41	68 CAD 2A RV**	490-B		D		I
I	:	:	73 KUHNE CHRONOLOG	9	40	D		I
I	19	43	77 CAD 1M RV**	19-A		BCD		I
I	19	44- 53	73 KUHNE CHRONOLOG	24	111	CD	C	I
I	:	44- 48	-	71	347	D	C	I
I	:	44- 45	71 CAD K RV**	210-B		BCD	C	I
I	:	44	63 AHW K RV**	448-A		B D	?	I
I	:	:	64 CAD 1A RV**	260-A		D		I
I	:	:	73 KUHNE CHRONOLOG	25	114	D		I
I	19	45- 46	68 CAD 2A RV**	452-A		BCD	C ?	I
I	:	: :	71 CAD K RV**	366-B		B D		I
I	:	: :	73 KUHNE CHRONOLOG	24	11.	BCD	R C	I
I	:	45	09 BOHL SPRACHE	4	2C	B D		I
I	:	:	-	31	20F	B D		I
I	:	:	65 AHW K RV**	478-A		B D		I
I	:	:	66 JUCQUOIS PHONET	132		BCD		I
I	:	:	-	224		B D		I
I	:	:	76 ADLER AKKADISCH	244	1	D	EC	I
I	19	46, 50	-	128	3	D		I
I	:	46	59 AHW A RV**	82-A		BCD		I
I	:	:	66 AHW M RV**	591-A		BCD		I
I	:	:	66 JUCQUOIS PHONET	282		B D		I
I	:	:	76 ADLER AKKADISCH	133	1	B D		I
I	19	47	64 CAD 1A RV**	260-A		B D		I
I	:	:	76 ADLER AKKADISCH	133	4	G		I
I	19	48, 52	73 KUHNE CHRONOLOG	138		D		I
I	:	48	10 EBELING VERBUM	69	20	BCD		I
I	:	:	73 KUHNE CHRONOLOG	34	155	D		I
I	:	:	-	34	156	BCD		I
I	:	:	77 AHW T RV**	1348-B		B D		I
I	19	49- 58	73 KUHNE CHRONOLOG	26	118	D		I
I	:	49- 53	76 ADLER AKKADISCH	133	5	D	C	I
I	:	49- 51	73 KUHNE CHRONOLOG	26	117	D		I
I	:	49- 50	60 CAD IJ RV**	221		BCD	C	I
I	:	49	10 EBELING VERBUM	68	17/2	BCD		I
I	:	:	15 KNUDTZON EL-AM	1587		D	?	I
I	:	:	76 ADLER AKKADISCH	133	3	B D		I
I	19	50- 51	73 KUHNE CHRONOLOG	25	115	D		I
I	:	50	10 EBELING VERBUM	53	7/3A	BCD		I
I	:	:	66 AHW M RV**	591-A		G		I
I	:	:	76 ADLER AKKADISCH	133	2	D		I
I	19	51	10 EBELING VERBUM	53	7/3A	BCD		I
I	:	:	58 CAD E RV**	196		D		I
I	19	52- 53	66 AHW M RV**	656-B		B D	C	I
I	:	: :	68 CAD 2A RV**	76-B		BCD	C	I
I	:	: :	77 CAD 2M RV**	97-B		BCD	C	I
I	:	52, 53	73 KUHNE CHRONOLOG	10	40	D		I
I	:	52	59 AHW D RV**	160-B		B		I
I	:	:	68 CAD 2A RV**	138-A		BCD		I
I	:	:	76 ADLER AKKADISCH	133	3	D		I
I	19	53	09 BOHL SPRACHE	29	16B	B D		I
I	:	:	10 EBELING VERBUM	54	7/3A	BCD		I
I	:	:	76 ADLER AKKADISCH	133	4	D		I
I	19	54- 55	77 CAD 1M RV**	27-A		BCD	C	I
I	:	54	73 KUHNE CHRONOLOG	137		D		I
I	19	55- 57	58 CAD E RV**	282-B		BCD	C	I
I	:	55	66 AHW M RV**	574-A		G		I
I	:	:	71 AHW R RV**	933-A		B D		I

```
I
I                                       C I T A T I O N S                 I
I       T E X T E S         ------------------------------------------- I
I                           DATE,  OUVRAGE, PAGES, NOTES  CARACTERIST. I
I       ---------------     ------------------------------ ----------- I
I       19    56- 57    64 CAD 1A RV**    312-B      BCD      C   I
I       :     56, 60    73 KUHNE CHRONOLOG  32  145/4    D         I
I       :     56, 57     -               26   118   BCD      C   I
I       19    57- 58    71 CAD  K RV**    210        BCD      C   I
I       :     57        09 BOHL SPRACHE    39   25F  B D         I
I       :     :         10 EBELING VERBUM  50   6/2A BCD         I
I       :     :         66 JUCQUOIS PHONET 164       BCD         I
I       :     :         73 KUHNE CHRONOLOG   9   40    D         I
I       :     :         74 RAINEY EA NOTES 304       B D         I
I       19    58        63 AHW  K RV**     448-A     B D       ? I
I       :     :         73 KUHNE CHRONOLOG  25  114    D         I
I       :     :          -               26   118   B D         I
I       :     :          -               30   138    D          I
I       :     :          -               34   155    D          I
I       :     :          -               34   156   BCD         I
I       :     :         76 AHW >S RV**   1167-B     B D         I
I       :     :         77 AHW  T RV**   1348-B      D          I
I       19    59, 66    73 KUHNE CHRONOLOG  25  115    D         I
I       :     59, 60    77 CAD 1M RV**     18-A     BCD      C   I
I       :     59        58 CAD  E RV**    196-A     B D         I
I       :     :         76 ADLER AKKADISCH 133    5    D         I
I       19    61, 63    73 KUHNE CHRONOLOG  25  115    D         I
I       :     61        10 EBELING VERBUM  53   7/3A BCD         I
I       :     :         58 CAD  E RV**    185-B     B D         I
I       :     :         60 AHW  E RV**    223-A     BC          I
I       :     :         71 HELCK BEZIEHUNG 379   66    D         I
I       19    62- 63    77 CAD 1M RV**     25-A     BCD      C   I
I       :     62, 63    65 AHW  K RV**    469-A     B           I
I       :     62        15 KNUDTZON EL-AM 997       B       R   I
I       :     :         71 CAD  K RV**    366-B     B D         I
I       19    63- 64    77 CAD 1M RV**     27-B     BCD      C   I
I       :     63        10 EBELING VERBUM  53   7/3A BCD         I
I       :     :          -               74   24   BCD         I
I       :     :         73 KUHNE CHRONOLOG   6  340    D         I
I       19    64- 65    77 CAD 1M RV**    272-B     BCD      C   I
I       :     64, 68    73 KUHNE CHRONOLOG 138        D         I
I       :     64        66 AHW  M RV**    574-A     B D         I
I       :     :         73 KUHNE CHRONOLOG  25  115    D         I
I       19    65- 66    68 CAD 2A RV**    512-B     BCD      C   I
I       :     :    :    77 CAD 1M RV**    275-B     B D      C   I
I       :     65        66 JUCQUOIS PHONET 247      BCD         I
I       :     :         73 KUHNE CHRONOLOG   9   40    D         I
I       :     :          -               26   117    D          I
I       19    66        58 CAD  E RV**    196        B D         I
I       19    67        66 JUCQUOIS PHONET 268      BCD         I
I       19    68- 70    73 KUHNE CHRONOLOG  26  116    D         I
I       :     68        10 EBELING VERBUM  52   7/3A BCD         I
I       :     :         66 AHW  M RV**    656-B            G    I
I       :     :         77 CAD 2M RV**     97-B     B D         I
I       19    69        09 BOHL SPRACHE    17   7C   B D         I
I       :     :          -               38   25D  B D    R   I
I       :     :         15 KNUDTZON EL-AM 1001/21 142A A      C   I
I       :     :         58 CAD  E RV**    282-B      D          I
I       19    70        68 CAD 2A RV**    138-A     BCD         I
I       19    71- 73    76 ADLER AKKADISCH 222    1    D         I
I       :     71        73 KUHNE CHRONOLOG 137        D         I
I       19    72, 75     -               136        D          I
I       :     72        66 JUCQUOIS PHONET 155      BCD         I
I       19    73, 78    73 KUHNE CHRONOLOG  10   42    D         I
```

TEXTES			CITATIONS				
			DATE, OUVRAGE, PAGES, NOTES			CARACTERIST.	
19	73, 74		77 AHW >S RV**	1268-A		B D	
:	73		09 BOHL SPRACHE	18	8B	BCD	
:	:		-	37	24A	BCD	
:	:		-	54	28Q	B D	
:	:		71 CAD K RV**	367-A		BCD	
:	:		73 KUHNE CHRONOLOG	28	126	B D	
19	74		59 CAD D RV**	111-B		BCD	
19	75- 76		65 CAD B RV**	193-A		B D	C
:	75, 76		68 CAD 2A RV**	33-B		BCD	C
:	75		10 EBELING VERBUM	67	16	BCD	
:	:		66 JUCQUOIS PHONET	134		B D	
:	:		-	162		BCD	
:	:		76 AHW >S RV**	1171-A		B D	
19	76		10 RANKE KEILSCHR.	7		B D	
:	:		76 ADLER AKKADISCH	135	1	D	
19	77, 78		71 CAD K RV**	325-A		B D	
:	77		10 EBELING VERBUM	54	7/3A	BCD	
:	:		64 CAD 1A RV**	123-A		B D	
:	:		66 AHW M RV**	623-B		G	
:	:		73 KUHNE CHRONOLOG	136		D	
:	:		77 CAD 1M RV**	355-B		BCD	?
19	78		65 AHW K RV**	469-A		B	
:	:		71 CAD K RV**	366-B		B D	
19	80- 85		73 KUHNE CHRONOLOG	26	119	D	
:	80- 83		71 HELCK BEZIEHUNG	381		D	C
:	80		71 CAD K RV**	255-B		B D	
:	:		74 KESTEMONT DIPL.	590		D	
:	:		77 AHW >S RV**	1268-A		B D	
19	81- 83		71 HELCK BEZIEHUNG	425		D	C
:	:	:	77 CAD 1M RV**	211-B		BCD	C ?
:	81- 82		71 CAD K RV**	20-A		BCD	?
:	81, 85		73 KUHNE CHRONOLOG	26	119	B D	C
:	81, 82		09 BOHL SPRACHE	32	21B	BCD	
:	81		73 KUHNE CHRONOLOG	9	40	D	
:	:		74 AHW >S RV**	1141-B		B D	
:	:		76 ADLER AKKADISCH	134	1	D	
19	82- 83		56 CAD H RV**	227-A		D	
19	83		71 HELCK BEZIEHUNG	425		B D	C
:	:		72 AHW S RV**	1054-B		D	?
:	:		73 KUHNE CHRONOLOG	138		D	
19	84		09 BOHL SPRACHE	30	19C	BCD	
:	:		15 KNUDTZON EL-AM	1585		G	
:	:		60 CAD IJ RV**	218-A		D	
:	:		62 CAD 'S RV**	198-B		D	
:	:		64 CAD 1A RV**	123-A		BCD	
:	:		70 RAINEY TABLETS	79		B D	
:	:		71 HELCK BEZIEHUNG	373		D	
:	:		-	419		D	
:	:		77 CAD 2M RV**	82-B		BCD	
19	85		09 BOHL SPRACHE	7	3P	B D	
:	:		10 EBELING VERBUM	68	17/2	BCD	
:	:		71 HELCK BEZIEHUNG	348		CD	C
:	:		72 AHW S RV**	1036-A		B D	
:	:		73 KUHNE CHRONOLOG	34	161	G	
:	:		74 RAINEY EA NOTES	303		B D R	
:	:		77 CAD 1M RV**	281-A		B D	

```
I                                   C I T A T I O N S            I
I      T E X T E S        ---------------------------------------- I
I                         DATE,  OUVRAGE, PAGES, NOTES  CARACTERIST. I
I      --------------------   ----------------------------  ------------ I
I                                                                  I
I EA  20                                                           I
I ******                                                           I
I      20, 21              73 KUHNE CHRONOLOG  31    145/1      D   I
I      20                  56 CAD  H RV**      226-227          D   I
I       :                  62 KITCHEN SUPPILU  24         2     D   I
I       :                  73 KUHNE CHRONOLOG  29-30           D   I
I       :                     -               35              D   I
I       :                     -               120      607    D   I
I      20        1- 84     76 ADLER AKKADISCH 136-143        BC    I
I       :        1,  3     73 KUHNE CHRONOLOG  57     274     D    I
I       :        :  :         -               139             D    I
I       :        1         10 RANKE KEILSCHR.  15           B D    I
I       :        :         64 CAMPBELL CHRON.  38       20  B D    C  I
I       :        :         73 KUHNE CHRONOLOG 138            D    I
I      20        2, 11        -               138            D    I
I       :        2         67 SYL. 2 RV**      22      124  B D    C  I
I      20        3         09 BOHL SPRACHE     31      20B  B D    I
I       :        :         73 KUHNE CHRONOLOG  17       77  B D    C  I
I      20        4            -               138            D    I
I      20        6         09 BOHL SPRACHE      4       3C  B D    I
I       :        :         62 CAD  'S RV**     50-A          B D    I
I      20        7         59 CAD  D RV**      92-A          BCD   R  I
I       :        :         73 KUHNE CHRONOLOG 139      684    D    I
I      20        8- 12     74 KESTEMONT DIPL. 558        8  BC    I
I       :        8-  9     68 CAD 2A RV**      511-B          BCD   C  I
I       :        :  :      73 KUHNE CHRONOLOG  28      121    D    I
I       :        8         09 BOHL SPRACHE     69      33H  B D    I
I       :        :         10 RANKE KEILSCHR.  12          B D    I
I       :        :         59 AHW  A RV**      87-B          B    I
I       :        :         71 HELCK BEZIEHUNG 438          B D    I
I       :        :         74 KESTEMONT DIPL. 558            D    I
I      20        9- 13     73 KUHNE CHRONOLOG  28      122    D    I
I       :        9- 10     73 CAD  L RV**      133-B          BCD   C  I
I       :        :  :      76 ADLER AKKADISCH 138        1    D    I
I       :        9, 10     76 AHW  >S RV**     1196-B        B D    C  I
I       :        9         09 BOHL SPRACHE     17       7C  B D    I
I       :        :         10 EBELING VERBUM   44      4/2  BCD    I
I       :        :            -               59      10/6  BCD    I
I       :        :         65 CAD  B RV**      190-B          D    I
I       :        :         73 KUHNE CHRONOLOG  26      118    D    I
I       :        :            -               27      120    D    I
I       :        :            -               136            D    I
I      20       10, 14        -               136            D    I
I       :       10, 12        -               137            D    I
I       :       10         09 BOHL SPRACHE     23      10D  BCD    I
I       :        :         10 EBELING VERBUM   41      1/4  BCD    I
I       :        :            -               67       16  BCD    I
I       :        :         67 SYL. 2 RV**       4       15  B D    C  I
I       :        :         73 KUHNE CHRONOLOG  28      122  BCD    I
I      20       11- 12     71 CAD  K RV**      320-A          BCD   C  I
I       :       11         10 EBELING VERBUM   55      7/3A BCD    I
I      20       12- 13     58 CAD  E RV**      224            BCD   C  I
I       :       12         73 KUHNE CHRONOLOG 138            D    I
I       :        :         77 CAD 1M RV**       4-B          BCD   C  I
I      20       14- 15     73 KUHNE CHRONOLOG  28      123    D    I
I       :       14         68 CAD 2A RV**      468-B        B D    EC I
I       :        :         73 CAD  L RV**      133-A        B D    I
I      20       15- 16     62 KITCHEN SUPPILU  24        2    D    I
```

TEXTES			CITATIONS					CARACTERIST.
			DATE, OUVRAGE, PAGES, NOTES					
20	15		10 EBELING VERBUM	51	6/2A	BCD		
:	:		—	75	24	BCD		
:	:		66 JUCQUOIS PHONET	283		BCD		
20	16, 18		09 BOHL SPRACHE	20	9B	BCD		
:	16		10 EBELING VERBUM	41	1/4	BCD		
:	:		64 CAD 1A RV**	14-B		D		
:	:		65 CAD B RV**	190-B		B D		
:	:		73 KUHNE CHRONOLOG	27	120	D		
:	:		—	138	683	D		
20	17		—	28	122	BCD	R	
:	:		76 ADLER AKKADISCH	136	1	D	R	
:	:		—	136	2	G		
20	18- 32		73 KUHNE CHRONOLOG	30	136	D		
:	: :		—	30	138	D		
:	18- 22		—	29	131	D		
:	18, 23		—	136		D		
:	18		10 RANKE KEILSCHR.	12		B D		
:	:		68 CAD 2A RV**	468-B		B D		
20	19		71 AHW Q RV**	918-B		B	R	
:	:		71 CAD K RV**	98-B		B D	R	
:	:		73 KUHNE CHRONOLOG	28	127	B D	R	
:	:		—	138		D		
20	20- 22		—	26	116	D		
:	: :		—	28	123	D		
:	20, 28		—	138		D		
:	20, 21		09 BOHL SPRACHE	18	8B	BCD		?
:	20		59 AHW D RV**	175-A		B D		
:	:		73 KUHNE CHRONOLOG	31	144	G		
20	21- 22		58 CAD E RV**	207-A		D		
:	21, 22		59 AHW D RV**	175-A		G		
:	: :		67 SYL. 2 RV**	6	30	B D	C	
20	23- 24		73 KUHNE CHRONOLOG	41	199	D		
:	: :		—	121	611	D		
:	23-		—	30	138	D		
:	: :		—	121	616	D		
:	23		62 KITCHEN SUPPILU	24	2	D		
:	:		67 REDFORD HISTORY	165	327	D		
:	:		73 KUHNE CHRONOLOG	22	96	D		
:	:		—	144	720	D		
20	24		10 EBELING VERBUM	61	12	BCD		
:	:		66 JUCQUOIS PHONET	283		BCD		
20	25, 28		09 BOHL SPRACHE	4	2C	B D		
:	: :		64 CAD 1A RV**	14-B		D		
:	25		15 KNUDTZON EL-AM	1001/22	146D	A		C
:	:		15 KNUDTZ.CR/UNGN.	183		B D	R	?
:	:		65 CAD B RV**	188-A		B D	R	
:	:		73 KUHNE CHRONOLOG	138	683	D		
20	26- 27		66 AHW M RV**	624-A		B	R C	
:	: :		76 ADLER AKKADISCH	144	1	D		
:	26		10 RANKE KEILSCHR.	7		B D		
:	:		73 KUHNE CHRONOLOG	30	136	BCD	R	
20	27		10 EBELING VERBUM	40	1/3	BCD		
:	:		77 CAD 1M RV**	357-A		B D	R	
20	28		10 EBELING VERBUM	51	6/2A	BCD		
20	29		73 KUHNE CHRONOLOG	28	126	B D		?
20	30		10 EBELING VERBUM	53	7/3A	BCD		
:	:		73 CAD L RV**	170-B		B D		
20	31- 32		73 KUHNE CHRONOLOG	28	123	D		
20	33- 36		—	29	132	D		

```
I                                    C  I  T  A  T  I  O  N  S           I
I      T E X T E S          ------------------------------------------   I
I                           DATE, OUVRAGE, PAGES, NOTES  CARACTERIST.    I
I      ----------------     ------------------------------  -----------  I
I      20      33-      73 KUHNE CHRONOLOG 121      611      D            I
I       :       :    :               -        121      615      D         I
I       :      33, 36   10 RANKE KEILSCHR.   10              B D          I
I       :       :    :  15 KNUDTZON EL-AM 1587                  G         I
I       :      33       73 KUHNE CHRONOLOG  29      130    B D            I
I       :       :                    -         31      143      D         I
I       :       :                    -         68      333         G      I
I       :       :                    -        138           D            I
I      20      34       76 ADLER AKKADISCH 138        1      D      R     I
I      20      35       73 KUHNE CHRONOLOG 136              D             I
I       :       :       76 AHW >S RV**     1196-B              G          I
I      20      36       10 EBELING VERBUM   43      3/2    BCD            I
I       :       :       73 KUHNE CHRONOLOG 137              D             I
I      20      37       59 AHW  B RV**     103-A           B D            I
I       :       :       65 CAD  B RV**      93-A           BCD            I
I       :       :       73 KUHNE CHRONOLOG  29      131    BCD     R    ? I
I       :       :                    -         29      134      D         I
I       :       :                    -        120      601      D         I
I      20      43       10 RANKE KEILSCHR.   12            B D            I
I      20      44       09 BOHL SPRACHE      20       9B   B D            I
I      20      46- 59   73 KUHNE CHRONOLOG  25      113      D            I
I       :       :    :                -         28      126      D         I
I      20      47, 55                 -        138           D            I
I       :      47       66 JUCQUOIS PHONET 139            BCD             I
I       :       :       73 KUHNE CHRONOLOG 137              D             I
I      20      48       68 CAD 2A RV**     122-B          B D            I
I       :       :       73 KUHNE CHRONOLOG  28      126    BCD     R    ? I
I       :       :                    -         46      212         G      I
I       :       :       76 ADLER AKKADISCH 138        2      D           I
I      20      49       09 BOHL SPRACHE      17       7C   B D           I
I       :       :       71 CAD  K RV**     153-A          BCD            I
I      20      50, 56   66 AHW  M RV**     639-A           B D           I
I       :      50       09 BOHL SPRACHE      16       7B   B D           I
I       :       :       10 EBELING VERBUM   41      1/4    BCD           I
I       :       :       73 KUHNE CHRONOLOG 138              D            I
I       :       :       77 CAD 1M RV**       4-B            D            I
I      20      51- 55   09 BOHL SPRACHE      74      34N      D          I
I       :      51, 57   73 KUHNE CHRONOLOG  41      199    B D          I
I       :      51, 52   76 ADLER AKKADISCH 170        1      D          I
I       :      51       56 CAD  G RV**        4-A         BCD     R      I
I       :       :       66 AHW  M RV**     650-A          B D           I
I       :       :       68 CAD 2A RV**     138-B          BCD           I
I      20      52       10 EBELING VERBUM   66       16   BCD           I
I       :       :       15 KNUDTZON EL-AM 1587            B       R      I
I       :       :                    -       1587              G         I
I       :       :       58 CAD  E RV**     185-B          B D     R      I
I       :       :       60 AHW  E RV**     223-A          B             I
I       :       :       73 KUHNE CHRONOLOG 136              D           I
I      20      53- 57                 -         28      126    CD        I
I       :      53, 54                 -        138           D          I
I       :      53       68 CAD 2A RV**      59-B          B D           I
I       :       :                    -        190-A          BCD        I
I       :       :       73 KUHNE CHRONOLOG   6      34E      D          I
I      20      54       09 BOHL SPRACHE      69      33H   B D        ? I
I       :       :       15 KNUDTZON EL-AM 1001/23 148F  A         C     I
I       :       :       73 KUHNE CHRONOLOG  28      126    B       R     I
I      20      55       10 EBELING VERBUM   52      7/3A   BCD          I
I       :       :                    -         53      7/3A   BCD       I
I       :       :       15 KNUDTZON EL-AM 1587              CD          I
```

TEXTES		CITATIONS					
		DATE, OUVRAGE, PAGES, NOTES				CARACTERIST.	
20	55	73 KUHNE CHRONOLOG 137			D		
:	:	-	139	685	D		
:	:	76 ADLER AKKADISCH 170		1	D		
:	:	77 CAD 1M RV**	212-B		BCD	R	
20	56- 57	65 CAD B RV**	26-A		BCD	R C	
:	56	10 EBELING VERBUM	44	3/6	BCD		
:	:	66 AHW M RV**	621-B		B		
:	:	66 JUCQUOIS PHONET 269			B D		
:	:	77 CAD 1M RV**	214-B		B D		
:	:	-	345-B		B D	R	
20	57- 58	71 CAD K RV**	364-A		BCD	R C	
:	57, 66	73 KUHNE CHRONOLOG 135			D		
:	57	65 AHW L RV**	559-B		B D		
:	:	69 AHW P RV**	820-B		D		
:	:	76 ADLER AKKADISCH 141		1	D		
20	58- 59	73 KUHNE CHRONOLOG	29	129	D		
:	58	77 CAD 1M RV**	4-B		D		
20	60- 63	73 KUHNE CHRONOLOG	41	198	D		
:	60- 62	-	29	129	CD		
:	60- 61	62 CAD 'S RV**	24-A		BCD	C	
:	60, 67	73 KUHNE CHRONOLOG 138			D		
:	60	66 AHW M RV**	610-A		G		
:	:	74 AHW 'S RV**	1067-A		BCD		
:	:	77 CAD 1M RV**	274-B		BCD		
:	:	77 CAD 2M RV**	74-A		BCD		
20	61, 62	77 CAD 1M RV**	410-B		BCD	C	
:	61	10 EBELING VERBUM	55	7/3A	BCD		
:	:	15 KNUDTZON EL-AM 1600			G		
:	:	66 JUCQUOIS PHONET 154			BCD		
:	:	69 AHW P RV**	842-B		D		
20	62	66 JUCQUOIS PHONET 164			BCD		
:	:	-	169		D		
:	:	-	182		BCD		
:	:	69 AHW N RV**	772-A		G		
:	:	71 CAD K RV**	328-A		B D		
20	63	60 CAD IJ RV**	24-B		BCD		
:	:	65 AHW K RV**	478-A		B D		
:	:	71 CAD K RV**	366-B		B D		
20	64- 70	73 KUHNE CHRONOLOG	29	135	D		
:	64-	-	25	113	D		
:	: :	-	28	126	D		
:	64, 66	10 RANKE KEILSCHR.	12		B D		
:	64	71 CAD K RV**	5-B		C	C	
:	:	73 KUHNE CHRONOLOG	29	134	D		
:	:	-	120	601	D		
:	:	76 ADLER AKKADISCH 140		1	D	R	
20	65- 66	71 CAD K RV**	5-B		BCD	R C	
:	65	10 EBELING VERBUM	67	17/1	BCD		
:	:	15 KNUDTZON EL-AM 1587			B	R	
:	:	63 AHW K RV**	415-A		BC		
20	66- 67	64 CAD 1A RV**	303-A		BCD	C	
20	67, 68	73 KUHNE CHRONOLOG	29	131	D		
:	67	09 BOHL SPRACHE	23	10D	B D		
:	:	65 AHW K RV**	478-A		G		
:	:	71 CAD K RV**	17-A		BCD		
:	:	73 KUHNE CHRONOLOG 137			D		
:	:	74 AHW >S RV**	1151-B		G		
:	:	77 CAD 1M RV**	4-B		D		
20	68	10 EBELING VERBUM	67	16	BCD		

```
I                                   C I T A T I O N S              I
I         T E X T E S       ------------------------------------   I
I                           DATE,  OUVRAGE, PAGES, NOTES  CARACTERIST.  I
I         ----------------  -----------------------------  -----------  I
I       20    80-    73 KUHNE CHRONOLOG  35    162   D         I
I       :     80     71 CAD  K RV**       56-B       B D       I
I       :     :      71 HELCK BEZIEHUNG 381          D         I
I       20    81, 84 73 KUHNE CHRONOLOG 136          D         I
I       :     81     15 KNUDTZON EL-AM  997          C         I
I       20    82     09 BOHL SPRACHE     20     9B  BCD        I
I       20    83     -                   11     4H  B D        I
I       :     :      56 CAD  H RV**     227-A        D         I
I       :     :      71 HELCK BEZIEHUNG 424         B D      ? I
I                                                              I
I EA  21                                                       I
I ******                                                       I
I       21           73 KUHNE CHRONOLOG  30    138   D         I
I       :            -                   30-31       D         I
I       :            -                  114          D         I
I       :            -                  121    614    G        I
I       21     1- 41 76 ADLER AKKADISCH 144,146     B          I
I       :      :  :  -                  145,147     C          I
I       :      1- 5  64 CAD 1A RV**     200-B       B D     C  I
I       :      1, 5  73 KUHNE CHRONOLOG  57    274   D         I
I       :      :  :  -                  139          D         I
I       :      1, 4  -                   57    274   D         I
I       :      1     10 RANKE KEILSCHR.  13      1  B D        I
I       :      :     58 CAD  E RV**     155-A       BCD     C  I
I       :      :     64 CAMPBELL CHRON.  38     20  B D     C  I
I       21     2- 3  56 CAD  H RV**     148-A       BCD     C  I
I       :      :  :  58 CAD  E RV**     155-A       BCD     C  I
I       21     3     10 EBELING VERBUM   51   6/2A  BCD        I
I       :      :     -                   75     24  BCD        I
I       :      :     73 KUHNE CHRONOLOG  30    142   D         I
I       :      :     -                  138          D         I
I       21     4- 5  58 CAD  E RV**     155-A       BCD     C  I
I       :      4, 7  73 KUHNE CHRONOLOG 138          D         I
I       21     5     71 HELCK BEZIEHUNG 474      1  B D     C  I
I       :      :     73 KUHNE CHRONOLOG  17     77  B D     C  I
I       :      :     -                  135          D         I
I       21     6- 7  64 CAD 1A RV**     200-B       B D     C  I
I       :      6     58 CAD  E RV**     155-A       BCD        I
I       21     9     68 CAD 2A RV**      56-B        C      C  I
I       21     10    -                   56-B       BCD        I
I       21     12    09 BOHL SPRACHE      1     1C  B D        I
I       :      :     67 SYL. 2 RV**      58    298  B D     C  I
I       21    13- 16 73 KUHNE CHRONOLOG  30    142   D         I
I       :     13, 16 -                    9     40   D         I
I       :     13, 14 77 CAD 1M RV**     302-A       BCD     C  I
I       21    15- 18 73 KUHNE CHRONOLOG  31    142   D         I
I       :     15     -                  136          D         I
I       21    16, 18 -                  138          D         I
I       :     16     66 AHW  M RV**     624-A         G        I
I       :     :      73 KUHNE CHRONOLOG 136          D         I
I       :     :      76 ADLER AKKADISCH 144      1   D   R     I
I       :     :      77 CAD 1M RV**     357-A        D         I
I       21    18- 21 71 CAD  K RV**     192-B       BCD   R C  I
I       21    19     63 AHW  K RV**     445         B D        I
I       :     :      76 ADLER AKKADISCH 144      2  B D        I
I       21    21     09 BOHL SPRACHE      1     1C  B D        I
I       :     :      73 KUHNE CHRONOLOG   6    34F   D         I
I       :     :      76 ADLER AKKADISCH 144      2   D   R     I
I       21    22     65 CAD  B RV**      55-A       B D        I
```

```
I                                           C I T A T I O N S                    I
I         T E X T E S           ------------------------------------------------ I
I                               DATE,   OUVRAGE, PAGES, NOTES  CARACTERIST.       I
I      ----------------------   ----------------------------   ------------      I
I         21      22            76 ADLER AKKADISCH 144         3    D     R       I
I         21      23            73 KUHNE CHRONOLOG 139       684    D             I
I         21      24- 32           -                22        96    D             I
I          :      24- 26        60 CAD IJ RV**          92-A      BCD     R C     I
I          :      24            10 RANKE KEILSCHR.   12           B D             I
I          :       :           73 KUHNE CHRONOLOG   22        96    D             I
I          :       :            -                 22        99    D             I
I         21      25            10 RANKE KEILSCHR.    9           B D             I
I          :       :           71 HELCK BEZIEHUNG 436             D             I
I          :       :           77 AHW   T RV**      1329-B       B D             I
I         21      26            73 KUHNE CHRONOLOG 136             D             I
I          :       :           76 ADLER AKKADISCH 173         1    D             I
I         21      27            10 EBELING VERBUM   67        16   BCD            I
I          :       :           65 CAD   B RV**          93-A       C       C     I
I          :       :           67 AHW   N RV**         702-B      B               I
I          :       :           73 KUHNE CHRONOLOG 138             D             I
I          :       :           74 RAINEY EA NOTES 306             D             I
I          :       :           77 CAD 1M RV**           21-A      BCD            I
I         21      28- 29        65 CAD   B RV**          82-B      BCD       C     I
I          :     28, 35        73 KUHNE CHRONOLOG 136             D             I
I          :     28, 32            -                10        40    D             I
I          :     28            10 EBELING VERBUM   68      17/1   BCD            I
I          :       :           59 AHW   B RV**         103-A      B D             I
I          :       :           65 CAD   B RV**          93-A      BCD            I
I          :       :           73 KUHNE CHRONOLOG 138       683    D             I
I         21      29            10 EBELING VERBUM   53      7/3A   BCD            I
I          :       :           71 CAD   K RV**         319-B      BCD            I
I         21      30- 31        58 CAD   E RV**         196-A      BCD       C     I
I          :   :  :           68 CAD 2A RV**            6-B      BCD       C     I
I          :     30, 31        64 CAD 1A RV**         260-B      BCD       C     I
I          :     30            60 AHW   E RV**         227-A           G         I
I          :       :           68 CAD 2A RV**           59-B      BCD            I
I         21      31            10 EBELING VERBUM   45      5/1A   BCD            I
I          :       :           68 CAD 2A RV**           59-B       C        C     I
I          :       :           77 CAD 1M RV**          410-B      B D             I
I         21      33- 35        15 KNUDTZON EL-AM 1587            CD             I
I          :     33            10 RANKE KEILSCHR.   13           B D             I
I          :       :           73 KUHNE CHRONOLOG   31       143   B D     R       I
I          :       :            -                135             D             I
I          :       :            -                138             D             I
I         21      34            70 RAINEY TABLETS   56             D          ? I
I          :       :           73 KUHNE CHRONOLOG   31       144   BCD     R  ? I
I          :       :           76 ADLER AKKADISCH 147         1    D             I
I         21      35- 41        73 KUHNE CHRONOLOG   35       162    D             I
I          :     35- 37        71 HELCK BEZIEHUNG 381             D       C       I
I          :     35- 36            -                389             D       C       I
I          :     35             -                426             D             I
I          :       :           73 KUHNE CHRONOLOG 137             D             I
I          :       :           77 CAD 1M RV**          211-B      D             I
I         21      38            10 EBELING VERBUM   40       1/1   BCD            I
I         21      39            09 BOHL SPRACHE     39       25H   B D             I
I          :       :           65 AHW   L RV**         553-B      B D             I
I          :       :           73 CAD   L RV**         197-A      BCD            I
I          :       :           77 CAD 2M RV**           1-B      BCD            I
I         21      40            73 KUHNE CHRONOLOG 136             D             I
I         21      41            09 BOHL SPRACHE     18        8B   BCD            I
I          :       :           10 EBELING VERBUM   53      7/3A   BCD            I
I          :       :           67 AHW   N RV**         707-A      B               I
I                                                                                 I
```

```
I                                             C I T A T I O N S                  I
I         T E X T E S          -------------------------------------------       I
I                              DATE, OUVRAGE, PAGES, NOTES   CARACTERIST.         I
I         --------------------  ---------------------------  ------------         I
I                                                                                I
I  EA   22                                                                       I
I  ******                                                                        I
I        22- 25              73 KUHNE CHRONOLOG   38              D               I
I        22                  56 CAD  H RV**      226-227         D               I
I         :                  64 CAD  1A RV**     373             D               I
I         :                  67 AHW  N RV**      708-A           D               I
I         :                  70 RAINEY TABLETS   54              D               I
I         :                  71 HELCK BEZIEHUNG 351       80     D               I
I         :                       -             378             D               I
I         :                       -             381             D               I
I         :                       -             383,384         D               I
I         :                       -             387             D               I
I         :                       -             388       107    D               I
I         :                  72 AHW  R RV**      974-B           D               I
I         :                  73 KUHNE CHRONOLOG   4        15     D               I
I         :                       -              32       146    D               I
I         :                       -              34-35          D               I
I         :                       -              35       165    D               I
I         :                  76 ADLER AKKADISCH 148-169         BC               I
I        22      61          77 CAD  2M RV**     291-A          B D              I
I        22  1/   1- 55      71 HELCK BEZIEHUNG 419             D       C         I
I         :  1/   1          65 AHW  L RV**      539-A          B                I
I         :   :              65 CAD  B RV**       82-A          BCD              I
I         :   :              71 HELCK BEZIEHUNG 374             D                I
I         :   :              73 CAD  L RV**      105-B          BCD              I
I        22  1/   2-  3      72 AHW  S RV**     1034-A          B D      C        I
I         :   :   :          77 CAD  1M RV**     296            BCD      C        I
I         :  1/   2,  9      73 KUHNE CHRONOLOG 138             D                I
I         :  1/   2,  4           -             136             D                I
I         :  1/   2          66 AHW  M RV**      614-A          B D          ?    I
I         :   :              74 RAINEY EA NOTES 308             B D              I
I        22  1/   3          76 ADLER AKKADISCH 149         1   BCD              I
I        22  1/   4-  6      60 CAD  IJ RV**     288-A          BCD      C        I
I         :  1/   4          63 AHW  I RV**      402-B          B D              I
I         :   :              67 SYL. 2 RV**       21       117  B D      R C      I
I         :   :              69 AHW  P RV**      832-B          B D              I
I         :   :              71 AHW  P RV**      867-B          B D          ?    I
I         :   :              71 HELCK BEZIEHUNG 422             D                I
I        22  1/   5          15 KNUDTZON EL-AM 1587             D                I
I         :   :              56 CAD  H RV**      227-A          D                I
I        22  1/   7-  8      65 CAD  B RV**      329-330        BCD      C        I
I         :  1/   7          59 AHW  B RV**      140-A          B D              I
I         :   :              65 CAD  B RV**      329-B              G            I
I        22  1/   10         73 KUHNE CHRONOLOG 138             D                I
I        22  1/   12- 13     56 CAD  H RV**      227-A          CD       C        I
I         :   :   :          77 CAD  1M RV**     212-A          BCD      C        I
I         :   :   :          77 CAD  2M RV**      99-A          CD       C        I
I         :  1/   12         71 HELCK BEZIEHUNG 426             D                I
I        22  1/   13         77 CAD  2M RV**      99-A          B D              I
I        22  1/   15, 23     71 HELCK BEZIEHUNG 419             BCD      R C ?    I
I         :  1/   15, 19     62 AHW  G RV**      288-A          B D              I
I         :  1/   15         15 KNUDTZON EL-AM 1001/24 157C A          C         I
I         :   :              56 CAD  G RV**       71-B          BCD              I
I         :   :                   -              143-B          BCD      C        I
I         :   :              65 AHW  K RV**      465-A          B D              I
I        22  1/   16         71 AHW  P RV**      880-A          B D      R        I
I        22  1/   17         71 HELCK BEZIEHUNG 393       147   CD           ?    I
I        22  1/   18- 19     56 CAD  G RV**      143-B          BCD      R C ?    I
```

TEXTES			DATE, OUVRAGE, PAGES, NOTES				CARACTERIST.			
				C I T A T I O N S						
22	1/	18	62 AHW G RV**	299-B			B D		?	
22	1/	19	56 CAD G RV**	71-B			B D			
22	1/	20, 25	59 CAD D RV**	79-A			D			
22	1/	21- 22	65 CAD B RV**	332-A			BCD		C	
:	:	:	68 CAD 2A RV**	238-B			BCD		C	
:	1/	21	67 AHW N RV**	703-A			B D			
:	:	:	77 CAD 1M RV**	378-B			B D			
22	1/	22, 30	73 KUHNE CHRONOLOG 138				D			
22	1/	23	56 CAD G RV**	123-B			BCD			
:	:	:	73 KUHNE CHRONOLOG 138				D			
22	1/	24- 25	60 CAD IJ RV**	239-A			B D		C	
:	:	:	68 CAD 2A RV**	182-A			BCD		C	
:	:	:	77 CAD 1M RV**	296-B			BCD		C ?	
:	1/	24, 26	77 CAD 2M RV**	174-A			B D			
:	1/	24	59 AHW A RV**	59-B			B D			
:	:	:	66 AHW M RV**	614-A			B D			
22	1/	25- 26	77 CAD 2M RV**	174-A			CD		C	
:	1/	25	73 KUHNE CHRONOLOG	6	34D		D			
:	:	:	-	136			D			
:	:	:	77 AHW T RV**	1339-A			B D			
22	1/	26	62 CAD 'S RV**	82-B			BCD			
:	:	:	67 AHW M RV**	668-A			G			
22	1/	28- 30	59 CAD D RV**	112-B			BCD	R C		
:	1/	28, 30	66 AHW M RV**	581-B			B D			
:	1/	28, 29	59 AHW D RV**	163-B			BCD		?	
:	1/	28	77 CAD 1M RV**	83-B			B D	R		
22	1/	29	77 AHW >S RV**	1274-A			D	R		
22	1/	30	77 CAD 1M RV**	83-B			B D			
22	1/	31	65 CAD B RV**	82-A			BCD			
:	:	:	73 KUHNE CHRONOLOG 136				D			
22	1/	32- 35	71 HELCK BEZIEHUNG 421				D		C ?	
:	1/	32	15 KNUDTZON EL-AM 1001/25 158D A						C	
:	:	:	56 CAD H RV**	3-A			BCD			
:	:	:	62 AHW H RV**	301-B			BCD		?	
:	:	:	71 HELCK BEZIEHUNG 391		129		BCD			
:	:	:	73 CAD L RV**	215-A			BCD			
22	1/	33	09 BOHL SPRACHE	8	3V		G	C		
:	:	:	56 CAD G RV**	133-B			B D			
:	:	:	62 AHW G RV**	298-A			B D			
22	1/	34	71 HELCK BEZIEHUNG 393		147		BCD			
22	1/	36- 37	-	421			CD		C	
:	1/	36	15 KNUDTZON EL-AM 1001/26 158H A						C	
:	:	:	59 AHW A RV**	58-A			B D		?	
:	:	:	68 CAD 2A RV**	170-B			BCD		?	
22	1/	38	66 AHW M RV**	664-A			D			
:	:	:	71 HELCK BEZIEHUNG 391		127		D			
:	:	:	-	421			D			
:	:	:	77 CAD 2M RV**	148-A			BCD	R		
22	1/	39	71 HELCK BEZIEHUNG 422				D			
:	:	:	73 KUHNE CHRONOLOG 136				D			
:	:	:	-	137			D			
22	1/	41	10 EBELING VERBUM	53	7/3A		BCD	EC		
:	:	:	59 AHW A RV**	12-A			B			
:	:	:	64 CAD 1A RV**	111-B			BCD			
:	:	:	71 AHW P RV**	867-B			B D		?	
:	:	:	71 HELCK BEZIEHUNG 422				D			
22	1/	42	61 CAD Z RV**	39-B			B D			
:	:	:	71 HELCK BEZIEHUNG 421				B D			
22	1/	44	59 AHW B RV**	129-A			B			

```
I                                        C I T A T I O N S             I
I        T E X T E S          ----------------------------------------- I
I                             DATE,  OUVRAGE, PAGES, NOTES  CARACTERIST. I
I      ----------------       -----------------------------  ---------- I
I        22  1/  44           65 CAD  B RV**      257-B        BCD       I
I         :       :           72 AHW  S RV**     1001-B        B D     ? I
I         :       :           74 RAINEY EA NOTES 308          B D       I
I        22  1/  45, 47       73 KUHNE CHRONOLOG 138            D        I
I         :  1/  45           76 AHW >S RV**     1248-B        BCD       I
I        22  1/  46           50 MORAN SYNTACTIC 163          B D       I
I         :       :           62 CAD 'S RV**      250-B        BCD       I
I         :       :           67 AHW  N RV**      697-A            G     I
I         :       :           69 MORAN DEATH OF    99-A       B D       I
I         :       :           71 AHW  P RV**      869-B        BCD     ? I
I         :       :           73 KUHNE CHRONOLOG 138      683    D       I
I         :       :           74 AHW 'S RV**     1082-A        BCD     ? I
I         :       :           77 AHW  T RV**     1298-A       B D   R   I
I        22  1/  47           59 AHW  A RV**       68-B       B D       I
I         :       :           68 CAD 2A RV**      269-B            D     I
I         :       :           71 HELCK BEZIEHUNG 422          BCD       I
I        22  1/  48-          56 CAD  H RV**      227-A            D     I
I         :  1/  48           69 AHW  P RV**      810-A       B D     ? I
I        22  1/  49           77 AHW  T RV**     1339-A       B D   R ? I
I        22  1/  51- 52       64 CAD 1A RV**      180-A       B D     C I
I         :   :    :          71 CAD  K RV**       20-B        BCD   C ? I
I         :  1/  51, 52       77 CAD 1M RV**      296-B        BCD   C ? I
I        22  1/  52           66 AHW  M RV**      614-A       B D       I
I        22  1/  53           71 CAD  K RV**       20-B        BCD     ? I
I        22  1/  55- 57       68 CAD 2A RV**       98-B        BCD   C   I
I         :  1/  55           59 AHW  A RV**       47-A       B D     ? I
I         :       :           70 RAINEY TABLETS    57              D     I
I         :       :           71 HELCK BEZIEHUNG 427          B D       I
I        22  1/  57           15 KNUDTZON EL-AM   997          B        I
I        22  1/  58- 60       71 HELCK BEZIEHUNG 411              D   C I
I         :  1/  58           58 CAD  E RV**      135-B        BCD       I
I         :       :           60 AHW  E RV**      210-A        BCD       I
I         :       :           61 CAD  Z RV**      156-A       B D       I
I         :       :           71 CAD  K RV**      474-A        BCD       I
I         :       :           71 HELCK BEZIEHUNG 411          B D       I
I         :       :           73 KUHNE CHRONOLOG 138      683    D       I
I        22  1/  60           71 CAD  K RV**       20          BCD     ? I
I        22  1/  61           15 KNUDTZ.CR/MEIS 1516         B D   R   I
I         :       :           66 AHW  M RV**      625-B            G     I
I         :       :           77 CAD 1M RV**      365-A        BCD   R ? I
I        22  1/  62           71 HELCK BEZIEHUNG 393      147 B D   R   I
I         :       :           77 CAD 2M RV**      280         B D   R   I
I        22  1/  65           15 KNUDTZON EL-AM   997          BCD   R   I
I         :       :           60 CAD IJ RV**      317-A        BCD   R   I
I         :       :           63 AHW  I RV**      407-B        BCD       I
I         :       :           71 HELCK BEZIEHUNG 426              D     I
I        22  2/   1-  5          -               424              D   C I
I         :  2/   1-  2       77 CAD 2M RV**       36-A        BCD   C   I
I         :  2/   1-          73 KUHNE CHRONOLOG  35      162    D       I
I         :  2/   1,  3       66 AHW  M RV**      648-A            G     I
I         :   :    :          71 HELCK BEZIEHUNG 391      126    D       I
I        22  2/   3-  4       77 CAD 2M RV**       36-A        BCD   C   I
I         :  2/   3           64 CAD 1A RV**      180-A        BCD       I
I        22  2/   6, 12       71 HELCK BEZIEHUNG 426              D     I
I         :  2/   6           73 KUHNE CHRONOLOG 136              D     I
I         :       :           77 CAD 1M RV**      211-212      BCD       I
I        22  2/   7           71 HELCK BEZIEHUNG 391      129    D       I
I        22  2/   8           59 CAD  D RV**       79-A        BCD       I
I        22  2/   9           09 BOHL SPRACHE      11      4H  B D       I
```

```
I
I          T E X T E S                          C I T A T I O N S                        I
I                                    -----------------------------------------------    I
I                                    DATE,  OUVRAGE, PAGES, NOTES   CARACTERIST.         I
I     --------------------------     -----------------------------  ------------         I
I     22   2/   9            71 HELCK BEZIEHUNG  424              B D                     I
I      :        :            77 CAD  2M RV**          99-A        B D                     I
I     22   2/  11            63 AHW   K RV**         448-B        BCD                     I
I      :        :            71 CAD   K RV**         198-B        BCD                     I
I      :        :            71 HELCK BEZIEHUNG  426             BCD                      I
I     22   2/  12- 13        56 CAD   G RV**         124-A        BCD          C          I
I      :     :   :           62 CAD  'S RV**         250-B        BCD          C          I
I      :   2/  12            69 AHW   P RV**         839-A        B D                     I
I      :        :            73 KUHNE CHRONOLOG 138               D                       I
I     22   2/  13            74 AHW  'S RV**        1082-A        BCD            ?         I
I     22   2/  14- 15        60 CAD  IJ RV**         317-A        BCD          C          I
I      :     :   :           68 CAD  2A RV**         231-B        BCD          C          I
I      :   2/  14            59 AHW   A RV**          65-A        B D            ?         I
I      :        :            63 AHW   I RV**         407-B        BCD                     I
I      :        :            71 HELCK BEZIEHUNG  426             B D             ?         I
I     22   2/  15            59 CAD   D RV**          79-A        BCD                     I
I     22   2/  16- 19        71 HELCK BEZIEHUNG  421              CD          C           I
I      :   2/  16                 -              391      127     D                       I
I      :        :            73 CAD   L RV**         215-A        B D                     I
I     22   2/  17            71 HELCK BEZIEHUNG  393      147    BCD                      I
I     22   2/  18- 19        77 CAD  1M RV**         428-A        B D          C          I
I      :   2/  18            15 KNUDTZON EL-AM 1001/27 162H A                  C          I
I      :        :            65 CAD   B RV**         257-B        BCD                     I
I      :        :            66 AHW   M RV**         635-B        B D            ?        I
I      :        :            67 SYL. 2 RV**           8       39  B D          C          I
I     22   2/  20            62 CAD  'S RV**          74-B        BCD            ?        I
I      :        :            70 RAINEY TABLETS    78             B D                      I
I      :        :            74 AHW  'S RV**        1077-B       B D             ?        I
I     22   2/  21            59 AHW   A RV**          90-A        BCD                     I
I      :        :            62 CAD  'S RV**          82-B        B D                     I
I      :        :            68 CAD  2A RV**          48-A        BCD                     I
I      :        :            73 KUHNE CHRONOLOG 136               D                       I
I     22   2/  23- 25        71 HELCK BEZIEHUNG  415              D          C            I
I      :   2/  23- 24        59 CAD   D RV**         112          BCD        C            I
I      :   2/  23, 27        59 AHW   D RV**         163-B        B D          ?          I
I      :   2/  23, 24        65 CAD   B RV**         356-A        BCD        C            I
I      :   2/  23            59 CAD   D RV**         201-B        BCD                     I
I      :        :            60 AHW   D RV**         179-B        CD                      I
I     22   2/  24- 25        71 HELCK BEZIEHUNG  426              CD                      I
I      :   2/  24, 30        59 AHW   B RV**         144-A        BCD                     I
I      :   2/  24, 27        73 KUHNE CHRONOLOG 138               D                       I
I      :   2/  24            66 AHW   M RV**         581-B               G                I
I      :        :            77 CAD  1M RV**          83-B        B D                     I
I     22   2/  25            63 AHW   K RV**         448-B        B D                     I
I      :        :            73 KUHNE CHRONOLOG 137               D                       I
I     22   2/  26, 32        63 AHW   K RV**         414-B        B                       I
I      :     :   :           71 CAD   K RV**           3-A              G                 I
I      :   2/  26            60 CAD  IJ RV**          90-B        D                       I
I     22   2/  27            59 AHW   B RV**         115-B        BCD            ?        I
I      :        :            59 CAD   D RV**         112-B        BCD                     I
I      :        :            65 CAD   B RV**         215-A        BCD                     I
I      :        :            71 HELCK BEZIEHUNG  415              D                       I
I      :        :            77 CAD  1M RV**         179-B        BCD            ?        I
I     22   2/  29- 30        71 CAD   K RV**         375-A        BCD      R C ?         I
I      :     :   :           71 HELCK BEZIEHUNG  415              D          C            I
I     22   2/  30- 31        65 CAD   B RV**         356-A        B D        C            I
I     22   2/  32, 34        60 CAD  IJ RV**          90-B        D                       I
I     22   2/  33- 35        71 CAD   K RV**           3-A        BCD        C            I
I      :   2/  33, 35        59 AHW   B RV**         140-B        B                       I
```

```
I                                     C I T A T I O N S            I
I        T E X T E S          ---------------------------------     I
I                             DATE,  OUVRAGE, PAGES, NOTES  CARACTERIST. I
I      ----------------------  ---------------------------  ----------- I
I        22  2/  33, 35       65 CAD   B RV**      257-B        BCD        I
I         :       :   :          -                332-A        BCD        I
I         :       :   :       71 CAD   K RV**      474-A        B D        I
I         :   2/  33          15 KNUDTZON EL-AM 1001/27 164D A        C   I
I         :       :              -            1001/28 164D A        C   I
I         :       :           71 HELCK BEZIEHUNG 415               D        I
I        22  2/  34, 35       63 AHW   K RV**      414-B        B          I
I        22  2/  35           60 CAD IJ RV**        90-B        B D        I
I        22  2/  36, 40       71 HELCK BEZIEHUNG 414             BCD        I
I        22  2/  37, 39          -                414          BCD      ? I
I         :   2/  37          15 KNUDTZON EL-AM  997           B      R    I
I         :       :           66 JUCQUOIS PHONET 188           B D        I
I        22  2/  38           50 MORAN SYNTACTIC 163           B D        I
I         :       :           69 MORAN DEATH OF   99-A         B D        I
I         :       :           77 CAD 1M RV**      176-B        B D        I
I        22  2/  39           59 AHW   A RV**       84-A        B D        I
I         :       :           68 CAD 2A RV**      465-B        BCD        I
I        22  2/  41, 42       71 HELCK BEZIEHUNG 414             BCD        I
I         :   2/  41          56 CAD   H RV**      167-A        B D        I
I         :       :           62 AHW   H RV**      339-B        B          I
I         :       :           70 RAINEY CR/ROLLI 123           B D        I
I         :       :           74 RAINEY EA NOTES 303           B D        I
I        22  2/  42           65 AHW   K RV**      498-A           G       I
I         :       :           71 CAD   K RV**      485-B        BCD    R    I
I        22  2/  43- 47       71 HELCK BEZIEHUNG 411               D    C   I
I         :   2/  43, 46      56 CAD   G RV**      123-B        BCD      C   I
I         :   2/  43, 44         -                122-B        BCD      C   I
I         :   2/  43          61 CAD   Z RV**      156-A        B D        I
I         :       :           71 CAD   K RV**      280-B        BCD        I
I         :       :           71 HELCK BEZIEHUNG 411             B D        I
I        22  2/  44           15 KNUDTZ.CR/MEIS 1515           B D        I
I         :       :           62 AHW   G RV**      296-A        B          I
I        22  2/  45           60 CAD IJ RV**      239-A        BCD    R    I
I        22  2/  46, 51       73 KUHNE CHRONOLOG 138             D        I
I         :   2/  46          15 KNUDTZON EL-AM 1001/29 166D A        C   I
I         :       :           59 AHW   A RV**       75-B        B D        I
I         :       :           68 CAD 2A RV**      341-A        BCD        I
I         :       :           70 RAINEY TABLETS   59           B D        I
I        22  2/  48- 50       71 HELCK BEZIEHUNG 412             D    C   I
I         :   2/  48- 49      59 CAD   D RV**      112-B        B D    R C  I
I         :   2/  48          67 AHW   M RV**      671-B        B D        I
I         :       :           69 AHW   P RV**      855-A        B D    R ? I
I         :       :           70 RAINEY TABLETS   73           B D    R    I
I         :       :           77 CAD 2M RV**      196-A        BCD    R    I
I        22  2/  51           69 AHW   N RV**      777-B           D        I
I        22  2/  52, 53       62 AHW   G RV**      288-A        B D        I
I         :   2/  52          15 KNUDTZON EL-AM  997           B D    R    I
I         :       :           56 CAD   G RV**       71-B        B D        I
I        22  2/  53              -                 71-B        BCD        I
I        22  2/  54- 55       71 CAD   K RV**      435-B        BCD      C   I
I         :   2/  54          65 AHW   K RV**      488-A        B D      ? I
I         :       :           69 AHW   P RV**      849-A        B D        I
I         :       :           73 KUHNE CHRONOLOG 137             D        I
I        22  2/  55              -                136             D        I
I        22  2/  56           69 AHW   P RV**      852-B        B D      ? I
I         :       :           70 RAINEY TABLETS   63           B D        I
I        22  2/  57           71 HELCK BEZIEHUNG 422             D        I
I         :       :           77 AHW  >S RV**     1266-B        B D        I
I        22  2/  59- 60       77 CAD 1M RV**      132-B        BCD      C ? I
```

TEXTES			CITATIONS					
--------	--	--	DATE, OUVRAGE, PAGES, NOTES			CARACTERIST.		
22	2/	59	66 AHW M RV**	589-B		B		
:		:	71 HELCK BEZIEHUNG 421			D		
22	2/	61	73 KUHNE CHRONOLOG 135			D		
22	2/	62- 63	56 CAD H RV**	228-B		BCD	C	
:	2/	62, 65	62 AHW H RV**	354-A		B		
:	2/	62	56 CAD G RV**	105-A		BCD		
:	:	:	64 CAD 1A RV**	56-B		BCD		
:	:	:	73 CAD L RV**	39-A		BCD		
:	:	:	-	40-A		G		
22	2/	63- 65	71 HELCK BEZIEHUNG 427			B D	C ?	
:	2/	63	69 AHW P RV**	849-A		B D		
22	2/	65	56 CAD H RV**	228-B		D		
:	:	:	58 CAD E RV**	367-A		BCD	?	
:	:	:	60 AHW E RV**	257-A		B D	?	
:	:	:	71 HELCK BEZIEHUNG 393		147	BCD	?	
:	:	:	76 ADLER AKKADISCH 158		1	D	?	
22	2/	67	65 AHW K RV**	507-A		B D		
:	:	:	66 AHW M RV**	611-A		B D		
:	:	:	71 CAD K RV**	539-B		BCD		
:	:	:	71 HELCK BEZIEHUNG 393		147	B D		
:	:	:	-	427		B D	?	
:	:	:	77 CAD 1M RV**	279-B		BCD	R	
22	2/	68	71 CAD K RV**	20-A		BCD	?	
22	2/	69	65 AHW K RV**	475-B		G	?	
:	:	:	73 KUHNE CHRONOLOG 136			D		
22	2/	70	58 CAD E RV**	96-B		BCD	R	
:	:	:	66 JUCQUOIS PHONET 122			B D		
:	:	:	76 AHW >S RV**	1174-A		B D		
22	3/	2	65 AHW K RV**	475-B		B D	?	
:	:	:	73 KUHNE CHRONOLOG 136			D		
22	3/	3	58 CAD E RV**	96-B		BCD		
:	:	:	76 AHW >S RV**	1174-A		B D		
22	3/	5- 6	62 CAD 'S RV**	84-A		BCD	C	
:	:	:	64 CAD 1A RV**	79-B		BCD	C	
:	:	:	71 HELCK BEZIEHUNG 413			CD	C	
:	3/	5	15 KNUDTZON EL-AM 1587			G		
:	:	:	59 AHW A RV**	8-B		B D		
:	:	:	71 HELCK BEZIEHUNG 413			B D	R ?	
:	:	:	74 AHW 'S RV**	1079-A		G		
:	:	:	74 RAINEY EA NOTES 300			B D		
22	3/	7- 9	71 HELCK BEZIEHUNG 421			BCD	C ?	
:	3/	7- 8	56 CAD G RV**	133-B		BCD	C	
:	3/	7	56 CAD H RV**	3-A		B D		
:	:	:	62 AHW G RV**	298-A		B D		
:	:	:	62 AHW H RV**	301-B		BCD	?	
:	:	:	73 CAD L RV**	215-A		B D		
22	3/	9	56 CAD H RV**	186-A		BCD		
:	:	:	62 AHW H RV**	345-A		B D		
22	3/	10	65 CAD B RV**	341-342		BCD		
:	:	:	71 HELCK BEZIEHUNG 412			CD		
22	3/	11	69 AHW P RV**	839-A		B D	?	
:	:	:	71 HELCK BEZIEHUNG 423			BCD	?	
22	3/	12, 15	-	413		BCD	R	
22	3/	13- 14	-	412		D		
:	3/	13, 14	71 AHW P RV**	881-A		B D		
:	3/	13	71 HELCK BEZIEHUNG 393		147	BCD	?	
22	3/	15	70 RAINEY TABLETS 79			B D		
22	3/	16- 20	71 HELCK BEZIEHUNG 412			BCD	C ?	
:	3/	16, 17	77 CAD 2M RV**	36-A		BCD	C	

TEXTES				CITATIONS					
			DATE,	OUVRAGE, PAGES, NOTES			CARACTERIST.		
22	3/	16		71 HELCK BEZIEHUNG	393	147	BCD		
22	3/	17		66 AHW M RV**	648-A		G		
22	3/	19		71 HELCK BEZIEHUNG	377	51	B D	R	
22	3/	20		59 AHW A RV**	89-A		B D		
:		:		68 CAD 2A RV**	523-A		BCD		
22	3/	21		60 CAD IJ RV**	233-B		BCD		
:		:		63 AHW I RV**	393-A		BCD		
:		:		71 HELCK BEZIEHUNG	412		BCD		
22	3/	22- 23		64 CAD 1A RV**	373-A		BCD	C	
:	:	:		71 HELCK BEZIEHUNG	413		B D	C	
:	3/	22		59 AHW A RV**	39-A		B D		
:		:		71 CAD K RV**	307-A		BCD		
:		:		73 KUHNE CHRONOLOG	137		D		
22	3/	23		67 AHW N RV**	708-A		B D		
22	3/	24, 25		71 HELCK BEZIEHUNG	414		BCD		
:	3/	24		69 AHW N RV**	771-A		G		
22	3/	25- 26		71 HELCK BEZIEHUNG	415		B D	EC	
:	3/	25		72 AHW S RV**	1054-B		B D		
22	3/	26, 32		73 KUHNE CHRONOLOG	138		D		
:	3/	26		59 AHW B RV**	115-B		BCD		?
:		:		65 CAD B RV**	215-A		BCD	R	
:		:		71 HELCK BEZIEHUNG	415		D		
:		:		77 AHW T RV**	1302-A		B D		?
22	3/	27, 28		65 AHW K RV**	497-A		B D		
:	:	:		77 AHW >S RV**	1289-A		B D		
:	3/	27		59 AHW B RV**	140-A		B D		?
:		:		65 CAD B RV**	257-B		BCD		
:		:		-	330-A		BCD		
:		:		67 SYL. 2 RV**	24	135	B D	C	
:		:		70 RAINEY TABLETS	60		B D		
:		:		71 CAD K RV**	482-B		BCD		
:		:		71 HELCK BEZIEHUNG	415		BCD		
:		:		76 ADLER AKKADISCH	162	1	D		
22	3/	28		65 CAD B RV**	257-B		B D	R	
:		:		71 CAD K RV**	482-B		B D		
22	3/	29- 35		71 HELCK BEZIEHUNG	399		D	C	
:	3/	29		67 AHW M RV**	676-A		G		
:		:		77 CAD 2M RV**	221-B		B D	R	
22	3/	30		60 CAD IJ RV**	326-B		B D		
:		:		63 AHW J RV**	412-B		BCD		
:		:		66 JUCQUOIS PHONET	245		B D		
22	3/	31- 32		71 CAD K RV**	135-B		BCD	C	
:	3/	31		59 AHW A RV**	76-A		G		
:		:		68 CAD 2A RV**	342-B		BCD		
22	3/	32		63 AHW K RV**	434-B		B D		?
22	3/	33		65 CAD B RV**	64-A		BCD		
22	3/	34		15 KNUDTZON EL-AM	1001/30	170L	A		C
:		:		-	1001/31	171M	A		C
:		:		66 JUCQUOIS PHONET	238		B D	R	
:		:		69 AHW P RV**	855-B		G		
:		:		71 AHW P RV**	881-A		B D		?
22	3/	35		70 RAINEY TABLETS	77		B D		?
:		:		72 AHW S RV**	1017-A		G		
:		:		73 KUHNE CHRONOLOG	135		D		
22	3/	36		65 AHW K RV**	484-B		B D		
:		:		71 CAD K RV**	409-A		BCD		
:		:		73 KUHNE CHRONOLOG	136		D		
:		:		76 ADLER AKKADISCH	130	4	B D		
:		:		77 CAD 1M RV**	176-B		B D		

TEXTES	DATE, OUVRAGE, PAGES, NOTES	CARACTERIST.
22 3/ 37- 39	72 AHW S RV** 1029-B	D
: 3/ 37, 38	67 SYL. 2 RV** 12 59	B D C
: : :	71 AHW Q RV** 929-B	B D
: 3/ 37	56 CAD G RV** 139-140	BCD
: :	68 CAD 2A RV** 54-B	BCD
22 3/ 38- 39	56 CAD G RV** 140-A	B D C
: : :	61 CAD Z RV** 69-A	BCD C
: 3/ 38, 39	73 KUHNE CHRONOLOG 31 145/4	D
: 3/ 38	77 CAD 1M RV** 378-B	B D
22 3/ 39- 40	60 CAD IJ RV** 282-A	BCD C
: : :	77 CAD 1M RV** 83-B	CD C ?
: 3/ 39	72 AHW S RV** 1029-B	B D
: :	74 RAINEY EA NOTES 304	B D
22 3/ 40	66 AHW M RV** 581-B	G
: :	71 AHW Q RV** 926-B	B D
: :	77 CAD 1M RV** 83-B	B D R
22 3/ 41	56 CAD G RV** 140-A	BCD
: :	67 SYL. 2 RV** 12 59	B D C
: :	71 AHW Q RV** 929-B	B D
22 3/ 42- 44	68 CAD 2A RV** 269	BCD
: 3/ 42, 44	59 AHW A RV** 68-B	B D
: : :	71 HELCK BEZIEHUNG 422	CD
22 3/ 45- 46	58 CAD E RV** 255-A	B D C
: : :	68 CAD 2A RV** 170-B	BCD C ?
: : :	71 HELCK BEZIEHUNG 421	CD C
: 3/ 45	59 AHW A RV** 58-A	B D ?
22 3/ 46	60 AHW E RV** 232-B	BCD ?
22 3/ 47	73 KUHNE CHRONOLOG 136	D
22 3/ 49- 51	60 CAD IJ RV** 321-B	BCD R C
: 3/ 49, 50	63 AHW J RV** 411-A	BCD ?
: 3/ 49	56 CAD H RV** 3-A	BCD R
: :	62 AHW H RV** 301-B	G
: :	66 JUCQUOIS PHONET 245	BCD ?
: :	71 HELCK BEZIEHUNG 391 129	B D R ?
22 3/ 51- 54	71 AHW Q RV** 898-B	G
: 3/ 51	56 CAD H RV** 264-A	BCD R
: :	62 AHW H RV** 362-A	G
22 3/ 52	71 AHW P RV** 880-A	G
22 3/ 53	77 AHW >S RV** 1265-B	B D R ?
22 3/ 54	60 CAD IJ RV** 231-A	BCD
: :	66 JUCQUOIS PHONET 238	B D
22 3/ 55	66 AHW M RV** 664-A	D
: :	71 HELCK BEZIEHUNG 421	D
22 3/ 56, 60	- 422	D
: 3/ 56	73 KUHNE CHRONOLOG 137	D
22 3/ 57	64 CAD 1A RV** 370-A	B D R
22 3/ 58	15 KNUDTZON EL-AM 1001/32 173I A	C
22 3/ 60	77 AHW >S RV** 1266-B	B D R I.
22 4/ 2	62 CAD 'S RV** 175-A	D
: :	70 RAINEY TABLETS 78	B D
: :	73 KUHNE CHRONOLOG 138	D
22 4/ 3, 5	15 KNUDTZON EL-AM 997	D
22 4/ 4	58 CAD E RV** 255-A	B D
: :	60 AHW E RV** 232-B	BCD ?
22 4/ 6	15 KNUDTZON EL-AM 1587	D
: :	58 CAD E RV** 75-B	BCD
: :	60 AHW E RV** 196-B	B D
: :	60 CAD IJ RV** 301-A	B D
: :	- 328-A	BCD

```
I                                   C I T A T I O N S                I
I      T E X T E S         -------------------------------------------  I
I                          DATE,  OUVRAGE, PAGES, NOTES  CARACTERIST.  I
I   ----------------------  -------------------------------  ----------- I
I      22  4/   6          62 CAD 'S RV**      244-B         B D        I
I       :       :          63 AHW  J RV**      413-A         B D        I
I       :       :          66 JUCQUOIS PHONET 245            BCD        I
I       :       :          71 HELCK BEZIEHUNG 393      147   B D        I
I       :       :                 -           422            D          I
I       :       :          73 KUHNE CHRONOLOG 135            D          I
I       :       :          74 AHW 'S RV**      1111-B        B D        I
I      22  4/   7-  9      71 HELCK BEZIEHUNG 427            CD     C ?  I
I       :  4/   7, 10             -           393      147   CD         I
I       :  4/   7          56 CAD  G RV**      105-A         BCD        I
I       :       :          77 AHW  T RV**      1344-B        BCD        I
I      22  4/   8,  9      63 AHW  K RV**      424-B         B D        I
I      22  4/  10          56 CAD  G RV**      105-A         B D        I
I       :       :          71 HELCK BEZIEHUNG 427            B D        I
I       :       :          76 AHW >S RV**      1187-B        BCD        I
I      22  4/  12, 15      60 CAD IJ RV**       90-B         BCD        I
I       :  4/  12          71 AHW  R RV**      934-B           G        I
I      22  4/  13- 14      58 CAD  E RV**      316-B         BCD        I
I       :  4/  13          68 CAD 2A RV**      284-B         D          I
I      22  4/  14          60 CAD IJ RV**       46-B         BCD        I
I       :       :          62 AHW  I RV**      367-B         B D        I
I       :       :          65 CAD  B RV**      257-B         BCD        I
I       :       :                 -           311-A         B D      ?  I
I      22  4/  15          63 AHW  I RV**      373-B         D          I
I       :       :          72 AHW  R RV**      973-B           G        I
I      22  4/  16, 20      71 HELCK BEZIEHUNG 412            BCD        I
I       :  4/  16          56 CAD  H RV**      228-229        BCD       I
I       :       :          60 CAD IJ RV**      233-B         BCD        I
I       :       :          62 AHW  H RV**      354-A         B          I
I       :       :          63 AHW  I RV**      393-A         D          I
I      22  4/  17, 18      71 HELCK BEZIEHUNG 408            D          I
I      22  4/  18          58 CAD  E RV**      135-B         BCD        I
I       :       :          59 AHW  D RV**      174-B         B D        I
I       :       :          59 CAD  D RV**      170-A         B D        I
I       :       :          60 AHW  E RV**      209-A         B D        I
I       :       :          76 ADLER AKKADISCH 188      1     D          I
I      22  4/  19          63 AHW  K RV**      437-B         B D        I
I       :       :                 -           450-A         BC         I
I       :       :          71 CAD  K RV**      155-B         B D        I
I       :       :                 -           220-A         B D        I
I       :       :          71 HELCK BEZIEHUNG 409            BCD        I
I       :       :          73 KUHNE CHRONOLOG 136            D          I
I      22  4/  20- 32      71 HELCK BEZIEHUNG 412            D      C   I
I       :  4/  20          65 AHW  K RV**      482-A         B D        I
I       :       :          66 JUCQUOIS PHONET 238            B D        I
I       :       :          67 SYL. 2 RV**       43      223  B D    C   I
I       :       :          71 CAD  K RV**      393-B         B D        I
I      22  4/  21          70 RAINEY TABLETS    77           B D        I
I       :       :          71 HELCK BEZIEHUNG 422            D          I
I       :       :          72 AHW  S RV**      1027-A        B D        I
I       :       :          77 AHW >S RV**      1266-B        B D        I
I      22  4/  22          60 CAD IJ RV**      233-B         B D        I
I       :       :          63 AHW  I RV**      393-A         BCD        I
I       :       :          69 AHW  N RV**      777-B         D          I
I      22  4/  23          72 AHW  S RV**      1012-A        D          I
I       :       :                 -           1042-B          G        I
I       :       :          76 ADLER AKKADISCH 166      1     D          I
I      22  4/  24          15 KNUDTZON EL-AM 1001/33 176D A      C      I
I       :       :          59 AHW  A RV**       51-A         B D        I
```

```
I                                    C I T A T I O N S                    I
I      T E X T E S          -------------------------------------------   I
I                           DATE,   OUVRAGE, PAGES, NOTES  CARACTERIST.    I
I      ----------------     -----------------------------  -----------    I
I      22  4/  24           68 CAD 2A RV**       118-B        B D         I
I      22  4/  25, 29       73 KUHNE CHRONOLOG   6       34E    D         I
I      :   4/  25           59 AHW  A RV**        59-A       B D         I
I      :       :           68 CAD 2A RV**       178-B       BCD         I
I      :       :           74 RAINEY EA NOTES 306            D          I
I      22  4/  26           72 AHW  S RV**      1013         BCD         I
I      22  4/  27           69 AHW  N RV**       777-B         D         I
I      :       :           71 AHW  P RV**       878-B       B D         I
I      22  4/  28           56 CAD  H RV**       233-A       BCD         I
I      :       :           62 AHW  H RV**       355-A       BCD         I
I      22  4/  29           67 SYL. 2 RV**        64     323  B D    R C  I
I      :       :           69 AHW  N RV**       787-B       B D    R    I
I      22  4/  30           59 CAD  D RV**       158-B       BCD         I
I      :       :           63 AHW  K RV**       437-B       B D         I
I      :       :           71 CAD  K RV**       155-B       B D         I
I      :       :           71 HELCK BEZIEHUNG 409           BCD         I
I      :       :           73 KUHNE CHRONOLOG 136            D          I
I      22  4/  31           63 AHW  K RV**       423-B       BCD         I
I      :       :           71 CAD  K RV**        64-A       BCD         I
I      22  4/  32- 33       56 CAD  G RV**       134-A       B•CD    C    I
I      :   4/  32           62 AHW  G RV**       298-A       BCD         I
I      :       :           64 CAD 1A RV**       180-A       B D         I
I      22  4/  33- 39       71 HELCK BEZIEHUNG 419            D      C    I
I      :   4/  33, 38       74 AHW 'S RV**      1103-A         G         I
I      :   4/  33           62 CAD 'S RV**       198-A        D          I
I      :       :           70 RAINEY TABLETS    79          B D         I
I      :       :           72 AHW  S RV**      1034-A         G         I
I      :       :           73 KUHNE CHRONOLOG 138           •D          I
I      :       :           74 RAINEY EA NOTES 308          B D         I
I      22  4/  34, 37       71 HELCK BEZIEHUNG 419           BCD     C ? I
I      :   4/  34           58 CAD  E RV**        75-B       BCD         I
I      :       :           60 AHW  E RV**       196-B       B D         I
I      :       :           71 HELCK BEZIEHUNG 427           B D    R  ? I
I      :       :           72 AHW  S RV**      1064-A       B D    R    I
I      22  4/  35- 36       56 CAD  G RV**       135-A       BCD       ? I
I      :       :           71 HELCK BEZIEHUNG 421            D      C    I
I      :   4/  35, 36       77 CAD 2M RV**        18-B       B D         I
I      :   4/  35           60 CAD IJ RV**       301-A       B D         I
I      :       :           71 HELCK BEZIEHUNG 422           CD          I
I      22  4/  36           70 RAINEY TABLETS    79          B D    EC   I
I      22  4/  37- 42       71 HELCK BEZIEHUNG 419            D      C    I
I      :   4/  37- 38       62 CAD 'S RV**       198-A       BCD    R C  I
I      :   4/  37           59 AHW  B RV**       135-B       B D         I
I      :       :           65 CAD  B RV**       302-B       BCD         I
I      :       :           66 AHW  M RV**       622-B       B D         I
I      :       :           77 CAD 1M RV**       351-A       B D       ? I
I      22  4/  38, 40       70 RAINEY TABLETS    79          B D         I
I      :   4/  38           72 AHW  S RV**      1032-B       B D         I
I      22  4/  39           69 AHW  N RV**       793-B       B          I
I      22  4/  40, 41       62 CAD 'S RV**       198-A         D         I
I      :       :    :       74 AHW 'S RV**      1103-A         G         I
I      22  4/  41           65 AHW  K RV**       491-A       B D         I
I      :       :           70 RAINEY TABLETS    77          B D    R  ? I
I      :       :           71 CAD  K RV**       453-B       BCD         I
I      22  4/  42           73 KUHNE CHRONOLOG  34      161    D         I
I      :       :           77 CAD 2M RV**         1-B       B D    R    I
I      22  4/  43- 49       73 KUHNE CHRONOLOG  34      153    D         I
I      :   4/  43- 44       77 CAD 2M RV**        75-B       BCD     C    I
I      :   4/  43           09 BOHL SPRACHE       7      3P  B D         I
```

```
I                                    C I T A T I O N S                        I
I        T E X T E S          ------------------------------------------------ I
I                             DATE,  OUVRAGE, PAGES, NOTES   CARACTERIST.       I
I    ---------------------    ------------------------------   ------------     I
I        22  4/  43           73 KUHNE CHRONOLOG   34                 D         I
I         :      :            76 ADLER AKKADISCH 204        1         D         I
I         :      :            77 CAD 1M RV**       281-A             B D        I
I        22  4/  44           15 KNUDTZON EL-AM 1586               D      C     I
I         :      :            66 AHW   M RV**      654-A           B              I
I         :      :            73 KUHNE CHRONOLOG    6      34E      D            I
I         :      :               -                 17       77    B D     C     I
I        22  4/  45, 46          -                139                D          I
I        22  4/  46, 49          -                 35      162      CD          I
I         :  4/  46           66 JUCQUOIS PHONET 120              B D           I
I        22  4/  48           15 KNUDTZON EL-AM 1587               D            I
I         :      :            59 AHW   A RV**       85-A           B            I
I         :      :            68 CAD 2A RV**       471-B           B D          I
I         :      :            73 KUHNE CHRONOLOG   30      142    B D     R      I
I                                                                               I
I  EA  23                                                                       I
I  ******                                                                       I
I        23, 24               73 KUHNE CHRONOLOG   23      106         G         I
I        23                   62 KITCHEN SUPPILU   24        2        D         I
I         :                   64 CAMPBELL CHRON.   77                 D         I
I         :                   64 HORNUNG UNTERS.   73                 D         I
I         :                   67 REDFORD HISTORY 155      282         D         I
I         :                      -               156                 D          I
I         :                   71 HELCK BEZIEHUNG 171                 D           I
I         :                      -               279       22        D          I
I         :                   73 KUHNE CHRONOLOG  12       49         D          I
I         :                      -                12       51        D          I
I         :                      -              36-39               D            I
I         :                      -                37      176        D           I
I         :                      -                38      182        D           I
I         :                      -                54      254        D           I
I         :                      -               139                 G           I
I        23       1- 32       76 ADLER AKKADISCH 170,172           B            I
I         :       :   :          -               171,173            C           I
I         :       1,  4        73 KUHNE CHRONOLOG 139                D           I
I         :       1           10 RANKE KEILSCHR.  14               B D          I
I         :       :           64 CAMPBELL CHRON.  38       20      B D     EC    I
I        23       2,  3        73 KUHNE CHRONOLOG 138                D           I
I        23       4              -                17       77     B D     C     I
I        23       5,  8          -               138                D           I
I        23       7-  8          -                33      151       D           I
I         :       :   :          -                36      175       D           I
I         :       7           64 HORNUNG UNTERS.  69       48        D           I
I        23       8           76 ADLER AKKADISCH 171        1        D           I
I        23      12- 16        73 KUHNE CHRONOLOG  36      175       D           I
I         :      12           09 BOHL SPRACHE      1       1C      B D          I
I         :       :           59 CAD   D RV**      92-A            B D          I
I        23      13- 17        65 KLENGEL GESCH.1  48       48       D     C     I
I         :      13-           73 KUHNE CHRONOLOG  37      177       D           I
I        23      15              -                36      175     B D           I
I         :       :              -               138                D           I
I         :       :           76 ADLER AKKADISCH 170        1        D     R     I
I        23      16           15 KNUDTZ.CR/UNGN. 183              BCD        ?   I
I         :       :           72 AHW   S RV**    1008-A           B D            I
I         :       :           73 KUHNE CHRONOLOG  36      175      BCD        ?  I
I        23      17           10 EBELING VERBUM  39-40    1/1      BCD           I
I         :       :              -                44      4/4      BCD           I
I         :       :              -                68     17/2      BCD           I
I        23      18- 25       65 KLENGEL GESCH.1  48       47       D     C     I
```

```
                              C I T A T I O N S
      T E X T E S       ---------------------------------------------
                        DATE,  OUVRAGE, PAGES, NOTES  CARACTERIST.
```

TEXTES			DATE	OUVRAGE	PAGES	NOTES	CARACTERIST.
23	18- 21		73	KUHNE CHRONOLOG	20	85	D
:	:	:		-	23	110	G
:	:	:		-	37	176	D
:	18		09	BOHL SPRACHE	31	200	B D
:	:		77	AHW T RV**	1349-B		B D
23	19		76	ADLER AKKADISCH	170	2	D R
23	20- 23		71	CAD K RV**	17-B		BCD C
:	20- 21		68	CAD 2A RV**	394-B		BCD C
:	20, 21		71	CAD K RV**	366-B		BCD C
:	20		65	AHW K RV**	478-A		G
:	:		66	JUCQUOIS PHONET	132		BCD
23	21		10	EBELING VERBUM	66	16	BCD
:	:			-	68	17/1	BCD
:	:		63	AHW K RV**	416-B		B D
:	:		73	KUHNE CHRONOLOG	30	138	D
:	:			-	30	142	B D R
:	:			-	36	175	G
23	23-			-	136		D
:	23, 24		63	AHW K RV**	416-B		G
:	23		09	BOHL SPRACHE	16	7B	BCD
:	:			-	83	37M	D
23	24- 29		76	ADLER AKKADISCH	173	1	D
:	24- 25		73	KUHNE CHRONOLOG	36	175	D
:	24, 25			-	9	40	D
:	24			-	138		D
23	25		09	BOHL SPRACHE	19	8C	B D
:	:		66	JUCQUOIS PHONET	173		B D
23	27		09	BOHL SPRACHE	39	25H	B D
:	:		73	CAD L RV**	197-A		D
23	28- 29		65	CAD B RV**	189-A		BCD C
:	28		15	KNUDTZ.CR/UNGN.	183		BCD R ?
:	:		73	KUHNE CHRONOLOG	36	175	D
:	:		76	ADLER AKKADISCH	170	3	D
:	:			-	173	1	BCD C
23	29, 32		73	KUHNE CHRONOLOG	136		D
:	29, 30			-	138		D
:	29		71	CAD K RV**	355-A		BCD
:	:		73	KUHNE CHRONOLOG	137		D
23	30		66	JUCQUOIS PHONET	266		B D
:	:		71	CAD K RV**	324-B		B D
23	31- 32		60	CAD IJ RV**	98-A		BCD
:	:	:	73	KUHNE CHRONOLOG	30	136	D
:	31		60	CAD IJ RV**	327-A		B D
23	32		76	ADLER AKKADISCH	173	1	D
23	33- 35		64	HORNUNG UNTERS.	64		D C
:	33- 34		67	REDFORD HISTORY	145		D C
:	33		64	CAMPBELL CHRON.	24		B D C
:	:		64	HORNUNG UNTERS.	72	19	D C
23	34		73	KUHNE CHRONOLOG	38	179	BCD C
23	35		62	KITCHEN SUPPILU	24	1	D C
EA 24							
******							
24			10	RANKE KEILSCHR.	12		B D
:			69	KLENGEL GESCH.2	10	12	D
:			73	KUHNE CHRONOLOG	22	99	G
:				-	32	149	D
:				-	32-33		D
:				-	146	151	D

TEXTES	CITATIONS			CARACTERIST.
	DATE, OUVRAGE, PAGES,	NOTES		
24	73 KUHNE CHRONOLOG 175-A		D	?
:	75 MORAN SYRIAN SC 151		D	
24 1/ 8, 10	73 KUHNE CHRONOLOG 137		D	
24 1/ 9, 10	− 136		D	
: 1/ 9	− 135		D	
: :	− 138	681	D	
24 1/ 14, 15	− 135		D	
24 1/ 45, 46	− 136		D	
: 1/ 45	− 135		D	
24 1/ 47	− 21	92	B D	
24 1/ 52	− 136		D	
24 1/ 57, 59	− 136		D	
24 1/ 60, 61	− 138		D	
24 1/ 62, 72	− 137		D	
: 1/ 62	− 27	120	D	
24 1/ 65- 73	− 28	123	D	
24 1/ 72- 73	− 33	151	D	
24 1/ 76	10 RANKE KEILSCHR. 7		B D	
24 1/ 77	73 KUHNE CHRONOLOG 136		D	
24 1/ 81	− 138		D	
24 1/ 83	− 136		D	
24 1/ 84, 93	− 136		D	
: 1/ 84	10 RANKE KEILSCHR. 15		B D R	
24 1/ 93, 97	73 KUHNE CHRONOLOG 138		D	
: 1/ 93	− 135		D	
24 1/ 101,109	− 136		D	
: 1/ 101	10 RANKE KEILSCHR. 7		B D	
24 1/ 102-	71 HELCK BEZIEHUNG 382		D	C
24 1/ 113	73 KUHNE CHRONOLOG 138		D	
24 2/ 1	10 RANKE KEILSCHR. 14		B D	
24 2/ 5	73 KUHNE CHRONOLOG 136		D	
24 2/ 7	− 138		D	
24 2/ 8	− 47	216	B D	
24 2/ 10	− 138		D	
24 2/ 15	77 CAD 1M RV** 32-A		D	C
24 2/ 18	73 KUHNE CHRONOLOG 135		D	
24 2/ 26	− 136		D	
24 2/ 52, 59	− 138		D	
24 2/ 54	77 CAD 1M RV** 32-A		D	C
24 2/ 59	73 KUHNE CHRONOLOG 135		D	
24 2/ 65	10 RANKE KEILSCHR. 7		B D	
24 2/ 77	− 7		B D	
24 2/ 79	73 KUHNE CHRONOLOG 136		D	
: :	− 138		D	
24 2/ 87- 89	− 135		D	
24 2/ 91	− 136		D	
24 2/ 114	− 138		D	
24 3/ 1- 2	− 33	151	BCD R	
24 3/ 4	− 136		D	
: :	− 138		D	
24 3/ 11- 13	− 33	151	BCD R	
24 3/ 17- 18	− 33	151	D	
24 3/ 21- 43	− 35	165	D	
24 3/ 24- 25	− 33	151	D	
24 3/ 26-	− 33	151	D	?
24 3/ 27- 65	− 36	174	D	
24 3/ 35- 43	− 33	151	D	
: 3/ 35, 36	− 21	94	D	
24 3/ 41-	65 KLENGEL GESCH.1 48	46	D	

```
I
I         T E X T E S                   C I T A T I O N S                    I
I                                 -------------------------------------------  I
I                                 DATE,  OUVRAGE, PAGES, NOTES  CARACTERIST.  I
I         ----------------------                             -------------  I
I        24   3/  52- 59      73 KUHNE CHRONOLOG  20        85      D            I
I         :   3/  52- 53      64 HORNUNG UNTERS.  63               D            I
I         :   3/  52-         65 KLENGEL GESCH.1  47        45      D            I
I        24   3/  58- 59      64 HORNUNG UNTERS.  63               D            I
I         :   3/  58          77 CAD 1M RV**      32-A             D      C      I
I        24   3/  62-         73 KUHNE CHRONOLOG  30       141      D            I
I        24   3/  71- 74         -               29       129      D            I
I        24   3/  87- 88         -               33       151      D            I
I        24   3/  88             -               29       129      D            I
I        24   3/  89-107         -               38       181      D            I
I         :   3/  89-            -               30       141      D            I
I        24   3/  98             -               30       136      D            I
I         :   3/  :              -               37       177      D            I
I        24   3/ 101          65 AHW   K RV**     466-A            D            I
I        24   3/ 102-107      73 KUHNE CHRONOLOG  33       151      D            I
I        24   3/ 103,107         -               17        77    B D      C      I
I        24   3/ 104,106         -               18        79    B D            I
I        24   3/ 108-            -               20        87      D            I
I         :   4/  :   :          -               33       151      D            I
I        24   4/  20          71 HELCK BEZIEHUNG 423               D            I
I        24   4/  30- 33      73 KUHNE CHRONOLOG  28       123      D            I
I        24   4/  36- 37         -               47       214      D            I
I        24   4/  37             -              136               D            I
I        24   4/  40- 44         -               33       151      D            I
I        24   4/  45- 50         -               30       138      D            I
I         :   4/  45- 46         -               28       127      D            I
I        24   4/  46- 50         -               35       165      D            I
I        24   4/  51- 57         -               33       151      D            I
I        24   4/  58-            -               33       151      D            I
I        24   4/  61          60 CAD IJ RV**     233-B            D            I
I        24   4/  68          73 KUHNE CHRONOLOG 138               D            I
I        24   4/  95             -               88       442    B D            I
I        24   4/ 118          10 RANKE KEILSCHR.   7             B D            I
I        24   4/ 121-122      73 KUHNE CHRONOLOG  29       128      D            I
I        24   4/ 127             -               17        77    B D      C      I
I         :   :    :             -               19        82      D            I
I        24   4/ 128             -               18        79    B D            I
I                                                                              I
I EA  25                                                                       I
I ******                                                                       I
I        25- 29               62 KITCHEN SUPPILU  41               D            I
I        25                   56 CAD   H RV**     226-227          D            I
I         :                   71 HELCK BEZIEHUNG 378               D            I
I         :                      -              381               D            I
I         :                      -              383,384           D            I
I         :                      -              387               D            I
I         :                      -              388       107      D            I
I         :                   72 AHW   R RV**     974-B            D            I
I         :                   73 KUHNE CHRONOLOG   4        15      D            I
I         :                      -               32       146      D            I
I         :                      -               35       162      D            I
I         :                      -               35-36            D            I
I         :                      -              175-A             D            I
I         :                   75 MORAN SYRIAN SC 147     N.33      D            I
I         :                   76 ADLER AKKADISCH 174-205          BC            I
I        25   1/  10, 12      77 AHW   T RV**     1349-A          BCD      R C    I
I        25   1/  14, 16                          1349-A          BCD      R C    I
I        25   1/  16- 20      56 CAD   H RV**     227-A            D            I
I         :    :    :   :     71 HELCK BEZIEHUNG 423             B D      EC     I
```

TEXTES	CITATIONS				CARACTERIST.
	DATE,	OUVRAGE,	PAGES,	NOTES	
25 1/ 16, 17	62 AHW	G RV**	296-A		B D
: 1/ 16	56 CAD	G RV**	122-B		BCD
25 1/ 17, 20	68 CAD	2A RV**	145-A		BCD
: 1/ 17, 19	56 CAD	G RV**	122-B		D
: 1/ 17, 18	77 AHW	T RV**	1349-A		BCD R C
25 1/ 19, 21	62 AHW	G RV**	296-A		B D
25 1/ 20	76 AHW	>S RV**	1164-B		B D ?
: :	77 AHW	T RV**	1349-A		BCD R C
25 1/ 21	56 CAD	G RV**	122-B		D
25 1/ 22- 32	71 HELCK	BEZIEHUNG	424		D
: 1/ 22, 26	73 KUHNE	CHRONOLOG	136		D
: 1/ 22	59 CAD	D RV**	169-B		B D
25 1/ 23- 32	-		169-B		D
25 1/ 27	-		79-A		D
: :	69 AHW	P RV**	855-A		B D ?
: :	73 KUHNE	CHRONOLOG	138		D
25 1/ 28, 29	56 CAD	H RV**	227-A		D
25 1/ 29, 30	73 KUHNE	CHRONOLOG	136		D
25 1/ 33- 59	77 CAD	1M RV**	211-B		D C
: 1/ 33- 37	71 HELCK	BEZIEHUNG	424		D
: 1/ 33, 35	59 AHW	B RV**	125-B		B D
: : :	66 AHW	M RV**	642-A		B D ?
: : :	73 KUHNE	CHRONOLOG	136		D
: : :	-		138		D
: 1/ 33	56 CAD	H RV**	227-A		D
: :	65 CAD	B RV**	225-B		BCD
: :	77 CAD	2M RV**	62-A		B D
25 1/ 35	65 CAD	B RV**	225-B		B D
: :	77 CAD	2M RV**	62-A		B D R
25 1/ 36	56 CAD	H RV**	194-A		B D
25 1/ 37	62 AHW	H RV**	344-B		B D
: :	77 CAD	2M RV**	62-A		B D R
25 1/ 38- 39	73 KUHNE	CHRONOLOG	135		D
: 1/ 38, 39	77 CAD	1M RV**	212-A		BCD R
: 1/ 38	77 CAD	2M RV**	99-A		BCD
25 1/ 40	56 CAD	H RV**	227-A		D
: :	71 CAD	K RV**	20-A		G ?
25 1/ 41- 53	71 HELCK	BEZIEHUNG	425		D C
: 1/ 41-	73 KUHNE	CHRONOLOG	136		D
: 1/ 41	71 CAD	K RV**	20-A		B D R ?
25 1/ 43-	77 CAD	1M RV**	211-212		BCD
25 1/ 47- 48	71 HELCK	BEZIEHUNG	393	147	B D
25 1/ 51	72 AHW	S RV**	1023-A		G
25 1/ 52	66 AHW	M RV**	611-B		B D
: :	71 HELCK	BEZIEHUNG	393	147	D
: :	73 KUHNE	CHRONOLOG	138		D
25 1/ 54	62 CAD	'S RV**	257-B		BCD
: :	74 AHW	'S RV**	1114-B		G
25 1/ 55- 64	71 HELCK	BEZIEHUNG	425		D C
: 1/ 55, 59	56 CAD	H RV**	227-A		D
: 1/ 55, 57	71 CAD	K RV**	20-A		G ?
25 1/ 61, 63	56 CAD	H RV**	227-A		D
: 1/ 61, 62	71 CAD	K RV**	111-B		B D EC
: : :	73 KUHNE	CHRONOLOG	135		D
25 1/ 65	71 HELCK	BEZIEHUNG	393	147	B D
25 1/ 69	-		426		BCD R
25 1/ 71, 72	-		394	163	CD C ?
25 1/ 72	56 CAD	G RV**	123-B		D
: :	73 KUHNE	CHRONOLOG	138		D

```
I                                        C I T A T I O N S              I
I       T E X T E S              ------------------------------------   I
I                               DATE, OUVRAGE, PAGES, NOTES CARACTERIST. I
I       --------------------    ------------------------------  ----------- I
I       25  1/  72             74 AHW  >S RV**    1134-B        B D         I
I       25  2/  1,  5          73 KUHNE CHRONOLOG 135              D         I
I        :  2/  1             59 AHW   A RV**      81-A         B D         I
I        :      :             62 CAD  'S RV**      43-B         B D         I
I        :      :             68 CAD  2A RV**     444-B         BCD    R    I
I        :      :             71 HELCK BEZIEHUNG 394      163   B D       ? I
I        :      :             73 KUHNE CHRONOLOG 138              D         I
I        :      :             74 AHW  'S RV**    1071-B         B D         I
I       25  2/  4             65 AHW   L RV**     564-B         BCD         I
I        :      :             67 SYL. 2 RV**      24       131  B D     C   I
I        :      :             69 AHW   N RV**     805-A            D         I
I        :      :             71 HELCK BEZIEHUNG 393      147  B D         I
I        :      :                 -              393      147  B D    R    I
I        :      :             72 AHW   S RV**    1023-A            G         I
I        :      :             74 RAINEY EA NOTES 307           B D    R    I
I       25  2/  5- 11         71 HELCK BEZIEHUNG 426              D     C ? I
I        :  2/  5             56 CAD   H RV**     174-B         BCD         I
I        :      :             60 CAD  IJ RV**     331-B         B D       ? I
I        :      :             62 AHW   H RV**     341-A         B D         I
I        :      :             66 JUCQUOIS PHONET 245           B D         I
I        :      :             73 KUHNE CHRONOLOG   8       35     D         I
I       25  2/  6,  8              -              135              D         I
I        :  2/  6             56 CAD   H RV**     227-A            D         I
I        :      :             72 AHW   R RV**     958-A            G         I
I       25  2/  7, 11         73 KUHNE CHRONOLOG 136              D         I
I        :  2/  7,  9         59 CAD   D RV**      79-A            D         I
I        :      :    :        77 CAD  2M RV**      99-A         B D         I
I       25  2/  10, 17        73 KUHNE CHRONOLOG 136              D         I
I        :  2/  10            65 CAD   B RV**     225-B         BCD    R    I
I       25  2/  12            56 CAD   H RV**     194-A         BCD         I
I        :      :             62 AHW   H RV**     344-B         B D         I
I       25  2/  13- 17        71 HELCK BEZIEHUNG 424            CD     C    I
I        :  2/  13- 15        68 CAD  2A RV**     205-A         BCD    C    I
I        :  2/  13, 16        71 HELCK BEZIEHUNG 393      147  BCD         I
I        :      :    :        77 CAD  2M RV**     280-B         B D         I
I        :  2/  13, 15        59 AHW   A RV**      62-B         B D         I
I        :      :    :        62 CAD  'S RV**     258-A         B D    EC   I
I        :      :    :        74 AHW  'S RV**    1114-B            D         I
I        :      :    :        74 RAINEY EA NOTES 300           B D         I
I       25  2/  15            70 RAINEY TABLETS   79           B D         I
I        :      :             71 HELCK BEZIEHUNG 393      147  BCD       ? I
I       25  2/  17            59 AHW   B RV**     125-B         B D         I
I        :      :             65 CAD   B RV**     225-B         B D         I
I       25  2/  18- 20        71 AHW   Q RV**     908-B         B D         I
I        :  2/  18, 19        09 BOHL SPRACHE      11       4H  B D         I
I        :      :    :        71 HELCK BEZIEHUNG 424            BCD         I
I        :  2/  18            56 CAD   H RV**     227-A            D         I
I       25  2/  19            67 AHW   M RV**     683-B         B D         I
I        :      :             71 HELCK BEZIEHUNG 393      147  BCD         I
I        :      :             77 CAD  2M RV**     280-A         B D         I
I       25  2/  20            71 HELCK BEZIEHUNG 426            BCD         I
I        :      :             73 KUHNE CHRONOLOG 138              D         I
I       25  2/  21- 23        71 HELCK BEZIEHUNG 422              D         I
I        :  2/  21, 22        76 ADLER AKKADISCH 184        1  B D         I
I        :  2/  21            56 CAD   H RV**     186-A         BCD         I
I        :      :             62 AHW   H RV**     345-A         B D         I
I       25  2/  22            58 CAD   E RV**     367-A         BCD       ? I
I        :      :             60 AHW   E RV**     257-A         B D       ? I
I        :      :             71 HELCK BEZIEHUNG 391      126  B D       ? I
```

```
I ------------------------------------------------------------------- I
I                                 C I T A T I O N S                    I
I        T E X T E S         --------------------------------------    I
I                            DATE,  OUVRAGE,  PAGES,  NOTES  CARACTERIST.  I
I        -------------       --------------------------------------    I
I        25   2/   22        71 HELCK  BEZIEHUNG 393        147  B D        I
I        :         :         73 KUHNE  CHRONOLOG 138             D         I
I        25   2/   23        76 ADLER  AKKADISCH 184        1   B D        I
I        25   2/   24-  28   71 HELCK  BEZIEHUNG 424            D      C   I
I        25   2/   26-  27   77 CAD  2M RV**        36-A       BCD    R C  I
I        :    2/   26        66 AHW    M RV**       648-A       B D        I
I        :         :         76 ADLER  AKKADISCH 184        2    D         I
I        25   2/   28        72 AHW    R RV**       958-A       B D        I
I        25   2/   29-  31   71 HELCK  BEZIEHUNG 426           BCD     C ? I
I        :    2/   29        56 CAD    G RV**       123-B       BCD        I
I        :         :         67 SYL. 2 RV**         60     302  B D    C   I
I        :         :         70 RAINEY  TABLETS   79           B D        I
I        25   2/   30-  31   71 CAD    K RV**        20-B       BCD     C ? I
I        :    2/   30        15 KNUDTZON EL-AM    997          BCD    R    I
I        :         :         -                 1001/34 200H A         C   I
I        :         :         69 AHW    P RV**       854-B       B D        I
I        :         :         71 HELCK  BEZIEHUNG 393        147  BCD        I
I        :         :         -                    393        147  B D        I
I        25   2/   31-  33   -                    424            D      C   I
I        :    2/   31        56 CAD    H RV**       194-A       BCD        I
I        :         :         -                    227-A           D        I
I        :         :         62 AHW    H RV**       344-B       B D        I
I        25   2/   32-  35   71 HELCK  BEZIEHUNG 425            D         I
I        :    2/   32        65 AHW    K RV**       484-B       B D      ? I
I        :         :         66 JUCQUOIS PHONET  125           BCD      ? I
I        :         :         71 CAD    K RV**       407-A       BCD        I
I        :         :         -                    407-B           D        I
I        :         :         73 KUHNE  CHRONOLOG 138             D         I
I        :         :         74 RAINEY EA NOTES  304           B D        I
I        25   2/   33        71 CAD    K RV**       407-A       B D        I
I        25   2/   34-  35   56 CAD    H RV**       121-A           D        I
I        :    2/   34, 35    62 AHW    H RV**       329-A       B D        I
I        :    2/   34        56 CAD    H RV**       121-A       BCD        I
I        :         :         73 KUHNE  CHRONOLOG 138             D         I
I        25   2/   35        71 HELCK  BEZIEHUNG 394        162  B D        I
I        25   2/   36        15 KNUDTZ.CR/MEIS 1517          B D    R C ? I
I        :         :         69 AHW    P RV**       827-B       B D        I
I        25   2/   37        56 CAD    H RV**       266-A       B D        I
I        :         :         60 CAD   IJ RV**       331-B       B D    R    ? I
I        :         :         62 AHW    H RV**       363-A       B          I
I        :         :         65 AHW    K RV**       487-B       B D        I
I        :         :         66 JUCQUOIS PHONET  245           B D        I
I        :         :         71 CAD    K RV**       479-B       B D    R    I
I        :         :         73 KUHNE  CHRONOLOG   8        35    D         I
I        25   2/   38        56 CAD    H RV**       121-A       BCD    R    I
I        :         :         62 AHW    H RV**       329-A       B D        I
I        :         :         66 AHW    M RV**       642-A           D      ? I
I        :         :         69 AHW    N RV**       805-A           D        I
I        :         :         70 RAINEY  TABLETS   79           B D        I
I        :         :         71 HELCK  BEZIEHUNG 424            D     EC   I
I        :         :         -                    425            D         I
I        :         :         74 RAINEY EA NOTES  307           B D        I
I        :         :         77 CAD  2M RV**        62-A       B D    R    I
I        25   2/   40        73 KUHNE  CHRONOLOG  35       165    D         I
I        25   2/   41-  42   71 HELCK  BEZIEHUNG 427           BCD     C   I
I        :    2/   41        56 CAD    G RV**       133-A       BCD      ? I
I        :         :         65 AHW    K RV**       499-B       BCD    R    I
I        :         :         71 CAD    K RV**       307-A         C      C   I
I        :         :         -                    494-B           D        I
```

TEXTES			DATE	OUVRAGE	PAGES	NOTES	CARACTERIST.
25	2/	41	72	AHW S RV**	1054-B		B D
25	2/	42	65	AHW K RV**	466-A		B
:	:	:	71	CAD K RV**	307-A		B D
25	2/	43- 52	71	HELCK BEZIEHUNG	412		D C
:	2/	43- 51	71	AHW P RV**	869-A		D ?
:	2/	43, 45	74	AHW >S RV**	1141-B		B D C
:	2/	43	71	HELCK BEZIEHUNG	393	147	BCD
:	:	:		-	412		BCD
25	2/	44- 45		-	393	147	CD
:	2/	44	56	CAD G RV**	105-A		BCD R
:	:	:	62	CAD 'S RV**	82-B		BCD
25	2/	45	56	CAD G RV**	105-A		BCD
25	2/	47, 49	74	AHW >S RV**	1141-B		B D C
:	2/	47	59	AHW A RV**	4-B		B D
:	:	:	64	CAD 1A RV**	39-A		BCD
:	:	:	71	HELCK BEZIEHUNG	393	147	BCD
25	2/	49- 50	56	CAD G RV**	105-A		BCD R C
:	2/	49	66	AHW M RV**	611-A		B D
:	:	:	69	AHW N RV**	790-A		BCD
:	:	:	71	HELCK BEZIEHUNG	393	147	B D
:	:	:	77	CAD 1M RV**	279-B		B D
25	2/	50	71	HELCK BEZIEHUNG	393	147	CD
25	2/	51, 58	74	AHW >S RV**	1141-B		B D C
:	2/	51, 52	76	ADLER AKKADISCH	188	1	D
:	2/	51	59	AHW A RV**	8-B		B D
:	:	:	64	CAD 1A RV**	79-B		BCD R
:	:	:	74	RAINEY EA NOTES	300		B D
25	2/	53	69	AHW N RV**	777-B		D
:	:	:	71	HELCK BEZIEHUNG	409		BCD R
25	2/	54, 57	76	ADLER AKKADISCH	188	1	D R
:	2/	54	71	HELCK BEZIEHUNG	409		D ?
25	2/	56- 59		-	411		D C
:	2/	56, 58	59	AHW A RV**	90-A		B D
:	:	:	62	CAD 'S RV**	82-B		BCD
:	:	:	67	AHW N RV**	726-A		G
:	:	:	68	CAD 2A RV**	48-A		D
:	2/	56	71	HELCK BEZIEHUNG	394	162	B D
25	2/	57, 59	73	KUHNE CHRONOLOG	28	126	D
:	2/	57	64	CAD 1A RV**	180-A		D
25	2/	60, 62	65	AHW K RV**	507-A		B D
:		:	71	HELCK BEZIEHUNG	427		B D ?
:	2/	60	60	CAD IJ RV**	238-B		BCD
:	:	:	71	CAD K RV**	539-B		BCD
25	2/	61	73	KUHNE CHRONOLOG	138		D
:	:	:	76	ADLER AKKADISCH	188	2	D
25	2/	62	71	CAD K RV**	539-B		B D
:	:	:	73	KUHNE CHRONOLOG	136		D
:	:	:	77	CAD 2M RV**	291-A		B D R
25	2/	63- 73	71	HELCK BEZIEHUNG	427		D C
:	2/	63, 64	65	AHW L RV**	550-A		B D
:	:	:	73	CAD L RV**	167-B		BCD
25	2/	65- 73	77	CAD 2M RV**	291-A		B D
:	2/	65-	73	KUHNE CHRONOLOG	136		D
25	3/	4	60	CAD IJ RV**	239-A		B D
25	3/	13	74	RAINEY EA NOTES	304		B D
25	3/	15	59	AHW A RV**	51-A		B D
:	:	:	68	CAD 2A RV**	118-B		B D
25	3/	16- 22	71	HELCK BEZIEHUNG	427		D C
:	3/	16, 18	67	AHW M RV**	681-A		B D

```
I                                 C I T A T I O N S                        I
I      T E X T E S      ------------------------------------------------   I
I                       DATE,  OUVRAGE, PAGES, NOTES  CARACTERIST.         I
I      ---------------- --------------------------------------------       I
I      25  3/  16       77 CAD 2M RV**      257-A        B D   R           I
I      25  3/  17       71 HELCK BEZIEHUNG 393     147   CD                I
I      25  3/  18                           394     162  B D   R           I
I       :      :        77 CAD 2M RV**      257-A        BCD   R           I
I      25  3/  20, 22   67 AHW  M RV**      681-A        B D               I
I       :      :   :    77 CAD 2M RV**      257-A        B D   R           I
I      25  3/  22       73 KUHNE CHRONOLOG 136            D                I
I      25  3/  27- 32   71 HELCK BEZIEHUNG 394     163    D            ? I
I       :   3/  27, 29  59 AHW  A RV**       81-A        B D               I
I       :      :   :    68 CAD 2A RV**      444-B        B D   R           I
I       :   3/  27      73 KUHNE CHRONOLOG  35     164    D                I
I      25  3/  28       71 HELCK BEZIEHUNG 391     126    D                I
I      25  3/  29       73 KUHNE CHRONOLOG 138            D                I
I      25  3/  32       59 AHW  A RV**       81-A        B D               I
I       :      :        68 CAD 2A RV**      444-B        B D   R           I
I      25  3/  33-      71 AHW  Q RV**      904-A            G             I
I       :   3/  33      60 CAD IJ RV**      129-B        BCD               I
I       :      :        71 HELCK BEZIEHUNG 394     163   CD           ? I
I       :      :                            394     164    D          ? I
I      25  3/  34       56 CAD  G RV**      123-B         D                I
I      25  3/  39, 41   71 HELCK BEZIEHUNG 394     162  B D               I
I      25  3/  40       73 KUHNE CHRONOLOG 136            D                I
I      25  3/  41       70 RAINEY TABLETS   79          B D               I
I      25  3/  42- 51   71 HELCK BEZIEHUNG 394     163    D      C         I
I      25  3/  44       64 CAD 1A RV**      335-A        BCD               I
I      25  3/  45       56 CAD  G RV**      105-A         D                I
I       :              71 HELCK BEZIEHUNG 393     147   CD                I
I      25  3/  46, 47                       394     164  BCD          ? I
I      25  3/  49       59 AHW  A RV**       23-B        B D          ? I
I       :      :        64 CAD 1A RV**      231-B        BCD               I
I       :      :        71 HELCK BEZIEHUNG 394     163  BCD      C ? I
I       :      :        74 RAINEY EA NOTES 300          B D               I
I      25  3/  51       73 KUHNE CHRONOLOG   6     34E    D                I
I      25  3/  52- 54   71 HELCK BEZIEHUNG 412            D      C         I
I       :   3/  52, 53  56 CAD  G RV**      123-B        BCD     C         I
I       :   3/  52      61 CAD  Z RV**      156-A        B D               I
I       :      :        63 AHW  K RV**      461-A        B D               I
I       :      :        71 CAD  K RV**      280-B        BCD               I
I      25  3/  53       69 AHW  P RV**      832-B        B D               I
I      25  3/  54       56 CAD  G RV**      123-B         D                I
I       :      :        56 CAD  H RV**      227-A         D                I
I       :      :        67 SYL. 2 RV**       53      273 B D      C         I
I       :      :        71 HELCK BEZIEHUNG 393     147  B D               I
I      25  3/  55- 61   73 KUHNE CHRONOLOG  35     165    D                I
I       :   3/  55, 59  68 CAD 2A RV**      145-A            G             I
I       :      :   :    77 AHW  T RV**     1349-A        B D      C         I
I       :   3/  55, 56  73 KUHNE CHRONOLOG 138            D                I
I       :   3/  55      63 AHW  K RV**      444-A        B D               I
I       :      :        71 CAD  K RV**      184-A        BCD               I
I       :      :        71 HELCK BEZIEHUNG 426          B D   R           I
I      25  3/  56- 57                       424          B D      C         I
I       :      :   :    77 CAD 2M RV**       62-A        B D      C         I
I       :   3/  56, 64  71 HELCK BEZIEHUNG 424            D                I
I       :   3/  56, 60  56 CAD  H RV**      227-A         D                I
I       :      :        66 AHW  M RV**      642-A         D           ? I
I       :   3/  56, 59  56 CAD  G RV**      122-B         D                I
I       :      :        62 AHW  G RV**      296-A        B D               I
I      25  3/  57, 61   69 AHW  P RV**      818-A        B D          ? I
I       :   3/  57, 60  71 HELCK BEZIEHUNG 426            D                I
```

```
I                              C I T A T I O N S
I     T E X T E S       ---------------------------------------------
I                       DATE,  OUVRAGE, PAGES, NOTES  CARACTERIST.
I    -------------------  ----------------------------  -----------
I     25  3/  57          76 AHW >S RV**    1164-B        B D      ?
I      :       :          77 CAD 1M RV**     212-A        BCD   R  ?
I     25  3/  58- 63      71 HELCK BEZIEHUNG 425           D
I      :   3/  58         73 KUHNE CHRONOLOG  36      168  BCD   R  ?
I      :       :          77 AHW  T RV**    1330-A        B D
I     25  3/  60          71 HELCK BEZIEHUNG 424           B D
I      :       :          76 AHW >S RV**    1202-A        B D      ?
I      :       :          77 CAD 2M RV**      62-A        B D
I     25  3/  61          10 EBELING VERBUM   62       13  B D   EC ?
I     25  3/  62          73 KUHNE CHRONOLOG  36      169   D
I      :       :          77 AHW  T RV**    1330-A        B D      ?
I     25  3/  63, 67      70 RAINEY TABLETS   79           B D
I      :   :    :         73 KUHNE CHRONOLOG  36      172   D
I      :   :    :         74 AHW 'S RV**    1089-B        B D
I      :   3/  63, 65     73 KUHNE CHRONOLOG 138           D
I      :   3/  63         62 CAD 'S RV**     183-A        BCD
I      :       :          73 KUHNE CHRONOLOG  35      162   D
I      :       :          -                  36      170  B D   R
I     25  3/  64- 65      59 CAD  D RV**     169-B        BCD   R C
I      :   3/  64         -                 170-A         D
I      :       :          68 CAD 2A RV**      48-A        BCD
I     25  3/  65          -                  48-A        B D
I      :       :          73 CAD  L RV**     197-B        B D
I      :       :          73 KUHNE CHRONOLOG  34      157   D
I      :       :          -                  36      173  CD
I      :       :          77 CAD 2M RV**     194-A        BCD
I     25  3/  66          68 CAD 2A RV**     145-A              G
I      :       :          73 KUHNE CHRONOLOG  36      171   D
I      :       :          77 AHW  T RV**    1349-A        B D      C
I     25  3/  67          62 CAD 'S RV**     183-A         D
I      :       :          71 HELCK BEZIEHUNG 425           D
I     25  3/  68- 69      -                 413           D      C ?
I      :   3/  68, 69     62 CAD 'S RV**      84-A        BCD
I      :   :    :         65 AHW  K RV**     467-A        B D      ?
I      :   :    :         74 AHW 'S RV**    1079-A              G
I      :   :    :         74 RAINEY EA NOTES 304          B D
I      :   3/  68         71 CAD  K RV**     310-B        BCD      ?
I     25  3/  69          -                 310-B        B D
I     25  3/  70- 72      71 AHW  P RV**     863-A         D
I      :   3/  70         71 HELCK BEZIEHUNG 413          BCD   R  ?
I     25  3/  71          56 CAD  G RV**     105-A         D
I      :       :          71 HELCK BEZIEHUNG 393      147  CD
I     25  3/  72          -                 393      147  B D
I     25  3/  73          59 AHW  A RV**      61-A        B D   R
I      :       :          68 CAD 2A RV**     193-B        BCD      C
I      :       :          71 HELCK BEZIEHUNG 413          B D
I     25  3/  75          73 KUHNE CHRONOLOG 136           D
I     25  3/  76          71 CAD  K RV**     254-B        B D
I     25  4/   1          59 CAD  D RV**     201-A        B D
I      :       :          60 AHW  D RV**     179-B        B D
I      :       :          71 HELCK BEZIEHUNG 393      147  BCD
I     25  4/   3          77 AHW >S RV**    1258-A        B D
I     25  4/   4          59 AHW  A RV**       8-B        B D
I      :       :          64 CAD 1A RV**      79-B        B D
I      :       :          71 HELCK BEZIEHUNG 413          B D   R  ?
I      :       :          74 RAINEY EA NOTES 300          B D
I     25  4/   6          71 HELCK BEZIEHUNG 409           D
I      :       :          -                 410           D
I     25  4/  14- 31      64 CAD 1A RV**     373-A         D
```

```
I                                    C I T A T I O N S                     I
I          T E X T E S        -------------------------------------------- I
I                             DATE,  OUVRAGE, PAGES, NOTES  CARACTERIST.  I
I        ---------------------  ----------------------------  ----------- I
I       25  4/  14, 15      15 KNUDTZON EL-AM 1001/35 216A A         C    I
I       25  4/  18, 21      59 AHW    A  RV**       40-B         B         I
I        :  4/  18                    -             39-A         B D       I
I        :       :          64 CAD  1A  RV**       373          B D   R    I
I        :       :          68 CAD  2A  RV**        4-A         BCD   R    I
I        :       :          71 HELCK BEZIEHUNG 394        162   B D   R    I
I        :       :                    -             413        B D   R   ? I
I       25  4/  21          64 CAD  1A  RV**       373-B            D      I
I        :       :          68 CAD  2A  RV**        4-A         BCD        I
I       25  4/  23, 25      71 HELCK BEZIEHUNG 377         51   B D   R    I
I       25  4/  25          65 AHW    K  RV**      484-B         B D       I
I       25  4/  27          64 CAD  1A  RV**       373-A            D      I
I       25  4/  28, 29      59 AHW    A  RV**       39-A         B D       I
I        :  4/  28          64 CAD  1A  RV**       373-A         B D   R    I
I        :       :          71 HELCK BEZIEHUNG 394        162   B D   R    I
I       25  4/  29, 30      64 CAD  1A  RV**       373              D      I
I       25  4/  30          58 CAD    E  RV**       75-B         BCD        I
I        :       :          59 AHW    A  RV**       39-A         B D       I
I        :       :          60 AHW    E  RV**      196-B         B D       I
I        :       :          73 KUHNE CHRONOLOG 137                 D      I
I       25  4/  31          71 HELCK BEZIEHUNG 413              B D   R   ? I
I       25  4/  38          15 KNUDTZON EL-AM  997                  G      I
I        :       :          65 AHW    L  RV**      557-A            D     ? I
I        :       :          73 CAD    L  RV**      219-A         B D       I
I       25  4/  40- 50      71 HELCK BEZIEHUNG 415                 D     ? I
I        :  4/  40          56 CAD    H  RV**      167-A         B D   R   ? I
I        :       :          62 AHW    H  RV**      339-B         B         I
I        :       :          74 RAINEY EA NOTES 303            B D   R   ? I
I       25  4/  41          60 CAD  IJ  RV**       293-A         B D     ? I
I        :       :          63 AHW    I  RV**      403-A         B D       I
I       25  4/  42          56 CAD    H  RV**      262-A         B D       I
I        :       :          62 AHW    H  RV**      361-B            D      I
I       25  4/  44          15 KNUDTZON EL-AM 1001/36 218H A         C    I
I       25  4/  45-         60 CAD  IJ  RV**        46-B         G         I
I        :  4/  45, 47      15 KNUDTZON EL-AM 1001/39 219K A         C    I
I        :       :   :      62 AHW    I  RV**      367-B         G         I
I        :  4/  45          66 JUCQUOIS PHONET 188           B D       I
I       25  4/  46, 50      15 KNUDTZON EL-AM 1001/37 218K A         C    I
I        :  4/  46                    -        1001/38 219K A         C    I
I        :       :          77 AHW  >S  RV**      1289-A         B D     ? I
I       25  4/  47          68 CAD  2A  RV**        48-A         B D       I
I       25  4/  48          15 KNUDTZON EL-AM 1001/40 219O A         C    I
I        :       :          71 CAD    K  RV**      307-A         B D     ? I
I       25  4/  49, 50      60 CAD  IJ  RV**        90-B            D      I
I        :  4/  49          68 CAD  2A  RV**       284-B         BCD        I
I       25  4/  50          60 CAD  IJ  RV**        46-B            D      I
I        :       :          62 AHW    I  RV**      367-B         G         I
I        :       :          65 CAD    B  RV**      311-A         BCD   R   ? I
I       25  4/  51- 55      71 HELCK BEZIEHUNG 399                 D     C I
I        :  4/  51          15 KNUDTZON EL-AM 1001/41 220O A         C    I
I        :       :          65 CAD    B  RV**       64-A            D      I
I        :       :          67 AHW    M  RV**      676-A         B D       I
I        :       :          77 CAD  2M  RV**       221-B         BCD        I
I       25  4/  52, 54      73 KUHNE CHRONOLOG 138                 D      I
I       25  4/  53          68 CAD  2A  RV**       343-B         BCD        I
I        :       :          69 AHW    P  RV**      855-B         G         I
I        :       :          71 AHW    P  RV**      881-A         B D     ? I
I       25  4/  54          59 AHW    A  RV**       76-A         G         I
I        :       :          68 CAD  2A  RV**       343-B            D      I
```

```
I                                    C I T A T I O N S                  I
I      T E X T E S        ----------------------------------------------  I
I                         DATE,   OUVRAGE,  PAGES,  NOTES   CARACTERIST.  I
I      -----------------                                                  I
I      25   4/   55       71 CAD   K RV**      409-A        BCD   R      I
I       :        :        73 KUHNE CHRONOLOG 136             D           I
I       :        :        76 ADLER AKKADISCH 130        4   B D   R      I
I       :        :        77 CAD  1M RV**      176-B        B D          I
I      25   4/   56       59 AHW   D RV**      174-B        B D          I
I       :        :        59 CAD   D RV**      170-A        B D          I
I       :        :        71 HELCK BEZIEHUNG 408             D           I
I      25   4/   57       67 AHW   N RV**      727-A              G      I
I       :        :        70 RAINEY TABLETS    79          B D          I
I       :        :        71 HELCK BEZIEHUNG 409           B D          I
I       :        :        76 ADLER AKKADISCH 130        3  B D          I
I      25   4/   60       15 KNUDTZON EL-AM 1001/42 221I A          C   I
I      25   4/   61       59 AHW   A RV**       51-A        B D          I
I       :        :        63 AHW   I RV**      393-A        B D          I
I       :        :        68 CAD  2A RV**      118-B        B D          I
I       :        :        71 HELCK BEZIEHUNG 412           BCD          I
I      25   4/   63- 64   58 CAD   E RV**       75-B        B D   R      I
I       :    :       :    71 HELCK BEZIEHUNG 427           B D   R   ?  I
I       :   4/   63, 64   60 AHW   E RV**      196-B        B D          I
I       :   4/   63       71 HELCK BEZIEHUNG 377        51 B D   R   ?  I
I       :        :        72 AHW   S RV**     1064-A        B D   R      I
I      25   4/   64       15 KNUDTZON EL-AM 1001/43 221L A          C   I
I       :        :        68 CAD  2A RV**       48-A        B D          I
I       :        :        -                     54-B        B D          I
I       :        :        73 KUHNE CHRONOLOG  36       174   D           I
I       :        :        77 CAD  2M RV**      194-A        D            I
I      25   4/   65       15 KNUDTZON EL-AM 1586             D     C ?  I
I       :        :        -                   1587         BCD   R      I
I       :        :        73 KUHNE CHRONOLOG  34       157   D           I
I       :        :        -                     34       158   D        I
I       :        :        -                     34       159   D        I
I       :        :        -                     35       164 BCD   R C  I
I       :        :        76 ADLER AKKADISCH 204        1   D           I
I       :        :        77 CAD  2M RV**      194-A        BCD          I
I      25   4/   66       73 KUHNE CHRONOLOG  17        77  B D     C   I
I       :        :        -                   139             D         I
I                                                                       I
I EA   26                                                               I
I ******                                                                I
I      26- 29             64 CAMPBELL CHRON.  134        28  D          I
I       :  :              64 HORNUNG UNTERS.   63            D          I
I       :  :              73 KUHNE CHRONOLOG  36       175    G         I
I       :  :              -                     42       201   D        I
I       :  :              -                     42       203   D        I
I       :  :              -                    175-B         D          I
I      26- 27             64 CAMPBELL CHRON.   77            D          I
I       :  :              73 KUHNE CHRONOLOG 39-44          D           I
I      26, 27             67 REDFORD HISTORY 155       284   D          I
I       :  :              73 KUHNE CHRONOLOG  12        49   D          I
I       :  :              -                     23       106    G       I
I       :  :              -                   42-43     203   D         I
I       :  :              -                     47             D        I
I       :  :              -                    121       611   D        I
I      26                 67 REDFORD HISTORY 168            D           I
I       :                 73 KUHNE CHRONOLOG   4        17   D          I
I       :                 -                      42            D        I
I       :                 -                    127       C4   D         I
I       :                 -                    139            D         I
I       :                 75 MORAN SYRIAN SC 147       N.33  D          I
```

TEXTES		C I T A T I O N S						
		DATE,	OUVRAGE, PAGES, NOTES			CARACTERIST.		
26	1- 66	76	ADLER AKKADISCH 206-211			B C		
:	1	10	RANKE KEILSCHR.	18		B D	R	
:	:	15	KNUDTZON EL-AM	997		G		
:	:	65	CAD B RV**	190-B		B D	R	
:	:	73	KUHNE CHRONOLOG	27	120	D		
:	:	-		42	202	D		
26	2	-		17	77	B D		C
:	:	-		139		D		
26	3	75	MORAN AMARNA GL	152		B D		
26	4- 5	71	CAD K RV**	80-A		BCD	R C	
:	: :	73	KUHNE CHRONOLOG	33	151	D		
26	5	09	BOHL SPRACHE	7	3M	B D		
:	:	63	AHW K RV**	426-A		D		
:	:	76	ADLER AKKADISCH	207	1	D		
26	6	09	BOHL SPRACHE	1	1C	B D		
26	7- 10	76	ADLER AKKADISCH	220	1	D		
:	7- 8	60	CAD IJ RV**	24-B		BCD	R C	
:	: :	77	CAD 2M RV**	315-A		B D	R C	
:	7, 14	51	DHORME LANGUE	470		B D		
:	7, 11	73	KUHNE CHRONOLOG	138		D		
:	7	10	EBELING VERBUM	41	1/4	BCD		
26	8, 9	10	RANKE KEILSCHR.	13		B D		
:	8	-		13	1	B D		
:	:	15	KNUDTZON EL-AM 1587			B D	R	
26	10, 17	73	KUHNE CHRONOLOG	138		D		
26	11-	76	ADLER AKKADISCH	218	2	D		
:	11, 14	-		206	1	D	R	
:	11, 12	10	RANKE KEILSCHR.	13		B D		
26	12- 17	59	CAD D RV**	6-B		BCD	R C	
26	14- 15	68	CAD 2A RV**	512-A		BCD		C
:	14	73	KUHNE CHRONOLOG	135		D		
:	:	76	AHW >S RV**	1171-A		G		
26	15, 19	51	DHORME LANGUE	470		B D		
:	15	10	RANKE KEILSCHR.	12		B D		
26	16	10	EBELING VERBUM	40	1/3	BCD		
:	:	68	CAD 2A RV**	512-A		BCD		C
26	17	09	BOHL SPRACHE	75	34S	BCD		
:	:	10	EBELING VERBUM	45	5/1A	BCD		
:	:	59	AHW A RV**	18-A		B D		
:	:	60	CAD IJ RV**	303-B		B D		
26	18	73	KUHNE CHRONOLOG	26	117	D		
26	19- 29	-		40	195	D		
:	19- 24	67	REDFORD HISTORY	168	337	D		C
:	19-	73	KUHNE CHRONOLOG	43	203	D		
:	19	-		135		D		
26	20, 24	-		136		D		
:	20	51	DHORME LANGUE	479		B D		
26	21, 25	10	RANKE KEILSCHR.	13		B D	R	
:	21, 23	09	BOHL SPRACHE	31	20B	B D		
:	21	76	ADLER AKKADISCH	206	2	D		
26	22, 23	73	KUHNE CHRONOLOG	138		D		
:	22	09	BOHL SPRACHE	26	14B	B D		
:	:	-		69	33H	B D		
:	:	66	JUCQUOIS PHONET	154		BCD		
26	23, 26	66	AHW M RV**	631-B		G		
:	23, 24	73	KUHNE CHRONOLOG	26	117	D		
:	23	-		39	190	D		
:	:	77	CAD 1M RV**	398-B		B D	R	
26	24, 29	69	AHW P RV**	831-A		D		

```
I    -----------------------------------------------------------------------  I
I                                C  I  T  A  T  I  O  N  S                     I
I    T E X T E S          -----------------------------------------------     I
I                         DATE,   OUVRAGE, PAGES, NOTES  CARACTERIST.          I
I    ------------------   ---------------------------------  ------------      I
I      26      24, 28     73 KUHNE CHRONOLOG   31     143      D               I
I       :      24, 27        -                 135             D               I
I       :      24        76 AHW  >S RV**     1171-A          B D              I
I      26      25- 26    68 CAD 2A RV**       504-A          BCD      C        I
I      26      26        71 AHW   R RV**       933-A           D               I
I       :       :        77 CAD 1M RV**       398-B          BCD              I
I      26      27, 32     73 KUHNE CHRONOLOG   42     201    B D              I
I       :      27        10 EBELING VERBUM    62      12     BCD              I
I       :       :        10 RANKE KEILSCHR.   14            B D              I
I       :       :        71 AHW   R RV**       939-B         B D              I
I       :       :        73 KUHNE CHRONOLOG   42     203      D               I
I      26      28- 29    74 KESTEMONT DIPL.  299      43     BCD      R        I
I       :      28        10 EBELING VERBUM    67      16     BCD              I
I       :       :        56 CAD   H RV**      183-B          BCD              I
I       :       :        62 AHW   H RV**      345-A          BC               I
I       :       :        73 KUHNE CHPONOLOG  137             D               I
I       :       :        76 AHW  >S RV**     1171-A               G            I
I      26      29        10 EBELING VERBUM    50     6/2A    BCD              I
I       :       :        73 KUHNE CHRONOLOG   39     190    B D      R    ? I
I      26      30, 34    10 RANKE KEILSCHR.   13            B D              I
I       :      30        73 KUHNE CHRONOLOG  138             D               I
I      26      31        70 RAINEY CR/STOL    73             D       R        I
I      26      32- 33    73 KUHNE CHRONOLOG   41     198      D               I
I       :      32        10 RANKE KEILSCHR.   14            B D              I
I      26      33- 39    73 KUHNE CHRONOLOG   40     197      D               I
I      26      35-          -                 43     203      D               I
I       :      35, 36    77 CAD 2M RV**       133-A          BCD      R C      I
I       :      35        73 KUHNE CHRONOLOG   39     190     BCD              I
I      26      36- 41    76 ADLER AKKADISCH  208       1      D               I
I       :      36        66 AHW   M RV**      662-A               G            I
I       :       :        73 KUHNE CHRONOLOG   39     190      D               I
I       :       :           -                 42     203      D               I
I       :       :        76 ADLER AKKADISCH  208       1      D               I
I      26      37        09 BOHL SPRACHE      16      7B     BCD              I
I       :       :        15 KNUDTZON EL-AM  1587            B D              I
I       :       :        64 CAD 1A RV**       180-A          D               I
I       :       :        76 AHW  >S RV**     1173-B         B D              I
I      26      38        10 EBELING VERBUM    66      16     BCD              I
I      26      39        71 HELCK BEZIEHUNG  388     108      D               I
I      26      40- 41    60 CAD IJ RV**       218-A          BCD      R C      I
I       :       :   :    64 CAD 1A RV**       180-A          BCD      R C      I
I       :       :   :    73 KUHNE CHRONOLOG   41     198      D               I
I       :       :   :        -                43     203      D               I
I       :      40, 46    10 RANKE KEILSCHR.   14            B D      R        I
I      26      41- 43    77 CAD 1M RV**        79-A          CD               I
I       :      41, 45    73 KUHNE CHRONOLOG  138             D               I
I       :      41, 43    66 JUCQUOIS PHONET  282            B D              I
I       :      41        10 EBELING VERBUM    67     17/1    BCD              I
I      26      42- 43    77 CAD 1M RV**        79-A         B D      R C      I
I       :      42        58 CAD   E RV**      185-B          D               I
I       :       :        73 KUHNE CHRONOLOG   39     190     BCD      R    ? I
I       :       :            -                135             D               I
I      26      43        76 ADLER AKKADISCH  216       2      D               I
I      26      44        09 BOHL SPRACHE      74      34M    BCD              I
I       :       :        70 RAINEY CR/STOL    73             D       R        I
I       :       :        73 KUHNE CHRONOLOG   40     195      D               I
I       :       :            -                43     203      D               I
I      26      45, 47        -                135             D               I
I       :      45        68 CAD 2A RV**       138-B          BCD              I
```

```
I    ----------------------------------------------------------------------
I                                       C I T A T I O N S                  I
I      T E X T E S                -------------------------------------------  I
I                                 DATE,   OUVRAGE, PAGES, NOTES  CARACTERIST.  I
I    ----------------------------  ---------------------------------------  I
I        26      47          09 BOHL  SPRACHE        4        2C   B D        I
I        26      48- 49      73 KUHNE CHRONOLOG  40       197      D          I
I        :       48          09 BOHL  SPRACHE       31       20B  B D        I
I        :       :           67 SYL. 2 RV**         9        46   B D    R C  I
I        :       :           73 KUHNE CHRONOLOG  26       117      D          I
I        26      49-          -                    42       203      D          I
I        :       49          51 DHORME LANGUE      470            Ь D        I
I        :       :           71 AHW  P RV**        872-B              G       I
I        :       :           73 KUHNE CHRONOLOG  43       203    B D          I
I        26      50          10 EBELING VERBUM     66        16   BCD         I
I        :       :           10 RANKE KEILSCHR.  14            B D    R       I
I        26      51, 52      77 AHW  T RV**       1326-B           D          I
I        :       51          10 EBELING VERBUM    45/1     5/1A   BCD         I
I        :       :           70 RAINEY CR/STOL    73              D    R      I
I        :       :           73 KUHNE CHRONOLOG 135              D          I
I        26      52           -                    10        40   D          I
I        26      53-          -                    42       203   D          I
I        :       53          15 KNUDTZON EL-AM 1587         B D        I
I        :       :           62 CAD 'S RV**       82-B           Ь D        I
I        :       :           76 ADLER AKKADISCH 208       1      D          I
I        :       :            -                   208       2      D          I
I        26      54, 59      10 RANKE KEILSCHR.  14            B D        I
I        :       54, 56      73 KUHNE CHRONOLOG 136              D          I
I        26      56          71 CAD  K RV**       483-B          C       C  I
I        26      57           -                   483-B          BCD   R     I
I        :       :           73 KUHNE CHRONOLOG  39       190   BCD   R     I
I        :       :            -                   138              D          I
I        26      58- 66       -                    42       203   D          I
I        :       58          68 CAD 2A RV**       515-A          B D        I
I        :       :           71 HELCK BEZIEHUNG 437        20   D          I
I        :       :           77 CAD 1M RV**       323-A          B D    C  I
I        26      59          73 KUHNE CHRONOLOG  42       201   B D        I
I        26      60- 61      77 CAD 1M RV**       323-A          BCD   R C  I
I        26      61, 63      66 AHW  M RV**       618-A          B D        I
I        :       :   :       73 KUHNE CHRONOLOG  39       190   D          I
I        :       :   :        -                   137              D          I
I        26      63          77 CAD 1M RV**       323-A          B D    R     I
I        26      64- 66      73 KUHNE CHRONOLOG  22       100   D          I
I        :       64          71 HELCK BEZIEHUNG 381              D          I
I        :       :           73 KUHNE CHRONOLOG 135              D          I
I        26      65          71 HELCK BEZIEHUNG 399              D          I
I        26      66          60 CAD IJ RV**       282-A          B D        I
I        :       :           64 CAD 1A RV**       61-B           BCD         I
I        :       :           74 RAINEY EA NOTES 304            B D        I
I        :       :           76 ADLER AKKADISCH 210       1      D          I
I        26      67          73 KUHNE CHRONOLOG  41       200   D    C     I
I        26      '1          15 KNUDTZON EL-AM 1001/44  227 A        C     I
I                                                                           I
I EA  27                                                                    I
I ******                                                                    I
I        27- 29              67 REDFORD HISTORY 162-163         D          I
I        :   :               76 ADLER AKKADISCH 207       1      D          I
I        27                  56 CAD  H RV**       226-227         D          I
I        :                   62 KITCHEN SUPPILU    7        1      D          I
I        :                   64 HORNUNG UNTERS.   64              D          I
I        :                    -                    73              D          I
I        :                    -                    76              D          I
I        :                    -                    80        8      D          I
I        :                   67 REDFORD HISTORY 144-146         D          I
```

TEXTES			CITATIONS DATE, OUVRAGE, PAGES, NOTES			CARACTERIST.
27			67 REDFORD HISTORY	156	285	D
:			-	164		D
:			-	168		D
:			71 HELCK BEZIEHUNG	351	80	D
:			73 KUHNE CHRONOLOG	31	145/1	D
:			-	37	178	D
:			-	41		D
:			-	42	201	D
:			-	43-44	205	D
:			-	47	214	D
:			-	82		D
:			-	92	463	D
:			-	127	C1	D
:			-	127	C2	D
:			-	127	C3	D
:			-	128	D1	D
:			-	128	635	G
:			-	136		D
27	1-114		76 ADLER AKKADISCH	212-225		BC
:	1, 2		-	212	1	D R
:	1		10 RANKE KEILSCHR.	14		B D R
27	2		71 HELCK BEZIEHUNG	277		B D R C
:	:		-	474	1	B D C
:	:		73 KUHNE CHRONOLOG	17	77	B D C
:	:		-	139		D
27	4		10 RANKE KEILSCHR.	18		B D R
:	:		15 KNUDTZON EL-AM	997		B D R
27	7		10 RANKE KEILSCHR.	12		B D R
:	:		73 KUHNE CHRONOLOG	39	191	BCD R
:	:		-	40	195	D
27	8		10 EBELING VERBUM	66	16	BCD
:	:		73 KUHNE CHRONOLOG	40	196	D
27	9- 12		-	41	198	D
:	9- 10		64 CAD 1A RV**	260-B		BCD C
:	9-		73 KUHNE CHRONOLOG	42	201	D
:	9		10 RANKE KEILSCHR.	13	1	B D
:	:		73 KUHNE CHRONOLOG	136		D
27	10		10 EBELING VERBUM	66	16	BCD
:	:		51 DHORME LANGUE	477		BCD
:	:		66 JUCQUOIS PHONET	258		BCD
:	:		73 KUHNE CHRONOLOG	10	40	D
:	:		-	138		D
27	11, 14		-	138		D
:	11		10 EBELING VERBUM	52	7/3A	BCD
:	:		-	54	7/3A	BCD
:	:		62 AHW H RV**	332-B		BCD
:	:		67 SYL. 2 RV**	3	11	B D R C
27	13- 18		73 KUHNE CHRONOLOG	28	125	D
:	:	:	-	30	141	D
:	13- 14		64 CAD 1A RV**	12-A		BCD C
:	13-		73 KUHNE CHRONOLOG	28	122	D
:	13, 17		09 BOHL SPRACHE	76	350	B D
:	13		10 RANKE KEILSCHR.	12		B D
:	:		-	13	1	B D EC
:	:		66 JUCQUOIS PHONET	120		B D
:	:		73 KUHNE CHRONOLOG	135		D
27	14- 15		77 CAD 2M RV**	80-A		BCD C
:	14, 16		73 KUHNE CHRONOLOG	39	191	CD
:	14		10 EBELING VERBUM	44	4/4	BCD

```
I                                      C I T A T I O N S              I
I      T E X T E S          ------------------------------------------ I
I                           DATE, OUVRAGE, PAGES, NOTES  CARACTERIST.  I
I      ---------------      ------------------------------  ---------  I
I     27     14         10 RANKE KEILSCHR.  13            B D          I
I      :      :         64 CAD 1A RV**       260-A        B D          I
I      :      :         73 KUHNE CHRONOLOG  26      118    D           I
I      :      :                 -           34      155    D           I
I      :      :                 -          136             D           I
I      :      :         77 AHW  T RV**     1348-B          D           I
I     27     15- 18     09 BOHL SPRACHE     74      34N    D           I
I      :      :  :              -           74      34N    D     C     I
I      :     15- 17     73 KUHNE CHRONOLOG  39      191    D           I
I      :     15, 16     76 ADLER AKKADISCH 218       1     D           I
I      :     15         10 EBELING VERBUM   63      14    BCD          I
I      :      :         15 KNUDTZ.CR/UNGN. 183            CD           I
I      :      :         69 AHW  N RV**      772-A        B D           I
I     27     16- 18     64 CAD 1A RV**       25-A        BCD           I
I      :     16- 17     15 KNUDTZ.CR/UNGN. 183-184       CD      C     I
I      :      :  :      71 CAD  K RV**      328-A        B D      C     I
I      :     16         10 EBELING VERBUM   63      14   BCD           I
I      :      :         66 AHW  M RV**      639-A           G          I
I      :      :         66 JUCQUOIS PHONET 169             D           I
I      :      :                 -          281           B D           I
I     27     17         58 CAD  E RV**      282-B        BCD           I
I      :      :         66 JUCQUOIS PHONET 120           B D           I
I      :      :         68 CAD 2A RV**       14-B         C      C     I
I      :      :                 -          464-A        BCD           I
I      :      :         73 KUHNE CHRONOLOG   6      34F    D           I
I     27     18         10 EBELING VERBUM   51     6/2A  BCD           I
I      :      :         68 CAD 2A RV**       14-B        BCD           I
I      :      :         73 KUHNE CHRONOLOG  40      197  B D           I
I      :      :                 -          136             D           I
I      :      :         77 CAD 1M RV**      148-B        BCD           I
I     27     19- 34     73 KUHNE CHRONOLOG  40      197    D           I
I      :     19- 33     76 ADLER AKKADISCH 208       1     D           I
I      :     19- 32     73 KUHNE CHRONOLOG  30      141    D           I
I      :      :  :              -           40      197    D           I
I      :     19- 20             -           38      181    D           I
I      :      :  :              -           69      341    D           I
I      :     19-        76 ADLER AKKADISCH 234       2     D           I
I      :     19, 22     62 CAD 'S RV**       82-A        BCD           I
I      :     19, 21     76 AHW >S RV**     1173-B        B D           I
I      :     19, 20     58 CAD  E RV**      282-B        BCD     C     I
I      :     19         09 BOHL SPRACHE     16       7B  BCD           I
I      :      :         15 KNUDTZON EL-AM 1587             G           I
I      :      :         73 KUHNE CHRONOLOG 136             D           I
I     27     20, 28             -          136             D           I
I      :     20         09 BOHL SPRACHE     29      17B  B D           I
I      :      :         10 RANKE KEILSCHR.  13           B D           I
I      :      :         68 CAD 2A RV**      416-A        B D           I
I      :      :         74 RAINEY EA NOTES 301            CD           I
I     27     21- 22     73 KUHNE CHRONOLOG  38      181   CD           I
I      :     21, 25     10 EBELING VERBUM   43      3/3  BCD           I
I      :     21         73 KUHNE CHRONOLOG  28      126  B D           I
I      :      :                 -           38      181    D           I
I     27     22, 23     68 CAD 2A RV**      190-A        BCD     C     I
I      :      :  :      73 KUHNE CHRONOLOG   6      34F    D           I
I      :     22         71 HELCK BEZIEHUNG 388      108    D           I
I      :      :         73 KUHNE CHRONOLOG 138             D           I
I     27     23- 34     71 HELCK BEZIEHUNG 382             D      C    I
I      :     23- 31             -          437             D      C    I
I      :      :  :      73 KUHNE CHRONOLOG  38      183    D           I
```

	T E X T E S				C I T A T I O N S				
					DATE, OUVRAGE, PAGES, NOTES			CARACTERIST.		
I	27	23- 27		73	KUHNE	CHRONOLOG	33	151	D	
I	:	23, 24		68	CAD	2A RV**	394-B		BCD	C
I	27	24- 26		56	CAD	G RV**	28-B		BCD	C
I	:	: :		61	CAD	Z RV**	31-32		BCD	C
I	:	24, 25		58	CAD	E RV**	200-A		B D	C
I	:	24		10	EBELING	VERBUM	55	7/3A	BCD	
I	:	:				-	66	16	BCD	
I	:	:		68	CAD	2A RV**	8-B		BCD	
I	27	25- 27		73	KUHNE	CHRONOLOG	138		D	
I	:	25- 26		62	AHW	G RV**	277-A		BCD	C
I	:	25, 26		76	AHW	>S RV**	1245-B		B D	
I	:	25		10	EBELING	VERBUM	66	16	BCD	
I	:	:		73	KUHNE	CHRONOLOG	39	191	D	
I	27	26, 27		70	RAINEY	TABLETS	86		B D	
I	:	26		09	BOHL	SPRACHE	19	8C	B D	
I	:	:		10	EBELING	VERBUM	43	3/2	BCD	
I	:	:				-	62	13	BCD	?
I	:	:				-	67	17/1	BCD	
I	27	27		09	BOHL	SPRACHE	16	7B	B D	
I	:	:		10	EBELING	VERBUM	41	1/4	BCD	
I	:	:				-	44	4/4	BCD	
I	:	:				-	54	7/3A	BCD	
I	:	:				-	55	7/3A	BCD	
I	:	:		56	CAD	G RV**	28-B		BCD	
I	:	:		61	CAD	Z RV**	24-B		BCD	
I	:	:				-	32-A		B D	
I	:	:		62	AHW	G RV**	277-A		G	
I	:	:		67	SYL.	2 RV**	46	235	B D	C
I	:	:		73	KUHNE	CHRONOLOG	41	197	D	
I	27	28- 34				-	40	197	D	
I	:	28, 33		10	EBELING	VERBUM	63	14	BCD	
I	:	28		65	AHW	K RV**	504-A		B D	
I	:	:		66	JUCQUOIS	PHONET	249		BCD	
I	:	:		71	CAD	K RV**	520-A		BCD	
I	:	:		73	KUHNE	CHRONOLOG	40	197	B D	
I	:	:		76	ADLER	AKKADISCH	238	1	D	
I	27	29- 30		68	CAD	2A RV**	148-B		BCD	C
I	:	29		73	KUHNE	CHRONOLOG	135		D	
I	27	30		09	BOHL	SPRACHE	16	7B	BCD	
I	:	:		10	EBELING	VERBUM	58	8/4	BCD	
I	:	:				-	63	14	BCD	
I	:	:		68	CAD	2A RV**	8-B		B D	
I	:	:		73	KUHNE	CHRONOLOG	40	197	B D	
I	27	32- 44				-	40	195	D	
I	:	32- 34				-	41	198	D	
I	:	: :				-	42	203	D	
I	:	32- 33		60	CAD	IJ RV**	218-A		BCD	C
I	:	: :		73	KUHNE	CHRONOLOG	43	203	D	
I	:	32, 34				-	26	117	D	
I	:	32, 33		09	BOHL	SPRACHE	19	8C	BCD	
I	:	: :		73	KUHNE	CHRONOLOG	40	197	B D	
I	:	32		10	EBELING	VERBUM	41	1/4	BCD	
I	27	33, 35		73	KUHNE	CHRONOLOG	138		D	
I	:	33		10	EBELING	VERBUM	68	17/2	BCD	
I	:	:		62	CAD	'S RV**	82-A		BCD	
I	27	34		09	BOHL	SPRACHE	19	8C	BCD	
I	27	35- 36		64	CAD	1A RV**	237-A		BCD	C
I	:	35, 41		09	BOHL	SPRACHE	19	8C	B D	
I	:	35				-	19	8D	B D	

```
I                                             C I T A T I O N S              I
I        T E X T E S                 ------------------------------------    I
I                                    DATE,  OUVRAGE, PAGES, NOTES  CARACTERIST. I
I        ---------------------       ---------------------------  -----------  I
I        27      35      59 AHW   A RV**        26-A          B             I
I        :       :       62 AHW   H RV**       338-A          B D           I
I        :       :       67 SYL. 2 RV**          24      135  B D      C    I
I        27      36      58 CAD   E RV**       224-B          B D           I
I        :       :       73 KUHNE CHRONOLOG     30      138    D            I
I        :       :       74 KESTEMONT DIPL.    590             D            I
I        27      37- 40  73 KUHNE CHRONOLOG     39      194    D            I
I        :       :   :        -                57      272    D            I
I        :       :   :        -               121      612    D            I
I        :       37-          -                42      201    D            I
I        :       37, 44       -               136             D            I
I        :       37, 40  10 RANKE KEILSCHR.    10             B D          I
I        :       :   :   15 KNUDTZON EL-AM   1587                  G        I
I        :       37      09 BOHL SPRACHE       76      350  B D           I
I        :       :       66 JUCQUOIS PHONET   120            B D           I
I        :       :       71 HELCK BEZIEHUNG   438            B D      EC   I
I        :       :       73 KUHNE CHRONOLOG    30      138    D            I
I        :       :            -                31    145/1  B D      C    I
I        :       :            -               138      681    D            I
I        27      38      64 CAD 1A RV**        260-A          D            I
I        :       :       73 KUHNE CHRONOLOG   136             D            I
I        27      39      10 EBELING VERBUM      67       16  BCD           I
I        :       :       10 RANKE KEILSCHR.     14            B D          I
I        :       :       73 KUHNE CHRONOLOG     42      201  B D          I
I        :       :            -                42      203    D            I
I        :       :            -               138             D            I
I        27      40      15 KNUDTZ.CR/UNGN.    184            B D      ? I
I        :       :       51 DHORME LANGUE      477            BCD          I
I        :       :       64 CAD 1A RV**        260-A          B D          I
I        :       :       66 JUCQUOIS PHONET    258            BCD          I
I        :       :       73 KUHNE CHRONOLOG     24      111       G       I
I        27      41- 44       -                30      141    D           I
I        :       :   :        -                42      203    D           I
I        :       41- 42  77 CAD 2M RV**        133-A          BCD      C   I
I        :       41-     73 KUHNE CHRONOLOG     40      197    D           I
I        :       41, 42       -                26      117    D           I
I        :       41      72 AHW   R RV**       969-A          B D         I
I        :       :       73 KUHNE CHRONOLOG   138             D           I
I        27      42- 43       -                40      197    D           I
I        :       42      66 AHW   M RV**       662-A          B D         I
I        :       :       76 ADLER AKKADISCH    216        1   D           I
I        27      45      67 SYL. 2 RV**         18      102  B D      C   I
I        27      47      60 CAD IJ RV**        282-B          B D         I
I        :       :       63 AHW   I RV**       405-B              G       I
I        :       :       73 KUHNE CHRONOLOG     26      118  B D         I
I        :       :            -                39      191  BCD          I
I        :       :       74 RAINEY EA NOTES    304            B D         I
I        27      51      76 ADLER AKKADISCH    216        2   D      R    I
I        :       :       77 CAD 1M RV**         79-A          D           I
I        27      52- 57  73 KUHNE CHRONOLOG     31    145/4   D           I
I        :       52- 53       -               121      612    D           I
I        :       52, 58       -               137             D           I
I        :       52      10 RANKE KEILSCHR.     10            B D         I
I        :       :       15 KNUDTZON EL-AM   1587                 G       I
I        27      53      76 ADLER AKKADISCH    218        1   D      R    I
I        27      55- 58  73 KUHNE CHRONOLOG     32    145/4  BCD     R  ? I
I        :       55      63 AHW   K RV**       426-B              G       I
I        :       :       71 CAD   K RV**        84-B          D           I
I        27      56      10 EBELING VERBUM      67     17/1  BCD          I
```

```
I                                     C I T A T I O N S              I
I      T E X T E S        ----------------------------------------   I
I                         DATE,  OUVRAGE, PAGES, NOTES  CARACTERIST. I
I     -------------------  --------------------------------------    I
I      27     56      63 AHW   K RV**      426-B      B D            I
I      27     57      09 BOHL  SPRACHE      16      7B  BCD          I
I      :      :       60 AHW   E RV**      233-A      B              I
I      :      :       76 ADLER AKKADISCH  236       1   D      R     I
I      27     58      10 EBELING VERBUM     41     1/4  BCD          I
I      :      :       73 KUHNE CHRONOLOG    28      126 B D          I
I      27     60      71 HELCK BEZIEHUNG   441          B D          I
I      :      :       73 KUHNE CHRONOLOG    41      200 B D          I
I      27     61      73 CAD   L RV**      215-A      D              I
I      27     63- 64  73 KUHNE CHRONOLOG    30      141 D            I
I      :      63      64 CAD  1A RV**      260-A      D              I
I      27     64      73 KUHNE CHRONOLOG    26      118 D            I
I      :      :        -                    34      155 D            I
I      :      :       77 AHW   T RV**      1348-B     D              I
I      27     69- 78  64 HORNUNG UNTERS.    72       20 D      C     I
I      :      69-     73 KUHNE CHRONOLOG    42      203 D            I
I      :      :    :  76 ADLER AKKADISCH   218        2 D      R     I
I      27     70, 79  10 RANKE KEILSCHR.    12          B D    R     I
I      27     71      73 KUHNE CHRONOLOG    26      117 D            I
I      :      :        -                   135          D            I
I      27     72      09 BOHL  SPRACHE      31      20B B D          I
I      :      :       76 ADLER AKKADISCH   123        1 B D    R     I
I      27     74-      -                   220        1 D      R     I
I      27     75, 77  73 KUHNE CHRONOLOG   138          D            I
I      :      75      10 EBELING VERBUM     50     6/2A BCD          I
I      :      :       64 CAD  1A RV**      260-B      D              I
I      27     76- 82  73 KUHNE CHRONOLOG    41      198 D            I
I      27     82       -                   138          D            I
I      27     83- 84   -                    41      199 D            I
I      :      83      10 RANKE KEILSCHR.    12          B D    R     I
I      :      :       67 REDFORD HISTORY   165      326 D            I
I      :      :       73 KUHNE CHRONOLOG    48      221 D            I
I      :      :        -                   122      621 D            I
I      27     85      76 ADLER AKKADISCH   236        1 D            I
I      27     86      09 BOHL  SPRACHE      19       8C  BCD         I
I      :      :       73 KUHNE CHRONOLOG     6      34D D            I
I      27     87      09 BOHL  SPRACHE       4       3D B D        ? I
I      :      :       10 RANKE KEILSCHR.     7          B D    R     I
I      :      :       73 KUHNE CHRONOLOG    44      205 D            I
I      27     88      67 SYL. 2 RV**        32      168 B D    C     I
I      27     89- 98  73 KUHNE CHRONOLOG    48      221 D            I
I      :      89-      -                    42      203 D            I
I      :      89, 93  10 RANKE KEILSCHR.     5        5 B D    C     I
I      :      :    :  71 HELCK BEZIEHUNG   441          D      C     I
I      :      89      09 BURCHARDT ALTK.1   17       48 B D    C     I
I      :      :       10 BURCHARDT ALTK.2 23-A     419 B D    C     I
I      :      :       10 RANKE KEILSCHR.    24          B D          I
I      :      :       67 REDFORD HISTORY   144      233 D            I
I      :      :       71 HELCK BEZIEHUNG   361          D            I
I      :      :       73 KUHNE CHRONOLOG    41      200 B D    R     I
I      :      :        -                   135          D            I
I      :      :       75 MORAN SYRIAN SC   151          D            I
I      27     90      15 KNUDTZON EL-AM   1586          G            I
I      :      :        -                  1587          BCD          I
I      :      :       63 AHW   K RV**      426-B      G              I
I      :      :       71 CAD   K RV**       84-B      G              I
I      :      :       76 ADLER AKKADISCH   220        2 D      R     I
I      27     91       -                   222        1 D      R     I
I      27     93      10 RANKE KEILSCHR.    24          B D          I
```

TEXTES		CITATIONS				
		DATE, OUVRAGE, PAGES, NOTES			CARACTERIST.	
27	93	15 KNUDTZON EL-AM	1001/45	237K	A	C
:	:	75 MORAN SYRIAN SC	151		D	
27	94	09 BOHL SPRACHE	16	7B	B D	
:	:	10 EBELING VERBUM	41	1/4	BCD	
:	:	-	45	5/1A	BCD	
27	95	-	41	1/4	BCD	
:	:	-	43	3/2	BCD	
:	:	73 KUHNE CHRONOLOG	138		D	
27	96- 97	68 CAD 2A RV**	515-A		B D	C
:	96	10 RANKE KEILSCHR.	12		B D	R
:	:	66 JUCQUOIS PHONET	247		BCD	
:	:	73 KUHNE CHRONOLOG	41	199	D	
:	:	-	136		D	
27	97	-	6	340	D	
27	99-105	-	44	205	D	
:	99-	-	87	432	D	
27	100,104	15 KNUDTZON EL-AM	1587		D	
:	100,103	09 BOHL SPRACHE	4	30	B D	?
:	100	65 AHW K RV**	478-B		B D	?
:	:	67 REDFORD HISTORY	144	233	D	
:	:	-	146	240	BCD	
:	:	71 CAD K RV**	373-B		BCD	?
:	:	73 KUHNE CHRONOLOG	138		D	
27	101	10 EBELING VERBUM	45	5/1A	BCD	
27	104,107	66 JUCQUOIS PHONET	156		BCD	
:	104	15 KNUDTZON EL-AM	1001/46	238D	A	C
:	:	65 AHW K RV**	478-B		G	
:	:	71 CAD K RV**	373-B		B D	?
27	106	10 EBELING VERBUM	53	7/3A	BCD	R
:	:	15 KNUDTZON EL-AM	1587		B D	R
:	:	58 CAD E RV**	185-B		B D	R
:	:	67 SYL. 2 RV**	8	42	B D	C
27	107-108	73 KUHNE CHRONOLOG	39	191	CD	
27	108	09 BOHL SPRACHE	20	9B	BCD	
:	:	-	83	37M	D	
:	:	71 CAD K RV**	17-A		B D	
:	:	73 KUHNE CHRONOLOG	29	129	D	
27	110-114	71 HELCK BEZIEHUNG	381		D	C
27	111	09 BOHL SPRACHE	11	4H	B D	
:	:	56 CAD H RV**	226-227		BCD	
:	:	71 HELCK BEZIEHUNG	424		B D	
:	:	73 KUHNE CHRONOLOG	35	162	D	
:	:	77 CAD 2M RV**	99-A		B D	
27	112-113	60 CAD IJ RV**	282-A		B D	
:	: :	71 HELCK BEZIEHUNG	399		D	
:	112,113	74 RAINEY EA NOTES	304		B D	
:	: :	77 CAD 1M RV**	176-B		B D	R
:	112	10 RANKE KEILSCHR.	18		B D	
:	:	64 CAD 1A RV**	61-B		BCD	
:	:	73 KUHNE CHRONOLOG	22	100	D	
:	:	-	42	201	D	
:	:	-	42	203	D	
:	:	-	136		D	
:	:	76 ADLER AKKADISCH	210	1	D	
27	115-177	67 REDFORD HISTORY	144-146		CD	R C ?
:	115-117	64 CAMPBELL CHRON.	24-25		D	C
:	: :	73 KUHNE CHRONOLOG	42	203	D	C
:	115	62 KITCHEN SUPPILU	7	1	BCD	C
:	:	64 HORNUNG UNTERS.	73		CD	R C ?

TEXTES			DATE, OUVRAGE, PAGES, NOTES			CARACTERIST.
27	115		64 HORNUNG UNTERS.	76	44	CD R C
:	:		67 REDFORD HISTORY	164		CD C
:	:		-	168		CD C
:	:		73 KUHNE CHRONOLOG	42-44		CD R C ?
:	:		-	43-44		CD C ?
:	:		-	47		D C
27	117		10 RANKE KEILSCHR.	5	5	B D C
:	:		73 KUHNE CHRONOLOG	41-42	200	D C

EA 28
******

TEXTES			DATE, OUVRAGE, PAGES, NOTES			CARACTERIST.
28, 29			73 KUHNE CHRONOLOG	46	213	D
28			-	45-46		D
:			75 MORAN SYRIAN SC	158	9	D C
28	1- 49		76 ADLER AKKADISCH	226,228		B
:	:	:	-	227-229		C
:	1		10 RANKE KEILSCHR.	14		B D
:	:		73 KUHNE CHRONOLOG	6	34F	D
:	:		-	42	201	B D
:	:		-	49	225	B D
28	3		-	30	142	D
:	:		75 MORAN SYRIAN SC	151	2	B D C
28	4		73 KUHNE CHRONOLOG	17	77	B D C
28	7		10 RANKE KEILSCHR.	18		B D
:	:		15 KNUDTZON EL-AM	997		G
:	:		65 CAD B RV**	190-B		BCD
:	:		73 KUHNE CHRONOLOG	27	120	D
28	8		-	33	151	D
:	:		-	36	175	D
28	9		72 AHW R RV**	969-A		G
28	12- 22		73 KUHNE CHRONOLOG	47	218	D
:	12- 19		-	42	203	D
:	12- 14		59 CAD D RV**	45-B		BCD C
:	:	:	76 ADLER AKKADISCH	240	1	D
:	12, 14		73 KUHNE CHRONOLOG	45	210	G
:	12		10 RANKE KEILSCHR.	24		B D
:	:		67 SYL. 2 RV**	56	283	B D
:	:		71 HELCK BEZIEHUNG	441		D EC
:	:		73 KUHNE CHRONOLOG	6	34F	D
:	:		-	41	200	B D R
:	:		75 MORAN SYRIAN SC	151		D
28	13- 14		15 KNUDTZON EL-AM	1587		BCD C
:	:	:	76 ADLER AKKADISCH	220	2	D
:	13		63 AHW K RV**	426-B		BC
:	:		71 CAD K RV**	84-B		G
28	14- 15		77 CAD 2M RV**	116-A		CD C
:	14		09 BOHL SPRACHE	20	9B	BCD
:	:		59 AHW D RV**	153-A		BCD
28	15, 20		73 KUHNE CHRONOLOG	45	210	BCD
:	15		09 BOHL SPRACHE	75	34U	BCD
:	:		77 CAD 2M RV**	116-A		B D
28	16- 19		73 KUHNE CHRONOLOG	41	199	D
:	16- 17		77 CAD 1M RV**	113-B		CD C
:	16		66 AHW M RV**	586-B		B
:	:		77 CAD 1M RV**	113-B		B D
28	17		10 RANKE KEILSCHR.	12		B D
28	18		09 BOHL SPRACHE	18	8B	BCD
28	19, 23		-	16	7B	B D
28	20- 31		71 HELCK BEZIEHUNG	436	13	D C

	TEXTES		CITATIONS				
			DATE, OUVRAGE, PAGES, NOTES			CARACTERIST.	
I	28	20	09 BOHL SPRACHE	17	7D	BCD	?
I	:	:	15 KNUDTZON EL-AM	1587-1588		BCD	
I	:	:	73 KUHNE CHRONOLOG	53	245	B D	
I	:	:	76 SYL.S2 RV**	2		B D	C
I	28	21, 22	73 KUHNE CHRONOLOG	45	210	C	
I	:	21	—	28	127	G	
I	28	22- 23	77 CAD 2M RV**	92-B		BCD	C
I	28	23	10 EBELING VERBUM	65	15	BCD	
I	:	:	67 AHW N RV**	740-B		B D	
I	:	:	73 KUHNE CHRONOLOG	45	210	D	
I	28	25- 26	—	45	210	D	
I	:	25	64 CAD 1A RV**	255-A		B D	
I	28	26, 27	76 ADLER AKKADISCH	242	1	D	
I	:	26	73 KUHNE CHRONOLOG	32	146	D	
I	:	:	—	45	210	BCD	R
I	28	27, 30	—	28	126	B D	
I	:	27	—	45	210	G	
I	28	28	09 BOHL SPRACHE	75	34U	BCD	
I	:	:	10 EBELING VERBUM	55	7/3A	BCD	
I	28	29	73 KUHNE CHRONOLOG	45	211	D	
I	28	37, 40	—	46	213	D	
I	:	37	10 RANKE KEILSCHR.	12		B D	R
I	28	38	10 EBELING VERBUM	69	20	BCD	
I	:	:	69 AHW P RV**	818-B		B D	
I	28	40	10 EBELING VERBUM	45	5/1A	BCD	
I	:	:	—	74	24	BCD	
I	28	41	73 CAD L RV**	225-B		B D	R
I	:	:	73 KUHNE CHRONOLOG	45	210	B D	R
I	28	42- 49	—	42	203	D	
I	:	42- 44	76 ADLER AKKADISCH	218	2	D	
I	:	42- 43	59 CAD D RV**	5-B		BCD	C
I	28	43, 45	10 RANKE KEILSCHR.	18		B D	
I	:	43	60 CAD IJ RV**	24-A		B D	
I	28	44	68 CAD 2A RV**	416-A		C	C
I	:	:	73 KUHNE CHRONOLOG	26	117	D	
I	28	45- 47	59 CAD D RV**	5-B		BCD	C
I	:	45	09 BOHL SPRACHE	29	17B	B D	
I	:	:	68 CAD 2A RV**	416-A		BCD	
I	:	:	74 RAINEY EA NOTES	301		CD	
I	28	46- 47	71 CAD K RV**	366-B		B D	C
I	:	46, 47	65 AHW K RV**	478-A		B D	C
I	:	46	09 BOHL SPRACHE	20	9B	BCD	
I	:	:	10 EBELING VERBUM	41	1/4	BCD	
I	:	:	67 REDFORD HISTORY	156	285	D	
I	28	47	10 EBELING VERBUM	67	16	BCD	
I	:	:	64 CAD 1A RV**	260-B		D	
I	28	48	10 EBELING VERBUM	66	16	BCD	
I	:	:	73 KUHNE CHRONOLOG	45	210	C	
I EA 29							
I ******							
I	29		65 KLENGEL GESCH.1	238		D	
I	:		67 REDFORD HISTORY	164		D	
I	:		—	216		D	
I	:		71 HELCK BEZIEHUNG	351	80	D	
I	:		—	436		D	
I	:		73 KUHNE CHRONOLOG	12	49	D	
I	:		—	23	106	G	
I	:		—	31	145/1	D	

TEXTES			CITATIONS				CARACTERIST.
			DATE, OUVRAGE, PAGES, NOTES				
29			73 KUHNE CHRONOLOG	46-47		D	
:			-	47	214	D	
:			-	81-82		D	
:			-	93	469	D	
:			-	126	B1	D	
:			-	127-128	D1	D	
:			-	128	635	G	
29	1-189		76 ADLER AKKADISCH	230-251		BC	
:	1-		73 KUHNE CHRONOLOG	47	221	D	C
:	1		10 RANKE KEILSCHR.	14		B D	R
:	:		73 KUHNE CHRONOLOG	138		D	
29	2		71 HELCK BEZIEHUNG	474	1	B D	R C
:	:		73 KUHNE CHRONOLOG	17	77	B D	C ?
:	:		-	138		D	
29	3		-	33	151	D	
29	6- 15		67 REDFORD HISTORY	156	285	D	C
:	6- 8		73 KUHNE CHRONOLOG	135		D	
:	:	:	76 AHW >S RV**	1171-A		G	
:	6- 7		73 KUHNE CHRONOLOG	46	212	BCD	R
:	6-		10 RANKE KEILSCHR.	14		B D	C
:	6, 7		10 EBELING VERBUM	67	16	BCD	
:	:	:	73 KUHNE CHRONOLOG	136		D	
:	6		64 CAD 1A RV**	112-B		BCD	
:	:		72 AHW S RV**	1057-A		G	
:	:		76 ADLER AKKADISCH	230	1	D	R
29	7- 10		-	218	2	D	
:	7		66 JUCQUOIS PHONET	244		BCD	
:	:		77 CAD 2M RV**	97-B		B D	
29	8, 9		10 RANKE KEILSCHR.	18		B D	
29	9		74 AHW >S RV**	1152-A		G	
:	:		76 ADLER AKKADISCH	230	2	D	R
29	10, 12		10 EBELING VERBUM	44	3/6	BCD	
:	:	:	59 AHW D RV**	147-A		G	
:	:	:	59 CAD D RV**	5-B		B D	
29	11		10 EBELING VERBUM	67	16	BCD	
:	:		59 CAD D RV**	92-A		D	
:	:		73 KUHNE CHRONOLOG	138		D	
29	12- 14		68 CAD 2A RV**	76-B		BCD	C
:	12		77 CAD 2M RV**	98-A		B D	
29	13- 15		73 KUHNE CHRONOLOG	122	622	D	
:	13, 15		-	41	199	D	
:	:	:	-	46	212	D	
:	13, 14		-	135		D	
:	:	:	77 CAD 2M RV**	97-B		B D	
:	13		09 BOHL SPRACHE	29	16B	BCD	
:	:		77 CAD 1M RV**	275-B		B D	R
29	14		09 BOHL SPRACHE	23	10D	B D	
:	:		10 EBELING VERBUM	68	17/2	BCD	
:	:		66 AHW M RV**	610-A		B D	
:	:		68 CAD 2A RV**	515-A		B D	
:	:		77 CAD 1M RV**	275-B		B D	
:	:		77 CAD 2M RV**	98-A		BCD	
29	15		58 CAD E RV**	226-B		BCD	
:	:		68 CAD 2A RV**	76-B		D	
:	:		73 KUHNE CHRONOLOG	30	138	CD	EC
29	16- 28		70 KLENGEL GESCH.3	194		D	C
:	16- 20		71 HELCK BEZIEHUNG	164	129	D	C
:	:	:	73 KUHNE CHRONOLOG	58	282	D	
:	16- 18		65 KLENGEL GESCH.1	47	45	D	C

	TEXTES		CITATIONS						CARACTERIST.
			DATE, OUVRAGE, PAGES, NOTES						
29	23, 24		77 AHW T RV**	1348-B			D		
:	23		09 BOHL SPRACHE	18	8B	BCD			
:	:		15 KNUDTZON EL-AM	1588		B D		R	
:	:		71 AHW Q RV**	899-B			G		
:	:		71 CAD K RV**	14-B		B D		E	
:	:		71 HELCK BEZIEHUNG	401			D		
:	:		73 KUHNE CHRONOLOG	28	124		D		
:	:		-	30	142	B D		R	
29	24, 25		-	138			D		
:	24		58 CAD E RV**	135-B		BCD		R	
:	:		60 AHW E RV**	210-A		BC			
:	:		73 KUHNE CHRONOLOG	26	117		D		
:	:		-	30	141		D		
:	:		-	71	347		D		
29	25- 28		-	46	212		G		
:	25- 27		-	114			D		
:	: :		-	119	599		D		
:	25- 26		-	31	143		D		
:	: :		-	31	145		D		
:	: : :		-	122	621		D		
:	25		10 RANKE KEILSCHR.	10		B D			
:	:		15 KNUDTZON EL-AM	1001/47	247E	A		C	
:	:		-	1587			G		
:	:		63 AHW K RV**	426-B			G		
:	:		71 CAD K RV**	84-B			D		
:	:		73 KUHNE CHRONOLOG	31	145/1	B D		C	
:	:		-	31	145/2	BCD			?
:	:		-	68	333		G		
29	26		15 KNUDTZON EL-AM	1001/48	247F	A		C	
:	:		56 CAD H RV**	75-B		BCD			
:	:		62 AHW H RV**	319-B		BC			
:	:		62 KITCHEN SUPPILU	24	2		D		
:	:		64 HORNUNG UNTERS.	76	42	CD			
:	:		67 REDFORD HISTORY	166	328	CD			
:	:		71 HELCK BEZIEHUNG	382			D		C
:	:		73 KUHNE CHRONOLOG	31	145/4	BCD			
:	:		-	48	221		D		
:	:		-	144	720		D		
:	:		77 CAD 1M RV**	179-B		B D		R	
29	27		09 BOHL SPRACHE	75	34U	BCD			
:	:		59 AHW A RV**	20-A		B			
:	:		64 CAD 1A RV**	184-B		BCD		R	
:	:		73 KUHNE CHRONOLOG	32	146	B D		R	?
:	:		-	35	165		D		?
:	:		-	35	165		D		
:	:		74 RAINEY EA NOTES	300		B D			
29	28, 29		10 EBELING VERBUM	66	16	BCD			
:	28		-	74	24	BCD		EC	
:	:		64 CAD 1A RV**	14-B			D		
:	:		68 CAD 2A RV**	14-B		BCD		R	
:	:		73 KUHNE CHRONOLOG	6	34K		D		
:	:		-	10	42		D		
:	:		-	30	138		D		
:	:		-	32	146	BCD			
:	:		77 CAD 1M RV**	411-A		BCD		R	
29	29		15 KNUDTZ.CR/UNGN.	184		CD			
:	:		67 SYL. 2 RV**	60	302	B D		C	
:	:		71 AHW Q RV**	927-B			G		
:	:		73 KUHNE CHRONOLOG	46	212		D		

	TEXTES	CITATIONS DATE, OUVRAGE, PAGES, NOTES		CARACTERIST.
29	29	73 KUHNE CHRONOLOG 135		D
29	30	15 KNUDTZON EL-AM 1588		G
:	:	— 1588		B D R
:	:	58 CAD E RV** 224-B		BCD
:	:	73 KUHNE CHRONOLOG 17	77	B D C ?
:	:	— 24	111	D
:	:	— 30	142	D
29	31- 39	— 28	125	D
:	31- 36	— 27	120	D
:	31- 32	— 46	212	BCD R
:	31, 39	64 CAD 1A RV** 260-B		B D
:	31, 33	73 KUHNE CHRONOLOG 135		D
:	31	09 BOHL SPRACHE 20	9B	B D
:	:	— 83	37M	D
:	:	10 EBELING VERBUM 43	3/2	BCD
:	:	— 45	5/1A	BCD
:	:	71 CAD K RV** 17-A		B D
29	32- 39	71 HELCK BEZIEHUNG 437		D C
:	32- 33	15 KNUDTZON EL-AM 1588		CD ?
:	32, 37	63 AHW K RV** 417-A		BCD
:	32	09 BOHL SPRACHE 63	31C	B D
:	:	66 AHW M RV** 641-B		B D R
:	:	71 CAD K RV** 14-B		B D
:	:	— 17-A		B D
:	:	73 KUHNE CHRONOLOG 22	96	G
:	:	77 CAD 2M RV** 4		BCD R ?
:	:	— 60-B		G
29	33, 38	73 KUHNE CHRONOLOG 138		D
:	33	10 EBELING VERBUM 55	7/3A	BCD
:	:	72 AHW S RV** 1006-B		B D
29	34, 39	73 CAD L RV** 215-A		D
:	34	09 BOHL SPRACHE 39	25H	B D
:	:	73 CAD L RV** 197-B		B D
:	:	73 KUHNE CHRONOLOG 31	145/4	D
:	:	— 46	212	CD
29	35, 38	— 31	145/4	BCD
:	35, 37	— 46	212	D
:	35	77 CAD 1M RV** 179-B		B D R
29	36	10 EBELING VERBUM 59	10/6	BCD
:	:	— 67	16	BCD ?
:	:	15 KNUDTZON EL-AM 1588		B D R
29	37- 39	73 KUHNE CHRONOLOG 38	181	G
:	37, 40	10 EBELING VERBUM 68	17/1	BCD
:	37	10 RANKE KEILSCHR. 15		B D
:	:	71 CAD K RV** 17-A		B D R
:	:	71 HELCK BEZIEHUNG 438		B D
:	:	73 KUHNE CHRONOLOG 136		D
29	38, 41	63 AHW K RV** 426-B		G
:	: :	71 CAD K RV** 84-B		D
:	38, 39	73 KUHNE CHRONOLOG 136		D
:	38	66 AHW M RV** 585-A		B
:	:	66 JUCQUOIS PHONET 247		BCD
:	:	71 HELCK BEZIEHUNG 382		D C
:	:	73 KUHNE CHRONOLOG 46	212	G
:	:	75 MORAN SYRIAN SC 155	1/G	B D
29	40- 44	67 REDFORD HISTORY 156	285	D C
:	40	15 KNUDTZON EL-AM 1585		D ?
:	:	— 1586		D
:	:	68 CAD 2A RV** 490-B		B D R

	TEXTES		CITATIONS				
I			DATE, OUVRAGE, PAGES, NOTES			CARACTERIST.	I
I	29	41- 42	73 KUHNE CHRONOLOG	46	212	G	I
I	:	41, 42	-	136		D	I
I	29	42	10 EBELING VERBUM	43	3/2	BCD	I
I	:	:	-	44	4/3	BCD	I
I	:	:	63 AHW K RV**	426-B		B D	I
I	:	:	67 SYL. 2 RV**	41	218	B D C	I
I	:	:	71 CAD K RV**	84-B		B D	I
I	:	:	73 KUHNE CHRONOLOG	137		D	I
I	29	43, 44	64 CAD 1A RV**	260-B		BCD C	I
I	:	43	73 KUHNE CHRONOLOG	26	117	D	I
I	29	44	10 EBELING VERBUM	64	14	BCD	I
I	:	:	-	67	17/1	BCD	I
I	:	:	77 CAD 1M RV**	275-A		BCD	I
I	29	45, 46	10 RANKE KEILSCHR.	18		B D	I
I	:	: :	15 KNUDTZ.CR/UNGN.	184		BCD R	I
I	:	45	10 EBELING VERBUM	51	6/2A	BCD	I
I	:	:	15 KNUDTZON EL-AM	1588		BCD R	I
I	:	:	73 KUHNE CHRONOLOG	46	212	D	I
I	:	:	76 AHW >S RV**	1229-B		B D	I
I	29	46, 47	71 CAD K RV**	383-B		BCD C	I
I	:	46	10 EBELING VERBUM	66	16	BCD	I
I	:	:	73 KUHNE CHRONOLOG	9	40	D	I
I	:	:	-	46	212	CD	I
I	:	:	74 AHW >S RV**	1152-A		B D	I
I	:	:	76 AHW >S RV**	1250-B		B D R	I
I	29	47, 49	73 KUHNE CHRONOLOG	136		D	I
I	:	47	09 BOHL SPRACHE	20	9B	B D	I
I	:	:	-	32	21B	B D	I
I	:	:	65 AHW K RV**	481-A		B	I
I	29	48	15 KNUDTZON EL-AM	1588		BCD	I
I	:	:	76 ADLER AKKADISCH	234	1	D R	I
I	29	49	10 EBELING VERBUM	63	14	BCD	I
I	:	:	73 KUHNE CHRONOLOG	10	42	D	I
I	:	:	-	26	117	D	I
I	:	:	76 AHW >S RV**	1190-A		B D	I
I	:	:	77 CAD 1M RV**	348-B		BCD	I
I	:	:	-	411-B		BCD	I
I	29	50- 54	73 KUHNE CHRONOLOG	30	141	D	I
I	:	50- 51	68 CAD 2A RV**	416-A		BCD R C	I
I	:	: :	73 KUHNE CHRONOLOG	38	181	D	I
I	:	50, 56	-	136		D	I
I	:	50	09 BOHL SPRACHE	29	17B	B D	I
I	:	:	73 KUHNE CHRONOLOG	9	40	D	I
I	:	:	-	32	146	D	I
I	:	:	-	40	197	B D	I
I	:	:	74 RAINEY EA NOTES	301		CD	I
I	:	:	76 ADLER AKKADISCH	234	2	D R	I
I	:	:	77 CAD 2M RV**	281-B		BCD	I
I	29	51- 52	73 KUHNE CHRONOLOG	38	181	CD	I
I	:	: :	-	46	212	G	I
I	:	51, 55	-	136		D	I
I	:	51	77 CAD 2M RV**	80-A		BCD	I
I	29	52	09 BOHL SPRACHE	47/1	270	BCD	I
I	:	:	58 CAD E RV**	200-A		D	I
I	:	:	71 HELCK BEZIEHUNG	388	108	D	I
I	:	:	-	389	110	D	I
I	:	:	73 KUHNE CHRONOLOG	24	111	D	I
I	:	:	-	38	181	D	I
I	:	:	-	40	197	B D R	I

```
I                                        C  I  T  A  T  I  O  N  S              I
I      T E X T E S              ------------------------------------------------ I
I                              DATE,  OUVRAGE,  PAGES,  NOTES  CARACTERIST.      I
I      ----------------------  ---------------------------------  ------------   I
I      29     53- 54     64 CAD 1A RV**      237-A          BCD              I
I       :     53                 -            260-B           D              I
I       :      :         73 KUHNE CHRONOLOG  26      117      D              I
I       :      :         77 AHW   T RV**     1335-B          BCD             I
I      29     54         77 CAD 1M RV**      275-B           B D      R      I
I      29     55- 64     73 KUHNE CHRONOLOG  39-40   194      D              I
I       :     55-             -             121     612      D              I
I       :     55         10 EBELING VERBUM   45      5/1A    BCD             I
I       :      :         15 KNUDTZ.CR/UNGN.  184              CD      R      I
I       :      :         73 KUHNE CHRONOLOG  30      142      D              I
I       :      :              -              46     212        G            I
I       :      :         76 AHW  >S RV**     1239-B          B D            I
I      29     56- 57     64 CAD 1A RV**      240-A          BCD       C      I
I       :     56, 63     73 KUHNE CHRONOLOG  46      212        G           I
I       :     56, 59          -             138              D              I
I       :     56, 57     10 EBELING VERBUM   66       16     BCD            I
I       :      :   :     68 CAD 2A RV**      390-A          B D             I
I       :     56         10 EBELING VERBUM   68      17/2    bCD            I
I       :      :         59 AHW   B RV**     111-A          B D             I
I       :      :         65 CAD   B RV**     37-A           BCD             I
I       :      :              -             136-B          B D              I
I      29     57         65 AHW   L RV**     527-B          BC       R      I
I       :      :         73 CAD   L RV**     126-B          BCD             I
I      29     58- 60     73 KUHNE CHRONOLOG  46      212        G           I
I       :     58- 59          -              40     194     BCD      R      I
I       :     58, 62     10 EBELING VERBUM   53      7/3A    BCD            I
I       :     58         15 KNUDTZON EL-AM 1001/49  251F  A         C       I
I       :      :         66 JUCQUOIS PHONET  247             BCD            I
I       :      :         68 CAD 2A RV**      514-A          BCD      R      I
I      29     59         09 BOHL SPRACHE     20       9B     B D            I
I       :      :         10 EBELING VERBUM   51      6/2A    BCD            I
I       :      :              -              52      7/3A    BCD            I
I       :      :         65 CAD   B RV**     56-B           BCD      R      I
I      29     60         10 EBELING VERBUM   40       1/1    BCD            I
I       :      :              -              61       12     BCD            I
I       :      :              -              75       24     BCD            I
I       :      :         68 CAD 2A RV**      225-B          BCD          ?  I
I       :      :         73 KUHNE CHRONOLOG  25      115      D             I
I       :      :              -              40     197     B D            I
I      29     61         10 RANKE KEILSCHR.  14             B D      R      I
I       :      :         77 CAD 1M RV**      311-B          B D             I
I      29     62         10 EBELING VERBUM   51      6/2A    BCD            I
I       :      :         58 CAD   E RV**     219-B          BCD      R      I
I      29     63, 66     10 RANKE KEILSCHR.  18             B D             I
I       :     63         71 AHW   R RV**     937-B            G            I
I       :      :         77 CAD 1M RV**      372-A          BCD             I
I      29     64              -              371-A          BCD             I
I       :      :         77 CAD 2M RV**      80-A           BCD      R      I
I      29     65, 68     73 KUHNE CHRONOLOG 138              D              I
I       :     65, 67     10 RANKE KEILSCHR.  14             B D             I
I      29     66, 67     68 CAD 2A RV**      466-B          BCD       C     I
I       :     66         66 AHW   M RV**     574-A          B D             I
I      29     67         10 EBELING VERBUM   41       1/4    BCD            I
I       :      :              -              53      7/3A    BCD            I
I       :      :         67 SYL. 2 RV**      18      102     B D       C    I
I       :      :         71 AHW   R RV**     944-A          B D            I
I       :      :         77 AHW   T RV**     1326-B         B D            I
I      29     68         77 CAD 2M RV**      315-A          B D            I
I      29     69- 99     73 KUHNE CHRONOLOG  46      212        G           I
```

	TEXTES		CITATIONS				
			DATE, OUVRAGE, PAGES, NOTES			CARACTERIST.	
I	29	69- 90	73 KUHNE CHRONOLOG	41	198	D	I
I	:	69- 79	-	40	197	D	I
I	:	69- 70	-	30	138	D	I
I	:	: :	-	40	195	D	I
I	:	69-	-	42	203	D	I
I	:	69	09 BOHL SPRACHE	76	35D	B D	I
I	:	:	66 AHW M RV**	586-B		B	I
I	:	:	66 JUCQUOIS PHONET	120		B D	? I
I	:	:	73 KUHNE CHRONOLOG	24	111	G	I
I	:	:	76 ADLER AKKADISCH	230	2	D	I
I	:	:	77 CAD 1M RV**	113-B		B D	I
I	29	70, 78	10 RANKE KEILSCHR.	12		B D	I
I	:	70	60 CAD IJ RV**	218-A		B D	I
I	:	:	62 CAD 'S RV**	82-B		B D	I
I	29	73	76 ADLER AKKADISCH	238	1	D	R	I
I	29	74, 77	73 KUHNE CHRONOLOG	24	111	D	I
I	:	74	09 BOHL SPRACHE	16	7B	BCD	I
I	:	:	10 EBELING VERBUM	41	1/4	BCD	I
I	:	:	-	66	16	BCD	I
I	:	:	59 CAD D RV**	92-A		B D	I
I	:	:	71 AHW R RV**	932-A		B D	I
I	:	:	73 KUHNE CHRONOLOG	6	34E	D	I
I	29	75	77 AHW T RV**	1313-A		B D	I
I	29	76	10 EBELING VERBUM	61	12	BCD	I
I	:	:	10 RANKE KEILSCHR.	14		B D	I
I	:	:	70 RAINEY TABLETS	76		B D	I
I	:	:	72 AHW R RV**	967-A		G	I
I	:	:	73 KUHNE CHRONOLOG	26	117	D	I
I	29	78- 79	77 CAD 2M RV**	80-A		B D	R C	I
I	:	78	77 CAD 1M RV**	275-B		B D	I
I	29	80	10 EBELING VERBUM	63	14	BCD	EC	I
I	:	:	73 KUHNE CHRONOLOG	40	197	B D	I
I	29	81	71 AHW Q RV**	927-B		G	I
I	29	82	09 BOHL SPRACHE	4	3A	B D	I
I	:	:	-	31	20C	B D	I
I	:	:	15 KNUDTZON EL-AM	1585		D	? I
I	:	:	-	1586		D	I
I	29	83	76 ADLER AKKADISCH	238	2	D	R	I
I	29	84	10 EBELING VERBUM	75	24	BCD	I
I	:	:	15 KNUDTZON EL-AM	1588		C	? I
I	:	:	58 CAD E RV**	224-B		D	I
I	:	:	65 CAD B RV**	82-B		BCD	I
I	:	:	73 KUHNE CHRONOLOG	138		D	I
I	29	85	10 EBELING VERBUM	43	3/4	BCD	I
I	:	:	66 JUCQUOIS PHONET	280		B D	I
I	:	:	71 AHW Q RV**	888-A		B	I
I	:	:	77 CAD 2M RV**	294-A		B D	I
I	29	86, 89	10 RANKE KEILSCHR.	12		B D	I
I	29	87	15 KNUDTZON EL-AM	1588		B D	R	I
I	29	88	10 EBELING VERBUM	61	12	BCD	? I
I	29	89- 90	73 KUHNE CHRONOLOG	46	213	D	I
I	:	89	15 KNUDTZON EL-AM	1001/50	254H	A	C	I
I	:	:	73 KUHNE CHRONOLOG	22	96	G	I
I	:	:	-	29	128	G	I
I	:	:	-	46	212	D	I
I	:	:	-	46	212	BCD	R	I
I	29	90	10 RANKE KEILSCHR.	12		B D	R	I
I	:	:	73 KUHNE CHRONOLOG	47	218	D	I
I	29	91	15 KNUDTZON EL-AM	1587		BCD	I

	TEXTES		DATE, OUVRAGE, PAGES, NOTES			CARACTERIST.
29	131		77 CAD 2M RV**	98-A		B D
29	133		65 AHW L RV**	562-B		B D
:	:		73 CAD L RV**	242-B		BCD R
29	134		64 CAD 1A RV**	260-B		B D
29	135		15 KNUDTZON EL-AM	1588		B D R
:	:		73 KUHNE CHRONOLOG	46	212	BCD R
29	136-147		−	40	197	D
:	: :		−	46	212	G
:	136-145		−	30	141	D
:	136-137		60 CAD IJ RV**	287-A		BCD R C
:	136		77 CAD 1M RV**	107-B		D
:	:		77 CAD 2M RV**	281-B		BCD
29	137-138		73 KUHNE CHRONOLOG	25	115	D
:	: :		77 CAD 2M RV**	281-B		BCD R C
:	137,138		58 CAD E RV**	196-A		B D
:	137		−	282-B		B D
:	:		59 CAD D RV**	92-A		BCD R
:	:		73 KUHNE CHRONOLOG	25	115	D
29	138,145		−	9	40	D
:	: :		−	32	146	D
:	138		59 CAD D RV**	92-A		D
29	139		10 EBELING VERBUM	52	7/3A	BCD
:	:		77 CAD 1M RV**	272-B		B D R
29	140,142		73 KUHNE CHRONOLOG	26	117	D
:	140,141		74 RAINEY EA NOTES	301		CD
29	141		09 BOHL SPRACHE	29	17B	B D
:	:		60 CAD IJ RV**	323-B		B D
:	:		73 KUHNE CHRONOLOG	30	142	D
29	142,147		10 EBELING VERBUM	75	24	BCD
:	142		−	50	6/2A	BCD
:	:		66 JUCQUOIS PHONET	164		BCD
:	:		67 SYL. 2 RV**	23	125	B D C
:	:		73 KUHNE CHRONOLOG	41	197	D
:	:		77 CAD 1M RV**	275-B		B D
29	143-144		73 KUHNE CHRONOLOG	42	203	D
:	143		10 RANKE KEILSCHR.	18		B D
:	:		15 KNUDTZ.CR/UNGN.	184		BCD
:	:		73 KUHNE CHRONOLOG	9	40	D
:	:		−	46	212	C
:	:		76 AHW >S RV**	1250-B		B D
29	144		74 RAINEY EA NOTES	301		CD
29	145-146		73 KUHNE CHRONOLOG	45	210	D
:	145		15 KNUDTZON EL-AM	1589		BCD R
:	:		77 CAD 1M RV**	275-B		B D R
:	:		77 CAD 2M RV**	281-B		BCD R
29	146-147		63 AHW K RV**	448-A		CD C ?
:	: :		71 CAD K RV**	210-B		BCD C
:	146		10 EBELING VERBUM	53	7/3A	BCD
:	:		−	63	14	BCD
:	:		58 CAD E RV**	185-B		B D R
:	:		73 KUHNE CHRONOLOG	25	114	D
:	:		77 CAD 1M RV**	275-B		BCD R
29	147-156		73 KUHNE CHRONOLOG	47	218	D
:	147		10 EBELING VERBUM	43	3/2	BCD
:	:		66 JUCQUOIS PHONET	109		B D
:	:		76 ADLER AKKADISCH	244	1	D R
29	148-161		73 KUHNE CHRONOLOG	46-47	214	D
:	148-153		−	46	212	G
:	148-		−	41	199	D

I	TEXTES			C I T A T I O N S				I
I				DATE, OUVRAGE, PAGES, NOTES			CARACTERIST.	I
I	29	148,149	73 KUHNE CHRONOLOG	24	111	BCD		I
I	:	148	10 EBELING VERBUM	61	12	BCD		I
I	:	:	73 KUHNE CHRONOLOG	24	111	BCD	R	I
I	:	:	77 CAD 1M RV**	275-B		B D		I
I	29	149-153	73 KUHNE CHRONOLOG	41	199	BCD	R	I
I	:	149,152	77 CAD 1M RV**	411-A		B D		I
I	:	149	56 CAD H RV**	75-B		D		I
I	:	:	62 AHW H RV**	319-B		BC		I
I	:	:	66 AHW M RV**	591-A		D		I
I	29	150-151	73 KUHNE CHRONOLOG	40	197	G		I
I	:	150,152	-	32	146	BCD		I
I	:	150	15 KNUDTZON EL-AM 1589			B D	R	I
I	:	:	59 AHW A RV**	52-B		B		I
I	:	:	68 CAD 2A RV**	132-B		B D		I
I	:	:	73 KUHNE CHRONOLOG	10	42	D		I
I	:	:	76 ADLER AKKADISCH 128		2	D		I
I	:	:	77 CAD 1M RV**	411-A		BCD		I
I	29	151-152	71 CAD K RV**	324-B		G		I
I	:	151	10 RANKE KEILSCHR. 12			B D	R	I
I	:	:	69 AHW P RV**	818-B		B D		I
I	:	:	73 KUHNE CHRONOLOG	46	213	D		I
I	29	152,159	-	24	111	D		I
I	:	152	56 CAD H RV**	124-B		BCD	R	I
I	:	:	66 JUCQUOIS PHONET 154			BCD		I
I	:	:	67 AHW N RV**	713-B		G		I
I	29	153	09 BOHL SPRACHE	20	9B	B D		I
I	:	:	68 CAD 2A RV**	470-B		B D		I
I	:	:	77 CAD 2M RV**	95-B		B D		I
I	29	154	58 CAD E RV**	227-B		BCD		I
I	:	:	-	408-A		BCD		I
I	:	:	60 AHW E RV**	265-B		G		I
I	:	:	71 CAD K RV**	591-A		D		I
I	:	:	73 CAD L RV**	171-B		BCD		I
I	:	:	73 KUHNE CHRONOLOG	42	203	D		I
I	:	:	-	46	212	CD		I
I	29	155-156	-	24	111	D		I
I	:	155,156	66 AHW M RV**	591-A		D		I
I	:	155	67 AHW N RV**	713-B		B D		I
I	:	:	73 KUHNE CHRONOLOG	46	212	G		I
I	29	156-157	-	47	217	D		I
I	:	156,162	71 HELCK BEZIEHUNG 441			B D		I
I	:	: :	73 KUHNE CHRONOLOG	46	212	B D		I
I	:	156,158	-	22	96	D		I
I	:	156	09 BOHL SPRACHE	32	20F	BCD		I
I	:	:	10 EBELING VERBUM	44	4/3	BCD		I
I	29	157	69 AHW N RV**	772-A		G		I
I	:	:	71 CAD K RV**	366-B		BCD	R	I
I	29	158	73 KUHNE CHRONOLOG	45	211	D		I
I	:	:	76 ADLER AKKADISCH 247		1	D		I
I	29	159	10 EBELING VERBUM	50	6/2A	BCD		I
I	:	:	63 AHW K RV**	426-B		G		I
I	:	:	71 CAD K RV**	84-B		D		I
I	29	160	58 CAD E RV**	284-B		BCD		I
I	:	:	76 ADLER AKKADISCH 240		2	D		I
I	:	:	77 CAD 2M RV**	22-B		B D	R	I
I	29	161	77 AHW T RV**	1341-B		B D		I
I	:	:	77 CAD 2M RV**	80-A		B D	R ?	I
I	29	162	62 CAD 'S RV**	82-B		BCD		I
I	:	:	73 KUHNE CHRONOLOG	47	217	D		I

TEXTES		CITATIONS				
		DATE, OUVRAGE, PAGES, NOTES			CARACTERIST.	
29	162	77 CAD 2M RV**	281-B		BCD R	
29	163	63 AHW K RV**	448-A		G	?
:	:	71 CAD K RV**	210-B		BCD	
:	:	73 KUHNE CHRONOLOG	25	114	D	
:	:	-	25	115	D	
29	164	09 BOHL SPRACHE	67	32N	D	
:	:	10 EBELING VERBUM	53	7/3A	BCD	
:	:	-	63	14	BCD	
:	:	58 CAD E RV**	185-B		B D	
:	:	67 SYL. 2 RV**	37	194	B D	C
:	:	73 KUHNE CHRONOLOG	25	115	D	
29	165	-	32	146	D	
29	166	64 CAD 1A RV**	188-A		BCD R	
:	:	68 CAD 2A RV**	490-B		BCD R	
29	167-168	71 HELCK BEZIEHUNG	436	13	D	C
:	167,170	73 KUHNE CHRONOLOG	41	199	D	
:	167,170	-	24	111	D	
:	167	10 EBELING VERBUM	44	4/1	BCD	
:	:	73 KUHNE CHRONOLOG	46	213	D	
29	168,172	09 BOHL SPRACHE	20	9B	BCD	
:	168	62 AHW G RV**	285-A		G	
:	:	71 HELCK BEZIEHUNG	428		D	
:	:	73 KUHNE CHRONOLOG	119	599	D	
29	169	10 EBELING VERBUM	40	1/3	BCD	
:	:	58 CAD E RV**	202-B		D	
:	:	59 AHW A RV**	44-B		B D	
:	:	68 CAD 2A RV**	76-B		G	
:	:	73 KUHNE CHRONOLOG	34	160	D	
:	:	76 ADLER AKKADISCH	234	1	D	
:	:	77 CAD 2M RV**	97-B		B D	
29	170	66 JUCQUOIS PHONET	164		BCD	
:	:	-	169		D	
:	:	-	182		BCD	
:	:	69 AHW P RV**	818-B		B D	
:	:	71 CAD K RV**	324-B		BCD EC	
29	171-172	73 KUHNE CHPONOLOG	31	143	D	
:	: :	-	46	212	BCD R	
:	171,175	10 EBELING VERBUM	40	1/1	BCD	
:	171	69 AHW N RV**	772-A		G	
:	:	73 KUHNE CHRONOLOG	30	142	D	
29	172	10 EBELING VERBUM	59	10/6	BCD	
:	:	51 DHORME LANGUE	431	2	BCD	
29	173-181	73 KUHNE CHRONOLOG	47	214	D	
:	173,174	09 BOHL SPRACHE	23	10D	B D	
:	173	-	19	8D	B D	
29	174-175	15 KNUDTZON EL-AM	1589		CD	
:	174	10 EBELING VERBUM	45	5/1A	BCD	
:	:	-	68	17/2	BCD	
:	:	10 RANKE KEILSCHR.	12		B D R	
:	:	68 CAD 2A RV**	394-B		B D	
:	:	72 AHW R RV**	969-A		B D	
29	175	59 AHW B RV**	109-A		B	
:	:	65 CAD B RV**	331-A		BCD R	
:	:	73 KUHNE CHRONOLOG	40	197	BCD	
:	:	-	46	212	CD	
29	177	58 CAD E RV**	231-A		BCD	
:	:	76 AHW >S RV**	1218-A		B D	
29	178	60 CAD IJ RV**	13-A		B D	
:	:	-	277-A		BCD	

```
I                                  C  I  T  A  T  I  O  N  S           I
I        T E X T E S       ----------------------------------------   I
I                          DATE,  OUVRAGE, PAGES, NOTES CARACTERIST.   I
I     -------------------- --------------------------------- -------- I
I        29    178         66 JUCQUOIS PHONET 244             BCD      I
I         :     :          71 AHW   Q RV**      897-B          B D     I
I         :     :          73 KUHNE CHRONOLOG 136               D      I
I        29    179              -              26      117      D      I
I        29    180-181          -              46      212     BCD  R  I
I         :    180         10 EBELING VERBUM   41      1/4     BCD      I
I         :     :               -              45      5/1A    BCD      I
I         :     :          67 SYL. 2 RV**      46      233     B D    C I
I         :     :          73 KUHNE CHRONOLOG 28      126      B D     I
I        29    181         10 EBELING VERBUM   52      7/3A    BCD      I
I         :     :          15 KNUDTZON EL-AM 1589             B        I
I         :     :          64 CAD 1A RV**     260-B            BCD  R   I
I         :     :          66 JUCQUOIS PHONET 283             B D       I
I        29    182-189     71 HELCK BEZIEHUNG 381               D     C I
I         :     :   :      73 KUHNE CHRONOLOG 47      217      D        I
I         :    182         59 AHW   B RV**     140-A          B D       I
I         :     :          65 CAD   B RV**     329-B          BCD   R   I
I         :     :          73 KUHNE CHRONOLOG 46      212      D        I
I         :     :          77 CAD 2M RV**      291-A          B D       I
I        29    183-188     71 AHW   Q RV**     908-B           D        I
I         :    183-184     15 KNUDTZON EL-AM 1589             D         I
I         :     :   :      60 CAD IJ RV**      258-A          BCD   R C I
I         :    183         71 HELCK BEZIEHUNG 388             BCD   R ? I
I         :     :               -              414            BCD   REC ? I
I         :     :               -              415            B D   EC  I
I        29    184,185     73 KUHNE CHRONOLOG 46      212      D        I
I         :    184         15 KNUDTZON EL-AM  997             B     R   I
I         :     :               -           1003/52 268F A          C  I
I         :     :               -           1003/53 268G A          C  I
I         :     :          71 HELCK BEZIEHUNG 387             B D   R C I
I         :     :               -              421            BCD       I
I        29    186,188     68 CAD 2A RV**     145-A           B D       I
I         :     :   :      71 HELCK BEZIEHUNG 423             BCD       I
I         :     :   :      73 KUHNE CHRONOLOG 46      212      D        I
I        29    187         10 RANKE KEILSCHR.  18             B D       I
I                                                                      I
I EA   30                                                              I
I ******                                                               I
I        30                64 CAMPBELL CHRON.  37              D        I
I         :                66 JUCQUOIS PHONET 36               D        I
I         :                71 HELCK BEZIEHUNG 275              D        I
I         :                     -              437      22     D        I
I         :                     -              441            D         I
I         :                73 KUHNE CHRONOLOG  4       21     D         I
I         :                     -              17       76    D         I
I         :                     -              25      113    D         I
I         :                     -              110     532    D         I
I         :                     -              138            D         I
I        30    1- 13       76 ADLER AKKADISCH 252             B         I
I         :     :   :           -              253            C         I
I         :    1-  2       64 CAD 1A RV**      200-B          BCD    C  I
I         :    1,  3       73 KUHNE CHRONOLOG 138             D         I
I         :    1           09 BOHL SPRACHE     15      6F     B D       I
I         :     :               -              58      28U    CD        I
I        30    2,  3       73 KUHNE CHRONOLOG 135             D         I
I         :    2           15 KNUDTZON EL-AM 1598            G          I
I        30    3-  4       68 CAD 2A RV**      148-B         B D     C  I
I        30    5           15 KNUDTZON EL-AM 1587            BCD        I
I         :     :          59 AHW   D RV**     153-A          B D       I
```

```
I
I         T E X T E S                      C I T A T I O N S                      I
I                                  ---------------------------------------------  I
I                                  DATE,  OUVRAGE, PAGES, NOTES  CARACTERIST.  I
I      ---------------------       ---------------------------   ------------  I
I         30       5          59 CAD   D RV**      45-B          B D           I
I          :       :          63 AHW   K RV**     426-B          BCD           I
I          :       :          68 CAD  2A RV**     148-B          B D      C    I
I          :       :          71 CAD   K RV**      84-B               G        I
I          :       :          73 KUHNE CHRONOLOG   17      76   B D           I
I          :       :                 -            136                D         I
I         30       6-  7      77 CAD  1M RV**     196-A          BCD      C    I
I          :       6          09 BOHL SPRACHE      23     10D   B D           I
I          :       :                 -             30     19C   BCD           I
I         30       7, 10      73 KUHNE CHRONOLOG  138                D         I
I          :       7          67 AHW   N RV**     713-B               G        I
I         30       8                 -            757-A          BCD           I
I          :       :          73 KUHNE CHRONOLOG   17      76   BCD           I
I         30       9- 10      10 RANKE KEILSCHR.   21                     EC  I
I          :       9, 13      09 BOHL SPRACHE      20      9B   B D           I
I          :       9, 11      73 KUHNE CHRONOLOG  110     532   B D           I
I          :       9          10 EBELING VERBUM    41     1/4   BCD           I
I         30      10- 11      56 CAD   H RV**      57-B          BCD      C    I
I          :      10          62 AHW   H RV**     314-A               G        I
I          :       :          73 KUHNE CHRONOLOG   17      76        D         I
I         30      12- 13      65 CAD   B RV**     159-A          B D      C ? I
I          :      12          15 KNUDTZON EL-AM 1003/54 270D A          C    I
I          :       :          73 KUHNE CHRONOLOG   17      76   B D    R   ? I
I EA  31                                                                        I
I ******                                                                        I
I         31- 32              69 KLENGEL GESCH.2   10      12        D          I
I         31, 32              64 CAMPBELL CHRON.  38-39              D          I
I          :   :                     -            134      1B       D        ? I
I          :   :              71 HELCK BEZIEHUNG 280                 D          I
I          :   :              73 KUHNE CHRONOLOG  95-99              D      C   I
I          :   :                     -             96    -474        D          I
I         31                  66 JUCQUOIS PHONET   33                D          I
I          :                  71 HELCK BEZIEHUNG 351       82        D          I
I          :                  73 KUHNE CHRONOLOG   16      71        D          I
I          :                         -            138                D          I
I         31       1-  2      71 HELCK BEZIEHUNG 475        3        D      C   I
I          :       :  :       73 KUHNE CHRONOLOG   96     479        D          I
I          :       1          10 RANKE KEILSCHR.   15       2 AB    D    R     I
I          :       :          64 CAMPBELL CHRON.   39              B D      C   I
I         31       2          10 BURCHARDT ALTK.2  8-A     125     B D      C   I
I         31       7, 10      09 BOHL SPRACHE     20/1      9B     B D      ? I
I          :       :  :       15 KNUDTZON EL-AM  1589               G          I
I         31      11- 24      73 KUHNE CHRONOLOG   97     482        D          I
I          :      11          10 RANKE KEILSCHR.   11              B D          I
I          :       :          71 HELCK BEZIEHUNG 438              B D      C   I
I         31      12, 19      73 KUHNE CHRONOLOG  136                D          I
I          :      12, 15              -            138                D          I
I         31      14, 15              -            136                D          I
I          :      14          15 KNUDTZON EL-AM   998              B D      ? I
I          :       :          71 HELCK BEZIEHUNG 220       63        D          I
I          :       :                 -            401      202       D          I
I          :       :          73 KUHNE CHRONOLOG   96     480       CD          I
I         31      15, 18              -            138                D          I
I         31      17, 19              -            138                D          I
I         31      21                  -             71     347       D          I
I         31      22- 24              -             96     481       CD         I
I          :      22          15 KNUDTZON EL-AM   998              B D      ? I
I         31      23          73 KUHNE CHRONOLOG 136                 D          I
```

TEXTES			DATE, OUVRAGE, PAGES, NOTES			CARACTERIST.
			C I T A T I O N S			
31	23		73 KUHNE CHRONOLOG	138		D
31	24		-	96	481	BCD
31	25- 26		-	97		D
:	25, 29		-	138		D
:	25, 28		15 KNUDTZON EL-AM	998		B D ?
:	25		71 HELCK BEZIEHUNG	280	32	B D R
:	:		-	348		D
:	:		73 KUHNE CHRONOLOG	97	485	D
:	:		-	97	486	BCD
31	26		15 KNUDTZON EL-AM	998		B D ?
31	27		73 KUHNE CHRONOLOG	97		CD ?
:	:		-	97	483	B D
:	:		-	102	502	G
31	28		-	136		D
31	29		10 RANKE KEILSCHR.	11		B D
:	:		15 KNUDTZON EL-AM	998		C
31	30- 38		71 HELCK BEZIEHUNG	382		D C
:	30- 34		-	416		D ?
:	30		73 KUHNE CHRONOLOG	136		D
:	:		-	138		D
31	32, 35		09 BOHL SPRACHE	20/1	9B	D
:	32		56 CAD H RV**	266-A		B D
:	:		62 AHW H RV**	363-A		B D
31	33		73 KUHNE CHRONOLOG	137		D
31	34, 38		-	136		D EC
31	35		71 HELCK BEZIEHUNG	397		BCD R ?
:	:		-	400		BCD R C
31	36- 37		-	422		D
31	38		73 KUHNE CHRONOLOG	138		D
EA 32						
******						
32			64 CAMPBELL CHRON.	39-41		D
:			66 JUCQUOIS PHONET	33		D
:			71 HELCK BEZIEHUNG	435		D
32	1- 6		73 KUHNE CHRONOLOG	96	477	D
:	1, 4		70 RAINEY TABLETS	89		D
:	1		64 CAMPBELL CHRON.	39-40		B D R
32	4, 10		-	39-40		B D R
32	7, 10		15 KNUDTZON EL-AM	998		B D ?
32	8		-	998		B D ?
32	10- 12		73 KUHNE CHRONOLOG	96	478	D
:	10		70 RAINEY TABLETS	89		D
32	12- 13		73 KUHNE CHRONOLOG	96	475	D
32	14- 25		-	4	26	D
32	19- 20		-	96	478	D
:	19		15 KNUDTZON EL-AM	998		B D ?
32	24- 25		73 KUHNE CHRONOLOG	96	475	D
:	: :		75 MORAN SYPIAN SC	155	2	D C
32	25		15 KNUDTZON EL-AM	998		B D ?
:	:		73 KUHNE CHRONOLOG	5	30	G
EA 33						
******						
33- 40			09 BOHL SPRACHE	16	7B	D
:	:		-	17	7C	D
:	:		-	18	8B	D
:	:		-	20	9B	D
:	:		-	49	28F	D

```
I                                 C I T A T I O N S               I
I      T E X T E S          ------------------------------------  I
I                           DATE,  OUVRAGE, PAGES, NOTES CARACTERIST. I
I      -------------------  ------------------------------------  I
I      33- 40              09 BOHL SPRACHE      54    28Q    D        I
I        :    :           64 CAMPBELL CHRON.  41-42          D    C   I
I        :    :           66 JUCQUOIS PHONET  32             D        I
I        :    :           71 HELCK BEZIEHUNG 282             D        I
I        :    :           73 KUHNE CHRONOLOG  16      73     D    C   I
I        :    :              -                85-93          D        I
I        :    :           75 MORAN SYRIAN SC 160      21     D        I
I      33- 39             67 REDFORD HISTORY 164             D        I
I        :    :           73 KUHNE CHRONOLOG 130      D3     D        I
I      33- 35                -                93             D        I
I      33, 34                -               125      A4     D        I
I        :    :              -               126      B4     D        I
I      33                 64 CAMPBELL CHRON. 134      2B     D        I
I        :               73 KUHNE CHRONOLOG  12      49     D        I
I      33        1-  2    64 CAD 1A RV**     200-B         B D        I
I        :        :    :  71 HELCK BEZIEHUNG 475       3     D    C   I
I      33        2        09 BURCHARDT ALTK.1 27      78   B D    C   I
I        :        :          -             1 28      79   B D    C   I
I      33        5        73 KUHNE CHRONOLOG   6     34D     D        I
I      33        9- 13       -                57     272     D        I
I        :        9- 11   64 CAMPBELL CHRON.  41-42        BCD        I
I        :        :    :  67 REDFORD HISTORY 165     322   BCD        I
I        :        :    :  73 KUHNE CHRONOLOG  86     427     D        I
I        :        9       09 BOHL SPRACHE     54     28Q   B D        I
I      33       10- 11    68 CAD 2A RV**      390-B         C         I
I        :       10       10 EBELING VERBUM   54     7/3A  BCD        I
I        :        :       58 CAD  E RV**      89-A        B D        I
I        :        :       73 KUHNE CHRONOLOG  86     427   B D    R   I
I      33       11        64 CAD 1A RV**      75-A        B D        I
I      33       13        74 AHW >S RV**      1143-A      B D      ? I
I      33       16        71 HELCK BEZIEHUNG 385          CD    R C  I
I        :        :       73 KUHNE CHRONOLOG  86     422   CD        I
I        :        :       74 RAINEY EA NOTES 309         B D    R    I
I      33       18        10 EBELING VERBUM   40     1/3   BCD    E   I
I        :        :       73 KUHNE CHRONOLOG  86     422   CD       ? I
I      33       23           -                12      47   B D        I
I      33       27- 32    67 REDFORD HISTORY 165     321     D    EC  I
I        :        :    :  73 KUHNE CHRONOLOG  86     425     D        I
I        :        :    :     -               120     604     D        I
I        :        :    :  74 KESTEMONT DIPL. 299      43   BCD    R   I
I        :       27, 31   09 BOHL SPRACHE     10      4D   B D        I
I        :       27       15 KNUDTZ.CR/UNGN. 184          B D        I
I      33       29, 32    73 KUHNE CHRONOLOG  12      47   B D        I
I        :       29       64 CAD 1A RV**      318-A         D        I
I      33       30- 32       -               318-A       BCD    C    I
I        :       30       09 BOHL SPRACHE     69     33H   BCD    R  ? I
I                                                                     I
I EA  34                                                              I
I ******                                                              I
I      34- 40             73 KUHNE CHRONOLOG  11      47     D        I
I      34- 39             64 CAMPBELL CHRON.  42             D        I
I        :    :              -               134      1B     D      ? I
I        :    :              -               134      2B     D      ? I
I      34, 35             73 KUHNE CHRONOLOG  93     470     D        I
I      34                 10 EBELING VERBUM   46     5/1B    D        I
I        :               53 MORAN SUMMA      80-A          D        I
I        :               71 HELCK BEZIEHUNG 437             D        I
I        :               73 MORAN DUAL PRON  52      11     D        I
I      34        1-  2    64 CAD 1A RV**      200-B        B D    C   I
```

TEXTES		CITATIONS DATE, OUVRAGE, PAGES, NOTES			CARACTERIST.
34	1- 2	71 HELCK BEZIEHUNG 475	3	D	C
:	: :	73 KUHNE CHRONOLOG 59	286	D	
34	3- 4	15 KNUDTZON EL-AM 1596		B D	
:	3	10 EBELING VERBUM 44	4/2	BCD	
:	:	- 54	7/3A	BCD	
:	:	- 58	8/4	BCD	
:	:	51 DHORME LANGUE 409		BCD	
34	4	09 BOHL SPRACHE 20/1	9B	B D	
:	:	- 71	34B	BCD	?
:	:	10 EBELING VERBUM 53	7/3A	BCD	
:	:	15 KNUDTZON EL-AM 1589		BCD	
34	5- 6	73 KUHNE CHRONOLOG 26	119	D	
34	7- 18	- 87	430	D	
:	7-	- 54	253	D	
:	7	09 BOHL SPRACHE 26	14A	B D	
:	:	15 KNUDTZON EL-AM 1589		C	?
:	:	77 CAD 1M RV** 30-A		B D	
34	8	60 MORAN EARLY CAN 17	1	B D	
34	9	10 EBELING VERBUM 40	1/2	BCD	
:	:	- 61	12	BCD	
:	:	77 CAD 2M RV** 94-B		B D	
34	11, 14	09 BOHL SPRACHE 54	28Q	B D	
:	11	- 40	25M	B D	
34	12, 19	73 KUHNE CHRONOLOG 11	47	B D	
:	12	64 CAMPBELL CHRON. 42		D	
:	:	67 AHW N RV** 745-A		G	
:	:	69 AHW N RV** 793-A		B	
:	:	70 RAINEY TABLETS 73		B D	
34	14, 16	75 MORAN SYRIAN SC 150-151		D	
34	16- 18	64 CAD 1A RV** 358-B		BCD	C
:	16	09 BOHL SPRACHE 73	34H	B D	
:	:	59 AHW A RV** 37-B		BCD	
34	17	66 JUCQUOIS PHONET 265		BCD	
34	18- 29	73 KUHNE CHRONOLOG 71	347	D	
:	18- 19	64 CAD 1A RV** 12-A		BCD	C
:	18	71 HELCK BEZIEHUNG 385		CD	C
:	:	73 KUHNE CHRONOLOG 86	422	CD	
34	19	09 BOHL SPRACHE 49	28F	B D	
:	:	15 KNUDTZON EL-AM 998		B	R
:	:	53 MORAN SUMMA 80-A		B D	
34	20- 21	71 HELCK BEZIEHUNG 381		D	C
:	20	15 KNUDTZ.CR/UNGN. 184		B D	R ?
:	:	58 CAD E RV** 315-A		D	
:	:	- 315-B		BCD	
:	:	71 HELCK BEZIEHUNG 378		D	
:	:	- 422		D	
34	21	15 KNUDTZ.CR/UNGN. 184		B D	C
:	:	71 HELCK BEZIEHUNG 419		D	
:	:	77 AHW >S RV** 1261-B		B D	
34	22	71 CAD K RV** 474-A		B D	
34	23	09 BOHL SPRACHE 20/1	9B	BCD	
:	:	65 AHW K RV** 514-B		B	
:	:	71 CAD K RV** 586-A		B D	
:	:	71 HELCK BEZIEHUNG 416		D	C
34	24	09 BOHL SPRACHE 20/1	9B	B D	
:	:	56 CAD H RV** 7-A		BCD	
:	:	62 AHW H RV** 302-B		BCD	
:	:	71 HELCK BEZIEHUNG 400		B D	
34	25, 26	66 JUCQUOIS PHONET 122		B D	

TEXTES			CITATIONS						
			DATE, OUVRAGE, PAGES, NOTES				CARACTERIST.		
34	25		71 CAD K RV**	474-A		B D			
:	:		76 AHW >S RV**	1190-A		B D			
34	27		60 CAD IJ RV**	106-B		B D		?	
:	:		73 KUHNE CHRONOLOG	11	47	BCD			
34	29		56 CAD H RV**	7-A		D			
:	:		62 AHW H RV**	302-B		G			
34	35		09 BOHL SPRACHE	45	27I	BCD			
34	39- 46		71 HELCK BEZIEHUNG	429		D	C		
:	39		73 MORAN DUAL PRON	52		D		?	
:	:		77 AHW T RV**	1315-A		B D			
34	40		-	1315-A		D			
34	42- 43		58 CAD E RV**	211		BCD	R C		
:	: :		73 MORAN DUAL PRON	52		BCD	EC		
34	43		09 BOHL SPRACHE	27	15B	BCD			
:	:		73 MORAN DUAL PRON	50		B D	EC		
34	45, 46		09 BOHL SPRACHE	49	28F	B D			
:	: :		73 KUHNE CHRONOLOG	11	47	B D			
:	45		10 EBELING VERBUM	46	5/1B	BCD			
:	:		-	47	5/1B	BCD			
34	46- 53		73 KUHNE CHRONOLOG	87	429	D			
34	47- 48		71 CAD K RV**	474-A		BCD	C		
:	: :		77 CAD 2M RV**	94-B		B D	C		
34	48		09 BOHL SPRACHE	74	34P	D			
:	:		10 EBELING VERBUM	42	2/2	BCD			
34	49		09 BOHL SPRACHE	54	28Q	B D			
:	:		10 EBELING VERBUM	45	5/1A	BCD			
:	:		73 KUHNE CHRONOLOG	11	47	B D	R		
34	50- 51		10 EBELING VERBUM	78	APP	B D	C		
:	: :		56 CAD H RV**	7-A		BCD	C		
:	: :		64 CAD 1A RV**	358-B		B D	C		
:	: :		77 CAD 1M RV**	176-B		B D	R C		
:	50		09 BOHL SPRACHE	20/1	9B	B D			
:	:		-	73	34H	B D			
:	:		59 AHW A RV**	37-B		BCD			
:	:		62 AHW H RV**	302-B		G			
:	:		71 HELCK BEZIEHUNG	401		D			
34	51		09 BOHL SPRACHE	20	9B	B D			
:	:		10 EBELING VERBUM	53	7/3A	BCD			
:	:		71 AHW Q RV**	899-B		G			
:	:		77 AHW T RV**	1296-A		D			
34	52- 53		68 CAD 2A RV**	390-B		BCD	C		
:	: :		71 CAD K RV**	591-A		B D	C		
:	52		10 EBELING VERBUM	50	6/2A	BCD			
:	:		-	63	13	BCD			
:	:		50 MORAN SYNTACTIC	111	30	D			
:	:		53 MORAN SUMMA	80-A		B D			
:	:		64 CAD 1A RV**	358-B		B D	C		
:	:		73 KUHNE CHRONOLOG	11	47	BCD			
34	53		09 BOHL SPRACHE	33	22C	B D			

EA 35
******

35			71 HELCK BEZIEHUNG	384		D			
:			73 KUHNE CHRONOLOG	16	71	D			
:			-	87	433	G			
:			-	90-93		D			
:			-	91	461	D			
:			-	93	468	D			
:			75 MORAN SYRIAN SC	164	64	D			

TEXTES		DATE, OUVRAGE, PAGES, NOTES	CARACTERIST.
		C I T A T I O N S	

	TEXTES		DATE, OUVRAGE	PAGES	NOTES	CARACTERIST.	
35	1- 2		71 HELCK BEZIEHUNG	475	3	D	C
35	5, 8		09 BOHL SPRACHE	1	1C	B D	
35	8- 9		73 KUHNE CHRONOLOG	25	113	D	
35	9		09 BOHL SPRACHE	23	10D	B D	
:	:		73 KUHNE CHRONOLOG	11	47	D	
35	10- 15		-	121	610	D	
:	10		09 BOHL SPRACHE	39	25H	B D	
:	:		-	76	35E	BCD	
:	:		66 JUCQUOIS PHONET	159		B D	
:	:		71 HELCK BEZIEHUNG	385		CD	C
:	:		73 KUHNE CHRONOLOG	86	422	CD	?
35	12		10 EBELING VERBUM	40	1/2	BCD	
:	:		-	52	7/3A	BCD	
:	:		-	65	15	BCD	
:	:		62 CAD 'S RV**	185-B		BCD	
:	:		70 RAINEY TABLETS	79		B D	
:	:		71 CAD K RV**	319-A		B D	
:	:		73 KUHNE CHRONOLOG	6	340	D	
:	:		-	10	42	D	
:	:		-	87	433	D	
:	:		74 AHW >S RV**	1139-A		G	
:	:		74 AHW 'S RV**	1087-B		G	
35	13- 14		59 CAD D RV**	36-B		BCD	C
:	: :		71 HELCK BEZIEHUNG	183		D	C
:	13		15 KNUDTZON EL-AM	998		B	
:	:		15 KNUDTZ.CR/UNGN.	184		BCD	?
:	:		53 MORAN SUMMA	78-A		BCD	
:	:		-	79-B		D	
:	:		-	80		B D	C
:	:		64 CAMPBELL CHRON.	55	76	D	
:	:		71 AHW Q RV**	909-B		B D	
:	:		73 KUHNE CHRONOLOG	11	47	B D	
35	14		10 EBELING VERBUM	45	5/1A	BCD	
:	:		58 CAD E RV**	208		BCD	EC
:	:		60 AHW E RV**	227-A		BCD	
35	15		10 EBELING VERBUM	40	1/3	BCD	
:	:		-	52	7/3A	BCD	
35	16- 18		73 KUHNE CHRONOLOG	87	433	D	
:	16- 17		68 CAD 2A RV**	257-A		BCD	C
35	17, 22		58 CAD E RV**	282-B		D	
:	17		77 CAD 2M RV**	97-B		BCD	
35	19- 20		59 CAD D RV**	92-A		BCD	C
:	: :		73 KUHNE CHRONOLOG	87	434	D	
:	:		77 CAD 1M RV**	25-B		BCD	C
:	19, 23		64 CAD 1A RV**	201-A		B D	
:	19, 20		73 KUHNE CHRONOLOG	11	47	D	
35	20		60 CAD IJ RV**	98-A		BCD	
35	21- 22		77 CAD 2M RV**	97-B		B D	C
35	22		10 EBELING VERBUM	45	5/1A	BCD	
:	:		53 MORAN SUMMA	79-B	10	B D	
35	23- 24		64 CAD 1A RV**	366-A		BCD	C
:	23		71 HELCK BEZIEHUNG	372		D	?
35	24		51 DHORME LANGUE	447		BCD	
:	:		71 HELCK BEZIEHUNG	400		CD	
:	:		74 AHW >S RV**	1158-A		B	
35	25		09 BOHL SPRACHE	20/1	9B	BCD	
:	:		65 AHW K RV**	500-B		G	
:	:		71 CAD K RV**	499-A		BCD	
35	26		70 RAINEY TABLETS	63		B D	

TEXTES			CITATIONS					
			DATE, OUVRAGE, PAGES, NOTES				CARACTERIST.	
35	26		71 HELCK BEZIEHUNG	434		17	D	
:	:		74 AHW >S RV**	1134-A			BCD	
35	27		64 CAD 1A RV**	201-A			B D	
35	28		10 EBELING VERBUM	51		6/2A	BCD	
:	:		59 CAD D RV**	10-B			BCD	
35	30- 34		71 HELCK BEZIEHUNG	429			D	C
35	31, 39		10 EBELING VERBUM	53		7/3A	BCD	
35	34, 37		15 KNUDTZON EL-AM	998			B	
:	34		51 DHORME LANGUE	447			BCD	
35	35- 36		64 CAMPBELL CHRON.	42			CD	
:	: :		71 CAD K RV**	319-A			BCD	C
:	: :		73 KUHNE CHRONOLOG	86	425		D	
:	: :		-	93	470		D	
:	: :		-	144	720		D	
:	35-		-	11	47		D	
:	: :		-	121	610		D	
:	35		10 EBELING VERBUM	52		7/3A	BCD	
35	36		-	55		7/3A	BCD	
:	:		67 REDFORD HISTORY	165			D	EC ?
:	:		68 CAD 2A RV**	394-B			B D	
35	37		53 MORAN SUMMA	78-A		2	B D	
:	:		68 CAD 2A RV**	466-B			BCD	
:	:		71 AHW Q RV**	909-B			B D	
35	38- 39		65 CAD B RV**	149-150			BCD	C
:	: :		71 HELCK BEZIEHUNG	183			D	C
:	38		65 CAD B RV**	294-A			BCD	
35	39		73 KUHNE CHRONOLOG	10	42		D	
35	40		67 AHW N RV**	757-A			G	
35	41		68 CAD 2A RV**	257-A			BCD	
:	:		77 AHW >S RV**	1268-A			D	
35	43- 44		59 CAD D RV**	92-A			B D	C
:	43		64 CAD 1A RV**	201-A			B D	
35	44		77 CAD 1M RV**	25-B			B D	
35	46- 48		58 CAD E RV**	202			BCD	C
:	46, 47		77 CAD 2M RV**	97-B			B D	
35	47		10 EBELING VERBUM	50		6/2A	BCD	
35	48, 52		53 MORAN SUMMA	79-B	10		B D	
:	48		09 BOHL SPRACHE	54	28Q		B D	
:	:		10 EBELING VERBUM	51		6/2A	BCD	
:	:		68 CAD 2A RV**	108			BCD	
:	:		73 KUHNE CHRONOLOG	10	42		D	
35	49- 53		-	88	440		D	
:	49- 50		67 REDFORD HISTORY	218-219			D	C ?
:	: :		73 KUHNE CHRONOLOG	74	370		D	
:	49		09 BURCHARDT ALTK.1	24	71		B D	C
:	:		-	1 42	124		B D	C
:	:		10 BURCHARDT ALTK.2	41-B	787		B D	C
:	:		71 HELCK BEZIEHUNG	278	13		B D	
35	50		10 EBELING VERBUM	65	15		BCD	
:	:		73 KUHNE CHRONOLOG	92	463		D	
:	:		74 AHW >S RV**	1138-B			G	
35	51- 52		77 CAD 2M RV**	97-B			BCD	C
:	51		10 EBELING VERBUM	63	14		BCD	
:	:		77 AHW >S RV**	1268-A			D	
35	53		10 EBELING VERBUM	61	12		BCD	
:	:		53 MORAN SUMMA	79-B	10		B D	
35	54- 55		64 CAD 1A RV**	321-A			BCD	
:	54		09 BOHL SPRACHE	75	34S		BCD	?
:	:		15 KNUDTZON EL-AM	1589			BCD	?

```
I                                                C I T A T I O N S            I
I        T E X T E S          ----------------------------------------        I
I                             DATE,  OUVRAGE, PAGES, NOTES  CARACTERIST.       I
I    -----------------------  -----------------------------  ------------      I
I        35      55           15 KNUDTZON EL-AM 1003/55 287L A          C      I
I                                                                              I
I EA  36                                                                       I
I ******                                                                       I
I        36       3           15 KNUDTZON EL-AM 1589            B              I
I        36       5           77 CAD 1M RV**       145-B          D           I
I        36       6,   7      73 KUHNE CHRONOLOG  86      422    CD       ?    I
I        :        6           65 CAD  B RV**       231-A        B D           I
I        :        :           71 HELCK BEZIEHUNG 385            CD   R C       I
I        36       7           15 KNUDTZON EL-AM 1003/56 288K A          C      I
I        :        :              -               1003/57 289L A          C      I
I        :        :           56 CAD  H RV**       124-A       BCD            I
I        :        :           77 AHW  T RV**      1301-B       B D       ?    I
I        36       8, 10       10 EBELING VERBUM    63       14  BCD           I
I        :        8           09 BOHL SPRACHE      31      20B B D           I
I        :        :           66 JUCQUOIS PHONET 247           BCD           I
I        36       9- 13       73 KUHNE CHRONOLOG  87      433    D           I
I        :        9           10 EBELING VERBUM    53     7/3A BCD           I
I        :        :           72 AHW  S RV**      1006-A         G           I
I        36      10           77 CAD 1M RV**       148-B       BCD    R      I
I        36      12           58 CAD  E RV**       208-B       BCD           I
I        :        :           60 AHW  E RV**       227-A       B D           I
I        36      14           58 CAD  E RV**       208-B         D           I
I        :        :           60 AHW  E RV**       227-A         G           I
I        36      15           09 BOHL SPRACHE      15       6F B D           I
I        :        :           64 CAMPBELL CHRON.   40       28    D           I
I        :        :           75 MORAN SYRIAN SC 151            D       ?    I
I        36      18           67 REDFORD HISTORY 165            D           I
I        :        :           73 KUHNE CHRONOLOG  86      425    D           I
I EA  37                                                                       I
I ******                                                                       I
I        37                   71 HELCK BEZIEHUNG 384            D           I
I        :                    75 MORAN SYRIAN SC 147     N.50   D           I
I        37       1-  2       71 HELCK BEZIEHUNG 475        3   D      C     I
I        37       2           73 KUHNE CHRONOLOG  85      419  B D           I
I        37       5,  6       09 BOHL SPRACHE      11       5B B D           I
I        37       7              -               11       5B B D           I
I        :        :           59 CAD  D RV**        91-B          D           I
I        :        :              -                92-A        B D           I
I        :        :           66 JUCQUOIS PHONET 183           BCD           I
I        37       9           09 BOHL SPRACHE      22      10B BCD           I
I        :        :           62 CAD  'S RV**      198-B       B D           I
I        :        :           70 RAINEY TABLETS    79            B D           I
I        :        :           71 HELCK BEZIEHUNG 385            D      C     I
I        37      12           09 BOHL SPRACHE      23      10D B D           I
I        37      13- 16       58 CAD  E RV**       359-A       BCD    R C     I
I        :       13           60 AHW  E RV**       217-A         G           I
I        :        :           60 CAD IJ RV**       143-A       B D           I
I        :        :           66 JUCQUOIS PHONET 126           BCD           I
I        :        :           73 KUHNE CHRONOLOG  11       47  B D           I
I        37      14           60 AHW  E RV**       256-B         G           I
I        37      16           15 KNUDTZON EL-AM 1003/58 291G A          C      I
I        37      17           73 KUHNE CHRONOLOG  11       47    D           I
I        :        :           75 MORAN SYRIAN SC 151            D           I
I        37      18           62 CAD  'S RV**      113-A       BCD           I
I        :        :           70 RAINEY TABLETS    78            B D           I
I        :        :           73 KUHNE CHRONOLOG  87      434    D           I
I        :        :           74 AHW  'S RV**     1086-A         G           I
```

```
I                                    C I T A T I O N S              I
I         T E X T E S          ------------------------------------ I
I                              DATE,  OUVRAGE, PAGES, NOTES CARACTERIST. I
I     ---------------------    ------------------------------ --------- I
I      37      19, 27    66 JUCQUOIS PHONET 247          BCD       I
I       :      19        09 BOHL SPRACHE      31     20B  B D       I
I      37      20                             67     32N  D         I
I      37      21- 26    73 KUHNE CHRONOLOG   87     437  D         I
I       :      21        15 KNUDTZON EL-AM 1003/59 292A A      C    I
I      37      24        71 HELCK BEZIEHUNG 442            D         I
I                                                                   I
I EA  38                                                            I
I ******                                                            I
I      38- 40            73 KUHNE CHRONOLOG   87     435  D         I
I      38                 -                 87-88    438    G       I
I       :                75 MORAN SYRIAN SC 162      42   D         I
I      38       1-  2    71 HELCK BEZIEHUNG 475       3   D      C  I
I      38       2- 12     -                 196           D      C  I
I      38       4        09 BOHL SPRACHE      7     3P   B D       I
I       :       :        72 AHW   S RV**    1036-A        D         I
I       :       :        74 RAINEY EA NOTES 303          B D    R  I
I       :       :        77 CAD 1M RV**      281-A       B D       I
I      38       5        62 CAD 'S RV**       50-A       BCD       I
I       :       :        77 CAD 1M RV**       21-B       BCD       I
I      38       6        09 BOHL SPRACHE       1     1C   B D       I
I      38       7- 28    73 KUHNE CHRONOLOG 87-88    438  D         I
I       :       7-        -                   87     435  D         I
I       :       7,  8    15 KNUDTZ.CR/UNGN. 184           CD        I
I      38       8        09 BOHL SPRACHE      29     16A  B D       I
I      38       9- 12    71 HELCK BEZIEHUNG 282           D      C  I
I       :       9- 10    64 CAD 1A RV**      238-A       BCD    C  I
I       :       9        09 BOHL SPRACHE      18     8B   B D       I
I       :       :         -                   54     28Q  B D       I
I       :       :        10 EBELING VERBUM    40     1/3  BCD       I
I      38      10- 12    62 CAD 'S RV**      181-A       BCD    C  I
I       :      10        09 BOHL SPRACHE      77     35E  BCD       I
I       :       :        10 BURCHARDT ALTK.2 33-B    640  B D    C  I
I       :       :        71 HELCK BEZIEHUNG 227      23   D         I
I       :       :        73 KUHNE CHRONOLOG 87-88    438  B D       I
I      38      11        66 JUCQUOIS PHONET 198           BCD       I
I       :       :        67 SYL. 2 RV**       11     59   B D    C  I
I       :       :        73 KUHNE CHRONOLOG    7     34Q  D         I
I      38      12, 16     -                   10     42   D         I
I       :      12        09 BOHL SPRACHE      17     7C   B D       I
I       :       :        67 SYL. 2 RV**       12     60   B D    C  I
I      38      13-       73 KUHNE CHRONOLOG   11     47   D         I
I       :      13        64 CAD 1A RV**      201-A       B D       I
I       :       :        68 CAD 2A RV**      504-A       BCD       I
I      38      14        65 CAD  B RV**      150-A       BCD       I
I      38      15- 16    60 CAD IJ RV**       24-B       BCD    C  I
I       :      15, 19    09 BOHL SPRACHE      18     8B   B D       I
I       :      15, 17    68 CAD 2A RV**      504-A       B D       I
I      38      16        65 CAD  B RV**      150-A       D         I
I       :       :        68 CAD 2A RV**       60-A       BCD       I
I      38      17- 18    73 CAD  L RV**      171-B       BCD    C  I
I       :      17        10 EBELING VERBUM    58     8/4  BCD       I
I       :       :        51 DHORME LANGUE    409           BCD       I
I      38      18, 21    65 AHW   L RV**      549-B          G      I
I      38      19        60 CAD IJ RV**       24-B       BCD       I
I       :       :        67 SYL. 2 RV**       41     218  B D    C  I
I      38      20        15 KNUDTZ.CR/UNGN. 184           B D    ? I
I       :       :        58 CAD  E RV**      202-B       D         I
I       :       :        68 CAD 2A RV**       42-A       BCD       I
```

```
I                                         C I T A T I O N S              I
I        T E X T E S              -------------------------------------- I
I                                 DATE,  OUVRAGE, PAGES, NOTES CARACTERIST. I
I        --------------------     --------------------------- ----------- I
I        38       21- 22     58 CAD  E RV**      194-195      BCD     C   I
I        :        21         73 CAD  L RV**      171-B         D          I
I        38       23- 24     71 CAD  K RV**      319-B        BCD     C   I
I        :        :   :      73 KUHNE CHRONOLOG  86     425    D          I
I        :        23-                -           121    615    D          I
I        :        23         09 BOHL SPRACHE     77     35E   BCD         I
I        :        :          51 DHORME LANGUE    476          BCD         I
I        38       24         73 KUHNE CHRONOLOG  10     42     D          I
I        38       27- 29     64 CAD 1A RV**      235-A        BCD     C   I
I        :        :   :      73 KUHNE CHRONOLOG  86     423    D          I
I        :        27, 28     09 BOHL SPRACHE     4      3A    B D         I
I        :        27                -           72     34D   BCD         I
I        :        :          51 DHORME LANGUE    477          BCD         I
I        38       28         09 BOHL SPRACHE     19     9A    BCD         I
I        :        :          10 EBELING VERBUM   45     5/1A  BCD         I
I        38       30         09 BOHL SPRACHE     16     7B    B D         I
I                                                                         I
I EA  39                                                                  I
I ******                                                                  I
I        39, 40              09 BOHL SPRACHE     37     23K    D          I
I        :   :              73 KUHNE CHRONOLOG 125     A4     D          I
I        39                         -           12     49     D          I
I        :                          -           87     436    D          I
I        39       1-  3      71 HELCK BEZIEHUNG 475     3      D      C   I
I        39       3         10 BURCHARDT ALTK.2  7-A    111  B D     C   I
I        :        :         10 RANKE KEILSCHR.   5      5    B D         I
I        :        :         73 KUHNE CHRONOLOG  85     419  B D     C   I
I        39       6         09 BOHL SPRACHE     7      3P   B D         I
I        :        :         72 AHW  S RV**      1036-A        D          I
I        :        :         73 KUHNE CHRONOLOG  26     119  B D         I
I        :        :         77 CAD 1M RV**      281-A        B D         I
I        39       7,  9             -           21-22        BCD     C   I
I        39       10- 20     71 HELCK BEZIEHUNG 429           D      C   I
I        :        10        09 BOHL SPRACHE     37     23K     G         I
I        39       11, 15     67 AHW  N RV**      757-A         G         I
I        :        :   :      73 KUHNE CHRONOLOG  87     436    G         I
I        39       14- 16     64 CAMPBELL CHRON.  42            D          I
I        :        14, 17     77 AHW  T RV**      1315-A       B D         I
I        :        14         68 CAD 2A RV**      52-A         BCD         I
I        :        :                 -           138-B        BCD         I
I        39       18- 20     71 AHW  Q RV**      916-B        B D     C   I
I        39       19         09 BOHL SPRACHE     17     7C   B D         I
I        :        :                 -           49     28F   B D         I
I        :        :         10 EBELING VERBUM   52     6/2B  BCD         I
I        :        :         66 JUCQUOIS PHONET 138           BCD         I
I        :        :         73 KUHNE CHRONOLOG  11     47   B D         I
I        39       20                -           87     436   BCD         I
I        39       21         71 HELCK BEZIEHUNG 282     50     D      C   I
I        :        :         73 KUHNE CHRONOLOG  86     424  B D     C   I
I                                                                         I
I EA  40                                                                  I
I ******                                                                  I
I        40                 64 CAMPBELL CHRON.  37            D          I
I        :                 73 KUHNE CHRONOLOG   4     23     D          I
I        40       1-  3      71 HELCK BEZIEHUNG 248           D      C   I
I        :        :   :      73 KUHNE CHRONOLOG  86     421    D      C   I
I        40       6         69 KLENGEL GESCH.2 241     119    D          I
I        40       7- 14     71 HELCK BEZIEHUNG 394     157    D      C   I
I        :        7         73 KUHNE CHRONOLOG  86     422    CD        ? I
```

```
I                                C I T A T I O N S                    I
I      T E X T E S        --------------------------------------------  I
I                          DATE,  OUVRAGE, PAGES, NOTES  CARACTERIST.  I
I      ------------------  ----------------------------  ------------  I
I      40      8          60 CAD IJ RV**      217-B              D       I
I      40      9          10 EBELING VERBUM    40      1/2   BCD         I
I      :      :           66 JUCQUOIS PHONET  170            B D         I
I      :      :           75 MORAN SYRIAN SC  152        5   B D   R   ? I
I      40      11         73 KUHNE CHRONOLOG   12       47   B D         I
I      40      12- 13     60 CAD IJ RV**      158-B          BCD      C  I
I      :      12          63 AHW  I RV**      384-A          B D         I
I      40      13         71 HELCK BEZIEHUNG  385              D       C  I
I      :      :           73 KUHNE CHRONOLOG   86      422    CD         I
I      40      15         60 CAD IJ RV**      217-B          BCD         I
I      40      16- 28     71 HELCK BEZIEHUNG  429              D       C  I
I      :      16, 24      68 CAD 2A RV**       52-A          B D         I
I      40      20, 28     73 KUHNE CHRONOLOG   12       47   B D         I
I      :      20, 27      67 AHW  N RV**      757-A             G         I
I      :      20          73 KUHNE CHRONOLOG   87      436   BCD   R     I
I      40      21- 22     77 CAD 2M RV**       97-B          B D   R C   I
I      40      23         09 BOHL SPRACHE      18       8B   B D         I
I      :      :              -                 54      28Q   B D         I
I      :      :           73 KUHNE CHRONOLOG   11       47   BCD         I
I      40      25            -                 87      436   BCD   R     I
I      40      26, 27        -                 87      436   BCD         I
I      :      26          09 BOHL SPRACHE      17       7C   B D         I
I      :      :           71 AHW  Q RV**      916-B             D         I
I                                                                        I
I EA   41                                                                I
I ******                                                                 I
I      41, 42            09 BOHL SPRACHE      18       8B    D           I
I      :      :             -                 19       8C    D           I
I      :      :          64 CAMPBELL CHRON.   38-39           D           I
I      :      :          73 KUHNE CHRONOLOG  101-103          D           I
I      :      :             -               137      672     D           I
I      41               62 KITCHEN SUPPILU   22               D           I
I      :                   -                 32        2      D           I
I      :                   -                 41               D           I
I      :                64 CAMPBELL CHRON.  134       2B      D           I
I      :                64 HORNUNG UNTERS.   63               D           I
I      :                65 KLENGEL GESCH.1  249      108      D           I
I      :                66 JUCQUOIS PHONET   33               D           I
I      :                67 REDFORD HISTORY  155      284      D           I
I      :                   -               160               D           I
I      :                   -               218-219            D         ? I
I      :                71 HELCK BEZIEHUNG  279       20      D           I
I      :                   -               383               D           I
I      :                73 KUHNE CHRONOLOG   10       41       G          I
I      :                   -                92      462      D           I
I      :                   -               126       B6      D           I
I      41      1-  3    71 HELCK BEZIEHUNG  475        3      D       C   I
I      :      1         09 BURCHARDT ALTK.1  17       50   B D       C   I
I      :      :         10 BURCHARDT ALTK.2 41-A     776   B D       C   I
I      :      :         71 HELCK BEZIEHUNG  474        1      D       C   I
I      :      :         73 KUHNE CHRONOLOG   59      286      D           I
I      :      :            -               101      496      D           I
I      41      2        10 RANKE KEILSCHR.   14        2   B D           I
I      :      :         64 CAMPBELL CHRON.   39           B D       C   I
I      :      :         67 REDFORD HISTORY  160           B D       C   I
I      :      :         73 KUHNE CHRONOLOG  101           B D           I
I      41      3        64 CAD 1A RV**      200-B           D           I
I      41      6        09 BOHL SPRACHE      1        1C   B D           I
I      41      7- 15    67 REDFORD HISTORY  156      285      D       C   I
```

	TEXTES		DATE, OUVRAGE, PAGES, NOTES			CARACTERIST.
41	7- 13	73 KUHNE CHRONOLOG	101	500	CD	
:	7	09 BOHL SPRACHE	31	200	B D	
41	8- 9	58 CAD E RV**	204-A		BCD	C
:	: :	65 CAD B RV**	247-B		B D	C
:	8	09 BOHL SPRACHE	31	200	B D	
:	:	77 CAD 2M RV**	22-B		B D	
41	9- 15	64 CAMPBELL CHRON.	39		D	
:	9- 13	74 KESTEMONT DIPL.	300		D	
:	9, 11	76 AHW >S RV**	1190-A		B D	
:	9	09 BOHL SPRACHE	69	33H	BCD	?
:	:	10 EBELING VERBUM	51	6/2A	BCD	
:	:	15 KNUDTZON EL-AM	1589		D	
:	:	59 AHW A RV**	87-B		G	
:	:	73 KUHNE CHRONOLOG	10	41	B D	
:	:	74 KESTEMONT DIPL.	111	108	B D	
:	:	-	558		B D	
41	10- 11	59 CAD D RV**	6-B		BCD	C
:	10, 14	73 KUHNE CHRONOLOG	10	41	D	
:	10, 13	09 BOHL SPRACHE	67	32N	D	
:	: :	63 AHW K RV**	428-B		G	
:	10	09 BOHL SPRACHE	20	9B	B D	
:	:	77 CAD 2M RV**	97-B		B D	
41	11, 13	09 BOHL SPRACHE	20	9B	B D	
:	11	73 KUHNE CHRONOLOG	101	500	B D	
41	13, 15	10 EBELING VERBUM	75	24	BCD	
:	13	09 BOHL SPRACHE	18	8B	B D	
41	14- 15	73 KUHNE CHRONOLOG	101	499	D	
:	: :	77 AHW >S RV**	1258-B		B D	C
:	14	09 BOHL SPRACHE	19	8D	BCD	
:	:	-	76	35D	B D	
:	:	65 CAD B RV**	57-A		B D	
:	:	66 JUCQUOIS PHONET	120		B D	
:	:	-	266		B D	
41	15- 20	73 KUHNE CHRONOLOG	101		D	
:	15, 17	-	10	41	D	
:	15	09 BOHL SPRACHE	67	32N	D	
41	16- 28	73 KUHNE CHRONOLOG	101	499	D	
:	16- 22	-	57	272	D	
:	16- 21	64 CAMPBELL CHRON.	39		D	
:	16- 17	58 CAD E RV**	119-A		BCD	C
:	: :	71 CAD K RV**	591-A		B D	C
:	16, 17	60 AHW E RV**	207-A		B D	C
41	17- 20	64 CAD 1A RV**	260-B		BCD	C
:	17	66 JUCQUOIS PHONET	134		D	
41	18	10 EBELING VERBUM	55	7/3A	BCD	
:	:	65 CAD B RV**	247-B		BCD	
41	19, 20	68 CAD 2A RV**	504-A		B D	C
:	19	65 CAD B RV**	247-B		D	
41	20- 21	77 CAD 2M RV**	22-B		B D	R C
:	20	09 BOHL SPRACHE	20	9B	B D	
:	:	10 EBELING VERBUM	40	1/1	BCD	
:	:	-	55	7/3A	BCD	
41	22, 24	73 KUHNE CHRONOLOG	10	41	B D	
:	22	09 BOHL SPRACHE	72	34E	BCD	
:	:	60 CAD IJ RV**	1-A		D	
41	23	58 CAD E RV**	298-B		D	
41	24	63 AHW K RV**	428-B		G	
:	:	71 CAD K RV**	100-B		G	
41	25- 27	71 HELCK BEZIEHUNG	384		D	C

```
I                              C I T A T I O N S                    I
I     T E X T E S       -------------------------------------------- I
I                       DATE, OUVRAGE, PAGES, NOTES  CARACTERIST.   I
I    --------------------                           -------------   I
I      41      25- 26   68 CAD 2A RV**      388-B        BCD  R C   I
I      :       :   :    71 HELCK BEZIEHUNG 382           D    C     I
I      41      26- 27   68 CAD 2A RV**       48-B        BCD    C   I
I      41      27       71 HELCK BEZIEHUNG 389     110   D          I
I      41      28       71 CAD  K RV**      155-B        B D        I
I      :       :        73 KUHNE CHRONOLOG   10     41   D       ?  I
I      41      31, 34   15 KNUDTZON EL-AM 1589          B D   R     I
I      41      33- 37   73 KUHNE CHRONOLOG   10     41   D          I
I      :       33       09 BOHL SPRACHE      18     8B  B D         I
I      41      34- 35   56 CAD  H RV**       266          BCD   C   I
I      :       :   :    73 KUHNE CHRONOLOG  119    599  B D      ?  I
I      :       34       09 BOHL SPRACHE      45    27G  B D   R     I
I      41      35       62 AHW  H RV**      363-A       B D         I
I      :       :        71 HELCK BEZIEHUNG 416           D          I
I      41      36       09 BOHL SPRACHE      19     8C  B D         I
I      :       :        77 CAD 2M RV**       97-B        D          I
I      41      37, 43   73 KUHNE CHRONOLOG    6    34E   D          I
I      :       37       10 EBELING VERBUM    54   7/3A  BCD         I
I      41      38, 43   73 KUHNE CHRONOLOG    6    34F   D          I
I      41      39- 43   -                           10   41   D     I
I      :       39- 41   65 CAD  B RV**      223-A       BCD     C   I
I      :       :   :    71 HELCK BEZIEHUNG 409          D     C     I
I      :       39- 40   73 CAD  L RV**      241-B       BCD     C   I
I      :       39       59 AHW  B RV**      125-B       BCD         I
I      41      40       64 CAD 1A RV**      374-B       BCD   R     I
I      41      41       15 KNUDTZON EL-AM 1003/60 302A A     +  C   I
I      41      42       09 BOHL SPRACHE      17     7C  B D         I
I      :       :        15 KNUDTZON EL-AM 1003/61 302B A         C  I
I      :       :        63 AHW  K RV**      422-A       BCD         I
I      :       :        71 CAD  K RV**       49-B       B D         I
I      41      43       09 BOHL SPRACHE      23    10D  B D         I
I      :       :        15 KNUDTZON EL-AM 1003/62 302C A         C  I
I      :       :        65 CAD  B RV**      223-A       BCD     C   I
I      :       :        69 AHW  N RV**      788-B       B D      ?  I
I                                                                   I
I EA  42                                                            I
I ******                                                            I
I      42               64 CAMPBELL CHRON.   39          D          I
I      :                -                    134    2B   D       ?  I
I      :                66 JUCQUOIS PHONET   33          D       ?  I
I      :                73 KUHNE CHRONOLOG   59    286   D       ?  I
I      :                -                    102   501   G          I
I      42      9        09 BOHL SPRACHE    31-32   20F  BCD         I
I      :       :        64 CAD 1A RV**      70-B        B D         I
I      :       :        73 KUHNE CHRONOLOG  102   501   BCD         I
I      42      10       -                    102   501  B D   R     I
I      42      14       66 JUCQUOIS PHONET  220          D          I
I      42      15- 16   73 KUHNE CHRONOLOG  102   501   D           I
I      :       15       09 BOHL SPRACHE      19     9A  B D         I
I      :       :        71 HELCK BEZIEHUNG 475      3    D          I
I      42      16       73 KUHNE CHRONOLOG   59    286   D       ?  I
I      42      17       66 AHW  M RV**      603-B        G          I
I      42      18       10 EBELING VERBUM    74     23  BCD         I
I      :       :        15 KNUDTZON EL-AM 1003/63 303G A         C  I
I      :       :        66 JUCQUOIS PHONET  198         BCD         I
I      :       :        69 AHW  P RV**      836-A        G          I
I      42      19       72 AHW  S RV**     1057-A       B D         I
I      42      21       09 BOHL SPRACHE      19     8C  B D         I
I      :       :        10 EBELING VERBUM    61     12  BCD         I
```

```
I                                           C I T A T I O N S                        I
I         T E X T E S                -------------------------------------------     I
I                                    DATE,  OUVRAGE, PAGES, NOTES   CARACTERIST.      I
I         --------------------       --------------------------     -----------      I
I         42        21           71 AHW   R RV**       939-B                G        I
I         42        22           67 AHW   N RV**       742-B          B D            I
I         42        25           15 KNUDTZON EL-AM 1589                 C            I
I         42        27- 28       73 KUHNE CHRONOLOG   4         26      D        ?   I
I          :        :   :        75 MORAN SYRIAN SC 155          2      D        C ? I
I                                                                                    I
I EA   43                                                                            I
I ******                                                                             I
I         43, 44                  73 KUHNE CHRONOLOG 101        495      D            I
I         43                      64 CAMPBELL CHRON.  63                 D            I
I          :                      66 JUCQUOIS PHONET  36                 D            I
I          :                      73 KUHNE CHRONOLOG  70        345      D            I
I         43         4            62 CAD 'S RV**      44-A             B D            I
I          :         :            70 RAINEY TABLETS   77              B D            I
I         43        10            10 EBELING VERBUM   66         16    BCD            I
I         43        14            51 DHORME LANGUE    485             B D            I
I          :         :            59 CAD   D RV**     68-A            B D            I
I         43        29            09 BOHL SPRACHE     45        27G   B D    R        I
I          :         :            15 KNUDTZON EL-AM 1589               B D    R        I
I                                                                                    I
I EA   44                                                                            I
I ******                                                                             I
I         44                      64 CAMPBELL CHRON.  60         90      G            I
I          :                      -                   130               D            I
I          :                      66 JUCQUOIS PHONET  33                D            I
I          :                      67 REDFORD HISTORY 218-219           D        ?   I
I          :                      71 HELCK BEZIEHUNG 178               D            I
I          :                      73 KUHNE CHRONOLOG   4        20      D            I
I          :                      -                    16        73      D            I
I          :                      -                   101-103           D            I
I          :                      -                   102       508     D            I
I         44        1-  4         64 CAD 1A RV**       71-B           B D        C   I
I         44        3             64 CAMPBELL CHRON.  130            B D      R C    I
I          :        :             69 KLENGEL GESCH.2  32        12        G    C    I
I          :        :             71 HELCK BEZIEHUNG 279             B D      R C    I
I          :        :             74 RAINEY EA NOTES 311             B D      R      I
I         44        5-  6         77 CAD 1M RV**      107-A           BCD        C   I
I         44        7- 12         73 KUHNE CHRONOLOG 103       511      D            I
I          :        7-  9         64 CAD 1A RV**      235-A           BCD        C   I
I          :        7             66 AHW   M RV**     586-A           B D            I
I          :        :             77 CAD 1M RV**      111-B           B D            I
I         44        8             75 MORAN SYRIAN SC 151         3    B D            I
I         44        9- 10         71 CAD   K RV**     366-B           BCD        C   I
I          :        9, 10         65 AHW   K RV**     478-A           B D        C   I
I          :        9             10 EBELING VERBUM   66         16    BCD       EC   I
I         44        10- 14        73 KUHNE CHRONOLOG 103       510      D            I
I          :        10, 12        68 CAD 2A RV**      108-B           B D        C   I
I          :        10            10 EBELING VERBUM   68       17/2    BCD           I
I          :        :             73 KUHNE CHRONOLOG 103       512      D            I
I         44        11            09 BOHL SPRACHE     26        14B    B D            I
I          :        :             -                    69       33H    B D            I
I         44        12, 13        77 AHW  >S RV**     1258-B          B D        C   I
I          :        12            71 CAD   K RV**     366-B           B D        C   I
I         44        13            09 BOHL SPRACHE     23        10D    B D            I
I         44        19            73 KUHNE CHRONOLOG 103       512     B D    R      I
I         44        20- 22        64 CAMPBELL CHRON. 130-131           D            I
I          :        20            73 KUHNE CHRONOLOG 103       512     BCD    R      I
I         44        21- 24        -                   103       510     D            I
I          :        21            09 BOHL SPRACHE     27        15C    B D            I
```

TEXTES			DATE, OUVRAGE, PAGES, NOTES			CARACTERIST.		
44	21		66 JUCQUOIS PHONET 247			BCD		
:	:		68 CAD 2A RV**	515-A		B D		
44	22		73 KUHNE CHRONOLOG 103		512	D		
44	23-	26	71 HELCK BEZIEHUNG 382			D	C	?
:		23- 24	-	347		D	C	
:		23	77 AHW >S RV**	1258-B		B D		
44	24,	28	73 KUHNE CHRONOLOG 6		34F	D		
:		24	09 BOHL SPRACHE	23	10D	B D		
44	25-	28	73 KUHNE CHRONOLOG 103		510	D		
:		25	10 EBELING VERBUM	54	7/3A	BCD		
:		:	56 CAD H RV**	135-A		BCD		
44	26		15 KNUDTZON EL-AM 1586			D		?
:		:	66 JUCQUOIS PHONET 247			BCD		
44	27,	28	56 CAD H RV**	135-A		BCD	C	
:		: :	77 CAD 2M RV**	97-B		B D	C	
:		27	64 CAD 1A RV**	71-B		B D		
44	28		09 BOHL SPRACHE	19	8C	B D		
:		:	10 EBELING VERBUM	54/1	7/3A	BCD		
:		:	74 RAINEY EA NOTES 311			D		

EA 45
******

TEXTES			DATE, OUVRAGE, PAGES, NOTES			CARACTERIST.		
45-	49		64 CAMPBELL CHRON. 127			D		
:	:		64 HORNUNG UNTERS.	69	50	D		
:	:		71 HELCK BEZIEHUNG 175		52	D		
45-	48		75 MORAN SYRIAN SC 159		14	D		
45-	47		66 JUCQUOIS PHONET 36			D		?
45			62 KITCHEN SUPPILU	34-35		D		
:			-	40		D		
:			64 CAMPBELL CHRON. 121			D		
:			-	134	1D	D		
:			64 HORNUNG UNTERS.	69		D		
:			69 KLENGEL GESCH.2 340			D		
:			-	341-342		D		
:			-	408	5	D		
:			71 HELCK BEZIEHUNG 175			D		
:			-	294	31	D		
:			75 MORAN SYRIAN SC 147		N.23	D		
:			-	147	N.33	D		
:			-	147	N.38	D		
:			-	147	N.74	D		
:			-	150	N.130	D		
45	2		69 KLENGEL GESCH.2 340			B D	R	
:	:		71 HELCK BEZIEHUNG 175		52	B D	R C	
45	12		15 KNUDTZON EL-AM 1589			B		
45	13		75 MORAN AMARNA GL 151		2	B D		
:	:		75 MORAN SYRIAN SC 164		55	B D		
45	17		72 AHW R RV**	961-B		G		
45	22,	30	15 KNUDTZON EL-AM 1589			B D	R	
45	30		09 BOHL SPRACHE	69-70	33H	BCD		?
:	:		74 RAINEY EA NOTES 301			B D		
45	32		09 BOHL SPRACHE	13	5G	B D		
:	:		75 MORAN AMARNA GL 152			B D		
45	34		09 BOHL SPRACHE	18	8B	D		
:	:		60 CAD IJ RV**	24-B		B D		
45	35		15 KNUDTZON EL-AM 1589			G		
:	:		75 MORAN SYRIAN SC 151		3	B D	R	

```
I                                          C I T A T I O N S                     I
I        T E X T E S        ----------------------------------------------------- I
I                           DATE,  OUVRAGE, PAGES, NOTES   CARACTERIST.           I
I    ---------------------  ----------------------------   ------------           I
I                                                                                 I
I EA  46                                                                          I
I ******                                                                          I
I        46- 48            64 CAMPBELL CHRON. 134        1D       D           ?  I
I          :    :          69 KLENGEL GESCH.2 340-341             D              I
I          :    :               -             346                 D              I
I        46          1,  9  09 BOHL SPRACHE      4        3A    B D              I
I          :    :    :      15 KNUDTZON EL-AM 1585                D           ?  I
I        46          5      63 AHW   K RV**      437-B                 G          I
I          :    :          64 CAD 1A RV**       262-B          B D              I
I        46          8      66 JUCQUOIS PHONET 121             Б D              I
I        46          9      09 BOHL SPRACHE     31       20C   Б D              I
I        46          23         -              4         3A    B D              I
I          :    :               -              31        20C   Б D              I
I          :    :          15 KNUDTZON EL-AM 1585                D           ?  I
I                                                                                 I
I EA  47                                                                          I
I ******                                                                          I
I        47                64 CAMPBELL CHRON. 135        3C       D              I
I          :               75 MORAN SYRIAN SC 147        N.23     D              I
I          :                    -             147        N.45     D              I
I          :                    -             147        N.50     D              I
I          :                    -             147        N.64     D              I
I          :                    -             147        N.74     D              I
I          :                    -             147        N.77     D              I
I        47          8- 11  58 CAD   E RV**      203-B         BCD    REC        I
I          :        8       09 BOHL SPRACHE      4        3A    B D              I
I          :    :           15 KNUDTZON EL-AM 1585                D           ?  I
I          :    :               -             1586                D              I
I        47          9      10 EBELING VERBUM   45        5/1A  BCD              I
I        47          11     09 BOHL SPRACHE     36        23H   B D              I
I        47          12     76 SYL.S2 RV**      4              B D              I
I        47          13, 20 10 EBELING VERBUM   45        5/1A  BCD              I
I          :    :    :      73 KUHNE CHRONOLOG  26        117     D              I
I          :        13      66 JUCQUOIS PHONET 173             BCD              I
I          :    :               -             220             BCD              I
I        47          15     09 BOHL SPRACHE     24        11C   B D              I
I        47          16     76 SYL.S2 RV**      4              B D              I
I        47          17     60 CAD IJ RV**      327-B          B D              I
I        47          20     51 DHORME LANGUE    414            BCD              I
I        47          21     71 CAD   K RV**      471-B          B D              I
I        47          22     10 EBELING VERBUM   50        6/2A  BCD              I
I        47          23, 26 10 RANKE KEILSCHR.   9            B D              I
I          :    :    :      70 RAINEY TABLETS   89             B D              I
I          :        23      64 CAMPBELL CHRON. 127               D              I
I          :    :           71 HELCK BEZIEHUNG 438               D              I
I        47          31     10 EBELING VERBUM   40        1/3   BCD    E        I
I                                                                                 I
I EA  48                                                                          I
I ******                                                                          I
I        48                66 JUCQUOIS PHONET  34                D              I
I          :               69 KLENGEL GESCH.2 409                D              I
I          :                    -             409        18       G              I
I          :               71 HELCK BEZIEHUNG 294                D              I
I          :               73 KUHNE CHRONOLOG   4        17       D              I
I          :                    -              4         19       D              I
I          :               75 MORAN SYRIAN SC 147        N.23     D              I
I        48          2      51 DHORME LANGUE    473            BCD              I
I          :    :           68 CAD 2A RV**      80-A           Б D              I
```

```
I                                   C I T A T I O N S              I
I      T E X T E S         ------------------------------------------ I
I                          DATE,  OUVRAGE, PAGES, NOTES  CARACTERIST. I
I    ----------------------  --------------------------   ----------- I
I        48        2       68 CAD 2A RV**       85-A           D       I
I         :        :       71 HELCK BEZIEHUNG 175     52   B D      C  I
I        48        8       09 BOHL SPRACHE      81    37E  BCD  +      I
I         :        :       51 DHORME LANGUE    460         BCD  +      I
I         :        :       62 CAD 'S RV**      261-B       Б D  +      I
I         :        :       65 DISO-2 RV**      247   L.20 BCD  +      I
I         :        :       70 RAINEY TABLETS    80         B D  +   ? I
I         :        :       72 AHW  R RV**      988-A       B D         I
I         :        :       74 AHW. 'S RV**     1115-B      B D  +      I
I         :        :       74 RAINEY EA NOTES 308         Б D         I
I                                                                     I
I EA  49                                                              I
I ******                                                             I
I        49                62 KITCHEN SUPPILU  35          D          I
I         :                    -              36     3    D          I
I         :                    -              40          D          I
I         :                64 CAMPBELL CHRON. 121         D          I
I         :                    -             134     2D   D          I
I         :                66 JUCQUOIS PHONET  35          D          I
I         :                69 KLENGEL GESCH.2 341         D          I
I         :                    -             344          D          I
I         :                    -             351          D          I
I         :                71 HELCK BEZIEHUNG 175         D          I
I        49        2       15 KNUDTZON EL-AM 1589     B        R     I
I         :        :       15 KNUDTZ.CR/UNGN. 184     Б D      R   ? I
I        49        6       10 RANKE KEILSCHR.  17     B D            I
I        49       19- 25   71 HELCK BEZIEHUNG 294         D      C   I
I         :       19- 20   62 CAD 'S RV**     235-A     B D      C   I
I         :        :  :    71 HELCK BEZIEHUNG 348         D          I
I         :       19       70 RAINEY TABLETS  79      B D      R     I
I         :        :       74 AHW 'S RV**    1109-A       G          I
I        49       20, 22   66 AHW  M RV**     616-A       G          I
I         :       20       10 RANKE KEILSCHR.  11    1  B D      ? I
I         :        :       77 CAD 1M RV**     258-B       D          I
I        49       22- 25   71 HELCK BEZIEHUNG 433    16   D      C   I
I         :       22- 23   68 CAD 2A RV**     345-B       BCD    C   I
I         :       22       77 CAD 1M RV**     258-B       BCD        I
I        49       24- 25   68 CAD 2A RV**     126-B       BCD    C   I
I         :        :  :        -             345-B     B D      C   I
I        49       25       71 AHW  R RV**     950-B       BCD    R  ? I
I        49       28       09 BOHL SPRACHE     39    25H  B D        I
I                                                                     I
I EA  50                                                              I
I ******                                                             I
I        50                66 JUCQUOIS PHONET  36          D          I
I         :                73 KUHNE CHRONOLOG   4    17   D          I
I         :                    -               4    19   D          I
I        50        1-  2   65 CAD  B RV**      190-A       БCD    C   I
I        50        4       09 BOHL SPRACHE     13    5G  Б D         I
I         :        :       65 CAD  B RV**      190-A       БCD    C   I
I         :        :       68 CAD 2A RV**      85-A        D          I
I        50        5       65 CAD  B RV**      190-A       D          I
I                                                                     I
I EA  51                                                              I
I ******                                                             I
I        51- 55            66 JUCQUOIS PHONET  35          D          I
I        51, 52            73 KUHNE CHRONOLOG  16    72   D          I
I        51                62 KITCHEN SUPPILU  28     6   D          I
I         :                    -              43          D          I
```

TEXTES			DATE, OUVRAGE	PAGES	NOTES	CARACTERIST.	
51			64 CAMPBELL CHRON.	36		D	
:			-	68-69		D	
:			-	121		D	
:			65 KLENGEL GESCH.1	247	80	D	
:			66 JUCQUOIS PHONET	35		D	
:			67 REDFORD HISTORY	152	270	D	
:			-	164	320	D	
:			-	221		D	
:			69 KLENGEL GESCH.2	24		D	
:			-	31	1	D	
:			-	31	4	G	
:			-	34-35		D	
:			-	42		D	
:			-	73	4	D	
:			-	447	247	D	
:			70 KLENGEL GESCH.3	215	141	D	
:			71 HELCK BEZIEHUNG	176	60	D	
:			-	285-286		D	
:			75 MORAN SYRIAN SC	147	N.23	D	
:			-	147	N.38	D	
:			-	150	N.138	D	
:			-	150	N.201	D	
:			-	150	N.222	D	
51	4-	9	69 KLENGEL GESCH.2	23		D	
:	:	:	-	31	1	D	
:	:	:	-	34		D	
:	:	:	71 HELCK BEZIEHUNG	155-156		CD	C
:	4,	6	60 CAD IJ RV**	159-B		BCD	C
:	4		09 BOHL SPRACHE	32	20F	B D	
:	:		10 RANKE KEILSCHR.	12		B D	
:	:		64 CAD 1A RV**	70-A		B D	
:	:		64 CAMPBELL CHRON.	68-69		BCD	
:	:		73 KUHNE CHRONOLOG	46	212	G	
51	5-	9	71 HELCK BEZIEHUNG	153		D	C
:	5-	7	-	401		D	C
:	5		69 KLENGEL GESCH.2	34		B D	C
51	6-	7	58 CAD E RV**	231-A		BCD	C
:	6,	8	09 BOHL SPRACHE	4	2C	B D	
:	:	:	-	33	22D	B D	
:	6		10 EBELING VERBUM	40	1/3	BCD	E
:	:		60 AHW E RV**	227-A		B	
:	:		71 AHW Q RV**	899-B		G	
51	7-	9	73 KUHNE CHRONOLOG	9	40	D	
51	10-		69 KLENGEL GESCH.2	35		D	
:	10		09 BOHL SPRACHE	10	4D	B D	
51	13		68 CAD 2A RV**	365-B		BCD	
51	14		09 BOHL SPRACHE	16-17	7B	BCD	
51	'2- '8		69 KLENGEL GESCH.2	35		D	C
51	'3- '6		67 REDFORD HISTORY	218-219		D	C
51	'11-'12		68 CAD 2A RV**	252-B		BCD	C
:	:	:	77 CAD 2M RV**	9-A		BCD	C ?
:	'11		15 KNUDTZON EL-AM	1589		C	
:	:		65 AHW L RV**	559-A		D	
:	:		66 AHW M RV**	643-A		G	
:	:		73 KUHNE CHRONOLOG	6	34F	D	
51	'13		10 EBELING VERBUM	44	3/6	BCD	EC
:	:		66 AHW M RV**	575-B		G	
:	:		66 JUCQUOIS PHONET	269		BCD	EC
T	:	:	67 SYL. 2 RV**	39	211	B D	R C

```
I ------------------------------------------------------------------ I
I                                  C I T A T I O N S                  I
I      T E X T E S        ----------------------------------------    I
I                         DATE,  OUVRAGE, PAGES, NOTES  CARACTERIST.  I
I    ----------------     -----------------------------  ----------   I
I        51      '13      77 CAD 1M RV**      37-A        B D         I
I         :       :       77 CAD 2M RV**      67-B         CD     C   I
I        51    '14-'15    64 CAD 1A RV**     123-A        B D     C   I
I         :       :   :   77 CAD 2M RV**      67-B        BCD     C   I
I                                                                     I
I EA  52                                                              I
I ******                                                             I
I        52- 59          15 KNUDTZON EL-AM 1589              D        I
I        52- 57          64 CAMPBELL CHRON. 123              D        I
I         :   :          69 KLENGEL GESCH.2 109              D        I
I        52- 56          64 CAMPBELL CHRON. 135     4D       D        I
I         :   :          65 KLENGEL GESCH.1  44      8       G        I
I         :   :          69 KLENGEL GESCH.2  10     14       D        I
I         :   :                  -          108              D        I
I         :   :                  -          134              D        I
I         :   :          73 KUHNE CHRONOLOG 131              D        I
I        52- 55          09 BOHL SPRACHE     17     7B       D        I
I         :   :                  -           17     7C       D        I
I         :   :                  -           18     8B       D        I
I         :   :                  -           19     8C       D        I
I         :   :                  -           20     9B       D        I
I         :   :          62 KITCHEN SUPPILU  16              D        I
I         :   :          69 KLENGEL GESCH.2 170      7       D        I
I         :   :          71 HELCK BEZIEHUNG 169      9       D        I
I        52, 53          64 CAMPBELL CHRON. 135     4D       D        I
I         :   :          71 HELCK BEZIEHUNG 298     57       D        I
I        52       3      09 BOHL SPRACHE     38     25C    B D        I
I        52       5      64 CAMPBELL CHRON.  68              D        I
I        52      17      09 BOHL SPRACHE     19      8C    BCD        I
I        52      31      70 RAINEY TABLETS   81            B D        I
I         :       :      76 AHW >S RV**    1185-B            D      ? I
I        52      32      09 BOHL SPRACHE     38     25C    B D        I
I        52      38, 40          -           80     37B     D   +    I
I         :      38      71 HELCK BEZIEHUNG 428              D        I
I        52      42      10 EBELING VERBUM   74     24     BCD        I
I        52      43      09 BOHL SPRACHE     80     37B     D   +    I
I        52      44- 46  69 KLENGEL GESCH.2 134              D        I
I         :       :   :  73 KUHNE CHRONOLOG  62    301       D        I
I        52      45- 46  67 REDFORD HISTORY 220              D        I
I         :      45      64 CAMPBELL CHRON.  72              D        I
I         :       :      69 KLENGEL GESCH.2 108            B D        I
I         :       :      74 KESTEMONT DIPL.  67    311     BCD     E  I
I        52      46      10 EBELING VERBUM   51    6/2B    BCD        I
I         :       :      66 JUCQUOIS PHONET 256            B D        I
I         :       :      73 KUHNE CHRONOLOG  26    117       D        I
I        52      72      10 EBELING VERBUM   40    1/3     BCD     E  I
I                                                                     I
I EA  53                                                              I
I ******                                                             I
I        53- 55          64 CAMPBELL CHRON.  68              D        I
I         :   :          67 REDFORD HISTORY 218-219          D        I
I         :   :          69 KLENGEL GESCH.2 166              D        I
I         :   :          73 KUHNE CHRONOLOG  88    443       D        I
I        53- 54          62 KITCHEN SUPPILU  45              D        I
I         :   :          64 CAMPBELL CHRON. 135     4D       D        I
I         :   :          67 REDFORD HISTORY 167    336       D        I
I        53, 54          62 KITCHEN SUPPILU  16      7       D        I
I         :   :                  -           19              D        I
I         :   :                  -           29              D        I
```

```
I -------------------------------------------------------------------------- I
I                                  C I T A T I O N S                         I
I     T E X T E S      ---------------------------------------------------- I
I                       DATE,  OUVRAGE, PAGES, NOTES  CARACTERIST.           I
I -------------------   ----------------------------  ------------          I
I       53, 54          62 KITCHEN SUPPILU  30        1       D             I
I       :    :                     -         31               D             I
I       :    :          69 KLENGEL GESCH.2  144              D             I
I       :    :                     -         146             D             I
I       53              64 CAMPBELL CHRON.   36              D             I
I       :               69 KLENGEL GESCH.2   24              D             I
I       :                          -         58              D             I
I       :                          -         63              D             I
I       :                          -         70              D             I
I       :                          -         73        3      D             I
I       :                          -         74        8      D             I
I       :               70 KLENGEL GESCH.3   97              D             I
I       :               73 KUHNE CHRONOLOG   16        72     D             I
I       :               75 MORAN SYRIAN SC  147      N.23     D             I
I       53        1     10 RANKE KEILSCHR.  14-15      6    B D    R        I
I       :         :     64 CAMPBELL CHRON.   68             B D       C     I
I       53        2     69 KLENGEL GESCH.2  165               D       C     I
I       53        4     09 BOHL SPRACHE      20        9B   B D             I
I       :         :     10 EBELING VERBUM    52      7/3A   BCD             I
I       53        6     15 KNUDTZON EL-AM  1589             B      R     ?  I
I       53        8- 13 67 REDFORD HISTORY  220               D       C     I
I       :         8- 10            -         221              D       C     I
I       53       11     10 EBELING VERBUM    43       3/2   BCD             I
I       53       12     60 CAD IJ RV**     327-B            BCD             I
I       53       28- 39 67 REDFORD HISTORY  219               D       C     I
I       :        28- 34            -         223              D       C     I
I       53       29- 34 73 KUHNE CHRONOLOG   62       301     D             I
I       :        29     15 KNUDTZON EL-AM   998             B               I
I       53       31, 33 71 CAD   K RV**     50-A           B D    R        I
I       :        31, 32 63 AHW   K RV**    422-A           B D             I
I       53       32, 33 09 BOHL SPRACHE     17        7C   B D             I
I       :        32     71 CAD   K RV**     50-A           B D             I
I       53       33     63 AHW   K RV**    422-A           B D             I
I       53       34     09 BOHL SPRACHE     33       22C   B D             I
I       :         :     64 CAMPBELL CHRON.   72               D             I
I       :         :     66 JUCQUOIS PHONET  121             B D             I
I       :         :     67 REDFORD HISTORY  220               D             I
I       53       35-    69 KLENGEL GESCH.2  165               D       C     I
I       :        35     09 BOHL SPRACHE     17        7B   B D             I
I       :         :     70 KLENGEL GESCH.3   60             B D    R C     I
I       :         :     71 HELCK BEZIEHUNG  130        10   B D    R C     I
I       53       36     10 BURCHARDT ALTK.2 33-A      630   B D       C     I
I       :         :     64 CAMPBELL CHRON.  124               D             I
I       :         :     70 KLENGEL GESCH.3   78               D       C     I
I       53       37     10 BURCHARDT ALTK.2  3-B       35   B D    R C     I
I       53       38- 39 60 CAD IJ RV**     230-A           B D       C     I
I       :        38     15 KNUDTZON EL-AM   998             B               I
I       53       39- 40            -         998              D             I
I       :        39     60 CAD IJ RV**     227-B           B D             I
I       :         :     66 JUCQUOIS PHONET  164             BCD             I
I       53       40- 44 62 KITCHEN SUPPILU   16        7      D             I
I       :         :   :            -        18-19      5      D             I
I       :         :   : 69 KLENGEL GESCH.2   42               D       C     I
I       :         :   : 71 HELCK BEZIEHUNG  298               D       C     I
I       :        40, 41 71 CAD   K RV**    366-B           B D             I
I       53       41- 44 69 KLENGEL GESCH.2   24               D      EC     I
I       :        41- 43 71 HELCK BEZIEHUNG  285               D       C     I
I       :         :   :            -         299              D       C     I
I       :        41     09 BOHL SPRACHE     15        6E   B D             I
```

```
I                                          C I T A T I O N S                I
I        T E X T E S        ------------------------------------------     I
I                           DATE,  OUVRAGE,  PAGES,  NOTES  CARACTERIST.   I
I     ----------------------  -------------------------------------        I
I        53      41      09 BURCHARDT ALTK.1 42      124   B D       C     I
I         :       :      10 BURCHARDT ALTK.2 31-B    595   B D       C     I
I         :       :      66 JUCQUOIS PHONET 249            BCD             I
I         :       :      69 KLENGEL GESCH.2  24            B D       C     I
I        53      42      09 BURCHARDT ALTK.1 12       36   B D       C     I
I         :       :          -             1 24       71   B D       C     I
I         :       :      10 BURCHARDT ALTK.2 29-B    556   B D       C     I
I         :       :          -             2 58-B   1157   B D       C     I
I         :       :      70 KLENGEL GESCH.3  54-55          D              I
I         :       :      70 RAINEY TABLETS   93            B D             I
I         :       :      71 HELCK BEZIEHUNG 299       62    D              I
I        53      43      15 KNUDTZON EL-AM 1003/64  326D A           C     I
I         :       :      70 KLENGEL GESCH.3  93            B D             I
I        53      44      10 EBELING VERBUM   40      1/3   BCD       E     I
I         :       :      69 KLENGEL GESCH.2 448      305    D              I
I        53      45      09 BOHL SPRACHE     14       6C   B D             I
I         :       :      66 JUCQUOIS PHONET 222            B D             I
I        53      47      10 EBELING VERBUM   40      1/2   BCD             I
I         :       :          -               42      1/5   ABCD           I
I         :       :      10 RANKE KEILSCHR.  17            B D             I
I        53      48      09 BOHL SPRACHE     33      22C   B D             I
I        53      50- 51  77 CAD 2M RV**      97-B          B D       C     I
I        53      51      09 BOHL SPRACHE     18       8B   B D             I
I        53      53      10 RANKE KEILSCHR.  17            B D             I
I        53      54      10 EBELING VERBUM   69       20   BCD             I
I        53      55          -               45      5/1A  BCD             I
I        53      56- 62  70 KLENGEL GESCH.3  61             D        C     I
I         :      56      64 CAMPBELL CHRON. 124             D              I
I         :       :      70 KLENGEL GESCH.3  78            B D       C     I
I        53      57, 58  10 EBELING VERBUM   55      7/3A  BCD             I
I         :      57      70 KLENGEL GESCH.3  60            B D       C     I
I        53      58          -               67       40    D              I
I         :       :      71 HELCK BEZIEHUNG 272       69    D              I
I        53      61      10 EBELING VERBUM   45      5/1A  BCD             I
I        53      63- 65  71 CAD   K RV**    328-B          BCD       C     I
I         :      63- 64  69 KLENGEL GESCH.2 137        6    D              I
I         :      63, 64  71 CAD   K RV**    366-B          B D             I
I         :      63      09 BOHL SPRACHE     18       8B   B D             I
I         :       :      39 HARRIS CANAANIT  34       13    D              I
I         :       :      51 DHORME LANGUE   485            B D             I
I         :       :      66 JUCQUOIS PHONET 114             D              I
I         :       :      69 KLENGEL GESCH.2 298       70    D              I
I         :       :      70 KLENGEL GESCH.3  98            BCD             I
I         :       :      71 CAD   K RV**    328-B          BCD             I
I         :       :      71 HELCK BEZIEHUNG 303       96    D              I
I         :       :      73 KUHNE CHRONOLOG  62      301    D              I
I        53      64, 65  09 BOHL SPRACHE     80      37B    D       +      I
I         :      64      10 BURCHARDT ALTK.2 49-A    950   B D       C     I
I         :       :      67 SYL. 2 RV**      13       67   B D     + C     I
I        53      66      75 MORAN AMARNA GL 152            B D             I
I        53      67, 68  10 RANKE KEILSCHR.  17            B D             I
I         :      67      10 EBELING VERBUM   54      7/3A  BCD             I
I        53      69          -               61       12   BCD             I
I         :       :      65 AHW   K RV**     478-A         B D             I
I         :       :      71 CAD   K RV**    366-B          B D       R     I
I        53      70      09 BURCHARDT ALTK.1 47      144   B D       C     I
I         :       :          -             1 48      148   B D       C     I
I                                                                          I
I                                                                          I
```

```
I                               C I T A T I O N S                    I
I       T E X T E S       ------------------------------------------- I
I                          DATE, OUVRAGE, PAGES, NOTES  CARACTERIST.  I
I       -----------------  -----------------------      -----------   I
I                                                                     I
I EA  54                                                              I
I ******                                                              I
I     54                    65 KLENGEL GESCH.1  32              D     I
I      :                    70 KLENGEL GESCH.3  78              D     I
I      :                    75 MORAN SYRIAN SC 147    N.23      D     I
I      :                     -                 150    N.138     D     I
I     54      2             69 KLENGEL GESCH.2 165              D   C I
I     54     22             10 BURCHARDT ALTK.2 51-A   995   B D   C I
I      :      :             69 KLENGEL GESCH.2 144            B D R C I
I     54     26, 31         64 CAMPBELL CHRON. 124              D   ? I
I      :      :   :         70 KLENGEL GESCH.3  78          B D R C I
I     54     27, 32          -                  60          B D   C I
I     54     28             71 HELCK BEZIEHUNG 300          B D   C I
I     54     29             10 EBELING VERBUM   51   6/2A   BCD     I
I     54     31             69 KLENGEL GESCH.2 165            D R C I
I     54     32              -                 165            D R C I
I      :      :              -                 448    305     D     I
I     54     38- 43         62 KITCHEN SUPPILU  16      7     D     I
I      :      :   :         67 REDFORD HISTORY 217           CD    C ? I
I      :      :   :         69 KLENGEL GESCH.2 109           D     I
I      :      :   :          -                 134           D     I
I      :      :   :          -                 144           D     I
I     54     43             67 REDFORD HISTORY 217      5   BCD R C I
I     54     44             69 KLENGEL GESCH.2 448    305     D     I
I     54     45             71 HELCK BEZIEHUNG 437           D     I
I     54     46             67 SYL. 2 RV**      46    234   B D   C I
I     54     47             67 AHW  N RV**     713-B              G I
I     54     48             15 KNUDTZON EL-AM 1589         B D     I
I     54     51             62 KITCHEN SUPPILU  16      7    CD    I
I      :      :             65 KLENGEL GESCH.1  32          B D R   ? I
I     54     52             09 BOHL SPRACHE     19     8C  B D     I
I     54     53              -                  18     8B  B D     I
I      :      :             10 EBELING VERBUM   41    1/4  BCD     I
I                                                                     I
I EA  55                                                              I
I ******                                                              I
I     55                    62 KITCHEN SUPPILU  23      1     D     I
I      :                     -                  44            D     I
I      :                    64 CAMPBELL CHRON.  36            D     I
I      :                    69 KLENGEL GESCH.2  24            D     I
I      :                     -                  42            D     I
I      :                     -                 196            D     I
I      :                     -                 265            D     I
I      :                     -                 287            D     I
I      :                    71 HELCK BEZIEHUNG 179           D     I
I      :                    73 KUHNE CHRONOLOG  12     49     D     I
I      :                     -                  16     72     D     I
I      :                     -                 132    668     D     I
I      :                    75 MORAN SYRIAN SC 147    N.23    D     I
I     55      1             10 RANKE KEILSCHR.  15          B D     I
I      :      :             64 CAMPBELL CHRON.  68          B D   C I
I     55      4- 5          68 CAD 2A RV**     108-A       BCD   C I
I      :      :   :          -                458-B        B D   C I
I      :      4             66 JUCQUOIS PHONET 170         B D     I
I     55      5- 6          65 CAD  B RV**     363-B       B D   C I
I      :      5, 6          09 BOHL SPRACHE     29    17A  B D     I
I      :      5             10 EBELING VERBUM 67-68 17/1  BCD     I
I     55      6             60 CAD IJ RV**     287-B       BCD     I
```

TEXTES			DATE, OUVRAGE, PAGES, NOTES			CARACTERIST.
55	6		66 JUCQUOIS PHONET 256		BCD	
:	:		67 SYL. 2 RV**	8	42	B D C
:	:		69 AHW P RV**	850-B		B D
:	:		73 KUHNE CHRONOLOG	26	117	D
55	7-	9	69 KLENGEL GESCH.2 134		D	
:	7-	8	64 CAD 1A RV**	72-B		BCD C
:	7		09 BOHL SPRACHE	31	20C	B D
:	:		15 KNUDTZON EL-AM 1585		D	
:	:		69 KLENGEL GESCH.2 134		B D	
55	8,	18	09 BOHL SPRACHE	36	23G	D
55	9		-	29	17A	B D
55	10-	13	64 CAD 1A RV**	240-A		BCD C
:	10		09 BOHL SPRACHE	37	24A	D
55	11		64 CAD 1A RV**	371-B		BCD
:	:		71 HELCK BEZIEHUNG 372	15	D	
55	12		09 BOHL SPRACHE	9	3Z	BCD ?
:	:		50 MORAN SYNTACTIC 170		B D R	
:	:		59 CAD D RV**	161-B		BCD
:	:		71 HELCK BEZIEHUNG 402		D	
:	:		74 RAINEY EA NOTES 303		B D R	
55	16-	24	69 KLENGEL GESCH.2 24		D	
:	:	:	-	71		D C
55	19-	22	67 REDFORD HISTORY 221		D C	
:	19,	22	09 BOHL SPRACHE	29	17A	B D
55	20		75 MORAN SYRIAN SC 150		D	
55	21-	22	71 CAD K RV**	366-B		BCD C
:	21		69 KLENGEL GESCH.2 42		BCD	
:	:		71 HELCK BEZIEHUNG 285		D	
55	22,	23	15 KNUDTZON EL-AM 1003/65 333F A			C
55	23-	27	69 KLENGEL GESCH.2 275		D C	
:	23,	25	09 BOHL SPRACHE	10	4D	B D
:	23		-	70	330	B D
:	:		68 CAD 2A RV**	470-471		BCD
:	:		74 RAINEY EA NOTES 311		B D R	
55	26		75 MORAN SYRIAN SC 147	N.38	D	
55	37		09 BOHL SPRACHE	29	17A	B D
55	39		-	31	20C	B D
:	:		15 KNUDTZON EL-AM 1585		D	
55	40-	41	60 CAD IJ RV**	230-A		B D C
:	:	:	62 KITCHEN SUPPILU 16		D	
55	41-	43	15 KNUDTZON EL-AM 1003/66 335C A			C
:	41		66 JUCQUOIS PHONET 164		BCD	
55	42-	43	60 CAD IJ RV**	102-A		BCD C
:	42		09 BOHL SPRACHE	9	4B	B D R
:	:		15 KNUDTZ.CR/UNGN. 184		BCD ?	
:	:		67 AHW M RV**	691-A		B D
:	:		73 KUHNE CHRONOLOG	7	34Q	D
:	:		77 CAD 2M RV**	316-B		B D I.
55	44-	52	62 KITCHEN SUPPILU 17	2	D C	
:	44-	47	69 KLENGEL GESCH.2 275		D C	
:	44-	45	60 CAD IJ RV**	172-B		BCD C
55	45-	46	58 CAD E RV**	231-A		BCD C
:	45		66 JUCQUOIS PHONET 110		B D	
55	47		09 BOHL SPRACHE	33	22C	B D
55	48		-	12	5D	B D
55	49		75 MORAN SYRIAN SC 150		D R	
55	50		15 KNUDTZON EL-AM 1003/67 335G A			C
:	:		69 AHW P RV**	850-A		B D
55	51-	52	60 CAD IJ RV**	172-B		BCD C

	TEXTES			CITATIONS						
				DATE, OUVRAGE, PAGES, NOTES				CARACTERIST.		
	55	51		09 BOHL SPRACHE	88	38N		D		
	55	53		-	31	20C	B	D		
	:	:		15 KNUDTZON EL-AM	1585			D		
	55	54- 55		60 CAD IJ RV**	287-A		B	CD	C	
	:	54		10 EBELING VERBUM	43	3/2	B	CD		
	:	:		-	66	16	B	CD		
	55	57		60 CAD IJ RV**	95-B		B	D		
	55	58- 59		-	24-A		B	CD	C	
	:	58		15 KNUDTZON EL-AM	1589		B	D		
	55	60		09 BOHL SPRACHE	12	5D	B	D		
	55	61- 63		77 CAD 1M RV**	347		B	CD	C	

EA 56
******

	TEXTES			CITATIONS						
	56- 57			66 JUCQUOIS PHONET	36			D		
	56			69 KLENGEL GESCH.2	144			D		
	:			-	146			D		
	:			-	165			D		
	:			-	171	7		D		
	:			75 MORAN SYRIAN SC	147	N.38		D		
	:			-	147	N.77		D		
	56	10		10 EBELING VERBUM	61	12	B	CD		
	56	11		15 KNUDTZON EL-AM	998		B			
	:	:		15 KNUDTZ.CR/UNGN.	184		B	D	R	?
	:	:		60 CAD IJ RV**	287-B			D		
	:	:		73 KUHNE CHRONOLOG	26	117		D		
	56	13		10 EBELING VERBUM	54	7/3A	B	CD		
	:	:		15 KNUDTZ.CR/UNGN.	184		B	D	R	
	:	:		77 AHW T RV**	1305-A		B	D	R	
	56	14		15 KNUDTZ.CR/UNGN.	184		B	D	R	?
	56	16		69 KLENGEL GESCH.2	171	11	B	D		
	56	17, 19		15 KNUDTZ.CR/UNGN.	184			D	R	
	56	23		66 JUCQUOIS PHONET	265		B	D		
	:	:		67 SYL. 2 RV**	44	226	B	D	R C	?
	56	26		70 KLENGEL GESCH.3	78			D	C	
	:	:		-	79			D		
	56	35		10 EBELING VERBUM	50	6/2A	B	CD		
	56	36- 42		67 REDFORD HISTORY	217			CD	C ?	
	:	: :		69 KLENGEL GESCH.2	144			D		
	:	36		71 HELCK BEZIEHUNG	437			D		
	56	40		10 EBELING VERBUM	54	7/3A	B	CD		
	56	42		-	54-55	7/3A	B	CD		
	:	:		67 REDFORD HISTORY	217	5	B	CD	C	
	56	44		15 KNUDTZON EL-AM	1589		B	D	R	

EA 57
******

	TEXTES			CITATIONS						
	57			64 CAMPBELL CHRON.	134	2C		D		
	:			-	135	4C		D		
	:			-	135	4D		D		
	:			69 KLENGEL GESCH.2	81-82			D		
	:			70 KLENGEL GESCH.3	74			D		
	:			71 HELCK BEZIEHUNG	295	38		D		
	57	1, 5		62 AHW H RV**	357-B			G		
	:	1		69 KLENGEL GESCH.2	82			D		
	57	2, 3		-	82			D		
	:	2		-	109			D		
	57	3		09 BURCHARDT ALTK.1	27	77	B	D	C	
	:	:		-	1 42	127	B	D	C	

```
I                                C I T A T I O N S                    I
I      T E X T E S        -------------------------------------------- I
I                         DATE,  OUVRAGE, PAGES, NOTES  CARACTERIST.  I
I      ----------------   ------------------------------  -----------  I
I       57        3       10 BURCHARDT ALTK.2 20-A     364  B D     C  I
I        :        :       70 KLENGEL GESCH.3  74            B D        I
I        :        :       71 HELCK BEZIEHUNG 292      21      D        I
I       57        4       15 KNUDTZON EL-AM 1003/68 340C  A        C   I
I       57        5,  6   69 KLENGEL GESCH.2  82              D        I
I        :        5       56 CAD  H RV**      244-B             D       I
I       57        6, 10   64 CAMPBELL CHRON. 125               D       I
I        :        :  :    71 HELCK BEZIEHUNG 249               D       I
I        :        6       10 RANKE KEILSCHR.  17            B D        I
I        :        :       71 HELCK BEZIEHUNG 556            B D   EC ? I
I       57       10       10 RANKE KEILSCHR.  17            B D   R    I
I        :        :       69 KLENGEL GESCH.2  82              D        I
I       57       12, 13   -                82                  D        I
I       57       13       15 KNUDTZON EL-AM 1590              D        I
I        :        :       69 KLENGEL GESCH.2 241      119     D        I
I                                                                      I
I EA  58                                                               I
I ******                                                               I
I       58, 59            69 KLENGEL GESCH.2 196              D        I
I       58               62 KITCHEN SUPPILU  42              D      ?  I
I        :               64 CAMPBELL CHRON. 131              D         I
I        :                -               134      2C        D      ?  I
I        :                -               135      2D        D      ?  I
I        :               66 JUCQUOIS PHONET  36              D         I
I        :               69 KLENGEL GESCH.2 236      60      D         I
I        :               71 HELCK BEZIEHUNG 169       9      D         I
I       58        2      69 KLENGEL GESCH.2 196            B D   R C ? I
I        :        :       -               235      58     B D   R C   I
I        :        :      71 HELCK BEZIEHUNG 183      96    B D   R C   I
I       58        3      65 CAD  B RV**     195-A          B D   R     I
I       58        4-  6  67 REDFORD HISTORY 217              D     C   I
I        :        4-  5  64 CAMPBELL CHRON. 131              D         I
I        :        4      09 BOHL SPRACHE     40      25M   B D         I
I       58        5,  6  68 CAD 2A RV**      365-B          BCD    C   I
I        :        5      10 EBELING VERBUM   53      7/3A  BCD         I
I       58        6      62 CAD 'S RV**       50-A         B D         I
I       58       '3, '6  64 CAMPBELL CHRON. 131              D         I
I        :       '3      69 KLENGEL GESCH.2 196              D   EC ? I
I       58       '5      15 KNUDTZON EL-AM 1590             CD         I
I                                                                      I
I EA  59                                                               I
I ******                                                               I
I       59               09 BOHL SPRACHE     18       8B     D         I
I        :               64 CAMPBELL CHRON.  36              D         I
I        :                -               68-69             D         I
I        :               65 KLENGEL GESCH.1  47      39      D         I
I        :               66 JUCQUOIS PHONET  36              D         I
I        :               67 REDFORD HISTORY 224              D         I
I        :               69 KLENGEL GESCH.2  58              D         I
I        :                -                63               D         I
I        :                -                75               D         I
I        :                -                82               D         I
I        :                -                91               D         I
I        :                -                95      10       D         I
I        :                -               274               D         I
I        :                -               286               D         I
I        :               71 HELCK BEZIEHUNG 155              D         I
I        :                -               176               D         I
I        :                -               287               D       I
```

```
I                                    C I T A T I O N S                    I
I      T E X T E S        -------------------------------------------     I
I                         DATE,  OUVRAGE, PAGES, NOTES   CARACTERIST.      I
I     ----------------    --------------------------    ------------      I
I      59                 71 HELCK BEZIEHUNG 295-296          D            I
I      :                      -             350               D            I
I      :                      -             476               D            I
I      :                  73 KUHNE CHRONOLOG    4      22A     D            I
I      :                      -              16      72       D            I
I      59        2-       70 KLENGEL GESCH.3 201              D        C   I
I      :         2,   6   69 KLENGEL GESCH.2  82            B D        C   I
I      :         2           -               91            B D        C   I
I      :         :        77 CAD 1M RV**      315-B         B D            I
I      59        4        09 BOHL SPRACHE      4      2D    B D            I
I      :         :        66 JUCQUOIS PHONET 118            BCD            I
I      59        5- 12    69 KLENGEL GESCH.2  82              D        C   I
I      :         :   :        -               90              D        C   I
I      :         5-  8    15 KNUDTZON EL-AM 159O            C          C   I
I      :         ·:   :   70 KLENGEL GESCH.3 212            112  D     C   I
I      :         5        10 BURCHARDT ALTK.2 55-B   1093   B D        C   I
I      :         :        73 KUHNE CHRONOLOG    7     34Q     D            I
I      :         :        75 MORAN AMARNA GL  149       5   B D            I
I      59        6-  8    71 HELCK BEZIEHUNG 296              CD     R C   I
I      :         6-  7    15 KNUDTZ.CR/UNGN. 184-185         CD        C   I
I      :         :   :    77 CAD 1M RV**      215-A          BCD       C   I
I      59        7        15 KNUDTZ.CR/UNGN. 184           B D            I
I      59        8,   9   09 BOHL SPRACHE     8O     37B   B D    +       I
I      :         8        10 RANKE KEILSCHR.   12          b D          ? I
I      :         :        64 CAMPBELL CHRON.   68          BCD    +       I
I      :         :        73 KUHNE CHRONOLOG   46    212      G           I
I      59        9- 10    71 HELCK BEZIEHUNG 295      43     D        C   I
I      :         9, 10    15 KNUDTZ.CR/UNGN. 185            CD        C   I
I      59        10       69 KLENGEL GESCH.2  82          b D        C   I
I      59        11       64 CAMPBELL CHRON.   68            D            I
I      :         :        65 AHW   L RV**     525-B          G           I
I      :         :        73 CAD   L RV**      29-A        b D    +       I
I      59        13       10 EBELING VERBUM    66      16   BCD           I
I      59        14          -                55     7/3A   BCD           I
I      :         :        71 HELCK BEZIEHUNG 436      14    CD            I
I      59        15- 20   15 KNUDTZON EL-AM 159O            C             I
I      :         :   :    71 HELCK BEZIEHUNG 295              D        C   I
I      :         :   :        -              296             CD        C   I
I                15, 18   10 BURCHARDT ALTK.2 1O-A   171   B D        C   I
I      :         :   :    64 CAMPBELL CHRON.   40      28     D            I
I      :         15       67 REDFORD HISTORY 164     318      D            I
I      59        16       10 EBELING VERBUM   51     6/2A   BCD           I
I      ·59       18       09 BOHL SPRACHE     19      8C    BCD           I
I      :         :        67 REDFORD HISTORY 164     318      D          ? I
I      59        19- 20   77 AHW   T RV**    1336-B          CD           I
I      :         19       10 EBELING VERBUM   40     1/2    BCD           I
I      :         :        66 JUCQUOIS PHONET 198            BCD           I
I      59        20       74 RAINEY EA NOTES 309          B D            I
I      :         :        77 AHW   T RV**    1336-B        B D            I
I      59        21- 37   69 KLENGEL GESCH.2  91              D        C   I
I      :         21       64 CAMPBELL CHRON.   69            D            I
I      59        22       74 RAINEY EA NOTES 306          b D            I
I      59        24       67 AHW   N RV**     729-B        B D          ? I
I      :         :        74 RAINEY EA NOTES 308          B D          ? I
I      59        25- 28   69 KLENGEL GESCH.2  71            D        C   I
I      :         25- 26   64 CAD 1A RV**     170-B         BCD       C   I
I      59        26       10 EBELING VERBUM   55     7/3A   BCD           I
I      :         :        59 AHW   A RV**     18-A          B             I
I      :         :        74 RAINEY EA NOTES 310          b D    EC       I
```

TEXTES		DATE, OUVRAGE, PAGES, NOTES			CARACTERIST.
59	27	71 HELCK BEZIEHUNG	298		D
59	28	69 KLENGEL GESCH.2	63		B D C
59	29, 30	09 BOHL SPRACHE	17	7C	B D
:	29	10 EBELING VERBUM	55	7/3A	BCD
59	31	-	50	6/2A	BCD
59	32, 33	63 AHW I RV**	384-A		B D C
:	32	60 CAD IJ RV**	158-B		D
59	33	75 MORAN SYRIAN SC	150		D
59	34, 35	64 CAMPBELL CHRON.	69		D
:	34	71 HELCK BEZIEHUNG	176	61	BCD
59	37	65 CAD B RV**	195-A		B D
59	38	09 BOHL SPRACHE	17	7C	B D
59	39	69 KLENGEL GESCH.2	82		B D C
59	41	09 BOHL SPRACHE	18	8B	B D
:	:	51 DHORME LANGUE	485		BCD
:	:	73 KUHNE CHRONOLOG	7	34Q	D
59	44	09 BOHL SPRACHE	10	4D	B D
:	:	73 KUHNE CHRONOLOG	144	720	D ?
59	46	10 EBELING VERBUM	41	1/4	BCD
:	:	73 KUHNE CHRONOLOG	26	117	D
EA 60					
******					
60- 65		09 BOHL SPRACHE	18	8B	D
:	:	-	19	8C	D
:	:	-	20	9B	D
:	:	-	44	27F	D
:	:	-	46	27N	D
:	:	-	49	28F	D
:	:	-	53	28M	D
:	:	-	54	28Q	D
:	:	66 JUCQUOIS PHONET	32		D ?
:	:	69 KLENGEL GESCH.2	183		D
60- 64		64 CAMPBELL CHRON.	82		D
:	:	-	107		D
:	:	-	134	1D	D
60- 62		69 KLENGEL GESCH.2	184		D
:	:	-	231	3	D
60		62 KITCHEN SUPPILU	27	4	D
:		-	41		D
:		64 CAMPBELL CHRON.	134	1C	D
:		75 MORAN SYRIAN SC	158	5	D C
60	2	69 KLENGEL GESCH.2	183		B D
60	6	10 EBELING VERBUM	58	8/4	BCD
:	:	51 DHORME LANGUE	409		BCD
60	7	71 CAD K RV**	72-A		G
60	8- 9	69 KLENGEL GESCH.2	251		D
:	8	10 BURCHARDT ALTK.2	4-A	52	B D C
60	10- 13	69 KLENGEL GESCH.2	262	34	D C
:	10	10 EBELING VERBUM	79	APP	B D
:	:	10 RANKE KEILSCHR.	15		B D
:	:	71 HELCK BEZIEHUNG	248	22	D
60	11	51 DHORME LANGUE	453		B D
:	:	69 KLENGEL GESCH.2	262	34	CD C
60	12	15 KNUDTZON EL-AM	1590		BCD
:	:	-	1591		G
:	:	-	1592		G
:	:	74 RAINEY EA NOTES	309		B D R
60	13- 15	10 EBELING VERBUM	49	5/1B	BCD C ?

```
I -----------------------------------------------------------------
I                              C I T A T I O N S              I
I     T E X T E S           ----------------------------------- I
I                           DATE, OUVRAGE, PAGES, NOTES  CARACTERIST. I
I     ---------------------                               ------------ I
I       60      13        76 SYL.S2 RV**       3        B D     C    I
I       60      14        15 KNUDTZON EL-AM 1589-1590      CD       ?  I
I       :       :         51 DHORME LANGUE    460       BCD            I
I       :       :         62 CAD 'S RV**      50-B      B D           I
I       60      15- 16    56 CAD  H RV**       3-B      BCD     C    I
I       :       15        09 BOHL SPRACHE     53    28M B D          I
I       :       :         10 EBELING VERBUM   50    5/1B B D          I
I       :       :            -               61    12  BCD           I
I       :       :         51 DHORME LANGUE    435    3  BCD           I
I       :       :            -               456      BCD           I
I       60      17- 32    71 HELCK BEZIEHUNG 171        D      C    I
I       60      20        10 RANKE KEILSCHR.  15       B D          I
I       60      21        09 BOHL SPRACHE     50    28F B D          I
I       :       :         10 EBELING VERBUM   46    5/1B BCD          I
I       :       :         39 HARRIS CANAANIT  48       BCD           I
I       :       :         51 DHORME LANGUE    416    1  B D          I
I       :       :            -               451      B D          I
I       :       :         66 JUCQUOIS PHONET 220        D           I
I       60      22- 23    69 KLENGEL GESCH.2 251        D           I
I       60      23        70 KLENGEL GESCH.3  12       B D     C    I
I       :       :         70 RAINEY TABLETS   93       B D          I
I       60      24- 27    71 HELCK BEZIEHUNG 370-371    CD    R C   I
I       :       24- 25    10 RANKE KEILSCHR.  25       BCD     C    I
I       :       :         15 KNUDTZON EL-AM 1590        BCD          I
I       :       : :       75 MORAN AMARNA GL 152        BCD    R C   I
I       :       24        71 HELCK BEZIEHUNG 248    16  D           I
I       60      25        67 SYL. 2 RV**      11    54  B D    R C   I
I       :       :         69 KLENGEL GESCH.2 231    5   B D    REC   I
I       60      26- 28    10 RANKE XEILSCHR.  25    2   CD     C    I
I       :       : :       58 CAD  E RV**     340-A     BCD     C    I
I       :       26- 27    69 KLENGEL GESCH.2 251        D           I
I       :       26        60 AHW  E RV**     251-A     B            I
I       60      29        58 CAD  E RV**     340-A     BCD     C    I
I       60      30- 32    60 CAD IJ RV**      28-A     BCD     C    I
I       :       : :       69 KLENGEL GESCH.2 251        D           I
I       :       30- 31    09 BOHL SPRACHE     75    35A BCD     C    I
I       :       30, 31       -               50    28F B D          I
I       :       30        75 MORAN SYRIAN SC 149  N.136 AB D     C    I
I       60      31           -              149  N.201 AB D     C    I
I       60      32        10 RANKE KEILSCHR.  15       B D          I
I                                                                   I
I EA  61                                                            I
I ******                                                            I
I       61                64 CAMPBELL CHRON.  63        D           I
I       :                 73 KUHNE CHRONOLOG  70    345  D           I
I       61      2-  4     71 CAD  K RV**      72-A     BCD     C    I
I       :       2         69 KLENGEL GESCH.2 183       B D          I
I       61      3         73 KUHNE CHRONOLOG   6    340  D           I
I       61      7         63 AHW  K RV**     424-B     B D          I
I       61      8         09 BOHL SPRACHE     33    220 B D          I
I       61      '3        70 KLENGEL GESCH.3  12       B D    R C ? I
I       :       :         70 RAINEY TABLETS   93       B D    R     I
I       61      '5- '6    69 KLENGEL GESCH.2 251        D           I
I       :       '5        09 BOHL SPRACHE     20    9B  B D          I
I                                                                   I
I EA  62                                                            I
I ******                                                            I
I       62- 65            69 KLENGEL GESCH.2 185        D       ?  I
I       62                62 KITCHEN SUPPILU  27    4   D           I
```

```
I                             C I T A T I O N S           I
I      T E X T E S      -----------------------------------  I
I                       DATE,  OUVRAGE, PAGES, NOTES CARACTERIST.  I
I      ---------------  -----------------------------------  I
I      62               62 KITCHEN SUPPILU  41           D          I
I       :               64 CAMPBELL CHRON. 131           D          I
I       :                     -           134    1C      D          I
I       :               69 KLENGEL GESCH.2 252           D          I
I       :                     -           262    34      D          I
I       :               70 KLENGEL GESCH.3  10           D          I
I       :                     -            11           D          I
I       :                     -           199           D          I
I       :               71 HELCK BEZIEHUNG 172           D          I
I       :                     -           248    22      D          I
I       :               73 KUHNE CHRONOLOG   4    25      D          I
I       :               75 MORAN SYRIAN SC 158     5     D      C   I
I      62     1         10 RANKE KEILSCHR.  15          B D         I
I      62     2         69 KLENGEL GESCH.2 183          B D         I
I      62     5         15 KNUDTZON EL-AM 1590          B D         I
I      62    11         69 KLENGEL GESCH.2 184          BCD     C   I
I       :     :         70 KLENGEL GESCH.3  40          B D     C   I
I      62    12, 20     73 KUHNE CHRONOLOG   7   34Q     D          I
I       :    12         68 CAD 2A RV**     60-B         BCD         I
I      62    13- 20     71 HELCK BEZIEHUNG 305           D      C   I
I       :    13- 14     69 KLENGEL GESCH.2 252           D          I
I       :    13         15 KNUDTZON EL-AM 1602             G        I
I       :     :         62 KITCHEN SUPPILU  21           D          I
I       :     :         67 AHW  N RV**     694-A        B D         I
I       :     :         70 RAINEY TABLETS   73          B D   R     I
I      62    14         74 RAINEY EA NOTES 302          B D   R  ?  I
I      62    16, 20     69 KLENGEL GESCH.2 184          B D     C   I
I       :    16, 18     10 EBELING VERBUM   54   7/3A   BCD         I
I       :    16         09 BOHL SPRACHE     20    9B    BCD         I
I       :     :         51 DHORME LANGUE    486          BCD        I
I       :     :         73 KUHNE CHRONOLOG  26   117     D          I
I      62    17         09 BOHL SPRACHE     67   32M    B D         I
I       :     :         66 JUCQUOIS PHONET 169          BCD         I
I       :     :         69 KLENGEL GESCH.2 252           D          I
I       :     :         74 RAINEY EA NOTES 301          B D         I
I      62    18         15 KNUDTZON EL-AM 1599            G         I
I      62    20         62 CAD 'S RV**      50-A        B D         I
I       :     :         69 KLENGEL GESCH.2 184          BCD     C   I
I      62    21- 22     62 KITCHEN SUPPILU  21           D          I
I       :     :   :     69 KLENGEL GESCH.2 252           D          I
I       :    21         15 KNUDTZON EL-AM 1602            G         I
I       :     :         70 RAINEY TABLETS   73          B D         I
I      62    22         09 BURCHARDT ALTK.1 44   133    B D     C   I
I      62    23- 28     68 CAD 2A RV**     61-A         BCD     C   I
I      62    24, 28          -           399-A           D          I
I       :    24, 25     10 EBELING VERBUM   55   7/3A   BCD         I
I       :     :   :     73 KUHNE CHRONOLOG   7   34Q     D          I
I      62    25         68 CAD 2A RV**     399-A        BCD         I
I      62    26         10 RANKE KEILSCHR.  12     1    B D         I
I      62    27         64 CAMPBELL CHRON.  41          B D         I
I       :     :         71 HELCK BEZIEHUNG 481    23    B D         I
I      62    28         10 EBELING VERBUM   55   7/3A   BCD         I
I      62    29- 32     58 CAD E RV**      424-B        BCD     C   I
I       ·    29         75 MORAN SYRIAN SC 148  N.38  AB D     C   I
I      62    30         09 BOHL SPRACHE     20    9B    BCD         I
I       :     :         75 MORAN SYRIAN SC 164    58    B D         I
I      62    31         69 KLENGEL GESCH.2 184          B D     C   I
I      62    33         09 BOHL SPRACHE     18    8B    BCD         I
I       :     :         10 EBELING VERBUM   41   1/4    BCD         I
```

	TEXTES			CITATIONS				
				DATE, OUVRAGE, PAGES, NOTES			CARACTERIST.	
I	62	33		10 EBELING VERBUM	43	3/1	BCD	I
I	:	:		51 DHORME LANGUE	485		BCD	I
I	62	34		15 KNUDTZON EL-AM	1003/69	351E A	C	I
I	62	38		10 EBELING VERBUM	45	5/1A	BCD	I
I	:	:		51 DHORME LANGUE	417		BCD	I
I	62	39- 41		71 CAD K RV**	309-B		B D	C I
I	:	39, 43		09 BOHL SPRACHE	81	37B	D	I
I	:	: :		65 AHW K RV**	467-A		B D	I
I	62	41		10 EBELING VERBUM	67	16	BCD	I
I	62	42- 49		69 KLENGEL GESCH.2	262	37	D	C I
I	:	42, 45		70 RAINEY TABLETS	89		B D	R I
I	:	42		69 KLENGEL GESCH.2	231	7	B D	C I
I	:	:		71 HELCK BEZIEHUNG	255		B D	R I
I	62	43- 45		71 CAD K RV**	309-B		BCD	R C I
I	62	45		10 EBELING VERBUM	51	6/2B	BCD	E I
I	:	:		69 KLENGEL GESCH.2	231	7	B D	C ? I
I	62	46		-	184		B D	C I
I	62	47		09 BOHL SPRACHE	20	9B	B D	I
I	:	:		51 DHORME LANGUE	486		BCD	I
I	62	48		09 BOHL SPRACHE	23	10E	D	I
I	62	50		68 CAD 2A RV**	122-B		B D	I
I	62	52		73 KUHNE CHRONOLOG	7	34Q	D	I
I								I
I EA 63								I
I ******								I
I	63- 65			71 HELCK BEZIEHUNG	172	21	D	I
I	63, 64			69 KLENGEL GESCH.2	258		D	I
I	63	6		10 EBELING VERBUM	56	7/3B	BCD	I
I	63	7		09 BOHL SPRACHE	44	27F	B D	I
I	:	:		10 EBELING VERBUM	56	7/3B	BCD	I
I	63	9, 11		15 KNUDTZON EL-AM	1590		B D	R I
I	63	13		10 EBELING VERBUM	53	7/3A	BCD	I
I	:	:		66 JUCQUOIS PHONET	198		B D	I
I	:	:		-	268		BCD	I
I	63	14		60 CAD IJ RV**	24-B		B D	I
I								I
I EA 64								I
I ******								I
I	64	4- 5		62 CAD 'S RV**	261-B		BCD	C I
I	64	5		09 BOHL SPRACHE	46	27N	B D	I
I	:	:		-	48	27R	B D	I
I	:	:		10 EBELING VERBUM	56	7/3B	BCD	I
I	:	:		77 CAD 1M RV**	242-B		B D	I
I	64	6		68 CAD 2A RV**	125-B		D	I
I	:	:		77 CAD 2M RV**	66-A		B D	I
I	64	7		09 BOHL SPRACHE	15	6D	BCD	I
I	:	:		15 KNUDTZON EL-AM	1590		D	? I
I	:	:		51 DHORME LANGUE	459		B D	I
I	:	:		62 CAD 'S RV**	261-B		BCD	I
I	:	:		66 JUCQUOIS PHONET	80		BCD	? I
I	:	:		71 CAD K RV**	14-A		B D	I
I	64	8- 9		73 CAD L RV**	55-A		BCD	C I
I	:	8, 10		09 BOHL SPRACHE	50	28F	B D	I
I	:	8, 9		71 CAD K RV**	364-B		BCD	C I
I	:	8		10 EBELING VERBUM	40	1/3	BCD	I
I	64	9		59 AHW K RV**	159-A		BCD	I
I	:	:		59 CAD D RV**	97-A		BCD	I
I	:	:		65 AHW K RV**	477-B		G	I
I	:	:		66 JUCQUOIS PHONET	198		B D	I

```
I                                  C I T A T I O N S              I
I       T E X T E S         ------------------------------------  I
I                           DATE,  OUVRAGE, PAGES, NOTES  CARACTERIST.  I
I       ---------------     ---------------------------------    I
I       64      10- 12    59 CAD  D RV**      62-A      B D      C    I
I       64      12        09 BOHL SPRACHE     49-50  28F  B D         I
I       64      14        66 JUCQUOIS PHONET 158        BCD          I
I       64      15        09 BOHL SPRACHE     44     27F  B D         I
I       :       :         10 EBELING VERBUM   56     7/3B BCD         I
I       :       :         39 HARRIS CANAANIT   8       10  BCD        I
I       64      21- 23    77 CAD 2M RV**      66-A       BCD   + C ? I
I       :       21- 22    68 CAD 2A RV**      48-A      B D  + C    I
I       64      22, 23    09 BOHL SPRACHE     86     38C  B D  +      I
I       :       :    :    10 EBELING VERBUM   56     7/3B BCD      ? I
I       64      23               -           42     1/6  BCD      ? I
I       :       :                -           75      24  BCD  +   ? I
I       :       :         51 DHORME LANGUE   448        BCD  +       I
I       :       :                -          483       9  BCD  +      I
I       :       :         64 CAD 1A RV**      6-B      B D          I
I       :       :                             9-B      B D          I
I       :       :         68 CAD 2A RV**      48-A       C      C    I
I       :       :         74 RAINEY EA NOTES 300       B D  +       I
I                                                                    I
I EA  65                                                             I
I ******                                                            I
I       65               64 CAMPBELL CHRON. 107         D           I
I       :                        -          110      6   D           I
I       :                        -          131          D           I
I       :                        -          134     1E   D           I
I       :                75 MORAN SYRIAN SC 158      5   D      C    I
I       65      3        15 KNUDTZON EL-AM 1003/70 356E A      C    I
I       65      4-  5    77 CAD 2M RV**      66-A       BCD  + C    I
I       65      5        09 BOHL SPRACHE     15     6D   BCD         I
I       :       :        10 EBELING VERBUM   56     7/3B BCD         I
I       :       :        51 DHORME LANGUE   459        B D          I
I       :       :        62 CAD 'S RV**     261-B      B D          I
I       :       :        66 JUCQUOIS PHONET  80        BCD      ? I
I       65      6        75 MORAN SYRIAN SC 148    N.50 AB D   C    I
I       65      7        09 BOHL SPRACHE     44     27F  B D         I
I       :       :        10 EBELING VERBUM   56     7/3B BCD         I
I       :       :        39 HARRIS CANAANIT   8      10  B D         I
I       :       :                -           45         BCD         I
I       65      8, 10    09 BOHL SPRACHE     54     28Q  B D         I
I       :       8        10 EBELING VERBUM   68    17/1  BCD         I
I       65      9        51 DHORME LANGUE   475        BCD          I
I       65      11       10 EBELING VERBUM   64      14  BCD         I
I       65      12       10 RANKE KEILSCHR.  17        B D          I
I       65      13       75 MORAN SYRIAN SC 148    N.50 AB D   C    I
I                                                                    I
I EA  66                                                             I
I ******                                                            I
I       66               66 JUCQUOIS PHONET  36         D           I
I       66      4        09 BURCHARDT ALTK.1  8      18  B D   R C  I
I       :       :                -            1 33    95  B D    C  I
I       :       :        10 BURCHARDT ALTK.2 35-B   671  B D    C  I
I                                                                    I
I EA  67                                                             I
I ******                                                            I
I       67               15 KNUDTZON EL-AM 1590         G           I
I       :                64 CAMPBELL CHRON. 131         D           I
I       :                        -          135     2D   D           I
I       :                66 JUCQUOIS PHONET  35         D           I
I       :                69 KLENGEL GESCH.2 238      96  D      ? I
```

```
I                                              C I T A T I O N S                    I
I         T E X T E S            ----------------------------------------------  I
I                                DATE,  OUVRAGE, PAGES, NOTES  CARACTERIST.  I
I    ------------------------    ----------------------------  ------------  I
I         67                     69 KLENGEL GESCH.2 295        36     D        ? I
I         :                         -                427              D        ? I
I         :                      75 MORAN SYRIAN SC 147        N.45   D        ? I
I         67         6           10 EBELING VERBUM    53       7/3A   BCD        I
I         :         :            66 JUCQUOIS PHONET 237               BCD        I
I         67        10           15 KNUDTZON EL-AM  998               C          I
I         67        11, 12       10 EBELING VERBUM    55       7/3A   BCD    EC  I
I         :         :   :        68 CAD  2A RV**     361-A            B D    C   I
I         67        12           09 BOHL SPRACHE     19        8C     B D        I
I         :         :            51 DHORME LANGUE   485               BCD        I
I         67        13- 14       58 CAD  E RV**      212-B            BCD    C   I
I         :         :   :        66 AHW  M RV**      599-B            BCD    C   I
I         :         :   :        77 CAD 1M RV**      191-A            BCD    R C I
I         67        14           09 BOHL SPRACHE     17        7D     B D        I
I         :         :            64 CAMPBELL CHRON. 131               CD         I
I         :         :            67 SYL. 2 RV**       57       290    B D    C   I
I         67        15           10 RANKE KEILSCHR.  21               BCD        I
I         :         :            56 CAD  H RV**       57-B            B D        I
I         :         :               -                 57-B           BCD        I
I         :         :            62 AHW  H RV**      314-A            B D        I
I         67        16- 17       71 CAD  K RV**       72-B            BCD    C   I
I         :         16           66 JUCQUOIS PHONET 170               B D        I
I         67        17           51 DHORME LANGUE   485               B D        I
I         :         :            56 CAD  H RV**       50-A            BCD        I
I         :         :               -                 84-B           B D        I
I         :         :            63 AHW  K RV**      424-B            B          I
I         :         :            74 KESTEMONT DIPL.  75        357    BCD        I
I         :         :               -                77        369    B D        I
I                                                                               I
I EA  68                                                                        I
I ******                                                                        I
I         68-138                 09 BOHL SPRACHE     44        27F    D          I
I         :   :                     -               46        27N    D          I
I         :   :                     -               50        28F    D          I
I         :   :                     -               53        28M    D          I
I         :   :                     -               54.       28Q    D          I
I         :   :                  64 CAMPBELL CHRON.  77-96            D      C   I
I         :   :                  67 REDFORD HISTORY 153               D          I
I         68- 96                 39 HARRIS CANAANIT  20               D          I
I         :   :                  60 MORAN EARLY CAN   1               D      C   I
I         :   :                  66 JUCQUOIS PHONET  33               D          I
I         :   :                  69 KLENGEL GESCH.2 231        8      G          I
I         :   :                  69 MORAN DEATH OF   94        1      D          I
I         :   :                  73 KUHNE CHRONOLOG   9        36/3Y  G          I
I         68- 95                 50 MORAN SYNTACTIC   1-190           D      C   I
I         :   :                     -                 6        9      D          I
I         :   :                  64 CAMPBELL CHRON.  79               D          I
I         :   :                  69 KLENGEL GESCH.2 427               D          I
I         68- 70                 62 KITCHEN SUPPILU  26               D          I
I         :   :                     -               41               D          I
I         :   :                  64 CAMPBELL CHRON. 134        2D     D          I
I         68                     62 KITCHEN SUPPILU  32        1      D          I
I         :                      64 CAMPBELL CHRON.  82-83            D          I
I         :                         -               83        38     D          I
I         :                         -               134       1C     D          I
I         :                      71 HELCK BEZIEHUNG 172        23     D          I
I         :                      73 KUHNE CHRONOLOG 130        D4     D          I
I         68         4- 6        59 CAD  D RV**      184-A            BCD    C   I
I         :         4            09 BURCHARDT ALTK.1 17        50     B D    C   I
```

TEXTES			C I T A T I O N S			CARACTERIST.
			DATE, OUVRAGE, PAGES, NOTES			
68	4		10 BURCHARDT ALTK.2	50-A	970	B D C
68	5		51 DHORME LANGUE	447		BCD
68	9- 18		69 KLENGEL GESCH.2	261	22	D C
:	9- 10		50 MORAN SYNTACTIC	67	3	D
:	9, 15		50 MORAN INF.ABSOL	169-B	7	B D
68	10- 11		71 CAD K RV**	471-B		B D C
:	10		10 EBELING VERBUM	53	7/3A	BCD
:	:		50 MORAN SYNTACTIC	28	A	BCD
:	:		-	145-146		BCD
68	11		68 CAD 2A RV**	85-A		BCD
68	12		50 MORAN SYNTACTIC	146		B D
:	:		69 AHW N RV**	803-A		B D
68	13, 18		15 KNUDTZON EL-AM	1584	49	D
:	: :		56 CAD H RV**	84-B		B D
:	13		62 CAD 'S RV**	50-A		B D
68	14- 17		60 MORAN EARLY CAN	11		BCD
:	14		09 BOHL SPRACHE	49	28D	B D
:	:		-	50	28F	B D
:	:		50 MORAN SYNTACTIC	17	A/1	B D
:	:		-	138	223	B D
:	:		-	146		B D
:	:		-	147		B D R ?
:	:		60 MORAN EARLY CAN	11	1	B D R C
:	:		67 SYL. 2 RV**	48	248	B D R C
68	17		50 MORAN SYNTACTIC	83		B D
68	19- 21		60 CAD IJ RV**	292-B		BCD C
:	: :		64 CAMPBELL CHRON.	82	34	CD
:	19- 20		50 MORAN SYNTACTIC	9	B	BCD
:	19		71 HELCK BEZIEHUNG	248	22	D
68	21		10 EBELING VERBUM	53	7/3A	BCD
:	:		50 MORAN SYNTACTIC	35	B	BCD
:	:		-	129	149	B D
:	:		64 MORAN TAQTUL	80	1	B D
:	:		73 KUHNE CHRONOLOG	7	34Q	D
68	22- 28		64 CAMPBELL CHRON.	82		CD
:	: :		-	83	38	D
:	22- 26		69 KLENGEL GESCH.2	253		D C
:	22		10 RANKE KEILSCHR.	15		B D
:	:		50 MORAN SYNTACTIC	146		BCD R
68	24- 25		60 CAD IJ RV**	24-A		BCD C
68	25		09 BOHL SPRACHE	80	37B	BCD +
:	:		50 MORAN SYNTACTIC	146		B D +R ?
:	:		64 CAMPBELL CHRON.	82	36	B D + C
:	:		71 AHW P RV**	884-A		G
68	27- 28		65 CAD B RV**	61-A		BCD C
:	27		10 RANKE KEILSCHR.	22		B D
:	:		71 HELCK BEZIEHUNG	253	48	D
68	28		10 EBELING VERBUM	61	12	BCD
:	:		51 DHORME LANGUE	436		BCD
68	29		50 MORAN SYNTACTIC	146		B D
68	30		-	138	223	B D
68	31		-	17	A/1	B D
:	:		-	146		G
:	:		-	146-147		B D R
:	:		60 MORAN EARLY CAN	11	1	B D R
:	:		67 SYL. 2 RV**	48	248	B D R C
68	32		09 BOHL SPRACHE	10	4E	B D

```
I---------------------------------------------------------------------I
I                                    C I T A T I O N S              I
I       T E X T E S             -------------------------------------I
I                               DATE,  OUVRAGE, PAGES, NOTES CARACTERIST. I
I       --------------------    ----------------------------- ----------- I
I                                                                       I
I EA   69                                                               I
I ******                                                                I
I       69- 71              69 KLENGEL GESCH.2 185              D        I
I       69, 70              64 CAMPBELL CHRON.   80             D        I
I        :    :             69 KLENGEL GESCH.2 236      67     D       ? I
I       69                  64 CAMPBELL CHRON.   78            D         I
I        :                   -                  134           D         I
I       69       9          10 EBELING VERBUM    53     7/3A  BCD       I
I       69       10- 11     50 MORAN SYNTACTIC  147           BCD   R C I
I        :       10         10 EBELING VERBUM    66     16    BCD       I
I        :        :         50 MORAN SYNTACTIC   10      C    B D       I
I       69       12- 13      -                   66           BCD       I
I        :       12         68 CAD 2A  RV**      148-A        B D       I
I       69       13         77 CAD 2M  RV**      294-B        D         I
I       69       14         15 KNUDTZON EL-AM 1600              G       I
I       69       15- 16     50 MORAN SYNTACTIC   67      1    D         I
I        :       15         10 EBELING VERBUM    39     1/1   BCD       I
I       69       16          -                   54     7/3A  BCD       I
I        :        :         50 MORAN SYNTACTIC   61           BCD       I
I       69       17         09 BOHL SPRACHE      54     28Q   B D       I
I        :        :          -                   65     32F   B D       I
I       69       18         15 KNUDTZ.CR/UNGN.  185           B     R ? I
I       69       20         71 HELCK BEZIEHUNG  171     16    B D       I
I       69       21         50 MORAN SYNTACTIC  147           B D   R ? I
I        :        :         70 KLENGEL GESCH.3   41           B D   C ? I
I        :        :         70 RAINEY TABLETS    92           B D       I
I       69       23         10 EBELING VERBUM    64     14    BCD       I
I        :        :         50 MORAN SYNTACTIC  110     23    B D       I
I        :        :         72 AHW   R RV**      972-A        B D       I
I       69       25- 30     71 HELCK BEZIEHUNG  254           D     C   I
I        :       25-        52 MORAN KARATEPE?   79-B    29   D         I
I        :       25         50 MORAN SYNTACTIC   76           B D       I
I       69       26- 28      -                  148           CD        I
I        :        :    :     64 CAD 1A  RV**      85-A        B D   C   I
I        :       26         76 AHW  >S RV**     1249-B        B D       I
I       69       27         15 KNUDTZON EL-AM 1590            B D   R   I
I        :        :         50 MORAN SYNTACTIC  147           B D   R   I
I       69       28         09 BOHL SPRACHE      15     6E    B D   +   I
I        :        :          -                   82     37F   B D   +   I
I        :        :         50 MORAN SYNTACTIC  148           B D   +   I
I        :        :         51 DHORME LANGUE    459-460       BCD   +   I
I        :        :          -                  464           BCD   +   I
I        :        :          -                  482           B D   +   I
I        :        :         65 DISO-2  RV**     177     L.15  BCD   +   I
I        :        :         66 JUCQUOIS PHONET  218           BCD       I
I       69       30- 32     49 MORAN UNEXPLAIN 125-A          B D       I
I        :       30, 31      -                  124-A         B D   R   I
I        :       30         50 MORAN SYNTACTIC  147           BCD   R ? I
I        :        :          -                  159             G       I
I       69       32          -                   57           B D       I
I                                                                       I
I EA   70                                                               I
I ******                                                                I
I       70                  62 KITCHEN SUPPILU   32      1    D         I
I        :                  69 KLENGEL GESCH.2  196           D       ? I
I       70       9          71 HELCK BEZIEHUNG  171     16    B D   R   I
I       70       12         10 EBELING VERBUM    63     13    BCD       I
I        :        :         15 KNUDTZON EL-AM   998           C         I
```

TEXTES			CITATIONS — DATE, OUVRAGE, PAGES, NOTES				CARACTERIST.
70	16		09 BOHL SPRACHE	53	28M	B D	?
:	:		10 EBELING VERBUM	47	5/1B	BCD	
:	:		70 KLENGEL GESCH.3	41		B D	R C ?
:	:		70 RAINEY TABLETS	92		B D	R
:	:		71 HELCK BEZIEHUNG	171	16	B D	R C ?
70	17		09 BOHL SPRACHE	28	15E	BCD	
70	19		-		3/1 2A	B D	
:	:		69 KLENGEL GESCH.2	231	10	B D	
70	23, 26		10 RANKE KEILSCHR.	17		B D	EC
:	:	:	49 MORAN UNEXPLAIN	124-B	5	B D	
:	23		52 MORAN KARATEPE?	79-B	29	D	R
70	24-	30	69 KLENGEL GESCH.2	261	25	D	C
:	24		51 DHORME LANGUE	448		BCD	
70	25, 26		50 MORAN SYNTACTIC	61		BCD	
70	26		10 EBELING VERBUM	61	12	BCD	
:	:		-	75	24	BCD	
:	:		49 MORAN UNEXPLAIN	125-A		B D	
:	:		74 RAINEY EA NOTES	302		B D	
70	27-		52 MORAN KARATEPE?	79-B	29	D	R
70	28		10 RANKE KEILSCHR.	17		B D	REC
70	29		09 BOHL SPRACHE	58	29B	BCD	
:	:		10 EBELING VERBUM	65	15	BCD	

EA 71
******

TEXTES			CITATIONS				CARACTERIST.
71-	95		64 CAMPBELL CHRON.	95		D	
:	:		-	134	1D	D	
:	:		73 KUHNE CHRONOLOG	130	D4	D	
71-	76		62 KITCHEN SUPPILU	41		D	
:	:		70 KLENGEL GESCH.3	27	45	D	
71			62 KITCHEN SUPPILU	27	4	D	
:			64 CAMPBELL CHRON.	73		D	
:			-	78		D	
:			-	80		D	
:			-	134	1C	D	
:			69 KLENGEL GESCH.2	194		G	
:			70 KLENGEL GESCH.3	14		D	
:			71 HELCK BEZIEHUNG	172	22	D	
:			73 KUHNE CHRONOLOG	4	23	D	
71	1		50 MORAN SYNTACTIC	148		BCD	R ?
:	:		69 AHW P RV**	852-B		B D	R
:	:		70 RAINEY TABLETS	75		B D	
:	:		71 HELCK BEZIEHUNG	248		B D	R C
:	:		-	435	6	BCD	R
:	:		73 KUHNE CHRONOLOG	86	421	BCD	R
:	:		-	145	23	B D	R
71	4-	6	10 EBELING VERBUM	48	5/1B	BCD	C
:	:	:	51 MORAN NEW EVID.	35-A		BCD	
:	:	:	64 MORAN TAQTUL	80-81		BCD	C
:	4-		51 MORAN NEW EVID.	35-A	14	D	
:	4,	5	50 MORAN SYNTACTIC	62		B D	C
:	4		10 RANKE KEILSCHR.	7		B D	
:	:		60 CAD IJ RV**	94-B		BCD	
71	5		09 BOHL SPRACHE	4	3E	B D	
:	:		15 KNUDTZON EL-AM	1596		B D	
:	:		50 MORAN SYNTACTIC	63	1	D	
:	:		65 CAD B RV**	142-B		D	
:	:		69 KLENGEL GESCH.2	232	12	G	
:	:		70 RAINEY TABLETS	73		B D	

	TEXTES		CITATIONS								
			DATE,	OUVRAGE,	PAGES,	NOTES	CARACTERIST.				
71	6-	8	69	KLENGEL GESCH.2	231	11	D				
71	7-	10	50	MORAN SYNTACTIC	148		CD		EC		
:	:	:	58	CAD E RV**	152-B		BCD		R C	?	
:	:	:	60	CAD IJ RV**	137-B		BCD		C		
:	7		60	AHW E RV**	215-A		B				
:	:		68	CAD 2A RV**	19-A		BCD				
71	8		09	BOHL SPRACHE	87	38H	BCD				
:	:		50	MORAN SYNTACTIC	148		B D		R C		
:	:			-	180	5	B D		R C		
:	:		51	DHORME LANGUE	464		BCD				
:	:			-	472		BCD				
:	:		63	AHW I RV**	379-A		BCD				
71	9-	10	09	BOHL SPRACHE	69	33D	BCD		C		
:	:	:	50	MORAN SYNTACTIC	17-18	B/2	BCD				
71	10-	35	69	KLENGEL GESCH.2	253		D		C		
:	10-	16	50	MORAN SYNTACTIC	81-82		BCD				
:	:	:		-	83		D		C		
:	:	:		-	84		D		C		
:	:	:	60	MORAN EARLY CAN	10		BCD				
:	10-	14	09	BOHL SPRACHE	76	35A	BCD		C		
:	:	:	50	MORAN SYNTACTIC	98		D				
:	10		73	KUHNE CHRONOLOG	86	421	D				
:	:			-	145	23	D				
71	11-	14	10	EBELING VERBUM	70	21	BCD		C		
:	11		09	BOHL SPRACHE	67	32N	D				
:	:		10	EBELING VERBUM	54	7/3A	BCD				
71	12-	15	60	MORAN EARLY CAN	12	3	B D				
:	12,	15	50	MORAN SYNTACTIC	83		B D		C		
:	12			-	137	217	D		C		
:	:		51	DHORME LANGUE	414		BCD				
71	13			-	435		BCD				
71	14		10	RANKE KEILSCHR.	17		D				
71	15		09	BOHL SPRACHE	53	28M	B D				
:	:		10	EBELING VERBUM	67	16	BCD				
71	16-	19	09	BOHL SPRACHE	76	35A	BCD		C		
:	:	:	50	MORAN SYNTACTIC	20	A/1	BCD				
:	:	:		-	79		BCD				
:	:	:	51	DHORME LANGUE	475		BCD		C		
:	:	:	60	MORAN EARLY CAN	9		BCD				
:	16-	17	50	MORAN SYNTACTIC	95		BCD				
71	18-	19			95		BCD				
:	18			-	50	G	B D				
:	:		60	MORAN EARLY CAN	9		D		C		
71	19			-	16	2	D				
71	20-	22	15	KNUDTZON EL-AM	1590		CD				
:	:	:	50	MORAN SYNTACTIC	148		BCD				
:	20,	22	09	BOHL SPRACHE	6	3F	B D				
:	:	:	74	RAINEY EA NOTES	309		B D				
71	21-	22	69	KLENGEL GESCH.2	247		D				
:	21,	29	56	CAD H RV**	84-B		B D				
:	21		50	MORAN SYNTACTIC	16	H	D				
:	:		74	RAINEY EA NOTES	302		B D				
71	22-	23	50	MORAN SYNTACTIC	16	H	BCD				
71	23-	31		-	149		CD			?	
:	:	:	69	KLENGEL GESCH.2	253		D		C		
:	23-	26	60	MORAN EARLY CAN	7		BCD			?	
:	23-	24	50	MORAN SYNTACTIC	23	C	BCD				
:	:	:		-	94		BCD				
:	:	:		-	98		BCD				

```
I                                       C  I  T  A  T  I  O  N  S                      I
I       T E X T E S              --------------------------------------------------    I
I                               DATE,  OUVRAGE, PAGES, NOTES   CARACTERIST.            I
I       ----------------------  --------------------------------  -----------         I
I       73       5-  7          77 CAD 2M RV**       94-B        B D       C          I
I        :       5              09 BOHL SPRACHE       4     3E   B D                  I
I        :       :              51 DHORME LANGUE     460          BCD                 I
I        :       :                      -           465          BCD                  I
I        :       :              65 CAD  B RV**      142-B        B D                  I
I       73       6- 11          50 MORAN SYNTACTIC   82          BCD                  I
I        :       :   :                  -            83           D        C          I
I        :       :   :          60 MORAN EARLY CAN   10            D                  I
I        :       6-  8          50 MORAN SYNTACTIC   54          B D                  I
I        :       :   :          77 CAD 2M RV**       94-B         CD       C          I
I        :       6, 10          50 MORAN SYNTACTIC   83          B         C          I
I       73       7-  9          10 EBELING VERBUM    70     21   BCD       C          I
I        :       7              09 BOHL SPRACHE      67     32N   D                   I
I        :       :              10 EBELING VERBUM    54    7/3A  BCD                  I
I        :       :              51 DHORME LANGUE    452          BCD                  I
I        :       :              60 MORAN EARLY CAN   10      2    D        C          I
I       73       9- 11          77 CAD 1M RV**      247-B        BCD       C          I
I        :       9- 10          64 CAD 1A RV**      123-A        BCD       C          I
I        :       9, 13          73 KUHNE CHRONOLOG   10     40    D                   I
I        :       9, 10          60 MORAN EARLY CAN   10      2    D        C          I
I        :       9              09 BOHL SPRACHE      74    340    D                   I
I        :       :              50 MORAN SYNTACTIC  126    118   B D                  I
I       73      10-             10 RANKE KEILSCHR.   17          B D       C          I
I        :      10              09 BOHL SPRACHE      53     28M  B D          ?       I
I       73      11- 14          50 MORAN SYNTACTIC   72      1    D                   I
I        :       :   :                  -          149           CD                  I
I        :      11- 12          10 EBELING VERBUM    70     21   BCD       C          I
I        :       :   :          50 MORAN SYNTACTIC   53          BCD                  I
I       73      12- 14          69 MORAN DEATH OF    96-B    15   D                   I
I        :      12- 13          50 MORAN SYNTACTIC   10      C   BCD                  I
I        :      12, 16                  -            61           D                   I
I        :      12              49 MORAN UNEXPLAIN  125-A        B D                  I
I       73      13- 14          58 CAD  E RV**      417-A        B D       C          I
I        :      13, 14          50 MORAN SYNTACTIC   61           D                   I
I        :      13              09 BOHL SPRACHE      52     28I  B D                  I
I        :       :              10 EBELING VERBUM    45    5/1A  BCD                  I
I       73      14- 18          69 KLENGEL GESCH.2  250           D        C          I
I        :      14- 16          10 EBELING VERBUM    70     21   BCD       C          I
I        :       :   :          60 CAD IJ RV**       25-A        BCD       C          I
I        :      14              10 EBELING VERBUM    54    7/3A  BCD                  I
I        :       :              49 MORAN UNEXPLAIN  125-B     8   D                   I
I        :       :              50 MORAN SYNTACTIC  118     73    D                   I
I       73      15- 16                  -            53          BCD                  I
I        :       :   :                  -            67      3    D                   I
I        :       :   :                  -            69          BCD                  I
I        :      15, 16          51 DHORME LANGUE    449          BCD                  I
I        :      15              10 EBELING VERBUM    39    1/1   BCD                  I
I        :       :              50 MORAN SYNTACTIC  150           D        C          I
I       73      16              09 BOHL SPRACHE      53     28M  B D                  I
I        :       :              10 EBELING VERBUM    51    6/2B  BCD                  I
I        :       :              74 RAINEY EA NOTES  301           D                   I
I       73      17              68 CAD 2A RV**      143-A         D                   I
I       73      18- 19          50 MORAN SYNTACTIC  149           CD                  I
I        :      18              10 EBELING VERBUM    51    6/2A  BCD                  I
I        :       :              50 MORAN SYNTACTIC  138    223   B D                  I
I        :       :              69 KLENGEL GESCH.2  254           D                   I
I       73      19              50 MORAN SYNTACTIC  149          B D                  I
I        :       :              69 KLENGEL GESCH.2  186           D                   I
I       73      20- 21          77 CAD 2M RV**      294-B         D        C          I
```

TEXTES			CITATIONS				CARACTERIST.	
			DATE,	OUVRAGE,	PAGES,	NOTES		
73	20		10	EBELING VERBUM	61	12	BCD	
:	:		51	DHORME LANGUE	456		BCD	
:	:		71	AHW Q RV**	931-B		B	
:	:		74	RAINEY EA NOTES	302		B D	R
:	:		-		305		G	
73	21		15	KNUDTZON EL-AM	1590		B D	R
:	:		-		1591		G	
:	:		-		1593		G	
:	:		-		1594		G	
:	:		-		1595		G	
73	22- 23		50	MORAN SYNTACTIC	150		CD	
:	22		10	EBELING VERBUM	66	16	BCD	
:	:		58	CAD E RV**	231-A		D	
73	23		09	BOHL SPRACHE	27	14B	BCD	
:	:		15	KNUDTZON EL-AM	1590		B	
:	:		50	MORAN SYNTACTIC	150		B D	
73	24- 25		58	CAD E RV**	226-B		BCD	C
:	24		50	MORAN SYNTACTIC	62	1	D	
:	:		51	DHORME LANGUE	456		BCD	EC
:	:		59	AHW B RV**	145-B		BC	
73	25- 27		62	KITCHEN SUPPILU	21		D	
:	25		09	BOHL SPRACHE	65	32F	B D	
73	26- 31		69	KLENGEL GESCH.2	261	22	D	C
:	:	:	-		262	39	D	C
:	26- 27		59	CAD D RV**	36-B		BCD	C
:	26		09	BOHL SPRACHE	76	35E	BCD	
:	:		10	EBELING VERBUM	66	16	BCD	
:	:		50	MORAN SYNTACTIC	70	2	D	
:	:		51	DHORME LANGUE	443		B D	
73	27- 29		50	MORAN SYNTACTIC	150		CD	
:	27		10	EBELING VERBUM	58-59	8/4	BCD	
:	:		51	DHORME LANGUE	411		BCD	
:	:		69	MORAN DEATH OF	96-B	14	D	
73	28		50	MORAN SYNTACTIC	150		B D	
:	:		60	AHW E RV**	229-A		B D	
73	29- 31		71	CAD K RV**	380-B		BCD	C
:	29		56	CAD H RV**	84-B		B D	
73	30		69	KLENGEL GESCH.2	186		BCD	C
73	31		50	MORAN SYNTACTIC	150		D	
:	:		60	CAD IJ RV**	327-A		B D	
73	32		09	BOHL SPRACHE	53	28M	B D	
:	:		10	EBELING VERBUM	65	15	BCD	
:	:		50	MORAN SYNTACTIC	62	3	D	
:	:		58	CAD E RV**	196-B		D	
73	33- 42		50	MORAN SYNTACTIC	150		CD	
:	33- 35		-		16	H	BCD	
:	33-		56	CAD H RV**	84-B		D	
73	35- 38		71	CAD K RV**	305-B		BCD	C
:	35- 37		50	MORAN SYNTACTIC	70	2	D	
:	:	:	64	CAD 1A RV**	71-B		B D	C
:	35		09	BOHL SPRACHE	76	35E	B D	
73	36		50	MORAN SYNTACTIC	9	C	B D	
:	:		65	CAD B RV**	196-B		B D	
73	37		73	KUHNE CHRONOLOG	10	40	D	
73	38		10	EBELING VERBUM	56	7/3B	BCD	
:	:		15	KNUDTZON EL-AM	1592		G	
:	:		49	MORAN UNEXPLAIN	125-B	8	D	
:	:		50	MORAN SYNTACTIC	17	A/4	BCD	
:	:		51	DHORME LANGUE	446		BCD	

```
I                                          C I T A T I O N S                    I
I          T E X T E S          -------------------------------------------     I
I                                    DATE,  OUVRAGE, PAGES, NOTES   CARACTERIST. I
I          -----------------------  ------------------------------ -----------  I
I          73          39- 42       50 MORAN SYNTACTIC   69              BCD     I
I           :           :    :      69 KLENGEL GESCH.2  261        32     D    C I
I           :          39- 41       50 MORAN SYNTACTIC   76         1    BCD     I
I           :          39- 40       65 CAD   B RV**         150-A        BCD   C I
I           :          39           50 MORAN SYNTACTIC  150              B D     I
I           :           :           51 DHORME LANGUE    449              BCD     I
I           :           :           69 AHW   P RV**         836-A        B D     I
I          73          40- 41       10 RANKE KEILSCHR.    7               D      I
I           :           :    :      50 MORAN SYNTACTIC   30         A    BCD     I
I           :          40, 41       09 BOHL SPRACHE       76       35E   BCD     I
I           :          40           -                     59       29F   BCD     I
I           :           :           10 EBELING VERBUM     74        22   BCD     I
I          73          43- 45       60 MORAN EARLY CAN     7              BCD  R I
I           :           :    :      69 KLENGEL GESCH.2  232        15      G     I
I           :          43, 44       60 MORAN EARLY CAN    12         3   B D  R C I
I           :          43           10 EBELING VERBUM     59       8/4   BCD     I
I          73          44           09 BOHL SPRACHE       60       30C   B D     I
I           :           :           15 KNUDTZON EL-AM 1590               B D  R  I
I           :           :           60 MORAN EARLY CAN     7         2    D   R C I
I           :           :           74 RAINEY EA NOTES 309              B D  R   I
I                                                                               I
I EA   74                                                                       I
I ******                                                                        I
I          74- 76                   62 KITCHEN SUPPILU   26         4    D       I
I          74, 75                   69 KLENGEL GESCH.2  189                G     I
I          74                       64 CAMPBELL CHRON.   83        38    D       I
I           :                       69 KLENGEL GESCH.2  187              D       I
I           :                       70 KLENGEL GESCH.3   14              D       I
I           :                       71 HELCK BEZIEHUNG  172        23    D       I
I           :                       73 KUHNE CHRONOLOG    9      36/3F     G     I
I          74           5-  6       50 MORAN SYNTACTIC   67         3    D       I
I           :           5            10 EBELING VERBUM    40       1/3   BCD     I
I          74           6-  7       68 CAD 2A RV**          85-A        BCD    C I
I           :           6,  7       73 KUHNE CHRONOLOG     7       34Q   D       I
I           :           6            10 EBELING VERBUM    53       7/3A  BCD     I
I          74           8- 10       58 CAD   E RV**        417-A        BCD    C I
I           :           8-  9       68 CAD 2A RV**         143-A        BCD    C I
I           :           8            09 BOHL SPRACHE       31       20C   B D     I
I           :           :           15 KNUDTZON EL-AM 1585               D       I
I           :           :           50 MORAN SYNTACTIC   16         H    D       I
I          74           9            10 EBELING VERBUM    40       1/3   BCD     I
I           :           :           71 CAD   K RV**         471-B       BCD     I
I          74          10- 15       50 MORAN SYNTACTIC  151              CD      I
I           :          10- 11       64 CAD 1A RV**          75-B        BCD    C I
I           :          10            10 EBELING VERBUM    69        20   BCD     I
I          74          11           09 BOHL SPRACHE       77       35E   BCD     I
I           :           :           50 MORAN SYNTACTIC  151              BCD     I
I          74          12           68 CAD 2A RV**          57-B        BCD     I.
I          74          13- 22       69 KLENGEL GESCH.2  262        43    D    C I
I           :          13- 17       50 MORAN SYNTACTIC  180         7    CD   C I
I           :          13- 15       69 KLENGEL GESCH.2  261        22    D    C I
I           :          13            09 BOHL SPRACHE      67       32N   D       I
I           :           :           50 MORAN SYNTACTIC   11         E    BCD     I
I           :           :           -                     17       A/1   B D     I
I           :           :           -                    151              BCD    C I
I           :           :           53 MORAN SUMMA        78              BCD     I
I          74          14- 15       50 MORAN SYNTACTIC  153              B D     I
I           :          14, 21       56 CAD   H RV**          84-B       B D     I
I           :          14           62 CAD  'S RV**          50-A       B D     I
```

	TEXTES		DATE, OUVRAGE, PAGES, NOTES				CARACTERIST.
74	15- 17		50 MORAN SYNTACTIC	18	B/4	BCD	
:	15- 16		64 CAD 1A RV**	123-A		BCD	C
:	15		10 EBELING VERBUM	54	7/3A	BCD	
:	:		50 MORAN SYNTACTIC	151		B D	
:	:		56 CAD G RV**	26-A		D	
:	:		62 AHW G RV**	276-B		BCD	
:	:		74 RAINEY EA NOTES	302		B D	R
74	16- 17		50 MORAN SYNTACTIC	180	7	B D	C
:	16		10 RANKE KEILSCHR.	22		B D	
:	:		60 CAD IJ RV**	218-A		D	
74	17- 19		50 MORAN SYNTACTIC	14	G/B	BCD	
:	:	:	58 CAD E RV**	249-B		BCD	C
:	:	:	-	305-B		BCD	C
:	:	:	68 CAD 2A RV**	464-A		BCD	C
:	:	:	77 CAD 1M RV**	355-B		BCD	C
:	17- 18		77 CAD 2M RV**	315-A		BCD	C
:	17		50 MORAN INF.ABSOL	169-B	7	B D	
:	:		65 CAD B RV**	52-A		BCD	EC
74	18- 19		51 DHORME LANGUE	431	3	BCD	
:	:	:	60 AHW E RV**	243-B		B D	C
:	:	:	65 CAD B RV**	71-B		BCD	C
:	18		10 EBELING VERBUM	52	7/3A	BCD	
74	19- 21		56 CAD H RV**	115-A		BCD	+ C
:	:	:	58 CAD E RV**	235-A		BCD	C
:	:	:	64 CAD 1A RV**	207-B		BCD	C
:	:	:	-	221-A		BCD	C
:	19		09 BOHL SPRACHE	65	32F	B D	
:	:		10 EBELING VERBUM	59	10/6	BCD	
:	:		50 MORAN SYNTACTIC	62	3	D	EC
74	20		09 BOHL SPRACHE	9	3Y	B D	
:	:		-	15	6D	B D	+
:	:		-	82	37F	B D	+
:	:		51 DHORME LANGUE	440	1	BCD	
:	:		-	460		BCD	+
:	:		59 AHW A RV**	23-B		B D	
:	:		65 DISO-2 RV**	68	L.46	BCD	+
:	:		69 KLENGEL GESCH.2	232	16	G	
:	:		74 RAINEY EA NOTES	300		B D	?
74	22, 24		69 KLENGEL GESCH.2	254		D	
74	23- 24		68 CAD 2A RV**	143-A		BCD	C
:	23		10 EBELING VERBUM	66	16	BCD	
:	:		51 DHORME LANGUE	442		B D	
74	24		62 KITCHEN SUPPILU	26		D	
74	25- 29		53 MORAN SUMMA	78-B		D	C
:	:	:	69 KLENGEL GESCH.2	260	13	D	C
:	:	:	-	262	39	D	C
:	25- 27		50 MORAN SYNTACTIC	31	A	BCD	
:	:	:	60 MORAN EARLY CAN	12	1	D	
:	:	:	61 MORAN HEB.LANG.	71	115	BCD	
:	25		10 EBELING VERBUM	49	5/1B	BCD	C
:	:		59 CAD D RV**	36-B		D	
:	:		68 CAD 2A RV**	60-A		BCD	
:	:		69 MORAN DEATH OF	96-B	14	D	
74	26, 28		66 JUCQUOIS PHONET	132		BCD	
:	26, 27		50 MORAN SYNTACTIC	119	74	D	
:	:	:	-	139	228	D	
:	26		09 BOHL SPRACHE	27	14B	B D	
:	:		-	59	29F	BCD	?
:	:		10 EBELING VERBUM	74	22	BCD	

TEXTES		DATE, OUVRAGE, PAGES, NOTES			CARACTERIST.	
74	26	60 CAD IJ RV**	328-B		B D	
:	:	63 AHW J RV**	413-A		B D	
:	:	65 CAD B RV**	150-A		BCD	
74	27- 28	10 EBELING VERBUM	49	5/1B	BCD	C
:	27	09 BOHL SPRACHE	53	28M	B D	
:	:	10 EBELING VERBUM	55	7/3A	BCD	
:	:	69 MORAN DEATH OF	95-B	8	D	
74	29- 41	10 EBELING VERBUM	76	APP	CD	C
:	29- 32	69 KLENGEL GESCH.2	262	42	D	C
:	29	68 CAD 2A RV**	143-A		D	
74	30, 31	50 MORAN SYNTACTIC	131	163	B D	C
74	31- 42	69 KLENGEL GESCH.2	232	16	G	
:	31- 41	50 MORAN SYNTACTIC	151		D	
:	: :	53 MORAN SUMMA	78-B	4	D	
:	31- 34	-	78		BCD	R
:	31- 32	77 CAD 1M RV**	247-B		BCD	C
:	31	10 EBELING VERBUM	58	8/4	BCD	
:	:	51 DHORME LANGUE	411		BCD	
:	:	64 CAMPBELL CHRON.	40	28	D	
74	32- 33	50 MORAN SYNTACTIC	151		C	
:	: :	58 CAD E RV**	424-B		B D	R C
:	32	50 MORAN SYNTACTIC	11	E	BCD	
:	:	-	118-119	73	BCD	
:	:	-	151		BCD	C
:	:	53 MORAN SUMMA	78-A	2	B D	
74	33	09 BOHL SPRACHE	65	32F	B D	
:	:	10 EBELING VERBUM	40	1/3	BCD	
:	:	50 MORAN SYNTACTIC	110	23	B D	
:	:	-	151		B D	R
:	:	53 MORAN SUMMA	78-B	4	B D	R
74	34	09 BOHL SPRACHE	61/1	30D	B D	
:	:	10 EBELING VERBUM	60	11/7	BCD	?
:	:	15 KNUDTZON EL-AM	1590		B D	
:	:	50 MORAN SYNTACTIC	16	H	BCD	
74	35- 36	-	62	3	BCD	C
:	35	51 MORAN NEW EVID.	34	11	B D	
74	36- 37	15 KNUDTZ.CR/UNGN.	185		C	C ?
:	36	09 BOHL SPRACHE	21	9D	D	
:	:	15 KNUDTZON EL-AM	1003/71	375M A		C
:	:	74 RAINEY EA NOTES	302		B D	R
74	37- 38	59 CAD D RV**	114-B		BCD	C
:	37	10 EBELING VERBUM	54	7/3A	BCD	
:	:	50 MORAN SYNTACTIC	118-119	73	B D	
:	:	-	151		B D	
74	38	09 BOHL SPRACHE	10	4D	B D	
:	:	50 MORAN SYNTACTIC	61		D	
:	:	52 MORAN KARATEPE?	77-B	11	B D	EC
74	39- 40	68 CAD 2A RV**	190		BCD	C
:	39	09 BOHL SPRACHE	50	28F	B D	
:	:	10 EBELING VERBUM	70	21	BCD	EC
:	:	50 MORAN SYNTACTIC	126	118	B D	
74	41	10 EBELING VERBUM	70	21	CD	EC
:	:	50 MORAN SYNTACTIC	149-150		BCD	
:	:	77 CAD 2M RV**	92-B		B D	
74	42- 43	71 CAD K RV**	380-B		BCD	
:	42	10 EBELING VERBUM	46	5/1B	BCD	
:	:	-	49	5/1B	BCD	
:	:	50 MORAN SYNTACTIC	152		BCD	R
:	:	51 DHORME LANGUE	416		BCD	

```
I                             C I T A T I O N S              I
I     T E X T E S        --------------------------------------- I
I                        DATE,  OUVRAGE, PAGES, NOTES  CARACTERIST. I
I    --------------------  ------------------------------  ------------ I
I    74     42            51 DHORME LANGUE    481          B D        I
I    :      :             53 MORAN SUMMA       79-A     5  BCD    R   I
I    :      :             70 RAINEY TABLETS    70          B D    R   I
I    :      :                 -                73          B D    R   I
I    :      :             77 CAD 1M RV**      191-A        B D        I
I    74     43            10 EBELING VERBUM    56     7/3B BCD        I
I    :      :             50 MORAN SYNTACTIC   29       A  BCD        I
I    :      :             53 MORAN SUMMA       78-A     2  B D        I
I    74     44- 45        50 MORAN SYNTACTIC  151          B D        I
I    :      :    :        53 MORAN SUMMA       78-B     4  B D        I
I    :      44            09 BOHL SPRACHE      65      32F B D        I
I    :      :             10 EBELING VERBUM    40      1/3 BCD        I
I    :      :             58 CAD  E RV**      424-B          D        I
I    :      :             60 MORAN EARLY CAN   18          B D        I
I    :      :             68 CAD 2A RV**       53-A        B D        I
I    74     45- 47        56 CAD  H RV**      225-A        BCD  +  C  I
I    :      :    :        60 CAD IJ RV**      212-A        BCD  +  C  I
I    :      :    :        71 CAD  K RV**      361-B        BCD  +  C  I
I    :      45            60 CAD IJ RV**      210-A          D        I
I    74     46            09 BOHL SPRACHE      82      37F BCD  +     I
I    :      :             51 DHORME LANGUE    460          BCD  +     I
I    :      :             65 DISO-2 RV**      121      L.8 BCD  +     I
I    74     47            10 EBELING VERBUM    53     7/3A BCD        I
I    74     48            09 BOHL SPRACHE      67      32N   D        I
I    :      :             10 EBELING VERBUM    50     6/2A BCD        I
I    :      :             50 MORAN SYNTACTIC   17      A/1 B D        I
I    74     49- 50        10 EBELING VERBUM    70       21 BCD    E   I
I    :      49, 51        68 CAD 2A RV**      148          BCD        I
I    :      49            50 MORAN SYNTACTIC  154          B D        I
I    74     50                 -              54          B D        I
I    :      :                 -              138      223 B D        I
I    :      :             51 DHORME LANGUE    414          BCD        I
I    :      :                 -              454          B D        I
I    74     51- 53        68 CAD 2A RV**       13-B        BCD     C  I
I    :      :    :        69 KLENGEL GESCH.2  261       32   D     C  I
I    :      51            10 EBELING VERBUM    58      8/4 BCD        I
I    :      :             10 RANKE KEILSCHR.    7          B D        I
I    :      :             51 DHORME LANGUE    451          BCD        I
I    :      :             71 HELCK BEZIEHUNG  254          B D        I
I    74     52            09 BOHL SPRACHE      50      28F B D        I
I    :      :             50 MORAN SYNTACTIC  152          BCD        I
I    :      :             51 DHORME LANGUE    448          BCD        I
I    :      :             52 MORAN KARATEPE?   78-B     22   D        I
I    :      :             60 CAD IJ RV**       24          B D        I
I    :      :             66 JUCQUOIS PHONET  170          B D        I
I    :      :             70 RAINEY TABLETS    56          BCD        I
I    :      :             71 AHW  P RV**      884-A          G        I
I    74     53- 56        60 MORAN EARLY CAN    3          BCD        I
I    :      53- 54        50 MORAN SYNTACTIC   95          BCD        I
I    74     55- 56             -               93          BCD    R   I
I    :      55, 56             -              106          B D        I
I    :      55            10 EBELING VERBUM    61       12 BCD        I
I    :      :             51 DHORME LANGUE    435          BCD        I
I    :      :             65 CAD  B RV**       61-A          D        I
I    74     56            15 KNUDTZON EL-AM 1003/72 376B A      C  I
I    :      :             60 MORAN EARLY CAN    7          B D        I
I    74     57            59 CAD  D RV**       21-B          D        I
I    74     58            15 KNUDTZON EL-AM 1590          B D        I
I    :      :             77 CAD 1M RV**      156-B        B D    R   I
```

```
I                              C  I  T  A  T  I  O  N  S                I
I      T E X T E S      --------------------------------------------- I
I                       DATE,  OUVRAGE, PAGES, NOTES  CARACTERIST.     I
I  ---------------------  --------------------------------  ----------- I
I      74     59- 61     50 MORAN SYNTACTIC   97           BCD    R     I
I      :      :   :      60 MORAN EARLY CAN    5            D           I
I      :      59- 60     77 AHW  T RV**     1327-B      B D     R C     I
I      74     60, 61     60 MORAN EARLY CAN   11          BCD      C    I
I      74     61         50 MORAN SYNTACTIC   83          B D          I
I      74     62- 63     15 KNUDTZ.CR/UNGN.  185           CD      C ?  I
I      :      62         10 EBELING VERBUM    52    7/3A  BCD          I
I      74     63- 65     -                    76    APP   CD      C    I
I      :      :   :      65 CAD  B RV**      363          BCD      C    I
I      :      63         09 BOHL SPRACHE      69    33A  BCD          I
I      :      :          10 EBELING VERBUM  70-71   21   BCD          I
I      :      :          50 MORAN SYNTACTIC   11     D   B D          I
I      :      :          -                    49     F   BCD          I
I      :      :          -                   164         B D          I
I      74     64- 65     71 CAD  K RV**     329-A        BCD      C    I
I      :      64         10 EBELING VERBUM    61    12   BCD          I
I      :      :          15 KNUDTZON EL-AM  1590          CD          I
I      :      :          50 MORAN SYNTACTIC 111-112 41   B D          I
I      :      :          -                   154         B D          I
I      :      :          58 CAD  E RV**     27-B          D           I
I      :      :          66 JUCQUOIS PHONET 134          BCD          I
I                                                                     I
I EA   75                                                             I
I ******                                                              I
I      75                62 KITCHEN SUPPILU   21           D           I
I      :                 -                    32           D           I
I      :                 70 KLENGEL GESCH.3   13           D           I
I      75      1         71 HELCK BEZIEHUNG  346    50     D      E    I
I      75      8-  9     59 CAD  D RV**     114-B       B D     R C    I
I      :       8         10 EBELING VERBUM    53    7/3A BCD          I
I      :       :         68 CAD 2A RV**      85-A         D           I
I      75      9         09 BOHL SPRACHE      2     1F   B D          I
I      :       :         -                    10    4D   B D          I
I      75     10- 11     69 KLENGEL GESCH.2  261    22    D           I
I      :      10         56 CAD  H RV**      84-B        B D          I
I      :      :          69 AHW  N RV**     803-A             G       I
I      75     11- 14     50 MORAN SYNTACTIC   18    B/4   D           I
I      :      :   :      71 HELCK BEZIEHUNG  253    48    D      C    I
I      :      11         10 EBELING VERBUM    54    7/3A BCD          I
I      :      :          56 CAD  G RV**      26-A         D           I
I      :      :          62 AHW  G RV**     276-B             G       I
I      :      :          77 CAD 1M RV**     302-A       B D           I
I      75     12         60 CAD IJ RV**     218-A         D           I
I      75     13         10 RANKE KEILSCHR.   22        B D           I
I      75     14         09 BOHL SPRACHE      69    33D  BCD          I
I      75     15- 17     68 CAD 2A RV**     466-B       B D      C    I
I      :      :   :      77 CAD 1M RV**     355-B        BCD      C    I
I      :      15         58 CAD  E RV**     249-B         D           I
I      :      :          68 CAD 2A RV**     464-A         D           I
I      :      :          77 CAD 2M RV**     315-A        BCD          I
I      75     16         10 EBELING VERBUM    52    7/3A BCD          I
I      75     17         58 CAD  E RV**     305-B         D           I
I      75     20         64 CAMPBELL CHRON.   95    62    D           I
I      75     25- 40     62 KITCHEN SUPPILU 20-21         D           I
I      :      25- 29     50 MORAN SYNTACTIC   47     D   BCD    R     I
I      :      :   :      69 KLENGEL GESCH.2  250         D       C    I
I      :      :   :      -                   252         D       C    I
I      :      :   :      -                   269         D       C    I
I      :      25         09 BOHL SPRACHE      88    38U  B D          I
```

```
I                                       C I T A T I O N S                     I
I       T E X T E S              --------------------------------------------- I
I                               DATE, OUVRAGE, PAGES, NOTES   CARACTERIST.  I
I    ----------------------     -------------------------------   ----------- I
I       76      11, 15          52 MORAN KARATEPE?   78-B     22      D        I
I       76      12              63 AHW   K RV**       424-B            G       I
I       76      14- 16          50 MORAN SYNTACTIC  164               D        I
I        :       :    :         65 CAD   B RV**       364-B          BCD     C I
I        :       :    :         67 REDFORD HISTORY  217               D       C I
I        :      14- 15          15 KNUDTZ.CR/UNGN.  185               CD        I
I        :       :    :         -                   185               D       C I
I        :       :    :         69 KLENGEL GESCH.2  187               G         I
I        :      14              15 KNUDTZON EL-AM  1591               C         I
I       76      15              73 KUHNE CHRONOLOG  80-81    406      D         I
I       76      16              51 DHORME LANGUE    456              BCD        I
I        :       :              66 JUCQUOIS PHONET  159              B D        I
I        :       :              -                   219               CD        I
I       76      17- 22          69 KLENGEL GESCH.2  247               D       C I
I        :       :    :         -                   262      40      D       C I
I        :      17- 20          -                   254               D       C I
I        :      17              09 BOHL SPRACHE      45      27I     BCD        I
I        :       :              10 EBELING VERBUM    62      13      BCD        I
I        :       :              51 DHORME LANGUE    437              BCD        I
I        :       :              66 JUCQUOIS PHONET   79              BCD        I
I       76      19              10 EBELING VERBUM    56      7/3B    BCD        I
I        :       :              51 DHORME LANGUE    453              BCD        I
I       76      20              52 MORAN KARATEPE?   78-B     22      D         I
I       76      21              74 RAINEY EA NOTES  301              B D        I
I       76      23              50 MORAN SYNTACTIC  149              B D        I
I       76      24- 26          71 HELCK BEZIEHUNG  254               CD     R C I
I        :       :    :         -                   374      26      D         I
I       76      27- 29          50 MORAN SYNTACTIC  153              B D      R I
I        :      27- 28          -                   156               G        I
I       76      28              -                   154              B D     R C I
I       76      31              60 MORAN EARLY CAN   10       2      D         I
I       76      32, 39          -                    11       2     B D      C I
I        :      32              10 RANKE KEILSCHR.   17              B D        I
I        :       :              49 MORAN UNEXPLAIN  124-B     5     B D     EC I
I        :       :              59 CAD   D RV**       21-B            D         I
I        :       :              60 MORAN EARLY CAN    6       4      D         I
I       76      33- 37          69 KLENGEL GESCH.2  253               D       C I
I        :       :    :         -                   261      22      D       C I
I        :      33- 36          50 MORAN SYNTACTIC   16       H     B D        I
I        :      33              68 CAD  2A RV**      143-A             D         I
I       76      34- 37          50 MORAN SYNTACTIC   62-63           BCD        I
I        :      34- 35          60 AHW   E RV**      229-A           B D      C I
I        :      34              09 BOHL SPRACHE      58      29B     BCD        I
I        :       :              10 EBELING VERBUM    65      15      BCD        I
I        :       :              51 DHORME LANGUE    441              B D        I
I       76      36              51 MORAN NEW EVID.   35-A     14     B D        I
I        :       :              64 CAD 1A RV**       382-A           BCD        I
I        :       :              64 MORAN   TAQTUL    81       1      B D        I
I       76      37- 43          51 DHORME NOUV.TAB  496               D         I
I        :      37              10 EBELING VERBUM    54      7/3A    BCD        I
I        :       :              50 MORAN SYNTACTIC   16       H      BCD        I
I       76      38- 43          -                    84              B D        I
I        :       :    :         -                    85               G         I
I        :       :    :         51 MORAN NEW EVID.   34      11      BCD        I
I        :      38- 41          59 CAD   D RV**      188-A           BCD      C I
I        :      38- 39          50 MORAN SYNTACTIC  131      163     B D        I
I        :      38, 39          60 MORAN EARLY CAN   11              BCD      C I
I        :      38              15 KNUDTZON EL-AM  1590              B D      R I
I        :       :              -                   1591               G         I
```

```
I--------------------------------------------------------------------------I
I                               C I T A T I O N S                          I
I         T E X T E S          ------------------------------------------  I
I                              DATE, OUVRAGE, PAGES, NOTES  CARACTERIST.    I
I    ----------------------     ----------------------------------------   I
I       78      19             09 BOHL SPRACHE     59      29F   BCD        I
I                                                                          I
I EA  79                                                                   I
I ******                                                                   I
I      79        7- 17         71 HELCK BEZIEHUNG 254           D     C     I
I      :         7- 12         69 KLENGEL GESCH.2 247           D     C     I
I      :         :   :         -                  251           D     C     I
I      79        8-  9         10 RANKE KEILSCHR.   7           D           I
I      :         8-            52 MORAN KARATEPE?  79-B    29    D           I
I      79        9             10 RANKE KEILSCHR.   7           B D         I
I      79       10- 11         50 MORAN SYNTACTIC  17     A/4   BCD         I
I      :         :   :         -                   62     1     BCD         I
I      79       10             10 EBELING VERBUM   54     7/3A  BCD         I
I      79       11- 12         50 MORAN SYNTACTIC  17     A/2   BCD   C     I
I      79       12             09 BOHL SPRACHE     12     5F    B D   +     I
I      :         :             71 AHW   P RV**    873-B         G           I
I      79       13             50 MORAN SYNTACTIC  49     G     B D         I
I      79       14- 17         49 MORAN UNEXPLAIN 125-A         B D   R     I
I      :        14- 16         77 CAD 1M RV**     335-B         B D   R C   I
I      79       15- 16         50 MORAN SYNTACTIC  81           B D         I
I      79       16- 17         49 MORAN UNEXPLAIN 125-B         B D         I
I      :         :   :         64 CAD 1A RV**     117-B         BCD   R     I
I      :        16             09 BOHL SPRACHE     33     22C   B D         I
I      :         :             52 MORAN KARATEPE?  79-B    29    D     REC   I
I      79       17-            10 RANKE KEILSCHR.   17           B D   C     I
I      :        17             50 MORAN SYNTACTIC  57           B D   R     I
I      79       18- 19         -                   74     6      D          I
I      :        18             09 BOHL SPRACHE      2     1H     D          I
I      79       19- 20         50 MORAN SYNTACTIC  62     3      D          I
I      :         :   :         51 MORAN NEW EVID.  34     11     D          I
I      :        19             60 AHW   E RV**    229-A         B           I
I      79       20- 29         69 KLENGEL GESCH.2 247            D     C     I
I      79       21- 24         52 MORAN KARATEPE?  79-B    28   B D         I
I      :         :   :         69 KLENGEL GESCH.2 233     21       G        I
I      :        21- 22         -                  254            D          I
I      :        21             66 JUCQUOIS PHONET 122           B D         I
I      :         :             69 KLENGEL GESCH.2 187           CD        ? I
I      :         :             70 KLENGEL GESCH.3  15           B D   R C   I
I      79       22             09 BOHL SPRACHE     12     5F    B D   +R    I
I      :         :             50 MORAN SYNTACTIC  17     A/2   BCD   R     I
I      :         :             71 AHW   P RV**    873-B         G           I
I      79       23- 26         69 KLENGEL GESCH.2 254            D     C     I
I      :        23             52 MORAN KARATEPE?  79-B    28   B D   R   ? I
I      79       24             09 BOHL SPRACHE     65/1    32H    D         I
I      79       25             -                   34     23C   B D         I
I      79       29- 33         60 MORAN EARLY CAN   5            D          I
I      :        29- 31         50 MORAN SYNTACTIC  97           BCD         I
I      79       30, 33         -                   84           B D   C     I
I      :         :   :         51 MORAN NEW EVID.  34     11     D     C     I
I      79       31-            52 MORAN KARATEPE?  79-B    29    D          I
I      :        31             09 BOHL SPRACHE     33     22C   B D         I
I      :         :             10 EBELING VERBUM   59     10/6  BCD         I
I      :         :             50 MORAN SYNTACTIC  62           B D         I
I      :         :             51 DHORME LANGUE   455           B D         I
I      :         :             51 MORAN NEW EVID.  35-B          B D        I
I      79       32- 33         50 MORAN SYNTACTIC 155           BCD   R C   I
I      :         :   :         77 CAD 2M RV**      74-A         BCD     C    I
I      79       33             09 BOHL SPRACHE     50/1    28F  B D   R     I
I      :         :             51 DHORME LANGUE   447           B D         I
```

```
I -----------------------------------------------------------------------------I
I                                      C I T A T I O N S                       I
I      T E X T E S            ------------------------------------------------ I
I                             DATE, OUVRAGE, PAGES, NOTES  CARACTERIST.        I
I      --------------------   ------------------------------------------------ I
I      79      33            60 MORAN EARLY CAN   18              BCD          I
I       :       :            64 CAD 1A RV**           247-B      B D          I
I       :       :            70 RAINEY TABLETS    73              B D          I
I      79      34            77 CAD 2M RV**            74-B       B D          I
I      79      35- 38        71 CAD  K RV**           465-A      BCD       C   I
I       :      35- 36        -                        361-B      BCD  +    C   I
I      79      36            09 BOHL SPRACHE       82     37F    BCD  +        I
I       :       :            10 EBELING VERBUM     53     7/3A   BCD          I
I       :       :            51 DHORME LANGUE     460             BCD  +       I
I       :       :            56 CAD  H RV**           225-A        D   +       I
I       :       :            65 DISO-2 RV**        121     L.8    BCD  +       I
I      79      38- 47        50 MORAN SYNTACTIC   118     73       D        C  I
I      79      39            10 EBELING VERBUM     50     6/2A   BCD          I
I       :       :            66 JUCQUOIS PHONET   138             BCD          I
I       :       :            73 CAD  L RV**        153-A            D          I
I      79      40            50 MORAN SYNTACTIC   170              D          I
I      79      42            10 EBELING VERBUM     65     15     BCD          I
I       :       :            50 MORAN SYNTACTIC    31     A        D          I
I       :       :            -                         62     3    D          I
I       :       :            51 DHORME LANGUE     441            B D          I
I      79      45- 47        09 BOHL SPRACHE       76     35A      D        C  I
I       :      45- 46        50 MORAN SYNTACTIC    79              D          I
I       :      45            -                        160             D        I
I       :       :            52 MORAN KARATEPE?    78-B    22       D          I
I      79      46            70 RAINEY TABLETS    69             B D    R      I
I                                                                             I
I EA   81                                                                     I
I ******                                                                      I
I      81- 82                71 HELCK BEZIEHUNG  172     25       D           I
I      81, 82                64 CAMPBELL CHRON.    84             D           I
I      81                    69 KLENGEL GESCH.2  189               G          I
I       :                    70 KLENGEL GESCH.3   27     45       D           I
I       :                    -                         199             D       I
I      81       4            15 KNUDTZON EL-AM   998            B D          I
I      81       7            64 CAMPBELL CHRON.   40     28       D          I
I      81       9- 11        69 KLENGEL GESCH.2  254             D        C   I
I       :       9            09 BOHL SPRACHE      34     23C    B D          I
I      81      10, 19        66 JUCQUOIS PHONET  244             BCD          I
I       :      10            09 BOHL SPRACHE      58     28V     D           I
I      81      12- 13        69 KLENGEL GESCH.2  262     39      D           I
I       :      12, 16        69 MORAN DEATH OF    96-B   14      D         ? I
I       :      12            51 DHORME LANGUE    453             BCD          I
I       :       :            59 CAD  D RV**        36-B           D           I
I      81      14- 18        69 KLENGEL GESCH.2  254             D        C   I
I       :      14            10 EBELING VERBUM    40     1/2     BCD          I
I      81      15            09 BOHL SPRACHE       9     3Z      BCD          I
I       :       :            15 KNUDTZON EL-AM  1003/76 394B A      +    C   I
I       :       :            50 MORAN SYNTACTIC  155             BCD  +R   ? I
I       :       :            69 KLENGEL GESCH.2  233     22       G           I
I       :       :            70 RAINEY TABLETS    75            B D   +R      I
I      81      16            09 BOHL SPRACHE      47     27P     BCD    R      I
I       :       :            10 EBELING VERBUM    56-57  7/3B    BCD       ? I
I       :       :            10 RANKE KEILSCHR.   25             BCD       ? I
I       :       :            69 KLENGEL GESCH.2  188            B D           I
I       :       :            71 HELCK BEZIEHUNG  226     6      B D           I
I       :       :            76 AHW >S RV**      1216-B          D         ? I
I      81      18            09 BOHL SPRACHE      65     32G    B D           I
I       :       :            10 EBELING VERBUM    53     7/3A   BCD          I
I       :       :            50 MORAN INF.ABSOL  170-171 18     B D           I
```

TEXTES			CITATIONS							
			DATE, OUVRAGE, PAGES, NOTES				CARACTERIST.			
81	18		50 MORAN SYNTACTIC	18	B/3		BCD			
:	:		-	117	70		B D			
81	20		09 BOHL SPRACHE	46	27N		B D			
:	:		10 EBELING VERBUM	56	7/3B		BCD			
:	:		-	57	7/3B		BCD		EC	
:	:		50 MORAN SYNTACTIC	155			BCD			
:	:		68 CAD 2A RV**	389-B			BCD			
81	21		09 BOHL SPRACHE	54	28Q		B D			
:	:		49 MORAN UNEXPLAIN	125-A			B D			
:	:		68 CAD 2A RV**	361-A			B D			
81	22, 23		50 MORAN SYNTACTIC	156			B D	R		
81	23		77 AHW T RV**	1334-B			B D	R		
81	24		66 AHW M RV**	582-A			B D			
:	:		77 CAD 1M RV**	84-A			B D	R	?	
81	29- 30		64 CAMPBELL CHRON.	67			CD		C	
:	29		67 REDFORD HISTORY	167	332		D			
:	:		73 KUHNE CHRONOLOG	115			D			
81	30-		10 RANKE KEILSCHR.	17			B D		C	
81	31- 32		60 MORAN EARLY CAN	2			BCD			
:	31		50 MORAN SYNTACTIC	100			D		?	
:	:		77 CAD 1M RV**	247-B			B D			
81	32		51 DHORME LANGUE	454			B D			
:	:		60 MORAN EARLY CAN	18			BCD			
81	33		50 MORAN SYNTACTIC	156			B D	R	?	
81	34- 35		71 CAD K RV**	361-B			BCD	+	C	
81	35		09 BOHL SPRACHE	82	37F		BCD	+		
:	:		10 EBELING VERBUM	53	7/3A		BCD	R		
:	:		51 DHORME LANGUE	460			BCD	+		
:	:		56 CAD H RV**	225-A			D	+		
:	:		65 DISO-2 RV**	121	L.8		BCD	+		
81	36		71 CAD K RV**	465-A			D			
81	37- 38		77 CAD 1M RV**	355-B			BCD		C	
:	37		10 EBELING VERBUM	52	7/3A		BCD			
:	:		15 KNUDTZON EL-AM	1003/77	395L	A			C	
:	:		68 CAD 2A RV**	464-A			D			
:	:		77 CAD 2M RV**	315-A			BCD			
81	38- 41		71 HELCK BEZIEHUNG	253	48		D		C	
:	38		10 EBELING VERBUM	54	7/3A		BCD			
:	:		56 CAD G RV**	26-A			D			
:	:		58 CAD E RV**	305-B			D			
:	:		60 AHW E RV**	243-B			B D			
81	39		60 CAD IJ RV**	218-A			D			
:	:		63 AHW I RV**	391-A			BCD			
81	40		10 RANKE KEILSCHR.	22			B D			
81	41		50 MORAN SYNTACTIC	18	B/4		D			
:	:		65 CAD B RV**	47-A			D			
:	:		67 AHW N RV**	738-B			G			
81	42		10 EBELING VERBUM	45	5/1A		BCD			
:	:		51 DHORME LANGUE	417			BCD			
81	44		10 EBELING VERBUM	54	7/3A		BCD			
81	45- 47		50 MORAN SYNTACTIC	100			BCD	R		
:	:	:	60 MORAN EARLY CAN	15			BCD			
:	:	:	69 KLENGEL GESCH.2	254			D		C	
:	45		60 MORAN EARLY CAN	10	2		D	R	?	
:	:		69 KLENGEL GESCH.2	233	22		G			
:	:		73 KUHNE CHRONOLOG	115			D			
:	:		-	144	720		D			
81	46- 47		58 CAD E RV**	116-B			BCD		C	
:	46		09 BOHL SPRACHE	65	32F		B D			

	TEXTES			CITATIONS				CARACTERIST.
				DATE, OUVRAGE, PAGES, NOTES				
	81	48- 49		50 MORAN SYNTACTIC	61		BCD	R
	:	:	:	59 CAD D RV**	99-100		BCD	R C
	81	49		50 MORAN SYNTACTIC	124A	104	B D	EC
	81	50- 51		10 EBELING VERBUM	71	21	BCD	C
	81	51		09 BOHL SPRACHE	69	33A	BCD	
	:	:		50 MORAN SYNTACTIC	111-112	41	B D	
	:	:		58 CAD E RV**	27-B		D	

EA 82
******

	TEXTES			CITATIONS				CARACTERIST.
	82- 86			69 KLENGEL GESCH.2	188		D	
	82			50 MORAN SYNTACTIC	156		D	
	:			64 CAMPBELL CHRON.	73		D	
	:			-	78		D	
	:			-	134	1C	D	
	:			73 KUHNE CHRONOLOG	4	25	D	
	:			-	9	36/3H	G	
	:			75 MORAN SYRIAN SC	158	9	D	C
	82	1- 3		74 KESTEMONT DIPL.	54-55	232	D	
	:	1		10 RANKE KEILSCHR.	7		B D	
	82	3		50 MORAN SYNTACTIC	10	C/3	B D	EC
	82	5- 9		69 KLENGEL GESCH.2	247		D	C
	:	5- 6		71 CAD K RV**	305-B		BCD	C
	82	6- 8		10 EBELING VERBUM	70	21	BCD	C
	:	:	:	50 MORAN SYNTACTIC	54		BCD	
	:	:	:	73 CAD L RV**	135-B		BCD	C
	:	6- 7		65 AHW L RV**	547-A		B D	C
	:	:	:	73 CAD L RV**	153-A		BCD	C
	:	6		09 BOHL SPRACHE	74	340	D	
	:	:		50 MORAN SYNTACTIC	11	D	B D	
	:	:		51 DHORME LANGUE	414		BCD	
	82	10- 13		69 KLENGEL GESCH.2	262	43	D	C
	:	10- 12		50 MORAN SYNTACTIC	13	G/A	BCD	
	:	:	:	-	30	A	BCD	
	:	:	:	-	36	B	BCD	
	:	:	:	-	77	4	BCD	
	:	10- 11		77 CAD 2M RV**	74-B		BCD	C
	:	10		09 BOHL SPRACHE	34	23B	B D	
	:	:		69 KLENGEL GESCH.2	188		BCD	C
	82	11		51 DHORME LANGUE	454		BCD	
	:	:		51 MORAN NEW EVID.	33-A		D	C
	82	12		10 EBELING VERBUM	55	7/3A	BCD	
	:	:		50 MORAN SYNTACTIC	163		D	
	82	13- 14		60 MORAN EARLY CAN	16		BCD	C
	:	13		50 MORAN SYNTACTIC	167		B D	
	:	:		53 MORAN SUMMA	79-A	6	B D	
	82	14		15 KNUDTZON EL-AM	1591		CD	
	:	:		50 MORAN SYNTACTIC	102		B D	
	82	15- 18		-	33	A	BCD	C
	:	15		-	19	D/1	BCD	
	:	:		58 CAD E RV**	281-A		C	C
	:	:		68 CAD 2A RV**	56-B		BCD	
	82	16- 17		50 MORAN SYNTACTIC	13	G/A	BCD	
	:	:	:	-	32	A	BCD	
	:	:	:	-	77	4	BCD	
	:	:	:	58 CAD E RV**	281-A		BCD	C
	:	:	:	61 MORAN HEB.LANG.	71	118	BCD	
	:	:	:	71 CAD K RV**	273-B		BCD	C
	:	16		10 EBELING VERBUM	52	7/3A	BCD	

```
I ------------------------------------------------------------------- I
I                               C I T A T I O N S                     I
I     T E X T E S       ------------------------------------------------ I
I                       DATE,  OUVRAGE,  PAGES, NOTES  CARACTERIST.   I
I  ---------------------  -----------------------------  ------------- I
I     82     16          49 MORAN UNEXPLAIN 125-B     8    D          I
I     82     17          50 MORAN SYNTACTIC 160           BCD         I
I     82     18          15 KNUDTZON EL-AM 1591          B D    R     I
I      :      :          74 RAINEY EA NOTES 309          B D    R     I
I     82     19-         10 RANKE KEILSCHR.  17          B D      C   I
I      :     19          52 MORAN KARATEPE?  79-B   29       D        I
I     82     21- 23      50 MORAN SYNTACTIC  86          BCD    R     I
I      :     21- 22             -            87              D        I
I      :     21                 -            13   G/A   B D      EC   I
I      :      :                 -            51    H    B D          I
I     82     22          09 BOHL SPRACHE     63   31B  B D          I
I      :      :          10 EBELING VERBUM   62   12   BCD          I
I      :      :          51 DHORME LANGUE    433       B D          I
I     82     23- 25      60 MORAN EARLY CAN   4        BCD      C   I
I      :     23- 24      69 KLENGEL GESCH.2 233   24        G        I
I      :     23          50 MORAN SYNTACTIC  87       B D      C   I
I      :      :          51 DHORME LANGUE    454       B D          I
I      :      :          60 MORAN EARLY CAN   4    4   B D      C   I
I     82     24- 25      77 CAD 1M RV** 214-B        B D    R C   I
I      :     24          60 MORAN EARLY CAN  18       B D          I
I     82     27- 30      10 EBELING VERBUM   64   14   BCD      C   I
I      :     27          15 KNUDTZON EL-AM 1591          CD          I
I      :      :          68 CAD 2A RV**      31-A      BCD          I
I     82     28- 30      10 RANKE KEILSCHR.  22    1    CD      C ? I
I      :     28- 29      71 HELCK BEZIEHUNG 253   48        D        I
I      :     28          68 CAD 2A RV**      365-B       C        C I
I     82     29- 30             -            365-B      BCD      C I
I      :      :   :      73 CAD L RV**       236-B      BCD      C I
I      :     29          10 RANKE KEILSCHR.  22        B D          I
I      :      :          60 MORAN EARLY CAN  18        BCD          I
I     82     30          15 KNUDTZON EL-AM 1591      B D          I
I      :      :                 -           1591            G        I
I      :      :          50 MORAN SYNTACTIC 169           D        I
I      :      :          65 AHW  L RV**     561-B           G        I
I     82     31- 32      64 CAD 1A RV**      46-A      BCD      C   I
I      :     31          10 EBELING VERBUM   54   7/3A BCD          I
I      :      :          51 DHORME LANGUE    446       BCD          I
I     82     32- 33      56 CAD  H RV**       3-B      BCD      C   I
I     82     33          50 MORAN INF.ABSOL 169-B  7   B D          I
I     82     34          09 BOHL SPRACHE     67   32N      D        I
I     82     35- 36      50 MORAN SYNTACTIC  68        BCD          I
I     82     36          10 EBELING VERBUM   63   13   BCD          I
I     82     37- 41      69 KLENGEL GESCH.2 254           D      C   I
I      :     37- 38      77 CAD 1M RV**      84-A      BCD      C ? I
I      :     37          51 DHORME LANGUE    446-447   BCD          I
I      :      :          69 KLENGEL GESCH.2 188           D        I
I     82     38          10 EBELING VERBUM   73   21   BCD          I
I      :      :          50 MORAN SYNTACTIC 155       B D          I
I      :      :          66 AHW  M RV**     582-A      B D          I
I     82     40          15 KNUDTZON EL-AM 1003/78 399M A      C   I
I     82     41- 45      50 MORAN SYNTACTIC  74    4    D          I
I      :      :   :             -            74    6    D          I
I      :     41- 43      58 CAD  E RV**     417-A      BCD      C   I
I      :     41- 42      64 CAMPBELL CHRON.  67           CD      C   I
I      :     41          60 MORAN EARLY CAN  18       B D          I
I     82     42          67 REDFORD HISTORY 167   332    D        I
I      :      :          73 KUHNE CHRONOLOG 115           D        I
I      :      :                 -           144   720    D        I
I     82     43- 46      50 MORAN SYNTACTIC  76    2    BCD          I
```

TEXTES		DATE, OUVRAGE,	PAGES,	NOTES	CARACTERIST.
82	43- 45	65 CAD B RV**	57-B		BCD C
:	43	60 AHW E RV**	267-B		B D
82	44, 45	50 MORAN SYNTACTIC	118	73	D
:	44	10 EBELING VERBUM	56	7/3B	BCD
:	:	69 AHW P RV**	850-B		B D
82	45- 46	58 CAD E RV**	209-B		B D C
:	45	09 BOHL SPRACHE	73	34K	BCD
:	:	10 EBELING VERBUM	53	7/3A	BCD
:	:	50 MORAN SYNTACTIC	160		B D
:	:	51 DHORME LANGUE	486		BCD
82	46	09 BOHL SPRACHE	65	32F	B D
:	:	10 EBELING VERBUM	44	4/2	BCD
:	:	-	59	10/6	BCD
:	:	50 MORAN SYNTACTIC	136	204	B D C
82	47- 50	10 EBELING VERBUM	70	21	BCD C
:	: :	50 MORAN SYNTACTIC	67	1	D
:	: :	-	69		BCD
:	: :	65 CAD B RV**	363-A		BCD C
82	48- 51	50 MORAN SYNTACTIC	61		D
:	48	-	61		BCD
82	50- 51	-	61		BCD +
:	: :	68 CAD 2A RV**	424-B		BCD + C
:	: :	74 RAINEY EA NOTES	301		BCD + C
:	50, 51	10 EBELING VERBUM	65	15	BCD + C
:	50	-	50	6/2A	BCD
82	51	09 BOHL SPRACHE	82	37F	B D +
:	:	50 MORAN SYNTACTIC	28	A	B D +
:	:	51 DHORME LANGUE	440		BCD +
:	:	65 DISO-2 RV**	262	L.28	B D +
:	:	69 MORAN DEATH OF	96-B	15	D
82	52	10 EBELING VERBUM	58	8/4	BCD
:	:	51 DHORME LANGUE	410		BCD
:	:	68 CAD 2A RV**	257-A		BCD
:	:	71 CAD K RV**	273-B		BCD
EA 83					
******					
83- 86		64 CAMPBELL CHRON.	84		D
: :		-	85		D
: :		-	87	51	D
: :		-	94-95		D
: :		-	95-96		D
: :		-	134	1D	D
83- 84		69 KLENGEL GESCH.2	184		D
83		64 CAMPBELL CHRON.	92	59	D
:		-	93		D
:		-	134	1C	D
:		70 KLENGEL GESCH.3	18		D
:		71 HELCK BEZIEHUNG	172	23	D
83	7- 9	50 MORAN SYNTACTIC	156		C
:	7- 8	10 EBELING VERBUM	70	21	BCD C
:	: :	50 MORAN SYNTACTIC	53-54		BCD
:	: :	-	156		B
:	: :	77 CAD 2M RV**	94		BCD C
:	7	09 BOHL SPRACHE	74	34P	D
:	:	77 AHW T RV**	1334-B		B D
83	8- 9	50 MORAN SYNTACTIC	49	F	BCD R
:	8	09 BOHL SPRACHE	33	22D	B D
83	9	50 MORAN SYNTACTIC	83		B D EC

	TEXTES			CITATIONS					
				DATE, OUVRAGE, PAGES, NOTES CARACTERIST.					
I	83	9		50 MORAN SYNTACTIC	156		B D		I
I	83	10- 12		73 KUHNE CHRONOLOG	107	525	D		I
I	:	10- 11		-	105	517	G		I
I	:	10		10 EBELING VERBUM	68	17/1	BCD		I
I	83	11		-	55	7/3A	BCD		I
I	:	:		50 MORAN SYNTACTIC	32	A	D		I
I	:	:		73 KUHNE CHRONOLOG	110	532	D		I
I	83	12		10 EBELING VERBUM	53	7/3A	BCD		I
I	:	:		73 KUHNE CHRONOLOG	115	570	G		I
I	83	13- 14		-	107	525	D		I
I	:	13		10 EBELING VERBUM	40	1/3	BCD		I
I	:	:		-	52	7/3A	BCD		I
I	:	:		51 DHORME LANGUE	481	1	B D		I
I	:	:		73 KUHNE CHRONOLOG	111	540	D		I
I	83	15- 16		50 MORAN SYNTACTIC	79		BCD	R	I
I	:	:	:	60 MORAN EARLY CAN	4	*2	D		I
I	:	15		09 BOHL SPRACHE	60	30C	BCD		I
I	:	:		-	67	32N	D		I
I	:	:		10 EBELING VERBUM	54	7/3A	BCD		I
I	:	:		-	60	11/7	BCD		I
I	:	:		73 CAD L RV**	147-B		D		I
I	83	16- 20		50 MORAN SYNTACTIC	98		BCD		I
I	:	:	:	-	156		C		I
I	:	:	:	60 MORAN EARLY CAN	3-4		BCD		I
I	:	:	:	69 KLENGEL GESCH.2	233	25	G		I
I	:	16- 18		-	261	24	D	C	I
I	:	16- 17		50 MORAN SYNTACTIC	142	252	B D		I
I	:	16, 19		10 EBELING VERBUM	60	11/7	BCD		I
I	:	16		09 BOHL SPRACHE	61	30C	BCD		I
I	83	18- 19		71 CAD K RV**	328-A		BCD	C	I
I	:	18	:	09 BOHL SPRACHE	11	4F	B D		I
I	:	:		66 JUCQUOIS PHONET	169		D		I
I	83	19, 20		50 MORAN SYNTACTIC	156		B D		I
I	:	19		09 BOHL SPRACHE	61	30C	B D		I
I	:	:		50 MORAN SYNTACTIC	142	252	B D	C	I
I	:	:		60 MORAN EARLY CAN	4	1	D	C	I
I	83	20		10 EBELING VERBUM	44	4/2	BCD		I
I	:	:		51 DHORME LANGUE	414		BCD		I
I	:	:		60 MORAN EARLY CAN	4	2	B D	C	I
I	:	:		66 JUCQUOIS PHONET	138		BCD		I
I	83	21- 23		10 EBELING VERBUM	71	21	BCD	C	I
I	:	:	:	77 CAD 1M RV**	335-336		BCD	C	I
I	83	22		71 HELCK BEZIEHUNG	374	26	D		I
I	83	23- 25		50 MORAN SYNTACTIC	100		BCD		I
I	:	:	:	60 MORAN EARLY CAN	15		BCD		I
I	:	23- 24		58 CAD E RV**	202-B		BCD	C	I
I	:	23		09 BOHL SPRACHE	33	220	B D		I
I	:	:		-	60	30C	BCD		I
I	:	:		10 EBELING VERBUM	60	11/7	BCD	EC	I
I	:	:		15 KNUDTZON EL-AM	1590		D		I
I	:	:		68 CAD 2A RV**	423-B		BCD	E	I
I	:	:		77 AHW T RV**	1336-A		D		I
I	83	24- 27		69 KLENGEL GESCH.2	255		D	C	I
I	:	24- 26		69 MORAN DEATH OF	97-B		D		I
I	:	24- 25		71 CAD K RV**	471-472		BCD	C	I
I	83	25- 26		69 KLENGEL GESCH.2	262	42	D		I
I	:	:	:	-	263	44	D		I
I	:	25		64 CAMPBELL CHRON.	87	51	D		I
I	:	:		-	94		D		I

	TEXTES				CITATIONS					
					DATE, OUVRAGE, PAGES, NOTES CARACTERIST.					
83	26			64	CAMPBELL CHRON.	81		D		
:	:				-	108		D		
:	:			71	HELCK BEZIEHUNG	173	29	D	C	
83	27-	33		69	KLENGEL GESCH.2	233	26	D	C	
:	27-	31		64	CAMPBELL CHRON.	91		D	C	
:	27-	30		50	MORAN SYNTACTIC	31	A	D		
:	:	:			-	71		D		
:	:	:			-	73	2	D		
:	:	:			-	74	2	D		
:	27			10	EBELING VERBUM	56	7/3B	BCD		
:	:			50	MORAN SYNTACTIC	119	74	D		
:	:				-	139	228	D		
:	:				-	160		B D		
:	:			60	MORAN EARLY CAN	12	1	CD		
:	:			65	CAD B RV**	55-B		B D		
:	:			69	MORAN DEATH OF	95-B	8	D		
83	28-	29		69	KLENGEL GESCH.2	253		D		
:	:	:			-	262	41	D		
:	28			09	BOHL SPRACHE	58	28V	D		
:	:			10	EBELING VERBUM	55	7/3A	BCD		
:	:			49	MORAN UNEXPLAIN	125-B	8	D		
:	:			50	MORAN SYNTACTIC	74	4	B D		
:	:				-	119	75	D		
:	:			71	HELCK BEZIEHUNG	172	19	D		
83	29			69	KLENGEL GESCH.2	254		D		
:	:			70	KLENGEL GESCH.3	15		B D	C	
83	30-	33		50	MORAN SYNTACTIC	93		BCD	R	
:	:	:			-	106		D		
:	:	:		60	MORAN EARLY CAN	6		BCD	R	
:	30-	32		50	MORAN SYNTACTIC	96		BCD	R	
:	:	:		71	HELCK BEZIEHUNG	249		D	C	
:	30-	31		15	KNUDTZ.CR/UNGN.	185		CD	C	
:	:	:		50	MORAN SYNTACTIC	156		C		
:	30				-	106		B D	R	
:	:				-	156		B D	R	
:	:			60	MORAN EARLY CAN	6	3	B D	R C	
83	31-	32		64	CAD 1A RV**	247-B		B D	C	
:	:	:		66	JUCQUOIS PHONET	138		BCD	C	
:	31,	33		50	MORAN SYNTACTIC	106		B D		
:	31			09	BOHL SPRACHE	21	9D	B D		
:	:				-	50	28F	B D		
:	:			51	DHORME LANGUE	447		B D		
:	:				-	481		B D		
:	:			71	HELCK BEZIEHUNG	361		D		
83	34-	35		50	MORAN SYNTACTIC	96		BCD		
:	:	:		60	MORAN EARLY CAN	5		BCD		
:	:	:		69	KLENGEL GESCH.2	234	46	D		
:	34			10	EBELING VERBUM	47	5/1B	BCD		
:	:			50	MORAN SYNTACTIC	50	G	B D		
83	35			09	BOHL SPRACHE	53	28M	B D		
:	:			68	CAD 2A RV**	60-A		BCD		
:	:			74	RAINEY EA NOTES	301		B D		
83	36			10	EBELING VERBUM	54	7/3A	BCD		
:	:			49	MORAN UNEXPLAIN	125-B	8	D		
:	:			50	MORAN SYNTACTIC	9	C	B D		
83	37				-	22	B	BCD		
:	:				-	156-157		BCD		
:	:			52	MORAN KARATEPE?	78-B	22	BCD		
83	38			09	BOHL SPRACHE	73	34H	B D		

TEXTES			CITATIONS						
			DATE, OUVRAGE, PAGES, NOTES			CARACTERIST.			
83	38		59 AHW A RV**	37-B		B D			
:	:		70 KLENGEL GESCH.3	15		B D	C		
83	39- 42		64 CAMPBELL CHRON.	91		D	C		
83	40- 43		64 CAD 1A RV**	358-B		BCD	C		
83	41- 42		77 CAD 2M RV**	79-B		B D	C		
83	42- 43		09 BOHL SPRACHE	62	30G	B D	C		
:	42		58 CAD E RV**	234-B		D			
83	43- 44		50 MORAN SYNTACTIC	100		BCD			
:	: :		60 MORAN EARLY CAN	2		BCD		?	
:	: :		71 CAD K RV**	211-B		BCD	C		
:	: :		77 CAD 1M RV**	247-B		B D	C		
:	43		50 MORAN SYNTACTIC	131	163	B D			
:	:		-	157		BCD	R		
:	:		63 AHW K RV**	448-B		D			
83	45- 50		50 MORAN SYNTACTIC	74	4	D			
:	45- 47		58 CAD E RV**	417-A		BCD	C		
:	45- 46		71 CAD K RV**	328-A		BCD	C		
:	45-		73 KUHNE CHRONOLOG	10	40	D			
:	45		10 EBELING VERBUM	46	5/1B	BCD			
:	:		39 HARRIS CANAANIT	48		BCD			
:	:		50 MORAN SYNTACTIC	13	G/A	B D			
:	:		-	134	190	B D			
:	:		51 DHORME LANGUE	414		BCD			
:	:		-	454		B D			
83	46, 49		09 BOHL SPRACHE	65	32F	B D			
:	46		10 EBELING VERBUM	40	1/3	BCD			
:	:		-	66	16	BCD			
83	47- 49		-	70	21	BCD	C		
:	47- 48		50 MORAN SYNTACTIC	72	1	BCD			
:	: :		77 AHW T RV**	1334-B		B D	C		
:	47, 50		10 EBELING VERBUM	56	7/3B	BCD			
:	: :		50 MORAN SYNTACTIC	118	73	D			
83	48		09 BOHL SPRACHE	33	22D	B D			
83	49		58 CAD E RV**	417-A		D			
:	:		68 CAD 2A RV**	60-A		C	C		
83	50- 51			60-A		BCD	C		
83	52		09 BOHL SPRACHE	73	34H	B D			
:	:		59 AHW A RV**	37-B		B D			
83	53- 55		68 CAD 2A RV**	84-B		BCD	C		
83	54		77 CAD 2M RV**	315-A		BCD			
83	55		59 CAD D RV**	184-B		D			

EA 84
******

84, 85			62 KITCHEN SUPPILU	27	4	D			
84			71 HELCK BEZIEHUNG	172	23	D			
84	3		50 MORAN SYNTACTIC	12	F	B D			
84	4		09 BOHL SPRACHE	6	3G	B D			
:	:		71 CAD K RV**	362-B		BCD			
84	5		09 BOHL SPRACHE	39	25E	B D			
84	6- 8		60 CAD IJ RV**	168-B		BCD	C		
:	6- 7		50 MORAN SYNTACTIC	17	A/4	BCD			
:	: :		-	64-65		B D			
:	6		10 EBELING VERBUM	52	7/3A	BCD			
84	7- 10		50 MORAN SYNTACTIC	79		D			
:	7		09 BOHL SPRACHE	65	32F	B D			
:	:		50 MORAN SYNTACTIC	157-158		B D			
84	9, 12		10 EBELING VERBUM	65	15	BCD			
:	9		09 BOHL SPRACHE	58	29B	BCD			

```
I                                       C I T A T I O N S              I
I      T E X T E S          -------------------------------------------  I
I                           DATE,  OUVRAGE, PAGES, NOTES  CARACTERIST.  I
I      --------------------  -----------------------------  -----------  I
I      84      9             50 MORAN SYNTACTIC   62        3      D     I
I      84     10, 16         10 EBELING VERBUM    53     7/3A   BCD      I
I       :     10             09 BOHL SPRACHE      67      32N    D       I
I       :      :             50 MORAN SYNTACTIC   32        A    D       I
I      84     11- 16         10 EBELING VERBUM    76      APP   CD     C I
I       :      :   :         62 KITCHEN SUPPILU   21             D       I
I       :     11- 14         69 KLENGEL GESCH.2  253             D     C I
I      84     12             50 MORAN SYNTACTIC  129      149   B D      I
I       :      :             64 MORAN  TAQTUL     80        1   B D      I
I      84     13             74 RAINEY EA NOTES  310            B D   R  I
I       :      :             77 AHW   T RV**     1328-A         B D      I
I      84     14, 15         15 KNUDTZON EL-AM  1591            CD    C ? I
I       :      :   :         15 KNUDTZ.CR/UNGN.  185           BCD     C I
I       :     14             62 CAD 'S RV**       67-A         B D      I
I       :     ·:             -                    68-B         BCD      I
I       :      :             74 AHW 'S RV**      1075-B        B        I
I       :      :             74 RAINEY EA NOTES  310           B D   R  I
I      84     15             50 MORAN SYNTACTIC  157           BC       I
I       :      :             74 RAINEY EA NOTES  307           B D      I
I      84     16             09 BOHL SPRACHE      67      32N   D        I
I       :      :             50 MORAN SYNTACTIC   10        C  B D  REC  I
I       :      :             51 DHORME LANGUE    452           BCD       I
I      84     17             15 KNUDTZON EL-AM  1003/79 4041 A      C    I
I       :      :             -                  1591           D        I
I       :      :             50 MORAN SYNTACTIC  157           BCD   R   I
I       :      :             52 MORAN KARATEPE?   78-B      22   D    R  I
I      84     18             10 EBELING VERBUM    53     7/3A  BCD     ? I
I       :      :             15 KNUDTZ.CR/UNGN.  185            C     R  I
I       :      :             50 MORAN SYNTACTIC  157           B D      I
I      84     21, 26         50 MORAN INF.ABSOL  169-B      7  B D   R  I
I       :     21, 24         50 MORAN SYNTACTIC  157           B D   R  I
I      84     24- 25         -                    65           BCD   R  I
I       :     24             10 EBELING VERBUM    52     7/3A  BCD      I
I       :      :             50 MORAN SYNTACTIC   32        A   D       I
I      84     26- 28         71 HELCK BEZIEHUNG  248       14   D     C I
I       :     26, 31         66 JUCQUOIS PHONET  156           B D      I
I       :     26             10 EBELING VERBUM    41      1/4  BCD      I
I      84     27             66 JUCQUOIS PHONET  168           BCD      I
I       :      :             74 RAINEY EA NOTES  302           B D   R  I
I      84     28             50 MORAN SYNTACTIC   50        G  B D      I
I      84     30             10 EBELING VERBUM    51     6/2A  BCD      I
I       :      :             68 CAD 2A RV**      220-A         B D      I
I      84     31- 35         50 MORAN SYNTACTIC   85           BCD      I
I       :      :   :         51 MORAN NEW EVID.   34           BCD      I
I       :      :   :         60 MORAN EARLY CAN    6           BCD      I
I       :      :   :         69 KLENGEL GESCH.2  233       27   D       I
I       :     31- 32         50 MORAN SYNTACTIC   87           B D      I
I       :      :   :         -                    94           BCD      I
I       :     31             10 EBELING VERBUM    49     5/1B   C     C I
I      84     32- 33         -                    49     5/1B  BCD     C I
I       :     32             -                    46     5/1B  BCD      I
I       :      :             39 HARRIS CANAANIT   48           BCD      I
I       :      :             50 MORAN SYNTACTIC  160            D       I
I       :      :             51 DHORME LANGUE    454           B D      I
I       :      :             77 CAD 2M RV**       80-B         B D      I
I      84     33, 35         60 MORAN EARLY CAN    4        3  B D      I
I       :     33             09 BOHL SPRACHE       9      3Z   B D      I
I       :      :             50 MORAN SYNTACTIC  158           BCD      I
I       :      :             70 RAINEY TABLETS    94           B D      I
```

	T E X T E S		C I T A T I O N S					
			DATE, OUVRAGE, PAGES, NOTES CARACTERIST.					
	84	34- 35	50 MORAN SYNTACTIC	94		BCD		
	:	: :	73 CAD L RV**	143-B		BCD	C	
	:	: :	77 CAD 2M RV**	80-B		B D	C	
	84	35	50 MORAN SYNTACTIC	160		D		
	:	:	52 MORAN KARATEPE?	78-B	22	D		
	:	:	60 MORAN EARLY CAN	6	2	D	R C	
	84	36	50 MORAN SYNTACTIC	68		BCD		
	84	37- 38	65 CAD B RV**	150-A		BCD	C	
	:	37	10 EBELING VERBUM	76	APP	CD		
	:	:	-	79	APP	G	EC	
	:	:	10 RANKE KEILSCHR.	10		B D		
	84	38	09 BOHL SPRACHE	59	29F	BCD		
	:	:	10 EBELING VERBUM	74	22	BCD		
	:	:	50 MORAN SYNTACTIC	157		B D		
	84	39	10 EBELING VERBUM	63	13	BCD		
	:	:	50 MORAN SYNTACTIC	159		B D		
	:	:	67 SYL. 2 RV**	22	121	B D	C	
	84	40	71 HELCK BEZIEHUNG	442		B D		
	84	42	68 CAD 2A RV**	84-B		D		
	84	43	77 CAD 2M RV**	315-A		B D		
EA 85								
******								
	85- 88		64 CAMPBELL CHRON.	84		D		
	85, 86		-	93-94		D		
	: :		-	134	1C	D		
	: :		69 KLENGEL GESCH.2	233	29	D		
	: :		-	255		D		
	85		62 KITCHEN SUPPILU	21		D		
	:		-	32		D		
	:		64 CAMPBELL CHRON.	83	38	D		
	:		-	86		D		
	:		-	87	51	D		
	:		-	134	1E	D		
	:		69 KLENGEL GESCH.2	189		G		
	:		-	235	59	D		
	:		70 KLENGEL GESCH.3	28	60	D		
	:		71 HELCK BEZIEHUNG	172	23	D		
	85	4- 5	69 KLENGEL GESCH.2	234	30	G		
	85	5- 7	50 MORAN SYNTACTIC	61		D		
	85	6- 7	10 EBELING VERBUM	70	21	BCD	C	
	:	6	50 MORAN SYNTACTIC	154		B D		
	:	:	71 CAD K RV**	328-A		B D		
	85	7	50 MORAN SYNTACTIC	54		B D		
	:	:	51 DHORME LANGUE	416		BCD		
	85	8- 9	50 MORAN SYNTACTIC	65		BCD	R ?	
	:	: :	69 KLENGEL GESCH.2	255		D		
	:	8	09 BOHL SPRACHE	10	4D	B D		
	:	:	-	38	25D	B D		
	85	9- 11	64 CAMPBELL CHRON.	84	43	D	C	
	:	: :	71 HELCK BEZIEHUNG	172	23	D	C	
	:	9- 10	64 CAMPBELL CHRON.	86		CD		
	:	: :	69 KLENGEL GESCH.2	255		D		
	:	9	10 EBELING VERBUM	65	15	D	EC	
	:	:	50 MORAN SYNTACTIC	46	D	B D		
	:	:	-	158		BCD		
	:	:	64 CAMPBELL CHRON.	84	43	BCD		
	:	:	73 KUHNE CHRONOLOG	144	720	D		
	:	:	77 CAD 1M RV**	362-B		D		

TEXTES			DATE, OUVRAGE, PAGES, NOTES			CARACTERIST.		
85	10-	15	69 KLENGEL GESCH.2	189		D	C	
:	10-	11	56 CAD G RV**	26-A		C	C	
85	11-	12	50 MORAN SYNTACTIC	54		BCD		
:	:	:	-	156		B D		
:	:	:	69 KLENGEL GESCH.2	255		D		
:	11		09 BOHL SPRACHE	74	34P	D		
:	:		10 EBELING VERBUM	59	10/6	BCD		
:	:		-	71	21	BCD		
:	:		60 CAD IJ RV**	327-A		B D		
85	12-	35	64 CAMPBELL CHRON.	91-92		D		
:	12-	15	10 RANKE KEILSCHR.	22	1	CD	C ?	
:	:	:	50 MORAN SYNTACTIC	18	B/4	D		
:	:	:	56 CAD G RV**	26-A		BCD	C	
:	:	:	60 CAD IJ RV**	218-A		BCD	C	
:	12		10 EBELING VERBUM	54	7/3A	BCD		
:	:		62 AHW H RV**	357-A		B D		
:	:		71 HELCK BEZIEHUNG	484	33	B D		
85	13-	15	-	253	48	D	C	
85	14		10 RANKE KEILSCHR.	22		B D		
85	15		09 BOHL SPRACHE	21	9D	B D		
:	:		65 CAD B RV**	47-A		B D		
85	16-	18	50 MORAN SYNTACTIC	97		BCD	R	
:	:	:	60 MORAN EARLY CAN	5		D		
:	16		50 MORAN SYNTACTIC	50	G	B D		
85	18-	19	65 CAD B RV**	61-A		BCD	C	
85	19-	22	50 MORAN SYNTACTIC	85		BCD		
:	:	:	-	160		D		
:	:	:	51 MORAN NEW EVID.	34-A		BCD		
:	:	:	69 KLENGEL GESCH.2	233	28	G		
:	19-	21	64 CAMPBELL CHRON.	104		CD		
:	19-	20	50 MORAN SYNTACTIC	95		D		
:	:	:	60 MORAN EARLY CAN	3		BCD		
:	19		50 MORAN SYNTACTIC	158		BCD	R	
85	20		64 CAMPBELL CHRON.	84-85	43	D		
:	:		71 HELCK BEZIEHUNG	254		CD		
:	:		-	374	26	D		
85	21		70 RAINEY TABLETS	90		B D		
85	22		10 EBELING VERBUM	49	5/1B	D		
:	:		60 MORAN EARLY CAN	3		BCD	C	
85	23-	24	64 CAMPBELL CHRON.	91		D		
:	23		09 BURCHARDT ALTK.1	24	71	B D	C	
:	:		-	1 34	97	B D	C	
:	:		10 BURCHARDT ALTK.2	12-B	224	B D	C	
:	:		71 HELCK BEZIEHUNG	249		D		
85	24		10 EBELING VERBUM	56	7/3B	BCD		
85	25		75 MORAN SYRIAN SC	160	23	D		
85	26		09 BOHL SPRACHE	80	37B	B D	+	?
:	:		-	86	38C	B D	+	
:	:		50 MORAN SYNTACTIC	158		B D	+	?
:	:		56 CAD H RV**	263-A		B D	+	?
:	:		69 MORAN DEATH OF	96-B	14	D		
85	28		51 DHORME LANGUE	446		BCD		
85	29-	30	69 KLENGEL GESCH.2	262	44	D		
85	30-	33	64 CAD 1A RV**	358-B		BCD	C	
85	31		09 BOHL SPRACHE	71	33P	B D		
:	:		51 DHORME LANGUE	475		BCD		
:	:		71 HELCK BEZIEHUNG	442		B D	R	
:	:		73 KUHNE CHRONOLOG	6	34D	D		?
85	33-	37	50 MORAN SYNTACTIC	95		BCD		

	TEXTES			C I T A T I O N S					
			DATE, OUVRAGE, PAGES, NOTES				CARACTERIST.		
85	51		10 EBELING VERBUM	53	7/3A		BCD		
:	:		64 CAMPBELL CHRON.	84-85	43		D		
:	:		71 HELCK BEZIEHUNG	306			B D		
85	52- 55		65 CAD B RV**	363-B			BCD	C	
85	54- 55		77 AHW T RV**	1332-B			B D	C	
:	54		10 EBELING VERBUM	53	7/3A		BCD		
:	:		50 MORAN SYNTACTIC	32	A		D		
:	:		-	110	23		B D		
:	:		51 DHORME LANGUE	452			BCD		
85	55, 61		10 EBELING VERBUM	44	4/4		BCD		
:	55		15 KNUDTZON EL-AM	1591			CD		?
85	58		50 MORAN SYNTACTIC	158			B D	R	
85	59- 63		-	125	111		BCD	R	
:	59		-	83			B D		
85	61		10 EBELING VERBUM	70	21		BCD	EC	
:	:		50 MORAN SYNTACTIC	54			B D	R	
85	62		09 BOHL SPRACHE	50	28F		B D		
:	:		10 EBELING VERBUM	51	6/2B		BCD		
:	:		50 MORAN SYNTACTIC	158			B D		
:	:		60 MORAN EARLY CAN	6	4		D		
85	63- 66		77 CAD 2M RV**	62-B			BCD	C	
:	63- 65		50 MORAN SYNTACTIC	79			D		
:	63, 64		68 CAD 2A RV**	245-B			BCD		
85	66- 69		50 MORAN SYNTACTIC	74	6		D		
:	:	:	-	99			BCD		
:	:	:	-	134	187		D		
:	:	:	59 CAD D RV**	188-A			BCD	C	
:	:	:	60 MORAN EARLY CAN	15			BCD		
:	:	:	69 KLENGEL GESCH.2	262	43		D	C	
:	66- 68		50 MORAN SYNTACTIC	71			BCD	EC	
:	:	:	-	74	3		BCD	EC	
:	66- 67		73 CAD L RV**	170-B			BCD	C	
:	66, 67		50 MORAN SYNTACTIC	74	6		BCD		
:	66		-	134	187		BCD		
85	68- 69		73 CAD L RV**	170-B			C	C	
:	68		09 BOHL SPRACHE	87	38K		CD		
:	:		10 EBELING VERBUM	61	12		BCD		
:	:		50 MORAN SYNTACTIC	103			B D		
85	69- 74		69 KLENGEL GESCH.2	251			D	C	
:	:	:	-	261	24		D	C	
:	:	:	70 KLENGEL GESCH.3	18			D	C	
:	69- 73		62 KITCHEN SUPPILU	20	6		D		
:	:	:	-	40			D	EC	
:	:	:	64 CAMPBELL CHRON.	86			D		
:	:	:	-	87	51		D		
:	:	:	69 KLENGEL GESCH.2	188			D		
:	69, 70		67 SYL. 2 RV**	54	275		B D	C	
85	70- 74		64 CAMPBELL CHRON.	93			G	C	
:	70		10 EBELING VERBUM	59	10/6		BCD		
:	:		51 DHORME LANGUE	452			BCD		
85	71		10 BURCHARDT ALTK.2	63-A	1247		B D	C	
:	:		71 HELCK BEZIEHUNG	168	1		D		
85	72- 73		50 MORAN SYNTACTIC	61			BCD		
:	72		09 BOHL SPRACHE	29	16A		B D		
:	:		-	58	29B		BCD		
:	:		10 EBELING VERBUM	65	15		BCD		
:	:		66 JUCQUOIS PHONET	170			D		
:	:		-	242			B D		
85	73- 74		71 CAD K RV**	380-B			BCD	C	

	TEXTES		DATE, OUVRAGE, PAGES, NOTES			CARACTERIST.
				C I T A T I O N S		
85	74		09 BOHL SPRACHE	4	2D	B D
:	:		50 MORAN SYNTACTIC	14	G/C	B D
:	:		66 AHW M RV**	653-B		B D
:	:		77 CAD 2M RV**	74-B		B D
85	75- 79		60 MORAN EARLY CAN	3		BCD R
:	75- 78		50 MORAN SYNTACTIC	94		BCD
:	: :		-	106		D
:	75, 76		-	106		B D
:	75		-	50	G	B D
85	76- 79		69 KLENGEL GESCH.2	247		D C
:	76		50 MORAN SYNTACTIC	95		D
85	77		60 MORAN EARLY CAN	7		B D
85	78		09 BOHL SPRACHE	8	3T	B D R ?
85	80- 81		50 MORAN SYNTACTIC	158		B D R C
85	81		09 BOHL SPRACHE	87	38K	CD
:	:		59 CAD D RV**	188-A		B D
:	:		60 MORAN EARLY CAN	18		BCD
85	84		09 BOHL SPRACHE	61	30C	BCD ?
:	:		10 EBELING VERBUM	60	11/7	BCD R C
:	:		51 DHORME LANGUE	420		BCD
:	:		52 MORAN KARATEPE?	78-B	22	B D ?
:	:		66 JUCQUOIS PHONET	90		BCD
85	85		68 CAD 2A RV**	84-B		D
:	:		77 CAD 2M RV**	315-A		B D
85	86		09 BOHL SPRACHE	73	34K	BCD R
:	:		65 CAD B RV**	57-B		D
85	87		50 MORAN SYNTACTIC	158		B D EC
EA 86						
******						
86, 87			64 CAMPBELL CHRON.	80		D
:	:		-	134	1C	D
:	:		73 KUHNE CHRONOLOG	4	25	D
86			62 KITCHEN SUPPILU	32		D ?
:			64 CAMPBELL CHRON.	73		D
:			-	78		D
:			71 HELCK BEZIEHUNG	172	23	D
86	1		10 RANKE KEILSCHR.	7		B D R
86	3- 5		10 EBELING VERBUM	48	5/1B	BCD R C
:	: :		64 MORAN TAQTUL	80-81		BCD C
:	3-		51 MORAN NEW EVID.	35-A		D
:	: :		-	35-A	14	D
:	3, 4		50 MORAN SYNTACTIC	62		B D C
:	3		10 RANKE KEILSCHR.	7		B D
86	4		09 BOHL SPRACHE	4	3E	B D
:	:		15 KNUDTZON EL-AM	1596		B D
:	:		50 MORAN SYNTACTIC	63	1	D
:	:		65 CAD B RV**	142-B		D
:	:		70 RAINEY TABLETS	73		B D
86	7		10 RANKE KEILSCHR.	17		B D
86	8- 12		69 KLENGEL GESCH.2	256		D C
:	8		09 BOHL SPRACHE	57/1	28T	B D
86	9, 13		74 RAINEY EA NOTES	301		B D R
86	10- 14		64 CAMPBELL CHRON.	94		D C
:	10- 12		62 KITCHEN SUPPILU	13	3	D ?
:	: :		-	42		D ?
:	: :		67 REDFORD HISTORY	217		D C
:	10		51 DHORME LANGUE	476		BCD
86	11- 12		73 CAD L RV**	147-B		B D R C

```
I------------------------------------------------------------------------
I                                C  I  T  A  T  I  O  N  S              I
I      T E X T E S       --------------------------------------------   I
I                        DATE,  OUVRAGE, PAGES, NOTES  CARACTERIST.      I
I    --------------------   --------------------------------------------   I
I       86    11        09 BOHL SPRACHE       60      30C   BCD          I
I        :     :        10 EBELING VERBUM     60      11/7  BCD          I
I        :     :        51 DHORME LANGUE     420            BCD          I
I        :     :           -                 455            BCD          I
I        :     :        77 CAD 2M RV**        79-B          B D    R     I
I       86    12        64 CAMPBELL CHRON.   84-85    43      D          I
I       86    14        77 CAD 2M RV**        95-A          B D          I
I       86    15- 16    64 CAMPBELL CHRON.    91              D          I
I        :    15        10 EBELING VERBUM     45      5/1A  BCD          I
I        :     :        51 DHORME LANGUE     414            BCD          I
I        :     :        71 HELCK BEZIEHUNG   249              D          I
I       86    16        09 BOHL SPRACHE       45      27I   BCD          I
I       86    17        50 MORAN SYNTACTIC    17      A/5     D          I
I       86    19        09 BOHL SPRACHE       13      5F    B D    + EC  I
I       86    25        68 CAD 2A RV**        84-B            D          I
I       86    27        15 KNUDTZON EL-AM 1003/80 414A A          C      I
I       86    29        09 BOHL SPRACHE       60      30C   BCD       ? I
I        :     :        15 KNUDTZON EL-AM 1590          D              I
I        :     :        60 MORAN EARLY CAN    19       2    B D         I
I       86    31- 36       -                   6            BCD    R     I
I        :    31- 35    71 HELCK BEZIEHUNG   253      48      D      C   I
I        :    31- 33    50 MORAN SYNTACTIC    96            BCD    R     I
I        :    31, 32    60 MORAN EARLY CAN    11            BCD      C   I
I       86    32- 33    77 CAD 2M RV**       249-B          B D    R C   I
I        :    32        09 BOHL SPRACHE       61      30D   B D         I
I        :     :        10 EBELING VERBUM     60      11/7  BCD         I
I        :     :        15 KNUDTZON EL-AM 1590          D              I
I        :     :        50 MORAN SYNTACTIC   155            B D         I
I        :     :        51 DHORME LANGUE     420            B D         I
I        :     :           -                 447            BCD         I
I       86    33        10 RANKE KEILSCHR.    22            B D    R  ? I
I       86    34- 35    64 CAMPBELL CHRON.   84-85    43      D         I
I       86    36        09 BOHL SPRACHE        4      2D    B D         I
I        :     :        15 KNUDTZON EL-AM 1003/81 415G A          C     I
I        :     :        50 MORAN SYNTACTIC   147            B D         I
I        :     :        51 DHORME LANGUE     479            B D         I
I        :     :        60 MORAN EARLY CAN    11            BCD         I
I        :     :        66 JUCQUOIS PHONET   117            BCD         I
I       86    37- 39    69 KLENGEL GESCH.2   255              D      C  I
I       86    38- 40    64 CAMPBELL CHRON.    84      43      D      C  I
I        :     :   :    71 HELCK BEZIEHUNG   172      23      D      C  I
I        :    38        10 EBELING VERBUM     65      15      D    R    I
I        :     :        64 CAMPBELL CHRON.    84      43    BCD    R    I
I        :     :        73 KUHNE CHRONOLOG   144     720      D         I
I        :     :        77 CAD 1M RV**       362-B            D    R    I
I       86    42- 44    71 HELCK BEZIEHUNG   254              D      C  I
I        :    42        64 CAMPBELL CHRON.   84-85    43      D         I
I       86    43        50 MORAN SYNTACTIC    94            B D       ? I
I        :     :        51 DHORME LANGUE     454            B D         I
I        :     :        60 MORAN EARLY CAN    19       2    B D         I
I       86    45        51 DHORME LANGUE     453            B D         I
I       86    46- 48    60 MORAN EARLY CAN     3            B D    R    I
I        :    46        10 RANKE KEILSCHR.    22            B D    R    I
I       86    47        09 BOHL SPRACHE       61      30D   B .D        I
I        :     :        10 EBELING VERBUM     60      11/7  BCD         I
I        :     :        15 KNUDTZON EL-AM 1590          D              I
I        :     :        50 MORAN SYNTACTIC    96              D         I
I        :     :           -                 155            B D         I
I        :     :        51 DHORME LANGUE     420            B D         I
```

```
I -------------------------------------------------------------------------- I
I                                 C I T A T I O N S                           I
I      T E X T E S          ------------------------------------------------- I
I                           DATE,  OUVRAGE, PAGES, NOTES  CARACTERIST.         I
I      -----------------     -----------------------------------  -----------  I
I        86       47        51 DHORME LANGUE    447           BCD             I
I        86       50        60 MORAN EARLY CAN   19       2   B D             I
I                                                                             I
I EA  87                                                                      I
I ******                                                                      I
I        87- 93             69 KLENGEL GESCH.2 189               D            I
I        87- 88             60 MORAN EARLY CAN   17       2      D            I
I         :   :             71 HELCK BEZIEHUNG 172      26       U            I
I        87, 88             62 KITCHEN SUPPILU   27              D            I
I        87                 64 CAMPBELL CHRON.   73              D            I
I         :                  -                   78              D            I
I        87       1-  3     74 KESTEMONT DIPL.   54     231      D            I
I         :       :   :      -                 54-55    232      D            I
I         :       1         10 RANKE KEILSCHR.    7             B D           I
I        87       3         50 MORAN SYNTACTIC   10     C/3    B D           I
I        87       5-  7     65 CAD   B RV**      142-B         BCD      C     I
I        87       6         15 KNUDTZON EL-AM  1596            B D           I
I         :       :         51 DHORME LANGUE    447            BCD           I
I         :       :         70 RAINEY TABLETS    73            B D           I
I        87       7         09 BOHL SPRACHE       4      3E   B D           I
I        87       8, 10     50 MORAN SYNTACTIC  159            CD       C     I
I         :       8         10 EBELING VERBUM    68    17/2   BCD           I
I         :       :         77 CAD 2M RV**       94-B          D            I
I        87       9- 14     50 MORAN SYNTACTIC   85           B D           I
I         :       :   :     51 MORAN NEW EVID.   34-A         BCD           I
I         :       :   :     69 KLENGEL GESCH.2 234     31       G            I
I         :       9- 13     50 MORAN SYNTACTIC   83           BCD           I
I         :       9- 11     15 KNUDTZ.CR/UNGN.  185            C        C     I
I        87      10         50 MORAN SYNTACTIC   19     D/1    D            I
I        87      11- 14     10 EBELING VERBUM    48    5/1B   BCD      C     I
I         :       :   :     60 CAD IJ RV**      319-A         BCD      C     I
I        87      13         51 DHORME LANGUE    464           BCD           I
I         :       :         63 AHW  I RV**      408-B         B D           I
I        87      14         09 BOHL SPRACHE      53    28M   B D           I
I         :       :         50 MORAN SYNTACTIC   85            C            I
I        87      15- 20      -                  159            C        C     I
I        87      16, 18      -                  159           B D    R C     I
I         :      16         15 KNUDTZON EL-AM 1003/82 416B A         C     I
I         :       :          -                 1591            B     R    ?  I
I        87      17- 20     50 MORAN SYNTACTIC 101           BCD    R        I
I         :      17         09 BOHL SPRACHE      75    34U   BCD           I
I         :       :         51 DHORME LANGUE    476           BCD           I
I         :       :         60 MORAN EARLY CAN   16           BCD           I
I         :       :         67 SYL. 2 RV**       59     301   B D      C     I
I         :       :         72 AHW   R RV**     988-B         BCD           I
I        87      18- 20     69 KLENGEL GESCH.2 262     41       D      C     I
I         :      18         50 MORAN SYNTACTIC 142     257      G            I
I         :       :          -                  169           B D    R        I
I         :       :          -                  181     24    B D      C     I
I        87      19- 24     71 HELCK BEZIEHUNG 254            D      C     I
I         :      19         10 EBELING VERBUM    65     15    BCD           I
I        87      20         09 BOHL SPRACHE      34    23C   B D           I
I        87      21- 26     49 MORAN UNEXPLAIN 125-B          CD      R     I
I         :       :   :     69 KLENGEL GESCH.2 234     31       G            I
I         :      21- 24      -                  261     22      D      C     I
I         :       :   :      -                  262     42      D      C     I
I         :      21- 22      -                  249            D            I
I         :      21         56 CAD   H RV**      84-B         B D           I
I         :       :         69 KLENGEL GESCH.2 249           B D           I
```

	TEXTES		CITATIONS								
			DATE, OUVRAGE, PAGES, NOTES				CARACTERIST.				
	87	22	10 EBELING VERBUM	40	1/3	BCD					
	:	:	–	52	7/3A	BCD					
	87	23- 24	50 MORAN SYNTACTIC	160		D					
	:	23	09 BOHL SPRACHE	2	1F	B D					
	:	:	50 MORAN SYNTACTIC	159		B D		R C			
	:	:	–	175		G					
	:	:	60 MORAN EARLY CAN	17	2	B D		R			
	87	25- 26	49 MORAN UNEXPLAIN	124-125		B D		R			
	:	25, 26	50 MORAN SYNTACTIC	147		BCD		R	?		
	:	25	–	159		G		C			
	87	26	49 MORAN UNEXPLAIN	125-B	9	B D			?		
	:	:	50 MORAN SYNTACTIC	127	132	B		R			
	:	:	–	159		B D		R C			
	87	29	09 BOHL SPRACHE	62	30I	B D			?		
	:	:	50 MORAN SYNTACTIC	57		B D		REC			
	:	:	60 MORAN EARLY CAN	19	2	B D					
	87	30- 31	68 CAD 2A RV**	108-A		BCD		R C			
	:	: :	77 CAD 1M RV**	423-A		BCD		R C			
	87	31	09 BOHL SPRACHE	7	3Q	B D					
	:	:	50 MORAN SYNTACTIC	119	75	D					
	87	41	51 DHORME LANGUE	447		BCD					
EA 88											
******											
	88- 90		64 CAMPBELL CHRON.	80		D					
	88		70 KLENGEL GESCH.3	11		D					
	:		–	13		D					
	:		–	14		D					
	:		–	27	45	D					
	:		75 MORAN AMARNA GL	156-157		D					
	88	2	15 KNUDTZON EL-AM	1003/83	418A	A		C			
	88	4- 8	69 KLENGEL GESCH.2	262	36	D		C			
	88	5- 8	71 HELCK BEZIEHUNG	171		D		C			
	:	5	09 BURCHARDT ALTK.1	27	77	B D		C			
	:	:	–	1 45	138	B D		C			
	:	:	–	1 46	143	B D		C			
	:	:	10 BURCHARDT ALTK.2	8-A	123	B D		C			
	88	6	15 KNUDTZON EL-AM	1003/84	418C	A		C			
	:	:	51 DHORME LANGUE	480		B D					
	88	7	15 KNUDTZON EL-AM	1003/85	418D	A		C			
	88	9- 10	77 CAD 2M RV**	90-B		B D		R C			
	:	9	50 MORAN SYNTACTIC	20	A/1	D					
	:	:	52 MORAN KARATEPE?	78-B	22	D		R			
	88	10	50 MORAN SYNTACTIC	79		D					
	:	:	–	136	214	B D		R			
	:	:	–	160		D					
	:	:	51 MORAN NEW EVID.	34-A	7	D					
	:	:	71 CAD K RV**	72-B		B D					
	88	12	09 BOHL SPRACHE	67	32N	D					
	:	:	10 EBELING VERBUM	53	7/3A	BCD					
	88	14- 15	60 MORAN EARLY CAN	16		BCD		C			
	:	14, 17	50 MORAN SYNTACTIC	100		B D					
	:	14	09 BOHL SPRACHE	65	32F	B D					
	:	:	10 EBELING VERBUM	55	7/3A	BCD					
	:	:	50 MORAN SYNTACTIC	51	H	B D					
	88	15- 19	69 KLENGEL GESCH.2	262	42	D		C			
	:	15- 16	–	262	41	D					
	:	15, 17	62 CAD 'S RV**	140-B		D					
	:	: :	70 RAINEY TABLETS	79		B D					

```
I                                      C I T A T I O N S                  I
I       T E X T E S              ------------------------------------------   I
I                               DATE,  OUVRAGE, PAGES, NOTES  CARACTERIST.  I
I       ----------------------  ------------------------------  -----------   I
I       88      16- 17    58 CAD  E RV**      116-B         BCD        C    I
I       :       16         09 BOHL SPRACHE      34      23C  B D            I
I       :       :          10 EBELING VERBUM    40      1/4  BCD            I
I       88      17         60 MORAN EARLY CAN   16           BCD            I
I       :       :          66 JUCQUOIS PHONET  138           B D            I
I       88      18- 19     10 EBELING VERBUM    77      APP  BCD      R C    I
I       :       18         15 KNUDTZON EL-AM 1003/86 419M A          C    I
I       :       :           -                 1591           B D      R     I
I       :       :          50 MORAN SYNTACTIC 153           A D       C    I
I       :       :           -                  180      14      G          I
I       88      19- 21     75 MORAN AMARNA GL 157           C         C    I
I       :       19- 20      -                  156       2  B D      R     I
I       :       19         09 BOHL SPRACHE      30      18E  B D            I
I       :       :          10 EBELING VERBUM    76      24   BCD            I
I       :       :          50 MORAN SYNTACTIC   21      A/4  BCD            I
I       :       :           -                  159           B D            I
I       :       :           -                  159-160      BCD      R     I
I       :       :          51 DHORME LANGUE    414           BCD            I
I       :       :           -                  449           BCD            I
I       :       :           -                  455           BCD            I
I       :       :          60 MORAN EARLY CAN   17       2  BCD      R     I
I       :       :          69 KLENGEL GESCH.2 234      32      G          I
I       :       :          75 MORAN AMARNA GL 157       1  B D            I
I       :       :          77 CAD 1M RV**      211-B        B D            I
I       88      20- 21     49 MORAN UNEXPLAIN 125-A        B D            I
I       :       :    :     68 CAD 2A RV**       78-B        BCD        C    I
I       :       :    :     75 MORAN AMARNA GL 156           B D            I
I       :       20         10 EBELING VERBUM    51      6/2A BCD            I
I       88      21- 22     65 CAD  B RV**      364-B        BCD        C    I
I       :       21         09 BOHL SPRACHE      69      33G  B D            I
I       :       :          59 AHW  A RV**       45-A        BCD        ? I
I       :       :          70 RAINEY TABLETS    57           B D      R  ? I
I       :       :          75 MORAN AMARNA GL 156           C              I
I       :       :           -                  157          AB D     R C    I
I       88      22         10 EBELING VERBUM    44      4/2  BCD            I
I       :       :           -                   61      12   BCD            I
I       :       :          66 JUCQUOIS PHONET  219           BCD            I
I       88      23         50 MORAN SYNTACTIC   50       G  B D            I
I       88      24         51 DHORME LANGUE    486           BCD            I
I       :       :          56 CAD  H RV**       75-B         D             I
I       88      27         52 MORAN KARATEPE?  79-B      29   D       R     I
I       88      28- 29     58 CAD  E RV**      419-A        BCD        C    I
I       88      29- 34     69 KLENGEL GESCH.2 261      23    D         C    I
I       :       29- 32     50 MORAN SYNTACTIC   74       4   D             I
I       :       29         09 BOHL SPRACHE      54      28Q  B D            I
I       :       :          60 AHW  E RV**      268-A         D             I
I       88      31         09 BOHL SPRACHE      58      29B  BCD            I
I       :       :          50 MORAN SYNTACTIC   31      A    D             I
I       :       :           -                  118      73    D             I
I       :       :          51 DHORME LANGUE    441           B D            I
I       88      32- 33     50 MORAN SYNTACTIC   62       3    D             I
I       88      34- 35      -                   73       3    D             I
I       :       34         56 CAD  H RV**       84-B        B D            I
I       88      35, 38     64 CAD 1A RV**       10-B        B D            I
I       :       35         09 BOHL SPRACHE      50      28F  B D            I
I       :       :          10 EBELING VERBUM    43      3/2  BCD        ? I
I       :       :           -                   68      17/2 BCD            I
I       :       :          15 KNUDTZON EL-AM 1591           CD             I
I       :       :          60 MORAN EARLY CAN   19       2  B D            I
```

```
I                              C I T A T I O N S                    I
I      T E X T E S      -------------------------------------------- I
I                       DATE,  OUVRAGE, PAGES, NOTES  CARACTERIST.  I
I    ----------------   -----------------------------  -----------  I
I      88      35       64 CAD 1A RV**      18-A          B D        I
I      88      36       68 CAD 2A RV**     257-A           D         I
I      88      37- 39   15 KNUDTZON EL-AM 1591            CD     C   I
I       :      :   :    50 MORAN SYNTACTIC 160            CD      ? I
I       :      37, 39      -                160          B D    R  ? I
I      88      39       09 BOHL SPRACHE     58      29B  BCD        I
I       :      :        10 EBELING VERBUM   73       22  B D      ? I
I       :      :        50 MORAN SYNTACTIC 118       73  B D   R    I
I       :      :        51 DHORME LANGUE   450           BCD        I
I       :      :        51 MORAN NEW EVID.  34-A     7   B D   R    I
I       :      :        66 JUCQUOIS PHONET  90       25  BCD        I
I       :      :        68 CAD 2A RV**     398-A         B D        I
I      88      40- 42   50 MORAN SYNTACTIC  85            D         I
I       :      :   :    51 MORAN NEW EVID.  34-A          D         I
I       :      40- 41   56 CAD  H RV**      75-B     BCD       C    I
I       :      40       10 EBELING VERBUM   58      7/3B  BCD       I
I       :      :        51 DHORME LANGUE   424           BCD        I
I      88      41       09 BOHL SPRACHE     53      28M  B D      ? I
I       :      :        75 MORAN AMARNA GL 157           B D        I
I      88      44, 45   59 CAD  D RV**     114-B     BCD      C     I
I      88      45- 50   73 KUHNE CHRONOLOG 105      517    G        I
I       :      :   :       -                107      525    D       I
I       :      45       59 AHW  D RV**     164-A     BCD            I
I       :      :        66 JUCQUOIS PHONET 122       B D           I
I      88      46- 47   50 MORAN SYNTACTIC  30        A   BCD    EC I
I       :      :   :    71 CAD  K RV**      16-A     BCD       C    I
I      88      47       09 BOHL SPRACHE     70      33L  BCD        I
I       :      :        10 EBELING VERBUM   41      1/4  BCD        I
I       :      :           -                52      7/3A BCD        I
I       :      :        50 MORAN SYNTACTIC  18      C/1  BCD    EC  I
I       :      :           -               155           B D       I
I       :      :        51 DHORME LANGUE   485           B D       I
I      88      48       10 EBELING VERBUM   52      7/3A BCD        I
I      88      49, 50   73 KUHNE CHRONOLOG 107      525  BCD   R  ? I
I      88      51       60 MORAN EARLY CAN  19        2  B D        I
I                                                                   I
I EA  89                                                            I
I ******                                                            I
I      89              50 MORAN SYNTACTIC 160            D          I
I       :              62 KITCHEN SUPPILU  21            D          I
I       :                  -                27        3  G          I
I       :                  -                28           D          I
I       :                  -                41           D          I
I       :              64 CAMPBELL CHRON.  92       59   D          I
I       :              69 KLENGEL GESCH.2 255           D          I
I       :              70 KLENGEL GESCH.3 19,20         D          I
I       :                  -                29       67  D          I
I       :              71 HELCK BEZIEHUNG 173       30   D          I
I       :              73 KUHNE CHRONOLOG   9      36/3L  G         I
I      89      7-  8   50 MORAN SYNTACTIC 154           D          I
I       :      7-      69 KLENGEL GESCH.2 189            G          I
I       :      7       50 MORAN SYNTACTIC 170            G     C    I
I      89      8- 10       -                61          BCD   R    I
I       :      8           -               180      15   G     C   I
I      89      9- 10   09 BOHL SPRACHE     63      31D  BCD    C    I
I       :      :   :   10 EBELING VERBUM   71       21   D     C    I
I       :      :   :   50 MORAN SYNTACTIC  57          BCD   R     I
I       :      9           -               160           G     C   I
I      89     10- 21   71 HELCK BEZIEHUNG 475            D     C    I
```

```
I                                         C  I  T  A  T  I  O  N  S                     I
I         T E X T E S            -------------------------------------------------- I
I                                 DATE,  OUVRAGE,  PAGES,  NOTES   CARACTERIST.  I
I     -----------------------                             ------------ I
I      89      10- 11      60 CAD IJ RV**      168-B         BCD      C    I
I       :      10          09 BOHL SPRACHE      61      30C  BCD           I
I       :      :                  -            65      32F  B D           I
I       :      :           10 EBELING VERBUM    60     11/7  BCD           I
I      89      11, 18      64 CAMPBELL CHRON.   95      62    D            I
I       :      11          10 BURCHARDT ALTK.2 62-A  1227  B D      C    I
I       :      :           10 EBELING VERBUM    56     7/3B  BCD           I
I      89      12- 15      15 KNUDTZON EL-AM  1591          CD       C    I
I       :      12          10 EBELING VERBUM    51      6/2B  BCD           I
I      89      14          50 MORAN INF.ABSOL 170-171   18  B D      R    I
I       :      :           50 MORAN SYNTACTIC  29       A   BCD      R    I
I       :      :           74 RAINEY EA NOTES 302            B D      R    I
I      89      15- 17      50 MORAN SYNTACTIC  72       1    D            I
I       :      :    :             -            96           BCD           I
I       :      :    :      60 MORAN EARLY CAN  14-15        BCD           I
I       :      15          51 DHORME LANGUE    451          B D           I
I       :      :           66 JUCQUOIS PHONET 129           BCD           I
I       :      :                  -           153           B D           I
I       :      :                  -           159           B D           I
I       :      :                  -           219           BCD           I
I       :      :                  -           249           BCD           I
I      89      16- 17      68 CAD 2A RV**      220-A         B D      C    I
I       :      16          10 EBELING VERBUM    52     7/3A  BCD        ?  I
I       :      :                  -            55     7/3A  BCD           I
I       :      :           50 MORAN INF.ABSOL 171-B    26   B D           I
I       :      :           50 MORAN SYNTACTIC 141      249  B D      C    I
I       :      :           60 MORAN EARLY CAN  15       1   B D      C    I
I      89      17- 18      60 CAD IJ RV**      319-A         BCD      C    I
I       :      17          10 EBELING VERBUM    56     7/3B  BCD           I
I      89      18          51 DHORME LANGUE    464          BCD           I
I      89      20- 21      64 CAD 1A RV**      171-B         BCD      C    I
I       :      20          10 EBELING VERBUM    55     7/3A  BCD           I
I       :      :           50 MORAN INF.ABSOL 170-171   18  B D           I
I       :      :           51 DHORME LANGUE    452          BCD           I
I       :      :           59 AHW  A RV**       37-B          G           I
I       :      :           64 CAD 1A RV**      358-B         BCD           I
I       :      :           69 MORAN DEATH OF   96-B     14    D            I
I      89      22          10 EBELING VERBUM    63      13   BCD           I
I       :      :           77 CAD 1M RV**      303-B         B D           I
I      89      23          64 CAMPBELL CHRON.   95      62    D            I
I      89      32-         56 CAD  H RV**       84-B          D            I
I      89      34          66 JUCQUOIS PHONET 129           BCD           I
I      89      36- 37      10 EBELING VERBUM    71      21   BCD      C    I
I       :      36-         69 KLENGEL GESCH.2 189            G            I
I       :      :           36, 37  50 MORAN SYNTACTIC  46    D  B D        I
I      89      37- 47      15 KNUDTZON EL-AM  1591          C        C    I
I       :      37          09 BOHL SPRACHE      61      30C  B D           I
I       :      :           10 EBELING VERBUM    60     11/7  BCD           I
I       :      :           50 MORAN SYNTACTIC  61           D            I
I      89      38- 39      50 MORAN INF.ABSOL 170-A         BCD           I
I       :      :    :      50 MORAN SYNTACTIC  58           D            I
I       :      :    :             -           128      137    G           I
I       :      :    :      52 MORAN KARATEPE?  76-B         CD       C    I
I       :      :    :             -            77-A          D        C    I
I       :      :    :             -            78-A          G        C    I
I       :      :    :      60 CAD IJ RV**       24-A         BCD      C    I
I       :      :    :      69 KLENGEL GESCH.2 234      33    G            I
I       :      38          50 MORAN INF.ABSOL 169-A     1    G        C    I
I       :      :           52 MORAN KARATEPE?  78-B         B D      C    I
```

```
I                                           C I T A T I O N S              I
I       T E X T E S          -------------------------------------------- I
I                            DATE,  OUVRAGE, PAGES, NOTES  CARACTERIST.    I
I       ----------------     ------------------------------  ------------  I
I       89      38           52 MORAN KARATEPE?  78-B     21     D      C  I
I        :       :           77 CAD 1M RV**      423-A          BCD        I
I       89      39- 41       50 MORAN SYNTACTIC   71            BCD        I
I        :       :   :        -                   72       1     D         I
I       89      40- 41        -                   60            BCD        I
I        :       :   :        -                  129     149    Ƅ D        I
I        :      40, 45       66 JUCQUOIS PHONET  129            BCD        I
I        :      40           10 EBELING VERBUM    47     5/1B  BCD      ? I
I        :       :           50 MORAN SYNTACTIC  158             G         I
I        :       :           51 DHORME LANGUE    451           BCD        I
I       89      41- 49       71 HELCK BEZIEHUNG  303             D      C  I
I        :      41           56 CAD  H RV**      164-A          BCD        I
I        :       :           66 JUCQUOIS PHONET  295             D      C  I
I       89      42- 43       77 CAD 2M RV**       79-B          B D     C  I
I       89      43           09 BOHL SPRACHE      65     32F   B D        I
I        :       :           10 EBELING VERBUM    54     7/3A  B D        I
I        :       :           50 MORAN SYNTACTIC   37      B    B D        I
I       89      44- 45        -                 11-12     E    BCD     EC  I
I        :      44, 48       64 CAMPBELL CHRON.   95     62     D         I
I        :      44           56 CAD  H RV**      164-A         Ƅ D        I
I       89      46- 47       77 CAD 1M RV**       25-B          BCD     C  I
I        :      46           53 MORAN SUMMA       78-A     2   B D        I
I        :       :           66 AHW  M RV**      654-B          BCD        I
I       89      47           50 MORAN SYNTACTIC  177             G         I
I        :       :           64 CAD 1A RV**      223-B         Ƅ D        I
I       89      48- 53       70 KLENGEL GESCH.3  201             D      C  I
I        :      48- 51       69 KLENGEL GESCH.2  353             D      C  I
I        :      48- 50       65 CAD  B RV**      294-A          BCD     C  I
I        :      48- 49       56 CAD  H RV**      164-A          BCD     C  I
I       89      49           50 MORAN SYNTACTIC  110     23    B D        I
I       89      50           52 MORAN KARATEPE?  78-B     21     D      C  I
I        :       :           66 JUCQUOIS PHONET  170             D         I
I       89      51           09 BOHL SPRACHE      32     21A   B D        I
I        :       :           09 BURCHARDT ALTK.1  6      13    B D     C  I
I        :       :            -                  1 31    85    Ƅ D     C  I
I        :       :           10 BURCHARDT ALTK.2 10-A    167   B D     C  I
I        :       :           64 CAMPBELL CHRON.  128             D         I
I        :       :           69 KLENGEL GESCH.2  345             D         I
I        :       :           71 HELCK BEZIEHUNG  294     31      D         I
I       89      52           77 CAD 2M RV**       79-B           D         I
I       89      53- 55       60 MORAN EARLY CAN    5             D         I
I        :      53           50 MORAN SYNTACTIC   97             D         I
I       89      55           10 RANKE KEILSCHR.   26           Ƅ D     R  ? I
I       89      58           09 BOHL SPRACHE      61     300   BCD        I
I        :       :           10 EBELING VERBUM    60     11/7  BCD        I
I        :       :           15 KNUDTZON EL-AM  1590             D         I
I        :       :           77 CAD 2M RV**       79-B           D         I
I       89      64           10 EBELING VERBUM    56     7/3B  BCD        I
I        :       :           51 DHORME LANGUE    453           BCD        I
I       89      65           10 EBELING VERBUM    54     7/3A  BCD        I
I       89      66- 67       68 CAD 2A RV**      295-B          BCD     C  I
I        :      66           50 MORAN SYNTACTIC   46      D    B D        I
I                                                                          I
I EA  90                                                                   I
I ******                                                                   I
I       90- 91               71 HELCK BEZIEHUNG  173     27      D         I
I       90                   64 CAMPBELL CHRON.   83     38      D         I
I        :                   69 KLENGEL GESCH.2  233     29      D         I
I        :                   70 KLENGEL GESCH.3   14             D         I
```

TEXTES			DATE, OUVRAGE, PAGES, NOTES			CARACTERIST.
90			70 KLENGEL GESCH.3 199			D
:			71 HELCK BEZIEHUNG 172	23		D
90	6		50 MORAN SYNTACTIC 160			B D R
90	7- 19		69 KLENGEL GESCH.2 262	42		D C
90	8- 9		09 BOHL SPRACHE 58	29B		B D C
:	8		10 EBELING VERBUM 67	16		BCD R
:	:		58 CAD E RV** 27-B			B D
:	:		60 AHW E RV** 186-A			BC
90	9- 13		69 KLENGEL GESCH.2 254			D C
90	10		09 BOHL SPRACHE 59	29F		BCD
:			15 KNUDTZON EL-AM 1592			B D
90	11- 12		50 MORAN SYNTACTIC 129	149		B D
:	11, 12		- 83			B D C
:	:	:	60 MORAN EARLY CAN 11			BCD C
:	11		77 CAD 1M RV** 156-B			B D R
90	12		50 MORAN SYNTACTIC 83			B D
:	:		51 DHORME LANGUE 454			BCD
:	:		64 MORAN TAQTUL 80	1		B D
90	13		50 MORAN SYNTACTIC 54			B D
90	14- 16		69 KLENGEL GESCH.2 254			D C
90	16- 18		50 MORAN SYNTACTIC 61			D
:	:	:	69 KLENGEL GESCH.2 234	34		G
:	16- 17		10 EBELING VERBUM 71	21		D C
:	:	:	50 MORAN SYNTACTIC 46	D		B D R C
90	17- 18		09 BOHL SPRACHE 63	31D		B D C
:	17, 18		50 MORAN SYNTACTIC 46	D		B D
:	:	:	51 DHORME LANGUE 455			BCD
:	17		09 BOHL SPRACHE 61	30C		B D
:	:		10 EBELING VERBUM 60	11/7		BCD
:	:		50 MORAN SYNTACTIC 160			B D R
90	18		09 BOHL SPRACHE 60	30C		BCD ?
:	:		10 EBELING VERBUM 60	11/7		BCD
:	:		66 JUCQUOIS PHONET 117			BCD
:	:		73 CAD L RV** 147-B			D
90	19- 25		69 KLENGEL GESCH.2 256			D C
:	19- 22		67 REDFORD HISTORY 217			D C
90	20- 21		50 MORAN SYNTACTIC 171			D
:	20		69 KLENGEL GESCH.2 189			D ?
:	:		- 190			D
90	21- 22		09 BOHL SPRACHE 69	33C		B D C
:	:	:	50 MORAN SYNTACTIC 111	41		D
:	21		- 160			B D R
:	:		52 MORAN KARATEPE? 78-B	22		D ?
90	22- 23		50 MORAN SYNTACTIC 164			B D C
:	:	:	58 CAD E RV** 27			BCD C
:	22		09 BOHL SPRACHE 74	340		B D
:	:		10 EBELING VERBUM 70-71	21		BCD
:	:		50 MORAN SYNTACTIC 11	D		B D
90	23- 25		- 79			BCD .
:	23		09 BOHL SPRACHE 69	33A		BCD
:	:		50 MORAN SYNTACTIC 111-112	41		B D
:	:		60 AHW E RV** 186-A			BCD
90	24		09 BOHL SPRACHE 67	32N		D
:	:		10 EBELING VERBUM 54	7/3A		BCD
90	26- 27		71 CAD K RV** 305-B			B D R C
:	26		09 BOHL SPRACHE 26	14B		B D
:	:		10 EBELING VERBUM 56	7/3B		BCD
90	27- 29		69 KLENGEL GESCH.2 262	43		D C
:	27		15 KNUDTZON EL-AM 1592			B D R

TEXTES		CITATIONS — DATE, OUVRAGE, PAGES, NOTES		CARACTERIST.
90	28	10 EBELING VERBUM 55	7/3A	BCD
:	:	72 AHW S RV** 1014-A		B D
90	34	58 CAD E RV** 27-B		D
90	36- 39	71 HELCK BEZIEHUNG 253	48	D C
:	36	10 EBELING VERBUM 54	7/3A	BCD
90	38	10 RANKE KEILSCHR. 22		B D
90	39- 42	71 CAD K RV** 465-A		BCD R C
90	40	09 BOHL SPRACHE 82	37F	BCD R
90	41	10 EBELING VERBUM 53	7/3A	BCD
90	42- 44	77 CAD 1M RV** 355-B		BCD C
:	42- 43	77 CAD 2M RV** 315-A		BCD R C
:	42	58 CAD E RV** 249-B		D
90	43	10 EBELING VERBUM 52	7/3A	BCD
90	44	09 BOHL SPRACHE 50	28F	B D
:	:	58 CAD E RV** 305-B		D
90	46	71 HELCK BEZIEHUNG 254		CD R
:	:	- 374	26	D
90	47	50 MORAN SYNTACTIC 160		B D R
90	49	15 KNUDTZON EL-AM 1592		C ?
:	:	- 1595		G
:	:	- 1597		G
90	53	10 EBELING VERBUM 56	7/3B	BCD
90	57	15 KNUDTZON EL-AM 1592		B
90	63	64 CAMPBELL CHRON. 84	43	D ?
:	:	77 CAD 1M RV** 362-B		B D
90	64	10 EBELING VERBUM 56	7/3B	BCD
EA 91				
******				
91		62 KITCHEN SUPPILU 27		D
:		64 CAMPBELL CHRON. 80		D
91	3- 4	68 CAD 2A RV** 389-B		BCD C
:	3	10 EBELING VERBUM 54	7/3A	BCD
91	4	- 54	7/3A	BCD
:	:	50 MORAN SYNTACTIC 50	G	B D EC
:	:	- 79		D
91	5	69 KLENGEL GESCH.2 189		D ?
:	:	- 247		D
91	6- 11	- 253		D C
:	6	50 MORAN SYNTACTIC 95		B D ?
:	:	60 MORAN EARLY CAN 19	2	B D
91	8- 9	69 KLENGEL GESCH.2 254		D
:	8	09 BOHL SPRACHE 60	30C	BCD
:	:	10 EBELING VERBUM 60	11/7	BCD
:	:	51 DHORME LANGUE 455		BCD
:	:	73 CAD L RV** 147-B		BCD
91	9	70 KLENGEL GESCH.3 15		B D R C
91	10	77 CAD 2M RV** 74-A		BCD
91	12- 15	69 KLENGEL GESCH.2 262	42	D C
91	14- 16	10 EBELING VERBUM 65	15	BCD EC
:	14- 15	71 CAD K RV** 412-A		BCD C
:	14, 16	15 KNUDTZON EL-AM 1592		D
91	15- 16	77 CAD 1M RV** 362-B		BCD R C
:	15	69 KLENGEL GESCH.2 255		D
91	16- 19	255		D C
:	16	50 MORAN SYNTACTIC 46	D	BCD R
:	:	64 CAMPBELL CHRON. 84	43	D
:	:	71 CAD K RV** 412-A		C C
:	:	73 KUHNE CHRONOLOG 137	673	D

```
I                                    C I T A T I O N S              I
I      T E X T E S          ----------------------------------------- I
I                           DATE,  OUVRAGE, PAGES, NOTES  CARACTERIST. I
I      ---------------------- ------------------------------ ------------ I
I        91      17- 19     71 HELCK BEZIEHUNG 384       77     D      C  I
I         :      17         09 BOHL SPRACHE      39      25H  B D         I
I         :       :         50 MORAN SYNTACTIC 156             B D        I
I         :       :         71 CAD  K RV**      246-B                  G  I
I         :       :         71 HELCK BEZIEHUNG 382             D          I
I        91      18- 20     50 MORAN SYNTACTIC 160             D          I
I         :      18, 19     09 BOHL SPRACHE      88      38N  B D      C  I
I         :      18         69 AHW  P RV**      850-B                  G  I
I        91      21- 22     09 BOHL SPRACHE      58      29B  B D      C  I
I         :      21         10 EBELING VERBUM    67      16   BCD        I
I         :       :         51 DHORME LANGUE    443           BCD        I
I         :       :         58 CAD  E RV**       27-B         B D        I
I         :       :         60 AHW  E RV**      186-A         BC         I
I        91      23- 25     69 KLENGEL GESCH.2 247             D      C  I
I         :       :  :      77 CAD  1M RV**     247-B         B D      C  I
I         :      23- 24     50 MORAN SYNTACTIC  67      1    BCD        I
I         :      23         09 BOHL SPRACHE      45      27I  BCD        I
I         :       :         10 EBELING VERBUM    62      13   BCD        I
I         :       :         51 DHORME LANGUE    437           BCD        I
I         :       :         66 JUCQUOIS PHONET   79           BCD        I
I        91      25- 26     10 EBELING VERBUM   70-71    21   BCD      C  I
I        91      26         50 MORAN SYNTACTIC  11      0    B D        I
I         :       :         -                   17      A/5  BCD        I
I         :       :         -                  111      41   B D        I
I         :       :         58 CAD  E RV**       27-B         D          I
I        91      27- 30     50 MORAN SYNTACTIC 124      100/6 B D    R   I
I         :      27         -                  154           B D        I
I        91      28-        10 RANKE KEILSCHR.  17            B D      C  I
I        91      29- 30     10 EBELING VERBUM   71      21    D        C  I
I         :       :  :      50 MORAN SYNTACTIC  61            D          I
I         :      29, 34     15 KNUDTZON EL-AM 1592            B      R    I
I         :      29         09 BOHL SPRACHE      61      30C  B D        I
I         :       :         10 EBELING VERBUM   60      11/7  BCD        I
I         :       :         74 RAINEY EA NOTES 302           B D    R    I
I         :       :         -                  309           B D    R    I
I         :       :         75 MORAN AMARNA GL 152      3    B D    R    I
I        91      33- 34     74 RAINEY EA NOTES 309           B D    REC  I
I        91      34         75 MORAN AMARNA GL 152      3    B D    R    I
I        91      48         09 BOHL SPRACHE      11      4F   B D      ?  I
I                                                                        I
I EA  92                                                                 I
I ******                                                                 I
I        92- 95             64 CAMPBELL CHRON.  80            D          I
I        92                 70 KLENGEL GESCH.3  16            D          I
I         :                 -                   18            D          I
I         :                 -                   20            D          I
I        92      9          09 BOHL SPRACHE      44      27F  B D      ?  I
I         :       :         15 KNUDTZON EL-AM 1592            CD         I
I        92      10         09 BOHL SPRACHE      63      31D  B D        I
I         :       :         10 EBELING VERBUM   53      7/3A  BCD        I
I         :       :         50 MORAN SYNTACTIC  57            BCD        I
I         :       :         -                  161           B D    R    I
I        92      11         09 BOHL SPRACHE       7      3R   BCD        I
I         :       :         -                   12      5D   B D        I
I         :       :         -                   62      30G  B D        I
I         :       :         10 EBELING VERBUM   65      15   BCD        I
I         :       :         -                   74      24   BCD        I
I         :       :         50 MORAN SYNTACTIC  60            B D        I
I         :       :         -                  161           BCD        I
```

```
I                                 C I T A T I O N S            I
I     T E X T E S      ----------------------------------------  I
I                      DATE,  OUVRAGE, PAGES, NOTES  CARACTERIST. I
I     ----------------  ----------------------------------  ----------- I
I     92    11          69 AHW   N RV**     803-A         B D         I
I     :     :           77 CAD 1M RV**      324-B         BCD    R     I
I     92    12- 15      50 MORAN SYNTACTIC 124    100/6    D          I
I     92    15          09 BOHL SPRACHE     74     34P     D          I
I     :     :           10 EBELING VERBUM   71      21    BCD         I
I     :     :           50 MORAN SYNTACTIC 124    100/6   B D         I
I     92    16- 21      69 KLENGEL GESCH.2 262      41     D        C  I
I     92    18- 23      50 MORAN SYNTACTIC 161             CD         I
I     92    19- 20      68 CAD 2A RV**      56-B          B D       C  I
I     :     :   :       77 CAD 1M RV**     107-B          BCD       C  I
I     :     19          10 EBELING VERBUM   52     7/3A   BCD      EC  I
I     92    20          50 MORAN INF.ABSOL 169-B      7   B D         I
I     92    21- 23      50 MORAN SYNTACTIC  67       2   BCD    R     I
I     :     21          -                   14     G/C   B D         I
I     :     :           77 CAD 2M RV**      74-B          B D         I
I     92    22          10 EBELING VERBUM   53     7/3A   BCD         I
I     :     :           15 KNUDTZON EL-AM  998            B           I
I     :     :           -                  1592           B       R   I
I     :     :           50 MORAN SYNTACTIC  15     G/C   B D    R     I
I     :     :           66 JUCQUOIS PHONET 237           BCD         I
I     92    23          68 CAD 2A RV**     138-B            G         I
I     92    24          50 MORAN SYNTACTIC 110      26   B D      EC  I
I     :     :           62 CAD 'S RV**     140-B           D          I
I     :     :           7C RAINEY TABLETS   79           B D         I
I     92    30- 36      69 KLENGEL GESCH.2 255            D        C  I
I     :     :   :       -                  263      44    D        C  I
I     :     30- 34      71 HELCK BEZIEHUNG 302      87    D        C  I
I     :     30- 32      50 MORAN SYNTACTIC  69           BCD         I
I     :     :   :       60 CAD IJ RV**     153-A          BCD       C  I
I     92    31          09 BOHL SPRACHE     65     32F   B D         I
I     :     :           50 MORAN SYNTACTIC 159           B D         I
I     :     :           -                  169           B D         I
I     :     :           -                  181      24   B D       C  I
I     92    32- 34      75 MORAN AMARNA GL 149       3    D          I
I     :     32          09 BOHL SPRACHE     34     23C   B D         I
I     :     :           10 EBELING VERBUM   56     7/3B   BCD        I
I     :     :           65 CAD  B RV**     337-B          B D         I
I     92    33- 34      64 CAMPBELL CHRON.   95      62    D        ? I
I     92    35- 36      71 CAD  K RV**     309-A          B D       C  I
I     :     35          50 MORAN SYNTACTIC 161           B D    R     I
I     92    36          15 KNUDTZON EL-AM  1592           B       R   I
I     :     :           65 AHW   K RV**    466-B          B           I
I     :     :           74 RAINEY EA NOTES 302           B D    R     I
I     :     :           -                  309           B D    R     I
I     :     :           75 MORAN AMARNA GL 152       3   B D    R     I
I     92    39          09 BOHL SPRACHE     23     10E    D          I
I     92    41          50 MORAN SYNTACTIC  20     A/1    D          I
I     :     :           -                   80            D          I
I     :     :           52 MORAN KARATEPE?  78-B     22    D          I
I     92    44          51 DHORME LANGUE   471       3   B D         I
I     92    45          72 AHW   R RV**    989-A          BC          I
I     92    46- 47      77 AHW   T RV**    1327-B         B D       C  I
I     :     46, 47      60 MORAN EARLY CAN  12       1   B D       C  I
I     92    47          50 MORAN SYNTACTIC  50       G   B D    R  ? I
I     :     :           -                   84           B D    R  ? I
I     :     :           75 MORAN AMARNA GL 149       3          R     I
I     92    48          09 BOHL SPRACHE      9      3Z   B D         I
I     :     :           15 KNUDTZON EL-AM  1003/87 4350  A        C  I
I     :     :           50 MORAN SYNTACTIC 157           B D    R  ? I
```

```
--------------------------------------------------------------------
I                                C I T A T I O N S              I
I        T E X T E S      ------------------------------------- I
I                           DATE,  OUVRAGE, PAGES, NOTES  CARACTERIST. I
I   --------------------   ----------------------------  ------------ I
I        92      48       62 CAD 'S RV**        50-A        B D        I
I        92      51       60 CAD IJ RV**        24-B        B D    R   I
I        92      53       15 KNUDTZON EL-AM 1003/88 435E A        C  I
I                                                                   I
I EA  93                                                            I
I ******                                                           I
I        93               62 KITCHEN SUPPILU  27            D        I
I         :               64 CAMPBELL CHRON.  73            D        I
I         :                     -             78            D        I
I         :                     -            134     1C     D        I
I         :               73 KUHNE CHRONOLOG   4     25     D        I
I        93       4-  5   68 CAD 2A RV**      424-B         B D  +R C I
I         :       :   :   74 RAINEY EA NOTES 301            BCD  +R   I
I         :       4,  5   10 EBELING VERBUM   65     15     BCD  +    I
I        93       5       09 BOHL SPRACHE     47     27P    B D  +    I
I         :       :             -             82     37F    B D  +    I
I         :       :       50 MORAN SYNTACTIC  28      A     B D  +R   I
I         :       :       51 DHORME LANGUE   440            BCD  +    I
I         :       :       65 DISO-2 RV**     262     L.28   B D  +R   I
I        93       7       09 BOHL SPRACHE     46     27N    B D       I
I         :       :             -             79     36D    B D       I
I         :       :       10 EBELING VERBUM   56     7/3B   BCD       I
I         :       :       15 KNUDTZ.CR/UNGN. 185            BCD       I
I         :       :       50 MORAN SYNTACTIC  35      B     BCD    R  I
I        93       8       10 EBELING VERBUM   51     6/2B   BCD       I
I        93      10- 18   71 HELCK BEZIEHUNG 254-5         D      C  I
I         :      10- 13   59 CAD  D RV**      21-B          BCD    C  I
I         :       :   :   60 MORAN EARLY CAN   6            BCD       I
I         :       :   :         -             11            B D       I
I         :      10- 12   50 MORAN SYNTACTIC  95            BCD    C  I
I         :      10- 11         -             87            BCD   EC  I
I         :      10, 11         -             83            B D    C  I
I         :      10       10 EBELING VERBUM   59     8/4    BCD       I
I        93      12- 13   50 MORAN SYNTACTIC 161            BCD    C  I
I         :      12       10 EBELING VERBUM   51     6/2A   BCD       I
I         :       :       50 MORAN SYNTACTIC  83            B D       I
I         :       :             -            171                 G   I
I         :       :       60 MORAN EARLY CAN   6      4     D      C  I
I         :       :       71 HELCK BEZIEHUNG 254            CD        I
I        93      16       49 MORAN UNEXPLAIN 125-A         D        I
I        93      17       10 RANKE KEILSCHR.  17            B D       I
I        93      18- 19   50 MORAN SYNTACTIC  71            B D       I
I        93      19- 28   69 KLENGEL GESCH.2 261     25     D      C  I
I         :      19- 23   50 MORAN SYNTACTIC  72      1     B D       I
I        93      20       09 BOHL SPRACHE     34     23C    B D       I
I        93      21             -             40     25M    B D       I
I         :       :       50 MORAN SYNTACTIC  71            B D       I
I        93      22       09 BOHL SPRACHE     65     32F    B D       I
I         :       :       10 EBELING VERBUM   66     16     BCD       I
I        93      24- 28   50 MORAN SYNTACTIC 161            CD     C  I
I        93      25- 28         -             74      6     D        I
I         :      25       09 BOHL SPRACHE     10     4D     B D       I
I        93      26       10 RANKE KEILSCHR.  17            B D       I
I        93      27       50 MORAN SYNTACTIC 118     73     D        I
I                                                                   I
I EA  94                                                            I
I ******                                                           I
I        94, 95           69 KLENGEL GESCH.2 190            D        I
I        94               09 BOHL SPRACHE     50     28F    D        I
```

TEXTES			CITATIONS DATE, OUVRAGE, PAGES, NOTES				CARACTERIST.				
94	1		09 BOHL SPRACHE	61	30C		BCD				
94	4		10 EBELING VERBUM	40	1/3		BCD				
94	5-	6	60 CAD IJ RV**	24-25			BCD		C		
:	5,	7	09 BOHL SPRACHE	33	22D		B D				
:	5		10 EBELING VERBUM	46	5/1B		BCD				
:	:		51 DHORME LANGUE	455			BCD				
:	:		68 CAD 2A RV**	32-A				C		C	
94	6,	7	73 CAD L RV**	125-A			B D			C	
:	6		50 MORAN SYNTACTIC	9		C	B D				
:	:			14		G/C	B D				
:	:		68 CAD 2A RV**	32-A			BCD				
94	7-	13	10 EBELING VERBUM	77	APP		CD		C		
:	:	:	50 MORAN SYNTACTIC	161				C			
:	:	:	-	162				D			
:	7		09 BOHL SPRACHE	85	37V			D			
:	:		68 CAD 2A RV**	32-A			B D				
94	8,	9	50 MORAN SYNTACTIC	161			B D		C		
:	8		-	166				G			
94	9		10 EBELING VERBUM	42	2/3		BCD				
:	:		-	75	24		BCD				
:	:		15 KNUDTZON EL-AM	1592			B D				
:	:		50 MORAN SYNTACTIC	161-162			B D		R		
:	:		70 RAINEY TABLETS	61			B D				
:	:		-	80			B D		R		
94	10-	11	10 EBELING VERBUM	48	5/1B		BCD		C		
:	:	:	69 KLENGEL GESCH.2	234	36			G			
:	10,	11	50 MORAN SYNTACTIC	84			B D		R		
:	:	:	60 MORAN EARLY CAN	12	1		B D		R C ?		
:	10		09 BOHL SPRACHE	47	27Q		B D				
:	:		10 EBELING VERBUM	56	7/3B		BCD				
:	:		50 MORAN SYNTACTIC	161			B D				
:	:		51 DHORME LANGUE	454			BCD				
94	11-		10 RANKE KEILSCHR.	17			B D		C		
:	11		74 RAINEY EA NOTES	305			B D		R		
94	12-	14	15 KNUDTZON EL-AM	1592			CD				
:	12-	13	50 MORAN SYNTACTIC	98-99			BCD				
:	:	:	60 MORAN EARLY CAN	15			BCD				
:	12		09 BOHL SPRACHE	50	28F		B D				
:	:		50 MORAN SYNTACTIC	18	B/5		D				
:	:		-	158			B D				
:	:		-	162			B D		C		
:	:		74 RAINEY EA NOTES	304			B D				
:	:		77 CAD 1M RV**	155-B			BCD				
:	:		77 CAD 2M RV**	63-A			B D				
94	14		50 MORAN SYNTACTIC	163			B D		EC		
94	15		09 BOHL SPRACHE	85	37V		D				
94	60,	63	67 AHW N RV**	749-A			B				
94	61		10 EBELING VERBUM	52	7/3A		BCD				
94	63		09 BOHL SPRACHE	73	34H		B D				
94	64,	66	52 MORAN KARATEPE?	78-B	22		D				
94	65,	69	65 CAD B RV**	60-B			BCD				
:	65		59 AHW A RV**	45-B			B				?
:	:		68 CAD 2A RV**	86-A			B D				?
94	66-	69	69 KLENGEL GESCH.2	247			D		C		
:	66-	68	71 CAD K RV**	286-B			BCD		C		
:	66,	69	09 BOHL SPRACHE	6	3F		B D				
:	66		-	13	5I		B D				
:	:		69 KLENGEL GESCH.2	186			D				
94	67		50 MORAN SYNTACTIC	70	2		D				

```
I                                        C I T A T I O N S            I
I       T E X T E S            -------------------------------------- I
I                              DATE,  OUVRAGE, PAGES, NOTES CARACTERIST. I
I     ----------------------   -------------------------------------- I
I        94        67          63 AHW   K RV**      462-A        B         I
I         :         :          74 RAINEY EA NOTES 304          BCD        I
I        94        68          09 BOHL SPRACHE     69     33C  BCD        I
I         :         :          15 KNUDTZON EL-AM 1003/89 439H A       C   I
I        94        69, 72      52 MORAN KARATEPE?  78-B    22     D        I
I         :        69          75 MORAN AMARNA GL 152         B D         I
I        94        70          77 CAD 1M RV**      156-B        B D        I
I        94        71          71 HELCK BEZIEHUNG 248     18     D         I
I        94        72          10 EBELING VERBUM   69     20  BCD         I
I         :         :          50 MORAN SYNTACTIC  51      G   b D         I
I        94        73          09 BOHL SPRACHE     50     28F  B D        I
I         :         :             -                88     38Q  CD         I
I         :         :          70 RAINEY TABLETS   80          D          I
I        94        76          52 MORAN KARATEPE?  78-B    22   B D     ? I
I         :         :          66 JUCQUOIS PHONET 198         BCD         I
I                                                                         I
I EA   95                                                                 I
I ******                                                                  I
I        95, 96                73 KUHNE CHRONOLOG   4      25    D         I
I        95                    62 KITCHEN SUPPILU  32          D          I
I         :                    64 CAMPBELL CHRON.  78          D          I
I         :                    69 KLENGEL GESCH.2 233     29   D          I
I         :                    70 KLENGEL GESCH.3  14          D          I
I         :                       -                27     45   D          I
I        95        1           50 MORAN SYNTACTIC  10     C/3  B D        I
I         :         :          69 KLENGEL GESCH.2 190         CD      C   I
I        95        3- 6        50 MORAN SYNTACTIC  63      1  BCD     C   I
I         :        :  :        51 MORAN NEW EVID.  35-A       BCD         I
I         :        3- 5        50 MORAN SYNTACTIC  61          D          I
I         :        3           10 RANKE KEILSCHR.   7          b D        I
I        95        5           09 BOHL SPRACHE      4      3E  B D        I
I         :         :          15 KNUDTZON EL-AM 1596        B D          I
I         :         :          65 CAD   B RV**     142-B        D         I
I         :         :          70 RAINEY TABLETS   73          b D        I
I        95        7- 8        69 KLENGEL GESCH.2 234     38   B D   R ? I
I         :        7           50 MORAN SYNTACTIC  99          b D        I
I         :         :          60 MORAN EARLY CAN  16      3   B D   R    I
I        95        16-         10 RANKE KEILSCHR.  17          B D     C  I
I        95        17          15 KNUDTZON EL-AM  998          B          I
I         :         :          60 MORAN EARLY CAN  19      2   B D        I
I        95        21          52 MORAN KARATEPE?  78-B    22    D    R ? I
I        95        27- 42      71 HELCK BEZIEHUNG 173     31    D     C   I
I         :        27- 31      62 KITCHEN SUPPILU  27          D          I
I         :        :  :           -                42          D          I
I         :        :  :        67 REDFORD HISTORY 217          D     C    I
I         :        :  :        69 KLENGEL GESCH.2 256          D     C    I
I         :        27          62 KITCHEN SUPPILU  13      3  BCD    R C  I
I        95        29- 30      77 CAD 2M RV**      90-B       BCD    R C  I
I        95        30          09 BOHL SPRACHE     14      6C  b D        I
I        95        31- 33      71 HELCK BEZIEHUNG 248     17    D     C   I
I         :        31- 32      50 MORAN SYNTACTIC  98          D          I
I         :        31             -                50      G   B D        I
I        95        35          68 CAD 2A RV**      257-A        D         I
I        95        36          10 EBELING VERBUM   58     8/4  BCD        I
I         :         :          51 DHORME LANGUE   452         BCD         I
I        95        40          09 BOHL SPRACHE      3/1    2A  B D        I
I        95        41- 42      69 KLENGEL GESCH.2 190          D          I
I         :        :  :           -               257          D         I
I         :        :  :        77 CAD 1M RV**      270-B       BCD    R C  I
```

```
I ----------------------------------------------------------------
I                              C I T A T I O N S              I
I      T E X T E S     --------------------------------------- I
I                      DATE,  OUVRAGE, PAGES, NOTES  CARACTERIST. I
I   ----------------------  ---------------------------------- I
I      95      41      10 EBELING VERBUM   52    7/3A   BCD      I
I       :       :      50 MORAN SYNTACTIC 157          B  D     I
I      95      42      09 BOHL SPRACHE      7     3Q    B  D     I
I       :       :      77 CAD 1M RV**     423-A         B  D    I
I       :       :      77 CAD 2M RV**      89-B         BCD    R I
I                                                               I
I EA  96                                                        I
I ******                                                        I
I      96             64 CAMPBELL CHRON.  78            D       I
I       :              -                  80            D       I
I       :             69 KLENGEL GESCH.2 427           D        I
I       :             71 HELCK BEZIEHUNG 395           D        I
I       :             73 KUHNE CHRONOLOG   9    36/3S     G     I
I      96      1- 4   64 CAD 1A RV**      71-B         B  D    C I
I       :      1- 2   77 CAD 1M RV**     314-B         B  D   R C I
I      96      3- 4   09 BOHL SPRACHE     13     5G    B  D    C I
I      96      4- 6   10 EBELING VERBUM   77    APP     CD     C ? I
I       :      4, 6   51 DHORME LANGUE   469           BCD      I
I       :      4      09 BOHL SPRACHE     36    23F    D        I
I      96      5, 6   74 AHW >S RV**    1151-B         B  D    C I
I      96      6      15 KNUDTZON EL-AM 1592           BCD      ? I
I       :      :      66 JUCQUOIS PHONET 220           D        I
I      96      7- 11  69 KLENGEL GESCH.2 427           D      C I
I       :      7      67 SYL. 2 RV**      29    152    B  D    C I
I      96      8      10 EBELING VERBUM   44    4/2    B  D    ? I
I       :      :      74 RAINEY EA NOTES 305           B  D   R ? I
I       :      :       -                 306           BCD    R  I
I      96     10- 15  77 CAD 1M RV**     212-B          CD    C I
I       :     10- 14  77 CAD 2M RV**     296-A         BCD   R C I
I       :     10, 12  51 DHORME NOUV.TAB 501      4    D        I
I       :     10      64 CAD 1A RV**     385-A         B  D     I
I       :      :      64 CAMPBELL CHRON.  55     76    D        I
I       :      :      71 HELCK BEZIEHUNG 183     95    D        I
I      96     14- 15  77 CAD 1M RV**     212-B         B  D    C I
I      96     19- 25  65 CAD  B RV**     361-B         BCD    C I
I       :     19- 21  77 CAD 2M RV**      80-B         BCD    C I
I       :     19      09 BOHL SPRACHE     72    34F    B  D     I
I      96     20      10 EBELING VERBUM   54    7/3A   BCD      I
I      96     21- 22  50 MORAN SYNTACTIC  54           B  D     I
I       :     21      10 EBELING VERBUM   61     12    B  D     I
I       :      :      75 MORAN AMARNA GL 157      1    B  D     I
I      96     24      10 EBELING VERBUM   62     12    BCD      I
I       :      :      51 DHORME LANGUE   456           BCD      I
I      96     25- 27  71 CAD  K RV**     465-A         B  D    C I
I      96     26      10 EBELING VERBUM   51    6/2A   BCD      I
I      96     30- 33  64 CAMPBELL CHRON.  78            CD      I
I       :     30      09 BOHL SPRACHE     46    27N    B  D     I
I       :      :      10 EBELING VERBUM   56    7/3B   BCD      I
I                                                               I
I EA  97                                                        I
I ******                                                        I
I      97             64 CAMPBELL CHRON. 134     1D    D       ? I
I       :             66 JUCQUOIS PHONET  36           D        I
I       :             69 KLENGEL GESCH.2 185           D        I
I       :              -                 191           D        I
I      97      2                         191           B  D   R C I
I      97      3      09 BOHL SPRACHE     36    23F    D        I
I       :      :      66 JUCQUOIS PHONET 220           D        I
I       :      :      74 AHW >S RV**    1151-B           G     ? I
```

```
--------------------------------------------------------------------
I                                    C I T A T I O N S              I
I      T E X T E S          ----------------------------------------I
I                           DATE, OUVRAGE, PAGES, NOTES  CARACTERIST.I
I     ---------------------  ------------------------------------    I
I       97        4-  6     60 CAD IJ RV**      24-B       BCD   C   I
I       :         :   :     73 CAD  L RV**     123-B       BCD   C   I
I       :         4-  5     65 AHW  K RV**     477-B       B D   C   I
I       :         4        09 BOHL SPRACHE      21      9D  B D   R  I
I       97        5        10 EBELING VERBUM    52    7/3A  BCD   EC I
I       :         :        65 AHW  L RV**      542-B       BC        I
I       :         :        75 MORAN SYRIAN SC  154     4/A           I
I       97        7-  8    68 CAD 2A RV**      366-A       B D   C   I
I       :         7        10 EBELING VERBUM    66      16  BCD       I
I       97        9        -                    61      12  BCD       I
I       :         :        51 DHORME LANGUE    436          BCD       I
I       97        21       64 CAMPBELL CHRON.  107           D        I
I                                                                    I
I EA  98                                                             I
I ******                                                             I
I       98, 99             70 KLENGEL GESCH.3   14           D        I
I       98                 62 KITCHEN SUPPILU   19           D        I
I       :                  -                    29           D        I
I       :                  -                    32           D        I
I       :                  -                    46           D        I
I       :                  64 CAMPBELL CHRON.  73-74        D        I
I       :                  -                   107           D        I
I       :                  -                   134      2C   D        I
I       :                  -                   134      2D   D        I
I       :                  66 JUCQUOIS PHONET   35           D     ? I
I       :                  69 KLENGEL GESCH.2  196           D        I
I       :                  -                   236      62   D        I
I       :                  -                   236      63   D        I
I       :                  -                   265           D        I
I       :                  -                   276           D        I
I       :                  -                   285           D        I
I       :                  -                   295      19   D        I
I       :                  -                   298      63   D     ? I
I       :                  -                   298      67   D        I
I       :                  -                   348           D        I
I       :                  -                   427           D        I
I       :                  70 KLENGEL GESCH.3   15           D        I
I       :                  71 HELCK BEZIEHUNG  249           D        I
I       :                  -                   253      48   D        I
I       :                  73 KUHNE CHRONOLOG    4      25   D        I
I       98        3-  9    62 KITCHEN SUPPILU   19           CD    C  I
I       :         3        10 EBELING VERBUM    54    7/3A  BCD       I
I       98        4-  6    68 CAD 2A RV**      278-B       BCD   C   I
I       98        5-  9    69 KLENGEL GESCH.2  348           D    C  I
I       :         5, 10    10 EBELING VERBUM    53    7/3A  BCD       I
I       98        7-  9    64 CAMPBELL CHRON.  107           D    C  I
I       98        9        -                   127           D        I
I       :         :        69 KLENGEL GESCH.2  345           D        I
I       :         :        71 HELCK BEZIEHUNG  294      31   D        I
I       98        10- 12   69 KLENGEL GESCH.2  269           D    C  I
I       98        12- 20   -                   268           D    C  I
I       :         12       10 BURCHARDT ALTK.2  4-A     49  B D   C  I
I       98        13       10 EBELING VERBUM    56    7/3B  BCD       I
I       98        15- 20   70 KLENGEL GESCH.3   15           D    C  I
I       98        17- 18   65 CAD  B RV**       71-B       BCD   C   I
I       :         17       10 EBELING VERBUM    64      14  BCD       I
I       :         :        58 CAD  E RV**      272-A        D        I
I       98        19- 20   69 KLENGEL GESCH.2  196           D        I
I       98        20       10 EBELING VERBUM    44     4/1  BCD       I
```

TEXTES			CITATIONS						
			DATE, OUVRAGE, PAGES, NOTES				CARACTERIST.		
98	21- 22		58 CAD E RV**	226-A			BCD	C	
:	21		09 BOHL SPRACHE	74	340		D		
:	:		10 EBELING VERBUM	72	21		BCD		
:	:		77 CAD 2M RV**	92-B			B D		
98	23- 24		09 BOHL SPRACHE	33	220		B D	C	
98	25		10 EBELING VERBUM	52	7/3A		BCD		
:	:		75 MORAN SYRIAN SC	148	N.38		AB D	C	
98	26		10 EBELING VERBUM	59	11/7		BCD		?
:	:		73 CAD L RV**	58-A			B D		
EA 99									
******									
99			09 BOHL SPRACHE	20	9B		D		
:			66 JUCQUOIS PHONET	33			D		
:			70 KLENGEL GESCH.3	215	141		D		
:			70 RAINEY TABLETS	3			D		
:			71 HELCK BEZIEHUNG	172	20		D		
:			73 KUHNE CHRONOLOG	135			D		
:			-	138			D		
99	3- 4		15 KNUDTZON EL-AM	1598			G		
99	4- 5		64 CAD 1A RV**	13-A			BCD	C	
99	5		10 EBELING VERBUM	54	7/3A		BCD		
:	:		73 KUHNE CHRONOLOG	136			D		
:	:		75 MORAN AMARNA GL	151	2		B D		
:	:		-	152	1		B D	R	
99	6		-	152			B D		
99	7- 8		74 RAINEY EA NOTES	306			B D	R	
:	7		09 BOHL SPRACHE	62	30I		B D		
99	8- 9		68 CAD 2A RV**	458-B			B D	C	
:	8		10 EBELING VERBUM	56	7/3B		BCD		
:	:		73 KUHNE CHRONOLOG	10	44		D		
99	10- 15		75 MORAN AMARNA GL	153			D		
:	10- 11		58 CAD E RV**	359-A			BCD	C	
:	: :		71 HELCK BEZIEHUNG	351	85		D	C	
99	11, 17		73 KUHNE CHRONOLOG	136			D		
99	12, 19		09 BOHL SPRACHE	9	3X		b D		
:	12		77 AHW T RV**	1313-A			D		
99	13- 15		68 CAD 2A RV**	245-B			BCD	C	
:	13		59 CAD D RV**	70-B			BCD		
99	15		71 HELCK BEZIEHUNG	374			D		
99	16- 20		73 MORAN DUAL PRON	51	6		CD	C	
:	16		09 BOHL SPRACHE	20	9B		BCD		
:	:		73 KUHNE CHRONOLOG	136			D		
99	17		65 CAD B RV**	81-A			D		
:	:		-	82-B			B D	R	
99	18- 20		75 MORAN AMARNA GL	153			BCD		
:	18, 22		73 KUHNE CHRONOLOG	10	42		D		
:	18		09 BOHL SPRACHE	18	8C		D		
99	19		77 AHW T RV**	1313-A			B D		
99	20		73 MORAN DUAL PRON	51	6		B D		
99	21		10 EBELING VERBUM	40	1/3		BCD		
:	:		51 DHORME LANGUE	449			BCD		
99	22		10 EBELING VERBUM	53	7/3A		BCD		
99	23		73 KUHNE CHRONOLOG	138			D		
99	25- 26		77 CAD 1M RV**	4-B			BCD	C	
EA 100									
******									
100-272			66 JUCQUOIS PHONET	53			D		

TEXTES			DATE, OUVRAGE, PAGES, NOTES			CARACTERIST.
100,101			09 BOHL SPRACHE	53	28M	D
100			-	50	28F	D
:			64 CAMPBELL CHRON.	131		D
:			-	134	2C	D ?
:			-	135	2D	D
:			66 JUCQUOIS PHONET	34		D
:			69 KLENGEL GESCH.2	196		D
:			-	197		G
:			-	239	99	D
:			-	269		D
:			70 KLENGEL GESCH.3	11		D
:			71 HELCK BEZIEHUNG	174	39	D
:			-	476		D
:			73 KUHNE CHRONOLOG	4	22A	D
100	1-	2	68 CAD 2A RV**	138-B		BCD C
100	2-		70 KLENGEL GESCH.3	201		D C
100	4		15 KNUDTZON EL-AM	1592		CD
:	:		73 KUHNE CHRONOLOG	7	34Q	D
100	6		09 BOHL SPRACHE	4	2D	B D
:	:		15 KNUDTZON EL-AM	1592		D
:	:		66 JUCQUOIS PHONET	118		BCD
:	:		77 CAD 1M RV**	242-B		B D
100	7		75 MORAN AMARNA GL	149	5	B D
100	11		09 BOHL SPRACHE	50	28F	B D
:	:		10 EBELING VERBUM	61	12	BCD
100	12		10 RANKE KEILSCHR.	25		B D R ?
100	13		10 EBELING VERBUM	46	5/1B	BCD
:	:		51 DHORME LANGUE	416	1	B D
:	:		-	454		BCD
100	14		61 CAD Z RV**	98-A		BCD
:	:		70 RAINEY TABLETS	86		B D REC ?
100	15- 19		65 CAD B RV**	363-B		BCD C
:	15- 17		69 KLENGEL GESCH.2	196		D
100	16		09 BOHL SPRACHE	85	37V	D
100	18		73 KUHNE CHRONOLOG	7	34Q	D
:	:		74 RAINEY EA NOTES	302		B D R
100	20		10 EBELING VERBUM	54	7/3A	BCD
100	22		71 HELCK BEZIEHUNG	254		CD
:	:		-	374	26	D ?
100	24		10 EBELING VERBUM	52	7/3A	BCD
100	26- 28		58 CAD E RV**	215-A		BCD R C
:	26		10 EBELING VERBUM	40	1/4	BCD
100	27		74 RAINEY EA NOTES	303		B D R
100	29		09 BOHL SPRACHE	54	28N	B D
100	30		-	73	34K	BCD
100	31- 36		59 CAD D RV**	21-B		BCD C
:	: :		64 CAD 1A RV**	256-A		BCD C
100	33		09 BOHL SPRACHE	50	28F	B D
100	34- 36		10 EBELING VERBUM	49	5/1B	BCD C
:	: :		58 CAD E RV**	186-B		BCD C
:	: :		64 CAD 1A RV**	224-A		BCD C
:	34		09 BOHL SPRACHE	53	28M	B D
:	:		15 KNUDTZ.CR/UNGN.	185		D
100	35		51 DHORME LANGUE	449		BCD
:	:		66 JUCQUOIS PHONET	258		BCD
100	36		09 BOHL SPRACHE	53	28M	B D
:	:		10 EBELING VERBUM	51	6/2B	BCD
:	:		60 AHW E RV**	223-A		G
100	39- 43		58 CAD E RV**	26-A		BCD C

TEXTES		DATE, OUVRAGE, PAGES, NOTES			CARACTERIST.
100	39	10 EBELING VERBUM	44	4/1	BCD
:	:	64 CAD 1A RV**	85-A		B D
EA 101					
******					
101-140		39 HARRIS CANAANIT	20		D
: :		69 KLENGEL GESCH.2	427		D
101-138		64 CAMPBELL CHRON.	79		D
: :		-	134	20	D
101-135		50 MORAN SYNTACTIC	1-190		D C
: :		-	6	9	D
101-112		66 JUCQUOIS PHONET	33		D
101-108		62 KITCHEN SUPPILU	42		D
101		09 BOHL SPRACHE	44	27F	D
:		60 MORAN EARLY CAN	5	5	D
:		62 KITCHEN SUPPILU	32		D
:		64 CAMPBELL CHRON.	77		D
:		-	79		D
:		-	80		D
:		-	87		D
:		69 KLENGEL GESCH.2	190		D
:		-	233	29	D
:		-	261	33	D
:		-	263	47	D
:		69 MORAN DEATH OF	95-B	10	D
:		70 KLENGEL GESCH.3	8		D
:		-	16		D
:		71 HELCK BEZIEHUNG	173	33	D
:		-	301	79	D
101	1- 38	69 MORAN DEATH OF	94	1	D
:	: :	-	94-99		D C
:	1- 2	77 CAD 2M RV**	89-B		BCD R C
101	2	10 RANKE KEILSCHR.	21		B D ?
:	:	69 MORAN DEATH OF	96-A		D
:	:	71 HELCK BEZIEHUNG	255		B D
101	3- 10	69 KLENGEL GESCH.2	190		D C ?
:	: :	-	234	43	D C
:	: :	-	257		D C
:	3- 9	50 MORAN SYNTACTIC	162		CD ?
:	: :	69 KLENGEL GESCH.2	263	47	CD
:	3- 7	71 HELCK BEZIEHUNG	173	33	CD C
:	3- 6	50 MORAN SYNTACTIC	70	1	BCD R
:	: :	69 MORAN DEATH OF	94		BCD
:	: :	-	95-A		D
:	: :	77 CAD 2M RV**	122-A		BCD R C
:	3- 5	10 EBELING VERBUM	71	21	BCD C
:	: :	58 CAD E RV**	95-A		BCD C
:	3	09 BOHL SPRACHE	53	28M	B D
:	:	69 MORAN DEATH OF	97-A		BCD
101	4- 7	64 CAMPBELL CHRON.	86-87	50	CD C
:	4, 5	69 MORAN DEATH OF	96-97		B D R ?
:	4	50 MORAN SYNTACTIC	162		B D R C
:	:	69 KLENGEL GESCH.2	234	41	B D
:	:	69 MORAN DEATH OF	95-B		D R
:	:	71 HELCK BEZIEHUNG	173	33	B D R C
:	:	-	255		BCD R
101	5- 10	69 KLENGEL GESCH.2	200		D C
:	5, 9	50 MORAN SYNTACTIC	32	A	D
:	5	10 EBELING VERBUM	55	7/3A	BCD

TEXTES			CITATIONS									
			DATE,	OUVRAGE,	PAGES,	NOTES	CARACTERIST.					
101	5		50	MORAN	INF.ABSOL	170-171	18	B D				
:	:		51	DHORME	LANGUE	452		BCD				
:	:		60	MORAN	EARLY CAN	5	5	B D				
101	6-	10	69	MORAN	DEATH OF	98-99		BCD				
:	6-	7		-		96-A		CD				
101	7-	10	67	REDFORD	HISTORY	217		D		C		
:	7,	8	71	CAD	K RV**	474-A		B D		R C		
:	7		09	BOHL	SPRACHE	8-9	3V	B D				
:	:		50	MORAN	SYNTACTIC	163		B D		R		
101	8		15	KNUDTZON	EL-AM	1003/90	453G	A		+ C		
:	:		50	MORAN	SYNTACTIC	163		BCD				
:	:		70	RAINEY	TABLETS	85		BCD				
101	9-	10	69	KLENGEL	GESCH.2	256		D				
:	:	:		-		295	29	D				
101	10		60	MORAN	EARLY CAN	19	2	B D				
:	:		69	MORAN	DEATH OF	99	29	A D			?	
:	:		75	MORAN	AMARNA GL	157	1	G				
:	:			-		158		ABCD				
101	11		77	CAD	1M RV**	214-B		BCD				
101	13,	19	69	MORAN	DEATH OF	96-A		D				
101	14-	15	64	CAD	1A RV**	358-B		BCD		C		
:	14		09	BOHL	SPRACHE	73	34H	B D				
:	:		59	AHW	A RV**	37-B		B D				
101	15-	18	69	MORAN	DEATH OF	95-B		D				
:	15		66	JUCQUOIS	PHONET	188		BCD				
101	19		09	BOHL	SPRACHE	50	28F	B D				
:	:		10	RANKE	KEILSCHR.	21		B D			?	
:	:		69	KLENGEL	GESCH.2	234	41	B D				
:	:		71	HELCK	BEZIEHUNG	255		B D				
101	20-	26		-		302	87	D		C		
101	23		69	MORAN	DEATH OF	97-A	18	BCD		C		
101	24-	29	50	MORAN	SYNTACTIC	163		D				
101	25-	26	64	CAMPBELL	CHRON.	78		D				
:	:	:	77	CAD	1M RV**	214-B		BCD		C		
:	25		09	BOHL	SPRACHE	34	23C	B D				
:	:		10	BURCHARDT	ALTK.2	20-A	366	B D		C		
:	:		39	HARRIS	CANAANIT	43		BCD				
:	:		66	JUCQUOIS	PHONET	82		BCD				
101	27-	31	69	MORAN	DEATH OF	94		BCD				
:	:	:		-		97		D		C		
:	27-	28	68	CAD	2A RV**	50-B		BCD		C		
:	27		09	BOHL	SPRACHE	40	25K	BCD				
101	28-	30	50	MORAN	SYNTACTIC	162		D				
:	28			-		50	G	B D				
:	:		51	DHORME	LANGUE	447		B D				
:	:			-		481		B D				
:	:		60	MORAN	EARLY CAN	11	3	B D				
:	:		74	RAINEY	EA NOTES	302		D				
101	29-	31	69	KLENGEL	GESCH.2	190		D		C ?		
:	:	:		-		257		D		C		
:	:	:		-		263	47	D		C		
:	29-	30	50	MORAN	SYNTACTIC	70	1	D				
:	29		10	EBELING	VERBUM	55	7/3A	BCD				
:	:		50	MORAN	INF.ABSOL	170-171	18	B D				
:	:		50	MORAN	SYNTACTIC	162		B D		C		
:	:		60	MORAN	EARLY CAN	5	5	B D				
:	:		69	MORAN	DEATH OF	96-B		B D				
101	30-	31	69	KLENGEL	GESCH.2	262	35	D				
:	30		10	EBELING	VERBUM	43	3/2	BCD				

```
I                                          C  I  T  A  T  I  O  N  S            I
I        T E X T E S              --------------------------------------------- I
I                                  DATE,  OUVRAGE, PAGES, NOTES  CARACTERIST.  I
I        ----------------------    -------------------------------------------- I
I        101       30              74 RAINEY EA NOTES  308            B D       I
I        101       32- 35          10 EBELING VERBUM    48     5/1B  BCD    C ? I
I         :         :   :          50 MORAN SYNTACTIC   85           BCD    R   I
I         :         :   :           -                  163            D        I
I         :         :   :          51 MORAN NEW EVID.  34-A          BCD        I
I         :         :   :          69 MORAN DEATH OF   97-A          BCD        I
I         :        32, 34          50 MORAN SYNTACTIC   86           BCD        I
I         :        32              09 BOHL SPRACHE       50     28F  B D        I
I         :         :              50 MORAN SYNTACTIC   50       G   B D        I
I        101       33- 35          77 CAD 2M RV**      122-A         B D    R C I
I         :        33- 34          64 CAD 1A RV**      306-B         BCD    C   I
I         :        33              58 CAD  E RV**       95-A          D         I
I         :         :              69 MORAN DEATH OF   95-B           D    R    I
I        101       34- 38          69 KLENGEL GESCH.2 234      40         G     I
I         :        34              09 BOHL SPRACHE      53     28M  B D         I
I         :         :              10 EBELING VERBUM    51     6/2B  BCD        I
I         :         :              69 MORAN DEATH OF   95-B      9   B D        I
I        101       35- 38          60 MORAN EARLY CAN   11       3  BCD    REC  I
I         :        35              09 BOHL SPRACHE      44     27F  B D         I
I        101       36, 37          60 MORAN EARLY CAN   11           BCD    C   I
I         :        36              74 RAINEY EA NOTES  302            D         I
I        101       37- 38          73 CAD  L RV**       56-B         B D    C   I
I                                                                               I
I EA 102                                                                        I
I ******                                                                        I
I        102-138                   69 KLENGEL GESCH.2 196            D          I
I         :   :                     -                 265            D     C    I
I         :   :                    69 MORAN DEATH OF   94       1    D          I
I        102-135                   60 MORAN EARLY CAN    1           D     C    I
I        102-115                   69 KLENGEL GESCH.2 295      19    D          I
I        102-109                   62 KITCHEN SUPPILU   28           D          I
I        102-106                   69 KLENGEL GESCH.2 197            D          I
I        102-105                   64 CAMPBELL CHRON.   80           D          I
I        102-104                   69 KLENGEL GESCH.2 294      10    D          I
I        102                       64 CAMPBELL CHRON.   74      20    D          I
I         :                         -                  78            D          I
I         :                         -                  92            D          I
I         :                         -                  93            D          I
I         :                         -                 134      2C    D          I
I         :                        69 KLENGEL GESCH.2 236      63    D          I
I         :                         -                 427            D       ? I
I         :                        70 KLENGEL GESCH.3  14            D          I
I         :                        73 KUHNE CHRONOLOG   4      25    D          I
I        102        1              69 KLENGEL GESCH.2 197            B D   R C ? I
I        102        2              50 MORAN SYNTACTIC   10     C/3  B D         I
I        102        3- 10          69 KLENGEL GESCH.2 236      63    D          I
I        102        5-  7          50 MORAN SYNTACTIC   63       1  BCD         I
I         :         :   :          51 MORAN NEW EVID.  35-A          B D        I
I        102        6              60 CAD IJ RV**       90-A          D         I
I         :         :              64 MORAN  TAQTUL     81           B D        I
I        102        7              09 BOHL SPRACHE       4      3E   B D        I
I         :         :               -                   5      3E   B D        I
I         :         :               -                  27     15A   B D        I
I         :         :              65 CAD  B RV**      142-B         B D        I
I         :         :              66 JUCQUOIS PHONET 236           BCD         I
I        102        8-  9          73 CAD  L RV**       54-B         BCD    C   I
I         :         8              10 EBELING VERBUM    45     5/1A  BCD        I
I         :         :              51 DHORME LANGUE    455           BCD        I
I        102        9              10 EBELING VERBUM    54     7/3A  BCD    EC  I
```

```
I                                    C  I  T  A  T  I  O  N  S                I
I         T E X T E S         ------------------------------------------------- I
I                              DATE,  OUVRAGE, PAGES, NOTES  CAPACTERIST.  I
I    ------------------------  -------------------------------------------  I
I      102       9          10 EBELING VERBUM    62        13   BCD           I
I      102      10, 14      51 DHORME LANGUE     444            BCD           I
I       :       10          09 BOHL SPRACHE      58        29B  BCD           I
I       :        :          10 EBELING VERBUM    57       7/3B  BCD           I
I       :        :          50 MORAN SYNTACTIC  163            BCD         ? I
I       :        :          51 DHORME LANGUE     426            BCD           I
I      102      11- 13      50 MORAN SYNTACTIC  163             D            I
I       :       11          10 EBELING VERBUM    44       4/4   BCD           I
I       :        :          68 CAD 2A RV**      138-B           G            I
I      102      12- 13      10 EBELING VERBUM    69        18   BCD       C   I
I       :        :    :     50 MORAN SYNTACTIC   29         A   BCD           I
I       :       12          10 EBELING VERBUM    52       7/3A  BCD           I
I       :        :          72 AHW   R RV**      988-A          B D           I
I      102      13- 28      71 HELCK BEZIEHUNG  174        40    D        C   I
I       :       13          15 KNUDTZON EL-AM  1592           BCD      R     I
I       :        :          50 MORAN SYNTACTIC  115        61  B D           I
I      102      14- 18         -                 68            BCD           I
I       :       14          09 BOHL SPRACHE      76       35E  BCD           I
I       :        :          10 EBELING VERBUM    66        16  BCD           I
I       :        :          50 MORAN SYNTACTIC   99            B D           I
I       :        :          51 DHORME LANGUE     442            B D           I
I       :        :          60 MORAN EARLY CAN   16            B D           I
I      102      16          52 MORAN KARATEPE?  79-B       29    D           I
I       :        :          64 CAD 1A RV**      117-B          B D           I
I      102      17- 18      60 CAD IJ RV**       24-B          B D        C   I
I       :       17          69 AHW   N RV**     803-A           G           I
I      102      19          09 BOHL SPRACHE      14        6C  B D           I
I       :        :             -                 54       28Q  B D           I
I       :        :          10 EBELING VERBUM    42       1/6  BCD           I
I       :        :          51 DHORME LANGUE     455            BCD           I
I      102      20- 21      69 KLENGEL GESCH.2  269             D           I
I      102      22- 23      50 MORAN SYNTACTIC   28         A   BCD           I
I       :        :    :     64 CAD 1A RV**      388-A          BCD        C   I
I       :        :    :     69 KLENGEL GESCH.2  270             D           I
I      102      23          10 EBELING VERBUM    55       7/3A  BCD           I
I       :        :          72 AHW   S RV**     1014-A          G           I
I      102      24- 28      50 MORAN SYNTACTIC   16         H    D           I
I       :       24- 25      71 CAD   K RV**     380-A          BCD        C   I
I       :       24          50 MORAN SYNTACTIC   16         H  B D           I
I      102      25- 27         -                163             C           I
I       :       25          15 KNUDTZON EL-AM 1003/91 456E A          C     I
I      102      26          09 BOHL SPRACHE      85       37V   D           I
I       :        :          50 MORAN SYNTACTIC  163            BCD           I
I      102      27- 28      71 CAD   K RV**     380-A          BCD        C   I
I       :       27          09 BOHL SPRACHE      14        6C  B D           I
I       :        :             -                 15        6D  B D           I
I       :        :          15 KNUDTZON EL-AM  1592            B            I
I       :        :          51 DHORME LANGUE     467            BCD           I
I       :        :             -                472            BCD      EC    I
I       :        :          56 CAD   H RV**      32-B          B D           I
I       :        :          59 AHW   A RV**      24-A          B            I
I       :        :          64 CAD 1A RV**      222-A          B D           I
I       :        :          66 JUCQUOIS PHONET  248            BCD           I
I      102      28          10 EBELING VERBUM    54       7/3A  BCD           I
I      102      29- 30      56 CAD   H RV**      63-A          BCD        C   I
I       :        :    :     68 CAD 2A RV**      257-A          BCD        C   I
I       :       29, 31      60 MORAN EARLY CAN   11            BCD        C   I
I       :       29          62 AHW   H RV**     316-A          B            I
I       :        :          67 SYL. 2 RV**       42       221  B D      R C   I
```

```
I                                      C I T A T I O N S                        I
I       T E X T E S            -------------------------------------------      I
I                              DATE,  OUVRAGE, PAGES, NOTES  CARACTERIST.   I
I       ----------------------                              ------------       I
I       102        31         10 EBELING VERBUM    45      5/1A   BCD          I
I        :          :         50 MORAN SYNTACTIC   83             B D     EC   I
I        :          :         68 CAD 2A RV**       454-A          BCD          I
I       102        32         09 BOHL SPRACHE      85      37V      D           I
I       102        34         10 RANKE KEILSCHR.   17             B D          I
I       102        36         10 EBELING VERBUM    61      12     BCD          I
I        :          :         15 KNUDTZON EL-AM  1592              D           I
I        :          :         69 AHW  P RV**       813-B            G          I
I                                                                              I
I  EA 103                                                                      I
I  ******                                                                      I
I       103                   60 MORAN EARLY CAN    1       4      D           I
I        :                    69 KLENGEL GESCH.2  198              G           I
I        :                    70 KLENGEL GESCH.3   11             D           I
I        :                             -           18             D           I
I        :                             -          199             D           I
I       103         3         50 MORAN SYNTACTIC   10      C/3    B D          I
I       103         5         10 EBELING VERBUM    40      1/3    BCD          I
I       103         7-  8     77 CAD 1M RV**       273-A          BCD      C   I
I        :          7,  8     50 MORAN SYNTACTIC   65             BCD          I
I        :          7         10 EBELING VERBUM    52      7/3A   BCD          I
I        :          :         50 MORAN SYNTACTIC  157             B D          I
I       103         8         09 BOHL SPRACHE       7       3R     D           I
I        :          :         15 KNUDTZ.CR/DELI.  163-B          B D          I
I        :          :         59 CAD  D RV**        97-A          B D          I
I       103         9- 11     69 KLENGEL GESCH.2  294      11      D       C   I
I        :          9- 10     58 CAD  E RV**       266-B          BCD      C   I
I       103        10- 11     71 CAD  K RV**        88-B          BCD      C   I
I        :         10         52 MORAN KARATEPE?   77-B     11    B D          I
I       103        11- 13     69 KLENGEL GESCH.2  269,270          D       C   I
I       103        13- 14     10 EBELING VERBUM    73      22     BCD      C   I
I        :          :   :     50 MORAN SYNTACTIC   29       A     BCD          I
I        :          :   :     69 KLENGEL GESCH.2  294      10      D           I
I       103        14         09 BOHL SPRACHE      58      29B    BCD        ? I
I       103        15- 17     50 MORAN SYNTACTIC   70       2      D           I
I        :         15         10 EBELING VERBUM    52      7/3A   BCD          I
I       103        16         60 AHW  E RV**       267-B          B D          I
I        :          :         67 SYL. 2 RV**        6       32    B D      C   I
I       103        17- 19     69 KLENGEL GESCH.2  294      16      D       C   I
I       103        20- 22     10 EBELING VERBUM    71      21     BCD      C   I
I        :         20         50 MORAN SYNTACTIC  154             B D          I
I       103        22         09 BOHL SPRACHE      53      28M    B D          I
I        :          :         10 EBELING VERBUM    73      21     BCD          I
I        :          :         50 MORAN SYNTACTIC   17      A/5     D           I
I        :          :                  -           62             B D          I
I        :          :         51 MORAN NEW EVID.   35-B           B D          I
I       103        25, 30     60 MORAN EARLY CAN   11             BCD      C   I
I        :         25, 26     68 CAD 2A RV**       257-A          BCD      C   I
I        :         25         15 KNUDTZON EL-AM  1592             B D     R    I
I        :          :         74 PAINEY EA NOTES  309             B D     R    I
I       103        28         52 MORAN KARATEPE?   79-B     29     D      REC  I
I       103        29         10 RANKE KEILSCHR.   17             B D          I
I       103        30- 32     77 CAD 1M RV**       268-B          BCD      C   I
I        :         30         09 BOHL SPRACHE      50      28F    B D          I
I        :          :         10 EBELING VERBUM    64      14     BCD          I
I        :          :         50 MORAN SYNTACTIC   83             B D          I
I        :          :         51 DHORME LANGUE     439             BCD          I
I       103        31         09 BOHL SPRACHE      85      37V     D           I
I       103        36- 39     69 KLENGEL GESCH.2  270              D       C   I
```

```
I                                    C I T A T I O N S               I
I                                ------------------------------------ I
I        T E X T E S                                                  I
I                                 DATE, OUVRAGE, PAGES, NOTES  CARACTERIST. I
I    --- ---------------------    ------------------------------  ------------ I
I        103      36- 38    50 MORAN SYNTACTIC   11        E  BCD        I
I         :       :    :    64 CAD 1A RV**       46-B         BCD    C   I
I         :       36        50 MORAN SYNTACTIC  164           BCD        I
I         :       :         53 MORAN SUMMA       78-A         BCD        I
I        103      37- 38    77 CAD 1M RV**      336-A         BCD    C   I
I         :       37        09 BOHL SPRACHE       3        2A B D        I
I         :       :         10 EBELING VERBUM    65       15  BCD        I
I        103      40        09 BOHL SPRACHE      50       28F B D        I
I         :       :         10 EBELING VERBUM    46       5/1B BCD       I
I         :       :         51 DHORME LANGUE    416        1  B D        I
I         :       :         77 AHW   T RV**     1327-B        B D        I
I        103      42- 43    71 HELCK BEZIEHUNG  374       26  CD     C   I
I         :       42        15 KNUDTZON EL-AM  1592          BCD        I
I         :       :         51 DHORME LANGUE    447           BCD        I
I         :       :         71 HELCK BEZIEHUNG  254           CD         I
I        103      44        15 KNUDTZON EL-AM  1592          B D    R   I
I         :       :         68 CAD 2A RV**      257-A         BCD    C   I
I         :       :         74 RAINEY EA NOTES  309           B D    R   I
I        103      45- 46    68 CAD 2A RV**      257-A         BCD    C   I
I        103      47- 51    62 CAD 'S RV**      185-A         BCD    C   I
I         :       :    :    69 KLENGEL GESCH.2  270           D      C   I
I         :       47- 49    50 MORAN SYNTACTIC   62        2  BCD        I
I         :       :    :    77 CAD 1M RV**      336-A         BCD    C   I
I        103      49        50 MORAN SYNTACTIC   62        1  D         I
I         :       :         74 RAINEY EA NOTES  305           B D    R   I
I        103      50- 51    68 CAD 2A RV**       60-A         BCD    C   I
I         :       50        10 EBELING VERBUM    54       7/3A BCD       I
I         :       :         51 DHORME LANGUE    425           BCD        I
I         :       :         70 RAINEY TABLETS    79           B D        I
I         :       :         74 AHW  'S RV**     1087-B           G       I
I        103      51- 54    50 MORAN SYNTACTIC   72        1  D         I
I         :       51- 53    10 EBELING VERBUM    70       21  BCD    C   I
I        103      54        -                    66       16  BCD        I
I         :       :         74 RAINEY EA NOTES  307           D         I
I        103      55- 57    50 MORAN SYNTACTIC   31        A  BCD        I
I         :       :    :    -                    71           D         I
I         :       :    :    -                    73        2  D         I
I         :       :    :    61 MORAN HEB.LANG.   71      116  BCD        I
I         :       55- 56    10 EBELING VERBUM    74       22  BCD    C   I
I         :       :    :    50 MORAN SYNTACTIC  131      163  B D        I
I         :       55        10 RANKE KEILSCHR.   17           B D    R   I
I        103      56        09 BOHL SPRACHE      59       29F BCD        I
I         :       :         50 MORAN SYNTACTIC   73        2  B D        I
I         :       :         -                   119       75  D         I
I                                                                        I
I EA 104                                                                 I
I ******                                                                 I
I        104,105            70 KLENGEL GESCH.3    8            D         I
I        104               64 CAMPBELL CHRON.   96            D         I
I         :                70 KLENGEL GESCH.3   13            D         I
I         :                -                  14,15           D         I
I         :                71 HELCK BEZIEHUNG  306            D         I
I        104       2,  3   50 MORAN SYNTACTIC   10      C/3  B D        I
I        104       6-  9   -                    67        3  D         I
I         :       :    :   69 KLENGEL GESCH.2  294       15  D      C   I
I        104       7-  9   69 MORAN DEATH OF    96-A         D      C   I
I         :       7        09 BOHL SPRACHE      15        6F B D        I
I         :       :        51 DHORME LANGUE    483           B D        I
I         :       :        69 KLENGEL GESCH.2  264           B D        I
```

```
I                                     C I T A T I O N S              I
I       T E X T E S          ------------------------------------   I
I                            DATE,  OUVRAGE, PAGES, NOTES CARACTERIST. I
I    -------------------     -------------------------  -----------  I
I      104      9           09 BOHL SPRACHE      65      32F   B D        I
I       :       :           09 BURCHARDT ALTK.1 29       81    B D    C   I
I       :       :              -            1 30       82    B D    C   I
I       :       :              -            1 46      141    B D    C   I
I       :       :              -            1 46      142    B D    C   I
I       :       :           10 BURCHARDT ALTK.2  5-B     80    B D    C   I
I       :       :           70 KLENGEL GESCH.3  12             B D    C   I
I       :       :           70 RAINEY TABLETS   93             B D        I
I      104     10- 13       69 KLENGEL GESCH.2 268            D     C   I
I       :       :   :       71 HELCK BEZIEHUNG 174            D     C   I
I      104     11- 41          -           306            D     EC  I
I       :      11           70 KLENGEL GESCH.3  13      B D        I
I      104     14- 15       60 MORAN EARLY CAN   5       BCD        I
I       :      14           50 MORAN SYNTACTIC  97            D         I
I      104     15           15 KNUDTZON EL-AM 1592           B D    R   I
I       :       :           74 RAINEY EA NOTES 309           B D    R   I
I      104     16- 17       77 CAD 1M RV**       156-B    B D    C   I
I       :      16           50 MORAN SYNTACTIC  54      B D        I
I       :       :              -          158      B D        I
I      104     17- 36          -           45       D  BCD        I
I       :       :   :       61 MORAN HEB.LANG.  71      110   BCD        I
I       :      17- 34       60 MORAN EARLY CAN   7-8      3    BCD        I
I       :       :   :       69 KLENGEL GESCH.2 236       66      G      I
I       :      17- 24       50 MORAN SYNTACTIC  79             D         I
I       :      17- 22       15 KNUDTZON EL-AM 1592            C     C   I
I       :      17- 18       10 EBELING VERBUM   71       21    C     C   I
I       :      17           77 CAD 2M RV**       62-B      D         I
I      104     19- 24       50 MORAN SYNTACTIC 164             D         I
I       :      19- 21       15 KNUDTZ.CR/UNGN. 185             D     C   I
I       :       :   :       50 MORAN SYNTACTIC 164            C     C   I
I      104     20           73 KUHNE CHRONOLOG 80-81    406   B D        I
I      104     21           10 BURCHARDT ALTK.2 28-29    541   B D    C   I
I       :       :           67 REDFORD HISTORY 217             D         I
I      104     22- 23       10 EBELING VERBUM   71       21    BCD    C   I
I       :      22           60 MORAN EARLY CAN   7-8      3    B D        I
I      104     23- 24          -           16       2    D         I
I      104     24- 26       10 EBELING VERBUM   71       21    BCD    C   I
I      104     25           60 MORAN EARLY CAN   7-8      3    B D        I
I      104     26           09 BOHL SPRACHE      67      32N   D         I
I       :       :           10 EBELING VERBUM   54      7/3A  BCD        I
I       :       :           50 MORAN SYNTACTIC  16       H     D         I
I       :       :              -          124A    104   B D        I
I      104     27- 37       69 KLENGEL GESCH.2 270             D     C   I
I       :      27- 28       59 CAD  D RV**      188-A          BCD    C   I
I       :      27           09 BOHL SPRACHE      45      27I   BCD        I
I       :       :              -           87      38K    CD        I
I       :       :           10 EBELING VERBUM   63       13    BCD        I
I       :       :           51 DHORME LANGUE    437            BCD        I
I      104     28- 29       50 MORAN SYNTACTIC  32       A     BCD        I
I       :      28, 30       10 EBELING VERBUM   55      7/3A  BCD        I
I       :       :   :       60 MORAN EARLY CAN   7-8      3    B D        I
I      104     29              -           16       2    D         I
I      104     30           70 RAINEY TABLETS   93      B D        I
I      104     31- 33       10 EBELING VERBUM   71-72    21    BCD    C   I
I       :       :   :       50 MORAN SYNTACTIC   9      A/2   BCD        I
I       :       :   :          -           73       2    BCD    C   I
I       :      31- 32          -           31       A     D         I
I       :       :   :          -           71            D         I
I       :      31           09 BOHL SPRACHE      67      32N   D         I
```

TEXTES			CITATIONS DATE, OUVRAGE, PAGES, NOTES				CARACTERIST.
104	31		10 EBELING VERBUM	54	7/3A		BCD
:	:		50 MORAN SYNTACTIC	119	75		D
104	32		09 BOHL SPRACHE	73	34K		BCD
:	:		60 MORAN EARLY CAN	7-8	3		B D
104	34-	39	50 MORAN SYNTACTIC	164			C
:	34-	37	15 KNUDTZON EL-AM	1592			C ?
:	34		69 MORAN DEATH OF	96-B	14		D
104	35-	37	69 KLENGEL GESCH.2	258			- D C
:	35-	36	-	270			D
:	35		09 BOHL SPRACHE	6	3F		B D
:	:		15 KNUDTZON EL-AM	1592			D
:	:		50 MORAN SYNTACTIC	164			B D R
:	:		69 KLENGEL GESCH.2	258			B D C
:	:		74 RAINEY EA NOTES	309			B D R ?
104	36-	39	50 MORAN SYNTACTIC	70	1		BCD R
:	36-	37	10 EBELING VERBUM	70-71	21		BCD C
:	:	:	50 MORAN SYNTACTIC	164			B D C
104	37-	39	69 KLENGEL GESCH.2	294	10		D C
:	37		09 BOHL SPRACHE	52	28I		B D
:	:		-	53	28M		B D
104	40-	52	50 MORAN SYNTACTIC	164			CD ?
:	:	:	69 KLENGEL GESCH.2	276			D C
:	40-	45	-	269			D C
104	41		70 RAINEY TABLETS	93			B D
104	42		51 DHORME LANGUE	480			B D
:	:		66 JUCQUOIS PHONET	136			BCD
:	:		69 MORAN DEATH OF	96-A			D ?
:	:		75 MORAN AMARNA GL	157			D
:	:	:	-	157	4		B D C
104	43-	52	50 MORAN SYNTACTIC	118	73		D
:	43-	51	-	31	A		D
:	:	:	-	73	2		D EC
:	43-	44	-	165			B D
:	43		09 BOHL SPRACHE	88	38R		B D ?
:	:		50 MORAN SYNTACTIC	119	75		D
:	:		-	164			B D C
:	:		70 RAINEY TABLETS	81			D
104	44-	51	69 KLENGEL GESCH.2	294	10		D C
:	44-	45	-	270			D
104	46-	51	75 MORAN AMARNA GL	157			BCD R
104	47-	48	62 CAD 'S RV**	141-A			B D C
104	48		50 MORAN SYNTACTIC	165			BCD C
:	:		70 RAINEY TABLETS	79			B D
104	50-	52	50 MORAN SYNTACTIC	165			D
:	50-	51	49 MORAN UNEXPLAIN	125-A			B D R
104	51-	52	58 CAD E RV**	235			B D EC
:	51		09 BOHL SPRACHE	65/1	32H		D
:	:		10 EBELING VERBUM	53	7/3A		BCD
:	:		50 MORAN SYNTACTIC	31	A		D
104	52-	54	70 KLENGEL GESCH.3	15			D C
104	53-	54	58 CAD E RV**	216-A			BCD C
:	53		09 BOHL SPRACHE	29	16B		B D
:	:		-	58	29B		BCD
:	:		-	71	34A		BCD ?
:	:		10 EBELING VERBUM	53	7/3A		BCD ?
:	:		15 KNUDTZON EL-AM	1592			C
:	:		51 DHORME LANGUE	441			B D
:	:		-	476			BCD

```
I                                   C I T A T I O N S              I
I       T E X T E S       --------------------------------------   I
I                         DATE,  OUVRAGE, PAGES, NOTES  CARACTERIST. I
I       --------------------  --------------------------  ------------  I
I                                                                  I
I EA 105                                                           I
I ******                                                           I
I       105,106           64 CAMPBELL CHRON. 134      2C     D      I
I       105                    -            81              D      I
I       :                      -           134      2C     D      I
I       :                      -           134      2D     D      I
I       :               69 KLENGEL GESCH.2 185            D      I
I       :                      -           191            D      I
I       :                      -           198               G    I
I       :                      -           234      42      G    I
I       :                      -           298      67     D      I
I       :               69 MORAN DEATH OF  94       1       G    I
I       :                      -          96-A             D      I
I       :               70 KLENGEL GESCH.3 12             D      I
I       :               71 HELCK BEZIEHUNG 301      79     D      I
I       105     1- 88   69 MORAN DEATH OF  95             D    C  I
I       105     6- 31   71 HELCK BEZIEHUNG 174     40     D    C  I
I       :       6- 13   69 KLENGEL GESCH.2 268            D    C  I
I       :       6       09 BOHL SPRACHE    40     25M   B D      I
I       :       :              -           50     28F   B D      I
I       :       :       10 EBELING VERBUM  47     5/1B  BCD      I
I       :       :       15 KNUDTZON EL-AM  998           B     R  I
I       :       :              -          1592           B     R  I
I       :       :       50 MORAN SYNTACTIC 51       G   B D      I
I       :       :       51 DHORME LANGUE   416          BCD      I
I       :       :       67 SYL. 2 RV**     43     223   B D    C  I
I       :       :       77 CAD 1M RV**    156-B         B D      I
I       105     8-  9   71 CAD  K RV**    361-B         BCD  + C  I
I       :       8, 10          -          380-B         B D    C  I
I       105     9       09 BOHL SPRACHE    82     37F   BCD  +    I
I       :       :       10 EBELING VERBUM  53     7/3A  BCD      I
I       :       :       51 DHORME LANGUE   460          BCD  +    I
I       :       :       56 CAD  H RV**    225-A          D   +    I
I       :       :       65 DISO-2 RV**    121     L.8   BCD  +    I
I       105     10      09 BOHL SPRACHE    59     29F   BCD      I
I       105     11- 17  69 KLENGEL GESCH.2 268            D    C  I
I       :       11- 13  64 CAD 1A RV**    221-B         BCD    C  I
I       :       :   :   69 MORAN DEATH OF 95-B           D    C  I
I       :       :   :   75 MORAN AMARNA GL 157          BCD  R    I
I       :       11      71 AHW  Q RV**    900-B         B D      I
I       :       :       71 HELCK BEZIEHUNG 305           D      I
I       105     12- 20         -          174     38     D    C  I
I       :       12- 13  74 RAINEY EA NOTES 300          B D       ? I
I       :       12      69 MORAN DEATH OF 96-A           D      I
I       105     13      09 BOHL SPRACHE     9     3Y   B D      I
I       :       :       59 AHW  A RV**     23-B         B D      I
I       105     14      10 EBELING VERBUM  63     13    BCD      I
I       105     15, 17  50 MORAN SYNTACTIC 32      A     D      I
I       105     16, 18  69 MORAN DEATH OF 96-A           D      I
I       105     17- 28  69 KLENGEL GESCH.2 268            D    C  I
I       :       17- 21         -           191            D    C  I
I       :       17      10 EBELING VERBUM  75     24    BCD      I
I       105     18- 20  50 MORAN SYNTACTIC 165           CD      I
I       :       18-     52 MORAN KARATEPE?  79-B   29    D      I
I       105     20- 21  50 MORAN SYNTACTIC  61          B D  R   ? I
I       :       :   :   68 CAD 2A RV**     365-B         BCD    C  I
I       :       :   :   69 MORAN DEATH OF 95-B           D      I
I       :       :   :   71 CAD  K RV**    472-A          BCD    C  I
```

```
I-------------------------------------------------------------------------I
I                              C  I  T  A  T  I  O  N  S               I
I     T E X T E S        ------------------------------------------------- I
I                        DATE,   OUVRAGE, PAGES, NOTES  CARACTERIST. I
I     ----------------   --------------------------------   ------------ I
I      105      20- 21   73 KUHNE CHRONOLOG 105     515       D           I
I       :       20       10 EBELING VERBUM   53    7/3A     BCD           I
I       :       :        50 MORAN SYNTACTIC 117      70     B D           I
I       :       :           -               165               B D     C   I
I      105      21       10 EBELING VERBUM   53    7/3A     BCD           I
I       :       :           -                55    7/3A     BCD           I
I      105      22- 24      -                71      21     BCD     C   I
I       :       22       09 BOHL SPRACHE     53     28M     B D           I
I       :       :        50 MORAN SYNTACTIC   5       6     B D     C   I
I       :       :           -                37       B     B D           I
I       :       :        51 DHORME LANGUE    435             BCD           I
I       :       :        69 AHW   P RV**    812-B            B D           I
I       :       :        71 CAD   K RV**    380-A            BCD           I
I      105      23- 26   69 KLENGEL GESCH.2 294      15       D       C   I
I       :       23, 28   10 EBELING VERBUM   55    7/3A     BCD           I
I       :       23       70 RAINEY TABLETS   93             B D           I
I       :       :        71 HELCK BEZIEHUNG 306               D           I
I      105      25- 26   71 CAD   K RV**     91-A            BCD     C   I
I       :       25       77 CAD 2M RV**      80-B            BCD           I
I      105      26- 28      -               122-A            BCD   R C   I
I       :       26       10 EBELING VERBUM   54    7/3A     BCD           I
I      105      27          -                54    7/3A     BCD           I
I       :       :        69 MORAN DEATH OF   95-B             D       R   I
I       :       :        71 HELCK BEZIEHUNG 255               D       R   I
I      105      28       77 CAD 2M RV**      81-A            B D           I
I      105      30       74 RAINEY EA NOTES 302             B D       R   I
I       :       :           -               309             B D       R   I
I       :       :        75 MORAN AMARNA GL 152       3     B D       R   I
I      105      31- 40   71 HELCK BEZIEHUNG 174      41       D       C   I
I       :       31- 37   69 KLENGEL GESCH.2 294      16       D       C   I
I      105      32- 34   58 CAD   E RV**    206-B            BCD     C   I
I      105      33- 36   10 EBELING VERBUM   48    5/1B      CD     C   I
I       :       33, 39   09 BOHL SPRACHE     70     33P     B D           I
I       :       33          -                65     32F     B D           I
I      105      34       10 RANKE KEILSCHR.   8             B D           I
I       :       :        50 MORAN SYNTACTIC 165             B D       R   I
I       :       :        73 KUHNE CHRONOLOG 133     670       D           I
I      105      35       10 RANKE KEILSCHR.  25             B D       R ? I
I       :       :        64 CAMPBELL CHRON.  80             B D           I
I       :       :        69 KLENGEL GESCH.2 236      67     B D       R ? I
I      105      36       09 BOHL SPRACHE     53     28M     B D           I
I       :       :        10 EBELING VERBUM   46    5/1B     BCD           I
I       :       :        39 HARRIS CANAANIT  48             BCD           I
I       :       :        51 DHORME LANGUE    455             BCD           I
I       :       :        64 CAMPBELL CHRON.  92               D           I
I       :       :        71 HELCK BEZIEHUNG 249               D       ? I
I      105      37       10 EBELING VERBUM   44     4/1     BCD     E   I
I       :       :        60 CAD IJ RV**      24-B            BCD           I
I      105      38- 40   50 MORAN SYNTACTIC  70       3     BCD           I
I       :       38       66 AHW   M RV**    654-B            B D           I
I       :       :        77 CAD 1M RV**      25-B            B D           I
I      105      41       70 RAINEY TABLETS   93             B D           I
I      105      43       09 BOHL SPRACHE     88     38Q      CD     R   I
I      105      47- 48   71 HELCK BEZIEHUNG 253      48       D       C   I
I      105      48       69 KLENGEL GESCH.2 197             B D     R C   I
I      105      77       70 KLENGEL GESCH.3  15             B D     R C ? I
I      105      80       58 CAD   E RV**    206-B             D           I
I       :       :        59 AHW   D RV**    172-A            B             I
I      105      81, 82   73 CAD   L RV**    147-B            B D     R C   I
```

	TEXTES			CITATIONS				
				DATE, OUVRAGE, PAGES, NOTES			CARACTERIST.	
I	105	81		09 BOHL SPRACHE	60	30C	BCD	I
I	:	:		77 CAD 2M RV**	81-A		B D	R	I
I	105	82		39 HARRIS CANAANIT	7	6	BCD	I
I	:	:		51 DHORME LANGUE	420		BCD	I
I	105	83- 88		69 KLENGEL GESCH.2	268		D	C	I
I	:	83- 84		50 MORAN SYNTACTIC	60		BCD	I
I	:	83		65 CAD B RV**	55-B		B D	I
I	105	84		10 BURCHARDT ALTK.2	5-B	80	B D	C	I
I	:	:		10 EBELING VERBUM	53	7/3A	BCD	I
I	:	:		70 RAINEY TABLETS	93		B D	I
I	105	85		39 HARRIS CANAANIT	37		B D	I
I	:	:		50 MORAN SYNTACTIC	50	G	B D	I
I	:	:		-	96		D	I
I	:	:		-	110	23	B D	R	I
I	105	86- 87		69 KLENGEL GESCH.2	268		D	I
I	:	86		09 BOHL SPRACHE	63	31B	B D	I
I	:	:		10 EBELING VERBUM	62	12	BCD	I
I	:	:		10 RANKE KEILSCHR.	22		B D	I
I	:	:		51 DHORME LANGUE	433		B D	I
I	:	:		71 HELCK BEZIEHUNG	253	48	D	I
I								I
I	EA 106							I
I	******							I
I	106			62 KITCHEN SUPPILU	32		D	I
I	:			-	40		D	I
I	:			64 CAMPBELL CHRON.	81		D	I
I	:			67 REDFORD HISTORY	166		D	I
I	:			69 KLENGEL GESCH.2	192		D	I
I	:			-	267		D	I
I	:			70 KLENGEL GESCH.3	18		D	I
I	:			71 HELCK BEZIEHUNG	173	28	D	I
I	:			-	174		D	I
I	106	4- 5		09 BOHL SPRACHE	37	24C	B D	C	I
I	106	6- 7		50 MORAN SYNTACTIC	23	B	D	I
I	:	:	:	68 CAD 2A RV**	108-A		BCD	I
I	:	6		09 BOHL SPRACHE	6	3G	B D	I
I	106	8- 9		59 CAD D RV**	97-A		B D	C	I
I	106	10- 13		73 CAD L RV**	153-A		BCD	C	I
I	:	10- 11		50 MORAN SYNTACTIC	29	A	BCD	I
I	:	:	:	64 CAD 1A RV**	84-B		BCD	C	I
I	:	10, 12		09 BOHL SPRACHE	88	38Q	CD	I
I	:	10		10 EBELING VERBUM	44	4/2	BCD	I
I	:	:		-	53	7/3A	BCD	I
I	106	12		-	51	6/2A	BCD	I
I	106	13- 18		69 KLENGEL GESCH.2	199		D	C	I
I	:	13- 16		10 EBELING VERBUM	42	2/3	C	C	I
I	:	:	:	64 CAMPBELL CHRON.	85		D	I
I	:	:	:	69 KLENGEL GESCH.2	236	65	D	C	I
I	:	:	:	-	236	69	D	I
I	:	13- 15		71 CAD K RV**	380-B		BCD	C	I
I	106	14		09 BOHL SPRACHE	74	34P	D	I
I	106	15		-	70	33L	BCD	I
I	:	:		10 EBELING VERBUM	42	2/3	BCD	I
I	:	:		15 KNUDTZON EL-AM	1592		B D	I
I	:	:		50 MORAN SYNTACTIC	18	C/1	D	I
I	:	:		-	165		BCD	R	?	I
I	:	:		66 AHW M RV**	574-B		B D	I
I	:	:		70 RAINEY TABLETS	69		D	I
I	:	:		-	70		B D	R	I

	TEXTES				C I T A T I O N S				
					DATE, OUVRAGE, PAGES, NOTES			CARACTERIST.	
I	106	15		77	CAD 1M RV**	28-A		B D	I
I	106	16- 18		64	CAMPBELL CHRON.	81		C D	C	I
I	:	16- 17		50	MORAN SYNTACTIC	22	B	B C D	I
I	:	:	:	62	KITCHEN SUPPILU	21		D	I
I	:	:	:	64	CAMPBELL CHRON.	86		C D	I
I	:	:	:	69	KLENGEL GESCH.2	267		D	I
I	106	17- 18		71	CAD K RV**	380-A		B C D	C	I
I	:	17		62	KITCHEN SUPPILU	28		D	I
I	:	:			-	42		D	I
I	:	:		73	KUHNE CHRONOLOG	144	720	D	I
I	106	18- 20		69	KLENGEL GESCH.2	294	16	D	C	I
I	106	19, 20		64	CAMPBELL CHRON.	81		D	I
I	106	20, 21		09	BOHL SPRACHE	88	38N	B D	C	I
I	:	20		74	RAINEY EA NOTES	307		B D	R	I
I	106	22- 23		68	CAD 2A RV**	148-B		B C D	I
I	:	22, 24		69	KLENGEL GESCH.2	270		D	I
I	:	22		10	EBELING VERBUM	53	7/3A	B C D	I
I	:	:		50	MORAN INF.ABSOL	170-171	18	B D	I
I	:	:		50	MORAN SYNTACTIC	28	A	B C D	I
I	:	:		71	HELCK BEZIEHUNG	248		D	I
I	106	23		10	EBELING VERBUM	54	7/3A	B C D	I
I	106	24		09	BOHL SPRACHE	59	29F	B C D	I
I	:	:		39	HARRIS CANAANIT	46		B C D	I
I	:	:		50	MORAN SYNTACTIC	32	A	D	I
I	106	26		66	JUCQUOIS PHONET	156		B D	I
I	106	29		09	BOHL SPRACHE	71	33Q	B C D	I
I	106	30- 34		50	MORAN SYNTACTIC	165		C D	I
I	:	30- 31		64	CAMPBELL CHRON.	85		D	I
I	:	30		50	MORAN SYNTACTIC	123	100/2	D	I
I	:	:			-	165		B C D	I
I	:	:		51	DHORME LANGUE	476		B C D	I
I	106	32- 34		58	CAD E RV**	212-A		B C D	R C	I
I	:	32		73	CAD L RV**	250-A		B C D	I
I	106	33- 34		71	CAD K RV**	465-A		B C D	C	I
I	:	33		09	BOHL SPRACHE	62	30G	B D	I
I	106	35- 40		75	MORAN AMARNA GL	156		B C D	R	I
I	:	35		77	AHW T RV**	1327-B		B D	I
I	106	36- 37		50	MORAN SYNTACTIC	18	B/2	B C D	I
I	:	:	:	64	CAMPBELL CHRON.	92		D	I
I	106	37		09	BOHL SPRACHE	69	33D	B D	I
I	106	38- 40		58	CAD E RV**	152-B		B C D	C	I
I	:	:	:	64	CAMPBELL CHRON.	92		C D	C	I
I	:	38- 39		50	MORAN SYNTACTIC	67	1	B C D	I
I	:	:	:	68	CAD 2A RV**	60-A		B C D	C	I
I	:	38		10	EBELING VERBUM	62	12	B D	I
I	:	:		50	MORAN SYNTACTIC	165		C D	I
I	:	:		51	DHORME LANGUE·	437		B D	I
I	:	:		64	CAMPBELL CHRON.	90	57	C D	I
I	:	:		70	RAINEY TABLETS	78		B D	I
I	:	:		71	HELCK BEZIEHUNG	174		B D	C	I
I	:	:		74	AHW 'S RV**	1110-B		B D	I
I	106	39		09	BOHL SPRACHE	33	22C	B D	I
I	:	:		52	MORAN KARATEPE?	78-B	22	D	I
I	:	:		60	AHW E RV**	215-A		B	I
I	:	:		68	CAD 2A RV**	52-B		B C D	I
I	106	40		10	EBELING VERBUM	42	1/6	B C D	I
I	:	:		50	MORAN SYNTACTIC	62	1	D	I
I	:	:		68	CAD 2A RV**	60-A		B C D	I
I	106	41		09	BOHL SPRACHE	13	5H	B D	I

```
I                                 C I T A T I O N S                I
I      T E X T E S          -------------------------------------  I
I                           DATE, OUVRAGE, PAGES, NOTES CARACTERIST. I
I  --------------------     ------------------------------ ------- I
I      106     42- 43   71 HELCK BEZIEHUNG 374       26      D       I
I       :      42       10 EBELING VERBUM    69       20    BCD      I
I       :      :        51 DHORME LANGUE    485            B D       I
I       :      :        59 CAD  D RV**       71-B          BCD       I
I       :      :        66 JUCQUOIS PHONET  156            B D       I
I       :      :        71 HELCK BEZIEHUNG  254             CD       I
I      106     43- 44   68 CAD 2A RV**       60-B          BCD    C  I
I       :      43       10 EBELING VERBUM    55      7/3A  BCD       I
I       :      :        68 CAD 2A RV**      469-B           C     C  I
I      106     44- 45    -                  469-B          BCD    C  I
I      106     45- 49   50 MORAN SYNTACTIC 165-166          C       I
I      106     47- 49    -                   77       5    BCD    ? I
I       :      47       10 EBELING VERBUM    55      7/3A  BCD       I
I       :      :        50 MORAN SYNTACTIC  166            B D     C  I
I       :      :        51 DHORME LANGUE    452            BCD       I
I      106     48       09 BOHL SPRACHE       9      3Z    B D       I
I       :      :        50 MORAN SYNTACTIC  136      209   B D    C ? I
I       :      :         -                  157            B D      ? I
I       :      :        62 CAD 'S RV**       50-A          B D       I
I      106     49       10 EBELING VERBUM    54      7/3A  BCD       I
I                                                                   I
I EA 107                                                            I
I ******                                                            I
I      107-110           64 CAMPBELL CHRON.   80             D       I
I       :   :            69 KLENGEL GESCH.2 198             D       I
I      107               -                  167             D       I
I       :                -                  259       8     D       I
I       :                -                  270             D       I
I       :               71 HELCK BEZIEHUNG  174      42     D       I
I       :               75 MORAN AMARNA GL 155-156          D       I
I      107      8- 11   15 KNUDTZ.CR/DELI. 164-A           CD     C  I
I      107      9       68 CAD 2A RV**       31-B           C     C  I
I      107     10- 11   15 KNUDTZON EL-AM  1592            CD       I
I       :      :  :     15 KNUDTZ.CR/DELI. 164-A           B        I
I       :      :  :     50 MORAN SYNTACTIC  123    100/1   B D    C  I
I       :      :  :      -                  166             C        I
I       :      :  :     71 CAD  K RV**      469            BCD    C  I
I       :      10, 11   50 MORAN SYNTACTIC  166            B D       I
I       :      10       68 CAD 2A RV**       31-B          BCD       I
I      107     11- 25   50 MORAN SYNTACTIC   16       H    BCD  R    I
I       :      11- 24   71 HELCK BEZIEHUNG  174      42     D     C  I
I      107     14- 19   75 MORAN AMARNA GL 155              D       I
I       :      14, 16   50 MORAN SYNTACTIC  166            B D  R    I
I       :      14       10 RANKE KEILSCHR.   20            B D       I
I       :      :        71 HELCK BEZIEHUNG  254            B D  R    I
I       :      :        75 MORAN AMARNA GL 155       3     B D       I
I      107     16- 19   59 CAD  D RV**       21-B          BCD  R C  I
I       :      16       10 RANKE KEILSCHR.   21            B D     ? I
I       :      :        71 HELCK BEZIEHUNG  248            B D       I
I      107     18       10 EBELING VERBUM    58      8/4   BCD       I
I       :      :        51 DHORME LANGUE    409            BCD       I
I       :      :        60 MORAN EAPLY CAN    6       4     D       I
I      107     20- 24   09 BOHL SPRACHE     25/2    13G    CD       I
I       :      :  :     50 MORAN SYNTACTIC   31       A     D       I
I       :      :  :      -                   73       2     D       I
I       :      :  :      -                   74       6     D       I
I       :      :        75 MORAN AMARNA GL 155            BCD       I
I       :      20- 22   50 MORAN SYNTACTIC   74       1   BCD       I
I       :      20- 21    -                   18     B/5    D     C  I
```

I		T E X T E S		C I T A T I O N S					I
I				DATE, OUVRAGE, PAGES, NOTES CARACTERIST.					I
I	107	20- 21	50 MORAN SYNTACTIC	64		BCD	C		I
I	107	21- 24	75 MORAN AMARNA GL	156		BCD	R C		I
I	107	22	-	157	1	B D			I
I	107	23	09 BOHL SPRACHE	25	13G	BCD			I
I	:	:	71 HELCK BEZIEHUNG	248	19	D			I
I	107	26- 28	69 KLENGEL GESCH.2	269		D	C		I
I	:	: :	-	287		D	C		I
I	:	: :	71 HELCK BEZIEHUNG	174	43	D	C		I
I	:	26- 27	69 KLENGEL GESCH.2	293	2	D			I
I	107	27- 28	64 CAD 1A RV**	196-B		B D	C		I
I	107	28	09 BOHL SPRACHE	18	8B	B D			I
I	:	:	10 BURCHARDT ALTK.2	55-B	1090	B D	C		I
I	:	:	39 HARRIS CANAANIT	34	13	BCD			I
I	:	:	51 DHORME LANGUE	485		BCD			I
I	:	:	66 JUCQUOIS PHONET	114		B D			I
I	:	:	69 KLENGEL GESCH.2	198		B D	C		I
I	:	:	70 KLENGEL GESCH.3	98		B D			I
I	:	:	71 HELCK BEZIEHUNG	303	96	D			I
I	107	29- 31	50 MORAN SYNTACTIC	82		BCD			I
I	:	: :	-	83		D	C		I
I	:	: :	51 MORAN NEW EVID.	33-B		BCD			I
I	:	: :	60 MORAN EARLY CAN	10-11		BCD			I
I	:	29- 30	50 MORAN SYNTACTIC	87		B D	EC		I
I	:	29, 30	-	83,84		B D	C		I
I	107	30	60 MORAN EARLY CAN	11	2	B D			I
I	107	31	10 EBELING VERBUM	45	5/1A	BCD			I
I	:	:	73 KUHNE CHRONOLOG	137	673	D			I
I	107	32- 34	50 MORAN SYNTACTIC	98		BCD			I
I	:	: :	-	103		D			I
I	:	: :	60 MORAN EARLY CAN	14		BCD			I
I	:	32- 33	71 CAD K RV**	328-A		BCD	C		I
I	107	33	50 MORAN SYNTACTIC	103		B			I
I	107	35	-	50	G	B D			I
I	107	37- 39	56 CAD G RV**	26-B		BCD	C		I
I	:	37- 38	71 CAD K RV**	247-A		BCD	C		I
I	107	38- 39	50 MORAN SYNTACTIC	18	B/4	D	EC		I
I	:	38	10 EBELING VERBUM	52	7/3A	BCD			I
I	:	:	62 AHW G RV**	276-B		B D			I
I	107	40- 46	69 KLENGEL GESCH.2	237	71	G			I
I	:	40- 41	71 HELCK BEZIEHUNG	254		CD	C		I
I	:	: :	-	374	26	CD	C		I
I	:	40	51 DHORME LANGUE	447		BCD			I
I	107	42- 44	10 RANKE KEILSCHR.	25	3	CD	C		I
I	:	42	09 BOHL SPRACHE	9	3W	B D			I
I	:	:	-	35	23D	D			I
I	:	:	10 RANKE KEILSCHR.	25		BCD		?	I
I	:	:	15 KNUDTZON EL-AM	1003/92	474B A		C		I
I	:	:	50 MORAN SYNTACTIC	166		BCD			I
I	107	43	-	9	C	B D			I
I	:	:	71 HELCK BEZIEHUNG	483		B D	R		I
I	107	45- 46	50 MORAN SYNTACTIC	154		D			I
I	:	45	10 EBELING VERBUM	59	10/6	BCD			I
I	107	46- 48	71 CAD K RV**	380-B		BCD	C		I
I	107	47- 48	64 CAD 1A RV**	304-B		BCD	C		I
I	:	47	10 EBELING VERBUM	56	7/3B	BCD			I
I	107	48		56	7/3B	BCD			I

```
I                                       C I T A T I O N S                I
I          T E X T E S          ------------------------------------------ I
I                               DATE,  OUVRAGE, PAGES, NOTES  CARACTERIST.  I
I     ----------------------     ----------------------------   ----------- I
I                                                                           I
I  EA 108                                                                   I
I  ******                                                                   I
I      108-138              67 REDFORD HISTORY 166              D           I
I      108,109              71 HELCK BEZIEHUNG 174        47    D           I
I      108                  62 KITCHEN SUPPILU   40              G          I
I        :                  64 CAMPBELL CHRON.   86             D           I
I        :                   -               86-87    50        D           I
I        :                  67 REDFORD HISTORY 166             D            I
I        :                  69 KLENGEL GESCH.2 201             D            I
I      108       8-  9      50 MORAN SYNTACTIC  67-68          BCD          I
I        :       8          10 EBELING VERBUM   52     7/3A    BCD          I
I        :       :          50 MORAN SYNTACTIC  18      B/5    D            I
I      108       9- 10      65 CAD   B RV**     149-B          BCD       C  I
I      108      10-         69 MORAN DEATH OF   95-B           D            I
I        :       :    :     71 HELCK BEZIEHUNG 174       35    D         C  I
I      108      11- 13      50 MORAN SYNTACTIC  67-68          BCD          I
I        :      11          67 REDFORD HISTORY 166      331    CD        C  I
I      108      13- 17      10 RANKE KEILSCHR.  25        3    CD        C  I
I        :       :    :     69 KLENGEL GESCH.2 237       72    G            I
I        :                   -               295       29    D         C    I
I        :      13- 14      50 MORAN SYNTACTIC  30        A    BCD      EC   I
I        :      13          10 EBELING VERBUM   55     7/3A    BCD          I
I        :       :          65 AHW   L RV**     549-B          G            I
I      108      15- 17      73 CAD   L RV**     253-A          BCD     C ? I
I        :      15          09 BOHL SPRACHE      9       3W    B D          I
I        :       :           -               35      23D    B D  +        I
I        :       :          10 EBELING VERBUM   54     7/3A    BCD          I
I        :       :          10 RANKE KEILSCHR.  25            BCD  +     ? I
I        :       :          15 KNUDTZON EL-AM 1003/93 477G A    +    C     I
I        :       :          50 MORAN SYNTACTIC  32        A    D            I
I        :       :           -               166           B D  +        I
I        :       :          71 HELCK BEZIEHUNG 483       31    B D       ? I
I      108      16- 17      50 MORAN SYNTACTIC 154             D      EC    I
I        :       :    :     65 AHW   L RV**     564-B          BCD     C ? I
I        :      16          09 BOHL SPRACHE     35      23D    BCD          I
I        :       :          10 EBELING VERBUM   78      APP    B D          I
I        :       :          10 RANKE KEILSCHR.  19            B D          I
I        :       :          50 MORAN SYNTACTIC 166            B D          I
I      108      17          09 BOHL SPRACHE     20       9A    B D          I
I        :       :           -               69      33D    BCD       ? I
I        :       :          15 KNUDTZON EL-AM 1593            C            I
I        :       :          67 SYL. 2 RV**      58      294    B D       C  I
I      108      19          09 BOHL SPRACHE     65      32G    B D          I
I        :       :          10 EBELING VERBUM   53     7/3A    BCD          I
I        :       :          50 MORAN INF.ABSOL 170-171  18    B D          I
I        :       :          50 MORAN SYNTACTIC 117      70    B D          I
I      108      20- 28       -               162           D              I
I        :       :    :       -               166           G              I
I        :      20- 21      09 BOHL SPRACHE     61      30D    BCD       C  I
I        :       :    :     50 MORAN SYNTACTIC  61             D            I
I        :      20          51 DHORME LANGUE   420            BCD          I
I      108      21          09 BOHL SPRACHE     85      37V    D            I
I      108      23- 26      71 HELCK BEZIEHUNG 174       37    D         C  I
I        :      23- 25      60 CAD  IJ RV**     24-A          BCD       C  I
I        :      23- 24      50 MORAN SYNTACTIC 123     100/1  B D       C  I
I        :      23          10 EBELING VERBUM   45     5/1A    BCD          I
I      108      25- 28      50 MORAN SYNTACTIC 162            CD            I
I        :       :    :     64 CAMPBELL CHRON.  86-87    50    CD        C  I
```

```
I
I          T E X T E S                        C I T A T I O N S                    I
I                              ----------------------------------------------     I
I                              DATE,  OUVRAGE, PAGES, NOTES  CARACTERIST.  I
I      ---------------------   ----------------------------  -----------  I
I      108       27- 41       69 KLENGEL GESCH.2 237       72       G        I
I        :       27           10 RANKE KEILSCHR.  17              b D    R       I
I      108       28- 34       69 MORAN DEATH OF    97-98           D     C     I
I        :       28- 33       60 MORAN EARLY CAN   16           BCD    R       I
I        :        :  :        62 KITCHEN SUPPILU   20        7    D           I
I        :        :  :        64 CAMPBELL CHRON.   86-87          CD      EC    I
I        :        :  :         -                   86-87    50    D     C     I
I        :        :  :        69 KLENGEL GESCH.2  191            D     C     I
I        :        :  :         -                  198            D     C     I
I        :        :  :         -                  261     30     D     C     I
I        :        :  :         -                  261     33     D     C     I
I        :       28- 29       69 MORAN DEATH OF    98-A          BCD     C     I
I        :       28-          60 MORAN EARLY CAN    5       5    D           I
I        :       28           71 HELCK BEZIEHUNG  173      32    D           I
I      108       29           60 MORAN EAPLY CAN   17          B D    R C    I
I        :        :           71 HELCK BEZIEHUNG  174      36    D     C     I
I      108       31- 33       69 MORAN DEATH OF    96-A          CD      C     I
I        :       31           15 KNUDTZON EL-AM 1592-1593        b D    R    ? I
I      108       32- 33       09 BOHL SPRACHE      62      30G   BCD       C  I
I        :        :  :        50 MORAN SYNTACTIC  167            CD           I
I        :       32           10 EBELING VERBUM    53      7/3A  BCD          I
I        :        :           10 RANKE KEILSCHR.   17            B D          I
I        :        :           50 MORAN SYNTACTIC  117      70    B D       ? I
I      108       33           60 MORAN EARLY CAN   16       2    D     R C    I
I      108       34- 38       50 MORAN SYNTACTIC  167            C            I
I        :        :  :        53 MORAN SUMMA       79-A          BCD          I
I        :       34-           -                   78-A          D            I
I        :       34           50 MORAN SYNTACTIC   11       E    BCD          I
I        :        :            -                  167            B D     C     I
I      108       35           10 EBELING VERBUM    54      7/3A  BCD          I
I      108       37- 39        -                   71      21    BCD     C     I
I        :       37, 38       53 MORAN SUMMA       79-A     6    b D          I
I        :       37           50 MORAN SYNTACTIC  167            B D    R       I
I      108       38- 41       53 MORAN SUMMA       79-A     7    B D          I
I        :       38           50 MORAN SYNTACTIC  167            B D     EC    I
I        :        :           69 MORAN DEATH OF    95-B          D     R       I
I        :        :           77 CAD 2M RV**       122-A         B D    R       I
I      108       39           15 KNUDTZON EL-AM 1593             C            I
I        :        :           73 KUHNE CHRONOLOG  137     673    D            I
I      108       40           10 EBELING VERBUM    54      7/3A  BCD          I
I      108       41           71 HELCK BEZIEHUNG  174      47    D     C     I
I      108       43           10 EBELING VERBUM    45      5/1A  BCD          I
I      108       45           09 BOHL SPRACHE      53      28M   B D       ? I
I        :        :            -                   74     340    D            I
I        :        :           10 EBELING VERBUM    51      6/2B  BCD          I
I        :        :            -                   70      21    BCD          I
I        :        :           50 MORAN SYNTACTIC  156            BCD          I
I        :        :            -                  167            C            I
I        :        :           51 DHORME LANGUE    456            BCD          I
I        :        :           66 JUCQUOIS PHONET  159            B D          I
I      108       46- 49       50 MORAN SYNTACTIC   76       1    BCD          I
I        :        :  :        71 CAD  K RV**       511-B          bC     C     I
I        :       46- 47       50 MORAN SYNTACTIC   30       A    BCD          I
I        :       46           10 EBELING VERBUM    63      13    BCD          I
I      108       48           09 BOHL SPRACHE      67      32N   BCD          I
I        :        :           73 KUHNE CHRONOLOG   10      40    D            I
I      108       49- 50       50 MORAN SYNTACTIC   81            B D          I
I        :        :  :        52 MORAN KARATEPE?   78-A     18   B D          I
I        :        :  :        68 CAD 2A RV**       31-A           B D     C     I
```

TEXTES		DATE, OUVRAGE, PAGES, NOTES			CARACTERIST.			
109	17	10 EBELING VERBUM	67	16	BCD			
109	18- 19	77 CAD 2M RV**	250-B		B D	R	?	
109	21	10 RANKE KEILSCHR.	25		BCD	R	?	
109	22	09 BOHL SPRACHE	35	23D	BCD			
:	:	10 EBELING VERBUM	78	APP	B D	EC		
:	:	10 RANKE KEILSCHR.	19		B D	R		
109	23	10 EBELING VERBUM	54	7/3A	BCD			
109	26	-	54	7/3A	BCD			
:	:	50 MORAN SYNTACTIC	32	A	D			
109	27	10 EBELING VERBUM	54	7/3A	B D		?	
:	:	74 RAINEY EA NOTES	307		BCD			
109	28- 29	71 HELCK BEZIEHUNG	174	47	D	C		
:	28	10 EBELING VERBUM	54	7/3A	BCD			
:	:	60 CAD IJ RV**	172-B		D			
109	30	09 BOHL SPRACHE	47	27Q	BCD			
:	:	10 EBELING VERBUM	56	7/3B	BCD			
:	:	51 DHORME LANGUE	454		BCD			
109	35	09 BOHL SPRACHE	53	28M	B D			
109	36	70 RAINEY TABLETS	81		D			
:	:	74 RAINEY EA NOTES	308		BCD			
:	:	76 AHW >S RV**	1188-A		B D			
109	37- 39	10 EBELING VERBUM	77	APP	CD	+ C		
:	37- 38	15 KNUDTZON EL-AM	1593		CD		?	
109	38	10 EBELING VERBUM	54	7/3A	BCD	EC		
109	39- 41	69 KLENGEL GESCH.2	295	29	D	C		
:	: :	73 CAD L RV**	253-A		BCD	C	?	
:	39	10 EBELING VERBUM	78	APP	B D	EC		
:	:	10 RANKE KEILSCHR.	19		B D			
:	:	66 JUCQUOIS PHONET	238		BCD		?	
:	:	67 SYL. 2 RV**	43	223	B D	C		
109	40	09 BOHL SPRACHE	20	9A	BCD			
:	:	65 AHW L RV**	564-B		G			
:	:	67 SYL. 2 RV**	58	294	B D	C		
109	43- 44	60 CAD IJ RV**	329-B		BCD	C		
:	43	09 BOHL SPRACHE	26	14B	B D			
:	:	60 CAD IJ RV**	328-B		BCD			
109	44- 46	50 MORAN INF.ABSOL	170-B		BCD			
:	: :	50 MORAN SYNTACTIC	44	D	B D			
:	: :	-	57		BCD			
:	: :	52 MORAN KARATEPE?	77-A		D	C		
:	: :	-	77-A	10	G	C		
:	: :	-	79-A		D	C		
:	: :	59 CAD D RV**	21-B		BCD	R C		
:	: :	64 CAD 1A RV**	46-A		BCD	C		
:	: :	69 KLENGEL GESCH.2	237	73	G			
:	44	52 MORAN KARATEPE?	77-A		B D	C		
:	:	-	79-A		B D	C		
109	45	50 MORAN SYNTACTIC	124A	101	B D	C		
109	46	09 BOHL SPRACHE	15	6F	B D			
:	:	-	58	28U	CD			
:	:	71 HELCK BEZIEHUNG	275		D			
109	47- 50	10 EBELING VERBUM	77	APP	CD	C		
109	48- 49	50 MORAN SYNTACTIC	168		BCD	R		
:	48	09 BOHL SPRACHE	53/1	28M	BCD	R	?	
:	:	59 CAD D RV**	59-B		B D			
:	:	74 RAINEY EA NOTES	302		B D	R		
109	49- 50	69 KLENGEL GESCH.2	254		D			
:	49	-	188		D			
:	:	71 AHW Q RV**	896-B		B D			

```
I
I          T E X T E S                           C I T A T I O N S                    I
I                                      -------------------------------------------    I
I                                      DATE, OUVRAGE, PAGES, NOTES  CARACTERIST.  I
I     --------------------------       -------------------------------------------    I
I      111       21              71 HELCK BEZIEHUNG 255           B D   R C     I
I       :        :              77 CAD 2M RV**        122-A       B D   R   ?  I
I                                                                                I
I EA 112                                                                         I
I ******                                                                         I
I      112-115             62 KITCHEN SUPPILU  42              D               I
I      112                        -           28              D               I
I       :                  64 CAMPBELL CHRON.  82              D               I
I      112       7-  8     77 CAD 2M RV**      94-A      B D        C          I
I       :        7         09 BOHL SPRACHE     74    34P    D                  I
I      112       9- 13     64 CAMPBELL CHRON.  81              CD              I
I       :        9         09 BOHL SPRACHE     47    27P  BCD                  I
I       :        :         10 EBELING VERBUM   58    7/3B  BCD                 I
I       :        :         39 HARRIS CANAANIT  46          BCD                 I
I       :        :         51 DHORME' LANGUE  426          BCD                 I
I       :        :         69 KLENGEL GESCH.2 237    75     D                  I
I      112      10- 12     75 MORAN SYRIAN SC 165    68   B D                  I
I       :       10         09 BOHL SPRACHE     74    34P  BCD                  I
I       :        :         10 EBELING VERBUM   71    21   BCD                  I
I       :        :         50 MORAN SYNTACTIC  11     D   B D                  I
I       :        :              -             54          B D                  I
I       :        :              -             93           D                   I
I       :        :              -            169          BCD            ?  I
I       :        :         60 MORAN EARLY CAN   9           D                  I
I       :        :         77 CAD 1M RV**      214-B       BCD                 I
I      112      11- 13     56 CAD  H RV**      241-B       BCD        C          I
I       :        :  :      77 CAD 2M RV**       89-B       BCD        C          I
I       :       11- 12     50 MORAN SYNTACTIC 169          B D                 I
I       :        :  :      75 MORAN SYRIAN SC 165    68   BCD                  I
I      112      12         69 KLENGEL GESCH.2 295    34    D                   I
I       :        :         71 HELCK BEZIEHUNG 484    33   B D                  I
I      112      13         60 MORAN EARLY CAN  18         B D                  I
I       :        :         75 MORAN SYRIAN SC 165    68   CD                   I
I      112      14- 24     50 MORAN SYNTACTIC  72     1    D                   I
I      112      16- 18          -             71           D                   I
I      112      17         77 CAD 2M RV**       89-B        D                   I
I      112      18- 24     50 MORAN SYNTACTIC  74     4    D                   I
I       :       18- 19     10 EBELING VERBUM   70    21   BCD        C          I
I       :        :  :      68 CAD 2A RV**      257-A       BCD        C          I
I       :       18         50 MORAN SYNTACTIC  98           D                   I
I      112      19         51 DHORME LANGUE   435          BCD                 I
I      112      20         09 BOHL SPRACHE      3/1   2A  B D                  I
I      112      21         71 HELCK BEZIEHUNG 374    26    D                   I
I      112      22- 23     68 CAD 2A RV**      257-A       BCD        C          I
I       :       22         09 BOHL SPRACHE     33    22E  BCD                  I
I       :        :         15 KNUDTZ.CR/UNGN. 185          CD        EC         I
I      112      23- 24     65 CAD  B RV**       55-B       BCD        C          I
I       :        :  :      68 CAD 2A RV**      220-A       B D        C          I
I       :       23         10 EBELING VERBUM   56    7/3B BCD                  I
I       :        :         50 MORAN SYNTACTIC 118    73   B D                  I
I      112      25              -             11     E   BCD                  I
I       :        :              -          14-15   G/C  B D                  I
I       :        :         53 MORAN SUMMA      78-A       BCD                  I
I      112      27- 30     71 HELCK BEZIEHUNG 253    48    D        C          I
I       :       27         10 EBELING VERBUM   52    7/3A BCD                 I
I      112      29         10 RANKE KEILSCHR.  22         B D                  I
I      112      30- 39     50 MORAN SYNTACTIC  71           D                   I
I       :        :  :           -             74     6    D                   I
I      112      31         09 BOHL SPRACHE      2    1H    D                   I
```

TEXTES			CITATIONS						
			DATE, OUVRAGE, PAGES, NOTES			CARACTERIST.			
113	11		10 EBELING VERBUM	56	7/3B	BCD			
113	12		09 BOHL SPRACHE	77	35E	BCD			
113	14		-	44	27F	B D			
:	:		10 EBELING VERBUM	56	7/3B	BCD			
113	15		09 BOHL SPRACHE	9	3Z	BCD		?	
:	:		50 MORAN SYNTACTIC	170		B D	R	?	
113	17- 18		-	82-83		BCD	R		
:	:	:	51 MORAN NEW EVID.	34-B		BCD			
:	:	:	60 MORAN EARLY CAN	5		BCD	R		
:	17, 18		50 MORAN SYNTACTIC	106		B D	R		
:	17		71 HELCK BEZIEHUNG	248	14	D			
113	18		09 BOHL SPRACHE	27	15B	BCD			
:	:		10 EBELING VERBUM	62	12	BCD			
:	:		50 MORAN SYNTACTIC	85		B D	R		
:	:		73 MORAN DUAL PRON	50		B D			
:	:		-	52		BCD		C	
113	27		66 AHW M RV**	654-B			G		
113	29		09 BOHL SPRACHE	63	31B	B D			
:	:		52 MORAN KARATEPE?	78-A	18	B D			
113	31- 32		50 MORAN SYNTACTIC	32	A	D			
113	32- 33		65 CAD B RV**	142-B		B D	R	C	
:	32		10 EBELING VERBUM	54	7/3A	BCD			
:	:		39 HARRIS CANAANIT	37		B D			
:	:		50 MORAN SYNTACTIC	49,50	G	B D			
113	33- 35		-	86		B D	R		
113	34		09 BOHL SPRACHE	50	28F	B D			
:	:		10 EBELING VERBUM	51	6/2B	BCD			
:	:		51 DHORME LANGUE	418		BCD			
113	36		10 RANKE KEILSCHR.	8		B D			
:	:		73 KUHNE CHRONOLOG	133	670	D			
113	37- 38		64 CAD 1A RV**	13-A		BCD		C	
113	38		50 MORAN SYNTACTIC	81		B D	R		
:	:		66 JUCQUOIS PHONET	237		BCD			
:	:		-	267		B D			
113	40- 42		50 MORAN INF.ABSOL	170-A		BCD	R		
:	:	:	52 MORAN KARATEPE?	77-A		D		C	
:	:	:	-	78-A			G	C	
:	40- 41		50 MORAN SYNTACTIC	23	B	BCD	R		
:	:	:	-	57-58		BCD	R		
:	:	:	-	74	4	BCD			
:	40		52 MORAN KARATEPE?	78-B		B D		C	
113	41- 42		64 CAD 1A RV**	13-A		BCD	R	C	
113	43		10 RANKE KEILSCHR.	8		B D	R		
113	48		75 MORAN AMARNA GL	152	3	B D	R		
113	49		10 EBELING VERBUM	54	7/3A	BCD			
EA 114									
******									
114-140			66 JUCQUOIS PHONET	33		D			
114-118			64 CAMPBELL CHRON.	80		D			
114,115			62 KITCHEN SUPPILU	28		D			
:	:		70 KLENGEL GESCH.3	198		D			
114			64 CAMPBELL CHRON.	84		D			
:			69 KLENGEL GESCH.2	198		D			
:			70 KLENGEL GESCH.3	16		D			
:			-	18		D			
:			-	20		D			
:			71 HELCK BEZIEHUNG	174	47	D			
114	6		50 MORAN INF.ABSOL	169-B	7	B D			

	TEXTES			CITATIONS						
			DATE	OUVRAGE	PAGES	NOTES	CARACTERIST.			
114	6		50	MORAN SYNTACTIC	67	3	D			
114	7		09	BOHL SPRACHE	71	33P	B D			
114	8- 9		60	CAD IJ RV**	172		BCD		C	
:	8, 11		09	BOHL SPRACHE	44	27F	B D			
:	8		10	EBELING VERBUM	56	7/3B	BCD			
114	9- 13		69	KLENGEL GESCH.2	268		D		C	
:	9		09	BOHL SPRACHE	88	38N	D			
:	:		71	HELCK BEZIEHUNG	174	47	D		C	
114	10		10	EBELING VERBUM	63	13	D			
114	11, 17		-		56	7/3B	BCD			
114	12		70	KLENGEL GESCH.3	13		B D			
114	13		09	BOHL SPRACHE	34	23C	B D			
:	:		66	JUCQUOIS PHONET	82		BCD			
114	14- 15		68	CAD 2A RV**	108-A		BCD		C	
:	: :		69	KLENGEL GESCH.2	295	31	D			
:	14		10	EBELING VERBUM	55	7/3A	BCD			
:	:		72	AHW S RV**	1014-A		G			
114	15- 20		69	KLENGEL GESCH.2	268		D		C	
:	15- 17		-		294	16	D		C	
:	: :		71	HELCK BEZIEHUNG	174	44	D		C	
114	18- 20		58	CAD E RV**	116-B		BCD		C	
:	: :		64	CAD 1A RV**	221-B		BCD		C	
:	18- 19		71	CAD K RV**	380-B		B D		C	
:	18		09	BOHL SPRACHE	50	28F	B D			
114	19- 20		50	MORAN SYNTACTIC	81		B D	R		
:	19		09	BOHL SPRACHE	9	3Y	B D			
:	:		59	AHW A RV**	23-B		B D			
:	:		74	RAINEY EA NOTES	300		B D			?
114	20- 22		10	EBELING VERBUM	72	21	BCD		C	
:	20- 21		77	CAD 1M RV**	156-B		B D		C	
:	20		09	BOHL SPRACHE	50	28F	B D			
:	:		10	EBELING VERBUM	47	5/1B	BCD			
:	:		50	MORAN SYNTACTIC	51	G	B D			
114	21- 22		50	MORAN INF.ABSOL	169-B	8	D			
:	: :		50	MORAN SYNTACTIC	43	D	BCD	R		
:	: :		69	KLENGEL GESCH.2	295	34	D			
114	22		56	CAD H RV**	241		BCD			
114	23- 25		50	MORAN SYNTACTIC	72	1	D			
:	: :		-		74	1	D			
:	23- 24		-		118	73	D			
:	23, 27		-		170		B D	R		?
:	23		10	EBELING VERBUM	50	6/2A	BCD			
:	:		70	RAINEY TABLETS	69		B D	R		?
114	25		77	AHW T RV**	1334-B		D			
114	27		50	MORAN SYNTACTIC	47	D	BCD	R		?
:	:		66	JUCQUOIS PHONET	132		BCD			
114	28- 30		56	CAD H RV**	83-A		BCD	R	C	
:	28, 30		09	BOHL SPRACHE	65	32F	B D			
:	28		-		33	22C	B D			
:	:		64	CAD 1A RV**	300-A		B D			
114	29		62	AHW H RV**	321-B		B			
114	30		60	AHW E RV**	267-B				G	
114	31		52	MORAN KARATEPE?	77-B	11	B D			
114	32- 41		69	KLENGEL GESCH.2	268		D		C	
:	: :		71	HELCK BEZIEHUNG	174	45	D		C	
:	32- 38		-		174	47	D		C	
114	34		10	EBELING VERBUM	63	13	BCD			
114	35, 36		50	MORAN SYNTACTIC	46	D	B D			
:	35		09	BOHL SPRACHE	30	18E	B D			

TEXTES			CITATIONS					
			DATE, OUVRAGE, PAGES, NOTES			CARACTERIST.		
114	35		10 EBELING VERBUM	61	12	BCD		
:	:		50 MORAN SYNTACTIC	21	A/4	BCD		
:	:		-	45-46	D	BCD		
:	:		51 DHORME LANGUE	436		B D		
:	:		60 MORAN EARLY CAN	17	2	D		
:	:		77 CAD 1M RV**	211-B		B D		
114	36		10 EBELING VERBUM	51	6/2B	BCD		
114	37-	38	62 CAD 'S RV**	20-B		BCD	C	
:	37		10 EBELING VERBUM	54	7/3A	BCD		
114	38		56 CAD H RV**	110-A		D		
114	39-	41	69 KLENGEL GESCH.2	198		D		
114	41-	43	77 CAD 1M RV**	212-213		BCD	C	
:	41-	42	50 MORAN SYNTACTIC	112	44	BCD		
:	41		10 EBELING VERBUM	53	7/3A	BCD		
:	:		50 MORAN SYNTACTIC	30	A	BCD		
:	:		68 CAD 2A RV**	394-B		BCD		
114	42-	43	71 CAD K RV**	328-A		BCD	C	
:	42		09 BOHL SPRACHE	61	30D	BCD		?
:	:		10 EBELING VERBUM	59	11/7	BCD		
:	:		58 CAD E RV**	196-B		D		
114	43		10 EBELING VERBUM	59	10/6	BCD		
:	:		15 KNUDTZON EL-AM	1593		C		?
114	44-	46	50 MORAN SYNTACTIC	72	1	D		
:	:	:	-	74	1	D		
:	44		15 KNUDTZON EL-AM	1593		B	R	
:	:		50 MORAN SYNTACTIC	57		B D		
114	45-	49	51 DHORME NOUV.TAB	496		D		
:	45-	46	50 MORAN SYNTACTIC	88		B D		
:	45,	46	-	84		B D	C	
:	:	:	60 MORAN EARLY CAN	11		BCD	C	
:	45		10 RANKE KEILSCHR.	17		B D		
114	46-	49	50 MORAN SYNTACTIC	170-171		CD		
:	46-	47	-	67		BCD		
:	46		09 BOHL SPRACHE	70	33P	B D		
:	:		10 EBELING VERBUM	52	7/3A	BCD		
:	:		50 MORAN SYNTACTIC	68		D		
:	:		-	83		B D		
:	:		59 CAD D RV**	70-A		BCD		
:	:		63 AHW I RV**	405-A		B D		
114	47		09 BOHL SPRACHE	71	33P	B D		
114	48-	49	77 CAD 1M RV**	156-B		B D	C	
:	48		50 MORAN SYNTACTIC	50-51	G	B D		
:	:		-	158		B D		
114	49-	50	71 CAD K RV**	380-B		B D	EC	
114	50		10 EBELING VERBUM	52	7/3A	BCD		
:	:		50 MORAN SYNTACTIC	65		BCD		
:	:		-	157		B D		
114	51-	53	73 KUHNE CHRONOLOG	105	516	D		
:	51		10 RANKE KEILSCHR.	8		B D		
:	:		15 KNUDTZON EL-AM	1593		C		
:	:		73 KUHNE CHRONOLOG	133	670	D		
114	53		10 EBELING VERBUM	63	13	BCD		
114	54-	59	50 MORAN SYNTACTIC	44	D	BCD		
:	54-	56	10 EBELING VERBUM	71	21	BCD	C	
:	54		15 KNUDTZ.CR/UNGN.	185		C		
:	:		77 CAD 1M RV**	156-B		B D		
114	55-	57	65 CAD B RV**	61-A		B D	C	
:	55		10 RANKE KEILSCHR.	22		B D		
:	:		71 HELCK BEZIEHUNG	253	48	D		

```
I                                    C I T A T I O N S                     I
I                          ------------------------------------------------ I
I       T E X T E S        DATE,  OUVRAGE, PAGES, NOTES  CARACTERIST.       I
I      ------------------   ------------------------------ ------------      I
I     114      56- 60    15 KNUDTZON EL-AM 1591                 G           I
I      :       56- 57    50 MORAN INF.ABSOL 169-B       8   B D             I
I      :       56        09 BOHL SPRACHE       53      28M   B D            I
I      :       :         10 EBELING VERBUM     40      1/4   BCD            I
I     114      57- 58    50 MORAN SYNTACTIC  154             D              I
I     114      58               -             50       G   B D             I
I     114      60        15 KNUDTZON EL-AM 1593            CD        ?      I
I      :       :               -           1594             G              I
I      :       :         75 MORAN AMARNA GL 152       3   B D    R         I
I     114      61        50 MORAN SYNTACTIC   98            D              I
I     114      65        09 BOHL SPRACHE       53      28M  BCD        ?    I
I      :       :         59 CAD   D RV**      59-B         B D             I
I      :       :         74 RAINEY EA NOTES 302            B D             I
I     114      66- 67    71 CAD   K RV**     472-A         BCD      C       I
I      :       66        09 BOHL SPRACHE      50       28F  B D            I
I      :       :         10 EBELING VERBUM    51      6/2B  BCD            I
I      :       :         68 CAD 2A RV**      220-A         B D             I
I     114      67- 68    50 MORAN SYNTACTIC   73       3    D              I
I      :       :   :            -             99           BCD            I
I     114      68              -              77           D              I
I      :       :              -              77       4   BCD            I
I      :       :         60 MORAN EARLY CAN   14          BCD      R  ?    I
I     114      69        59 AHW   A RV**      37-B         BCD            I
I      :       :         64 CAD 1A RV**      358-B         BCD            I
I                                                                        I
I EA 115                                                                 I
I ******                                                                 I
I     115-123            69 KLENGEL GESCH.2 199             D            I
I     115               64 CAMPBELL CHRON.   80            D            I
I     115      10       10 EBELING VERBUM   70-71     21   BCD    R     I
I     115      19- 22   69 KLENGEL GESCH.2 270            D       C    I
I      :       19- 20   52 MORAN KARATEPE?  79-B     28   D    R       I
I                                                                      I
I EA 116                                                               I
I ******                                                               I
I     116-123           64 CAMPBELL CHRON.  81            D            I
I     116-120                 -            134      2D    D            I
I     116-118                 -            134      2C    D            I
I     116,117                 -            92-93          D            I
I     116               62 KITCHEN SUPPILU  28       3    D            I
I      :                      -             31            D            I
I      :                      -             44            D            I
I      :                71 HELCK BEZIEHUNG 174      47    D            I
I     116      6-  8    50 MORAN SYNTACTIC  67       3    D            I
I      :       :   :    77 CAD 1M RV**      30-A         BCD    R C    I
I     116      8- 14    69 KLENGEL GESCH.2 295      21    D       C    I
I      :       8-  9    10 EBELING VERBUM   72      21    BCD     C    I
I      :       :   :    50 MORAN SYNTACTIC  66           BCD            I
I      :       8        09 BOHL SPRACHE     50      28F  B D            I
I      :       :        10 EBELING VERBUM   52      6/2B BCD    EC     I
I     116      9- 14    69 KLENGEL GESCH.2 295      31    D       C    I
I      :       9- 10    50 MORAN SYNTACTIC  29       A   BCD            I
I      :       9        09 BOHL SPRACHE     59      29F  BCD            I
I      :       :        10 EBELING VERBUM   74      22   BCD            I
I     116      10- 14   50 MORAN SYNTACTIC  67       3    D            I
I      :       10- 12   52 MORAN KARATEPE?  77      11   BCD    R C    I
I      :       :   :    69 KLENGEL GESCH.2 237      76    D            I
I      :       :   :    77 CAD 1M RV**      437-A        BCD      C ?  I
I      :       10- 11         -            140-B        BCD    R C    I
```

```
I                                       C I T A T I O N S              I
I       T E X T E S          ---------------------------------------  I
I                            DATE,  OUVRAGE, PAGES, NOTES  CARACTERIST. I
I       --------------------- ----------------------------  ---------- I
I       116      33      10 EBELING VERBUM    49    5/1B   BCD       I
I        :       :               -           61     12    BCD       I
I        :       :       15 KNUDTZON EL-AM 1593              G       I
I        :       :       51 DHORME LANGUE   435            BCD       I
I        :       :       69 AHW   P  RV**   832-A          B D       I
I        :       :       73 MORAN DUAL PRON  50            B D       I
I        :       :               -           52            BCD    C  I
I       116      34- 35  50 MORAN SYNTACTIC  72     1       D        I
I        :       :  :            -           74     1       D        I
I        :       :  :            -           96            BCD       I
I       116      37- 38          -           62     3      BCD       I
I        :       :  :    51 MORAN NEW EVID.  34     11      D        I
I        :       :  :    69 KLENGEL GESCH.2 277             D        I
I        :       37      09 BOHL SPRACHE      4     2D    B D    E   I
I       116      42      50 MORAN SYNTACTIC  15    G/C    B D    EC  I
I       116      44- 45  65 CAD  B RV**      52-A           C     C  I
I        :       44      09 BOHL SPRACHE     88    38N      D        I
I        :       :       51 DHORME LANGUE   486            BCD       I
I        :       :       60 CAD IJ RV**     172-B         B D       I
I       116      46- 47  68 CAD 2A RV**      85-A          BCD    C  I
I        :       46      51 DHORME LANGUE   486            BCD       I
I        :       :       65 CAD  B RV**      52-A          BCD       I
I       116      47              -           52-A           C     C  I
I        :       :       68 CAD 2A RV**      80-A         B D       I
I       116      48- 50  50 MORAN SYNTACTIC  68             D        I
I        :       48- 49  59 CAD  D RV**      70-A          BCD    C  I
I        :       :  :    65 CAD  B RV**     150-A          BCD    C  I
I        :       48      10 EBELING VERBUM   52    7/3A    BCD       I
I        :       :       50 MORAN SYNTACTIC  64            BCD       I
I       116      49      09 BOHL SPRACHE     59    29F     BCD       I
I       116      50- 52  50 MORAN SYNTACTIC 147           B D       I
I        :       50      09 BOHL SPRACHE     46    27N    B D       I
I        :       :       10 EBELING VERBUM   56    7/3B    BCD       I
I       116      51              -           55    7/3A    BCD       I
I       116      52- 53  77 CAD 2M RV**      79-B         B D    C  I
I       116      53- 54  60 CAD IJ RV**     168-B         B D    C  I
I       116      54- 55  50 MORAN SYNTACTIC  65            BCD       I
I        :       54      10 EBELING VERBUM   52    7/3A    BCD       I
I        :       :       50 MORAN SYNTACTIC 157           B D       I
I       116      59      09 BOHL SPRACHE     33    22D    B D       I
I       116      60              -           33    22F      D        I
I       116      61- 67  64 CAMPBELL CHRON.  87     51     CD     C  I
I        :       :  :    69 KLENGEL GESCH.2 199             D     C  I
I        :       61- 63  50 MORAN SYNTACTIC 171            CD     C  I
I        :       :  :    71 HELCK BEZIEHUNG 168     3       D     C  I
I        :       61      09 BOHL SPRACHE     31    20D    B D       I
I        :       :       10 EBELING VERBUM   53    7/3A    BCD       I
I       116      62      09 BOHL SPRACHE     79    36D      D        I
I        :       :       50 MORAN SYNTACTIC 171           B D       I
I        :       :       59 CAD  D RV**      21-B          BCD       I
I        :       :       60 MORAN EARLY CAN   6     4       D     EC I
I       116      65- 67  64 CAD 1A RV**      75-A          BCD    C  I
I        :       65- 66  50 MORAN SYNTACTIC  17    A/3     BCD   R C I
I        :       :  :            -           29     A      BCD       I
I        :       :  :    52 MORAN KARATEPE?  77-B    11    B D    C  I
I        :       65      10 EBELING VERBUM   54    7/3A    BCD       I
I       116      66      09 BOHL SPRACHE     37    24B     BCD       I
I        :       :       71 CAD  K RV**     591-A         B D       I
I       116      67- 69  50 MORAN SYNTACTIC  79             D        I
```

```
I                              C I T A T I O N S                      I
I      T E X T E S                                                    I
I                           DATE,  OUVRAGE, PAGES, NOTES CARACTERIST. I
I      ---------------------  ---------------------------  ---------- I
I      116      67           51 MORAN NEW EVID.  34-A    10    B D       I
I      116      69           10 EBELING VERBUM   55    7/3A  BCD       I
I      116      70- 71       15 KNUDTZON EL-AM 1593           D        I
I       :       :   :        15 KNUDTZ.CR/UNGN. 185           D    C   I
I       :       :   :        50 MORAN SYNTACTIC 164           D        I
I       :       70           09 BOHL SPRACHE    33     22C  b D        I
I       :       :            67 REDFORD HISTORY 217           D        I
I      116      71           73 KUHNE CHRONOLOG 80-81  406    D        I
I      116      72- 77       64 CAMPBELL CHRON.  93           D    C   I
I       :       72- 74       10 RANKE KEILSCHR.  22      1    D    C   I
I       :       72- 73       60 MORAN EARLY CAN   5           D        I
I       :       72           50 MORAN SYNTACTIC  97           D        I
I      116      73           10 RANKE KEILSCHR.  17         B D        I
I       :       :            71 HELCK BEZIEHUNG 249           D        I
I      116      74           10 RANKE KEILSCHR.  22         b D        I
I       :       :            15 KNUDTZON EL-AM 1593         B D    R   I
I      116      75           09 BURCHARDT ALTK.1 40     120  B D    C  I
I       :       :            10 BURCHARDT ALTK.2 50-B   986  B D    C  I
I       :       :            70 KLENGEL GESCH.3  63           D        I
I       :       :               -               69     65    D        I
I       :       :            71 HELCK BEZIEHUNG 130      7  B D        I
I       :       :               -              249           D        I
I      116      76           10 EBELING VERBUM   55    7/3A  BCD       I
I                                                                     I
I EA 117                                                              I
I ******                                                             I
I      117-118               62 KITCHEN SUPPILU  31           D        I
I       :   :                   -               45           D        I
I      117,118                  -               29           D        I
I      117                      -               40              G     I
I       :                    64 CAMPBELL CHRON.  84           D        I
I       :                       -              134     2C     D        I
I       :                    69 KLENGEL GESCH.2 191           D        I
I       :                       -              201           D        I
I       :                    70 KLENGEL GESCH.3  12           D        I
I      117       6-  9       69 KLENGEL GESCH.2 236     65    D    C   I
I      117       7-  9       50 MORAN SYNTACTIC 123  100/2  B D    C  I
I      117       8-  9       10 EBELING VERBUM   70     21    D    C   I
I       :       8            09 BOHL SPRACHE    74    340    D        I
I       :       :            50 MORAN SYNTACTIC   9      C  b D        I
I       :       :               -               11      D  B D        I
I      117       9- 11          -               23      B             I
I       :        9- 10          -               14    G/C  B D        I
I       :       :   :        68 CAD 2A RV**      19-A       BCD    C   I
I       :       :   :           -              283-B       BCD    C   I
I      117      11- 12       64 CAD 1A RV**     358-B       BCD    C   I
I       :      11, 12        50 MORAN SYNTACTIC 171         BCD       I
I      117      12- 13       68 CAD 2A RV**     365-B        C     C   I
I       :      12            10 EBELING VERBUM   55    7/3A  BCD       I
I       :       :            50 MORAN SYNTACTIC 111     41  B D        I
I      117      13, 15       10 EBELING VERBUM   56    7/3B  BCD       I
I       :       :   :        51 DHORME LANGUE   429         BCD       I
I      117      14- 19       15 KNUDTZON EL-AM 1593          CD        I
I       :      14, 19        09 BOHL SPRACHE    58    28V    D        I
I       :       :   :        10 EBELING VERBUM   53    7/3A  BCD       I
I       :      14            68 CAD 2A RV**     365-B       BCD       I
I      117      17- 19       50 MORAN SYNTACTIC  62         B D      ? I
I       :      17- 18        10 EBELING VERBUM   71     21  BCD    C   I
I       :       :   :        68 CAD 2A RV**     361-A        C     C   I
```

	TEXTES			CITATIONS				
				DATE, OUVRAGE, PAGES, NOTES CARACTERIST.				
I	117	29		50 MORAN SYNTACTIC	46		D	B D
I	117	30- 31		66 JUCQUOIS PHONET	174			D
I	:	30		10 EBELING VERBUM	51	6/2B		BCD
I	:	:		50 MORAN SYNTACTIC	123	100/2		D
I	117	31		09 BOHL SPRACHE	74	34P		D
I	:	:		10 EBELING VERBUM	66	16		BCD
I	:	:		50 MORAN SYNTACTIC	46		D	
I	:	:		51 DHORME LANGUE	442			BCD
I	117	32- 33		10 EBELING VERBUM	72	21	BCD	C
I	:	:	:	50 MORAN SYNTACTIC	9	A/2	BCD	
I	:	:	:	-	71		D	
I	:	:	:	-	72	1	D	
I	:	:	:	-	74-75	5	BCD	
I	:	32		09 BOHL SPRACHE	61	30C	B D	
I	:	:		10 EBELING VERBUM	60	11/7	BCD	
I	:	:		50 MORAN SYNTACTIC	61		D	
I	117	33		09 BOHL SPRACHE	60	30C	BCD	
I	:	:		-	62	30G	B D	
I	:	:		-	73	34K	BCD	
I	:	:		10 EBELING VERBUM	60	11/7	BCD	
I	:	:		50 MORAN SYNTACTIC	172		B D	R
I	:	:		69 KLENGEL GESCH.2	293		D	
I	:	:		73 CAD L RV**	147-B		B D	
I	117	34		50 MORAN SYNTACTIC	172		BCD	?
I	117	41		70 KLENGEL GESCH.3	15		B D	R ?
I	117	42		70 RAINEY TABLETS	93		B D	
I	117	43		50 MORAN SYNTACTIC	124A	104	B D	R ?
I	117	44		09 BOHL SPRACHE	63	31B	B D	
I	:	:		10 EBELING VERBUM	62	12	BCD	
I	117	47		69 AHW P RV**	852-A		D	
I	117	50- 51		77 CAD 1M RV**	341-B		BCD	R C
I	:	50		09 BOHL SPRACHE	59	29C	B D	
I	:	:		10 EBELING VERBUM	62	13	BCD	?
I	:	:		51 DHORME LANGUE	437		B D	
I	117	52		09 BOHL SPRACHE	33	22E	BCD	
I	:	:		10 EBELING VERBUM	63	13	BCD	
I	:	:		50 MORAN SYNTACTIC	30	A	BCD	
I	:	:		71 CAD K RV**	380-A		BCD	
I	117	53- 56		10 EBELING VERBUM	77	APP	CD	C
I	117	54- 55		-	71	21	BCD	C
I	:	:	:	15 KNUDTZON EL-AM	1593		CD	
I	117	55		50 MORAN SYNTACTIC	172		BCD	?
I	:	:		60 MORAN EARLY CAN	10	2	D	?
I	117	56		09 BOHL SPRACHE	58	28V	D	
I	:	:		10 EBELING VERBUM	53	7/3A	BCD	
I	117	57, 60		10 RANKE KEILSCHR.	17		B D	
I	117	59- 61		50 MORAN SYNTACTIC	14	G/B	BCD	
I	:	59- 60		-	71		BCD	R
I	:	:	:	-	74	2	BCD	
I	:	:	:	65 CAD B RV**	71-B		BCD	C
I	:	59		10 EBELING VERBUM	62	12	BCD	
I	:	:		73 CAD L RV**	171-A		D	
I	117	60		50 MORAN SYNTACTIC	49	G	B D	
I	:	:		-	50	G	B D	
I	117	61		10 RANKE KEILSCHR.	15		B D	
I	:	:		64 CAMPBELL CHRON.	125		D	
I	:	:		71 HELCK BEZIEHUNG	249		D	
I	:	:		-	556		B D	
I	117	62- 64		10 EBELING VERBUM	72	21	BCD	C

```
I                                    C I T A T I O N S                    I
I        T E X T E S         -------------------------------------------- I
I                            DATE, OUVRAGE, PAGES, NOTES  CARACTERIST.     I
I       ----------------     -------------------------------  ----------- I
I      117      62           10 EBELING VERBUM    58    8/4   BCD         I
I       :        :           15 KNUDTZON EL-AM  1593           G          I
I       :        :           51 DHORME LANGUE    411         D            I
I      117      63- 64       69 KLENGEL GESCH.2  276         D            I
I       :       63           10 EBELING VERBUM    59    8/4   BCD         I
I       :        :           50 MORAN SYNTACTIC   11     D   BCD         I
I       :        :           51 DHORME LANGUE    411         BCD         I
I       :        :              -                415         BCD    EC   I
I      117      64- 71       71 HELCK BEZIEHUNG  174    41    D      C    I
I       :       64- 65       59 CAD  D RV**     154-B        BCD    C    I
I       :       64           10 EBELING VERBUM    46    5/1B  BCD         I
I       :        :           39 HARRIS CANAANIT   48         BCD         I
I       :        :           51 DHORME LANGUE    415         BCD         I
I       :        :              -                481         B D         I
I      117      66- 67       51 MORAN NEW EVID.   34-B        BCD         I
I       :        :  :        60 MORAN EARLY CAN    5          B D         I
I       :       66           50 MORAN SYNTACTIC   97         D            I
I       :        :           60 MORAN EARLY CAN   17          B D         I
I       :        :           71 HELCK BEZIEHUNG  248    14    D            I
I      117      67- 70       10 EBELING VERBUM    77   APP   CD     C    I
I       :        :  :        73 CAD  L RV**      147-B        BCD    C    I
I       :       67- 68       50 MORAN SYNTACTIC   53         BCD         I
I       :       67              -                 83         B D         I
I       :        :              -                 85         B D    R    I
I       :        :           69 AHW  P RV**      832-A         G          I
I      117      68- 70       15 KNUDTZON EL-AM  1593         CD          I
I       :        :           10 EBELING VERBUM    70    21   BCD    C    I
I       :       68           09 BOHL SPRACHE      60   30C   BCD         I
I       :        :           10 EBELING VERBUM    40    1/1  BCD         I
I       :        :              -                 60   11/7  BCD         I
I      117      69- 70       68 CAD 2A RV**       52-B        BCD    C    I
I      117      70           50 MORAN SYNTACTIC   50     G    B D         I
I      117      71- 74       60 MORAN EARLY CAN    5          D            I
I       :        :  :           -                  7         BCD    R    I
I       :       71           10 EBELING VERBUM    52    7/3A BCD         I
I       :        :           50 MORAN SYNTACTIC   64         D            I
I      117      72- 74          -                 93         BCD         I
I       :       72           60 MORAN EARLY CAN   17          B D         I
I       :        :           71 HELCK BEZIEHUNG  374    26    D            I
I      117      74           50 MORAN SYNTACTIC   15   G/C    B D         I
I       :        :           60 CAD IJ RV**      327-A        B D         I
I      117      75           10 EBELING VERBUM    52    7/3A BCD         I
I      117      76- 80       60 MORAN EARLY CAN    3         BCD         I
I       :       76           50 MORAN INF.ABSOL  169-B    7   B D     ? I
I       :        :           65 CAD  B RV**       52-A        B D         I
I      117      77           09 BOHL SPRACHE      33   22E   BCD         I
I       :        :           60 MORAN EARLY CAN   18         BCD         I
I      117      78- 80       50 MORAN SYNTACTIC   96         BCD         I
I       :        :  :        77 CAD 1M RV**      341-B        B D    C    I
I       :       78           68 CAD 2A RV**      257-A        D            I
I      117      79, 81       51 MORAN NEW EVID.   34    11    D      C    I
I       :       79           09 BOHL SPRACHE       2    1F    B D         I
I      117      81              -                  3/1   2A    B D         I
I       :        :           50 MORAN SYNTACTIC   84          B D         I
I      117      82              -                150         BCD         I
I       :        :           51 DHORME LANGUE    472         BCD         I
I       :        :           64 CAD 1A RV**       72-B        BCD         I
I       :        :           71 CAD  K RV**      328-B        B D         I
I       :        :              -                369-A        BCD         I
```

```
I                                    C I T A T I O N S                  I
I         T E X T E S       ------------------------------------------  I
I                           DATE,  OUVRAGE, PAGES, NOTES  CARACTERIST.  I
I         ----------------  ------------------------------ ----------   I
I      117      83      50 MORAN SYNTACTIC 124    100/4  B D            I
I      117      84          -                172           B D     EC   I
I       :       :      69 KLENGEL GESCH.2 237      79      D            I
I      117      85      77 CAD 2M RV**       89-B          B D    R     I
I      117      87      77 CAD 1M RV**      341-B          D            I
I      117      90- 92  50 MORAN SYNTACTIC  87            BCD    R .    I
I       :       :   :       -                98           BCD    R      I
I       :       90      56 CAD  H RV**      241-B          BCD           I
I       :       :      69 KLENGEL GESCH.2 295      34      D            I
I      117      91, 93  09 BOHL SPRACHE       3/1    2A    B D          I
I       :       91      77 CAD 1M RV**      341-B          D            I
I      117      92- 94  60 MORAN EARLY CAN   5            D            I
I       :       92, 94      -                11           BCD    R C    I
I       :       92      09 BOHL SPRACHE      74     34P    D            I
I       :       '      50 MORAN SYNTACTIC   97            D            I
I       :       :          -               164           B D          I
I       :       :      60 MORAN EARLY CAN   5            B D    R     I
I       :       :          -                17           B D    R     I
I       :       :          -                19      2     B D          I
I       :       :      74 RAINEY EA NOTES 302            D            I
I       :       :      77 CAD 1M RV**      341-B          CD     C     I
I      117      93     71 HELCK BEZIEHUNG 254            D            I
I       :       :      77 CAD 1M RV**      341-B          B D    R     I
I      117      94     10 EBELING VERBUM   65      15    BCD          I
I       :       :      50 MORAN SYNTACTIC  83            B D          I
I                                                                      I
I EA 118                                                               I
I ******                                                               I
I      118             70 KLENGEL GESCH.3  16            D            I
I       :                  -                18           D            I
I       :              71 HELCK BEZIEHUNG 173      33     D            I
I      118      2,  3   50 MORAN SYNTACTIC  10     C/3   B D          I
I      118      6-  7       -                60           BCD    EC   I
I      118      8-  9       -               154           B D         I
I      118     11- 13   60 MORAN EARLY CAN   3           BCD          I
I       :       11      50 MORAN SYNTACTIC  96            D           I
I      118      13      59 CAD  D RV**      154-B         D           I
I      118     14- 17   50 MORAN SYNTACTIC  95           BCD          I
I       :       :   :   60 MORAN EARLY CAN   6           BCD          I
I      118      15      71 HELCK BEZIEHUNG 248      14    D           I
I      118     16- 17   50 MORAN SYNTACTIC 172           CD          I
I       :       16      71 CAD  K RV**      470-A         B D         I
I      118     18- 19   68 CAD 2A RV**      190-B         B D    C    I
I       :       :   :   77 CAD 2M RV**       81-A         B D    C    I
I       :       18      09 BOHL SPRACHE       1     1A    B D         I
I      118     21- 23   69 KLENGEL GESCH.2 295      34    D      C    I
I       :      21- 22   50 MORAN SYNTACTIC 173           D           I
I      118     22- 25   56 CAD  H RV**      241-A         BCD    R C  I
I      118      23      62 AHW  H RV**      357-A         B D         I
I      118     24- 33   71 HELCK BEZIEHUNG 302      87    D      C    I
I       :      24- 28   69 KLENGEL GESCH.2 294      16    D      C    I
I       :       :   :   69 MORAN DEATH OF   97-B         D      C    I
I       :      24, 25   09 BOHL SPRACHE      88     38N   B D    C    I
I      118     26- 36   69 MORAN DEATH OF   94      1     D      C    I
I      118     28- 30   64 CAD 1A RV**      358-B         BCD    C    I
I       :      28, 31   09 BOHL SPRACHE      34     23C   B D         I
I       :       :   :   66 JUCQUOIS PHONET   82           BCD         I
I      118     29- 30   50 MORAN SYNTACTIC 173           D           I
I      118     30- 32   64 CAMPBELL CHRON.   78           D           I
```

```
-----------------------------------------------------------------
I                                C I T A T I O N S              I
I                         ------------------------------------- I
I       T E X T E S                                             I
I                         DATE, OUVRAGE, PAGES, NOTES CARACTERIST. I
I    ----------------------  ------------------------------- ---------- I
I    118      31         09 BOHL SPRACHE    2       1F   B D        I
I     :       :          75 MORAN AMARNA GL 157      1   B D        I
I    118      33         60 MORAN EARLY CAN 18           BCD        I
I    118      34         09 BOHL SPRACHE    33      22C  B D        I
I     :       :             -              65       32F  B D        I
I    118      35- 37        -              88       38N  B D    C   I
I    118      36- 39     50 MORAN INF.ABSOL 169-170      BCD        I
I     :       :  :       52 MORAN KARATEPE? 77-A          D     C   I
I     :       :  :       64 CAD 1A RV**     358-B        BCD    C   I
I     :       :  :       69 KLENGEL GESCH.2 237     81    G         I
I     :       36- 38     50 MORAN SYNTACTIC 31       A   BCD        I
I     :       :  :       61 MORAN HEB.LANG. 71      117  BCD        I
I    118      37- 38     50 MORAN SYNTACTIC 57           BCD        I
I     :       37         10 EBELING VERBUM  41      1/4  BCD        I
I     :       :          50 MORAN INF.ABSOL 169-B    8   B D    C   I
I     :       :          52 MORAN KARATEPE? 78-A         B D    C   I
I     :       :          56 CAD  H RV**     241-B          D        I
I     :       :          62 AHW  H RV**     357-A        B D        I
I    118      38, 46     10 EBELING VERBUM  54      7/3A BCD        I
I     :       38         50 MORAN SYNTACTIC 119      73    D        I
I    118      39- 44     60 MORAN EARLY CAN 5           BCD        I
I     :       39- 41     68 CAD 2A RV**     220-A       BCD    C   I
I     :       39- 40     50 MORAN SYNTACTIC 23       B    D        I
I     :       39            -              10       C   B D        I
I     :       :          68 CAD 2A RV**     19-A         B D        I
I    118      40- 41     71 CAD  K RV**     328-B        B D    C   I
I     :       40         50 MORAN SYNTACTIC 150          BCD    R   I
I     :       :          60 MORAN EARLY CAN 5        1   B D    C   I
I     :       :          66 JUCQUOIS PHONET 103          B D        I
I     :       :          71 CAD  K RV**     369-A          D        I
I    118      42, 44     60 MORAN EARLY CAN 9        3   B D    C   I
I     :       :  :          -              11           B D    C   I
I     :       42         50 MORAN SYNTACTIC 97            D        I
I    118      43         10 RANKE KEILSCHR. 17           B D        I
I    118      44         50 MORAN SYNTACTIC 83           B D        I
I     :       :          69 AHW  P RV**     841-A        B D        I
I    118      45- 48     10 EBELING VERBUM  72      21   BCD    C   I
I     :       45- 46     50 MORAN SYNTACTIC 71           BCD        I
I    118      48- 49     64 CAMPBELL CHRON. 93             D        I
I    118      49- 56        -              100            D        I
I    118      50- 53     1C EBELING VERBUM  49      5/1B BCD    C   I
I     :       :  :       50 MORAN SYNTACTIC 44       D   B D        I
I     :       :  :       70 KLENGEL GESCH.3 215     143    D     C   I
I     :       :  :       71 HELCK BEZIEHUNG 248     14     D     C   I
I     :       :  :          -              248      21    CD    C   I
I     :       50         50 MORAN SYNTACTIC 173          BCD    R  ? I
I    118      53         09 BOHL SPRACHE    53      28M  B D        I
I     :       :          15 KNUDTZON EL-AM  1593         B D    R   I
I     :       :          50 MORAN SYNTACTIC 124A    101  B D    C   I
I     :       :          69 AHW  P RV**     832-A        B D        I
I    118      54         15 KNUDTZON EL-AM  1593         CD        I
I    118      55- 56     64 CAMPBELL CHRON. 93           CD     C   I
I                                                                  I
I EA 119                                                           I
I ******                                                           I
I    119,120             64 CAMPBELL CHRON. 84-85          D        I
I    119                    -              82            D        I
I    119      8-  9      50 MORAN SYNTACTIC 124    100/4 B D    C   I
I     :       8             -              54           B D        I
```

TEXTES			CITATIONS			CARACTERIST.
			DATE, OUVRAGE, PAGES, NOTES			
119	10- 11		50 MORAN SYNTACTIC	154		B D C
:	10		60 MORAN EARLY CAN	18-19		B D
:	:		75 MORAN SYRIAN SC	165	68	CD
:	:		77 CAD 2M RV**	89-B		B D
119	11		15 KNUDTZON EL-AM 1594			B D
119	13		50 MORAN SYNTACTIC	54		B D R
:	:		71 HELCK BEZIEHUNG	374	26	D
119	14- 16		65 CAD B RV**	51-B		BCD C
:	14		09 BOHL SPRACHE	74	34P	D
:	:		10 EBELING VERBUM	70-71	21	BCD EC
:	:		50 MORAN SYNTACTIC	164		B D
119	15- 16		-	93		D
:	15		-	54		B D
:	:		-	76		B D
:	:		-	93		B D
:	:		52 MORAN KARATEPE?	79-B	29	D
:	:		60 MORAN EARLY CAN	9		D
119	16- 18		77 CAD 1M RV**	423-A		BCD R C
119	17- 23		50 MORAN SYNTACTIC	31	A	D
:	:	:	-	73	2	D
:	17- 18		-	71		D
:	17, 18		-	119	75	D
:	17		10 EBELING VERBUM	57	7/3B	BCD
119	18- 23		50 MORAN SYNTACTIC	100		BCD
:	:	:	-	134	187	D
:	:	:	-	173		CD
:	:		60 MORAN EARLY CAN	15		BCD
:	18- 19		50 MORAN SYNTACTIC	65		D
:	:	:	-	66		BCD
:	18		09 BOHL SPRACHE	76	35E	BCD
:	:		10 EBELING VERBUM	53	7/3A	BCD
:	:		50 MORAN SYNTACTIC	117	70	B D
:	:		-	134	187	BCD
119	19- 21		77 CAD 1M RV**	427-A		BCD C
119	20- 22		50 MORAN SYNTACTIC	76	1	D
:	20		10 EBELING VERBUM	65	14	BCD
:	:		10 RANKE KEILSCHR.	17		B D
:	:		66 AHW M RV**	635-A		G
119	21		10 EBELING VERBUM	54	7/3A	BCD
:	:		65 CAD B RV**	57-A		B D
119	23		15 KNUDTZON EL-AM 1593			C
:	:		50 MORAN SYNTACTIC	102		BCD
:	:		-	173		B D C
:	:		59 CAD D RV**	7-A		BCD
:	:		60 CAD IJ RV**	168-B		BCD
:	:		60 MORAN EARLY CAN	15	2	D C
:	:		71 CAD K RV**	88-B		BCD
119	24		50 MORAN SYNTACTIC	67	3	D
119	26- 27		71 CAD K RV**	223-A		B D C
:	26		67 SYL. 2 RV**	64	323	B D C
119	35		58 CAD E RV**	27-A		BCD
119	36- 37		68 CAD 2A RV**	53-A		BCD
119	38- 39		60 CAD IJ RV**	24-B		B D C
119	39- 41		58 CAD E RV**	208-A		BCD C
:	:	:	77 CAD 1M RV**	211-B		BCD C
:	39		09 BOHL SPRACHE	30	18E	B D
:	:		50 MORAN SYNTACTIC	21	A/4	BCD
:	:		60 MORAN EARLY CAN	17	2	D
119	40- 42		50 MORAN SYNTACTIC	70	2	BCD

```
I                                                                          I
I                                    C I T A T I O N S                      I
I        T E X T E S          ------------------------------------------    I
I                             DATE,  OUVRAGE, PAGES, NOTES  CARACTERIST.    I
I        ---------------      --------------------------------  ----------  I
I        119      40         50 MORAN SYNTACTIC   46        D  Б D          I
I         :        :         59 AHW   D RV**      176-A         G           I
I         :        :         75 MORAN SYRIAN SC 148   N.72 AB D      C      I
I        119      42         15 KNUDTZON EL-AM 1593          BCD            I
I        119      43         50 MORAN SYNTACTIC   10      C  B D     EC     I
I         :        :         68 CAD 2A RV**       220-A         D           I
I        119      44- 45        -                 148-A         BCD    C    I
I        119      45         59 CAD   D RV**      153-B         BCD         I
I         :        :         71 CAD   K RV**      471-B         BCD         I
I        119      46- 48     77 CAD 2M RV**       79-B      B D      C      I
I         :       46- 47     71 CAD   K RV**      91-A      B D      C      I
I         :       46         09 BOHL SPRACHE      47     27Q  B D           I
I         :        :         10 EBELING VERBUM    44     4/1  BCD           I
I         :        :            -                 56     7/3B BCD           I
I         :        :         51 DHORME LANGUE    454          BCD           I
I        119      50         70 RAINEY TABLETS    78      B D        ? I
I        119      51         50 MORAN SYNTACTIC   50      G  Б D            I
I        119      52         10 EBELING VERBUM    53     7/3A BCD           I
I        119      53- 54     77 CAD 2M RV**       92-B      Б D      C      I
I         :       53         10 EBELING VERBUM    71     21   BCD           I
I        119      55- 59     71 HELCK BEZIEHUNG 174     41    D      C      I
I         :       55         15 KNUDTZON EL-AM 1593          BCD           I
I        119      58         52 MORAN KARATEPE?  78-B    22    D            I
I                                                                          I
I EA 120                                                                    I
I ******                                                                    I
I        120                 73 KUHNE CHRONOLOG    4      15    D           I
I        120       1-        71 HELCK BEZIEHUNG 174      41    D      C     I
I        120       2         50 MORAN SYNTACTIC   10     C/3  B D          I
I        120       4,  7     15 KNUDTZON EL-AM 1594       B D     R  ? I
I         :        :   :      61 CAD   Z RV**       89        Б D          I
I         :        :   :      70 RAINEY TABLETS    79            G         I
I         :        :   :         -                 86        B D          I
I        120       5         09 BOHL SPRACHE      39     25H  B D          I
I        120       6         67 AHW   N RV**      729-A         G          I
I        120       7- 13     15 KNUDTZON EL-AM 1593          D            I
I        120       8            -                 1593       B D          I
I        120       9         71 CAD   K RV**      501-B      B D     ? I
I        120      11, 18     50 MORAN SYNTACTIC 173          BCD          I
I         :       11         77 CAD 1M RV**       252-B      B D          I
I        120      12         69 AHW   N RV**      777-B      B D          I
I        120      17         64 CAD 1A RV**       180-A      B D          I
I        120      18         63 AHW   K RV**      420-A      B D          I
I         :        :         71 CAD   K RV**      36-A       BCD    R  ? I
I        120      20            -                 396-B      B D          I
I        120      21         74 AHW  >S RV**     1119-A      B D          I
I         :        :         77 CAD 1M RV**       290-B      B D    R  ? I
I         :        :            -                 321-B         G         I
I        120      22         68 CAD 2A RV**       80-A      Б D          I
I         :        :            -                 82-B       BCD          I
I        120      23         15 KNUDTZ.CR/UNGN.  185         BCD    R     I
I        120      24         15 KNUDTZON EL-AM 1594       B D       ? I
I        120      27         10 EBELING VERBUM    57     7/3B BCD          I
I         :        :         56 CAD   H RV**       3-B          D         I
I        120      29- 31     58 CAD   E RV**      206-B      БCD    R C    I
I        120      31         09 BOHL SPRACHE      70     33P  B D         I
I         :        :         60 CAD IJ RV**       303-A      B D          I
I        120      37         09 BOHL SPRACHE      27     14B  BCD         I
I        120      39         10 EBELING VERBUM    41     1/4  BCD         I
```

```
I                                   C I T A T I O N S                    I
I         T E X T E S         ----------------------------------------   I
I                                   DATE,  OUVRAGE, PAGES, NOTES CARACTERIST.  I
I     ----------------------------  ----------------------------  -----------  I
I       120      39          10 EBELING VERBUM     45     5/1A   BCD          I
I       120      41               -                63       13   BCD          I
I       120      44- 45      59 CAD  D RV**        63-A           B D      C  I
I                                                                             I
I EA 121                                                                      I
I ******                                                                      I
I       121-126              62 KITCHEN SUPPILU    29              D          I
I        :    :                   -                45              D          I
I       121-123              64 CAMPBELL CHRON.    84              D          I
I       121                       -                80              D          I
I        :                        -                82              D          I
I       121       7- 17      69 KLENGEL GESCH.2 199               D          I
I        :        7-  8      10 EBELING VERBUM     70       21   BCD      C  I
I        :        7          50 MORAN SYNTACTIC    54             B D        I
I       121      10          15 KNUDTZON EL-AM 1594              B D         I
I        :        :          50 MORAN SYNTACTIC 169             BCD      R  I
I        :        :          77 CAD 2M RV**        89-B          B D      R  I
I       121      12- 16      15 KNUDTZON EL-AM 1594               D          I
I       121      15          50 MORAN SYNTACTIC 173              B D      R  I
I       121      16          15 KNUDTZON EL-AM 1593                G         I
I       121      19- 23      69 KLENGEL GESCH.2 266               D       C  I
I        :       19          10 EBELING VERBUM     55       7/3A BCD         I
I       121      25          50 MORAN SYNTACTIC    98             B D        I
I       121      43          10 EBELING VERBUM     55       7/3A BCD         I
I       121      45- 48      60 MORAN EARLY CAN     5             -D         I
I       121      47          50 MORAN SYNTACTIC    97             D          I
I       121      48          10 RANKE KEILSCHR.    17             B D        I
I       121      50- 51      69 KLENGEL GESCH.2 276               D          I
I       121      51          50 MORAN SYNTACTIC 173              B D      R  I
I        :        :          69 KLENGEL GESCH.2 237       82      D          I
I       121      53          10 EBELING VERBUM     54       7/3A BCD         I
I                                                                             I
I EA 122                                                                      I
I ******                                                                      I
I       122,123             64 CAMPBELL CHRON. 134         2C      D          I
I       122                      -                82              D          I
I       122       9- 21     69 KLENGEL GESCH.2 199               D          I
I        :        9         10 EBELING VERBUM     51       6/2B BCD         I
I        :        :         39 HARRIS CANAANIT    49             BCD         I
I       122      11- 30     50 MORAN SYNTACTIC 169               D       C  I
I        :       11- 21     75 MORAN SYRIAN SC 165        68      D       C  I
I        :       11- 14     77 CAD 1M RV**       341-B          BCD      C  I
I       122      14         77 CAD 2M RV**        80-B           D          I
I       122      15- 17     65 CAD  B RV**        52-A           B D      C  I
I        :       15         50 MORAN SYNTACTIC 167              B D         I
I        :        :         53 MORAN SUMMA        79-A       6   B D         I
I       122      16- 19     50 MORAN SYNTACTIC 110        23      D          I
I       122      18              -               110        23   B D      R  I
I       122      19- 21     58 CAD  E RV**        27-A          BCD      C  I
I       122      20         09 BOHL SPRACHE       69        33A BCD         I
I        :        :         50 MORAN SYNTACTIC 111-112    41   B D         I
I       122      21              -                54             B D      R  I
I        :        :              -               174             B D      R  I
I       122      26- 28     65 CAD  B RV**        52-A          BCD      C  I
I        :       26         09 BOHL SPRACHE       70        33P B D         I
I       122      27- 31     50 MORAN SYNTACTIC    23        . B  D          I
I       122      28- 31          -                15       G/C BCD         I
I        :        :    :    68 CAD 2A RV**       108-B          BCD      C  I
I        :       28         50 MORAN SYNTACTIC 173               D          I
```

```
I                                 C I T A T I O N S                    I
I      T E X T E S       ----------------------------------------------  I
I                         DATE,  OUVRAGE, PAGES, NOTES  CARACTERIST.  I
I     -----------------   -----------------------------  -----------  I
I     122      29-  31    65 CAD   B RV**         52-A      BCD    C   I
I     122      31-  39    70 KLENGEL GESCH.3 202            D      C   I
I      :       31-  37    62 KITCHEN SUPPILU  14       3    D          I
I      :       31-  33    58 CAD   E RV**        209-B      BCD    C   I
I      :       31         10 EBELING VERBUM   79      APP   B D        I
I      :        :         10 RANKE KEILSCHR.  15            B D        I
I      :        :         64 CAMPBELL CHRON. 125            D          I
I      :        :         71 HELCK BEZIEHUNG 249            D          I
I      :        :          -                 556            B D    EC  I
I     122      32         09 BOHL SPRACHE     44      27F   B D        I
I      :        :         10 EBELING VERBUM   56      7/3B  BCD        I
I      :        :          -                 59      10/6  BCD    REC  I
I      :        :         39 HARRIS CANAANIT  45            BCD        I
I      :        :         50 MORAN INF.ABSOL 170-171  18   B D        I
I      :        :         50 MORAN SYNTACTIC 117      70   B D        I
I     122      33         09 BOHL SPRACHE     45      27I   BCD        I
I     122      34         71 HELCK BEZIEHUNG 275            D          I
I     122      35         09 BURCHARDT ALTK.1 25      72   B D    C   I
I      :        :          -                  1 27    79   B D    C   I
I      :        :         10 BURCHARDT ALTK.2 45-A   876   B D    C   I
I      :        :         10 EBELING VERBUM   55      7/3A  BCD        I
I      :        :         10 RANKE KEILSCHR.  25            BCD      ? I
I      :        :         50 MORAN INF.ABSOL 170-171  18   B D        I
I      :        :         69 MORAN DEATH OF   96-B    14   D          I
I      :        :         71 HELCK BEZIEHUNG 225            B D        I
I      :        :          -                 346      49   B D        I
I      :        :         76 AHW >S RV**     1216-B        B D      ? I
I     122      37         10 EBELING VERBUM   64      14   BCD        I
I     122      38-  40    50 MORAN SYNTACTIC  79            D          I
I      :       38-  39    68 CAD 2A RV**      423-B         BCD    C   I
I      :       38         09 BOHL SPRACHE     30      18E   B D        I
I      :        :         15 KNUDTZON EL-AM 1594            CD         I
I      :        :         50 MORAN SYNTACTIC  21      A/4   BCD        I
I      :        :         60 MORAN EARLY CAN  17       2    D          I
I      :        :         77 CAD 1M RV**      211-B         B D        I
I     122      39         10 EBELING VERBUM   51      6/2B  BCD        I
I      :        :         74 RAINEY EA NOTES 301            B D        I
I     122      40         09 BOHL SPRACHE     73      34H   B D        I
I      :        :         59 AHW   A RV**      37-B         B D        I
I     122      42, 43     10 EBELING VERBUM   53      7/3A  BCD        I
I      :        :   :     50 MORAN INF.ABSOL 170-171  18   B D        I
I      :        :   :     50 MORAN SYNTACTIC 117      70   B D        I
I      :        :   :      -                 178            D          I
I     122      43         09 BOHL SPRACHE     65      32G   B D        I
I      :        :         58 CAD   E RV**     209-B         D          I
I     122      44-  48    60 MORAN EARLY CAN   5            D          I
I      :       44         50 MORAN SYNTACTIC  97            D          I
I     122      46, 47     60 MORAN EARLY CAN  11            BCD    C   I.
I     122      47-  48    58 CAD   E RV**     203-B         BCD    C   I
I      :       47         50 MORAN SYNTACTIC  83            B D        I
I     122      48-  49    10 EBELING VERBUM   70-71    21   BCD    EC  I
I      :        :   :     50 MORAN SYNTACTIC  53            BCD    C   I
I     122      49         09 BOHL SPRACHE     74      34P   D          I
I     122      50         15 KNUDTZON EL-AM 1594            D          I
I     122      53-  55    71 CAD   K RV**     328-A         BCD    C   I
I      :       53-  54    50 MORAN SYNTACTIC 154            B D        I
I     122      54-  55    10 EBELING VERBUM   71      21   BCD    C   I
I      :        :   :     64 CAD 1A RV**      219-B         BCD    C   I
I     122      55         09 BOHL SPRACHE     61      30C   B D        I
```

```
-------------------------------------------------------------------------
I                                 C I T A T I O N S                      I
I        T E X T E S         ----------------------------------------    I
I                            DATE,  OUVRAGE, PAGES, NOTES  CARACTERIST.   I
I    ----------------------  ----------------------------  ------------   I
I      122      55          09 BOHL SPRACHE      72      34F   B D        I
I       :        :          10 EBELING VERBUM    60      11/7  BCD        I
I                                                                         I
I EA 123                                                                  I
I ******                                                                  I
I     123-128              64 CAMPBELL CHRON.   80                 D      I
I      123      9- 12      50 MORAN SYNTACTIC   30         A      BCD      I
I       :       :   :      58 CAD  E RV**       209-B            BCD    C  I
I      123     10, 12      09 BOHL SPRACHE      65        32G    B D       I
I       :       :   :      10 EBELING VERBUM    53        7/3A   BCD       I
I       :       :   :      50 MORAN INF.ABSOL 170-171     18    B D        I
I       :       :   :      50 MORAN SYNTACTIC  117        70    B D        I
I      123     13- 22      71 HELCK BEZIEHUNG  249                D     C   I
I       :      13- 18      62 KITCHEN SUPPILU   14         3     D         I
I       :      13          10 EBELING VERBUM    79        APP   B D        I
I       :       :          10 RANKE KEILSCHR.   15              B D        I
I       :       :          64 CAMPBELL CHRON.  125                D        I
I       :       :          71 HELCK BEZIEHUNG  556              B D        I
I      123     14          10 EBELING VERBUM    55        7/3A   BCD       I
I       :       :          69 MORAN DEATH OF    96-B      14     D         I
I       :       :          71 HELCK BEZIEHUNG  275                D        I
I      123     15          10 RANKE KEILSCHR.   25              BCD      ? I
I       :       :          71 HELCK BEZIEHUNG  346        49     D         I
I       :       :          76 AHW >S RV**      1216-B           B D      ? I
I      123     16          10 EBELING VERBUM    55        7/3A   BCD       I
I       :       :          50 MORAN SYNTACTIC   30         A     BCD       I
I      123     17          10 EBELING VERBUM    64        14     BCD       I
I       :       :          51 DHORME LANGUE    438              BCD        I
I      123     18- 22      10 EBELING VERBUM    72        21     BCD    C   I
I      123     21          09 BOHL SPRACHE      73        34K    BCD       I
I      123     23- 28      50 MORAN SYNTACTIC   93              BCD    R    I
I       :       :   :      60 MORAN EARLY CAN    6              BCD        I
I       :      23- 26      50 MORAN SYNTACTIC   74         1     D         I
I       :      23               -              134       190   B D        I
I      123     25- 26           -               98              BCD        I
I      123     26- 28      65 CAD  B RV**        55-B           BCD    C    I
I       :      26          51 DHORME LANGUE    486              BCD        I
I       :       :          66 JUCQUOIS PHONET  136              BCD        I
I      123     27, 32      60 MORAN EARLY CAN    9              BCD        I
I       :      27               -                7             B D         I
I      123     29- 32      50 MORAN SYNTACTIC   93             B D         I
I       :      29               -              124       100/4 B D         I
I      123     31- 32      10 EBELING VERBUM    71        21     BCD    C   I
I       :      31          75 MORAN SYRIAN SC  165        68    B D        I
I      123     32          50 MORAN SYNTACTIC   54             B D         I
I      123     33- 35           -              139       228   B D         I
I       :       :   :      60 MORAN EARLY CAN   12         1    BCD        I
I       :      33          10 EBELING VERBUM    64        14    BCD        I
I       :       :          51 DHORME LANGUE    438             BCD        I
I      123     34- 35      50 MORAN SYNTACTIC  139       228    CD         I
I       :      34          10 RANKE KEILSCHR.   15             B D         I
I       :       :          64 CAMPBELL CHRON.  125              D          I
I       :       :          71 HELCK BEZIEHUNG  556             B D         I
I      123     35          10 EBELING VERBUM    56        7/3B   BCD       I
I       :       :          50 MORAN SYNTACTIC  119        74    D          I
I       :       :               -              160             B D         I
I       :       :          65 CAD  B RV**        55-B          B D         I
I       :       :          69 MORAN DEATH OF    95-B       8    D          I
I      123     39- 40      73 CAD  L RV**       145-A          B D      C   I
```

TEXTES		DATE, OUVRAGE, PAGES, NOTES			CARACTERIST.	
123	39	10 EBELING VERBUM	55	7/3A	BCD	
123	41- 42	60 MORAN EARLY CAN	5		D	
:	41	50 MORAN SYNTACTIC	97		D	
123	42	10 RANKE KEILSCHR.	17		B D	

EA 124
******

124-129		69 KLENGEL GESCH.2	200		D	
124-126		71 HELCK BEZIEHUNG	174	46	D	
124		64 CAMPBELL CHRON.	134	2C	D	
:		69 KLENGEL GESCH.2	191		D	
124	7- 10	-	295	32	D	C
:	7	10 EBELING VERBUM	56	7/3B	BCD	
124	9- 10	58 CAD E RV**	27-B		BCD	C
:	9	09 BOHL SPRACHE	69	33A	BCD	
:	:	60 AHW E RV**	186-A		BC	
124	10	09 BOHL SPRACHE	58	29B	B D	
:	:	10 EBELING VERBUM	67	16	BCD	
124	11	77 CAD 1M RV**	156-B		B D	
124	12- 13	58 CAD E RV**	116-B		BCD	C
:	12	09 BOHL SPRACHE	65	32F	B D	
:	:	50 MORAN SYNTACTIC	131	163	B D	
124	14- 15	-	9	A/1	BCD	
:	: :	-	82		BCD	
:	: :	-	94		BCD	
:	: :	-	95		D	
:	: :	51 MORAN NEW EVID.	33-B		BCD	
:	: :	60 MORAN EARLY CAN	9-10		BCD	
:	14, 15	50 MORAN SYNTACTIC	83		B D	C
:	: :	60 MORAN EARLY CAN	12		B D	C
:	14	09 BOHL SPRACHE	73	34K	BCD	
124	15- 16	10 EBELING VERBUM	71	21	BCD	C
:	15	-	46	5/1B	BCD	
:	:	-	47	5/1B	BCD	
:	:	50 MORAN SYNTACTIC	50	G	B D	
:	:	51 DHORME LANGUE	454		BCD	
:	:	64 CAD 1A RV**	220-B		D	
:	:	66 JUCQUOIS PHONET	244		BCD	
:	:	71 HELCK BEZIEHUNG	225		B D	
124	17- 19	69 KLENGEL GESCH.2	295	21	D	C
:	17	71 CAD K RV**	328-A		B D	
124	22	15 KNUDTZON EL-AM	1594			
124	24	09 BOHL SPRACHE	76	35C	BCD	
:	:	71 CAD K RV**	380-B		B D	
124	32- 34	69 KLENGEL GESCH.2	295	30	D	C
:	: :	-	295	33	D	C
124	34- 40	64 CAMPBELL CHRON.	85		CD	
:	34-	69 KLENGEL GESCH.2	236	65	D	
:	34	09 BOHL SPRACHE	34	23C	B D	
124	35- 40	50 MORAN SYNTACTIC	175		CD	
:	35- 38	69 KLENGEL GESCH.2	236	65	D	C
:	35, 39	50 MORAN SYNTACTIC	175		B D	R
:	35	71 CAD K RV**	328-A		G	
124	36- 40	50 MORAN SYNTACTIC	124	100/3	BCD	R
:	36	09 BOHL SPRACHE	70	33L	BCD	
124	37- 39	50 MORAN SYNTACTIC	49	F	BCD	R
:	37- 38	10 EBELING VERBUM	70	21	BCD	C
124	38	09 BOHL SPRACHE	74	34P	D	
124	40- 43	69 KLENGEL GESCH.2	257		D	C

```
I                                    C I T A T I O N S                I
I        T E X T E S        ----------------------------------------- I
I                           DATE,  OUVRAGE, PAGES, NOTES  CARACTERIST. I
I        ------------------  -----------------------------  ---------- I
I     124        40- 43     69 KLENGEL GESCH.2 262      42    D      C  I
I      :         40         10 EBELING VERBUM   56    7/3B   BCD       I
I      :         :          69 KLENGEL GESCH.2 191            D        I
I     124        41         10 EBELING VERBUM   53    7/3A   BCD       I
I     124        44         64 CAMPBELL CHRON.  82           B D       I
I      :         :             -               102            D        I
I      :         :          69 KLENGEL GESCH.2 237      83   B D       I
I      :         :          71 HELCK BEZIEHUNG 255           B D    R  I
I     124        46         09 BOHL SPRACHE     50     28F   B D       I
I      :         :          60 MORAN EARLY CAN   2           BCD       I
I     124        48         09 BOHL SPRACHE     85     37V    D        I
I     124        50            -                9      3Z    BCD     ? I
I      :         :          50 MORAN SYNTACTIC 170          B D    R   I
I      :         :          74 RAINEY EA NOTES 303          B D    R   I
I     124        51         09 BOHL SPRACHE      9      3W   B D       I
I      :         :          10 EBELING VERBUM   61      12   BCD       I
I      :         :          15 KNUDTZON EL-AM 1003/95 534E A       C   I
I      :         :          50 MORAN SYNTACTIC 166           D       ? I
I     124        52         10 RANKE KEILSCHR.  17          B D       I
I     124        53         10 EBELING VERBUM   44     4/2   BCD       I
I      :         :             -               51     6/2B  BCD       I
I      :         :          51 DHORME LANGUE   455-456      BCD       I
I      :         :          66 JUCQUOIS PHONET 159          B D       I
I     124        54         50 MORAN SYNTACTIC  57          B D       I
I     124       '44         70 RAINEY TABLETS   90          B D       I
I EA 125                                                               I
I ******                                                              I
I     125                   64 CAMPBELL CHRON.  81            D        I
I      :                       -               82            D        I
I      :                    70 KLENGEL GESCH.3 199           D        I
I      :                    75 MORAN SYRIAN SC 164      64   D        I
I     125        6          59 CAD  D RV**    184-B          D        I
I     125        7- 13      50 MORAN SYNTACTIC  68          BCD       I
I      :         7-         69 KLENGEL GESCH.2 237      84   D        I
I     125        8          50 MORAN SYNTACTIC 124    100/4  B D       I
I     125       11- 12      10 EBELING VERBUM   71      21   BCD    C  I
I      :         :  :       50 MORAN SYNTACTIC 169          BCD       I
I      :         :  :       75 MORAN SYRIAN SC 165      68  B D       I
I     125       12- 13      50 MORAN SYNTACTIC 174           D        I
I      :        12             -               11      D  B D       I
I      :         :             -               93           D        I
I      :                    60 MORAN EARLY CAN  9            D        I
I     125       14- 21      50 MORAN SYNTACTIC  44      D  BCD       I
I      :        14- 18         -               169          D      C  I
I      :         :  :       71 HELCK BEZIEHUNG 253      48  D      C  I
I      :         :  :       75 MORAN SYRIAN SC 165      68  D      C  I
I      :        14- 17      10 RANKE KEILSCHR.  22       1  CD      C  I
I      :         :  :       50 MORAN SYNTACTIC  96          BCD       I
I      :         :  :       60 MORAN EARLY CAN   8          BCD       I
I      :        14- 15      77 CAD 1M RV**    336-A          BCD    C  I
I     125        17         10 RANKE KEILSCHR.  22          B D       I
I     125       18- 24      69 KLENGEL GESCH.2 277           D      C  I
I     125        19         68 CAD 2A RV**    138-B         BCD       I
I     125        20         09 BOHL SPRACHE     88     38Q   CD        I
I     125        22            -                9      3Z   BCD     ? I
I      :         :          15 KNUDTZON EL-AM 1003/96 536D A       C   I
I      :         :          50 MORAN SYNTACTIC 170          B D    R   I
I      :         :          74 RAINEY EA NOTES 303          B D    R ? I
```

```
I ------------------------------------------------------------------------
I                                       C I T A T I O N S            I
I        T E X T E S         ---------------------------------------- I
I                            DATE,   OUVRAGE, PAGES, NOTES  CARACTERIST. I
I  ----------------------    ---------------------------- ----------- I
I        125      23         10 EBELING VERBUM    56    7/3B  BCD        I
I        125      27- 30     69 KLENGEL GESCH.2  295      34   D      C  I
I         :       27- 29     56 CAD  H RV**      241-A        BCD     C  I
I         :       27         50 MORAN INF.ABSOL  169-B     8  B D        I
I        125      28- 29     65 CAD  B RV**      149-B        BCD     C  I
I         :       28         09 BOHL SPRACHE      88     38N   D         I
I         :        :         10 EBELING VERBUM    54    7/3A  BCD        I
I        125      29         74 RAINEY EA NOTES  301          B D        I
I        125      31- 32     56 CAD  H RV**      164-A        BCD     C  I
I         :       31-        69 KLENGEL GESCH.2  200              G      I
I         :       31         09 BOHL SPRACHE      74     34P   D         I
I         :        :         52 MORAN KARATEPE?   77-B    11  B D        I
I         :        :         66 JUCQUOIS PHONET  155          BCD        I
I         :        :         74 RAINEY EA NOTES  308          B D        I
I         :        :         77 CAD 2M RV**       95-A        B D        I
I        125      33- 38     69 KLENGEL GESCH.2  295      31   D      C  I
I        125      34- 35     74 RAINEY EA NOTES  307          B D    R C I
I        125      36- 37     50 MORAN SYNTACTIC   23      B   BCD        I
I        125      37- 45        -                 20     A/3  CD      C  I
I         :       37         69 KLENGEL GESCH.2  295      32   D         I
I        125      38         60 CAD IJ RV**      329-A        B D        I
I         :        :         66 JUCQUOIS PHONET  244          BCD        I
I        125      39- 40     58 CAD  E RV**      211-A        BCD     C  I
I         :        :  :      77 CAD 1M RV**      213-A        BCD     C  I
I         :       39         15 KNUDTZON EL-AM  1594          C       ? I
I         :        :         50 MORAN SYNTACTIC   20     A/3  B D        I
I        125      40- 45     10 EBELING VEPBUM    71      21  BCD     C  I
I         :        :  :      50 MORAN SYNTACTIC   79          D         I
I        125      42- 43     73 CAD  L RV**      171-B        B D     C  I
I         :       42         09 BOHL SPRACHE       2      1H   D         I
I        125      44- 45     60 CAD IJ RV**      230-A        B D     C  I
I         :       44         09 BOHL SPRACHE      53     28M  B D        I
I         :        :         10 EBELING VERBUM    61      12  BCD        I
I         :        :         51 DHORME LANGUE    435          BCD        I
I        125      45         09 BOHL SPRACHE      88     38T  B D    EC  I
I         :        :         60 CAD IJ RV**      227-B        B D        I
I                                                                       I
I EA 126                                                                I
I ******                                                                I
I        126                 62 KITCHEN SUPPILU   31          D         I
I         :                  64 CAMPBELL CHRON.   84          D         I
I         :                  65 KLENGEL GESCH.1  242       6   D         I
I         :                  69 KLENGEL GESCH.2   13          D         I
I         :                     -                286          D         I
I         :                     -                298      67   D         I
I         :                  70 KLENGEL GESCH.3   23       6   D         I
I         :                     -                198          D         I
I         :                  71 HELCK BEZIEHUNG  175      51   D        I.
I        126      1-  3      51 DHORME NOUV.TAB  490          D      C  I
I         :       1          75 MORAN SYRIAN SC  149  N.201 AB D      C  I
I        126      3          09 BOHL SPRACHE      13      5K  B D        I
I        126      4- 11      69 KLENGEL GESCH.2  285          D      C  I
I         :       4-  8      50 MORAN SYNTACTIC   68          D         I
I         :        :  :         -                 82          BCD    R  I
I         :        :  :         -                174          CD      ? I
I         :       4-  6      10 EBELING VERBUM    72      21  BCD     C  I
I         :        :  :      70 KLENGEL GESCH.3  139          D      C  I
I         :       4          10 EBELING VERBUM    56    7/3B  BCD        I
I         :        :         15 KNUDTZON EL-AM 1003/97  538D  A       C  I
```

TEXTES			CITATIONS				
			DATE, OUVRAGE, PAGES, NOTES			CARACTERIST.	
126	26-	28	60 MORAN EARLY CAN	8		BCD	R
:	26		50 MORAN SYNTACTIC	174		B D	R
126	27-	28	09 BOHL SPRACHE	61	30D	BCD	C
:	27		77 CAD 2M RV**	79-A		D	
126	28		10 EBELING VERBUM	60	11/7	BCD	
:	:		15 KNUDTZON EL-AM	1590		D	
:	:		51 DHORME LANGUE	420		B D	
126	33		50 MORAN SYNTACTIC	169		B D	
:	:		-	174		B D	R
:	:		75 MORAN SYRIAN SC	165	68	BCD	
126	34,	38	10 EBELING VERBUM	56	7/3B	BCD	
:	:	:	51 DHORME LANGUE	429		BCD	
:	34		09 BOHL SPRACHE	47	27P	BCD	
:	:		39 HARRIS CANAANIT	8	11	BCD	
126	35-	38	69 KLENGEL GESCH.2	295	32	D	C
:	35		10 EBELING VERBUM	55	7/3A	BCD	
126	38		09 BOHL SPRACHE	47	27P	BCD	R
126	40		-	61	30D	BCD	
:	:		10 EBELING VERBUM	59-60	11/7	BCD	
:	:		51 DHORME LANGUE	420		BCD	
126	41-	44	77 CAD 1M RV**	262-B		BCD	C
:	41-	42	10 EBELING VERBUM	70	21	BCD	C
:	:	:	68 CAD 2A RV**	374-B		BCD	C
126	42		09 BOHL SPRACHE	66	32L	BCD	
126	44-	47	50 MORAN SYNTACTIC	174-175		CD	
:	:	:	60 MORAN EARLY CAN	18		BCD	R
:	:	:	69 KLENGEL GESCH.2	238	86	G	
:	44-	45	50 MORAN SYNTACTIC	74	5	BCD	
:	:	:	61 CAD Z RV**	98-A		BCD	C
:	44		72 AHW R RV**	972-B		B	
126	45		51 DHORME LANGUE	449		BCD	
:	:		70 RAINEY TABLETS	86		B D	
126	46		50 MORAN SYNTACTIC	175		B D	R
:	:		60 CAD IJ RV**	328-B		BCD	
:	:		-	329-A		B D	
126	47		09 BOHL SPRACHE	88	38N	D	?
:	:		50 MORAN SYNTACTIC	175		B D	
126	48		-	83		B D	R
:	:		60 MORAN EARLY CAN	11		BCD	R
126	49-	51	50 MORAN SYNTACTIC	20	A/2	BCD	
:	:	:	58 CAD E RV**	60-A		BCD	C
:	49-	50	77 CAD 2M RV**	94-A		BCD	C
:	49		09 BOHL SPRACHE	61	30D	D	
:	:		10 EBELING VERBUM	60	11/7	BCD	
:	:		15 KNUDTZON EL-AM	1590		D	
:	:		50 MORAN SYNTACTIC	174		D	
:	:		60 MORAN EARLY CAN	8	1	D	
126	50		77 CAD 2M RV**	79-A		D	
126	51-	60	67 REDFORD HISTORY	218-219		D	C
:	:	:	69 KLENGEL GESCH.2	200		D	C
:	:	:	-	273		D	C
:	51-	52	60 CAD IJ RV**	230-A		BCD	C
:	:	:	62 KITCHEN SUPPILU	29		D	
:	:	:	71 HELCK BEZIEHUNG	175	48	CD	C
:	:	:	73 KUHNE CHRONOLOG	131	658	D	
126	53-	55	10 EBELING VERBUM	70	21	BCD	
:	:	:	50 MORAN SYNTACTIC	60		BCD	
:	53-	54	77 AHW T RV**	1332-B		B D	C
126	54		09 BOHL SPRACHE	50	28F	B D	

TEXTES			CITATIONS					
			DATE, OUVRAGE, PAGES, NOTES CARACTERIST.					
126	55-		69 KLENGEL GESCH.2 238		87	G		
:	55		10 EBELING VERBUM	54	7/3A	BCD		
126	57		09 BOHL SPRACHE	2	1F	B D		
:	:		10 EBELING VERBUM	53	7/3A	BCD		
:	:		-	77	APP	CD	?	
126	58- 60		62 KITCHEN SUPPILU	29		D		
:	:	:	64 CAD 1A RV**	14-B		BCD	C	
:	58- 59		10 EBELING VERBUM	71	21	BCD	C	
126	59- 60		62 KITCHEN SUPPILU	31		D		
:	:	:	-	45		D		
:	59		73 KUHNE CHRONOLOG 131		658	D		
126	61		77 CAD 1M RV**	156-B		B D	R	
126	62- 66		69 KLENGEL GESCH.2 295		29	D	C	
:	62- 63		10 EBELING VERBUM	48	5/1B	C	C	
:	:	:	15 KNUDTZ.CP/DELI. 164-B			BCD	C	
:	:	:	50 MORAN SYNTACTIC	17	A/5	D	C	
:	:	:	73 CAD L RV**	1-B		BCD	C	
:	:	:	77 CAD 2M RV**	122-A		BCD	R C	
126	63- 66		10 EBELING VERBUM	48-49 5/1B		BCD	C	
:	63		69 MORAN DEATH OF	95-B		D	R	
126	64- 65		-	95-B		D		
:	64, 65		09 BOHL SPRACHE	53	28M	B D		
:	:	:	10 EBELING VERBUM	47	5/1B	BCD	EC	
:	:	:	52 MORAN KAPATEPE?	79-A		B D		
:	64		10 EBELING VERBUM	50	5/1B	B D	EC	
:	:		51 DHORME LANGUE	416		BCD		
126	65- 66		59 CAD D RV**	96-A		BCD	C	
:	65		66 JUCQUOIS PHONET 170			D		
126	66		10 EBELING VERBUM	54	7/3A	BCD		
:	:		50 MORAN SYNTACTIC 167			B D		
:	:		53 MORAN SUMMA	79-A	6	B D		
:	:		71 CAD K RV**	380		BCD		
:	:		75 MORAN SYRIAN SC 149		N.136 AB D		C	
EA 127								
******								
127			62 KITCHEN SUPPILU	28	3	D	?	
:			64 CAMPBELL CHRON. 134		2C	D		
:			69 KLENGEL GESCH.2 191			D		
127	7- 8		-	295	22	D		
:	7		10 RANKE KEILSCHR.	21		B D	R	?
127	8		15 KNUDTZON EL-AM 1594			BCD		?
127	13		10 RANKE KEILSCHR.	17		B D	R	
:	:		49 MORAN UNEXPLAIN 124-B		5	B D	EC	
127	15- 19		69 KLENGEL GESCH.2 295		32	D	C	
127	16		10 EBELING VERBUM	64	14	BCD		
:	:		60 MORAN EARLY CAN	19		B D		
:	:		72 AHW R RV**	972-A		B D		
127	17		10 EBELING VERBUM	53	7/3A	BCD		
127	18- 19		68 CAD 2A RV**	126		BCD	C	
127	19		09 BOHL SPRACHE	65	32F	B D		
127	20		-	65/1	32H	D		
127	22		10 EBELING VERBUM	44	4/4	BCD		
:	:		10 RANKE KEILSCHR.	11		B D	R	?
127	23		64 CAD 1A RV**	358-B		D		
:	:		64 CAMPBELL CHRON.	93		D		
127	25		15 KNUDTZON EL-AM 1594			C		
:	:		50 MORAN SYNTACTIC	10	C	B D		
127	26- 29		60 MORAN EARLY CAN	3		BCD		

```
I                                            C  I  T  A  T  I  O  N  S              I
I          T E X T E S              -------------------------------------------     I
I                                   DATE,   OUVRAGE, PAGES, NOTES  CARACTERIST.     I
I        ----------------------     -------------------------------  ------------   I
I          127      26             73 CAD   L RV**      171-A              D         I
I          127      27- 28         77 CAD 1M RV**       341-B         BCD      C     I
I           :       27             50 MORAN SYNTACTIC   96                 D         I
I          127      29             10 EBELING VERBUM    53      7/3A  BCD            I
I           :        :             50 MORAN SYNTACTIC  118        73       D         I
I          127      31- 34         69 KLENGEL GESCH.2 262         42       D     C   I
I           :       31- 32         58 CAD   E RV**     116-B         BCD    R C      I
I           :        :    :        69 KLENGEL GESCH.2 191                  D         I
I           :        :    :            -              257                  D         I
I           :       31             09 BOHL SPRACHE      65      32F   B D            I
I           :        :             50 MORAN SYNTACTIC 124A       104  B D        ?   I
I          127      32             62 CAD  'S RV**      140-B              D         I
I           :        :             70 RAINEY TABLETS    79           B D            I
I          127      33- 34         61 CAD   Z RV**      136-A        BCD   +  C ?    I
I           :       33             10 EBELING VERBUM    52      7/3A  BCD            I
I           :        :             50 MORAN SYNTACTIC   10        C        D         I
I           :        :                 -              175                 BCD        I
I          127      34             10 EBELING VERBUM    54      7/3A  BCD   +     ?  I
I           :        :                 -               57      7/3B  BCD   + EC      I
I           :        :                 -               59      11/7  BCD   +         I
I           :        :             50 MORAN SYNTACTIC 115         64  B D   +        I
I           :        :             51 DHORME LANGUE    452           BCD   +         I
I          127      35             50 MORAN SYNTACTIC   83           BCD             I
I          127      36             10 RANKE KEILSCHR.   11           B D             I
I           :        :             71 HELCK BEZIEHUNG  254                 D         I
I           :        :                 -              254                 BCD        I
I          127      37- 39         50 MORAN SYNTACTIC   83           BCD    R        I
I           :       37                 -               54           B D             I
I          127      38- 39         49 MORAN UNEXPLAIN 125-B         B D             I
I           :       38-            52 MORAN KARATEPE?  79-B         29    D          I
I           :       38             50 MORAN SYNTACTIC   57           B D      EC     I
I          127      39             10 RANKE KEILSCHR.   17           B D            I
I           :        :             50 MORAN SYNTACTIC 131        163  B D      EC    I
I          127      41             10 EBELING VERBUM    53      7/3A  BCD            I
I                                                                                   I
I EA 128                                                                            I
I ******                                                                            I
I          128                     64 CAMPBELL CHRON.   80                D         I
I          128      25             09 BOHL SPRACHE      37      24B  BCD            I
I          128      26             52 MORAN KARATEPE?  78-B       22    D       ?    I
I                                                                                   I
I EA 129                                                                            I
I ******                                                                            I
I         129-136                  69 KLENGEL GESCH.2 201                 D         I
I         129-131                  64 CAMPBELL CHRON.   82                D         I
I         129                      51 DHORME NOUV.TAB 490-492            D          I
I          :                       60 MORAN EARLY CAN    4         5     D          I
I          :                       64 CAMPBELL CHRON.   84                D        I.
I          :                           -              134        2C      D          I
I          :                           -              134        2D      D          I
I          :                       69 KLENGEL GESCH.2 237         83      D         I
I         129       1-  3          51 DHORME NOUV.TAB 490           B D    R C      I
I         129       4,  5          64 CAMPBELL CHRON.   81                D         I
I          :        4              50 MORAN INF.ABSOL 170-A       13     D       ?   I
I         129       5              09 BOHL SPRACHE      77      35E  BCD            I
I         129       7-  8          50 MORAN SYNTACTIC   80                D         I
I          :        7,  8          51 DHORME NOUV.TAB 491            BCD            I
I          :        7              09 BOHL SPRACHE      29      18D  BCD            I
I          :        :              50 MORAN SYNTACTIC 177            B D    R        I
```

TEXTES			DATE, OUVRAGE, PAGES, NOTES			CARACTERIST.
129	36- 37		51 DHORME NOUV.TAB 490			BCD
:	:	:	71 CAD K RV**	109-B		BCD + C
:	:	:	-	310-A		BCD + C
:	36		09 BOHL SPRACHE	36	23I	B D
:	:		10 EBELING VERBUM	53	7/3A	BCD
:	:		15 KNUDTZON EL-AM 1590			B D R ?
:	:		-	1594		G
:	:		50 MORAN SYNTACTIC 131		163	B D
:	:		62 CAD 'S RV**	50-A		BCD
:	:		68 CAD 2A RV**	365-B		B D
129	37		09 BOHL SPRACHE	80-81	37B	BCD ?
:	:		65 AHW K RV**	467-A		G
129	38- 39		10 EBELING VERBUM	48	5/1B	BCD C
:	38, 39		50 MORAN SYNTACTIC 131		163	B D
129	39, 44		10 EBELING VERBUM	46	5/1B	BCD
:	39		-	41	1/4	BCD
:	:		-	54	7/3A	BCD
:	:		50 MORAN INF.ABSOL 170-A		9	B D
:	:		51 DHORME LANGUE	449	1	BCD
:	:		-	455		BCD
129	40- 42		50 MORAN INF.ABSOL 170-A			BCD R
:	:	:	50 MORAN SYNTACTIC	14	G/B	BCD R
:	:	:	52 MORAN KARATEPE?	77-A		D C
:	:	:	-	78-A		G C
:	:	:	69 KLENGEL GESCH.2 238		89	G
:	40		10 RANKE KEILSCHR.	17		B D R
:	:		49 MORAN UNEXPLAIN 124-B		5	B D
:	:		50 MORAN SYNTACTIC	57		D
:	:		52 MORAN KARATEPE?	78		B D R
:	:		65 CAD B RV**	71-B		BCD
129	41		09 BOHL SPRACHE	24	11C	B D
:	:		51 DHORME NOUV.TAB 502			B D
129	42		50 MORAN INF.ABSOL 170-A		12	D R C
129	43		09 BOHL SPRACHE	13	5K	B D
129	44		10 EBELING VERBUM	48	5/1B	BCD
129	46- 51		69 KLENGEL GESCH.2 201			D EC
:	46- 47		10 EBELING VERBUM	49	5/1B	BCD C
:	46		69 AHW P RV**	823-A		G
129	49- 50		50 MORAN SYNTACTIC	74	1	D
:	49		-	15	G/C	D
:	:		52 MORAN KARATEPE?	78-A		B D
129	50- 52		60 MORAN EARLY CAN	4		BCD
:	50- 51		64 CAD 1A RV**	123-A		BCD C
:	:	:	65 CAD B RV**	68-A		BCD C
:	50		10 EBELING VERBUM	48	5/1B	BCD
129	51		60 MORAN EARLY CAN	4	3	B D C
129	52		50 MORAN SYNTACTIC	98		B D ?
:	:		73 CAD L RV**	1-B		B D
129	53		10 EBELING VERBUM	53	7/3A	BCD
:	:		66 AHW M RV**	639-B		B
:	:		77 CAD 2M RV**	3-A		BCD
129	54		74 RAINEY EA NOTES 305			D ?
129	74-		67 REDFORD HISTORY 218			D
129	76- 77		69 KLENGEL GESCH.2 273			D ?
:	76		62 KITCHEN SUPPILU	29		D
:	:		69 KLENGEL GESCH.2 201			D
:	:		73 KUHNE CHRONOLOG 131		658	D
129	77- 80		60 MORAN EARLY CAN	2		BCD
:	:	:	69 KLENGEL GESCH.2 238		89	G

```
I                                     C I T A T I O N S                      I
I    T E X T E S        ------------------------------------------------     I
I                       DATE,  OUVRAGE, PAGES, NOTES   CARACTERIST.          I
I    ---------------    ------------------------------  ------------         I
I      129     77, 81   71 CAD   K RV**      72-B              D             I
I      129     78- 80   50 MORAN SYNTACTIC   82            BCD              I
I       :       :   :      -                106              D              I
I              78- 79   51 DHORME NOUV.TAB  490            BCD    R         I
I       :      78, 79   50 MORAN SYNTACTIC  106            B D    R         I
I       :      78       10 RANKE KEILSCHR.   17            B D    R         I
I       :       :       50 MORAN SYNTACTIC  101              D              I
I       :       :       52 MORAN KARATEPE?   78-A          B D    R         I
I       :       :       56 CAD   H RV**      63-A          Ь D              I
I       :       :       62 AHW   H RV**     316-A          Ь                I
I      129     80       50 MORAN SYNTACTIC   61            ЬCD              I
I       :       :          -                106            B D              I
I      129     81- 86   67 REDFORD HISTORY  219              D        C     I
I       :      81- 83   10 EBELING VERBUM    77    APP    CD         C      I
I       :       :   :   15 KNUDTZON EL-AM  1594            CD              I
I       :      81       09 BOHL SPRACHE      29    18D    BCD              I
I       :       :       10 EBELING VERBUM    55    7/3A   BCD              I
I       :       :       77 CAD 2M RV**       62-B          B D              I
I      129     82- 84   67 REDFORD HISTORY  219              D        C     I
I       :      82       10 EBELING VERBUM    56    7/3B   BCD          ? I
I       :       :       64 CAMPBELL CHRON.  124              D              I
I      129     83       10 EBELING VERBUM    53    7/3A   ЬCD              I
I      129     84       67 REDFORD HISTORY  219            B D        C     I
I       :       :       71 HELCK BEZIEHUNG  249            B D    R   ? I
I       :       :       73 KUHNE CHRONOLOG   62    301        G            I
I      129     85       70 KLENGEL GESCH.3   69    65        D             I
I       :       :       71 HELCK BEZIEHUNG  130     7     B D              I
I       :       :          -                249              D             I
I       :       :          -                249            B D        C    I
I      129     86       10 EBELING VERBUM    55    7/3A   BCD              I
I      129     87- 89      -                 49    5/1B   BCD         C    I
I      129     88       09 BOHL SPRACHE      53    28M    B D              I
I       :       :       10 EBELING VERBUM    67     16    ЬCD              I
I       :       :       70 RAINEY TABLETS     2            Ь D             I
I      129     94- 95   52 MORAN KARATEPE?   78-A          Ь D    R C      I
I      129     95, 97   10 RANKE KEILSCHR.   17            B D        ? I
I       :       :   :   64 CAMPBELL CHRON.   82            B D             I
I       :       :          -                102              D             I
I       :      95, 96   10 EBELING VERBUM    55    7/3A   BCD              I
I       :      95       71 HELCK BEZIEHUNG  255              D             I
I      129     97       51 DHORME NOUV.TAB  491              D        C    I
I       :       :       69 KLENGEL GESCH.2  237    83     Ь D    R C      I
I       :       :       70 RAINEY TABLETS    90            B D             I
I                                                                          I
I EA 130                                                                   I
I ******                                                                   I
I      130              62 KITCHEN SUPPILU   29              D             I
I       :                  -                 31              D             I
I       :                  -                 45              D             I
I      130      3       50 MORAN SYNTACTIC   10    C/3    B D             I
I      130      9- 14      -                 68            BCD            I
I       :       9          -                 99            Ь D            I
I       :       :       60 MORAN EARLY CAN   16            Ь D            I
I      130     10- 14   71 CAD   K RV**     273-B          Ь D    C      I
I       :      10- 13   10 EBELING VERBUM    70     21    ЬCD    C      I
I      130     11       10 RANKE KEILSCHR.   11            Ь D            I
I       :       :       70 RAINEY TABLETS    89            Ь D            I
I       :       :       71 HELCK BEZIEHUNG  438            Ь D        ? I
I      130     12       09 BOHL SPRACHE      50    28F    Ь D            I
```

```
I                                        C I T A T I O N S               I
I       T E X T E S              ------------------------------------------ I
I                               DATE,  OUVRAGE, PAGES, NOTES  CARACTERIST. I
I      -----------------------  ------------------------------  ------------ I
I       130       52            09 BOHL SPRACHE      74     34P      D       I
I       130       80            51 DHORME LANGUE     429            BCD      I
I                                                                           I
I EA 131                                                                    I
I ******                                                                    I
I      131-132                  62 KITCHEN SUPPILU   44              D       I
I      131,132                     -                 28      3       D       I
I       :    :                     -                 31              D       I
I       :    :                  64 CAMPBELL CHRON. 134      2C       D       I
I       :    :                  69 KLENGEL GESCH.2 237      83       D       I
I      131                      64 CAMPBELL CHRON.  83              D       I
I       :                          -               102              D       I
I       :                          -               134      1C      D       I
I      131        7-  8         69 KLENGEL GESCH.2 295      21       D       I
I      131        8            10 EBELING VERBUM    53      7/3A    BCD      I
I      131        9, 14        09 BOHL SPRACHE      13      5K     B D       I
I       :         9            10 EBELING VERBUM    55      7/3A    BCD      I
I       :         :            50 MORAN INF.ABSOL 170-171   18     B D       I
I       :         :            50 MORAN SYNTACTIC  117      70     B D       I
I       :         :               -               131      163    B D       I
I       :         :            69 MORAN DEATH OF    96-B    14      D       I
I      131       10- 14        60 MORAN EARLY CAN    5             BCD      I
I       :        10- 12        50 MORAN SYNTACTIC   98             BCD      I
I       :        10            73 CAD  L RV**      171-A           B D      I
I      131       12- 14        10 EBELING VERBUM    48      5/1B   BCD     C I
I       :         :    :       50 MORAN SYNTACTIC  160              D       I
I       :         :    :       51 MORAN NEW EVID.   34-A           BCD      I
I       :         :    :       69 KLENGEL GESCH.2 238      92       G       I
I       :        12, 13        10 EBELING VERBUM    48      5/1B   BCD    EC I
I       :        12            50 MORAN SYNTACTIC   85             BCD      I
I       :         :                -                97              D       I
I      131       13- 14            -                85             BCD      I
I       :        13            10 RANKE KEILSCHR.   11             BCD      I
I      131       15- 17        10 EBELING VERBUM    72      21     BCD     C I
I       :         :    :       50 MORAN SYNTACTIC   72      1       D       I
I       :        15            09 BOHL SPRACHE      21      9D     B D     ? I
I       :         :    :           -                88      380    BCD      I
I       :         :            39 HARRIS CANAANIT   29             B D      I
I       :         :            50 MORAN SYNTACTIC   98             BCD      I
I       :         :                -               176             B D     ? I
I       :         :            51 DHORME LANGUE    460             BCD      I
I       :         :                -               485             B D  +   I
I       :         :            66 JUCQUOIS PHONET  170             BCD      I
I       :         :            71 AHW  Q RV**      918-B           B D      I
I      131       16            15 KNUDTZON EL-AM   997              G       I
I       :         :            50 MORAN SYNTACTIC  176             B D    R  I
I       :         :            69 KLENGEL GESCH.2 238      92       G       I
I      131       17            09 BOHL SPRACHE      63      31D    B D       I
I       :         :            50 MORAN INF.ABSOL  172             BCD      I
I       :         :            50 MORAN SYNTACTIC   57             BCD      I
I      131       18            10 EBELING VERBUM    46      5/1B   BCD     ? I
I       :         :            69 MORAN DEATH OF    96-B    14      D       I
I      131       19            09 BOHL SPRACHE      33      22C    B D       I
I       :         :            15 KNUDTZON EL-AM  1594              D       I
I       :         :            65 AHW  K RV**      506-A           B D    R  I
I       :         :            71 CAD  K RV**      533-A           BCD    R ? I
I      131       21- 22        71 HELCK BEZIEHUNG  177      64     B D  +  C  I
I       :         :    :           -               248      24     B D  +  C  I
I       :         :    :       77 CAD 1M RV**      163-A           B D  +  C  I
```

```
--------------------------------------------------------------------
I                                    C I T A T I O N S              I
I     T E X T E S          -----------------------------------------I
I                          DATE,  OUVRAGE, PAGES, NOTES  CARACTERIST. I
I   -------------------     ----------------------------  ---------- I
I     131      21, 23      09 BOHL SPRACHE      8      3U   B D  +    I
I      :       21                 -           13      5F   B D  +    I
I      :       :           10 EBELING VERBUM   54    7/3A  BCD       I
I      :       :           64 CAMPBELL CHRON.  75          B D  +    I
I      :       :           71 AHW  Q RV**      915-B        B D      I
I     131      22- 23      50 MORAN SYNTACTIC 177            D       I
I      :       :    :      60 MORAN EARLY CAN  10      1     D       I
I      :       :    :      77 CAD 1M RV**     163-A        B D    C  I
I      :       22, 28      69 MORAN DEATH OF   96-B    14    D       I
I      :       22          10 EBELING VERBUM   53    7/3A  BCD       I
I      :       :           10 RANKE KEILSCHR.  17          B D    ? I
I      :       :           50 MORAN INF.ABSOL 170-B        B D      I
I      :       :                 -          170-171   18   B D      I
I      :       :           50 MORAN SYNTACTIC 117      70   B D      I
I      :       :           61 MORAN HEB.LANG.  69      52   B D   EC I
I      :       :           64 CAMPBELL CHRON. 102             D      I
I      :       :           69 KLENGEL GESCH.2 237      83   B D  R C I
I      :       :           70 RAINEY TABLETS   90          B D      I
I      :       :           71 HELCK BEZIEHUNG 255             D      I
I     131      26- 27      60 CAD IJ RV**      156-A       BCD    C ? I
I      :       26          10 EBELING VERBUM   52    7/3A  BCD       I
I      :       :           50 MORAN SYNTACTIC  65          BCD       I
I     131      27- 28            -            100          BCD       I
I      :       :    :      60 MORAN EARLY CAN  14          BCD       I
I      :       :    :      69 KLENGEL GESCH.2 238      92      G     I
I      :       27          10 EBELING VERBUM   56    7/3B  BCD       I
I      :       :                 -            65      15   BCD       I
I     131      28          09 BOHL SPRACHE     61      30E  BCD       I
I      :       :           50 MORAN SYNTACTIC 142     256   B D    ? I
I     131      29          09 BOHL SPRACHE     61/1    30D  B D      I
I      :       :           60 MORAN EARLY CAN  19      2    B D      I
I     131      30- 36      69 KLENGEL GESCH.2 201            D     C I
I      :       30          64 CAMPBELL CHRON.  82      37   B D  R   I
I     131      31- 40      69 KLENGEL GESCH.2 191            D     C I
I      :       31- 34      62 KITCHEN SUPPILU  20      7        G    I
I      :       :    :      69 KLENGEL GESCH.2 261      30    D     C I
I     131      32- 36      67 REDFORD HISTORY 156     285    D     C I
I      :       32- 34      62 CAD 'S RV**     185          BCD  R C  I
I      :       32          15 KNUDTZON EL-AM 1585            D     ? I
I      :       :                 -         1594-1595       B D  R    I
I      :       :           75 MORAN SYRIAN SC 151            D     ? I
I     131      33, 40      15 KNUDTZON EL-AM 1590        B D  R      I
I      :       33          10 RANKE KEILSCHR.  17          B D      I
I      :       :           15 KNUDTZON EL-AM 1595           CD      I
I      :       :           70 RAINEY TABLETS   79          B D      I
I     131      34- 38      69 KLENGEL GESCH.2 253            D     C I
I      :       34- 36      71 HELCK BEZIEHUNG 248      22    D     C I
I      :       34- 35      50 MORAN SYNTACTIC  17     A/5    D      I
I      :       34, 36            -             46       D   B D      I
I     131      35- 38      64 CAMPBELL CHRON.  82           CD     C I
I      :       35          10 RANKE KEILSCHR.  15          B D      I
I     131      36          09 BOHL SPRACHE     85      37V    D      I
I      :       :           50 MORAN SYNTACTIC  46       D   BCD      I
I      :       :           58 CAD  E RV**     209-B        BCD      I
I     131      37- 38      69 KLENGEL GESCH.2 271            D     ? I
I      :       37          09 BOHL SPRACHE     13      5G   B D      I
I      :       :                 -             79      36D  B D      I
I     131      38- 39      15 KNUDTZON EL-AM 1595            C       I
I     131      40          10 RANKE KEILSCHR.  17          B D      I
```

```
I                                        C I T A T I O N S                I
I       T E X T E S           ------------------------------------------  I
I                             DATE,  OUVRAGE, PAGES, NOTES  CARACTERIST.   I
I    --------------------     ------------------------------  -----------  I
I      131      40        15 KNUDTZON EL-AM 1003/98  559L  A          C    I
I       :       :             -              1595         B D      R       I
I       :       :             -              1597              G           I
I       :       :        50 MORAN SYNTACTIC  131    163   B D              I
I      131      41- 45    64 CAD 1A RV**      240-A        BCD     R C      I
I      131      43        10 RANKE KEILSCHR.   17         B D              I
I       :       :        51 DHORME LANGUE     477         BCD              I
I       :       :        64 CAD 1A RV**       220-B       BCD              I
I      131      44        09 BOHL SPRACHE      10    4E   B D              I
I      131      57- 60    69 KLENGEL GESCH.2  295    33     D          C   I
I       :       57        10 RANKE KEILSCHR.   17         B D      R       I
I      131      59        10 EBELING VERBUM    70    21   BCD      R       I
I      131      60           -                 55  7/3A   BCD              I
I      131      61        09 BOHL SPRACHE      15    6F   B D              I
I       :       :           -                 58  26U    CD               I
I       :       :        69 KLENGEL GESCH.2  201         B D              I
I       :       :        71 HELCK BEZIEHUNG  275           D              I
I                                                                         I
I EA 132                                                                  I
I ******                                                                  I
I    132-134              64 CAMPBELL CHRON.   80           D              I
I    132,133              69 KLENGEL GESCH.2  259    8      D              I
I    132                  64 CAMPBELL CHRON.  134    2C     D              I
I    132       2,   3     50 MORAN SYNTACTIC   10  C/3    B D              I
I     :        2          75 MORAN SYRIAN SC  151    2    B D      R C      I
I    132       8-  9      77 CAD 1M RV**      156-B       BCD          C    I
I     :        8          10 EBELING VERBUM    58   8/4   BCD              I
I     :        :          51 DHORME LANGUE    409         BCD              I
I    132      10- 21      50 MORAN SYNTACTIC   44    D    BCD      R       I
I     :       10- 18      62 KITCHEN SUPPILU   20    7      D              I
I     :        :    :     64 CAMPBELL CHRON.   87           D          C   I
I     :       10- 16      69 KLENGEL GESCH.2  191           D          C   I
I     :        :    :        -                261    30     D          C   I
I    132      12- 18      67 REDFORD HISTORY  156    285    D          C   I
I     :        :    :     69 MORAN DEATH OF    97-98         D          C   I
I     :       12- 16      67 REDFORD HISTORY  155    282    D          C   I
I     :       12- 13      69 MORAN DEATH OF    98-A        BCD          C   I
I    132      13- 16      50 MORAN SYNTACTIC   84          CD               I
I     :       13, 15         -                 84         B D              I
I    132      15- 16      09 BOHL SPRACHE      60    30C   BCD          C   I
I     :        :    :     73 CAD  L RV**      147-B        B D          C   I
I     :       15          10 EBELING VERBUM    60   11/7   BCD              I
I     :        :          51 DHORME LANGUE    420         BCD              I
I    132      17- 18      69 MORAN DEATH OF    98-A         D          C   I
I     :       17          10 EBELING VERBUM    53   7/3A   BCD              I
I     :        :          50 MORAN SYNTACTIC  117    70   B D          ? I
I     :        :          71 HELCK BEZIEHUNG  173    32     D              I
I    132      18          09 BOHL SPRACHE       4    2D    BCD     EC      I
I     :        :             -                 29   18D    BCD              I
I     :        :          66 AHW  M RV**      654-B       B D              I
I     :        :          69 MORAN DEATH OF    99-B         CD        C ? I
I     :        :          77 CAD 2M RV**       81-A       B D              I
I    132      19- 24      69 KLENGEL GESCH.2  295    33     D          C   I
I    132      20          09 BOHL SPRACHE      45   27I    BCD              I
I     :        :          10 EBELING VERBUM    62    13    BCD              I
I     :        :          51 DHORME LANGUE    437         BCD              I
I     :        :          66 JUCQUOIS PHONET   79         BCD              I
I    132      21          15 KNUDTZON EL-AM  1595         B        R       I
I    132      23             -            1003/99  561G  A            C    I
```

	TEXTES			C I T A T I O N S						
				DATE, OUVRAGE, PAGES, NOTES				CARACTERIST.		
I	132	24		52	MORAN KARATEPE?	78-B	22	D		?
I	132	29- 46		69	KLENGEL GESCH.2	238	93	G		
I	:	29- 38		60	MORAN EARLY CAN	10	1	BCD	R C	
I	:	29		64	CAD 1A RV**	358-B		D		
I	:	:		64	CAMPBELL CHRON.	93		D		
I	132	30- 41		50	MORAN SYNTACTIC	176		CD		
I	:	30- 35		10	EBELING VERBUM	77	APP	CD	C	
I	:	:	:	50	MORAN INF.ABSOL	170-B		BCD	R	
I	:	:	:	52	MORAN KARATEPE?	77-A		D	C	
I	:	:	:		-	78-A		G	C	
I	:	:	:		-	79-A		D	C ?	
I	:	30, 32		50	MORAN INF.ABSOL	170-B	15	D		
I	132	31, 37		09	BOHL SPRACHE	47	27Q	B D		
I	:	:	:	10	EBELING VERBUM	56	7/3B	BCD		
I	132	32- 35		50	MORAN SYNTACTIC	58		BCD		
I	:	32- 34		60	MORAN EARLY CAN	10	1	G		
I	:	32, 33		50	MORAN SYNTACTIC	176-177		B D	R	
I	:	32		09	BOHL SPRACHE	65	32G	B D		
I	:	:		10	EBELING VERBUM	44	4/2	B D		
I	:	:		15	KNUDTZON EL-AM	1595		B D		
I	:	:		52	MORAN KARATEPE?	79-A.		B D	C	
I	132	33		50	MORAN INF.ABSOL	170-B	15	B D	R	
I	132	35-			-	170-B	15	G		
I	:	35		10	EBELING VERBUM	55	7/3A	BCD		
I	:	:		50	MORAN SYNTACTIC	118	73	D		
I	:	:			-	177		B D	R	
I	:	:		60	MORAN EARLY CAN	10	1	B D	R	
I	132	36- 39		69	KLENGEL GESCH.2	201		D	C	
I	:	36- 38		71	HELCK BEZIEHUNG	177	64	D	EC	
I	:	36, 37		50	MORAN SYNTACTIC	177		B D		
I	132	37- 40			-	82		BCD		
I	:	:	:	60	MORAN EARLY CAN	6	1	D		
I	:	:	:		-	10		BCD	R	
I	:	37, 39		50	MORAN SYNTACTIC	86		BCD		
I	:	:	:			87		BCD		
I	132	38		10	RANKE KEILSCHR.	16		B D		
I	:	:		64	CAMPBELL CHRON.	82		B D	C	
I	:	:			-	102		D		
I	:	:		69	KLENGEL GESCH.2	237	83	B D	R C	
I	:	:		70	RAINEY TABLETS	90		B D		
I	:	:		71	HELCK BEZIEHUNG	255		B D	R	
I	132	39		50	MORAN SYNTACTIC	177		D		
I	132	40, 42		10	RANKE KEILSCHR.	21		B D		?
I	132	41		09	BOHL SPRACHE	31	20D	B D		
I	:	:			-	45	27I	BCD		
I	:	:		10	EBELING VERBUM	62	13	BCD		
I	:	:		50	MORAN SYNTACTIC	177		D		
I	:	:		51	DHORME LANGUE	437		BCD		
I	:	:		60	MORAN EARLY CAN	10	1	D		
I	:	:		66	JUCQUOIS PHONET	79		BCD		
I	:	:		67	AHW N RV**	720-A		BCD		
I	132	42- 43		69	KLENGEL GESCH.2	295	22	D		
I	:	:	:	71	HELCK BEZIEHUNG	177		D	EC	
I	:	42		10	EBELING VERBUM	56	7/3B	BCD		
I	:	:		51	DHORME LANGUE	422		BCD		
I	:	:		71	HELCK BEZIEHUNG	248	23	D		
I	132	43- 50		64	CAMPBELL CHRON.	102		D	C	
I	:	43- 46		50	MORAN SYNTACTIC	70	2	D		
I	132	44		09	BOHL SPRACHE	50	28F	B D		

TEXTES			CITATIONS DATE, OUVRAGE, PAGES, NOTES			CARACTERIST.	
132	44		66 JUCQUOIS PHONET	118		ВCD	
132	45- 46		50 MORAN SYNTACTIC	177		В D	
:	:	:	60 MORAN EARLY CAN	10	1	D	
:	:	:	69 KLENGEL GESCH.2	295	20	D	
:	45		09 BOHL SPRACHE	33	22E	ВCD	
:	:		10 EBELING VERBUM	53	7/3A	ВCD	
:	:		50 MORAN INF.ABSOL	170-В	17	D	
:	:		-	170-171	18	ã D	
:	:		50 MORAN SYNTACTIC	117	70	В D	
:	:		61 MORAN HEB.LANG.	69	52	ã D	
:	:		69 MORAN DEATH OF	96-В	14	D	
132	46- 49		50 MORAN SYNTACTIC	98		ãCD	
:	:	:	60 MORAN EARLY CAN	14		ãCD	
:	46- 48		50 MORAN SYNTACTIC	31	A	D	
:	:	:	-	73	2	D	
:	46- 47		10 EBELING VERBUM	72	21	C	C
132	47- 49		10 RANKE KEILSCHR.	15		В D	C
:	47, 49		71 HELCK BEZIEHUNG	249		D	
:	47		10 EBELING VERBUM	54	7/3A	ВCD	
:	:		10 RANKE KEILSCHR.	15		ã D	
:	:		50 MORAN SYNTACTIC	119	75	D	
:	:		64 CAMPBELL CHRON.	125		D	
:	:		71 HELCK BEZIEHUNG	556		ã D	
132	49- 50		09 BOHL SPRACHE	60	30C	ВCD	C
:	:	:	50 MORAN SYNTACTIC	43	D	ВCD	
:	49, 50		10 EBELING VERBUM	72	21	ВCD	C
:	49		70 KLENGEL GESCH.3	69	65	D	
:	:		71 HELCK BEZIEHUNG	130	7	В D	
132	50		09 BOHL SPRACHE	21	90	ã D	
:	:		10 EBELING VERBUM	60	11/7	ВCD	
:	:		50 MORAN SYNTACTIC	62	1	D	
:	:		69 MORAN DEATH OF	96-В	14	D	
132	51		15 KNUDTZON EL-AM	998		ã	
:	:		50 MORAN SYNTACTIC	154		ã D	
132	52- 53		09 BOHL SPRACHE	61	30C	ВCD	C
:	:	:	50 MORAN SYNTACTIC	17	A/5	D	C
:	:	:	-	65		ВCD	C
:	52		10 EBELING VERBUM	60	11/7	ВCD	
:	:		50 MORAN SYNTACTIC	54		В D	
:	:		66 JUCQUOIS PHONET	150		ВCD	
132	53- 59		69 KLENGEL GESCH.2	201		D	C
:	53- 55		73 KUHNE CHRONOLOG	105	515	D	
:	53		10 EBELING VERBUM	62	12	ãCD	
132	54		09 BOHL SPRACHE	53	28M	ã D	
:	:		10 EBELING VERBUM	48	5/1В	ã D	
132	56- 57		71 HELCK BEZIEHUNG	254		CD	R C
:	56		15 KNUDTZON EL-AM	1003/1005	63H A		C
132	57		50 MORAN SYNTACTIC	177		В D	R
132	59		10 EBELING VERBUM	64	14	ãCD	EC
:	:		10 RANKE KEILSCHR.	17		В D	

EA 133
*****
133-134			62 KITCHEN SUPPILU	45		D	
133,134			-	29		D	
133	1- 4		69 KLENGEL GESCH.2	295	33	D	C
133	2		77 CAD 1M RV**	156-В		D	
133	4- 5		69 KLENGEL GESCH.2	295	21	D	
133	8		15 KNUDTZON EL-AM	998		В	

TEXTES		C I T A T I O N S					
		DATE, OUVRAGE, PAGES, NOTES			CARACTERIST.		
133	9	10 RANKE KEILSCHR.	21		ƀ D		?
:	:	71 HELCK BEZIEHUNG	248	23	D		
133	15	15 KNUDTZON EL-AM	1595		ƀ	R	
133	17	09 BOHL SPRACHE	3/1	2A	ƀ D	R	
:	:	10 RANKE KEILSCHR.	11		ƀ D	R	

EA 134
******

134	1- 9	71 HELCK BEZIEHUNG	302	87	D	C	
134	5	09 BOHL SPRACHE	68	32P	ƀ D		
:	:	50 MORAN SYNTACTIC	177		ƀ D	R	
134	8- 9	62 CAD 'S RV**	16-B		B D	C	
134	10	10 EBELING VERBUM	54	7/3A	ƀCD		
134	12- 13	50 MORAN SYNTACTIC	177		C		
:	12	69 MORAN DEATH OF	96-ƀ	14	D		
134	13	50 MORAN SYNTACTIC	177		ƀ D	R	?
134	14	09 BOHL SPRACHE	53	28M	B D		
:	:	51 DHORME LANGUE	453		ƀCD		
134	15	09 BOHL SPRACHE	74	34P	D		
:	:	10 EBELING VERBUM	70-71	21	BCD		
134	16	09 BOHL SPRACHE	69	33A	ƀCD		
:	:	50 MORAN SYNTACTIC	111-112	41	ƀ D		
:	:	58 CAD E RV**	27-B				
134	18	10 EBELING VERBUM	54	7/3A	ƀCD		
134	24	77 CAD 1M RV**	341-B		D	R	
134	27- 29	58 CAD E RV**	60-A		ƀCD	R C	
:	27	09 BOHL SPRACHE	33	22E	ƀCD		
:	:	10 EBELING VERBUM	63	13	ƀCD		
134	29	09 BOHL SPRACHE	3	2A	ƀ D		
134	30	50 MORAN SYNTACTIC	171		D		
134	31	10 EBELING VERBUM	66	16	ƀCD		
:	:	51 DHORME LANGUE	444		ƀCD		
134	33- 34	69 KLENGEL GESCH.2	295	21	D	EC	
:	33	10 EBELING VERBUM	56	7/3B	ƀCD		
134	34, 35	-	56	7/3B	ƀCD		
134	35- 36	77 CAD 2M RV**	89-B		ƀCD	C	
:	35	51 DHORME LANGUE	453		ƀCD		
134	37	10 EBELING VERBUM	56	7/3B	ƀCD		
:	:	67 AHW N RV**	702-B		G		
134	39	63 AHW K RV**	448-B		D		
:	:	71 CAD K RV**	211-B		ƀ		
134	40	15 KNUDTZON EL-AM	998		D		

EA 135
******

135		64 CAMPBELL CHRON.	63		D		
:		-	82		D		
:		-	126		D		
:		69 KLENGEL GESCH.2	155	9	D		
:		73 KUHNE CHRONOLOG	70	345	D		
135	5	15 KNUDTZON EL-AM	1595		CD		
135	6	71 HELCK BEZIEHUNG	254		CD		?
135	14	15 KNUDTZON EL-AM	1003/101/568C	A		C	
:	:	70 RAINEY TABLETS	79		ƀ D	EC	?

EA 136
******

136-140		62 KITCHEN SUPPILU	29		D		
:	:	-	45		D		

	TEXTES				CITATIONS					
I					DATE, OUVRAGE, PAGES, NOTES			CARACTERIST.		I
I	136-140			69	KLENGEL GESCH.2	202		D		I
I	136-138			50	MORAN SYNTACTIC	6	9	D		I
I	:	:		60	MORAN EARLY CAN	1	4	D		I
I	:	:		62	KITCHEN SUPPILU	17-18	4	D		I
I	:	:		64	CAMPBELL CHRON.	80		D		I
I	:	:			-	85		D		I
I	:	:		69	KLENGEL GESCH.2	197		D		I
I	:	:			-	203		D		I
I	:	:			-	277,278		D		I
I	:	:		70	KLENGEL GESCH.3	16		D		I
I	:	:		71	HELCK BEZIEHUNG	177		D		I
I	136,137			62	KITCHEN SUPPILU	31		D		I
I	136			75	MORAN SYRIAN SC	147	N.50	D		I
I	136	3		09	BOHL SPRACHE	12	5F	B D	+	I
I	:	:		58	CAD E RV**	185-A		B D	+	I
I	136	6		10	EBELING VERBUM	40	1/3	BCD		I
I	136	8- 15		69	KLENGEL GESCH.2	295	35	D	C	I
I	:	8- 10		65	CAD B RV**	294-A		BCD	C	I
I	:	8, 10		10	EBELING VERBUM	72	21	BCD	C	I
I	136	10		09	BOHL SPRACHE	26	14B	B D		I
I	:	:		60	CAD IJ RV**	327-A		B D		I
I	136	11		09	BOHL SPRACHE	88	38T	D		I
I	:	:		10	EBELING VERBUM	58	8/4	BCD		I
I	:	:		51	DHORME LANGUE	409		BCD		I
I	136	13		58	CAD E RV**	219-A		BCD		I
I	:	:		65	CAD B RV**	247-B		B D		I
I	136	14- 15		77	CAD 2M RV**	63-A		BCD	C	I
I	:	14		75	MORAN SYRIAN SC	154	3/D	B D		I
I	136	16		10	EBELING VERBUM	56	7/3B	BCD		I
I	136	17- 20			-	49	5/1B	CD	C	I
I	:	:	:	50	MORAN SYNTACTIC	84		B D	+	I
I	:	17		10	EBELING VERBUM	66	16	BCD		I
I	:	:		15	KNUDTZON EL-AM	1003/1025	70A A		C	I
I	136	18		09	BOHL SPRACHE	13	5F	B D	+	I
I	:	:		52	MORAN KARATEPE?	77-B	11	B D	+	I
I	:	:		77	CAD 1M RV**	333-B		B D	+	I
I	:	:			-	336-A		B D	+	I
I	136	19- 20		51	MORAN NEW EVID.	34	11	B D		I
I	136	22		10	EBELING VERBUM	52	7/3A	BCD		I
I	:	:		15	KNUDTZON EL-AM	1600		G		I
I	136	24- 27		62	CAD 'S RV**	123-A		BCD	C	I
I	:	24		09	BOHL SPRACHE	76	35D	B D		I
I	:	:		51	DHORME LANGUE	476		BCD		I
I	:	:		66	JUCQUOIS PHONET	120		B D		I
I	136	25		62	CAD 'S RV**	120-B		B D		I
I	:	:		70	RAINEY TABLETS	79		B D		I
I	136	26- 27		60	CAD IJ RV**	288-A		BCD	C	I
I	:	:	:	77	CAD 1M RV**	155-B		BCD	C	I
I	:	26		10	EBELING VERBUM	46	5/1B	BCD		I
I	136	27- 29		58	CAD E RV**	223-A		BCD	C	I
I	136	28		09	BOHL SPRACHE	2	1F	B D		I
I	:	:			-	85	37V	B D	+	I
I	:	:		73	KUHNE CHRONOLOG	53	245	B D		I
I	136	29		09	BOHL SPRACHE	15-16	6H	B D		I
I	136	30		10	EBELING VERBUM	56	7/3B	BCD		I
I	136	31- 32		09	BOHL SPRACHE	63	31B	B D	C	I
I	:	:	:	51	DHORME LANGUE	431	4	BCD	C	I
I	:	:	:	58	CAD E RV**	191-B		BCD	C	I
I	:	31		15	KNUDTZON EL-AM	1595		BCD	C	I

TEXTES		CITATIONS				
		DATE, OUVRAGE, PAGES, NOTES				CARACTERIST.
136	32	10 EBELING VERBUM	59	10/6	BCD	
:	:	15 KNUDTZON EL-AM	1595		B D	
:	:	15 KNUDTZ.CR/DELI.	164-B		D	
:	:	51 DHORME LANGUE	431		B D	
:	:	-	450		B D	
:	:	-	482		B D	
136	33- 35	58 CAD E RV**	26-B		BCD	C
136	34- 35	69 AHW P RV**	822-A		BCD	C
136	35- 36	77 CAD 1M RV**	156-B		B D	C
136	36, 40	09 BOHL SPRACHE	50	28F	B D	
136	37	66 JUCQUOIS PHONET	117		BCD	
:	:	77 CAD 2M RV**	295-A		B D	
136	38	10 EBELING VERBUM	42	1/5	ABCD	
:	:	-	61	12	BCD	
:	:	10 RANKE KEILSCHR.	17		B D	
:	:	71 AHW Q RV**	931-B		B	
:	:	74 RAINEY EA NOTES	305		B D	
136	39- 40	77 CAD 1M RV**	156-B		B D	C
136	42- 43	65 CAD B RV**	60-B		BCD	C
:	42	09 BOHL SPRACHE	7	3Q	B D	
:	:	77 CAD 1M RV**	423-A		BCD	
136	44- 46	68 CAD 2A RV**	299-A		BCD	C
136	45	10 EBELING VERBUM	54	7/3A	BCD	
:	:	68 CAD 2A RV**	52-B		B D	
EA 137						
******						
137,138		69 KLENGEL GESCH.2	238	94	D	
137		64 CAMPBELL CHRON.	83-84		D	
:		71 HELCK BEZIEHUNG	476		D	
137	5- 6	10 EBELING VERBUM	48	5/1B	D	C
:	5	09 BOHL SPRACHE	60-61	30C	BCD	R ?
137	6	10 EBELING VERBUM	60	11/7	BCD	
:	:	15 KNUDTZON EL-AM	1590		D	
137	8	09 BOHL SPRACHE	54	28Q	B D	
:	:	10 EBELING VERBUM	61	12	BCD	
:	:	51 DHORME LANGUE	436		BCD	
137	10	09 BOHL SPRACHE	75	34U	BCD	
:	:	72 AHW R RV**	988-B		B D	
137	11- 14	10 EBELING VERBUM	49	5/1B	BCD	C
:	11	-	46	5/1B	BCD	
137	12	-	40	1/3	BCD	
:	:	-	46	5/1B	BCD	
:	:	-	52	7/3A	BCD	EC
:	:	51 DHORME LANGUE	481	1	B D	
137	13	09 BOHL SPRACHE	10	4E	B D	
137	14	51 DHORME LANGUE	451		BCD	
:	:	-	471		BCD	
:	:	-	486		BCD	
:	:	67 AHW N RV**	758-A		B D	
137	15	09 BOHL SPRACHE	15	6H	B D	
:	:	10 EBELING VERBUM	56	7/3B	BCD	
:	:	77 CAD 1M RV**	107-A		B D	
137	16	09 BOHL SPRACHE	70	33L	BCD	
:	:	60 CAD IJ RV**	330-A		BCD	
:	:	62 CAD 'S RV**	183-B		BCD	
:	:	64 CAD 1A RV**	199-B		BCD	
:	:	70 RAINEY TABLETS	79		B D	
137	17	67 SYL. 2 RV**	64	323	D D	

TEXTES			CITATIONS					
			DATE, OUVRAGE, PAGES, NOTES				CARACTERIST.	
137	20-	21	68 CAD 2A RV**	6-B		ƂCD	C	
:	:	:	-	365-B		ƂCD	C	
:	20,	24	10 EBELING VERBUM	46	5/1B	BCD		
:	20		39 HARRIS CANAANIT	46		ƂCD		
137	21		10 EBELING VERBUM	53	7/3A	BCD		
:	:		67 SYL. 2 RV**	30	154	Ƃ D	R	
:	:		72 AHW R RV**	979-B		G		
137	23-	25	68 CAD 2A RV**	295-B		BCD	C	
:	23-	24	71 CAD K RV**	380-B		BCD	C	
:	23		51 DHORME LANGUE	451		BCD		
:	:		-	471		ƂCD		
:	:		67 AHW N RV**	758-A		Ƃ D		
137	24		60 AHW E RV**	225-A		B		
:	:		66 JUCQUOIS PHONET	118		BCD		
137	25-	26	71 CAD K RV**	72-B		ƂCD	C	
:	25		09 BOHL SPRACHE	50	28F	Ƃ D		
137	26		-	33	22E	BCD		
:	:		50 MORAN SYNTACTIC	177		Ƃ D		
137	27-	28	73 CAD L RV**	153		ƂCD	C	
:	27		10 EBELING VERBUM	51	6/2A	BCD		
:	:		75 MORAN SYRIAN SC	164	67	D		
137	28		09 BOHL SPRACHE	36	23G	BCD		
:	:		-	65	32F	Ƃ D		
137	29-	30	59 CAD D RV**	97-B		BCD	C	
:	:	:	77 CAD 2M RV**	224-B		ƂCD	C	
:	29		09 BOHL SPRACHE	46	27N	Ƃ D		
:	:		10 EBELING VERBUM	57	7/3B	BCD		
:	:		59 AHW D RV**	161-B		Ƃ D		
:	:		76 AHW >S RV**	1224-B		BCD		
137	30-		69 KLENGEL GESCH.2	238	95	D		
137	31-	32	60 CAD IJ RV**	93-A		BCD	C	
137	32		10 EBELING VERBUM	58	7/3B	BCD	?	
:	:		71 AHW Q RV**	891-A		Ƃ D		
:	:		77 CAD 2M RV**	224-B		Ƃ D		
137	33		56 CAD H RV**	211-A		BCD		
:	:		67 SYL. 2 RV**	45	231	Ƃ D		
:	:		71 AHW P RV**	860-B		Ƃ D		
137	34-	35	71 CAD K RV**	380-A		ƂCD	C	
137	37		10 EBELING VERBUM	63	13	ƂCD		
137	39-	41	-	48	5/1B	BCD	C	
:	39,	40	52 MORAN KARATEPE?	78-A		Ƃ D	C	
137	40,	49	10 RANKE KEILSCHR.	17		Ƃ D		
:	40		52 MORAN KAPATEPE?	78-A		Ƃ D	REC	
137	41		09 BOHL SPRACHE	13	5K	Ƃ D		
137	42		-	85	37V	D		
:	:		15 KNUDTZON EL-AM	1590		Ƃ D	R	
:	:		-	1595		BCD	R	
137	43		64 CAMPBELL CHRON.	40	28	D		
137	45		10 RANKE KEILSCHR.	17		Ƃ D		
:	:		52 MORAN KARATEPE?	78-A		Ƃ D	?	
137	46-	48	62 CAD 'S RV**	185-A		BCD	C	
:	46		09 BOHL SPRACHE	14	6C	Ƃ D		
:	:		10 EBELING VERBUM	55	7/3A	ƂCD		
:	:		-	74	24	BCD		
:	:		51 DHORME LANGUE	483		Ƃ D		
:	:		66 JUCQUOIS PHONET	222		ƂCD		
:	:		-	249		ƂCD		
137	48		70 RAINEY TABLETS	79		Ƃ D		
:	:		74 RAINEY EA NOTES	308		Ƃ D		

TEXTES			CITATIONS				
			DATE, OUVRAGE, PAGES, NOTES			CARACTERIST.	
137	49- 51		52 MORAN KARATEPE?	79-B	28	B D	C
:	49, 50		-	78-A		B D	
:	49		10 EBELING VERBUM	53	7/3A	BCD	
:	:		-	55	7/3A	BCD	
:	:		49 MORAN UNEXPLAIN	125-A	6	B D	R
:	:		50 MORAN INF.ABSOL	169-B	7	B D	
:	:		-	170-A		BCD	
:	:		-	170-A	9	D	
:	:		-	170-A	13	D	C
:	:		51 DHORME LANGUE	486		B D	
:	:		52 MORAN KARATEPE?	77-A		D	C
:	:		-	78		B D	
:	:		-	78-A		G	C
:	:		68 CAD 2A RV**	365-B		BCD	
:	:		69 KLENGEL GESCH.2	238	95	G	
137	50- 51		68 CAD 2A RV**	365-B		C	C
137	51		10 EBELING VERBUM	53	7/3A	BCD	
:	:		51 DHORME LANGUE	452		BCD	
:	:		77 AHW T RV**	1332-B		B D	
137	54- 55		-	1326-B		B D	R C
:	54		09 BOHL SPRACHE	2	1F	B D	
:	:		10 EBELING VERBUM	53	7/3A	BCD	
137	59, 64		66 JUCQUOIS PHONET	118		BCD	
:	59		09 BOHL SPRACHE	4	2D	B D	
137	60- 62		65 CAD B RV**	288-A		BCD	C
:	60- 61		77 CAD 1M RV**	30-A		BCD	C
:	60		53 MORAN SUMMA	78-A		BCD	
137	61- 62		77 CAD 2M RV**	80-B		BCD	C
137	62		10 EBELING VERBUM	46	5/1B	BCD	
:	:		51 DHORME LANGUE	416	1	B D	
137	63, 64		58 CAD E RV**	196-B		D	
137	64- 65		68 CAD 2A RV**	398-A		BCD	C
:	64		50 MORAN SYNTACTIC	160		D	
137	66- 67		69 KLENGEL GESCH.2	238	95	G	
:	66, 69		09 BOHL SPRACHE	15	6H	B D	
:	66		-	59	29F	BCD	
137	67		10 EBELING VERBUM	56	7/3B	BCD	
137	68, 70		64 CAMPBELL CHRON.	40	28	D	
:	68		09 BOHL SPRACHE	46	27L	D	
:	:		-	46	27N	BCD	R ?
:	:		10 EBELING VERBUM	56	7/3B	BCD	?
:	:		15 KNUDTZON EL-AM	1595		BCD	
:	:		69 KLENGEL GESCH.2	238	95	B D	R
137	69		10 EBELING VERBUM	56	7/3B	BCD	
:	:		64 CAD 1A RV**	304-A		B D	
137	71		10 EBELING VERBUM	54	7/3A	BCD	
137	72		09 BOHL SPRACHE	13	5G	B D	
:	:		-	47	27Q	B D	
:	:		10 EBELING VERBUM	44	4/1	BCD	
:	:		-	56	7/3B	BCD	
137	73- 75		69 KLENGEL GESCH.2	278 ·		D	C
:	73		09 BOHL SPRACHE	27	15B	D	
137	74- 75		77 CAD 1M RV**	295-B		B D	C
:	74		09 BOHL SPRACHE	30	19C	BCD	
:	:		66 AHW M RV**	613-B		B	
:	:		77 CAD 2M RV**	80-B		B D	
137	75, 77		09 BOHL SPRACHE	67	32N	D	
:	75		-	31	20C	B D	R
:	:		1C EBELING VERBUM	53	7/3A	BCD	

TEXTES			CITATIONS					
			DATE, OUVRAGE, PAGES, NOTES				CARACTERIST.	
137	75		73 KUHNE CHRONOLOG	102		501	D	
137	76		09 BOHL SPRACHE		15	6F	Ƃ D	
:	:		-		58	28U	CD	
:	:		71 HELCK BEZIEHUNG	275			D	
137	77		09 BOHL SPRACHE		4	2D	B D	
:	:		-		33	22E	ƂCD	
:	:		51 DHORME LANGUE		453		ƂCD	
:	:		66 JUCQUOIS PHONET		118		ƂCD	
137	78		10 EBELING VERBUM		63	13	ƂCD	
137	79- 80		56 CAD H RV**		67-B		ƂCD	C
:	79, 80		10 EBELING VERBUM		48	5/1B	ƂCD	C
:	79		62 AHW H RV**		319-B		B	
137	81		09 BOHL SPRACHE		15	6E	B D	
:	:		10 EBELING VERBUM		46	5/1B	ƂCD	
:	:		51 DHORME LANGUE		471		ƂCD	
:	:		-		483		B D	
:	:		58 CAD E RV**		164-B		ƂCD	
:	:		60 AHW E RV**		217-B		B D	
:	:		66 JUCQUOIS PHONET		245		ƂCD	
137	82		09 BOHL SPRACHE		50	28F	B D	
:	:		10 EBELING VERBUM		61	12	BCD	
:	:		51 DHORME LANGUE		453		ƂCD	
137	83		69 AHW P RV**		817-B		G	
137	86		58 CAD E RV**		196-Ƃ		D	
137	89		64 CAD 1A RV**		119-A		D	
137	91- 92		56 CAD H RV**		75-Ƃ		BCD	R C
137	92		62 AHW H RV**		319-B		B	
:	:		71 CAD K RV**		369-B		B D	
137	93		10 EBELING VERBUM		48	5/1B	B D	
137	94		09 BOHL SPRACHE		50	28F	B D	
:	:		-		67	32N	D	
:	:		51 DHORME LANGUE		453		ƂCD	
137	95- 96		58 CAD E RV**		209-B		ƂCD	C
:	95		77 CAD 1M RV**		294-B		BCD	
137	96		09 BOHL SPRACHE		61	30D	ƂCD	
:	:		10 EBELING VERBUM		59	11/7	ƂCD	
137	97, 98		52 MORAN KARATEPE?		78-a		B D	C
:	: :		71 AHW R RV**		943-B		Ƃ D	C
:	97		09 BOHL SPRACHE		50	28F	Ƃ D	
:	:		10 EBELING VERBUM		47	5/1B	BCD	
137	98- 99		68 CAD 2A RV**		257-A		ƂCD	C
137	100		10 EBELING VERBUM		40	1/3	ƂCD	
:	:		-		53	7/3A	ƂCD	
137	101-102		59 CAD D RV**		89-A		ƂCD	
:	101		15 KNUDTZON EL-AM	1595			CD	
137	102		10 EBELING VERBUM		53	7/3A	ƂCD	
:	:		15 KNUDTZON EL-AM	1595			ƂC	?
EA 138								
******								
138			67 REDFORD HISTORY	167			D	
:			69 KLENGEL GESCH.2	191			D	
:			70 KLENGEL GESCH.3	199			D	
:			71 HELCK BEZIEHUNG	302		86	D	
138	4		09 BOHL SPRACHE		46	27N	Ƃ D	
:	:		10 EBELING VERBUM		56	7/3Ƃ	ƂCD	
138	6		52 MORAN KARATEPE?		78-Ƃ	22	C	
:	:		70 RAINEY TABLETS		92		D	
138	8		10 EBELING VERBUM		56	7/3Ƃ	ƂCD	

```
I                                        C I T A T I O N S              I
I       T E X T E S          ------------------------------------------- I
I                            DATE,  OUVRAGE, PAGES, NOTES  CARACTERIST.  I
I    ----------------------  ------------------------------ ----------   I
I       138       8          10 RANKE KEILSCHR.   21         B D    R   ? I
I        :        :          51 DHORME LANGUE    448         BCD         I
I        :        :          66 JUCQUOIS PHONET  258         BCD         I
I        :        :          75 MORAN SYRIAN SC  151           D       ? I
I       138       9          10 EBELING VERBUM    55   7/3A  BCD         I
I       138      10          09 BOHL SPRACHE      13     5K  B D         I
I       138      11            -                  34    23C  B D         I
I        :        :          67 SYL. 2 RV**        9     46  B D    R C  I
I        :        :          69 AHW  P RV**     850-B             G      I
I        :        :          73 CAD  L RV**       1-B         B D        I
I       138      20- 21      67 REDFORD HISTORY  167    333    D         I
I        :        :   :      69 KLENGEL GESCH.2  295     37    D       ? I
I        :       20          73 KUHNE CHRONOLOG  13C    652    D         I
I       138      21          09 BOHL SPRACHE      34    23C  B D         I
I        :       ' :         10 EBELING VERBUM    56   7/3B  BCD         I
I        :        :          51 DHORME LANGUE    448         BCD         I
I       138      22          10 EBELING VERBUM    63     13  BCD         I
I       138      25          15 KNUDTZON EL-AM  159C         B D    R   ? I
I       138      26          60 CAD IJ RV**     327-B        BCD    R    I
I       138      27          09 BOHL SPRACHE      5C    28F  B D         I
I        :        :          10 EBELING VERBUM    47   5/1B  BCD         I
I        :        :          51 DHORME LANGUE    453         B D         I
I       138      28- 37      62 KITCHEN SUPPILU   28      3    D         I
I        :       28- 29        -                  41           D         I
I        :        :  28-     69 KLENGEL GESCH.2  253           D         I
I        :       28-           -                 191           D         I
I        :       28          09 BOHL SPRACHE      5C    28F  B D         I
I        :        :          67 SYL. 2 RV**       43    223  B D       C I
I       138      29- 30      69 KLENGEL GESCH.2  257           D      EC  I
I        :       29          69 MORAN DEATH OF    98     23  B D         I
I       138      30- 31      77 CAD 1M RV**      336-A        BCD      C  I
I        :       30          69 KLENGEL GESCH.2  257         B D    R    I
I       138      31- 34      62 KITCHEN SUPPILU   42           D         I
I        :        :   :      69 KLENGEL GESCH.2  294     10    D       C I
I        :        :   :      69 MORAN DEATH OF    98           D         I
I        :       31- 33      60 MORAN EARLY CAN   18         BCD       C I
I        :        :   :      62 KITCHEN SUPPILU  27,28         D         I
I        :       31- 32      69 MORAN DEATH OF   98-A         BCD      C  I
I        :       31-         60 MORAN EARLY CAN    5      5    D         I
I        :        :   :      69 KLENGEL GESCH.2  261     33    D         I
I        :       31          51 DHORME LANGUE    475         BCD        I
I       138      32          15 KNUDTZON EL-AM  159C         B D    R    I
I        :        :            -                 1595          D         I
I        :        :          62 CAD 'S RV**      50-A        B D         I
I       138      33- 34      69 MORAN DEATH OF   98-A         BCD    R C  I
I        :       33          71 HELCK BEZIEHUNG  173     32    D         I
I        :        :            -                 177           D         I
I       138      34- 35      62 KITCHEN SUPPILU   17           D         I
I        :        :   :        -                  21           D         I
I        :        :   :        -                  44           D         I
I        :        :   :      69 KLENGEL GESCH.2  295     21    D         I
I       138      36          10 EBELING VERBUM    49   5/1B  BCD         I
I        :        :          50 MORAN SYNTACTIC  152         CD          I
I        :        :          70 RAINEY TABLETS    56         BCD         I
I       138      37, 40      77 CAD 1M RV**      407-B        B D         I
I        :       37          09 BOHL SPRACHE      46    27L    D         I
I        :        :          63 AHW  K RV**      462-A        B D         I
I        :        :          64 CAD 1A RV**      119-A        BCD        I
I        :        :          71 CAD  K RV**      286-B        BCD    R    I
```

I				C I T A T I O N S				I
I	T E X T E S							I
I				DATE, OUVRAGE, PAGES, NOTES			CARACTERIST.	I
I	138	37		74 RAINEY EA NOTES	304		BCD R	I
I	138	38		10 EBELING VERBUM	52	7/3A	BCD	I
I	138	39- 41		69 MORAN DEATH OF	96-B	14	D	I
I	:	39- 40		10 EBELING VERBUM	49	5/1B	BCD C	I
I	:	39		09 BOHL SPRACHE	53	28M	B D	I
I	:	:		10 EBELING VERBUM	45	5/1A	BCD	I
I	:	:		51 DHORME LANGUE	453		BCD	I
I	138	40- 41		39 HARRIS CANAANIT	48		BCD	I
I	:	40, 46		09 BOHL SPRACHE	74	34P	D	I
I	:	40, 44		10 EBELING VERBUM	46	5/1B	BCD	I
I	138	41- 42		64 CAD 1A RV**	220-B		BCD C	I
I	:	: :		68 CAD 2A RV**	60-A		BCD C	I
I	:	: :		-	399-B		BCD C	I
I	138	42- 43		58 CAD E RV**	60-A		BCD C	I
I	:	: :		60 MORAN EARLY CAN	18		BCD EC	I
I	:	42, 43		10 EBELING VERBUM	48	5/1B	BCD C	I
I	138	43-		69 KLENGEL GESCH.2	278		D	I
I	:	43		09 BOHL SPRACHE	61	30C	BCD	I
I	:	:		10 EBELING VERBUM	60	11/7	BCD	I
I	:	:		15 KNUDTZON EL-AM	1590		D	I
I	:	:		51 DHORME LANGUE	447		BCD	I
I	138	44- 47		58 CAD E RV**	230-231		BCD C	I
I	:	44- 45		69 KLENGEL GESCH.2	295	35	D	I
I	:	44		10 EBELING VERBUM	58	8/4	BCD	I
I	:	:		51 DHORME LANGUE	411		BCD	I
I	:	:		64 MORAN TAQTUL	80	1	B D	I
I	138	45		10 EBELING VERBUM	66	16	BCD	I
I	138	48		74 RAINEY EA NOTES	309		B D R	I
I	138	49		09 BOHL SPRACHE	53	28M	B D	I
I	:	:		-	61	30E	BCD	I
I	:	:		10 EBELING VERBUM	51	6/2B	BCD	I
I	:	:		51 DHORME LANGUE	418		BCD	I
I	138	50		58 CAD E RV**	231-A		D	I
I	:	:		69 MORAN DEATH OF	98	23	B D	I
I	:	:		74 RAINEY EA NOTES	303		B D R	I
I	138	51		09 BOHL SPRACHE	34	23C	B D	I
I	138	52		-	15	6H	B D	I
I	138	53		58 CAD E RV**	211-A		D	I
I	:	:		68 CAD 2A RV**	468-B		B D	I
I	138	56		10 EBELING VERBUM	51	6/2A	BCD	I
I	138	57		10 RANKE KEILSCHR.	21		B D R ?	I
I	138	58		10 EBELING VERBUM	54	7/3A	BCD	I
I	138	59		-	53	7/3A	BCD EC	I
I	138	60		-	56	7/3B	BCD	I
I	138	61		09 BOHL SPRACHE	36	23I	BCD	I
I	:	:		10 EBELING VERBUM	46	5/1B	BCD	I
I	:	:		15 KNUDTZON EL-AM	1590		B D R	I
I	:	:		-	1595		D	I
I	:	:		68 CAD 2A RV**	399-A		C C	I
I	138	62- 63		-	399-A		BCD C	I
I	:	62		74 RAINEY EA NOTES	301		B D	I
I	:	:		77 CAD 1M RV**	37-A		B D R	I
I	138	63		09 BOHL SPRACHE	65	32F	B D ?	I
I	138	64		64 CAD 1A RV**	353-B		BCD	I
I	138	65- 67		71 CAD K RV**	351-A		BCD C	I
I	:	65		51 DHORME LANGUE	476		BCD	I
I	138	66		09 BOHL SPRACHE	71	34C	B D	I
I	:	:		65 AHW K RV**	474-B		BCD ?	I
I	138	67- 70		69 KLENGEL GESCH.2	202		D C	I

```
I                                    C I T A T I O N S              I
I       T E X T E S        ----------------------------------------- I
I                          DATE,  OUVPAGE, PAGES, NOTES  CARACTERIST. I
I    ----------------------  ---------------------------------------  I
I      138      67         09 BOHL SPRACHE      13      5G   Ƀ D       I
I      138      68         77 CAD 1M RV**      418-B         Ƀ D       I
I      138      69- 70     59 CAD  D RV**      188-A         Ƀ D    R C I
I       :       69         09 BOHL SPRACHE      53     28M   Ƀ D       I
I       :       :          10 EBELING VERBUM    42     2/2   Ƀ D       I
I       :       :             -                 61      12   ƀCD       I
I       :       :          51 DHORME LANGUE     435          ƀCD       I
I       :       :          66 JUCQUOIS PHONET   257          ƀCD       I
I      138      71- 73     64 CAD 1A RV**      385-A         ƀCD     C I
I       :       :   :      77 CAD 2M RV**      127-B         ƀCD     C I
I       :       71- 72     69 KLENGEL GESCH.2  295      35   D        I
I       :       71         09 BOHL SPRACHE      37     24A   ƀCD      I
I      138      72         67 SYL. 2 RV**        3      12   Ƀ D     C I
I       :       :          69 MORAN DEATH OF    98      23   Ƀ D      I
I      138      73- 75     58 CAD  E RV**      196-B         ƀCD     C I
I      138      74, 75     09 BOHL SPRACHE      61     3GD   ƀCD      I
I       :       :   :      10 EBELING VERBUM    59    11/7   ƀCD      I
I       :       :   :      60 AHW  E RV**      226-B         Ƀ D      I
I       :       74         10 EBELING VERBUM    53    7/3A   ƀCD      I
I      138      75- 81     69 KLENGEL GESCH.2  239     1GO   D       C I
I       :       75- 78     62 KITCHEN SUPPILU   29       1   D        I
I       :       :   :         -                 31          D        I
I       :       :   :         -                 45          D        I
I       :       :   :      64 CAMPBELL CHRON.   85          CD      C I
I       :       :   :      69 KLENGEL GESCH.2  295      37   D       C I
I       :       75-        52 MORAN KARATEPE?  79-B     29   D        I
I      138      76         09 BOHL SPRACHE      88     38S   ƀCD      I
I       :       :          39 HARRIS CANAANIT   34          ƀCD      I
I       :       :             -                 38          ƀCD      I
I       :       :          51 DHORME LANGUE    465          Ƀ D      I
I       :       :          64 CAMPBELL CHRON.   85      44   Ƀ D   +R  I
I      138      77- 78     58 CAD  E RV**      6C-A         B D     C I
I       :       77         10 EBELING VERBUM    63      13   ƀCD      I
I      138      78         64 CAMPBELL CHRON.   85      44   Ƀ D      I
I       :       :          68 CAD 2A RV**      21-B         Ƀ D      I
I      138      79         75 MORAN AMARNA GL  149       5   Ƀ D      I
I      138      80- 81     56 CAD  H RV**      166-B         ƀCD    C ? I
I       :       80         09 BOHL SPRACHE      15      6F   Ƀ D      I
I       :       :             -                 47     27P   ƀCD      I
I       :       :          10 EBELING VERBUM    41     1/4   ƀCD      I
I       :       :             -                 42     2/3   ƀCD      I
I       :       :             -                 56    7/3B   ƀCD      I
I       :       :             -                 58    7/3B   ƀCD      I
I       :       :          39 HARRIS CANAANIT    8      10   ƀCD      I
I       :       :             -                 45          ƀCD      I
I       :       :          61 MORAN HEB.LANG.   69      52   Ƀ D      I
I      138      81         15 KNUDTZON EL-AM  1592           G        I
I       :       :             -              1595           D        I
I       :       :             -              1597           G        I
I      138      85         70 RAINEY TABLETS    92          D        I
I      138      88         10 EBELING VERBUM    56    7/3B   ƀCD      I
I      138      89         68 CAD 2A RV**      56-B         Ƀ D      I
I      138      90- 93     1C EBELING VERBUM    72      21   ƀCD     C I
I      138      91- 92     64 CAD 1A RV**      220-B        ƀCD     C I
I       :       91         10 EBELING VERBUM    53    7/3A   ƀCD      I
I      138      92            -                 53    7/3A   ƀCD      I
I      138      93         09 BOHL SPRACHE      53     28M   Ƀ D      I
I       :       :          10 EBELING VERBUM    65      15   ƀCD      I
I      138      96         09 BOHL SPRACHE       7      30   Ƀ D    R ? I
```

	TEXTES			C I T A T I O N S					
				DATE, OUVRAGE, PAGES, NOTES			CARACTERIST.		
	138	96	09	BOHL SPRACHE	61	30C	D		
	:	:	10	EBELING VERBUM	60	11/7	BCD		
	:	:	15	KNUDTZON EL-AM	1595		BCD		
	:	:	50	MORAN SYNTACTIC	177		B D		
	:	:	60	MORAN EARLY CAN	6	2	B D	R	
	:	:	73	KUHNE CHRONOLOG	145	29	D		
	:	:	74	RAINEY EA NOTES	304		B D		
	138	97	10	EBELING VERBUM	53	7/3A	BCD		
	138	98	-		53	7/3A	BCD		
	:	:	62	CAD 'S RV**	50-A		BCD		
	138	102	69	MORAN DEATH OF	98	23	B D		
	138	103-105	68	CAD 2A RV**	299-A		BCD	R C	
	:	103	09	BOHL SPRACHE	53	28M	B D	R	
	:	:	68	CAD 2A RV**	60-A		BCD		
	138	106	09	BOHL SPRACHE	87	38K	CD		
	:	:	10	EBELING VERBUM	53	7/3A	BCD		
	:	:	59	CAD D RV**	188-A		B D	R	
	:	:	75	MORAN AMARNA GL	157	1	B D	R	?
	138	107	10	RANKE KEILSCHR.	21		B D		?
	138	111	10	EBELING VERBUM	45	5/1A	BCD		
	:	:	64	MORAN TAQTUL	80	1	B D		
	138	112	65	AHW K RV**	474-B		B D		?
	:	:	71	CAD K RV**	351-A		BCD	R	
	138	116	69	MORAN DEATH OF	98	23	B D		
	138	117	09	BOHL SPRACHE	29	16A	B D		
	:	:	66	JUCQUOIS PHONET	170		D		
	:	:	-		242		B D		
	:	:	68	CAD 2A RV**	295-B		D		
	138	119,120	15	KNUDTZON EL-AM	1595		C		
	:	119	09	BOHL SPRACHE	81	37B	D		
	:	:	51	DHORME NOUV.TAB	491		D		
	:	:	65	AHW K RV**	467-A		G		
	:	:	71	CAD K RV**	310-A		G		
	138	121	68	CAD 2A RV**	299-A		B D		
	138	122	10	EBELING VERBUM	47	5/1B	BCD	EC	
	138	123	64	CAD 1A RV**	220-B		BCD		
	138	125	10	EBELING VERBUM	62	13	BCD		?
	:	:	62	CAD 'S RV**	50-A		BCD		
	:	:	64	CAD 1A RV**	220-B		B D		
	138	126-129	56	CAD H RV**	73-B		BCD	+ C	
	:	: :	60	CAD IJ RV**	325-A		BCD	+ C	
	:	126	09	BOHL SPRACHE	82	37F	B D	+	
	:	:	51	DHORME LANGUE	432		B D	+	
	:	:	-		460		BCD	+	
	:	:	63	AHW J RV**	412-A		B D	+	
	:	:	65	DISO-2 RV**	90	L.24	BCD	+	
	:	:	66	JUCQUOIS PHONET	245		BCD	+	
	:	:	67	SYL. 2 RV**	42	221	B D	R C	
	:	:	71	CAD K RV**	305-B		B D		
	138	127	10	EBELING VERBUM	53	7/3A	BCD		
	138	128	-		52	7/3A	BCD	EC	
	138	129-130	56	CAD H RV**	166-B		BCD	+R C	?
	:	129	15	KNUDTZON EL-AM	1595		CD		?
	138	130	09	BOHL SPRACHE	15	6F	B D	+	
	:	:	-		67	32N	BCD	+	
	:	:	-		82	37F	B D	+	
	:	:	10	EBELING VERBUM	44	4/3	BCD		
	:	:	-		58	7/3B	BCD	+	
	:	:	51	DHORME LANGUE	423		BCD	+	

	T E X T E S		C I T A T I O N S				C A R A C T E R I S T.
			DATE, OUVRAGE, PAGES, NOTES				
136	130		61 MORAN HEB.LANG.	69	52	Ƃ D +	
:	:		65 DISO-2 RV**	220	L.11	Ƃ D +	
138	131		77 CAD 2M RV**	92-B		Ƃ D R	
138	132		09 BOHL SPRACHE	15	6H	Ƃ D	
138	133-134		10 EBELING VERBUM	49	5/1B	BCD C	
:	133		09 BOHL SPRACHE	58	29B	ƂCD ?	
:	:		10 EBELING VEPBUM	73	22	ƂCD	
:	:		77 CAD 1M RV**	407-B		BCD R	
138	134		09 BOHL SPRACHE	53	28M	Ƃ D	
138	135-136		60 CAD IJ RV**	28-A		ƂCD C	
:	135		09 BOHL SPRACHE	61	30D	ƂCD	
:	:		-	69	33H	Ƃ D	
:	:		10 EBELING VERBUM	59	11/7	ƂCD	
:	:		52 MORAN KARATEPE?	77-B	11	Ƃ D R ?	
:	:		60 AHW E RV**	226-B		Ƃ D	
:	:		66 JUCQUOIS PHONET	154		ƂCD R	
:	:		71 CAD K RV**	465-A		Ƃ D	
138	136-137		10 EBELING VERBUM	72	21	ƂCD C	
:	: :		65 CAD B RV**	56-B		ƂCD C	
:	: :		68 CAD 2A RV**	108-B		ƂCD C	
138	137		09 BOHL SPRACHE	46	27N	Ƃ D	
:	:		-	72	34E	ƂCD	
:	:		10 EBELING VERBUM	47	5/1B	Ƃ D EC	
:	:		-	57	7/3B	ƂCD	
:	:		77 CAD 1M RV**	423-A		D	
138	138		10 EBELING VERBUM	53	7/3A	ƂCD	
:	:		-	62	12	ƂCD	
:	:		51 DHORME LANGUE	472		ƂCD	

EA 139
******

	T E X T E S		C I T A T I O N S				C A R A C T E R I S T.
139-143			64 CAMPBELL CHRON.	107		D	
139-140			50 MORAN SYNTACTIC	1-190		D C	
: :			-	6	9	D	
: :			64 CAMPBELL CHRON.	135	3D	D	
: :			69 KLENGEL GESCH.2	279		D	
139,140			09 BOHL SPRACHE	44	27F	D	
: :			-	50	28F	D	
: :			62 KITCHEN SUPPILU	21	1	D	
: :			69 KLENGEL GESCH.2	428		D	
: :			-	434		D	
: :			70 KLENGEL GESCH.3	13,14		D	
139			-	11		D	
:			-	199		D	
:			75 MORAN SYRIAN SC	147	N.50	D	
139	2		71 HELCK BEZIEHUNG	179		Ƃ D R C	
139	5		09 BOHL SPRACHE	67	32N	D	
:	:		10 EBELING VERBUM	45	5/1A	ƂCD	
139	8- 9		71 CAD K RV**	368-A		ƂCD C	
:	: :		-	380-B		ƂCD C	
:	8		10 RANKE KEILSCHR.	10		Ƃ D	
:	:		66 JUCQUOIS PHONET	198		ƂCD	
139	10- 13		69 KLENGEL GESCH.2	202		D C	
:	10		09 BOHL SPRACHE	67	32N	D	
:	:		50 MORAN SYNTACTIC	17	B/1	Ƃ D	
:	:		-	178		Ƃ D R ?	
139	11		09 BOHL SPRACHE	4	2D	Ƃ D	
:	:		10 EBELING VERBUM	62	12	Ƃ D	
:	:		66 JUCQUOIS PHONET	118		ƂCD	

T E X T E S			C I T A T I O N S					
			DATE, OUVRAGE, PAGES, NOTES				CARACTERIST.		
139	12- 17		69 KLENGEL GESCH.2	295		20	D	C	
139	13, 14		50 MORAN INF.ABSOL	170-171		18	Б D	R	
:	13		09 BOHL SPRACHE	44		27F	Б D		?
:	:		50 MORAN SYNTACTIC	117		70	Б D	R	
:	:		-	178			Б D	R	
:	:		74 RAINEY EA NOTES	303			Б D	R	
139	14- 16		69 KLENGEL GESCH.2	269			D	C	
:	14		10 EBELING VERBUM	53		7/3A	БCD		
:	:		69 MORAN DEATH OF	96-B		14	D		
139	15		51 DHORME LANGUE	480			Б D		
:	:		66 JUCQUOIS PHONET	251			Б D		
139	16- 17		15 KNUDTZON EL-AM	1595			CD		
139	17		10 EBELING VERBUM	56		7/3B	БCD		
:	:		50 MORAN SYNTACTIC	178			БCD		
:	:		69 AHW P RV**	815-A			Б D		
:	:		69 KLENGEL GESCH.2	295		21	D		
139	18, 20		09 BOHL SPRACHE	50		26F	Б D		
139	29- 31		60 MORAN EARLY CAN	5			D		
:	29- 30		50 MORAN SYNTACTIC	67		1	БCD	R	
139	30- 31		10 EBELING VERBUM	62		12	БCD	C	
:	: :		50 MORAN SYNTACTIC	97			D	C	
:	:		60 MORAN EARLY CAN	9			БCD		
:	30, 34		09 BOHL SPRACHE	50		28F	Б D		
:	: :		-	66		32K	Б D		
139	31- 32		50 MORAN SYNTACTIC	97			БCD		
:	31		77 CAD 1M RV**	335-B			Б D		
139	32		71 HELCK BEZIEHUNG	254			CD		
139	33- 35		50 MORAN SYNTACTIC	97			БCD		
:	33		09 BOHL SPRACHE	72		34F	Б D		
:	:		50 MORAN SYNTACTIC	178			Б D	R	?
:	:		64 CAD 1A RV**	218-A			БCD		
:	:		66 JUCQUOIS PHONET	151			БCD		
139	34- 35		60 MORAN EARLY CAN	9			БCD		
:	34		10 EBELING VERBUM	62		12	БCD		
:	:		60 MORAN EARLY CAN	9		2	Б D	C	
139	35		77 CAD 2M RV**	79-B			D		
139	36, 38		10 EBELING VERBUM	62		12	БCD		
:	36		70 RAINEY TABLETS	79			D		
:	:		74 AHW 'S RV**	1081-A			G		
139	37- 40		64 CAMPBELL CHRON.	79			D		
:	37- 39		77 CAD 2M RV**	79-A			БCD	C	
:	37- 38		50 MORAN SYNTACTIC	97			БCD		
:	: :		69 KLENGEL GESCH.2	202			D		
:	: :		-	278,279			D		
139	38		50 MORAN INF.ABSOL	170-171		18	Б D		
:	:		51 DHORME LANGUE	452			БCD		
:	:		69 MORAN DEATH OF	96-B		14	D		
139	39		71 CAD K RV**	305-B			Б D		
139	40		68 CAD 2A RV**	299-A			Б D		
EA 140									
******									
140-143			09 BOHL SPRACHE	53		28M	D		
140			64 CAMPBELL CHRON.	135		4D	D		
:			67 REDFORD HISTORY	218			D		
:			-	223			D		
:			-	225			C		
:			69 KLENGEL GESCH.2	145			D		
:			-	166			D		

```
I -----------------------------------------------------------------
I                                   C I T A T I O N S              I
I       T E X T E S          ------------------------------------- I
I                            DATE,  OUVRAGE, PAGES, NOTES CARACTERIST. I
I  ----------------------     ------------------------------ ----------- I
I      140                   69 KLENGEL GESCH.2 167            D        I
I       :                       -              195            D        I
I       :                       -              265            D        I
I       :                       -              280            D        I
I       :                    70 KLENGEL GESCH.3  12            D        I
I       :                    71 HELCK BEZIEHUNG 179            D        I
I      140        1-   2     68 CAD 2A RV**      85-A          BCD    C I
I      140        3         09 BOHL SPRACHE     15/2    6H   B D      I
I       :         :         71 HELCK BEZIEHUNG 179          B D    C I
I      140        4-   5     69 KLENGEL GESCH.2 295      21    D        I
I      140        5,   9    09 BOHL SPRACHE     50      28F  B D      I
I       :         5         10 EBELING VERBUM    46     5/1B  BCD      I
I       :         :         50 MORAN SYNTACTIC   5C      G    B D      I
I       :         :         51 DHORME LANGUE    453           BCD      I
I      140        6-   7     64 CAD 1A RV**     386-A         BCD    C I
I       :         6         09 BOHL SPRACHE     67      32N   D        I
I       :         :         50 MORAN SYNTACTIC  17      B/1   B D      I
I      140        8-  30     69 KLENGEL GESCH.2 165           D      C I
I       :         8-   9        -              202,203        D        I
I       :         8         09 BOHL SPRACHE     66      32K  B D      I
I      140       10-  14     69 KLENGEL GESCH.2 269           D      C I
I       :         :   :         -              295      20    D      C I
I       :        10         09 BOHL SPRACHE     88      38U  B D      I
I       :         :         66 JUCQUOIS PHONET   79          B D      I
I       :         :         69 KLENGEL GESCH.2 165           D      C I
I       :         :             -              187           D        I
I       :         :         70 KLENGEL GESCH.3  11           D        I
I      140       11,  13     10 EBELING VERBUM    53     7/3A BCD      I
I       :         :   :      50 MORAN INF.ABSOL 170-171  18  B D      I
I      140       13,  19     15 KNUDTZON EL-AM 1595          G        I
I       :        13         09 BOHL SPRACHE     44      27F  B D      I
I       :         :         10 EBELING VERBUM    56     7/3B B D      I
I       :         :         39 HARRIS CANAANIT   45          BCD      I
I      140       19         10 EBELING VERBUM    56     7/3B BCD      I
I       :         :         15 KNUDTZON EL-AM 1595          C        I
I       :         :         69 AHW    P RV**    815-A        B D      I
I       :         :         70 RAINEY TABLETS    93          B D      I
I      140       20-  24     67 REDFORD HISTORY 167      336  BCD    C I
I       :         :   :         -              223      18   CD     C I
I       :        20-  24     68 CAD 2A RV**     295-B         BCD    C I
I      140       21-  3C     69 KLENGEL GESCH.2 202           D      C I
I       :        21         09 BOHL SPRACHE      4      2D   E D      I
I       :         :         66 JUCQUOIS PHONET 118          BCD      I
I      140       22-  30     69 KLENGEL GESCH.2 281           D      C I
I       :        22-  24     58 CAD  E RV**     269-A        BCD    R C I
I       :        22,  23     62 KITCHEN SUPPILU  21      1    D        I
I       :        22         15 KNUDTZON EL-AM 1595          D        I
I       :         :         60 AHW  E RV**      236-A        B        I
I       :         :         64 CAMPBELL CHRON.  107      1    D        I
I      140       23         59 AHW    A RV**     65-A        B D      I
I      140       24-  30     69 KLENGEL GESCH.2 145           D      C I
I       :        24,  28    09 BOHL SPRACHE     66      32K  E D      I
I       :        24         69 KLENGEL GESCH.2 287           D        I
I      140       25-  26     50 MORAN SYNTACTIC 176           D        I
I       :        25         15 KNUDTZON EL-AM 1003/1035/92A A      C I
I       :         :         64 CAMPBELL CHRON. 123           D        I
I      140       26         10 EBELING VERBUM    53     7/3A BCD      I
I       :         :         5C MORAN INF.ABSOL 170-171  18  B D      I
I       :         :         69 MORAN DEATH OF   96-A          D        I
```

```
I                                        C I T A T I O N S              I
I        T E X T E S          ------------------------------------------ I
I                             DATE,  OUVRAGE, PAGES, NOTES  CARACTERIST.  I
I        ----------------     ----------------------------  -----------  I
I       140       27         10 BURCHARDT ALTK.2 14-B    261   b D·      C   I
I        :        :          71 HELCK BEZIEHUNG 272          69    D         I
I       140      28- 30         -                179            CD      C   I
I        :       28          68 CAD 2A RV**      458-B           C       C   I
I       140      29- 30         -                458-B          bCD      C   I
I       140      30- 32      67 REDFORD HISTORY 218-219         D       C   I
I        :        :  :          -                225            D       C   I
I                                                                           I
I EA 141                                                                    I
I ******                                                                    I
I       141-155             69 KLENGEL GESCH.2 203             D            I
I       141-143             09 BOHL SPRACHE      44      27F   D            I
I        :   :                 -                 50      28F   D            I
I        :   :                 -                 54      28Q   D            I
I        :   :             64 CAMPBELL CHRON. 134       2D    D            I
I        :   :             66 JUCQUOIS PHONET  33            D            I
I        :   :             69 KLENGEL GESCH.2 238      94    D            I
I        :   :             7C KLENGEL GESCH.3  15            D            I
I        :   :             71 HELCK BEZIEHUNG 302      87    D            I
I       141,142            70 KLENGEL GESCH.3  16            D            I
I       141                75 MORAN SYRIAN SC 147      N.50  D            I
I       141       1        09 BOHL SPRACHE      13      5H    b D         I
I        :        :            -                29      17A   D            I
I       141      2,  6     63 AHW   I RV**    374-B          b D      C   I
I       141       3        09 BOHL SPRACHE    15-16     6H    b D         I
I       141      4-  5     68 CAD 2A RV**    166-B           BCD    +  C   I
I        :       4         09 BOHL SPRACHE      12      5F    b D    +    I
I        :       :            -                34      23C   b D         I
I        :       :            -                82      37G   b D    +    I
I        :       :         51 DHORME LANGUE    460           bCD    +    I
I        :       :         51 DHORME NOUV.TAB 502           b D    +    I
I        :       :         56 CAD  H RV**     84-A          D         I
I        :       :         58 CAD  E RV**    185-A          b D    +    I
I        :       :         6G AHW  E RV**    222-B               G        I
I        :       :         65 DISO-2 RV**    219      L.32  bCD    +    I
I       141       7        77 CAD 1M RV**    242-B          b D      C   I
I       141      8-  9     68 CAD 2A RV**     35-A          bCD      C   I
I        :       :  :      77 CAD 1M RV**    242-B          b D      C   I
I        :       8         09 BOHL SPRACHE      40      25M   B D         I
I       141     10- 11     56 CAD  H RV**     25-A          BCD      C   I
I       141     11         1C EBELING VERBUM  53      7/3A  bCD         I
I       141     14- 15     68 CAD 2A RV**    366-A          BCD      C   I
I        :      14         10 EBELING VERBUM  53      7/3A  bCD         I
I        :       :         77 CAD 1M RV**     3C-B          b D         I
I       141     15         66 JUCQUOIS PHONET 198           bCD         I
I       141     17         68 CAD 2A RV**    366-A          bCD      C   I
I       141     18- 30     64 CAMPBELL CHRON. 107           D            I
I        :      18         09 BOHL SPRACHE      44      27F   b D         I
I        :       :         10 EBELING VERBUM  56      7/3B  bCD         I
I        :       :         39 HARRIS CANAANIT  45           BCD         I
I       141     21, 24     10 EBELING VERBUM  64      14    bCD         I
I       141     22         73 KUHNE CHRONOLOG   6      34D   D            I
I       141     24- 27     58 CAD  E RV**    358-A          b D      C   I
I        :      24         59 AHW   A RV**     52-B          BCD      ?  I
I        :       :         66 CAD 2A RV**    132-A          BCD         I
I       141     25, 26     09 BOHL SPRACHE      76      35B   BCD      C   I
I        :      25         15 KNUDTZON EL-AM 1595            b        R   I
I       141     26- 27     77 CAD 2M RV**     81-A          b D      C   I
I       141     27         09 BOHL SPRACHE      1C      4E    b D         I
```

```
-------------------------------------------------------------------
I                                 C I T A T I O N S              I
I      T E X T E S       ------------------------------------------- I
I                        DATE,  OUVRAGE, PAGES, NOTES  CARACTERIST.  I
I      ----------------  -------------------------------  ---------- I
I      141      30       10 RANKE KEILSCHR.   17             B D          I
I      141      31       10 EBELING VERBUM    51    6/2B    BCD          I
I       :       :        15 KNUDTZON EL-AM 1590           B D    R      I
I       :       :         -              1595              D    R      I
I       :       :        50 MORAN SYNTACTIC 175           B D    R      I
I       :       :        72 AHW   R RV**      959-B        B D          I
I      141      32       63 AHW   I RV**      374-B        B D    C     I
I      141      33       64 CAD 1A RV**       224-A        BCD          I
I      141      34- 35   10 EBELING VERBUM    48    5/1B   BCD     EC   I
I       :       :   :    15 KNUDTZ.CR/UNGN. 185           CD           I
I       :       34, 38   09 BOHL SPRACHE      53    28M    B D          I
I       :       34       68 CAD 2A RV**       20-B         BCD          I
I      141      36       09 BOHL SPRACHE       9    3Z     B D       ? I
I       :       :        15 KNUDTZON EL-AM 1003/104/594F A       C    I
I      141      38       56 CAD   G RV**       74-B        B D          I
I       :       :        77 AHW   T RV**     1335-B        B D          I
I      141      40       09 BOHL SPRACHE       6    3G     B D          I
I      141      41- 42   59 CAD   D RV**      193-B        BCD     C    I
I       :       41       09 BOHL SPRACHE      62    30I    B D          I
I       :       :        74 RAINEY EA NOTES 306           B D          I
I      141      44- 45   56 CAD   H RV**      234-B        BCD  +  C    I
I       :       44       09 BOHL SPRACHE      82    37G    B D  +       I
I       :       :        39 HARRIS CANAANIT  43-44         BCD  +       I
I       :       :        50 MORAN SYNTACTIC 147           B D  +       I
I       :       :        51 DHORME LANGUE    460           BCD  +       I
I       :       :         -              464              B D  +       I
I       :       :         -              482              B D  +       I
I       :       :        59 CAD   D RV**      193-B        BCD  +       I
I       :       :        65 DISO-2 RV**        90    L.29  BCD  +       I
I       :       :        66 JUCQUOIS PHONET   79           BCD  +       I
I       :       :         -               81    20       BCD  +       I
I       :       :         -               90              BCD  +       I
I       :       :        73 KUHNE CHRONOLOG  11    46     D    +       I
I       :       :         -              145    46       D           I
I      141      45- 46   68 CAD 2A RV**       20-B         BCD    R C   I
I       :       45       09 BOHL SPRACHE      53    28M    B D          I
I       :       :        60 CAD IJ RV**      153-B         B D          I
I       :       :        63 AHW   I RV**      383-A        B            I
I                                                                      I
I EA 142                                                               I
I ******                                                               I
I      142               62 KITCHEN SUPPILU  29            D           I
I       :                 -               31              D           I
I       :                 -               45              D           I
I       :                69 KLENGEL GESCH.2 428           D           I
I       :                 -              435              D           I
I       :                71 HELCK BEZIEHUNG 177           D           I
I       :                 -              302    86       D           I
I       :                75 MORAN SYRIAN SC 160    26     D           I
I      142       5       09 BOHL SPRACHE     40    25M    B D          I
I      142       6       15 KNUDTZON EL-AM 1595           D           I
I       :       :        58 CAD   E RV**      359-A        BCD    R     I
I       :       :        60 AHW   E RV**      256-B        B D          I
I      142       7       09 BOHL SPRACHE      76    35D    B D          I
I       :       :        51 DHORME LANGUE    476           BCD          I
I       :       :        66 JUCQUOIS PHONET 120           B D          I
I      142       9       09 BOHL SPRACHE      50    28F    B D          I
I       :       :        10 EBELING VERBUM    75    24     BCD          I
I      142      10        -               65    15       BCD          I
```

```
I                               C I T A T I O N S                      I
I       T E X T E S       -----------------------------------------    I
I                         DATE,  OUVRAGE, PAGES, NOTES  CARACTERIST. I
I       ----------------- -----------------------------  ----------    I
I       142      10       69 AHW  N RV**      770-A            G        I
I       :        :        77 CAD 1M RV**       29-A         B D         I
I       142      11       10 EBELING VERBUM     54     7/3A  BCD        I
I       142      12       09 BOHL SPRACHE       34     23C   B D        I
I       :        :                              62     30I   B D        I
I       :        :        74 RAINEY EA NOTES 306            B D         I
I       142      14       10 RANKE KEILSCHR.    17          B D         I
I       142      15- 24   69 KLENGEL GESCH.2  277             D         I
I       :        15- 17   64 CAMPBELL CHRON. 107             D      C   I
I       :        :  :     69 KLENGEL GESCH.2  279             D      C   I
I       :        15       09 BOHL SPRACHE        3     2A    B D        I
I       142      16       -                     54     28Q   B D        I
I       142      17       -                     50     28F   B D        I
I       :        :        77 CAD 1M RV**      156-B         B D         I
I       142      18- 20   73 CAD  L RV**       55-A         BCD     C   I
I       :        18, 19   65 CAD  B RV**      150-A         BCD     C   I
I       142      19       74 RAINEY EA NOTES 303           B D         I
I       142      20       09 BOHL SPRACHE       44     27F   B D        I
I       :        :        10 EBELING VERBUM     56     7/3B  B D        I
I       142      23- 24   68 CAD 2A RV**      299-A         BCD     C   I
I       142      24       15 KNUDTZON EL-AM 1003/105/597F A        C   I
I       142      25- 31   64 CAMPBELL CHRON. 107             D      C   I
I       :        25       10 EBELING VERBUM     64     14    BCD        I
I       :        :        68 CAD 2A RV**      148-A         BCD        I
I       142      26, 27   09 BOHL SPRACHE       76     35B   BCD     C   I
I       142      27- 28   77 CAD 2M RV**       81-A         B D     C   I
I       142      28- 29   65 CAD  B RV**      150-A         BCD     C   I
I       :        28       09 BOHL SPRACHE       10     4E    B D        I
I       142      30       10 RANKE KEILSCHR.    17          B D         I
I                                                                       I
I EA 143                                                                I
I ******                                                                I
I       143      11- 12   56 CAD  H RV**       84-A         BCD  +  C   I
I       :        11       09 BOHL SPRACHE       12     5F    B D  +     I
I       :        :        -                     15     6F    B D  +     I
I       :        :        -                     82     37G   B D  +     I
I       :        :        51 DHORME LANGUE    460           BCD  +     I
I       :        :        51 DHORME NOUV.TAB 502      2     B D        I
I       :        :        58 CAD  E RV**      185-A         B D  +     I
I       :        :        60 AHW  E RV**      222-B            G       I
I       :        :        65 DISO-2 RV**      219     L.32  BCD  +     I
I       143      12- 17   75 MORAN AMARNA GL 152           BCD        I
I       143      13- 16   10 EBELING VERBUM     71     21    BCD     C   I
I       :        13       09 BOHL SPRACHE       29     17B   B D        I
I       :        :        -                     59     29F   B D        I
I       143      18- 35   64 CAMPBELL CHRON. 107             D      C   I
I       :        18       09 BOHL SPRACHE       65     32F   B D        I
I       143      21, 25   -                     34     23C   B D        I
I       143      27- 29   10 EBELING VERBUM     48     5/1B  BCD     EC  I
I       :        :  :     64 MORAN  TAQTUL      81           BCD     EC ? I
I       :        :  :     77 AHW  T RV**      1337-B        B D     C   I
I       :        27       15 KNUDTZON EL-AM 1595           BCD        I
I       :        :        64 MORAN  TAQTUL    81-82   6      D      EC  I
I       :        :        70 RAINEY TABLETS    86          B D      ? I
I       143      29       09 BOHL SPRACHE       59     29F   B D        I
I       :        :        10 EBELING VERBUM     74     22    BCD        I
I       143      37       -                     54     7/3A  BCD        I
I       143      40       09 BOHL SPRACHE       24     11D   B D        I
I                                                                       I
```

```
I                                 C I T A T I O N S              I
I        T E X T E S      ----------------------------------------  I
I                         DATE,  OUVRAGE, PAGES, NOTES  CARACTERIST. I
I        --------------------    --------------------------------  ------------  I
I                                                                  I
I EA 144                                                           I
I ******                                                           I
I       144-155              39 HARRIS CANAANIT  21           D    I
I       144-145              64 CAMPBELL CHRON. 107-108       D    I
I       144,145             09 BOHL SPRACHE      50     28F   D    I
I        :    :                -              54     28Q   D    I
I                            70 KLENGEL GESCH.3  17           D    I
I       144                  64 CAMPBELL CHRON. 134     20    D    I
I        :                  71 HELCK BEZIEHUNG 177           D    I
I       144       1-  2     65 CAD   B RV**      49-B        BCD      C  I
I       144       2,  6     63 AHW   I RV**     374-B        B D      C  I
I       144       8            -              374-B        B D      C  I
I       144      11- 12     68 CAD 2A RV**      85-A        B D      C  I
I        :       11         10 EBELING VERBUM   53     7/3A BCD       I
I        :        :         15 KNUDTZON EL-AM 1596           C       I
I       144      12         66 JUCQUOIS PHONET 198           BCD       I
I       144      15- 17     56 CAD   H RV**      26-B        BCD      C  I
I        :       15, 16     09 BOHL SPRACHE      50     28F  B D       I
I       144      16         69 AHW   N RV**     770-A        B D       I
I        :        :         76 AHW  >S RV**    1181-A        B D       I
I       144      17- 18     56 CAD   H RV**     195-B        BCD  +   C  I
I        :       17         09 BOHL SPRACHE     15     6F   B D  +    I
I        :        :            -              82     37H  B D  +    I
I        :        :         39 HARRIS CANAANIT  30           BCD  +    I
I        :        :         51 DHORME LANGUE    468          BCD  +    I
I        :        :            -              472          BCD  +    I
I        :        :         65 DISO-2 RV**     207     L.12 B D  +    I
I        :        :            -              207     L.24  D  +    I
I       144      18- 21     64 CAMPBELL CHRON. 108           D       I
I       144      19, 21     10 EBELING VERBUM   64     14   BCD       I
I        :        :    :    51 DHORME LANGUE    439          B D       I
I       144      20         10 RANKE KEILSCHR.  17           B D       I
I       144      23         10 EBELING VERBUM   53     7/3A BCD       I
I       144      24- 34     69 KLENGEL GESCH.2 277           D       C  I
I       144      25         58 CAD   E RV**     235-A        D       I
I       144      26, 27     09 BOHL SPRACHE     50     28F  B D       I
I        :       26         15 KNUDTZON EL-AM 1596          B     R   I
I        :        :         39 HARRIS CANAANIT  37           B D       I
I        :        :         56 CAD   H RV**      84-B        D       I
I       144      28         10 RANKE KEILSCHR.  17           B D       I
I       144      29         10 EBELING VERBUM   59     10/6 BCD       I
I       144      30-        56 CAD   H RV**      84-B        D       I
I       144      32- 34     68 CAD 2A RV**     220-A        BCD       C  I
I        :       32         09 BOHL SPRACHE     54     28Q  B D       I
I       144      33         51 DHORME LANGUE    472          BCD       I
I        :        :         73 KUHNE CHRONOLOG 102     501   D       I
I                                                                  I
I EA 145                                                           I
I ******                                                           I
I       145                 15 KNUDTZON EL-AM 1596           D       I
I        :                  51 DHORME LANGUE    442          D       I
I        :                  64 CAMPBELL CHRON. 134     2D    D      ? I
I        :                     -              135     4D    D      ? I
I        :                  66 JUCQUOIS PHONET  34           D      ? I
I        :                     -              35           D      ? I
I        :                  73 KUHNE CHRONOLOG   4     25    D      ? I
I       145       6- 10     15 KNUDTZON EL-AM 1596           CD      C  I
I        :        6-  7        -             1596          BCD       I
```

```
I                                  C I T A T I O N S             I
I      T E X T E S        -------------------------------------  I
I                          DATE,  OUVRAGE, PAGES, NOTES  CARACTERIST. I
I    -------------------   --------------------------   ------------ I
I      145      6         10 EBELING VERBUM    54     7/3A  BCD      I
I      145      7- 10     77 CAD 1M RV**      107-B          B D  +R C I
I      145      9         09 BOHL SPRACHE      12       5F   B D  +   I
I      145      10        10 EBELING VERBUM    61       12   BCD      I
I       :       :         67 SYL. 2 RV**       42      221   B D     C I
I      145      13        09 BOHL SPRACHE      23      10E    D       I
I      145      14        10 EBELING VERBUM    53     7/3A  BCD       I
I       :       :         66 JUCQUOIS PHONET 198            B D       I
I       :       :          -                 268            BCD       I
I      145      15         -                 160            BCD       I
I       :       :          -                 164            BCD       I
I      145      18        74 RAINEY EA NOTES 307            B D   R   I
I      145      20, 26    15 KNUDTZON EL-AM 1596              G       I
I      145      21        60 CAD IJ RV**     292-B         B D       I
I      145      22- 26    69 KLENGEL GESCH.2 203             D      C I
I       :       22, 24    77 CAD 1M RV**     418-B         B D       I
I      145      23- 29    15 KNUDTZON EL-AM 1596             CD       I
I       :       23- 28    10 EBELING VERBUM   77      APP   CD  +  C  I
I       :       :   :     69 KLENGEL GESCH.2 239      101     G       I
I      145      24- 26    68 CAD 2A RV**      33-A          BCD     C I
I       :       24- 25     -                 454-A         BCD     C I
I      145      25, 26    60 CAD IJ RV**     329-A         BCD     C I
I       :       25        09 BOHL SPRACHE     54      28N   B D       I
I       :       :         10 EBELING VERBUM   66       16   BCD       I
I       :       :         51 DHORME LANGUE   442            BCD       I
I       :       :         66 JUCQUOIS PHONET 122            B D       I
I      145      26        67 SYL. 2 RV**       42      221     G     C I
I      145      27        15 KNUDTZON EL-AM 1596           B D   R   I
I      145      28        09 BOHL SPRACHE      81      37B   B D  +   I
I       :       :         71 CAD  K RV**     171-B          B D  +   I
I      145      29        15 KNUDTZON EL-AM 1596           B D   R   I
I      145      30         -                 1596            D       I
I       :       :         66 JUCQUOIS PHONET 138            B D       I
I       :       :          -                 173            BCD       I
I                                                                    I
I EA 146                                                             I
I ******                                                             I
I      146-156            64 CAMPBELL CHRON.  71-72          D     C I
I      146-155            09 BOHL SPRACHE      17       7B    D       I
I       :   :              -                   17       7C    D       I
I       :   :              -                   18       8B    D       I
I       :   :              -                   19       6C    D       I
I       :   :              -                   20       9B    D       I
I       :   :              -                   24      11C    D       I
I       :   :              -                   44      27F    D       I
I       :   :              -                   46      27N    D       I
I       :   :              -                   54      28Q    D       I
I       :   :             62 KITCHEN SUPPILU   21            D       I
I       :   :             64 CAMPBELL CHRON.  135       4D    D       I
I       :   :             66 JUCQUOIS PHONET   36            D       I
I       :   :             67 REDFORD HISTORY 167      334     D       I
I       :   :             69 KLENGEL GESCH.2 239      102     D       I
I       :   :              -                 284            D       I
I       :   :             70 KLENGEL GESCH.3  19,20         D       I
I       :   :             71 HELCK BEZIEHUNG 169        9    D     EC I
I      146-149            64 CAMPBELL CHRON.  135       4D    D       I
I      146-146            62 KITCHEN SUPPILU   29            D       I
I      146      7         09 BOHL SPRACHE      22      10A   BCD      I
I       :       :         15 KNUDTZON EL-AM 1595           D       I
```

```
I                                          C I T A T I O N S                    I
I          T E X T E S          -------------------------------------------     I
I                               DATE,  OUVRAGE, PAGES, NOTES  CARACTERIST.  I
I          --------------------  -------------------------------  -----------   I
I      146        7             15 KNUDTZON EL-AM 1597          BCD            I
I       :         :             76 AHW  >S RV**    1209-B       B D            I
I      146        10            15 KNUDTZ.CR/UNGN. 185          C              I
I      146        13            09 BOHL SPRACHE     1      1C   B D            I
I      146        15            64 CAMPBELL CHRON.  71          D              I
I      146        16- 17        15 KNUDTZON EL-AM 1597          B D     R C    I
I      146        20            09 BOHL SPRACHE     34     23C  B D     R      I
I       :         :                 -              82     37I  B D     +      I
I       :         :             64 CAMPBELL CHRON.  71          D              I
I       :         :             77 CAD 2M RV**      17-A        B D     +      I
I                                                                             I
I EA 147                                                                      I
I ******                                                                      I
I      147-152                  63 AHW  I RV**     374-B        D              I
I      147-149                  70 KLENGEL GESCH.3  18          D              I
I       :     :                 71 HELCK BEZIEHUNG 302     90   D              I
I       :     :                     -              303     93   D              I
I      147,148                      -              177          D              I
I      147                      09 BOHL SPRACHE     86     38D  D              I
I       :                       67 REDFORD HISTORY 220          D              I
I       :                       69 KLENGEL GESCH.2 265          D              I
I       :                       72 AHW  S RV**     1006-A        G             I
I      147        1             67 REDFORD HISTORY 220          D        C     I
I      147        4             60 AHW  E RV**     223-A        BCD            I
I      147        6-  7         77 CAD 1M RV**     417-B        BCD      C     I
I       :         6             68 CAD 2A RV**     366-A        D              I
I      147        7             09 BOHL SPRACHE     13     5G   B D            I
I      147        8             15 KNUDTZON EL-AM 998          C              I
I       :         :             59 CAD  D RV**     72-B        BCD            I
I       :         :             76 AHW >S RV**     1239-A       B D            I
I      147        9- 10         09 BOHL SPRACHE     54/2   28Q  CD             I
I       :         9-            76 AHW >S RV**     1209-B       B D      C     I
I       :         9, 10         09 BOHL SPRACHE     54     28Q  B D        ?   I
I       :         9                 -              22     10A  BCD            I
I       :         :             62 CAD  'S RV**    96-B        C        C     I
I       :         :             65 CAD  B RV**     60-B        BCD            I
I      147        10            62 CAD  'S RV**    96-B        BCD            I
I       :         :             70 RAINEY TABLETS  76          B D            I
I       :         :                 -              86          B D            I
I       :         :             74 AHW  'S RV**    1082-A       B D            I
I      147        11- 12        59 CAD  D RV**     184-A       BCD      +  C   I
I       :         :    :        67 AHW  N RV**     755-A       B D         C   I
I       :         11            09 BOHL SPRACHE     22     10B  B D            I
I       :         :             70 RAINEY TABLETS  74          B D         ?   I
I      147        12            09 BOHL SPRACHE     4      3B   B D            I
I       :         :                 -              82     37I  BCD      +      I
I       :         :                 -              86     36D  B D      +      I
I       :         :             10 EBELING VERBUM  78     APP  BCD      +      I
I       :         :             15 KNUDTZON EL-AM 1597          D      +R      I
I       :         :             15 KNUDTZ.CR/DELI. 164-B       BCD      +      I
I       :         :             56 CAD  H RV**     85-B        BCD      +      I
I       :         :             64 CAD 1A RV**     206-B       B D      +      I
I       :         :             65 DISO-2 RV**     82      L.15 BCD      +  ?   I
I      147        13, 15        72 AHW  R RV**     982-A       D              I
I      147        14- 15        60 CAD IJ RV**     288-A       BCD      C     I
I       :         :    :        71 AHW  R RV**     941-B       B D      C     I
I      147        16            65 CAD  B RV**     197-B       BCD            I
I      147        17- 18        59 CAD  D RV**     71-A        BCD      C     I
I      147        19- 20        68 CAD 2A RV**     366-A       B D      C     I
```

TEXTES			CITATIONS				
			DATE, OUVRAGE, PAGES, NOTES				CARACTERIST.
147	19		09 BOHL SPRACHE	22	10A	BCD	
147	20		-	36	23G	D	
147	21, 23		15 KNUDTZ.CR/UNGN.	185		D	
:	21		68 CAD 2A RV**	366-A		B D	C
147	22		09 BOHL SPRACHE	17	7B	B D	
:	:		65 AHW L RV**	531-A		B D	
:	:		73 CAD L RV**	53-A		B D	
147	23- 24		61 CAD Z RV**	22-A		BCD	C
:	23		70 RAINEY TABLETS	86		B D	?
147	24		09 BOHL SPRACHE	31	20C	B D	
:	:		15 KNUDTZON EL-AM	1585		D	
:	:		-	1597		CD	
:	:		66 JUCQUOIS PHONET	195		BCD	
147	25- 27		68 CAD 2A RV**	366-A		BCD	C
147	26		09 BOHL SPRACHE	22	10A	BCD	
147	27- 28		68 CAD 2A RV**	317-B		BCD + C ?
:	27, 29		09 BOHL SPRACHE	46	27N	B D	
:	:	:	10 EBELING VERBUM	56	7/3B	BCD	
:	:	:	51 DHORME LANGUE	454		BCD	
:	27		69 KLENGEL GESCH.2	239	102	G	
147	28		09 BOHL SPRACHE	86	38D	B D +	
147	29		-	18	8B	BCD	
:	:		10 EBELING VERBUM	41	1/4	BCD	
:	:		15 KNUDTZON EL-AM	1003/106/609G	A		C
147	31		59 CAD D RV**	71-A		D	
147	32		10 EBELING VERBUM	53	7/3A	BCD	
:	:		77 CAD 1M RV**	420-A		BCD	EC
147	34		09 BOHL SPRACHE	22	10A	BCD	
147	35- 36		60 CAD IJ RV**	321-B		C	C
:	35		09 BOHL SPRACHE	18	8B	B D	
:	:		10 EBELING VERBUM	41	1/4	BCD	
:	:		73 KUHNE CHRONOLOG	6	34D	D	
147	36- 37		71 CAD K RV**	171-B		BCD	C
:	36, 38		09 BOHL SPRACHE	86	38D	B D +	
:	36		-	67	32M	BCD	
:	:		10 EBELING VERBUM	58	8/4	BCD +	
:	:		51 DHORME LANGUE	411		BCD +	
:	:		-	452		BCD +	
:	:		65 DISO-2 RV**	117	L.3	B D +	
147	37- 38		60 CAD IJ RV**	321-B		BCD	C
:	37		15 KNUDTZON EL-AM	1590		B D R	
:	:		-	1597		B D R	?
147	38		09 BOHL SPRACHE	72	34G	B D +	
:	:		66 JUCQUOIS PHONET	245		B D +	
:	:		70 RAINEY TABLETS	65		B D +	
147	39- 40		56 CAD G RV**	6-B		BCD	C
:	:	:	62 CAD 'S RV**	261-B		BCD	C
:	:	:	64 CAD 1A RV**	18-A		BCD	C
:	39		09 BOHL SPRACHE	17	7B	B D	
:	:		-	83	37L	B D +	
:	:		-	86	38D	B D +	
:	:		51 DHORME LANGUE	459		BCD	
:	:		-	472		BCD +	
:	:		66 JUCQUOIS PHONET	79		BCD	
:	:		71 CAD K RV**	14-A		B D	
147	40		09 BOHL SPRACHE	33	22D	B D	
147	41- 42		68 CAD 2A RV**	220-A		BCD	C
147	42		10 EBELING VERBUM	50	6/2A	BCD	
:	:		59 AHW A RV**	82-B		B	

```
I                                          C I T A T I O N S                    I
I        T E X T E S              ---------------------------------------------  I
I                                 DATE,  OUVRAGE, PAGES, NOTES  CARACTERIST.  I
I       -----------------------   -----------------------------------------   I
I       147       42              66 JUCQUOIS PHONET 283           B D         I
I        :        :               68 CAD 2A RV**      456-A         D          I
I        :        :               70 RAINEY TABLETS   59           D          I
I       147       43              68 CAD 2A RV**      366-A        BCD         I
I       147       44              15 KNUDTZ.CR/UNGN. 185           D          I
I       147       46              09 BOHL SPRACHE     17     7C    B D         I
I        :        :               10 EBELING VERBUM   52     7/3A  BCD         I
I        :        :                  -               53     7/3A  BCD         I
I        :        :               51 DHORME LANGUE   484          B D         I
I       147       47- 48          59 CAD   D RV**     115-A       BCD     C    I
I       147       49- 51             -               114-B       BCD     C    I
I       147       52- 54             -               194-B       BCD     C    I
I        :        :   :            61 CAD   Z RV**     52-A       BCD     C    I
I        :        52               68 CAD 2A RV**      366-A       D          I
I        :        :                   -               504-A       BCD         I
I       147       53               10 EBELING VERBUM   41     1/4   BCD         I
I       147       54- 55           64 CAD 1A RV**      206-B       B D     C    I
I        :        :   :            65 CAD   B RV**     177-A        C      C    I
I        :        54               09 BOHL SPRACHE     4     3B    B D         I
I        :        :                   -               82     37I   D          I
I        :        :                56 CAD   H RV**     85-B         D          I
I       147       56               09 BOHL SPRACHE     47    27P   BCD         I
I        :        :                   -               47    27Q   B D         I
I        :        :                   -               66    32M   B D         I
I        :        :                   -               68    32Q   B D         I
I        :        :                   -               86    38D   B D   +     I
I        :        :                10 EBELING VERBUM   43    3/1   BCD   +     I
I        :        :                   -               56    7/3B  BCD   +     I
I        :        :                   -               57    7/3B  BCD   +     I
I        :        :                15 KNUDTZON EL-AM 1597         C          I
I        :        :                51 DHORME LANGUE   452          BCD   +     I
I        :        :                65 CAD   B RV**     177-A       BCD   +     I
I        :        :                65 DISO-2 RV**      33    L.33  B D   +     I
I        :        :                   -               176   L.3   B D   +     I
I        :        :                67 AHW   N RV**     716-A       B D         I
I       147       57, 59           10 EBELING VERBUM   46    5/1B  BCD         I
I        :        57               09 BOHL SPRACHE     55    28Q   B D         I
I       147       58               67 REDFORD HISTORY 220         B D         I
I       147       59- 60           77 CAD 1M RV**      407-B       BCD     C    I
I        :        59               09 BOHL SPRACHE     54    28Q   B D         I
I        :        :                66 AHW   M RV**     632-B       B          I
I       147       61               10 EBELING VERBUM   44    3/6   BCD         I
I       147       62               64 CAD 1A RV**      379-A       B D         I
I       147       63- 65              -               206-B       BCD     C    I
I        :        63- 64           68 CAD 2A RV**      366-A       BCD     C    I
I       147       64               09 BOHL SPRACHE     4     3B    B D         I
I        :        :                   -               82    37I    D          I
I        :        :                10 EBELING VERBUM   76    24    BCD         I
I        :        :                56 CAD   H RV**     85-B         D          I
I        :        :                59 CAD   D RV**     93-B        B D         I
I       147       65- 66           60 CAD IJ RV**      219-A       BCD     C    I
I        :        65, 66           10 EBELING VERBUM   62    12    BCD         I
I        :        65               64 CAMPBELL CHRON.  71          D          I
I       147       66- 69           67 REDFORD HISTORY 224          D      C    I
I        :        :   :            69 KLENGEL GESCH.2 271          D      C    I
I        :        :   :               -               294   16     D      C    I
I        :        66               64 CAMPBELL CHRON.  71          D          I
I        :        :                74 AHW  >S RV**     1128-B      B D         I
I       147       67               15 KNUDTZON EL-AM 1597         G          I
```

```
------------------------------------------------------------------
I                                 C I T A T I O N S              I
I     T E X T E S        -----------------------------------------  I
I                        DATE, OUVRAGE, PAGES, NOTES  CARACTERIST. I
I     ----------------   -----------------------------  ----------  I
I      147      68       69 KLENGEL GESCH.2 293      2      D       I
I      147      69       09 BOHL SPRACHE     33     22D    B D   EC I
I      147      70          -                55     28Q    B D      I
I       :       :        59 CAD  D RV**      70-A          BCD      I
I       :       :        60 CAD IJ RV**      24-B          BCD      I
I                                                                   I
I EA 148                                                            I
I ******                                                            I
I      148-150           70 KLENGEL GESCH.3  21            D        I
I       :       :        71 HELCK BEZIEHUNG 317            D        I
I      '148             64 CAMPBELL CHRON. 135     4D     D        I
I       :               70 KLENGEL GESCH.3 153     21     D        I
I      148       1       09 BOHL SPRACHE     27     15A    B D      I
I      148      5-  8    77 CAD 2M RV**       7-A          BCD    C I
I       :        5       09 BOHL SPRACHE      9      3Z    B D      I
I       :        :          -                20      9B    B D      I
I       :        :       15 KNUDTZON EL-AM 1003/107/612D A       C I
I       :        :       74 RAINEY EA NOTES 303           B D      I
I       :        :          -               306           B D      I
I      148      9, 10    67 AHW  N RV**      703-A         B D    C I
I      148     11- 13    64 CAMPBELL CHRON.  71            D      C I
I       :       11       70 RAINEY TABLETS   93           B D      I
I      148     12- 13    64 CAD 1A RV**      286-A         BCD  +  C I
I       :       :   :    77 CAD 2M RV**      17-A          BCD  +  C I
I       :       12       09 BOHL SPRACHE     25     13G    B D      I
I       :       :           -               26     13H    D    +  I
I       :       :           -               34     23C    B D  +  I
I       :       :           -               82     37I    B D  +  I
I       :       :           -               86     38D    B D  +  I
I       :       :        10 EBELING VERBUM   78     APP    B D  +R I
I       :       :        15 KNUDTZON EL-AM 1597           B D   R  I
I       :       :        51 DHORME LANGUE   431      6     B D  +  I
I       :       :           -               466           BCD  +  I
I       :       :        59 AHW  A RV**      30-B          B D      I
I       :       :        65 DISO-2 RV**      12     L.44   BCD  +  I
I       :       :           -               149     L.27   B D  +  I
I       :       :        66 JUCQUOIS PHONET  79            BCD  +  I
I       :       :        71 HELCK BEZIEHUNG 401            D        I
I      148      13       67 AHW  N RV**      702-B         B        I
I      148      14       71 HELCK BEZIEHUNG 254           B D      I
I      148      17       66 JUCQUOIS PHONET 155           BCD      I
I       :       :           -               156     42    B D      I
I      148      20       09 BOHL SPRACHE     76     35E    BCD      I
I      148      23          -                27     15A    B D      I
I      148      24          -                75     34U    BCD      I
I      148      25          -                17     7C     B D      I
I       :       :        64 CAMPBELL CHRON.  71            CD       I
I      148     26, 27    67 AHW  N RV**      703-A         B D    C I
I      148     29- 34    77 CAD 2M RV**      17-A          BCD    C I
I       :       29       71 HELCK BEZIEHUNG 248     16     D        I
I      148      30       70 RAINEY TABLETS   93           B D      I
I      148      31       09 BOHL SPRACHE     34     23C    B D      I
I       :       :           -               82     37I    B D  +  I
I       :       :        51 DHORME LANGUE   466           BCD      I
I       :       :        65 DISO-2 RV**      149    L.27   B D  +  I
I       :       :        77 CAD 2M RV**      150-A         B D  +  I
I      148      33       09 BOHL SPRACHE      9      3X    D        I
I       :       :           -                13     5G     B D      I
I      148     34- 38    69 KLENGEL GESCH.2 294     16     D      C I
```

```
I                                       C I T A T I O N S            I
I     T E X T E S           ------------------------------------ I
I                           DATE,  OUVRAGE, PAGES, NOTES  CARACTERIST. I
I   ---------------------   ------------------------------------ I
I     148      35- 37  77 CAD 1M RV**      192-A        BCD    C  I
I      :       35      09 BOHL SPRACHE      65     32F  B D       I
I      :       :       69 AHW  N RV**      803-A            G     I
I     148      36- 37  77 AHW  T RV**     1334-B        B D    C ? I
I      :       36      74 RAINEY EA NOTES 306           B D       I
I      :       :       -                   309         B D    EC  I
I     148      37      66 AHW  M RV**      599-B            G     I
I     148      39      09 BOHL SPRACHE      88     38Q  CD        I
I     148      40- 43  51 DHORME NOUV.TAB 494            D    C   I
I      :       40      64 CAMPBELL CHRON.   71           CD       I
I     148      41      -                    72            D       I
I      :       :       -                   116            D       I
I     148      42      15 KNUDTZON EL-AM 1003/108/614C A      C   I
I      :       :       -                  1597          B D       I
I      :       :       -                  1597            G       I
I      :       :       67 AHW  N RV**      755-A          D       I
I      :       :       70 RAINEY TABLETS   74           B D       I
I      :       :       71 CAD  K RV**      237-A        B D    R  I
I     148      44      09 BOHL SPRACHE      85     37V   D        I
I     148      45                          65/1°  32H   D        I
I      :       :       10 EBELING VERBUM    53    7/3A  BCD     ? I
I     148      46      60 CAD IJ RV**       24-A        BCD       I
I      :       :       71 HELCK BEZIEHUNG 248      13    D        I
I     148      47      09 BOHL SPRACHE      15     6F   B D       I
I      :       :       -                    58     28U  CD        I
I     148      56- 57  15 KNUDTZON EL-AM 1597            C     ? I
I                                                                 I
I EA 149                                                          I
I ******                                                          I
I     149              51 DHORME LANGUE    442            D       I
I      :               62 KITCHEN SUPPILU  30            D        I
I      :               -                    31            D       I
I      :               69 KLENGEL GESCH.2 259       8    D        I
I      :               -                   265            D       I
I      :               -                   298      67   D        I
I      :               70 KLENGEL GESCH.3   8            D        I
I      :               -                    19            D       I
I      :               71 HELCK BEZIEHUNG 301      79    D        I
I      :               75 MORAN SYRIAN SC 147     N.72   D        I
I     149      1       09 BOHL SPRACHE      27     15A  B D       I
I     149      4-  5   58 CAD  E RV**      186-B        BCD    C  I
I     149      5       76 AHW >S RV**     1213-B        B D    C  I
I     149      8       77 CAD 1M RV**      156-B        BCD       I
I     149      10, 18  09 BOHL SPRACHE      70     33H  B D       I
I      :       :   :   15 KNUDTZON EL-AM 1597          B D       I
I      :       10      68 CAD 2A RV**       85-A       B D       I
I     149      13      10 EBELING VERBUM    66      16  BCD       I
I      :       :       68 CAD 2A RV**       33-B        BCD       I
I      :       :       74 RAINEY EA NOTES 309          B D       I
I     149      14      69 KLENGEL GESCH.2 259       8   B D       I
I      :       :       70 KLENGEL GESCH.3  20       B D    C  I
I     149      15- 17  64 CAD 1A RV**       18-A        BCD    C  I
I      :       :   :   68 CAD 2A RV**       33           BCD    C  I
I      :       15- 16  09 BOHL SPRACHE      72/1   34C   C       I
I      :       :   :   68 CAD 2A RV**      130-A        BCD    C  I
I      :       :   :   73 CAD  L RV**      121-A        BCD    C  I
I      :       15      09 BOHL SPRACHE      33     22D  B D       I
I     149      16      -                    72     34C  BCD    ? I
I      :       :       10 EBELING VERBUM    77     APP  CD        I
```

TEXTES			DATE, OUVRAGE, PAGES, NOTES			CARACTERIST.	
149	16		15 KNUDTZON EL-AM	1597		BCD	?
:	:		59 AHW A RV**	49-B		B D	?
:	:		-	52-A		BCD	?
149	17		75 MORAN SYRIAN SC	150		D	
149	19- 20		58 CAD E RV**	265-B		B D	C
:	19, 20		75 MORAN SYRIAN SC	164	58	B D	
:	19		10 EBELING VERBUM	69	20	BCD	
149	21		-	56	7/3B	BCD	EC
:	:		74 RAINEY EA NOTES	302		B D	
:	:		77 CAD 1M RV**	212-B		BCD	
149	22- 23		68 CAD 2A RV**	366-A		B D	C
149	23		66 JUCQUOIS PHONET	162		BCD	
149	24- 26		65 CAD B RV**	55-B		BCD	C
:	24, 25		10 EBELING VERBUM	52	7/3A	BCD	
149	27		09 BOHL SPRACHE	17/3	7C	BCD	
:	:		-	24	11C	B D	
:	:		15 KNUDTZON EL-AM	1597		B D	
:	:		51 DHORME NOUV.TAB	502		B D	
:	:		70 RAINEY TABLETS	82		BCD	
149	29		59 CAD D RV**	21-B		D	
149	30		62 KITCHEN SUPPILU	14		D	
:	:		-	28	5	D	
:	:		-	44		D	
:	:		69 AHW P RV**	852-A		B D	
149	31		74 RAINEY EA NOTES	309		B D	
:	:		-	309		B D	EC
149	33		66 JUCQUOIS PHONET	113		B D	
:	:		-	281		B D	
149	35- 36		69 KLENGEL GESCH.2	293	2	D	
149	37- 40		62 KITCHEN SUPPILU	17		D	
:	:	:	-	28	4	D	
:	:	:	-	44		D	
:	:	:	69 KLENGEL GESCH.2	203		D	C
:	:	:	-	295	22	D	C
:	:	:	71 HELCK BEZIEHUNG	177		D	C
:	37		10 RANKE KEILSCHR.	22		B D	?
:	:		71 HELCK BEZIEHUNG	248	23	D	
149	41		15 KNUDTZON EL-AM	998		D	
:	:		66 JUCQUOIS PHONET	170		D	
149	44- 45		77 CAD 1M RV**	420-A		BCD	C
:	44		10 EBELING VERBUM	54	7/3A	BCD	
:	:		77 CAD 1M RV**	30-A		BCD	
149	45		10 EBELING VERBUM	53	7/3A	BCD	EC
149	46		09 BOHL SPRACHE	88	36T	D	
149	47- 48		60 CAD IJ RV**	24-B		BCD	C
:	47		10 EBELING VERBUM	54	7/3A	BCD	
149	49		09 BOHL SPRACHE	17	7C	B D	
:	:		64 CAMPBELL CHRON.	71		D	
:	:		70 RAINEY TABLETS	93		B D	
149	50, 56		10 EBELING VERBUM	66	16	BCD	
:	50		09 BOHL SPRACHE	18	8B	BCD	
:	:		15 KNUDTZON EL-AM	1597		C	?
:	:		-	1601		D	
149	51- 53		77 CAD 2M RV**	140-B		BCD	C
:	51		60 CAD IJ RV**	219-A		D	
:	:		-	327-A		B D	
:	:		64 CAMPBELL CHRON.	71		D	
:	:		71 HELCK BEZIEHUNG	303	92	D	
:	:		77 CAD 2M RV**	150-A		B D	

```
I                                    C I T A T I O N S                   I
I      T E X T E S          ------------------------------------------   I
I                           DATE, OUVRAGE, PAGES, NOTES  CARACTERIST.  I
I    ----------------------  --------------------------------------    I
I      149      82          09 BOHL SPRACHE      4       3B    Б D       I
I       :       :               -                85      37V   Б D       I
I       :       :          74 AHW  >S RV**     1134-A          Б      ? I
I      149      84          10 EBELING VERBUM   40       1/2   БCD       I
I       :       :          77 AHW   T RV**     1334-B          B D       I
I                                                                        I
I EA 150                                                                 I
I ******                                                                 I
I      150                  62 KITCHEN SUPPILU  29             D         I
I      150       4,  5      09 BOHL SPRACHE     44       27F   Б D       I
I      150       6,  9      10 RANKE KEILSCHR.  19       4     D      C  I
I       :        6          09 BOHL SPRACHE     35       23D   BCD       I
I       :        :          10 EBELING VERBUM   78       APP   Б D       I
I       :        :          10 RANKE KEILSCHR.  19             B D       I
I      150       9          10 EBELING VERBUM   78       APP   B D       I
I       :        :          10 RANKE KEILSCHR.  19             B D       I
I       :        :          66 JUCQUOIS PHONET 269            Б D       I
I      150      11          09 BOHL SPRACHE     54       28Q   Б D       I
I       :        :          66 JUCQUOIS PHONET 110            Б D       I
I      150      12          59 AHW   D RV**    149-B          Б D       I
I       :        :          59 CAD   D RV**     21-B           D         I
I      150      14- 16      67 AHW   N RV**    702-B          B D    C  I
I      150      15          71 HELCK BEZIEHUNG 254            B D       I
I      150      16          09 BOHL SPRACHE     18       8B    BCD       I
I      150      17- 19      65 CAD  B RV**      52-A          BCD    EC I
I      150      18- 21      64 CAMPBELL CHRON.  71             D      C  I
I       :       18          10 BURCHARDT ALTK.2 11-A     190   B D    C  I
I       :        :          70 RAINEY TABLETS   93            B D       I
I       :        :          75 MORAN AMARNA GL 157       1    Б D       I
I      150      20          15 KNUDTZON EL-AM  1595               G     I
I       :        :          66 JUCQUOIS PHONET 272           B D       I
I      150      21          77 CAD 2M RV**      17-A           D         I
I      150      22          09 BOHL SPRACHE     84       37R   D    +   I
I      150      34          70 RAINEY TABLETS   59            B D    R  ? I
I       :        :               -                82          B D    ? I
I                                                                        I
I EA 151                                                                 I
I ******                                                                 I
I      151-155              62 KITCHEN SUPPILU  30             D         I
I      151-152              64 CAMPBELL CHRON. 135       4D    D         I
I      151,152             62 KITCHEN SUPPILU  31             D         I
I       :        :               -                45          D         I
I       :        :          70 KLENGEL GESCH.3  18             D         I
I      151                  64 CAMPBELL CHRON. 135       4D    D         I
I       :                   67 REDFORD HISTORY 218            D         I
I       :                   69 KLENGEL GESCH.2 145            D         I
I       :                        -               165          D         I
I       :                        -               204          D         I
I       :                        -               265          D         I
I       :                        -               280          D         I
I       :                        -               356          D         I
I       :                        -               428               G     I
I       :                   70 KLENGEL GESCH.3 246       9    D         I
I       :                   71 HELCK BEZIEHUNG 179            D         I
I       :                   75 MORAN SYRIAN SC 147       N.72  D         I
I      151       1          09 BOHL SPRACHE     36       23E   Б D       I
I       :        :          60 CAD IJ RV**      92-B          Б D       I
I      151       2          69 KLENGEL GESCH.2 165            D      C  I
I      151       6,  7      77 CAD 1M RV**      29-A          БCD    C  I
```

TEXTES			DATE, OUVRAGE, PAGES, NOTES			CARACTERIST.	
151	6		68 CAD 2A RV**	138-B		BCD	
151	7		09 BOHL SPRACHE	8	3S	B D	
:	:		69 AHW P RV**	825-A		B D	
:	:		71 AHW Q RV**	910-A		G	
151	8- 11		73 CAD L RV**	153-A		BCD	C
:	8- 9		64 CAD 1A RV**	303-A		BCD	C
:	: :		68 CAD 2A RV**	21-B		BCD	C
151	9- 10		69 KLENGEL GESCH.2	163		D	
151	10		09 BOHL SPRACHE	55	28Q	B D	
151	11		64 CAMPBELL CHRON.	71		D	
:	:		69 KLENGEL GESCH.2	165		D	C
151	13		09 BOHL SPRACHE	54	28Q	B D	
:	:		10 EBELING VERBUM	45	5/1A	BCD	
:	:		-	74	24	BCD	
:	:		66 JUCQUOIS PHONET	110		D	
151	15- 16		68 CAD 2A RV**	60-B		BCD	C
151	17- 19		58 CAD E RV**	265-B		BCD	C
:	: :		59 CAD D RV**	21-B		BCD	C
:	17- 18		77 CAD 1M RV**	105-A		BCD	R C
:	17, 24		66 AHW M RV**	585-B		B D	
151	19- 21		77 CAD 2M RV**	110-A		BCD	+ C
:	19- 20		67 AHW N RV**	702-B		B D	C
:	19		09 BOHL SPRACHE	32	21B	B D	
151	20		-	70	33H	BCD	
:	:		10 RANKE KEILSCHR.	26		B D	+
:	:		15 KNUDTZON EL-AM	1597		BCD	+R
:	:		66 AHW M RV**	658-B		BCD	
151	21- 24		71 HELCK BEZIEHUNG	248	13	D	C
:	21		10 EBELING VERBUM	69	20	BCD	
151	23- 24		67 AHW N RV**	702-B		B D	C
:	: :		77 CAD 1M RV**	105-A		B D	C
151	24		09 BOHL SPRACHE	71	33Q	B D	
151	25- 27		68 CAD 2A RV**	148-B		B D	R C
151	26		10 EBELING VERBUM	63	13	BCD	
:	:		53 MORAN SUMMA	80-A		B D	
151	27		15 KNUDTZON EL-AM	1597		B D	
151	32- 33		77 CAD 1M RV**	105-A		B D	C
151	33		09 BOHL SPRACHE	71	33Q	B D	
:	:		66 AHW M PV**	585-B		G	
151	35- 36		58 CAD E RV**	417-A		BCD	R C
:	35		60 AHW E RV**	268-B		BCD	
151	37		67 AHW N RV**	703-A		G	
:	:		74 RAINEY EA NOTES	306		D	
151	39- 40		64 CAMPBELL CHRON.	71		D	
:	39		09 BOHL SPRACHE	68	32P	B D	
:	:		77 CAD 2M RV**	150-A		D	
151	42		09 BOHL SPRACHE	9	3Y	B D	
:	:		-	22	10B	B D	
:	:		64 CAD 1A RV**	221-B		B D	
:	:		67 AHW N RV**	755-A		D	
:	:		70 RAINEY TABLETS	74		B D	
:	:		74 RAINEY EA NOTES	300		B D	?
151	43		60 CAD IJ RV**	219-A		D	
:	:		77 CAD 2M RV**	150-A		B D	
151	44		60 CAD IJ RV**	327-A		B D	
151	45		15 KNUDTZON EL-AM	1592		G	
:	:		-	1597		CD	
151	47		71 HELCK BEZIEHUNG	387		D	C
:	:		75 MORAN AMARNA GL	158		B D	

TEXTES			CITATIONS							
			DATE, OUVRAGE, PAGES, NOTES				CARACTERIST.			
151	48		15	KNUDTZON EL-AM	1003/109/624H	A		+	C	
:	:			-	1003/111/625L	A			C	
:	:		15	KNUDTZ.CR/MEIS	1515		BCD	+	C ?	
:	:		71	AHW Q RV**	922-A		B D	+R		
:	:		74	RAINEY EA NOTES	305		B D	+		
151	50- 58		71	HELCK BEZIEHUNG	275		D		C	
:	50		09	BOHL SPRACHE	15	6F	B D			
:	:			-	58	28U	CD			
151	52- 60		69	KLENGEL GESCH.2	145		D		C	
:	52, 55		64	CAMPBELL CHRON.	72		D		C	
:	52		09	BURCHARDT ALTK.1	47	145	B D		C	
:	:		10	BURCHARDT ALTK.2	60	1188	B D		C	
:	:		69	KLENGEL GESCH.2	154	3	D			
:	:			-	239	104	B D		C	
:	:		71	HELCK BEZIEHUNG	229		B D			
151	54- 55		77	CAD 1M RV**	420-A		D		C	
:	54		10	EBELING VERBUM	53	7/3A	BCD			
151	55- 63		69	KLENGEL GESCH.2	239	104	D			
:	55- 58		60	CAD IJ RV**	230-B		BCD		C	
:	: :		67	REDFORD HISTORY	218-219		D		C	
:	: :			-	222		CD		C	
:	55- 57		69	KLENGEL GESCH.2	356-357		D			
:	: :		71	HELCK BEZIEHUNG	294		D		C	
:	55		15	KNUDTZON EL-AM	1003/110/625L	A			C	
:	:			-	1597		D			
:	:		64	CAMPBELL CHRON.	127		D			
:	:		69	KLENGEL GESCH.2	345		D			
:	:		71	CAD K RV**	237-A		B D	R		
:	:		71	HELCK BEZIEHUNG	294	31	B D			
151	56- 57		10	EBELING VERBUM	78	APP	CD		C	
:	: :		77	CAD 2M RV**	127-B		BCD			
:	56, 57		66	JUCQUOIS PHONET	128		B D			
:	56		10	EBELING VERBUM	45	5/1A	BCD			
151	57		67	REDFORD HISTORY	222	17	BCD	R C ?		
:	:		67	SYL. 2 RV**	48	249	B D		C	
151	58		69	KLENGEL GESCH.2	203		D			
:	:			-	297	56	D			
151	59- 63		62	KITCHEN SUPPILU	17		D			
:	: :			-	45		D			
:	59- 60		10	EBELING VERBUM	79	APP	B D		C	
:	: :		10	RANKE KEILSCHR.	24		CD		C ?	
:	: :		62	KITCHEN SUPPILU	14		D			
:	: :		69	KLENGEL GESCH.2	154	2	B D		C	
:	59, 62		64	CAMPBELL CHRON.	72		D			
:	59		10	RANKE KEILSCHR.	24		B D			
:	:		67	REDFORD HISTORY	220		D			
:	:		69	AHW P RV**	852-A		B D			
151	60		71	HELCK BEZIEHUNG	300		B D		C	
151	61- 68		69	KLENGEL GESCH.2	203		D		C	
:	: :			-	284		D		C	
:	: :			-	287		D		C	
:	61			-	165		D		C	
151	62		67	REDFORD HISTORY	219		D			
:	:			-	220		D			
151	64- 68		69	KLENGEL GESCH.2	294	16	D		C	
:	64		56	CAD H RV**	3-B		BCD			
:	:		62	AHW H RV**	301-B		BCD			
151	65		64	CAMPBELL CHRON.	71		D			
151	66- 68		58	CAD E RV**	95-A		BCD		C	

```
I                                    C I T A T I O N S              I
I        T E X T E S        -------------------------------------------  I
I                           DATE,  OUVRAGE, PAGES, NOTES  CARACTERIST.  I
I        ----------------    -------------------------------  ----------  I
I      151      66          10 EBELING VERBUM    45    5/1A   BCD         I
I       :       :           51 DHORME LANGUE     415         BCD         I
I      151      68          10 EBELING VERBUM    52    7/3A  BCD         I
I      151      70          09 BOHL SPRACHE      84    37Q   B D  +      I
I       :       :           15 KNUDTZ.CR/UNGN.  185         B D  +      I
I       :       :           53 MORAN SUMMA       80-A        B D         I
I       :       :           65 DISO-2 RV**      110    L.10  B D  +   ? I
I       :       :           66 JUCQUOIS PHONET  245         BCD  +   ? I
I       :       :           68 CAD 2A RV**      365-B        B D  +      I
I       :       :           72 AHW  S RV**      1008-A       B D         I
I                                                                        I
I EA 152                                                                 I
I ******                                                                 I
I      152                  69 KLENGEL GESCH.2 428             D         I
I      152       6          68 CAD 2A RV**       85-A          D         I
I      152       7          64 CAMPBELL CHRON.   71            D         I
I      152      13          69 KLENGEL GESCH.2 428             D         I
I      152      47, 50      10 RANKE KEILSCHR.   19          B D   R   ? I
I       :       47          09 BOHL SPRACHE      35    23D   BCD   R     I
I      152      51          10 EBELING VERBUM    41    1/4   BCD       ? I
I       :       :              -                 76    24    BCD   REC ? I
I      152      52          09 BOHL SPRACHE      58    29C   B D       ? I
I       :       :           15 KNUDTZON EL-AM 1005/112/629E A     C     I
I      152      53          09 BOHL SPRACHE      20    9B    B D         I
I       :       :           65 CAD  B RV**       6C-B        B D         I
I      152      55          64 CAMPBELL CHRON.   40    28     D         I
I      152      56          09 BOHL SPRACHE      70    33H   BCD  +      I
I       :       :           10 RANKE KEILSCHR.   26          B D  +      I
I       :       :           15 KNUDTZON EL-AM 1597          B D  +R     I
I                                                                        I
I EA 153                                                                 I
I ******                                                                 I
I      153       2          10 EBELING VERBUM    42    1/6   B D         I
I      153      4- 5        58 CAD  E RV**      227-B        BCD   C     I
I      153       6          10 EBELING VERBUM    53    7/3A  BCD         I
I      153      9- 11       64 CAD 1A RV**      182-A        BCD   C     I
I       :       9           09 BOHL SPRACHE      47    27P   BCD       ? I
I       :       :           10 EBELING VERBUM    41    1/4   BCD       ? I
I       :       :              -                 64    14    BCD       ? I
I       :       :           59 AHW  A RV**       19-A        B          I
I      153      10          62 KITCHEN SUPPILU   15    4      D         I
I      153      12-         64 CAMPBELL CHRON.   71           D         I
I      153      13- 14      09 BOHL SPRACHE       5    3E    BCD   C    I
I                                                                        I
I EA 154                                                                 I
I ******                                                                 I
I      154-155              64 CAMPBELL CHRON. 135    4D      D         I
I      154,155              62 KITCHEN SUPPILU  45            D         I
I      154                     -                31            D         I
I       :                   64 CAMPBELL CHRON. 135    4E      D         I
I       :                   69 KLENGEL GESCH.2 204            D         I
I       :                      -               265            D         I
I       :                   70 KLENGEL GESCH.3  18            D         I
I      154       4- 5       68 CAD 2A RV**     108-A         BCD   C    I
I      154       7,  8      64 CAMPBELL CHRON. 133            D         I
I       :        7          69 KLENGEL GESCH.2 239    106   B D   R     I
I      154       8          09 BOHL SPRACHE     88    38U   B D         I
I       :        :          64 CAMPBELL CHRON.  72            D         I
I      154       9          58 CAD  E RV**     227-B          D         I
```

```
I                                 C I T A T I O N S                   I
I    T E X T E S      -------------------------------------------     I
I                     DATE,  OUVRAGE, PAGES, NOTES  CARACTERIST.   I
I    ---------------  -------------------------------  ----------    I
I      154      9      66 JUCQUOIS PHONET 170              B D       I
I      154     10      10 EBELING VERBUM    54    7/3A    BCD       I
I       :       :                  -        75      24    BCD       I
I       :       :      51 DHORME LANGUE    454            BCD       I
I      154     11      66 JUCQUOIS PHONET 122              B D       I
I      154     13- 18  58 CAD  E RV**      313-B          BCD     C  I
I       :       :   :  60 CAD IJ RV**      218-A          BCD     C  I
I       :      13      68 CAD 2A RV**      214-A          BCD     C  I
I      154     14- 16  73 CAD  L RV**      133-A            C     C  I
I       :      14      64 CAMPBELL CHRON.   71             CD        I
I       :       :      68 CAD 2A RV**       60-A            C     C  I
I      154     15- 16                -      60-A          BCD     C  I
I       :       :   :                -     214-A          BCD     C  I
I      154     17- 18  64 CAMPBELL CHRON.   71              D        I
I       :       :   :  73 CAD  L RV**      133-A          dCD        I
I       :       :   :  77 CAD 2M RV**      150-A          bCD     C  I
I      154     19- 20  68 CAD 2A RV**       50-B          BCD     C  I
I       :      19      09 BOHL SPRACHE      13      5I      D        I
I       :       :                -         17      7B     B D       I
I       :       :      1C EBELING VERBUM    41     1/4    BCD       I
I       :       :                -         53     7/3A    BCD       I
I       :       :      51 DHORME LANGUE    452            BCD       I
I      154     20      09 BOHL SPRACHE      13      5I      D        I
I      154     21      15 KNUDTZON EL-AM 1005/113/633G A        C    I
I      154     23- 25  69 KLENGEL GESCH.2  294      16      D     C  I
I       :      23      64 CAMPBELL CHRON.   71              D      ? I
I                                                                    I
I EA 155                                                             I
I ******                                                             I
I      155             62 KITCHEN SUPPILU   11       3      D        I
I       :                         -        19-20            D        I
I       :                         -         20       3      D        I
I       :                         -         30       4      D        I
I       :                         -         31              D        I
I       :              64 CAMPBELL CHRON.  70-71            D        I
I       :                         -        140              D        I
I       :              64 HORNUNG UNTERS.   85      37      D        I
I       :                         -         85      38      D        I
I       :              67 REDFORD HISTORY  176      38      D        I
I       :                         -        176      42      D        I
I       :                         -        220              D        I
I      155      6      15 KNUDTZON EL-AM  1595              D        I
I       :       :      59 CAD  D RV**      116-A          BCD       I
I      155      7- 10  62 KITCHEN SUPPILU   19              D        I
I      155      8      1C RANKE KEILSCHR.   25             B D       I
I       :       :      67 REDFORD HISTORY 220             B D     C  I
I       :       :      70 RAINEY TABLETS    89             B D       I
I      155      9      09 BOHL SPRACHE      22     10A    BCD       I
I       :       :      76 AHW >S RV**     1209-B            G        I
I      155     10      09 BOHL SPRACHE      34     23C    B D     +  I
I       :       :                -         82     37I    B D     +  I
I       :       :      51 DHORME LANGUE    466            BCD     +  I
I       :       :      65 DISO-2 RV**      149     L.27   b D     +  I
I       :       :      77 CAD 2M RV**       17-A          B D     +  I
I      155     11- 12  67 REDFORD HISTORY 176      41      D        I
I      155     13      75 MORAN SYRIAN SC 152       5     B D       I
I      155     14- 15  77 CAD 1M RV**      156-B          BCD     C  I
I      155     15      10 RANKE KEILSCHR.   25             B D       I
I       :       :      62 KITCHEN SUPPILU   19              D        I
```

```
I
I                                                 C I T A T I O N S                    I
I       T E X T E S                  ----------------------------------------          I
I                                     DATE, OUVRAGE, PAGES, NOTES  CARACTERIST.         I
I     ----------------------          ----------------------------------------         I
I        155      15             70 RAINEY TABLETS     89              B D             I
I        155      17             10 EBELING VERBUM     41       1/4    BCD             I
I         :       :              65 CAD   B RV**      52-A             D               I
I        155     18- 20          60 CAD  IJ RV**     168-A            BCD      C        I
I        155     19              09 BOHL SPRACHE       9        3X    B D              I
I        155     20, 27          15 KNUDTZON EL-AM  1597               C               I
I         :      20              63 AHW   I RV**     385-A            b                I
I        155     21- 23          60 CAD  IJ RV**      28-A            bCD      C        I
I         :      21              77 CAD 2M RV**      140-B             D            ? I
I        155     22, 26          10 RANKE KEILSCHR.   25              B D              I
I         :      :   :           62 KITCHEN SUPPILU   19               D               I
I         :      :   :           67 REDFORD HISTORY  220              b D      C        I
I         :      22              70 RAINEY TABLETS    89              b D              I
I        155     23              51 DHORME LANGUE    486              bCD              I
I         :      :               66 JUCQUOIS PHONET  266              b D              I
I        155     26, 29          70 RAINEY TABLETS    89              b D              I
I        155     27              73 KUHNE CHRONOLOG   11        47     D               I
I        155     29- 30          62 KITCHEN SUPPILU   19               CD              I
I         :      29              09 BOHL SPRACHE       6        3F    bCD              I
I         :      :               10 RANKE KEILSCHR.   25              B D              I
I        155     30              67 AHW   M RV**      687              B D              I
I         :      :               77 CAD 2M RV**      295-A             D               I
I        155     33              09 BOHL SPRACHE      86/1     380    B D  +       ? I
I         :      :               10 EBELING VERBUM    54       7/3A   bCD              I
I         :      :               15 KNUDTZ.CR/UNGN.  185              B D  +       ? I
I        155     38              75 MORAN SYRIAN SC  152        5     B D              I
I        155     42              10 RANKE KEILSCHR.   25              b D              I
I         :      :               70 RAINEY TABLETS    89              b D              I
I        155     43- 46          67 REDFORD HISTORY  176       41     D        C        I
I         :      43- 45          58 CAD   E RV**     202-B            bCD      C        I
I         :      :   :           68 CAD 2A RV**      371-B            bCD      C        I
I        155     44              09 BOHL SPRACHE      36       23G     D               I
I        155     45              66 JUCQUOIS PHONET  170              B D              I
I        155     46              10 EBELING VERBUM    78       APP     CD  +           I
I         :      :               15 KNUDTZON EL-AM  1597             b D  +           I
I         :      :               51 DHORME LANGUE    474              bCD  +           I
I         :      :               64 CAD 1A RV**      318-A            bCD              I
I         :      :               68 CAD 2A RV**       37-A            bCD  +           I
I        155     47              15 KNUDTZON EL-AM  1595              D               I
I         :      :               59 CAD   D RV**     116-A            BCD              I
I        155     48              68 CAD 2A RV**      111-A             D               I
I        155     50              10 RANKE KEILSCHR.   25              b D      R        I
I         :      :               67 REDFORD HISTORY  220              B D      C        I
I         :      :               70 RAINEY TABLETS    89              b D      R        I
I        155     51              09 BOHL SPRACHE       6        3F    B D              I
I        155     56              -                     17       7C    B D              I
I         :      :               71 AHW   Q RV**     916-A             G               I
I        155     58- 59          67 REDFORD HISTORY  176       41     D               I
I        155     59              67 AHW   N RV**     702-B             G               I
I        155     62              10 RANKE KEILSCHR.   25              B D              I
I         :      :               67 REDFORD HISTORY  220              b D      C        I
I         :      :               70 RAINEY TABLETS    89              B D              I
I        155     63- 64          64 CAMPBELL CHRON.   71               D               I
I        155     66- 67          68 CAD 2A RV**      398-A            bCD      C        I
I         :      66              10 EBELING VERBUM    55       7/3A   bCD              I
I         :      :               71 HELCK BEZIEHUNG  248       21     D               I
I        155     67- 69          64 CAD 1A RV**      302-303          bCD      C        I
I         :      67              09 BOHL SPRACHE      34       23C    b D              I
I         :      :               64 CAMPBELL CHRON.   72               D               I
```

```
I                                    C I T A T I O N S              I
I       T E X T E S          ------------------------------------- I
I                            DATE, OUVRAGE, PAGES, NOTES CARACTERIST. I
I     ----------------------   ------------------------  ----------- I
I       155      67         66 JUCQUOIS PHONET  82          BCD   R  I
I        :        :         70 KLENGEL GESCH.3  16           D       I
I       155      68, 69     73 KUHNE CHRONOLOG  11      47   D       I
I        :       68         10 EBELING VERBUM   53    7/3A  BCD      I
I        :        :         64 CAMPBELL CHRON.  71          CD       I
I        :        :          -               116           D        I
I        :        :         66 JUCQUOIS PHONET 118          BCD      I
I       155      69         10 EBELING VERBUM   51    6/2B  BCD      I
I        :        :         15 KNUDTZON EL-AM 1005/114/638B A     C  I
I        :        :         51 DHORME LANGUE   449          BCD      I
I        :        :         62 KITCHEN SUPPILU  30           D       I
I        :        :         66 JUCQUOIS PHONET 136          bCD      I
I       155      70         77 CAD 1M RV**     156-B        BCD      I
I                                                                    I
I EA 156                                                             I
I ******                                                             I
I       156-162            64 CAMPBELL CHRON. 135     3D    D        I
I       156-161            09 BOHL SPRACHE     17     7B    D        I
I        :   :              -                 17     7C    D        I
I        :   :            15 KNUDTZON EL-AM 1589            G     C  I
I        :   :            66 JUCQUOIS PHONET  32           D        I
I        :   :            69 KLENGEL GESCH.2 191           D        I
I       156-159            -                 192           D        I
I       156-158           09 BOHL SPRACHE     75    34T    D        I
I       156               62 KITCHEN SUPPILU  17           D        I
I        :                67 REDFORD HISTORY 224           D        I
I        :                75 MORAN SYRIAN SC 158      5    D     C  I
I       156       2       66 JUCQUOIS PHONET 158          BCD       I
I       156       4-  8   69 KLENGEL GESCH.2 295     24    D     C  I
I        :        4-  6   77 CAD 2M RV**      22          BCD    C  I
I       156       5       10 EBELING VERBUM   74     24   bCD       I
I       156       7       73 KUHNE CHRONOLOG   6    34D    D        I
I       156       8- 10   69 KLENGEL GESCH.2 293      7    D     C  I
I        :        8        -               301       2    D        I
I       156       9- 14   70 KLENGEL GESCH.3 215    141    D     C  I
I       156      10- 11   69 KLENGEL GESCH.2 301      2    D        I
I       156      11       10 EBELING VERBUM   69     20   bCD       I
I       156      12       67 SYL. 2 RV**      12     64   B D    C  I
I       156      13- 14   69 KLENGEL GESCH.2 258           D        I
I        :        :   :    -               266           D        I
I        :       13       73 KUHNE CHRONOLOG  29    129    D        I
I        :        :       75 MORAN SYRIAN SC 150          B D    R  I
I                                                                   I
I EA 157                                                            I
I ******                                                            I
I       157               67 REDFORD HISTORY 219           D        I
I        :                69 KLENGEL GESCH.2 273           D        I
I        :                75 MORAN SYRIAN SC 158      5    D     C  I
I       157       6       09 BOHL SPRACHE     18     8B   B D       I
I       157       8       64 CAD 1A RV**     118-A        B D       I
I        :        :       69 AHW  P RV**     850-B         G        I
I        :        :       73 KUHNE CHRONOLOG   6    34D    D        I
I       157       9- 12   62 KITCHEN SUPPILU  17           D        I
I        :        9       66 JUCQUOIS PHONET 121          b D       I
I       157      10       09 BOHL SPRACHE     15     6E   B D       I
I        :        :       10 EBELING VERBUM   51    6/2A  bCD       I
I        :        :       15 KNUDTZON EL-AM  998           B     R  I
I       157      11- 12   62 KITCHEN SUPPILU  28           D        I
I        :        :   :    -                43           D        I
```

```
I ------------------------------------------------------------------- I
I                                  C I T A T I O N S                   I
I    T E X T E S         ------------------------------------------------ I
I                        DATE,  OUVRAGE, PAGES, NOTES  CARACTERIST.  I
I ------------------------ ------------------------------- ------------ I
I      157      11- 12    69 KLENGEL GESCH.2 258              D           I
I       :       :   :                     -        267        D           I
I       :       11        09 BOHL SPRACHE      12       5D   B D          I
I       :       :         69 KLENGEL GESCH.2 266              D           I
I      157      12        10 EBELING VERBUM     61       12   BCD         I
I       :       :         64 CAMPBELL CHRON.    88            D           I
I       :       :         69 KLENGEL GESCH.2 192              BCD         I
I       :       :         73 KUHNE CHRONOLOG    29      129   D           I
I      157      13- 15    58 CAD   E RV**     226-B           BCD     C   I
I      157      14, 15    77 CAD 2M RV**       80-A           BCD     C   I
I       :       14        09 BOHL SPRACHE      32      22A   B D          I
I       :       :         66 AHW   M RV**      653-B          B D         I
I      157      15- 16    68 CAD 2A RV**       299-B          BCD     C   I
I      157      16        09 BOHL SPRACHE      18       8B   B D          I
I       :       :         60 CAD IJ RV**       24-B           B D         I
I      157      17- 19    69 KLENGEL GESCH.2 295       24   D        C   I
I       :       :   :     70 KLENGEL GESCH.3 215      148   D        C   I
I       :       17- 18    77 CAD 2M RV**       97-B          BCD   R C   I
I       :       17        66 AHW   M RV**      656-B          G          I
I      157      27        09 BOHL SPRACHE      20       9B   B D          I
I      157      28- 33    62 KITCHEN SUPPILU   17            D           I
I       :       :   :                     -        43        D           I
I       :       :   :     69 KLENGEL GESCH.2 272              D       C   I
I       :       :   :                     -        273        D       C   I
I       :       28- 32    62 KITCHEN SUPPILU   28            D           I
I       :       :   :     67 REDFORD HISTORY 218-219         D       C   I
I       :       :   :                     -        224        D       C   I
I       :       :   :     69 KLENGEL GESCH.2 192              D       C   I
I       :       28-       73 KUHNE CHRONOLOG 131      659   D           I
I      157      31        15 KNUDTZON EL-AM 1597             CD          I
I      157      32        74 RAINEY EA NOTES 304             B D         I
I      157      33        09 BOHL SPRACHE      37      24A   BCD         I
I      157      34        56 CAD   H RV**      75-B           D          I
I       :       :         62 AHW   H RV**      319-B          B          I
I      157      37- 41    70 KLENGEL GESCH.3 215      148   D        C   I
I       :       37- 39    69 KLENGEL GESCH.2 272              D       C   I
I       :       37- 38    77 CAD 2M RV**       98-A           BCD     C   I
I      157      38        09 BOHL SPRACHE      34      23B   B D          I
I       :       :         69 KLENGEL GESCH.2 192              BCD     C   I
I      157      41        73 KUHNE CHRONOLOG    6      34D   D           I
I                                                                         I
I EA 158                                                                  I
I ******                                                                  I
I      158-162            62 KITCHEN SUPPILU   17            D           I
I      158               64 CAMPBELL CHRON.   72-74          D           I
I       :                                 -        135   3C   D           I
I       :                69 KLENGEL GESCH.2 272              D           I
I       :                71 HELCK BEZIEHUNG 368       89   D           I
I       :                73 KUHNE CHRONOLOG    4       24   D           I
I       :                                 -        5     28   D           I
I      158      1,  5    10 RANKE KEILSCHR.   21            B D          I
I       :       :   :     64 CAMPBELL CHRON.   72            D       C   I
I       :       1         69 KLENGEL GESCH.2 235       49   B D      C   I
I      158      3         09 BOHL SPRACHE      31      20D   B D          I
I      158      5-  9     69 KLENGEL GESCH.2 295       24   D        C   I
I       :       :   :     70 KLENGEL GESCH.3 215      148   D        C   I
I       :       5         09 BOHL SPRACHE      33      22F   D           I
I      158      6,  7     58 CAD   E RV**      298-B          D           I
I      158      7         09 BOHL SPRACHE      19       8C   BCD         I
```

```
I                                     C I T A T I O N S                  I
I        T E X T E S          -------------------------------------------  I
I                             DATE,  OUVRAGE, PAGES, NOTES  CARACTERIST.  I
I        --------------       -------------------------------  -----------  I
I        158       7         77 CAD 2M RV**        94-A        ƀ D    R    I
I        158       9         09 BOHL SPRACHE       24     11C  ƀ D         I
I        158      10         68 CAD 2A RV**        454-A       ȧ D         I
I        158      11         58 CAD  E RV**        298-B            D      I
I         :        :         77 CAD 2M RV**        97-B        B D         I
I        158      12         10 RANKE KEILSCHR.    21          ƀ D         I
I         :        :         64 CAMPBELL CHRON.    72              D    C  I
I        158      13, 19     09 BOHL SPRACHE       55     28Q  ƀ D         I
I         :        :    :    73 CAD  L RV**        225-A       ƀ D         I
I         :       13         73 KUHNE CHRONOLOG    11     47       D       I
I        158      15         09 BOHL SPRACHE       57/1   28T  ƀ D         I
I        158      16, 17     15 KNUDTZON EL-AM 1597         ƀ D    R       I
I        158      17- 19     58 CAD  E RV**        298-B       BCD    R     I
I         :       17         09 BOHL SPRACHE       19     8C   BCD         I
I         :        :         77 CAD 2M RV**        94-A        ƀ D         I
I        158      20- 21     68 CAD 2A RV**        394-B       BCD    R C   I
I        158      21, 29     10 EBELING VERBUM     54     7/3A BCD    EC    I
I        158      22         09 BOHL SPRACHE       19     8C   ƀCD         I
I        158      23, 30     70 RAINEY TABLETS     77-78       ƀ D         I
I         :       23         62 CAD 'S RV**        44-B             D      I
I        158      26, 31     09 BOHL SPRACHE       19     8C   ƀ D         I
I        158      28         15 KNUDTZON EL-AM 1597              C         I
I        158      30- 31     62 CAD 'S RV**        44-B        ƀCD     C    I
I        158      33- 35     64 CAMPBELL CHRON.    91     58       D       I
I         :        :    :    68 CAD 2A RV**        37-A            D    C  I
I        158      34, 35     59 CAD  D RV**        113-B       BCD    R C   I
I         :       34         10 RANKE KEILSCHR.    21          ƀ D         I
I        158      35         59 AHW  D RV**        163-B       ƀ         I
I        158      36- 37     61 CAD  Z RV**        98-A        ƀCD     C    I
I        158      37         10 EBELING VERBUM     41     1/4  BCD         I
I         :        :         67 SYL. 2 RV**        19     109  ƀ D    R    I
I         :        :         70 RAINEY TABLETS     86          ƀ D         I
I                                                                          I
I EA 159                                                                   I
I ******                                                                   I
I      159-162                69 KLENGEL GESCH.2 193,194          D        I
I      159-161                62 KITCHEN SUPPILU   28             D        I
I        :    :                  -                 44             D        I
I        :    :              69 KLENGEL GESCH.2 235     50        D        I
I        :    :                  -                 296    46      D        I
I        :    :              70 KLENGEL GESCH.3   10             D        I
I        :    :              71 HELCK BEZIEHUNG  178             D        I
I      159                   64 CAMPBELL CHRON.    91             D        I
I        :                   75 MORAN SYRIAN SC  158     5        D    C   I
I      159       5-  6       60 CAD IJ RV**        92-B       ƀ D    R C   I
I        :       5           66 JUCQUOIS PHONET  121          B D    R     I
I      159       6           73 KUHNE CHRONOLOG   26     117      D        I
I      159      11           59 AHW  B RV**       103-B       ƀ D         I
I        :       :           65 CAD  B RV**        89-B        B D         I
I      159      12, 15       64 CAMPBELL CHRON.    88             D        I
I      159      15, 16       65 AHW  K RV**        478-A            G      I
I        :       :    :      71 CAD  K RV**        367-A            G      I
I      159      39           09 BOHL SPRACHE       34     23B  D          I
I        :       :           15 KNUDTZON EL-AM 1598          B      R      I
I      159      43- 46       69 KLENGEL GESCH.2 295     23        D    C   I
I        :      43- 44       65 CAD  B RV**        89-B        ƀCD     C    I
I        :      43, 46       64 CAMPBELL CHRON.    88             D        I
I      159      44, 46       59 AHW  B RV**        103-B       ƀ D         I
I        :      44           56 CAD  H RV**        75-B            D       I
```

```
I                                    C I T A T I O N S              I
I       T E X T E S        --------------------------------------- I
I                          DATE, OUVPAGE, PAGES, NOTES  CARACTERIST. I
I       ----------------   --------------------------------------- I
I       159      44       73 KUHNE CHRONOLOG    6       34F    D        I
I        :       :                  -          7       34Q    D        I
I       159      45       69 KLENGEL GESCH.2  272              D        I
I        :       :        71 AHW   Q RV**      918-B                  G  I
I       159      46       65 CAD   B RV**       89-B              b D    I
I                                                                     I
I EA 16C                                                              I
I ******                                                             I
I       160-162          62 KITCHEN SUPPILU   31               D        I
I       160-161          69 KLENGEL GESCH.2   25               D        I
I       16C,161          73 KUHNE CHRONOLOG   88       443     D        I
I       16C      6-  8   64 CAD 1A RV**      196-B            BCD    C   I
I       16C      7       09 BOHL SPRACHE      34       23B    b D       I
I       16C      9- 19   69 KLENGEL GESCH.2  295       24     D      C   I
I        :       :  :    70 KLENGEL GESCH.3  215      148     D      C   I
I        :       9- 13   58 CAD   E RV**     358-A           BCD     C   I
I       16C     11- 13   68 CAD 2A RV**      366-A           BCD     C   I
I       16C     12       09 BOHL SPRACHE      13       5G    B D        I
I       16C     13       10 EBELING VERBUM    63       14    BCD    EC   I
I       16C     14       71 HELCK BEZIEHUNG  377       50     D         I
I       16C     15       09 BOHL SPRACHE      12       5D    B D        I
I       16C     16       68 CAD 2A RV**      366-A            D         I
I       16C     17       09 BOHL SPRACHE      13       5G    B D     R   I
I       16C     20- 28   69 KLENGEL GESCH.2  295       23     D      C   I
I       16C     21       15 KNUDTZON EL-AM  1598              D         I
I        :       :       66 JUCQUOIS PHONET  266             B D        I
I       16C     24- 27   69 KLENGEL GESCH.2   25              D         I
I        :      24- 25              -         43              D         I
I        :       :  :               -        296       46     D         I
I       160     25       10 EBELING VERBUM    54      7/3A   BCD        I
I       160     26- 28   65 CAD   B RV**      89-B           BCD     C   I
I        :      26       59 AHW   B RV**     103-B           b D        I
I        :       :       73 KUHNE CHRONOLOG    7       34Q    D         I
I        :       :                  -         26      117     D         I
I       160     27- 28   69 KLENGEL GESCH.2  272              D         I
I        :      27, 28   64 CAMPBELL CHRON.   88              D         I
I        :      27       09 BOHL SPRACHE      10       4D    B D        I
I       160     28                  -         20       9B    B D        I
I        :       :       74 RAINEY EA NOTES  3C2              D         I
I       160     31       09 BOHL SPRACHE      85      37V     D         I
I        :       :       51 DHORME LANGUE    484            BCD        I
I       160     36- 4C   7C KLENGEL GESCH.3  215      148     D      C   I
I       160     43       56 CAD   H RV**      75-B            D         I
I        :       :       73 KUHNE CHPONOLOG    6       34F    D         I
I       160     44       64 CAD 1A RV**       12            BCD        I
I        :       :       65 CAD   b RV**     233-A          BCD        I
I        :       :       70 KLENGEL GESCH.3  215      148     D         I
I                                                                     I
I EA 161                                                              I
I ******                                                             I
I       161,162          64 CAMPBELL CHRON. 134       2C     D         I
I        :   :           69 KLENGEL GESCH.2  166              D         I
I       161              51 DHORME NOUV.TAB  496              D         I
I        :               69 KLENGEL GESCH.2   75              D         I
I        :                          -         82              D         I
I        :                          -         86-87   11     D         I
I        :                          -         91-92          D         I
I        :                          -        286              D         I
I        :               71 HELCK BEZIEHUNG 295              D         I
```

	TEXTES		CITATIONS				
			DATE, OUVRAGE, PAGES, NOTES			CARACTERIST.	
I	161	4- 10	69 KLENGEL GESCH.2	193		D	I
I	:	4- 6	-	296	46	D C	I
I	:	4, 8	09 BOHL SPRACHE	17	7B	ƀ D	I
I	161	7- 9	64 CAD 1A RV**	255-B		ƀCD C	I
I	161	8	09 BOHL SPRACHE	85	37V	D	I
I	:	:	10 EBELING VERBUM	41	1/4	ƀCD	I
I	:	:	51 DHORME LANGUE	484		ƀCD	I
I	161	10	59 CAD D RV**	114-B		ƀ D	I
I	161	11- 34	69 KLENGEL GESCH.2	193		D C	I
I	:	11, 17	10 RANKE KEILSCHR.	9		ƀ D	I
I	:	: :	64 CAMPBELL CHRON.	112		D	I
I	:	: :	70 RAINEY TABLETS	89		ƀ D	I
I	161	12- 13	60 CAD IJ RV**	25-A		ƀCD C	I
I	:	: :	68 CAD 2A RV**	394-B		ƀCD	I
I	:	12	10 EBELING VERBUM	54	7/3A	ƀCD	I
I	:	:	69 KLENGEL GESCH.2	82		D	I
I	161	13, 16	09 BOHL SPRACHE	17	7B	ƀ D	I
I	:	: :	73 KUHNE CHRONOLOG	26	117	D	I
I	:	13, 14	09 BOHL SPRACHE	55	28Q	ƀ D	I
I	:	13	10 EBELING VERBUM	41	1/4	ƀCD	I
I	:	:	-	52	7/3A	ƀCD	I
I	161	14- 15	77 CAD 1M RV**	411-A		ƀCD C	I
I	:	14	10 EBELING VERBUM	51	6/2A	ƀCD EC	I
I	161	16	09 BOHL SPRACHE	79	36D	D	I
I	:	:	10 EBELING VERBUM	43	3/2	ƀCD	I
I	161	17-	73 KUHNE CHRONOLOG	110	533	D	I
I	:	17	-	6	34F	D	I
I	161	18- 19	64 CAD 1A RV**	23-B		ƀCD C	I
I	:	: :	71 CAD K RV**	366-B		ƀ D C	I
I	161	19	10 EBELING VERBUM	68	17/1	ƀCD	I
I	161	20	69 KLENGEL GESCH.2	193-194		D	I
I	161	21- 22	60 CAD IJ RV**	213-A		ƀCD C	I
I	:	: :	64 CAD 1A RV**	240-A		ƀ D C	I
I	:	: :	-	371-B		ƀCD C	I
I	:	21	09 BOHL SPRACHE	9	3Z	ƀCD ?	I
I	:	:	50 MORAN SYNTACTIC	170		Aƀ D R	I
I	:	:	71 HELCK BEZIEHUNG	372	15	D	I
I	:	:	74 RAINEY EA NOTES	303		ƀ D R	I
I	161	22	75 MORAN SYPIAN SC	152	5	ƀ D	I
I	161	23- 24	60 CAD IJ RV**	113-A		ƀCD C	I
I	:	23	73 KUHNE CHRONOLOG	110	532	D	I
I	161	26- 27	64 CAD 1A RV**	318-A		ƀCD C	I
I	:	26	09 BOHL SPRACHE	71	33Q	ƀCD	I
I	161	27, 31	64 CAMPBELL CHRON.	112		D	I
I	:	: :	70 RAINEY TABLETS	89		D	I
I	:	27	10 EBELING VERBUM	50	6/2A	ƀCD	I
I	:	:	10 RANKE KEILSCHR.	9		ƀ D	I
I	161	28- 29	64 CAD 1A RV**	68-B		ƀ D C	I
I	:	28	10 EBELING VERBUM	68	17/1	ƀCD EC ?	I
I	:	:	64 CAD 1A RV**	23-B		ƀCD	I
I	161	30	60 CAD IJ RV**	143-A		ƀ D	I
I	161	31- 32	72 AHW R RV**	958-B		ƀ D C	I
I	:	31	09 BOHL SPRACHE	74	34N	ƀ D	I
I	:	:	10 RANKE KEILSCHR.	9		ƀ D	I
I	:	:	52 MORAN KARATEPE?	79-A		ƀ D	I
I	:	:	66 JUCQUOIS PHONET	121		ƀ D	I
I	161	32- 34	60 CAD IJ RV**	24-B		ƀCD C	I
I	:	32- 33	-	94-B		ƀ D C	I
I	:	32	10 EBELING VERBUM	66	16	ƀCD	I

TEXTES			CITATIONS				
			DATE, OUVRAGE, PAGES, NOTES			CARACTERIST.	
161	33		10 EBELING VERBUM	45	5/1A	6CD	
161	35- 46		69 KLENGEL GESCH.2	194		D	
:	35- 40		-	25		D	
:	:	:	-	295	23		C
:	35		09 BOHL SPRACHE	20	9B	B D	
:	:		10 EBELING VERBUM	75	24	6CD	
:	:		59 AHW B RV**	103-B		B D	
:	:		64 CAMPBELL CHRON.	88		D	
:	:		69 KLENGEL GESCH.2	193		D	
:	:		73 KUHNE CHRONOLOG	7	34Q	D	
161	36- 39		69 KLENGEL GESCH.2	43		D	C
:	:	:	-	296	46		C
:	36		-	25		CD	
161	37		10 EBELING VERBUM	54	7/3A	6CD	
161	38		-	51	6/2A	BCD	EC
:	:		10 RANKE KEILSCHR.	10		6 D	
161	39- 40		65 CAD B RV**	89-B		B D	C
:	39, 40		59 AHW B RV**	103-B		6 D	
:	39		65 CAD B RV**	89-B		6CD	
:	:		73 KUHNE CHRONOLOG	26	117	D	
161	40		10 EBELING VERBUM	61	12	6CD	
:	:		56 CAD H RV**	75-B		6CD	
:	:		73 KUHNE CHRONOLOG	7	34Q	D	
161	41- 46		71 HELCK BEZIEHUNG	382		D	C
:	:	:	-	384		D	C
161	42, 43		73 CAD L RV**	144-A		6CD	C
:	42		77 CAD 2M RV**	127-B		6CD	
161	43, 45		09 BOHL SPRACHE	17	7C	B D	
:	:	:	66 JUCQUOIS PHONET	134		6 D	
:	43		10 EBELING VERBUM	50	6/2A	BCD	
:	:		10 RANKE KEILSCHR.	10		6 D	
161	44- 45		62 CAD 'S RV**	114-A		BCD	C
:	44		70 RAINEY TABLETS	78		6 D	
:	:		74 AHW 'S RV**	1086-A		6 D	
:	:		75 MORAN SYRIAN SC	163	54	D	
161	46		60 CAD IJ RV**	24-B		B D	
161	47- 56		69 KLENGEL GESCH.2	193		D	C
:	:	:	-	272-273		D	C
:	47- 50		67 REDFORD HISTORY	218-219		D	C
:	:	:	-	224		D	C
:	47- 49		69 KLENGEL GESCH.2	274		D	C
:	47- 48		68 CAD 2A RV**	190-B		6CD	C
161	48- 50		64 CAD 1A RV**	23-B		6CD	C
:	48- 49		74 KESTEMONT DIPL.	314	76	D	
:	48		77 CAD 2M RV**	95-A		6 D	
161	50		10 EBELING VERBUM	68	17/1	6CD	?
161	53		09 BOHL SPRACHE	34	23B	D	
161	54- 56		69 KLENGEL GESCH.2	295	24	D	C
161	55- 56		70 KLENGEL GESCH.3	215	148	D	C
161	56		09 BOHL SPRACHE	5-6	3F	B D	
:	:		65 CAD B RV**	52-A		6CD	
:	:		71 HELCK BEZIEHUNG	377	50	D	
:	:		-	402		D	
EA 162							
******							
162-170			73 KUHNE CHRONOLOG	130	D4	D	
162-163			66 JUCQUOIS PHONET	33		D	
162,163			09 BOHL SPRACHE	17	7C	D	

I	TEXTES			C I T A T I O N S					I
I				DATE, OUVRAGE, PAGES, NOTES				CARACTERIST.	I
I	162,163			70 RAINEY TABLETS	3			D	I
I	: :			73 KUHNE CHRONOLOG	135			D	I
I	162			09 BOHL SPRACHE	18	8B		D	I
I	:			-	20	9B		D	I
I	:			-	21	9D		D	I
I	:			-	78	36C		D	I
I	:			62 KITCHEN SUPPILU	29			D	I
I	:			-	30	1		D	I
I	:			-	32			D	I
I	:			-	45			D	I
I	:			64 CAMPBELL CHRON.	79			D	I
I	:			67 REDFORD HISTORY	167			D	I
I	:			-	222			D	I
I	:			-	222	16		D	I
I	:			-	225			D	I
I	:			69 KLENGEL GESCH.2	145			D	I
I	:			-	164			D	I
I	:			-	194-195			D	I
I	:			-	197			D	I
I	:			-	202			D	I
I	:			-	204			D	I
I	:			-	238	90		D	I
I	:			-	264,265			D	I
I	:			-	277			D	I
I	:			-	278-279			D	I
I	:			-	283			D	I
I	:			70 KLENGEL GESCH.3	222			D	I
I	:			71 HELCK BEZIEHUNG	177-178			D	I
I	:			73 KUHNE CHRONOLOG	45	209		D	I
I	:			-	131			D	I
I	162	1-	59	69 KLENGEL GESCH.2	195			D	C	I
I	:	1,	4	73 KUHNE CHRONOLOG	138			D	I
I	:	1,	2	15 KNUDTZON EL-AM	1598		ö D	R	I
I	:	1		09 BOHL SPRACHE	57/1	28T	ö D		I
I	:	:		69 KLENGEL GESCH.2	194-195		BCD	C	I
I	162	2-	21	-	428			D	I
I	:	2-	6	-	278			D	I
I	:	2-	3	62 KITCHEN SUPPILU	17	4	CD	C	I
I	:	2,	7	73 KUHNE CHRONOLOG	136			D	I
I	:	2,	6	-	136			D	I
I	:	2,	3	65 CAD B RV**	20-B		BCD	C	I
I	:	2		09 BOHL SPRACHE	13	5K	ö D		I
I	162	3,	11	73 KUHNE CHRONOLOG	10	42	D		I
I	:	3		66 JUCQUOIS PHONET	162		BCD		I
I	:	:		67 AHW N RV**	752-A		ö D		I
I	162	4		09 BOHL SPRACHE	17	7C	ö D		I
I	:	:		58 CAD E RV**	270-A		ö D		I
I	162	5		09 BOHL SPRACHE	18	8B	BCD		I
I	*:	:		77 CAD 2M RV**	74-B		B D		I
I	162	6		71 CAD K RV**	380-B		BCD		I
I	:	:		73 KUHNE CHRONOLOG	138			D	I
I	162	7-	21	69 KLENGEL GESCH.2	197			D	I
I	:	7		09 BOHL SPRACHE	18	8C	ö CD		I
I	162	8-	11	73 KUHNE CHRONOLOG	138			D	I
I	:	8		71 CAD K RV**	322-B		ö CD		I
I	162	9-	10	56 CAD H RV**	211-A		ö CD	C	I
I	:	9		10 EBELING VERBUM	50	6/2A	ö CD		I
I	:	:		66 JUCQUOIS PHONET	134		ö D		I
I	162	10-	14	71 HELCK BEZIEHUNG	302	89	D	C	I

```
I                                              C I T A T I O N S              I
I     T E X T E S           --------------------------------------------    I
I                           DATE,  OUVRAGE, PAGES, NOTES  CARACTERIST.  I
I     ---------------------  --------------------------------------------   I
I     162    10- 11    65 CAD  B RV**      20-B          B D        C   I
I      :     10         09 BOHL SPRACHE     20      9B   BCD            I
I      :      :         51 DHORME LANGUE    486           BCD            I
I      :      :         69 KLENGEL GESCH.2 279             D            I
I     162    11         67 AHW   N RV**     752-A         B D           I
I      :      :         74 KESTEMONT DIPL. 314      77    D            I
I     162    12- 14     69 KLENGEL GESCH.2 279             D            I
I      :     12- 13     62 KITCHEN SUPPILU  30             D            I
I      :     12-        70 KLENGEL GESCH.3  16             D            I
I      :      :   :        -                18             D            I
I      :     12, 16     09 BOHL SPRACHE     18      8C   B D           I
I      :     12         -                   18      8B   B D           I
I      :      :         10 EBELING VERBUM   53      7/3A BCD           I
I     162    13, 17     73 KUHNE CHRONOLOG 138             D            I
I     162    14         09 BOHL SPRACHE     18      8C   BCD           I
I      :      :         67 SYL. 2 RV**      10      46   B D        C   I
I      :      :         68 CAD 2A RV**      60-A          BCD           I
I      :      :         70 RAINEY TABLETS   77             B D           I
I      :      :         72 AHW   S RV**     1031-A        B D           I
I     162    15, 19     71 CAD   K RV**     472-A          BCD           I
I      :     15         09 BOHL SPRACHE     18      8C   BCD           I
I      :      :         73 KUHNE CHRONOLOG   6      34E    D            I
I     162    16         09 BOHL SPRACHE     58      29C  BCD       ? I
I      :      :         10 EBELING VERBUM   73/1    22   B D       ? I
I      :      :         73 KUHNE CHRONOLOG  10      44   B D           I
I      :      :         -                   53      245  B D           I
I      :      :         77 CAD 2M RV**      95-A          BCD           I
I     162    17, 25     73 KUHNE CHRONOLOG 136             D            I
I      :     17, 22     -                  136             D            I
I     162    18, 20     -                  136             D            I
I      :     18         09 BOHL SPRACHE     17      7C   B D           I
I      :      :         58 CAD  E RV**      270-A         B D           I
I      :      :         73 CAD  L RV**      134-A          BCD           I
I      :      :         75 MORAN AMARNA GL 152            B D           I
I     162    19- 20     71 CAD   K RV**     162-A          BCD       C   I
I      :     19         10 EBELING VERBUM   55      7/3A BCD       EC  I
I      :      :         -                   66      16   BCD       EC  I
I      :      :         63 AHW   K RV**     439-A         BC            I
I     162    20- 21     76 AHW  >S RV**     1190-A        B D        C   I
I      :     20, 25     73 KUHNE CHRONOLOG  10      42    D            I
I      :     20         09 BOHL SPRACHE      1      1B   B D           I
I      :      :         15 KNUDTZON EL-AM   998            B            I
I     162    21, 23     73 KUHNE CHRONOLOG 138             D            I
I      :     21         56 CAD  H RV**      124-B         B D           I
I      :      :         73 KUHNE CHRONOLOG  10      42    D            I
I      :      :         74 AHW  >S RV**     1149-B             G        I
I     162    22- 25     62 KITCHEN SUPPILU  15      4     D            I
I      :      :   :     -                   17             D            I
I      :      :   :     67 REDFORD HISTORY 222             D        C   I
I      :      :   :     69 KLENGEL GESCH.2 145             D        C   I
I      :      :   :     -                  168             D        C   I
I      :      :   :     -                  203             D        C   I
I      :      :   :     -                  276             D        C   I
I      :      :   :     -                  280             D        C   I
I      :      :   :     -                  282             D        C   I
I      :      :   :     -                  287             D        C   I
I      :     22, 24     09 BOHL SPRACHE     18      8C   B D           I
I      :      :   :     10 EBELING VERBUM   54/1    7/3A BCD           I
I      :      :   :     72 AHW   S RV**     1014-A        B D           I
```

```
I                                  C I T A T I O N S              I
I        T E X T E S        ---------------------------------------  I
I                           DATE,  OUVRAGE, PAGES, NOTES  CARACTERIST. I
I    ---------------------   ---------------------------   ----------- I
I    162    22       15 KNUDTZON EL-AM 1598             G            I
I     :     :        69 KLENGEL GESCH.2 145            CD            I
I    162    23       09 BOHL SPRACHE      58     29C   BCD           I
I     :     :        60 CAD IJ RV**      303-B          D            I
I     :     :        64 CAD 1A RV**      166-B         BCD           I
I     :     :           -              247-B         BCD           I
I    162    24- 25   62 CAD 'S RV**       89          BCD       C    I
I     :     24       71 CAD  K RV**      380-B        BCD           I
I    162    25- 26      -              472-A         BCD       C    I
I     :     25       70 RAINEY TABLETS    78          B D           I
I     :     :        74 AHW 'S RV**     1080-A         B D           I
I    162    26- 27   68 CAD 2A RV**       23-A        BCD       C    I
I     :     26, 27   09 BOHL SPRACHE      18      8C   B D           I
I     :     26       10 EBELING VERBUM    41     1/4   BCD           I
I     :     :        51 DHORME LANGUE    485               BCD       I
I    162    27- 29   58 CAD  E RV**      234-B        BCD       C    I
I     :     27       10 EBELING VERBUM   54/1    7/3A  BCD           I
I     :     :        58 CAD  E RV**      202-B        BCD           I
I     :     :        66 JUCQUOIS PHONET  122          B D           I
I     :     :        68 CAD 2A RV**       42-A         B D           I
I     :     :        73 KUHNE CHRONOLOG   10       42   D            I
I     :     :           -                10       44  B D           I
I    162    28, 34   09 BOHL SPRACHE      28     15E   BCD           I
I     :     28       60 AHW  E RV**      228-B         BC            I
I     :     :        77 CAD 2M RV**       90-B        BCD       R    I
I    162    29, 32   09 BOHL SPRACHE      18      8C   BCD           I
I    162    30       73 CAD  L RV**       58-A        BCD           I
I    162    31, 32   73 KUHNE CHRONOLOG  137     675    D            I
I     :     31       09 BOHL SPRACHE      17      7C   B D           I
I     :     :        10 EBELING VERBUM    61      12   BCD           I
I     :     :        60 CAD IJ RV**      231-B        BCD           I
I     :     :        65 CAD  B RV**      364-B        BCD           I
I     :     :        67 AHW  N RV**      752-A          D            I
I     :     :        71 AHW  Q RV**      896-A         B D           I
I     :     :        74 KESTEMONT DIPL.  314      77    D            I
I    162    33- 34   58 CAD  E RV**      203-B        BCD       C    I
I     :     33       09 BOHL SPRACHE      18      8C   B D           I
I    162    34, 36      -                16      7B   B D           I
I     :     34       58 CAD  E RV**      226-A        BCD           I
I     :     :        60 AHW  E RV**      224-B         B            I
I     :     :        66 JUCQUOIS PHONET  258          BCD           I
I     :     :        73 KUHNE CHRONOLOG   26     117    D            I
I     :     :        75 MORAN AMARNA GL  152          B D           I
I     :     :        77 CAD 2M RV**       92-B        BCD           I
I    162    35- 38   62 KITCHEN SUPPILU   17           D            I
I     :     35, 41   73 KUHNE CHRONOLOG  137     675    D            I
I     :     35, 36   09 BOHL SPRACHE       1      1A   B D           I
I     :     :           -                18      8C   B D           I
I     :     :  :     67 SYL. 2 RV**        3      12   B D       C    I
I     :     35       10 EBELING VERBUM    75      24   BCD           I
I     :     :        58 CAD  E RV**      212-A        BCD           I
I    162    36- 37   68 CAD 2A RV**       34-B        BCD       C    I
I     :     36       15 KNUDTZON EL-AM 1598            C            I
I    162    37- 38   56 CAD  H RV**      133-B        BCD       C    I
I     :     :  :     71 CAD  K RV**      377-A        BCD       C    I
I     :     :  :     77 CAD 1M RV**      425-B        BCD       C    I
I     :     37       70 RAINEY TABLETS    77          B D           I
I     :     :        72 AHW  S RV**     1031-A         B D           I
I     :     :        73 KUHNE CHRONOLOG  138           D            I
```

```
I                                              C I T A T I O N S                I
I        T E X T E S              --------------------------------------------  I
I                                 DATE,  OUVRAGE, PAGES, NOTES CARACTERIST.      I
I        ----------------------                                 ----------      I
I        162      38, 39    09 BOHL SPRACHE      18        8C   B D             I
I         :       38        65 AHW   K RV**      479-A           G              I
I        162      39- 41    69 KLENGEL GESCH.2 259          6    D        C     I
I         :       39        10 EBELING VERBUM    54/1    7/3A   BCD             I
I         :       :                 -           58       8/4   BCD             I
I         :       :         58 CAD   E RV**      203-B          BCD             I
I         :       :         65 CAD   B RV**      55-B           BCD             I
I        162      40- 42    73 KUHNE CHRONOLOG   10        42    D              I
I         :       40- 41    15 KNUDTZON EL-AM 1598            CD          ?     I
I         :       :    :    60 CAD IJ RV**       24-B          BCD        C     I
I         :       40, 41    73 KUHNE CHRONOLOG 138             D              I
I         :       40        09 BOHL SPRACHE      45       27G  BCD             I
I         :       :         10 EBELING VERBUM    41       1/4  BCD             I
I         :       :                 -           52       7/3A  BCD             I
I         :       :         67 SYL. 2 RV**       41       218  B D        C     I
I         :       :         70 RAINEY TABLETS    1             B D             I
I         :       :         74 RAINEY EA NOTES 295,296        B D             I
I        162      41        10 EBELING VERBUM    43       3/1  BCD        ?     I
I         :       :         71 AHW   R RV**      932-A           G              I
I        162      42- 54    69 KLENGEL GESCH.2 238         90    D        C     I
I         :       :    :             -           279            D        C     I
I         :       42- 48             -           300            D        C     I
I         :       42- 47    67 REDFORD HISTORY 167             D        C     I
I         :       :    :             -           222            D        C     I
I         :       42        09 BOHL SPRACHE      1        1B   B D             I
I         :       :         15 KNUDTZON EL-AM   998            B              I
I         :       :         66 JUCQUOIS PHONET 156            B D             I
I         :       :         67 SYL. 2 RV**       37       192  B D        C     I
I         :       :         73 KUHNE CHRONOLOG 136             D              I
I         :       :         75 MORAN SYRIAN SC 151             D              I
I        162      43, 51    09 BOHL SPRACHE      18        8C  BCD             I
I         :       43, 47             -           13       5G   B D             I
I        162      45                 -           13       5G   B D             I
I         :       :         15 KNUDTZON EL-AM 1005/115/656F A          C     I
I         :       :         60 CAD IJ RV**      323-B           D              I
I        162      46- 50    69 KLENGEL GESCH.2 293          7    D        C     I
I         :       46        09 BOHL SPRACHE      20       9B   BCD             I
I        162      47, 49    73 KUHNE CHRONOLOG   10        42    D              I
I         :       47        10 EBELING VERBUM    78       APP  B D        C     I
I         :       :         73 KUHNE CHRONOLOG   53       245    D              I
I        162      48- 50    68 CAD 2A RV**       17-B          BCD        C     I
I         :       48        10 EBELING VERBUM    58       8/4  BCD        EC    I
I         :       :         51 DHORME LANGUE    410           BCD             I
I         :       :         68 CAD 2A RV**      504-A         BCD             I
I         :       :         73 KUHNE CHRONOLOG 137             D              I
I        162      49- 50    65 CAD   B RV**      55-B          BCD        C     I
I         :       49        09 BOHL SPRACHE      18        8C  B D             I
I         :       :                 -           19       8D   B D             I
I        162      50                 -           18        8C  B D             I
I        162      51, 56    66 JUCQUOIS PHONET 156            B D             I
I         :       :    :    73 KUHNE CHRONOLOG 136             D              I
I         :       :    :    75 MORAN SYRIAN SC 151             D              I
I         :       51        09 BOHL SPRACHE      13       5G   B D             I
I         :       :         59 AHW   A RV**      60-B          B D             I
I         :       :         68 CAD 2A RV**      190-B          D              I
I         :       :         73 KUHNE CHRONOLOG   10        42  B D             I
I        162      52        60 CAD IJ RV**      323-B         BCD             I
I        162      53        09 BOHL SPRACHE      71       34A  BCD        ?     I
I         :       :         10 EBELING VERBUM    62        12  BCD             I
```

```
I                                  C I T A T I O N S                   I
I        T E X T E S           -------------------------------------   I
I                              DATE,  OUVRAGE, PAGES, NOTES  CARACTERIST.  I
I        --------------------  ------------------------------ ----------- I
I       162       53           51 DHORME LANGUE     474          BCD       I
I        :        :            65 AHW   K RV**      479-A        BC        I
I        :        :            71 CAD   K RV**      378-A        BCD       I
I       162       54, 59       09 BOHL SPRACHE       16      7B  B D       I
I        :        54, 58       73 KUHNE CHRONOLOG 136              D       I
I        :        54           10 EBELING VERBUM    41      1/4  BCD       I
I       162       55- 77       71 HELCK BEZIEHUNG 432-433         D      C I
I        :        55, 59       73 KUHNE CHRONOLOG  10      42     D        I
I        :        55           09 BOHL SPRACHE      1       1B  B D        I
I        :        :            15 KNUDTZON EL-AM   998           B         I
I        :        :               -              1598              G       I
I        :        :            67 SYL. 2 RV**       37     192  B D    C   I
I       162       56- 77       51 DHORME NOUV.TAB 496             D    C   I
I        :        56, 63       64 CAMPBELL CHRON. 112             D        I
I        :        :   :        70 RAINEY TABLETS   89          B D         I
I        :        :   :        73 KUHNE CHRONOLOG 138             D         I
I        :        56           10 RANKE KEILSCHR.   9          B D         I
I        :        :            71 HELCK BEZIEHUNG 438          B D         I
I       162       57           76 AHW  >S RV**    1163-B       B D         I
I       162       58           64 CAD 1A RV**      26-B        BCD         I
I        :        :               -              224-A        BCD         I
I        :        :            66 JUCQUOIS PHONET 156          BCD         I
I        :        :            71 AHW   Q RV**     911-A           G       I
I       162       59- 63       67 REDFORD HISTORY 223             D        I
I        :        59           09 BOHL SPRACHE      28     15E  BCD        I
I        :        :            51 DHORME LANGUE    473          BCD        I
I        :        :            73 KUHNE CHRONOLOG 137             D        I
I       162       60, 65       60 AHW   E RV**     268-A           G       I
I        :        60           58 CAD   E RV**     423-A           D       I
I       162       61- 62           -              423-A        BCD    C    I
I       162       62           73 KUHNE CHRONOLOG  53     245     D        I
I        :        :                -              136             D        I
I       162       63           10 RANKE KEILSCHR.   9          B D         I
I        :        :            71 AHW   Q RV**     911-A           G       I
I       162       64- 65       58 CAD   E RV**     423-A        BCD    C   I
I       162       66           09 BOHL SPRACHE      8       3V  BCD        I
I        :        :            10 EBELING VERBUM   54-55  7/3A BCD        I
I        :        :            72 AHW   R RV**     984-B        BCD        I
I       162       67, 75       73 KUHNE CHRONOLOG 136             D        I
I        :        67           10 EBELING VERBUM   63     14   BCD        I
I        :        :            68 CAD 2A RV**      60-B        BCD        I
I        :        :            73 KUHNE CHRONOLOG  10     42     D        I
I       162       68- 73       71 HELCK BEZIEHUNG 432-433        CD    C   I
I       162       69           10 RANKE KEILSCHR.  25         B D       ? I
I       162       70               -               23         B D       ? I
I       162       71               -               26         B D       ? I
I       162       72- 73       68 CAD 2A RV**      464-A       B D   +  C  I
I        :        72, 74       73 KUHNE CHRONOLOG 138             D        I
I       162       73           09 BOHL SPRACHE     13      5G  B D        I
I       162       74- 77       71 HELCK BEZIEHUNG 433          BCD     C ? I
I        :        74           10 EBELING VERBUM   75     24   BCD        I
I        :        :            10 RANKE KEILSCHR.  24         B D         I
I        :        :            15 KNUDTZON EL-AM  1598          CD         I
I        :        :            51 DHORME LANGUE   460          BCD         I
I        :        :            56 CAD   H RV**     80-B        BCD         I
I        :        :            60 CAD  IJ RV**     24-B        BCD         I
I        :        :            62 AHW   H RV**     321-A        BCD        I
I        :        :            69 AHW   P RV**     817-B        B D        I
I        :        :            70 RAINEY TABLETS   75          B D         I
```

TEXTES			CITATIONS				
			DATE, OUVRAGE, PAGES, NOTES			CARACTERIST.	
164-167			73 KUHNE CHRONOLOG	131		D	
:	:		-	131	659	D	
164			64 CAMPBELL CHRON.	72-74		D	
:			-	135	3C	D	
:			71 HELCK BEZIEHUNG	176		D	
:			-	368	89	D	
:			73 KUHNE CHRONOLOG	4	24	D	
:			-	5	28	D	
164	1-		64 CAMPBELL CHRON.	72		D	C
:	1		10 RANKE KEILSCHR.	21		Б D	
:	:		64 CAD 1A RV**	71-A		Б D	
164	4- 5		15 KNUDTZON EL-AM	1598		G	
:	4		10 RANKE KEILSCHR.	1C		Б D	
:	:		69 KLENGEL GESCH.2	194		D	
164	5- 6		64 CAD 1A RV**	18-A		БCD	C
:	5		09 BOHL SPRACHE	20	9B	Б D	
:	:		15 KNUDTZON EL-AM	1005/116/660A	A		C
164	7		10 EBELING VERBUM	54	7/3A	БCD	
:	:		77 CAD 1M RV**	3C-B		Б D	
164	10, 16		10 RANKE KEILSCHR.	21		B D	
164	11		09 BOHL SPRACHE	18	8B	БCD	
:	:		10 EBELING VERBUM	55	7/3A	BCD	
:	:		67 SYL. 2 RV**	25	137	Б D	C
164	13		66 JUCQUOIS PHONET	198		БCD	
164	14- 17		64 CAMPBELL CHRON.	91	58	D	
164	17		09 BOHL SPRACHE	88	38N	D	
164	18- 26		64 CAMPBELL CHRON.	88		D	C
:	:	:	69 KLENGEL GESCH.2	194		D	C
:	18		10 RANKE KEILSCHR.	10		B D	
164	20		66 JUCQUOIS PHONET	170		B D	
:	:		68 CAD 2A RV**	108-B		B D	
164	21- 23		64 CAD 1A RV**	307-A		БCD	C
:	21		64 CAMPBELL CHRON.	121		D	
164	22		09 BOHL SPRACHE	79	36D	D	
164	23		-	55	28Q	B D	
:	:		10 EBELING VERBUM	51	6/2A	BCD	
164	24		67 SYL. 2 RV**	25	137	Б D	C
164	25		09 BOHL SPRACHE	4	2C	Б D	
:	:		66 JUCQUOIS PHONET	164		БCD	
:	:		70 RAINEY TABLETS	56		Б D	
164	26		10 RANKE KEILSCHR.	10		Б D	
164	28		10 EBELING VERBUM	54	7/3A	БCD	
164	30, 33		10 RANKE KEILSCHR.	21		Б D	
164	32		70 RAINEY TABLETS	83		Б D	?
:	:		74 RAINEY EA NOTES	309		Б D	R ?
164	33		09 BOHL SPRACHE	12	5D	Б D	
164	34		10 EBELING VERBUM	51	6/2A	БCD	
164	35		10 RANKE KEILSCHR.	21		Б D	
164	37		09 BOHL SPRACHE	73	34K	BCD	
:	:		70 RAINEY TABLETS	80		B D	R
:	:		74 RAINEY EA NOTES	308		Б D	R
:	:		76 AHW >S RV**	1179-A		Б D	
164	39		10 EBELING VERBUM	61	12	Б D	?
:	:		70 RAINEY TABLETS	83		Б D	?
:	:		74 RAINEY EA NOTES	3C9		Б D	
:	:		75 MORAN SYRIAN SC	149	N.95	AБ D	C
164	40		70 RAINEY TABLETS	94		Б D	
164	41- 42		65 CAD Б RV**	82-A		БCD	C
164	42		10 RANKE KEILSCHR.	1C		Б D	

	TEXTES		CITATIONS					
			DATE, OUVRAGE, PAGES, NOTES			CARACTERIST.		
	164	43	09 BOHL SPRACHE	18	8B	Ƃ D		
	:	:	10 RANKE KEILSCHR.	21		Ƃ D		
	164	44	09 BOHL SPRACHE	28	15E	ƂCD		
	:	:	51 DHORME LANGUE	473		ƂCD		
	:	:	64 CAD 1A RV**	303-B		ƂCD		
EA 165								
******								
	165-167		69 KLENGEL GESCH.2	75		D		
	:	:	-	82		D		
	:	:	-	86-87	11	D		
	:	:	-	91-92		D		
	:	:	-	166		D		
	:	:	-	274		D		
	:	:	-	286		D		
	:	:	70 KLENGEL GESCH.3	221				
	165	6- 7	65 CAD B RV**	82-A		Ƃ D	C	
	165	7, 13	09 BOHL SPRACHE	32	21B	B D		
	:	7	65 CAD B RV**	363-B		D		
	165	8-	64 CAMPBELL CHRON.	60	91	D		
	165	9	09 BOHL SPRACHE	88	38U	B D		
	165	11	-	34	23B	Ƃ D		
	165	13	51 DHORME LANGUE	486		ƂCD		
	:	:	65 CAD B RV**	81-B		B D		
	165	14- 15	68 CAD 2A RV**	108-B		ƂCD	C	
	165	15	10 EBELING VERBUM	51	6/2A	ƂCD		
	:	:	10 RANKE KEILSCHR.	10		B D		
	165	17, 19	10 EBELING VERBUM	54	7/3A	ƂCD		
	:	17	09 BOHL SPRACHE	17	7B	Ƃ D		
	:	:	56 CAD H RV**	75-B		D		
	:	:	71 CAD K RV**	273-B		Ƃ D		
	165	19	10 EBELING VERBUM	53	7/3A	ƂCD	EC	
	165	20	09 BOHL SPRACHE	69-70	33H	ƂCD		?
	:	:	74 RAINEY EA NOTES	301		Ƃ D		
	165	24	67 SYL. 2 RV**	25	137	B D	C	
	165	26	10 RANKE KEILSCHR.	1C		Ƃ D		
	165	29, 31	10 EBELING VERBUM	54	7/3A	ƂCD		
	165	34	-	54	7/3A	ƂCD		
	165	36- 37	71 CAD K RV**	321-B		ƂCD	C	
	165	37	09 BOHL SPRACHE	7C	33H	Ƃ D		
	165	38- 41	64 CAMPBELL CHRON.	88		D	C	
	165	39, 41	69 KLENGEL GESCH.2	86	10	Ƃ D		
	:	: :	75 MORAN SYPIAN SC	149	N.95	AƂ D	C	
	:	39	09 BOHL SPRACHE	40	25L	ƂCD		
	:	:	10 EBELING VERBUM	53	7/3A	ƂCD	EC	
	:	:	56 CAD H RV**	109-A		ƂCD		
	:	:	74 RAINEY EA NOTES	304		ƂCD		
	165	40	09 BOHL SPRACHE	70	33K	B D		
	:	:	-	88	38Q	CD		
	:	:	1C EBELING VERBUM	54	7/3A	ƂCD		
	165	43- 45	59 CAD D RV**	114-B		ƂCD	R C	
EA 166								
******								
	166,167		73 KUHNE CHRONOLOG	4	24	D		
	166	1- 2	64 CAD 1A RV**	201-A		Ƃ D		
	:	1	10 RANKE KEILSCHR.	9		Ƃ D		
	166	4- 5	15 KNUDTZON EL-AM	1598		Ƃ D		
	:	4, 5	77 CAD 1M RV**	3C-A		ƂCD	C	

TEXTES			CITATIONS					
			DATE, OUVRAGE, PAGES, NOTES			CARACTERIST.		
166	4		09 BOHL SPRACHE	13	5G	B D		
:	:		10 RANKE KEILSCHR.	16		B D	+	
:	:		50 MORAN SYNTACTIC	132	163	B D	+R	
:	:		62 CAD 'S RV**	46-B		B D		
166	6-	8	65 CAD B RV**	363-B		BCD	C	
:	:	:	7-7 CAD 2M RV**	92-B		BCD	C	
166	7-	8	65 CAD B RV**	82-A		BCD	C	
166	8		09 BOHL SPRACHE	32	21B	B D		
166	9-	11	65 CAD B RV**	82-A		B D	C	
166	12		10 RANKE KEILSCHR.	1C		B D		
166	13-	15	56 CAD H RV**	75-B		BCD	C	
:	13		64 CAD 1A RV**	303-A		D		
166	14		09 BOHL SPRACHE	33	22F	D		
:	:		10 RANKE KEILSCHR.	9		B D		
166	15		09 BOHL SPRACHE	20	9B	B D		
166	16		-	79	36D	BCD		
:	:		10 EBELING VERBUM	54	7/3A	BCD		
:	:		70 RAINEY TABLETS	1		B D		
:	:		74 RAINEY EA NOTES	295		B D		
166	17-	20	64 CAMPBELL CHRON.	91	58	D		
:	17-	19	68 CAD 2A RV**	37-A		BCD	C	
166	21-	23	-	394-B		BCD	C	
:	21		64 CAMPBELL CHRON.	121		D		
166	22, 27		10 EBELING VERBUM	54	7/3A	BCD		
:	22, 26		-	53	7/3A	BCD		
166	23		09 BOHL SPRACHE	70	33H	BCD	?	
:	:		74 RAINEY EA NOTES	301		B D		
166	25-	32	64 CAMPBELL CHRON.	88		D	C	
:	25		69 KLENGEL GESCH.2	86	10	B D		
166	26		09 BOHL SPRACHE	29	17B	B D		
:	:		-	40	25L	BCD		
:	:		-	88	38Q	CD		
:	:		56 CAD H RV**	109-A		D		
:	:		68 CAD 2A RV**	394-B		D		
:	:		74 RAINEY EA NOTES	301		B D		
:	:		-	304		BCD		
166	28		66 JUCQUOIS PHONET	170		D		
166	29, 30		09 BOHL SPRACHE	55	26Q	B D		
:	29		51 DHORME LANGUE	417		BCD		
166	30-	32	64 CAD 1A RV**	303-A		BCD	C	
166	31		56 CAD H RV**	75-B		D		
166	32		10 RANKE KEILSCHR.	1C		B D		
EA 167								
******								
167			64 CAMPBELL CHRON.	72-74		D		
:			-	135	3C	D		
:			73 KUHNE CHRONOLOG	5	28	D		
167	1		69 KLENGEL GESCH.2	194		D	R C ?	
167	5-	7	64 CAMPBELL CHRON.	91	58	D		
167	14		10 RANKE KEILSCHR.	1C		B D	R	
167	16-	17	77 CAD 2M RV**	60-A		BCD	R	
167	18-	19	65 CAD B RV**	81-B		BCD	C	
167	19		09 BOHL SPRACHE	32	21B	B D		
167	2C-	24	64 CAMPBELL CHRON.	86		D	C	
:	2C		-	121		D		
167	21, 23		10 EBELING VERBUM	54	7/3A	BCD		
:	21, 22		-	53	7/3A	BCD		
167	22		09 BOHL SPRACHE	4C	25L	BCD		

```
I                                 C I T A T I O N S              I
I        T E X T E S           ---------------------------------- I
I                              DATE,  OUVRAGE, PAGES, NOTES  CARACTERIST.  I
I      -----------------       ----------------------------  ------------ I
I      167      22            56 CAD  H RV**      109-A          D          I
I       :       :             74 RAINEY EA NOTES 301        B D            I
I       :       :              -                 304        BCD            I
I      167      23            69 KLENGEL GESCH.2  86      10  B D           I
I      167      24            10 EBELING VERBUM   54     7/3A BCD           I
I       :       :             73 KUHNE CHRONOLOG   6      34D  D            I
I      167      25- 26        68 CAD 2A RV**      126-A       BCD       C   I
I       :       25            09 BOHL SPRACHE      70     33H BCD        ?  I
I       :       :             74 RAINEY EA NOTES 301        B D            I
I      167      27            10 EBELING VERBUM   54     7/3A BCD           I
I       :       :             15 KNUDTZON EL-AM 1598          CD        ?  I
I      167      28, 31        10 RANKE KEILSCHR.   21        B D            I
I       :       28            64 CAMPBELL CHRON.   72          D       C    I
I       :       :             68 CAD 2A RV**       19-A      B D            I
I       :       :             71 HELCK BEZIEHUNG 368      89   D            I
I      167      29            68 CAD 2A RV**       32-A       BCD           I
I      167      30            77 AHW  T RV**     1349-B      B D     R  ?  I
I      167      32            10 EBELING VERBUM   54     7/3A BCD           I
I       :       :             -                   75      24  BCD           I
I      167      33            -                   54     7/3A BCD           I
I                                                                          I
I EA 168                                                                   I
I ******                                                                   I
I      168                    62 KITCHEN SUPPILU  45          D            I
I      168        8           10 RANKE KEILSCHR.  10        B D            I
I      168        9- 10       62 KITCHEN SUPPILU  18          D            I
I      168       14           09 BOHL SPRACHE     17      7B  B D           I
I      168      '14-'15       62 KITCHEN SUPPILU  18          D       EC    I
I                                                                          I
I EA 169                                                                   I
I ******                                                                   I
I      169-284                39 HARRIS CANAANIT  22          D            I
I      169-170                69 KLENGEL GESCH.2 193          D            I
I       :                     -                  195          D            I
I       :       :             73 KUHNE CHRONOLOG 131     657   D            I
I      169,170                62 KITCHEN SUPPILU  18          D            I
I       :       :             -                   32          D            I
I       :       :             -                   46          D            I
I       :       :             69 KLENGEL GESCH.2  43          D            I
I       :       :             -                   48      17   G            I
I       :       :             -                  145          D            I
I       :       :             -                  280-282      D            I
I       :       :             71 HELCK BEZIEHUNG 178          D            I
I       :       :             73 KUHNE CHRONOLOG   4      22   D            I
I       :       :             -                   88     443   D            I
I       :       :             -                  131          D            I
I      169                    64 CAMPBELL CHRON.  72-74        D            I
I       :                     -                   88          D            I
I       :                     -                  135      3C   D        ?  I
I       :                     -                  135      4D   D            I
I       :                     69 KLENGEL GESCH.2  25          D            I
I       :                     -                  293       7   D            I
I       :                     -                  300          D            I
I       :                     73 KUHNE CHRONOLOG   4      24   D        ?  I
I      169       7- 10        59 CAD  D RV**       24-A      BCD       C    I
I       :        7-  9        15 KNUDTZ.CR/UNGN. 185          C        C ? I
I       :        7-  8        65 CAD  B RV**       60-B      BCD     R C    I
I       :        :   :        77 CAD 1M RV**      427-A      B D       C    I
I       :        7,  8        09 BOHL SPRACHE      19      8C  B D            I
```

TEXTES		DATE, OUVRAGE, PAGES, NOTES	CARACTERIST.
169	7	10 EBELING VERBUM 41 1/4	BCD EC
169	8	- 65 14	BCD
:	:	66 AHW M RV** 635-A	G
169	9	10 EBELING VERBUM 51 6/2A	BCD
:	:	59 AHW D RV** 150-A	BCD
169	11- 15	69 KLENGEL GESCH.2 282	D C
169	12	15 KNUDTZON EL-AM 1005/117/672E A	C
:	:	75 MORAN AMARNA GL 157 1	B D
169	13	09 BOHL SPRACHE 19 8C	B D
:	:	10 EBELING VERBUM 61 12	BCD
:	:	68 CAD 2A RV** 454-A	D
169	15	10 EBELING VERBUM 69 20	BCD EC
169	16- 21	69 KLENGEL GESCH.2 25	D C
:	16- 18	15 KNUDTZ.CR/UNGN. 185-186 C	C
:	16- 17	69 KLENGEL GESCH.2 296 45	D
:	16	10 RANKE KEILSCHR. 21	B D
:	:	64 CAMPBELL CHRON. 72	D C
:	:	71 HELCK BEZIEHUNG 368 89	D
169	17- 21	69 KLENGEL GESCH.2 281	D C
:	17	71 HELCK BEZIEHUNG 285	D
169	19- 21	56 CAD H RV** 246-B	BCD C
169	20	69 AHW P RV** 842-B	D
169	22- 23	77 CAD 1M RV** 407-B	BCD R C
:	22	66 AHW M RV** 632-B	B
169	25- 32	71 HELCK BEZIEHUNG 275	D C
:	25, 29	09 BOHL SPRACHE 19 8C	BCD
:	25	62 CAD 'S RV** 50	B D
169	26	71 CAD K RV** 328-A	G
169	27- 28	73 CAD L RV** 1-B	BCD C
169	29- 34	70 KLENGEL GESCH.3 202	D C
169	30	69 AHW P RV** 850-B	B D R
169	31	67 AHW N RV** 693-B	B D
169	33	10 EBELING VERBUM 53 7/3A	BCD
169	39	69 KLENGEL GESCH.2 25	D
EA 170			
******			
170		62 KITCHEN SUPPILU 18 5	G
:		64 CAMPBELL CHRON. 60-62	D
:		- 135 5D	D ?
:		- 138	D
:		66 JUCQUOIS PHONET 36	D
:		67 REDFORD HISTORY 158-162	D
:		- 218-219	D
:		- 225	D
:		69 KLENGEL GESCH.2 25	D
:		- 154 8	D
:		- 194	D
:		- 205	D
:		- 235 57	D
:		- 284	D
:		- 297 51	D
:		- 297 52	G
:		71 HELCK BEZIEHUNG 287	D
:		75 MORAN SYRIAN SC 158 5	D C
170	1- 35	15 KNUDTZON EL-AM 1598	D
170	2	09 BOHL SPRACHE 88 38U	B D
:	:	10 BURCHARDT ALTK.2 6-B 93	B D C
:	:	64 CAMPBELL CHRON. 115	B D

```
I                             C I T A T I O N S               I
I         T E X T E S      --------------------------------------- I
I                          DATE,  OUVRAGE, PAGES, NOTES  CARACTERIST. I
I     ---------------      -------------------------------  ----------- I
I      170      2          69 KLENGEL GESCH.2 194              D       I
I       :       :             -                293      3   B D        I
I      170      3          09 BOHL SPRACHE      4       2D  B D        I
I       :       :          66 JUCQUOIS PHONET 118          BCD        I
I       :       :          77 CAD 1M RV**      242-B       B D        I
I      170      5,  6      68 CAD 2A RV**      126-B       BCD     C  I
I       :       5          66 JUCQUOIS PHONET 121          B D      ? I
I      170      6          09 BOHL SPRACHE      1       1C  B D        I
I       :       :          67 SYL. 2 RV**      3C      156  B D     C  I
I      170      7-  8      77 CAD 2M RV**      8C-A        BCD     C  I
I       :       7          66 AHW   M RV**     653-B       B D        I
I      170      8          67 SYL. 2 RV**      14       77  B D     C  I
I      170      9          09 BOHL SPRACHE     19       8C  B D        I
I       :       :             -                2C       9B  B D        I
I       :       :          10 EBELING VERBUM   65       14  BCD        I
I       :       :          66 AHW   M RV**     61C-B       B D        I
I       :       :          77 CAD 1M RV**      269-B         D        I
I       :       :             -                275-B       B D        I
I      170      1C- 11     62 CAD 'S RV**      29-B        BCD   + C  I
I       :       10         09 BOHL SPRACHE     14       6C  B D        I
I       :       :          65 AHW   K RV**     478-A       B D        I
I      170      11         09 BOHL SPRACHE     81      37B  B D   +    I
I       :       :          74 AHW 'S RV**      1067-A      B D      ? I
I      170      12- 13     68 CAD 2A RV**      454-A       BCD     C  I
I       :       12         65 AHW   K RV**     478-A         D        I
I      170      13         10 EBELING VERBUM   61       12  BCD        I
I      170      14- 18     64 CAMPBELL CHRON.  6C          BCD     C  I
I       :       : :        69 KLENGEL GESCH.2 167           D        I
I       :       : :        70 KLENGEL GESCH.3  59           D     C  I
I       :       14- 16     62 KITCHEN SUPPILU  18           CD     C  I
I       :       14         62 CAD 'S RV**      5C-B        B D        I
I      170      15         67 SYL. 2 RV**      60      306  B D     C  I
I      170      16         70 KLENGEL GESCH.3  67       40    D        I
I       :       :          71 HELCK BEZIEHUNG 272      69    D        I
I      170      18         09 BOHL SPRACHE     18       8B    D        I
I       :       :          60 CAD IJ RV**      24-B        BCD        I
I      170      19- 23     64 CAMPBELL CHRON.  6C           D     C  I
I       :       : :        69 KLENGEL GESCH.2  25           D     C  I
I       :       19         10 EBELING VERBUM   66       16  BCD        I
I       :       :          71 CAD   K RV**     326-B       B D        I
I      170      22         15 KNUDTZON EL-AM 1005/118/677F A       C  I
I       :       :          62 CAD 'S RV**      50-A        B D        I
I       :       :          73 CAD   L RV**     198-A       B D        I
I       :       :          76 AHW >S RV**      1215-A        CD      ? I
I      170      24         09 BOHL SPRACHE     33      22D  B D        I
I       :       :          68 CAD 2A RV**      33-A        BCD        I
I       :       :          77 AHW   T RV**     1327-B      B D        I
I      170      25- 27     65 CAD   B RV**     149-B       B D     C  I
I       :       25, 34     09 BOHL SPRACHE     20       9B  B D        I
I       :       25         71 CAD   K RV**     472-A       BCD        I
I      170      26, 33     66 JUCQUOIS PHONET 268          B D        I
I       :       26         09 BOHL SPRACHE     17       7B  B D        I
I       :       :          67 SYL. 2 RV**      14       76  B D     C  I
I       :       :             -                32      170  B D     C  I
I      170      27         69 KLENGEL GESCH.2  25           D        I
I      170      29         67 REDFORD HISTORY 158          CD     C  I
I      170      30- 33     62 CAD 'S RV**      29          BCD     C  I
I       :       30         69 AHW   P RV**     821-A         G        I
I      170      31- 33     68 CAD 2A RV**      257-A       B D     C  I
```

TEXTES			DATE, OUVRAGE, PAGES, NOTES CARACTERIST.					
170	31		74 AHW 'S RV**	1067-A		G		
170	32- 33		71 CAD K RV**	366-B			C	C
170	33- 34		-	366-B		BCD		C
:	:	:	77 AHW T RV**	1334-B		B D		C
:	33		09 BOHL SPRACHE	22	10B	BCD		
:	:		10 EBELING VERBUM	41	1/4	BCD		
170	34- 35		65 CAD B RV**	149-B		BCD		C
:	34		67 SYL. 2 RV**	29	153	B D		C
170	36- 44		75 MORAN SYPIAN SC	155	2	D		C
:	36- 43		73 KUHNE CHRONOLOG	4	27	D		
:	36		75 MORAN SYRIAN SC	149	N.201	AB D		C
170	37		09 BOHL SPRACHE	88	38U	B D		
170	40, 42		51 DHORME LANGUE	473		BCD		
:	40		10 EBELING VERBUM	65	14	BCD		
:	:		66 AHW M RV**	610-B		G		
:	:		77 CAD 1M RV**	269-B		D		
:	:		-	275-B		B D		
170	41		10 EBELING VERBUM	51	6/2A	BCD		
170	42, 43		68 CAD 2A RV**	126-B		B D		C
:	42		15 KNUDTZON EL-AM	1598		D		
170	43		09 BOHL SPRACHE	1	1C	B D		
:	:		67 SYL. 2 RV**	30	156	B D		C

EA 171
******

171			09 BOHL SPRACHE	1	1D	D		
:			-	55	28Q	D		
:			64 CAMPBELL CHRON.	90-91		D		
:			-	134	2D	D		
:			66 JUCQUOIS PHONET	32		D		
:			69 KLENGEL GESCH.2	192		D		
:			-	293	7	D		?
:			75 MORAN SYRIAN SC	158	5	D		C
171	3- 4		68 CAD 2A RV**	252-B		B D	R C	
:	3		09 BOHL SPRACHE	55	28Q	B D		
171	5		75 MORAN SYRIAN SC	150		B D		
171	9		-	152	5	B D		
171	10		10 EBELING VERBUM	66	16	BCD		
171	12- 13		58 CAD E RV**	262-B		B D		C
:	12		09 BOHL SPRACHE	18	8B	BCD		
:	:		-	34	23B	D		
:	:		68 CAD 2A RV**	252-B		B D		
171	13		75 MORAN SYRIAN SC	150		B D	EC	
171	17		10 EBELING VEPBUM	69	20	BCD		
171	24		15 KNUDTZON EL-AM	1005/119/681F	A		C	
171	34- 37		64 CAMPBELL CHRON.	91		CD		

EA 172
******

172,173			66 JUCQUOIS PHONET	35		D		?
172			69 KLENGEL GESCH.2	235	57	D		
172	3		15 KNUDTZON EL-AM	1005/120/681G	A		C	
:	:		69 KLENGEL GESCH.2	235	57	D		
172	18		51 DHORME LANGUE	451		B D		

EA 173
******

173-176			69 KLENGEL GESCH.2	204		D		
173			71 HELCK BEZIEHUNG	179		D		

TEXTES			DATE, OUVRAGE, PAGES, NOTES		CARACTERIST.
173	1- 2		77 CAD 1M RV**	247-B	ƀ D R C
173	2		70 KLENGEL GESCH.3	67 40	D
:	:		71 HELCK BEZIEHUNG	272 69	D
173	3		15 KNUDTZON EL-AM	1602	G
:	:		67 AHW N RV**	694-A	ƀ D
:	:		70 RAINEY TABLETS	73	ƀ D R
173	6		15 KNUDTZON EL-AM	1595	D ?
173	12		-	1598	ƀ R
173	13		09 BOHL SPRACHE	87 38I	ƀ D R
:	:		70 RAINEY TABLETS	59	ƀ D R ?
173	15- 16		75 MORAN SYRIAN SC	163 54	D
:	15		09 BOHL SPRACHE	68 32R	ƀ D

EA 174
******

TEXTES			DATE, OUVRAGE, PAGES, NOTES		CARACTERIST.
174-176			15 KNUDTZON EL-AM	1584 57	D
:	:		62 KITCHEN SUPPILU	14	D
:	:		-	16	G
:	:		-	17 4	D
:	:		-	29	D
:	:		-	30 1	D
:	:		-	31	D
:	:		-	45	D
:	:		64 CAMPBELL CHRON.	123	D
:	:		-	135 40	D
:	:		67 REDFORD HISTORY	218-219	D
:	:		-	223	D
:	:		-	225	D
:	:		69 KLENGEL GESCH.2	145	D
:	:		-	167	D ?
:	:		-	282	D
:	:		-	287	D
:	:		70 KLENGEL GESCH.3	61	D
:	:		71 HELCK BEZIEHUNG	178 68	D
:	:		75 MORAN AMARNA GL	155 1	D
174			66 JUCQUOIS PHONET	32	D
174	3- 4		71 HELCK BEZIEHUNG	178 66	ƀ D C
:	3, 4		69 KLENGEL GESCH.2	165	D C
174	4		09 BURCHARDT ALTK.1	34 100	B D C
:	:		10 BURCHARDT ALTK.2	39-B 749	ƀ D EC
:	:		70 KLENGEL GESCH.3	62	ƀ D C
:	:		71 HELCK BEZIEHUNG	130 55	ƀ D C
174	8- 9		65 CAD B RV**	150-A	ƀCD C
:	8		09 BOHL SPRACHE	60 29F	ƀCD
:	:		10 EBELING VERBUM	74 22	ƀCD
:	:		51 DHORME LANGUE	471 3	ƀ D
174	9		70 KLENGEL GESCH.3	67 40	D
:	:		71 HELCK BEZIEHUNG	272 69	D
174	11- 17		69 KLENGEL GESCH.2	145	D
:	11- 14		62 KITCHEN SUPPILU	14-15 4	D
:	11- 12		69 KLENGEL GESCH.2	145	ƀ D R C
:	11, 13		-	154 5	D C
:	11		09 BOHL SPRACHE	4 2D	ƀCD
:	:		10 EBELING VERBUM	53 7/3A	ƀCD
:	:		66 JUCQUOIS PHONET	118	ƀCD
174	12		71 HELCK BEZIEHUNG	300	ƀ D C
174	15		09 BOHL SPRACHE	44 27F	ƀ D
:	:		-	88 38T	D
:	:		10 EBELING VERBUM	56 7/3B	ƀCD

```
I                                                                      I
I                              C I T A T I O N S                       I
I        T E X T E S        ------------------------------------------ I
I                           DATE,   OUVRAGE, PAGES, NOTES  CAPACTERIST. I
I        --------------     ---------------------------   ------------ I
I      174      15          73 KUHNE CHRONOLOG    6      34D     D      I
I       :       :           74 AHW >S RV**     1135-A            G     I
I      174      17          60 CAD IJ RV**       230-B          D      I
I       :       :           71 HELCK BEZIEHUNG 130      5       D   R C I
I      174      20- 26      58 CAD  E RV**       202-A         BCD   C  I
I      174      21          10 RANKE KEILSCHR.   16           B D      I
I      174      22, 24      09 BOHL SPRACHE      75      35A  B D   C  I
I      174      24          10 EBELING VERBUM    76      24   BCD      I
I       :       :           51 DHORME LANGUE     449          BCD      I
I       :       :           66 CAD 2A RV**       386-A        B D      I
I                                                                      I
I EA 175                                                               I
I ******                                                               I
I      175                  66 JUCQUOIS PHONET   34           D        I
I       :                   71 HELCK BEZIEHUNG 130      5     D        I
I      175      3,  4       69 KLENGEL GESCH.2 165          D      C  I
I       :       3              -               145          B D    C  I
I      175      4           71 HELCK BEZIEHUNG 178      67   B D    C  I
I      175      7           09 BOHL SPRACHE      60      29F  BCD      I
I       :       :           10 EBELING VERBUM    74      22   BCD      I
I       :       :           51 DHORME LANGUE     471      3   B D      I
I      175      8           70 KLENGEL GESCH.3   67      40   D        I
I       :       :           71 HELCK BEZIEHUNG 272      69   D        I
I      175      9- 11       62 KITCHEN SUPPILU  14-15     4   D        I
I       :       9           09 BOHL SPRACHE       4      2D   BCD      I
I       :       :           10 EBELING VERBUM    53     7/3A  BCD   EC I
I       :       :           66 JUCQUOIS PHONET 118           BCD      I
I      175      10          71 HELCK BEZIEHUNG 300          B D    C  I
I      175      12          10 EBELING VERBUM    56     7/3B  BCD   REC I
I       :       :           73 KUHNE CHRONOLOG    6      34D   D        I
I      175      13          15 KNUDTZON EL-AM 1598          B       R  I
I                                                                      I
I EA 176                                                               I
I ******                                                               I
I      176                  66 JUCQUOIS PHONET   35           D        I
I       :                   71 HELCK BEZIEHUNG 130      5     D        I
I      176      3              -               178      69          C  I
I      176      7- 13       62 KITCHEN SUPPILU  14           CD     C  I
I       :       7           09 BOHL SPRACHE      60      29F  BCD      I
I       :       :           10 EBELING VERBUM    74      22   BCD      I
I       :       :           51 DHORME LANGUE     471      3   B D      I
I      176      8           70 KLENGEL GESCH.3   67      40   D        I
I       :       :           71 HELCK BEZIEHUNG 272      69   D        I
I      176      9- 11       62 KITCHEN SUPPILU  14        4   D        I
I       :       9           09 BOHL SPRACHE       4      2D   BCD      I
I       :       :           10 EBELING VERBUM    53     7/3A  BCD      I
I       :       :           66 JUCQUOIS PHONET 118           BCD      I
I      176      10          71 HELCK BEZIEHUNG 300          B D    C  I
I      176      12          73 KUHNE CHRONOLOG    6      34D   D        I
I       :       :           74 AHW >S RV**     1135-A            G     I
I      176      13          60 CAD IJ RV**       230-B          D      I
I      176      16          10 RANKE KEILSCHR.   16           B D      I
I      176      17          58 CAD  E RV**       202-A          D      I
I       :       :           60 AHW  E RV**       225-B        B D      I
I      176      19          10 EBELING VERBUM    76      24   BCD      I
I       :       :           68 CAD 2A RV**       386-A        B D      I
I      176      31          09 BOHL SPRACHE      12      5D   B D      I
I                                                                      I
```

```
I                                  C I T A T I O N S              I
I        T E X T E S       ---------------------------------------- I
I                          DATE,  OUVRAGE, PAGES, NOTES  CARACTERIST. I
I ----------------------   -----------------------------  ------------ I
I
I EA 177
I ******
I     177                  66 JUCQUOIS PHONET   33           D        I
I      :                   71 HELCK BEZIEHUNG  184           D        I
I     177       2          09 BURCHARDT ALTK.1  39    118   B D    C   I
I      :        :             -               1 40    122   B D    C   I
I      :        :             -               1 43    128   B D    C   I
I      :        :             -               1 46    143   B D    C   I
I      :        :          10 BURCHARDT ALTK.2 53-A  1037   B D    C   I
I      :        :          70 KLENGEL GESCH.3   63          B D        I
I
I EA 178
I ******
I     178-179              69 KLENGEL GESCH.2  204           D        I
I     178                  66 JUCQUOIS PHONET   36           D        I
I      :                   69 KLENGEL GESCH.2   14           D        I
I      :                   73 KUHNE CHRONOLOG    4     25    D        I
I     178       2-  5      71 HELCK BEZIEHUNG  183    96    D     C   I
I     178       4          10 EBELING VERBUM    66    16   BCD       I
I      :        :          58 CAD  E  RV**     116-B        B D       I
I     178       6          09 BOHL SPRACHE      32    21A  B D       I
I     178       9          10 EBELING VERBUM    53    7/3A BCD       I
I     178      12          15 KNUDTZON EL-AM  1598          CD        I
I     178      13             -              1598          B    R    I
I     178      21          09 BOHL SPRACHE      50    28F  B D       I
I
I EA 179
I ******
I     179-181              66 JUCQUOIS PHONET   35           D        I
I     179                  71 HELCK BEZIEHUNG  179           D        I
I      :                      -                476           D        I
I     179       2          09 BOHL SPRACHE      62    30F  B D       I
I     179      14- 15      64 CAD 1A RV**      196-B        BCD    C   I
I      :        :   :      65 CAD  B RV**      149-B        BCD    C   I
I     179      15-         69 KLENGEL GESCH.2  239   107   B D    C   I
I      :        :   :      70 KLENGEL GESCH.3   62          E D    C   I
I      :       15, 24      71 HELCK BEZIEHUNG  179    75    D     C   I
I      :       15             -                130     6   B D    C   I
I      :        :             -                316         B D    C   I
I     179      16          09 BOHL SPRACHE      50    28F  B D       I
I      :        :             -                 75    35A  BCD       I
I     179      17             -                65/1   32H   D        I
I      :        :          58 CAD  E  RV**     202-A         D        I
I      :        :          60 AHW  E  RV**     225-B        G        I
I     179      19          09 BOHL SPRACHE     57/1   28T  B D       I
I      :        :          15 KNUDTZON EL-AM  1598           D        I
I     179      20          10 EBELING VERBUM    52    7/3A BCD       I
I     179      22- 26      15 KNUDTZON EL-AM  1598          CD        I
I      :       22          68 CAD 2A RV**      125-B        B D       I
I      :        :             -               131-A        B D       I
I     179      23          15 KNUDTZON EL-AM  1598          BCD       I
I     179      24- 27      64 CAD 1A RV**      196-B        BCD    C   I
I      :       24, 26      71 HELCK BEZIEHUNG  316          B D    C   I
I      :       24          10 EBELING VERBUM    52    7/3A BCD       I
I     179      25- 26      68 CAD 2A RV**      236-A        BCD    C   I
I     179      26          09 BOHL SPRACHE      55    28Q  B D       I
I      :        :          51 DHORME LANGUE    418          BCD       I
I     179      28          71 HELCK BEZIEHUNG  316          E D   R C  I
```

```
-----------------------------------------------------------------
I                                    C I T A T I O N S          I
I        T E X T E S        -------------------------------------  I
I                           DATE,  OUVRAGE, PAGES, NOTES  CARACTERIST.  I
I    --------------------   -------------------------   -------------  I
I     179      29           09 BOHL SPRACHE      37      24B      D          I
I      :        :           64 CAD 1A RV**       75-A            BCD         I
I                                                                            I
I EA 180                                                                     I
I ******                                                                     I
I     180       4           10 EBELING VERBUM    63       13    BCD          I
I     180       6           09 BOHL SPRACHE      50      26F    B D          I
I     180      8, 12         -                   53      28M    B D          I
I     180     10, 12        10 EBELING VERBUM    48      5/1B   BCD      C   I
I     180     12- 13        58 CAD  E RV**      265-A           BCD      C   I
I     180     14- 15         -                  265-A           BCD      C   I
I      :      14, 16        09 BOHL SPRACHE       4       2D    B D          I
I      :       :  :         66 JUCQUOIS PHONET  118             BCD          I
I     180      16           09 BOHL SPRACHE      55      28Q    B D          I
I      :        :           10 EBELING VERBUM    51      6/2B   BCD     EC   I
I     180     17- 18        68 CAD 2A RV**      108-A           BCD      C   I
I      :       17            -                   19-A           B D          I
I     180     19- 20        73 CAD  L RV**      123-B           BCD      C   I
I      :       19           09 BOHL SPRACHE      48      27R    B D          I
I      :        :            -                   73      34H    B D          I
I      :        :           10 EBELING VERBUM    56      7/3B   BCD          I
I      :        :           75 MORAN SYRIAN SC  161       38    B D      R   I
I     180     21- 22        10 EBELING VERBUM    48      5/1B   BCD      C   I
I     180      22           09 BOHL SPRACHE      53      28M    B D          I
I     180      40           51 DHORME LANGUE    479             B D          I
I                                                                            I
I EA 182                                                                     I
I ******                                                                     I
I    182-184                09 BOHL SPRACHE      50      28F     D           I
I      :    :               15 KNUDTZON EL-AM  1584      57      D           I
I      :    :               64 CAMPBELL CHRON. 124              D            I
I      :    :                -                  134       2D     D        ?  I
I      :    :               66 JUCQUOIS PHONET  34              D            I
I     182      2            70 KLENGEL GESCH.3 101             b D           I
I      :        :           71 HELCK BEZIEHUNG 129       25    B D       C   I
I     182      6-  7        60 CAD IJ RV**      28-A           B D       C   I
I      :        6           09 BOHL SPRACHE      2       1F    B D           I
I     182      8, 14         -                   50      28F   B D           I
I     182     10             -                   33      22C   B D           I
I     182     11            10 EBELING VERBUM    44      4/3    BCD          I
I      :        :           66 JUCQUOIS PHONET  187            BCD           I
I                                                                            I
I EA 183                                                                     I
I ******                                                                     I
I     183       4           70 KLENGEL GESCH.3 101             B D      +   I
I      :        :           71 HELCK BEZIEHUNG 129       25    B D       C   I
I     183       6           60 CAD IJ RV**      287-B            D          I
I     183       7           60 AHW  E RV**      223-A          B D          I
I                                                                            I
I EA 184                                                                     I
I ******                                                                     I
I     184                   64 CAMPBELL CHRON.   63              D           I
I      :                    73 KUHNE CHRONOLOG   70      345     D           I
I     184       3           15 KNUDTZON EL-AM  1598            B D      R ?  I
I     184       4           70 KLENGEL GESCH.3 101            b D           I
I      :        :           71 HELCK BEZIEHUNG 129       25    B D       C   I
I     184      5,  7        09 BOHL SPRACHE      13      5K    B D           I
I                                                                            I
I                                                                            I
```

```
I                                    C I T A T I O N S                  I
I        T E X T E S         -------------------------------------------  I
I                            DATE, OUVRAGE, PAGES, NOTES  CARACTERIST.  I
I    --------------------     -------------------------------  -----------  I
I                                                                          I
I  EA 185                                                                  I
I  ******                                                                  I
I      185-186              64 CAMPBELL CHRON. 130              D          I
I       :    :              66 JUCQUOIS PHONET  34             D          I
I       :    :              71 HELCK BEZIEHUNG 489             D          I
I      185,186              09 BOHL SPRACHE     53     28M     D          I
I       :    :              69 KLENGEL GESCH.2 235     52      D          I
I      185                  70 KLENGEL GESCH.3  61             D          I
I      185        1         15 KNUDTZON EL-AM 1598             D          I
I      185        3         70 KLENGEL GESCH.3  61             B D        I
I      185        4-   5    58 CAD  E RV**      186-B          BCD     C  I
I      185        6         09 BOHL SPRACHE     21     9C      D          I
I      185        9         15 KNUDTZON EL-AM 1599             D          I
I      185       11, 17     70 KLENGEL GESCH.3  62             B D     C  I
I       :       11          09 BURCHARDT ALTK.1 36    106     B D     C  I
I       :        :             -              1 44    134     B D     C  I
I       :        :          10 BURCHARDT ALTK.2 57-B  1133    B D     C  I
I       :        :          10 RANKE KEILSCHR.   8            B D        I
I       :        :          71 HELCK BEZIEHUNG 130     56     B D     C  I
I      185       14, 16     10 EBELING VERBUM    54    7/3A   BCD        I
I       :       14          15 KNUDTZON EL-AM 1599             D          I
I      185       16             -            1598              D          I
I      185       17         71 HELCK BEZIEHUNG 184    100      D       C  I
I      185       18, 23     73 KUHNE CHRONOLOG    7    34Q     D          I
I       :       18          09 BOHL SPRACHE     79    36D      D          I
I      185       19             -              12     5F      B D     +  I
I       :        :             -              88     38T     B D    EC  I
I       :        :          60 CAD IJ RV**     228-A          B D     +  I
I      185       20, 26     10 RANKE KEILSCHR.   8            B D        I
I      185       21         10 EBELING VERBUM    54    7/3A   BCD        I
I       :        :          60 CAD IJ RV**     230-A          BCD     C  I
I      185       22, 25     70 KLENGEL GESCH.3  62            B D        I
I       :        :   :      71 HELCK BEZIEHUNG 184    1C0      D       C  I
I      185       23- 24     60 CAD IJ RV**     230-A          BCD     C  I
I      185       24         09 BOHL SPRACHE     75    34U     BCD        I
I      185       25             -              20     9B      B D        I
I       :        :          10 EBELING VERBUM    52    7/3A   BCD        I
I      185       26- 27     65 CAD  B RV**      181-B          BCD     C  I
I      185       29, 34     71 HELCK BEZIEHUNG 184    100      D       C  I
I       :       29          09 BURCHARDT ALTK.1 40    118     B D     C  I
I       :        :          10 BURCHARDT ALTK.2 28-A  527     B D     C  I
I       :        :          15 KNUDTZON EL-AM 1598             D          I
I       :        :          70 KLENGEL GESCH.3  62            B D     R  I
I      185       32         09 BOHL SPRACHE     12     5F     B D     +  I
I      185       33             -              20     9B      B D        I
I       :        :          10 EBELING VERBUM    52    7/3A   BCD        I
I      185       34         70 KLENGEL GESCH.3  62            B D     R  I
I      185       35- 36     10 EBELING VERBUM    72     21    BCD    • C  I
I       :       35          10 RANKE KEILSCHR.   8            B D     R  I
I      185       37         70 KLENGEL GESCH.3  62            B D        I
I       :        :          71 HELCK BEZIEHUNG 184    100      D       C  I
I      185       38         10 EBELING VERBUM    54    7/3A   BCD        I
I      185       39             -              61     12      BCD        I
I      185       40         10 RANKE KEILSCHR.   8            B D     R  I
I      185       42         15 KNUDTZON EL-AM 1598             D          I
I      185       43         09 BOHL SPRACHE     88    36Q     CD          I
I       :        :          70 KLENGEL GESCH.3  61            B D        I
I      185       44- 45     58 CAD  E RV**      222-A          BCD     C  I
```

```
-----------------------------------------------------------------------------
I                                        C I T A T I O N S                  I
I                                 ------------------------------------------ I
I        T E X T E S                                                        I
I                                 DATE,  OUVRAGE, PAGES, NOTES  CARACTERIST. I
I        --------------------     ----------------------------  ----------- I
I        185        45, 52        15 KNUDTZON EL-AM 1599            D         I
I        185        46            66 JUCQUOIS PHONET 168            BCD       I
I         :         :             69 MORAN DEATH OF    96-A         D      ? I
I        185        47, 49        10 RANKE KEILSCHR.    8         B D    R    I
I        185        48            70 KLENGEL GESCH.3   62         b D         I
I         :         :             71 HELCK BEZIEHUNG 184    100    D      C   I
I        185        51            10 RANKE KEILSCHR.    8         b D         I
I         :         :             15 KNUDTZON EL-AM 1005/121/700D A       C   I
I        185        54, 55        10 RANKE KEILSCHR.    8         b D         I
I        185        55            09 BOHL SPRACHE     53     28M  B D         I
I         :         :             10 EBELING VERBUM   49     5/1B BCD         I
I         :         :             15 KNUDTZON EL-AM 1598            D         I
I        185        59, 60        10 EBELING VERBUM   72     21   BCD    C    I
I         :         59            09 BOHL SPRACHE     77     35G  BCD       ? I
I         :         :             71 AHW  P RV**      877-B       BCD         I
I        185        60            15 KNUDTZON EL-AM 1599            G         I
I         :         :             60 CAD IJ RV**      23C-A         D         I
I        185        61- 62        77 CAD 1M RV**       37-A       b D    R C  I
I         :         61            09 BOHL SPRACHE     79     36D  D         I
I        185        63            64 CAD 1A RV**       46-B       b D         I
I        185        64, 68        10 RANKE KEILSCHR.    8         B D         I
I        185        65- 67        77 CAD 1M RV**      268-B       BCD    C    I
I        185        66- 67        66 AHW  M RV**      609-A       b D    C    I
I         :         66, 67        15 KNUDTZON EL-AM 1599            D         I
I        185        67            66 JUCQUOIS PHONET 168           BCD        I
I        185        68- 69        10 EBELING VERBUM   42     2/3  BCD    EC ? I
I         :         :   :         15 KNUDTZON EL-AM 1598            CD        I
I        185        69            09 BOHL SPRACHE     65     32F  b D         I
I        185        70            15 KNUDTZON EL-AM 1599            D         I
I        185        73            10 RANKE KEILSCHR.    8         B D    R    I
I        185        74- 75        77 CAD 1M RV**      268-B       b D    R C  I
I        185        75            15 KNUDTZON EL-AM 1599            C         I
I                                                                            I
I EA 186                                                                     I
I ******                                                                     I
I        186                      75 MORAN SYRIAN SC 147    N.26  D         I
I        186        7             09 BOHL SPRACHE     66     32I  D         I
I         :         :             68 CAD 2A RV**      220-A       B D         I
I        186        10            09 BOHL SPRACHE      7     3Q   B D         I
I        186        12, 13        10 RANKE KEILSCHR.    8         B D    R    I
I        186        13-           71 HELCK BEZIEHUNG 130    56   b D    C    I
I         :         13            70 KLENGEL GESCH.3   62         b D    C    I
I        186        16            60 CAD IJ RV**      230-A       D         I
I        186        17, 24        15 KNUDTZON EL-AM 1599         b D    R    I
I         :         17, 19        10 RANKE KEILSCHR.    8         B D    R    I
I        186        25, 26                           -    8         b D    R    I
I        186        30, 38        15 KNUDTZON EL-AM 1599         b D    R    I
I        186        31, 33        10 RANKE KEILSCHR.    8         B D    R    I
I         :         31            60 CAD IJ RV**      230-A         D         I
I        186        39, 41        10 RANKE KEILSCHR.    6         B D    R    I
I        186        44            09 BOHL SPRACHE     88     38O  CD    R    I
I         :         :             70 KLENGEL GESCH.3   61         b D    R  ? I
I        186        51, 57        10 RANKE KEILSCHR.    8         b D    R    I
I        186        56- 58        10 EBELING VERBUM   49     5/1E BCD    C    I
I        186        57            09 BOHL SPRACHE     53     28M  b D    R    I
I        186        58            10 RANKE KEILSCHR.  · 8     1    B D    R    I
I        186        60- 61        71 AHW  P RV**      877-B       BCD    C    I
I         :         60, 62        C9 BOHL SPRACHE     77     35G  BCD       ? I
I        186        62            7C KLENGEL GESCH.3   61         b D    R    I
```

```
I                                         C I T A T I O N S              I
I        T E X T E S            ------------------------------------------- I
I                              DATE,  OUVRAGE, PAGES, NOTES  CARACTERIST. I
I       ----------------        ---------------------------------------   I
I        186       64          77 CAD 1M RV**       37-A       B D    R     I
I        186       67          70 RAINEY TABLETS    79         B D    R   ? I
I        186       70          10 EBELING VERBUM    63     13  BCD         I
I        186       80          15 KNUDTZON EL-AM 1599           C          I
I                                                                          I
I EA 187                                                                   I
I ******                                                                   I
I        187                   66 JUCQUOIS PHONET   33             D        I
I        187        3, 12      71 HELCK BEZIEHUNG 178     68  B D    C     I
I         :         3          09 BOHL SPRACHE      88    36U  B D         I
I        187       11- 13      15 KNUDTZON EL-AM 1599           CD         I
I        187       12          70 KLENGEL GESCH.3  62          B D         I
I         :         :          70 RAINEY TABLETS   91          B D    R   ? I
I         :         :          71 HELCK BEZIEHUNG 130      5  B D    C     I
I        187       14          09 BOHL SPRACHE      55    280  B D         I
I        187       22- 25      71 HELCK BEZIEHUNG 351     84     D    C     I
I         :        22- 24      58 CAD  E RV**       60-A       B D    C     I
I                                                                          I
I EA 188                                                                   I
I ******                                                                   I
I        188                   66 JUCQUOIS PHONET   35             D        I
I                                                                          I
I EA 189                                                                   I
I ******                                                                   I
I        189,190               69 KLENGEL GESCH.2 146             D        I
I        189                   62 KITCHEN SUPPILU  13             D        I
I         :                    64 CAMPBELL CHRON.  124            D        I
I         :                         -              134    2C      D        I
I         :                         -              135    4C      D        I
I         :                         -              135    4D      D        I
I         :                    66 JUCQUOIS PHONET   34             D        I
I         :                    67 REDFORD HISTORY 164    314      D        I
I         :                         -              219            D        I
I         :                         -              223            D        I
I         :                    69 KLENGEL GESCH.2 166             D        I
I         :                    70 KLENGEL GESCH.3  97             D        I
I         :                    71 HELCK BEZIEHUNG 179             D        I
I         :                    75 MORAN SYRIAN SC 147    N.26     D        I
I         :                         -              147    N.72     D        I
I         :                         -              147    N.95     D        I
I        189        2          69 KLENGEL GESCH.2 146          B D    C     I
I        189        3- 4       15 KNUDTZ.CR/DELI. 163-B        CD     C     I
I        189        4          15 KNUDTZON EL-AM 1599          BCD         I
I        189        6- 12      73 KUHNE CHRONOLOG  62    301      D    C     I
I         :         6- 7       73 CAD  L RV**      117-B       BCD    C     I
I         :         : :             -              120-B       BCD    C     I
I         :         6, 8       09 BOHL SPRACHE      50    28F  B D    C     I
I         :         : :        75 MORAN SYRIAN SC 154    4/A  B D         I
I        189        7          65 AHW  L RV**      543-A       B          I
I         :         :          75 MORAN SYRIAN SC 154    4/A    D         I
I        189        8- 10      60 CAD IJ RV**      158-B       BCD    C     I
I         :         8          73 CAD  L RV**      117-B          D        I
I        189        9- 12      70 KLENGEL GESCH.3  58             D    C     I
I         :         9- 10      64 CAD 1A RV**      73-B        BCD    C     I
I         :         9          09 BOHL SPRACHE      44    27F  B D         I
I         :         :          10 EBELING VERBUM   56    7/3B  BCD         I
I        189       10- 11      69 KLENGEL GESCH.2 146          BCD    C     I
I         :        10          09 BOHL SPRACHE      45    27I  BCD         I
I        189       11- 12      60 CAD IJ RV**      230-A       B D  + C     I
```

TEXTES			CITATIONS					
			DATE, OUVRAGE, PAGES, NOTES			CARACTERIST.		
189	11		69 KLENGEL GESCH.2	155	9	B D	R	
:	:		71 HELCK BEZIEHUNG	300		B D	C	
189	12		09 BOHL SPRACHE	13	5G	B D		
:	:		-	88	38T	B D		
:	:		60 CAD IJ RV**	227-B		B D		
189	13- 15		71 HELCK BEZIEHUNG	248	12		C	
:	13		09 BOHL SPRACHE	73	34H	B D		
189	14- 15		71 CAD K RV**	471-B		B D	C	
189	15		10 EBELING VERBUM	68	17/1	BCD		
:	:		66 JUCQUOIS PHONET	171		BCD		
189	17, 18		10 RANKE KEILSCHR.	17		B D		
189	18		09 BOHL SPRACHE	88	38N	D		
:	:		64 CAMPBELL CHRON.	125		B D	C	
:	:		71 HELCK BEZIEHUNG	249		D		
:	:		-	556		B D		
189	'2- '4		68 CAD 2A RV**	220-A		B D	C	
:	'2- '3		71 CAD K RV**	38C-B		BCD	C	
:	'2		69 KLENGEL GESCH.2	165		D	R C	
189	'3- '4		64 CAD 1A RV**	123-A		B D	C	
189	'4		71 CAD K RV**	380-B		C	C	
189	'5		67 SYL. 2 RV**	16	84	B D	C	
189	'6		10 EBELING VERBUM	51	6/2A	BCD	EC	
189	'9		68 CAD 2A RV**	19-A		B D		
189	'12		10 BURCHARDT ALTK.2	57-B	1128	B D	C	
:	:		70 KLENGEL GESCH.3	57		B D	C	
:	:		71 HELCK BEZIEHUNG	271		D		
189	'13-'15		10 EBELING VERBUM	78	APP	CD	EC	
:	: :		64 CAD 1A RV**	318-B		BCD	C	
:	'13		09 BOHL SPRACHE	46	27N	B D		
:	:		10 EBELING VERBUM	40	1/3	BCD	EC	
:	:		-	56	7/3B	BCD	EC	
:	'13 '14		51 DHORME LANGUE	469		BCD	C	
189	'14		09 BOHL SPRACHE	36	23F	D		
189	'15-'17		68 CAD 2A RV**	469-B		BCD	C	
:	'15-'16		-	220-A		C	C	
:	: :		77 AHW T RV**	1334		B D	C	
189	'17		10 EBELING VERBUM	62	12	BCD	EC	
:	:		68 CAD 2A RV**	220-A		BCD		
189	'18		74 RAINEY EA NOTES	307		B D	EC	
189	'19		10 EBELING VERBUM	69	20	BCD	EC	
:	:		66 JUCQUOIS PHONET	156	42	B D		
189	'21-'22		68 CAD 2A RV**	220-A		B D	EC	
189	'22-'24		15 KNUDTZON EL-AM	1599		CD		
189	'24		68 CAD 2A RV**	220-A		D	EC	
189	'25		10 EBELING VERBUM	63	14	BCD	EC	
:	:		69 KLENGEL GESCH.2	166		D	EC	
:	:		73 KUHNE CHRONOLOG	137	674	D		
189	'26		56 CAD H RV**	3-B		D		

EA 190
******

190			64 CAMPBELL CHRON.	63		D		
:			-	126		D		
:			-	134	2C	D		
:			66 JUCQUOIS PHONET	33		D		
:			69 KLENGEL GESCH.2	146		D		
:			73 KUHNE CHRONOLOG	70	345	D		
:			-	135		D		
190	2		10 RANKE KEILSCHR.	17		B D		

```
I                                          C I T A T I O N S                  I
I          T E X T E S              ------------------------------------------ I
I                                   DATE,  OUVRAGE, PAGES, NOTES  CARACTERIST. I
I       ---------------------       ------------------------------  ---------- I
I          190          2           69 KLENGEL GESCH.2 146               D      I
I           :           :           71 HELCK BEZIEHUNG 249               D      I
I           :           :               -              556         B D    R    I
I          190         3, 4         09 BOHL SPRACHE     62     30I     D        I
I           :          :  :         74 RAINEY EA NOTES 306           B D    R    I
I          190          4           64 CAMPBELL CHRON. 126               D      I
I           :           :           69 KLENGEL GESCH.2 146          b D    R    I
I          190          5-          67 REDFORD HISTORY 217               D      I
I           :          5            64 CAD 1A RV**     382-A             D      I
I          190          7           66 JUCQUOIS PHONET 136            BCD        I
I          190          9           70 RAINEY TABLETS   69           B D        I
I           :           :           71 AHW  Q RV**     923-A         B D        I
I                                                                                I
I EA 191                                                                         I
I ******                                                                         I
I          191-192                  64 CAMPBELL CHRON. 124               D      I
I           :   :                       -              135        40     D      I
I           :   :                   66 JUCQUOIS PHONET  35               D      I
I          191,192                  70 KLENGEL GESCH.3  78               D      I
I           :   :                   71 HELCK BEZIEHUNG 184               D      I
I          191          2           70 KLENGEL GESCH.3  78           B D      C  I
I          191         4-  6        58 CAD  E RV**     358-A         BCD      C  I
I          191          5           10 EBELING VERBUM   64     14    BCD        I
I           :          :            51 DHORME LANGUE   439           b D        I
I          191          8           09 BOHL SPRACHE     14     6C    B D        I
I          191         9- 10        15 KNUDTZON EL-AM 1599             CD        I
I           :          :  :         65 CAD  B RV**      71-B        BCD      C  I
I           :          :  :         77 CAD 1M RV**     155-B        BCD      C  I
I          191         10           68 CAD 2A RV**     220-B             D      I
I          191         11           66 JUCQUOIS PHONET 156        42  B D        I
I          191        13- 14        68 CAD 2A RV**     108-B        BCD      C  I
I          191         14           09 BOHL SPRACHE     21     9B  B D        I
I           :          :            10 EBELING VERBUM   64     14    BCD        I
I          191         16           66 JUCQUOIS PHONET 280           B D        I
I          191         17           09 BOHL SPRACHE     29     17B B D        I
I           :          :            10 EBELING VERBUM   54    7/3A  BCD        I
I          191         19               -               45    5/1A  BCD        I
I           :          :            51 DHORME LANGUE   417           BCD        I
I          191         20           66 JUCQUOIS PHONET 280           B D        I
I                                                                                I
I EA 192                                                                         I
I ******                                                                         I
I          192          4           70 KLENGEL GESCH.3  78           B D      C  I
I          192         10           15 KNUDTZON EL-AM 1599           B      R    I
I          192        15- 17        77 CAD 2M RV**       9-A         BCD    R C  I
I          192         16           66 AHW  M RV**      643-A             G      I
I                                                                                I
I EA 193                                                                         I
I ******                                                                         I
I          193                      66 JUCQUOIS PHONET  36               D      I
I           :                       75 MORAN SYRIAN SC 160        26     D      I
I          193          2           71 HELCK BEZIEHUNG 186               D    C  I
I          193          4           15 KNUDTZON EL-AM 1599               G      I
I          193          6           09 BOHL SPRACHE     59     29F B D        I
I           :          :            10 EBELING VERBUM   74     22    BCD        I
I          193          7               -               54    7/3A  BCD        I
I           :          :            77 CAD 1M RV**      30-A        BCD        I
I          193         14           10 RANKE KEILSCHR.  17           B D    R    I
I          193         15           09 BOHL SPRACHE     70     33P B D        I
```

I								I
I			C I T A T I O N S					I
I	T E X T E S	---						I
I		DATE, OUVRAGE, PAGES, NOTES CARACTERIST.						I
I	----------------------	--						I
I	193	16	10 EBELING VERBUM	51	6/2B	BCD		I
I	193	17- 18	68 CAD 2A RV**	220-A		BCD	C	I
I	:	: :	-	235-B		BCD	C	I
I	:	17, 18	09 BOHL SPRACHE	50	28F	B D		I
I	193	19- 22	64 CAD 1A RV**	371-B		BCD	C	I
I	193	20- 21	60 CAD IJ RV**	133-B		B D	C	I
I	:	20	71 HELCK BEZIEHUNG 372		15	D		I
I	193	21	09 BOHL SPRACHE	46	27N	B D		I
I	:	:	10 EBELING VERBUM	64	14	BCD		I
I								I
I EA 194								I
I ******								I
I	194-197		09 BOHL SPRACHE	17	7C	D		I
I	: :		-	44	27F	D		I
I	: :		-	50	28F	D		I
I	: :		-	53	28M	D		I
I	: :		-	55	28Q	D		I
I	: :		15 KNUDTZON EL-AM 1584	57		D		I
I	: :		64 CAMPBELL CHRON. 124			D		I
I	: :		-	135	4D	D		I
I	: :		66 JUCQUOIS PHONET	34		D	?	I
I	: :		69 KLENGEL GESCH.2 204			D		I
I	: :		73 KUHNE CHRONOLOG	62	301	D		I
I	194		64 CAMPBELL CHRON. 134		2D	D		I
I	:		74 KESTEMONT DIPL.	67	311	D	E	I
I	:		75 MORAN SYRIAN SC 150		N.138	D		I
I	194	2	67 SYL. 2 RV**	11	54	B D	R C	I
I	194	5- 10	73 KUHNE CHRONOLOG	62	301	D		I
I	194	6- 9	64 CAMPBELL CHRON. 124			D		I
I	:	6	09 BOHL SPRACHE	66	32I	D		I
I	194	7	66 JUCQUOIS PHONET 122			B D		I
I	194	10	15 KNUDTZON EL-AM 1599			B D	R ?	I
I	194	20-	73 KUHNE CHRONOLOG	62	301	D		I
I	194	22	09 BOHL SPRACHE	47	27P	BCD		I
I	:	:	10 EBELING VERBUM	62	13	BCD		I
I	:	:	15 KNUDTZON EL-AM 1599			D		I
I	:	:	51 DHORME LANGUE	437		BCD		I
I	:	:	56 CAD H RV**	111-A		D		I
I	:	:	73 KUHNE CHRONOLOG 119		599	D		I
I	194	30-	-	62	301	D		I
I								I
I EA 195								I
I ******								I
I	195		71 HELCK BEZIEHUNG 489			D		I
I	195	5- 6	71 CAD K RV**	8-A		C	C	I
I	:	5	09 BOHL SPRACHE	12	5F	B D	+	I
I	:	:	58 CAD E RV**	185-A		B D	+	I
I	195	7	09 BOHL SPRACHE	21	9C	B D		I
I	:	:	10 EBELING VERBUM	41	1/4	BCD		I
I	:	:	51 DHORME LANGUE	487		B D		I
I	:	:	71 CAD K RV**	8-A		BCD		I
I	195	8	68 CAD 2A RV**	388-A		BCD		I
I	:	:	71 CAD K RV**	588-B		BCD		I
I	195	9- 10	-	362-B		B D	+ C	I
I	:	9	09 BOHL SPRACHE	6	3G	B D	+	I
I	:	:	-	12	5F	B D	+	I
I	:	:	62 AHW G RV**	286-A		BCD		I
I	195	12- 13	73 CAD L RV**	184-B		B D	C	I
I	:	12	09 BOHL SPRACHE	8	3V	G		I

TEXTES		CITATIONS						
		DATE, OUVRAGE, PAGES, NOTES			CARACTERIST.			
195	12	09 BOHL SPRACHE	83	37M	ьCD		C	
:	:	76 AHW >S RV**	1219-A		ь D			?
195	13	09 BOHL SPRACHE	83	37M	ь D			
195	16- 17	68 CAD 2A RV**	365-366		C		C	
:	16	15 KNUDTZON EL-AM 1599			C			
195	18- 23	68 CAD 2A RV**	371-B		ьCD		C	
:	18- 21	10 EBELING VERBUM	71	21	ьCD		C	
:	18- 19	68 CAD 2A RV**	365-366		ьCD		C	
:	18, 19	71 CAD K RV**	380-B		ь D		C	
:	18	09 BOHL SPRACHE	36	23G	D			
:	:	10 EBELING VERBUM	59	10/6	ьCD			
:	:	-	75	24	ьCD			
:	:	51 DHORME LANGUE	455		ь D			
:	:	-	486		ь D			
:	:	68 CAD 2A RV**	31-A		C		C	
195	20- 23	-	31-A		ьCD		C	
:	20- 21	-	365-366		C		C	
:	20	09 BOHL SPRACHE	53	28M	ь D			
:	:	71 AHW Q RV**	931-B		ь			
:	:	74 RAINEY EA NOTES 305			B D			
195	21	75 MORAN SYRIAN SC 154		3/D	ь D			
195	22- 23	09 BOHL SPRACHE	12	5F	ь D	+	C	
:	: :	71 AHW P RV**	872-B		ь D		C	
195	24- 32	51 DHORME NOUV.TAB 500			CD		C	
:	: :	62 KITCHEN SUPPILU	14	3	D			
:	: :	70 KLENGEL GESCH.3 202			D		C	
:	24- 29	64 CAD 1A RV**	196-B		B D		C	
195	26	73 KUHNE CHRONOLOG	62	301	D			
195	27- 29	71 HELCK BEZIEHUNG 275			D		C	
195	29	73 KUHNE CHRONOLOG 118		594	D			
195	30	10 RANKE KEILSCHR.	16		B D			
195	31	09 BOHL SPRACHE	29	17B	ь D			
:	:	-	50	28F	B C			
:	:	51 DHORME LANGUE	476		ьCD			
:	:	64 CAD 1A RV**	116-A		D			
:	:	74 RAINEY EA NOTES 301			ь D			
EA 196								
******								
196		75 MORAN SYRIAN SC 150		N.138	D			
196	3	09 BOHL SPRACHE	39	25E	ь D	R		
:	:	15 KNUDTZON EL-AM 1599			G			
196	5	09 BOHL SPRACHE	44	27F	ь D			
:	:	-	55	28Q	ь D			
196	8	10 EBELING VERBUM	48	5/1B	D	R		
:	:	15 KNUDTZON EL-AM 1599			ьCD	R		?
196	9	-	1599		D			
196	13	51 DHORME LANGUE	486		ьCD			
:	:	71 AHW P RV**	86C-B		G			
196	15- 17	67 REDFORD HISTORY 218-219			D		C	
:	15, 18	73 KUHNE CHRONOLOG	62	301	D			
196	16	09 BOHL SPRACHE	2	10	ь D			?
:	:	15 KNUDTZON EL-AM 1599			ь D			
:	:	75 MORAN SYRIAN SC 160		27	D			
196	27	73 KUHNE CHRONOLOG	62	301	D			
196	28	09 BOHL SPRACHE	7	3M	ь D			?
:	:	15 KNUDTZON EL-AM 1599			ь D	R		?
196	30, 31	-	1599		ь D			
:	30	09 BOHL SPRACHE	44	27F	ь D			

```
I                                C I T A T I O N S                      I
I       T E X T E S          ---------------------------------------    I
I                            DATE,  OUVRAGE, PAGES, NOTES  CARACTERIST.  I
I       ---------------      ---------------------------------------    I
I       196     30           10 EBELING VERBUM    56    7/3B   BCD       I
I        :       :           39 HARRIS CANAANIT   45           BCD       I
I       196     31, 34       15 KNUDTZCN EL-AM  1599           B  D      I
I        :      31           09 BOHL SPRACHE     33    22D    B  D       I
I       196     32- 33       68 CAD 2A RV**      53-A         BCD    C   I
I        :      32, 41       09 BOHL SPRACHE     65    32G   B  D        I
I        :       :    :      66 JUCQUOIS PHONET 109          B  D        I
I        :      32           10 EBELING VERBUM   75    24    BCD         I
I        :       :           59 CAD  E RV**     209-B          D         I
I        :       :           66 JUCQUOIS PHONET 121          B  D        I
I       196     33           15 KNUDTZCN EL-AM  1599         B  D        I
I       196     34           09 BOHL SPRACHE     50    28F  B  D         I
I       196     35           09    "             39    25H  B  D         I
I        :       :           66 AHW  M RV**     639-B           G        I
I        :       :           77 CAD 2M RV**       1-B         B  D       I
I       196     37           09 BOHL SPRACHE     55    28Q  B  D         I
I        :       :           10 RANKE KEILSCHR.  16          B  D        I
I        :       :           15 KNUDTZCN EL-AM  1599         B  D        I
I        :       :           66 JUCQUOIS PHONET 136         BCD          I
I       196     39           09 BOHL SPRACHE     17    7C   B  D         I
I       196     41, 42       15 KNUDTZCN EL-AM  1599         B  D        I
I       196     42           09 BOHL SPRACHE     50    28F  B  D         I
I        :       :           15 KNUDTZCN EL-AM  1599           C      ?  I
I                                                                        I
I EA 197                                                                 I
I ******                                                                 I
I       197                  69 KLENGEL GESCH.2 146            D          I
I        :                                      160     3     D          I
I        :                      -               165           D          I
I        :                      -               166           D          I
I        :                      -               265,266       D          I
I        :                   70 KLENGEL GESCH.3  97           D          I
I        :                      -               102           D          I
I       197      2              -                98           D     R    I
I       197      5           09 BOHL SPRACHE     29    18D   BCD         I
I        :       :           77 CAD 2M RV**      63-A        a  D        I
I       197      6           09 BOHL SPRACHE     26    14B  B  D         I
I        :       :              -                74    34N  b  D         I
I        :       :           52 MORAN KARATEPE?  79-A        B  D        I
I       197      7-          69 KLENGEL GESCH.2 165           D     C ?  I
I       197      8- 9        58 CAD  E RV**      26-A        BCD    C    I
I        :      8, 9         09 BOHL SPRACHE     50    28F   B  D        I
I        :       :    :      73 KUHNE CHRONOLOG   7    34Q    D          I
I        :      8            09 BURCHARDT ALTK.1 10    26    B  D    C   I
I        :       :              -               1 20   60    b  D    C   I
I        :       :              -               1 23   69    b  D    C   I
I        :       :           10 BURCHARDT ALTK.2 12-B  219   B  D    C   I
I        :       :           15 KNUDTZCN EL-AM  160Q         b      R    I
I        :       :           66 JUCQUOIS PHONET 275         B  D         I
I        :       :           69 KLENGEL GESCH.2  22          b  D        I
I        :       :           71 HELCK BEZIEHUNG 191    10     D          I
I        :       :           74 RAINEY EA NOTES 306          a  D        I
I       197      9           68 CAD 2A RV**      279-A       ECD         I
I       197     10           09 BOHL SPRACHE     5C    28F  B  D         I
I        :       :           51 DHORME LANGUE    454         bCD         I
I        :       :           70 KLENGEL GESCH.3 102          b  D        I
I        :       :           71 HELCK BEZIEHUNG 184    1C3    D      C   I
I        :       :              -               261          D      C    I
I       197     11, 12       73 MORAN DUAL PRON  5C          b  D        I
```

```
I                                      C I T A T I O N S                 I
I       T E X T E S              ----------------------------------------  I
I                                DATE,  OUVRAGE, PAGES, NOTES  CARACTERIST.  I
I       ----------------------   ----------------------------  -----------  I
I       197      13- 16    71 HELCK BEZIEHUNG 179                 D     C   I
I        :       13, 14    70 KLENGEL GESCH.3 102              6 D          I
I        :       13        10 EBELING VERBUM   49    5/1B      C       C   I
I        :        :        71 HELCK BEZIEHUNG  55     27    6 D       C   I
I       197      14- 16    10 EBELING VERBUM   49    5/1B    BCD       C   I
I        :       14, 16    09 BOHL SPRACHE     53     28M   6 D           I
I        :       14        10 EBELING VERBUM   75     24    6CD           I
I        :        :        71 HELCK BEZIEHUNG 129     27    6 D           I
I       197      16        51 DHORME LANGUE   454           6CD           I
I       197      17        10 EBELING VERBUM   44    4/1    6CD           I
I        :        :        59 CAD  D RV**            42-A    6 D     R   I
I       197      18        10 EBELING VERBUM   42    2/2    6CD           I
I        :        :            -                 61    12    6CD           I
I        :        :        51 DHORME LANGUE   436           6CD           I
I       197      19, 20    09 BOHL SPRACHE     55     28Q   6 D           I
I        :       19        70 KLENGEL GESCH.3  57           6 D     R C   I
I        :        :            -                 58          D     R     I
I       197      21        09 BOHL SPRACHE     18     8B    6 D           I
I        :        :        39 HARRIS CANAANIT  34     13     D           I
I        :        :        66 JUCQUOIS PHONET 114           6 D           I
I        :        :        70 KLENGEL GESCH.3  98           D           I
I        :        :        71 HELCK BEZIEHUNG 3C3     96     D           I
I        :        :        73 KUHNE CHRONOLOG  62    3C1     D           I
I       197      23- 26        -                 62    3C1     D           I
I       197      24- 31    67 REDFORD HISTORY 218-219          D     C   I
I       197      25        09 BOHL SPRACHE     55     28Q   6 D           I
I       197      26- 34    70 KLENGEL GESCH.3  78           D     C   I
I        :       26- 33    64 CAMPBELL CHRON. 124           D           I
I        :       26- 31    69 KLENGEL GESCH.2 166           D           I
I        :        :   :    71 HELCK BEZIEHUNG 179           D     C   I
I        :       26- 28    69 KLENGEL GESCH.2 204           D     C   I
I        :       26-           -                165           D     C   I
I        :       26        09 BOHL SPRACHE     50     28F   6 D           I
I        :        :        10 EBELING VERBUM   51    6/2B   6CD           I
I        :        :        51 DHORME LANGUE   449           BCD           I
I        :        :        70 KLENGEL GESCH.3  78           D     C   I
I       197      27, 32    69 KLENGEL GESCH.2 146           D     C   I
I        :       27, 29    09 BOHL SPRACHE     5C     28F   6 D           I
I       197      29, 30    73 KUHNE CHRONOLOG   7     34Q     D           I
I       197      30, 34    C9 BOHL SPRACHE     5C     28F   6 D           I
I       197      31- 32    64 CAMPBELL CHRON. 124           D           I
I        :       31        69 KLENGEL GESCH.2 146           6 D     C   I
I       197      32        09 BOHL SPRACHE     45     27I   6CD           I
I        :        :        1C EBELING VERBUM   62     13    6CD           I
I        :        :        51 DHORME LANGUE   437           6CD           I
I        :        :        66 JUCQUOIS PHONET  80           BCD           I
I       197      35- 36    10 EBELING VERBUM   49    5/1B   6CD     C   I
I        :       35        09 BOHL SPRACHE      1     1D    6 D           I
I        :        :        10 EBELING VERBUM   44    3/6    6CD       ? I
I        :        :        67 SYL. 2 RV**            51    261   6 D     R C   I
I        :        :        69 AHW  P RV**           826-A         6C           I
I       197      36, 41    C9 BOHL SPRACHE     53     28M   6 D           I
I        :       36            -                  8     3R    BCD           I
I        :        :        67 AHW  N RV**           723-A           G           I
I       197      37- 38    64 CAMPBELL CHRON. 125           D           I
I        :       37        73 KUHNE CHRONOLOG  62    3C1     D           I
I       197      38        09 BOHL SPRACHE     55     28C   6 D           I
I        :        :        7C KLENGEL GESCH.3  69     65     D           I
I        :        :        71 HELCK BEZIEHUNG 13C      7    6 D           I
```

```
I                                      C I T A T I O N S              I
I      T E X T E S        --------------------------------------------  I
I                         DATE,  OUVRAGE, PAGES, NOTES  CARACTERIST. I
I      ----------------   ----------------------------  ------------  I
I      197      38        73 KUHNE CHRONOLOG   62      3O1      D           I
I      197      39        10 EBELING VERBUM    44      4/4     BCD          I
I       :       :         73 KUHNE CHRONOLOG    7      34Q      D           I
I      197      4O        O9 BOHL SPRACHE      5O      28F     B D       ? I
I      197      41        10 EBELING VERBUM    49      5/1B    BCD          I
I      197      43        10 RANKE KEILSCHR.   16              B D          I
I                                                                          I
I EA 198                                                                   I
I ******                                                                   I
I      198                64 CAMPBELL CHRON.  135      2D       D           I
I       :                 66 JUCQUOIS PHONET   34               D           I
I       :                 70 KLENGEL GESCH.3   63               D           I
I      198       1-  2    60 CAD IJ RV**      92-B           BCD       C   I
I      198       4-  5    71 HELCK BEZIEHUNG 271            B D     R C   I
I       :        4,  5                    -  184            B D     R C   I
I       :        4       15 KNUDTZON EL-AM  16OO             D         C   I
I       :        :       64 CAMPBELL CHRON. 131-132       B D     R C   I
I      198       5       7O KLENGEL GESCH.3  69       65    B D           I
I       :        :       71 HELCK BEZIEHUNG 13O        7    B D           I
I      198       7       O9 BOHL SPRACHE     21       9C    B D           I
I       :        :       51 DHORME LANGUE   485            B D       ? I
I       :        :       71 CAD  K RV**       8-A          B D           I
I       :        :       73 KUHNE CHRONOLOG    6       34O   D           I
I      198       9- 10   71 CAD  K RV**     471-B          B           C   I
I      198      1O, 12   73 KUHNE CHRONOLOG    6      34O    D           I
I      198      11- 17   71 HELCK BEZIEHUNG 248       12     D        C   I
I       :       11- 13   64 CAD 1A RV**     121-A          BCD        C   I
I      198      12       51 DHORME LANGUE   485            B D           I
I      198      13       O9 BOHL SPRACHE     76      35C    BCD          I
I      198      15       10 RANKE KEILSCHR.   9            B D       ? I
I       :        :       71 HELCK BEZIEHUNG 249             D           I
I      198      2O       10 EBELING VERBUM   52      6/2B   BCD          I
I      198      24       15 KNUDTZON EL-AM 1OO5/122/73GB A         C   I
I      198      26- 27   65 CAD  B RV**      6O-B          B D        C   I
I      198      27- 29   64 CAD 1A RV**     358-B          B D        C   I
I       :       27       O9 BOHL SPRACHE     73      34H    B D           I
I       :        :       59 AHW   A RV**     37-B          B D           I
I      198      28       10 EBELING VERBUM   63       13    BCD          I
I      198      3O- 31   65 CAD  B RV**      6O-B          B D        C   I
I                                                                          I
I EA 199                                                                   I
I ******                                                                   I
I      199                66 JUCQUOIS PHONET  35             D           I
I       :                 71 HELCK BEZIEHUNG 179      76     D           I
I      199       7, 14   O9 BOHL SPRACHE     55      28Q    B D           I
I      199      13       7O KLENGEL GESCH.3 1O2            B D           I
I       :        :       71 HELCK BEZIEHUNG  55      27     B D       C   I
I      199      19       O9 BOHL SPRACHE     47      27O    BCD     R     I
I                                                                          I
I EA 2OO                                                                   I
I ******                                                                   I
I      2OO                66 JUCQUOIS PHONET  36             D           I
I       :                 73 KUHNE CHRONOLOG   4      21     D           I
I       :                 75 MOPAN SYRIAN SC 15C    N.13O    D           I
I       :                              -     15C    N.138    D           I
I      2OO       3                      -    151       2    B D     R C   I
I      2OO       5       O9 BOHL SPRACHE      4       2D    B D           I
I       :        :       66 JUCQUOIS PHONET 118            BCD          I
I       :        :       77 CAD 1M RV**     242-B          B D     R     I
```

```
I
I                                    C I T A T I O N S
I     T E X T E S         -----------------------------------------------
I                         DATE,  OUVRAGE, PAGES, NOTES   CARACTERIST.
I     -----------------   ------------------------------   ------------
I     200       9         15 KNUDTZON EL-AM 1005/123/733G A          C
I      :        :         64 CAMPBELL CHRON.   40        28     D
I
I EA 201
I ******
I     201-206            64 CAMPBELL CHRON. 132               D
I      :     :           71 HELCK BEZIEHUNG 184       98      D     EC
I     201               66 JUCQUOIS PHONET   36               D
I     201       3       75 MORAN SYRIAN SC 148     N.74 AB  D      C
I     201       4       09 BURCHARDT ALTK.1 37      107   B  D      C
I      :        :       10 BURCHARDT ALTK.2 62-B    1232   B  D      C
I      :        :       70 KLENGEL GESCH.3 101            B  D
I      :        :       71 HELCK BEZIEHUNG 129       23   B  D      C
I     201       7       15 KNUDTZON EL-AM 1599             G
I     201      11       10 EBELING VERBUM    54      7/3A  BCD
I     201      12            -             64        14   BCD
I      :        :       51 DHORME LANGUE    439           B  D
I     201      13       10 RANKE KEILSCHR.   16           B  D
I     201      14- 16   15 KNUDTZ.CR/DELI. 164-B           CD       C
I      :       14- 15   71 CAD  K  RV**       72-A        BCD       C
I      :        :   :   77 CAD 2M RV**        62-B        B  D      C
I     201      15       15 KNUDTZON EL-AM 1600           B  D
I      :        :       15 KNUDTZ.CR/DELI. 164-B         B  D       C
I     201      17- 19   68 CAD 2A RV**       413-B         C        C
I      :       17, 20   15 KNUDTZON EL-AM 1600           BCD        C
I     201      20- 24   68 CAD 2A RV**       413-B        BCD       C
I     201      21       10 RANKE KEILSCHR.   16           B  D
I     201      22- 24   64 CAD 1A RV**       116-A        BCD       C
I      :       22- 23   74 RAINEY EA NOTES 301           B  D
I      :       22       51 DHORME LANGUE    476           BCD
I
I EA 202
I ******
I     202               66 JUCQUOIS PHONET   36               D
I     202       7       09 BOHL SPRACHE      26       14B   B  D
I     202      11            -              2        1F   B  D
I      :        :       10 RANKE KEILSCHR.   16           B  D
I     202      12- 13   77 CAD 2M RV**       62-B         B  D      C
I     202      13       68 CAD 2A RV**      108-A         BCD
I      :        :       71 CAD  K  RV**       72-A        BCD
I     202      15- 18   15 KNUDTZ.CR/DELI. 164-A           D        C
I      :       15, 18   15 KNUDTZON EL-AM 1600           BCD        C
I      :       15       68 CAD 2A RV**      138-B            G
I     202      18       52 MORAN KARATEPE?   78-A        B  D
I     202      19       10 RANKE KEILSCHR.   17           B  D
I
I EA 203
I ******
I     203-205            15 KNUDTZON EL-AM 1590             D
I     203               66 JUCQUOIS PHONET   35               D
I      :                70 KLENGEL GESCH.3 102               D
I     203       4       68 CAD 2A RV**       57-B         B  D
I      :        :       70 KLENGEL GESCH.3 102           B  D
I     203       5-  8   15 KNUDTZ.CR/DELI. 163-B           CD       C
I     203       9       51 DHORME LANGUE    449           BCD
I     203      11       10 EBELING VERBUM    64       14   BCD
I      :        :       51 DHORME LANGUE    439           B  D
I     203      12       10 RANKE KEILSCHR.   16           B  D
I     203      13- 17   15 KNUDTZ.CR/DELI. 164-A           CD       C
```

```
I -------------------------------------------------------------------
I                              C I T A T I O N S                     I
I        T E X T E S        ---------------------------------------- I
I                           DATE,  OUVRAGE, PAGES, NOTES CARACTERIST. I
I    ---------------------   ------------------------------  -------- I
```

TEXTES		DATE, OUVRAGE, PAGES, NOTES			CARACTERIST.
207	2	71 HELCK BEZIEHUNG 183	96	Ь D	C
:	:	75 MORAN SYRIAN SC 151	2	Ь D	R C ?
207	4	09 BOHL SPRACHE 55	28Q	Ь D	
207	6- 7	68 CAD 2A RV** 220-A		Ь D	R C
207	7	09 BOHL SPRACHE 55	28R	Ь D	
:	:	10 EBELING VERBUM 48	5/1B	D	
:	:	15 KNUDTZON EL-AM 1600		Ь D	R ?
207	10	09 BOHL SPRACHE 39	25F	Ь D	
207	17	10 EBELING VERBUM 79	APP	Ь D	
:	:	10 RANKE KEILSCHR. 17		Ь D	
:	:	71 HELCK BEZIEHUNG 249		D	
:	:	- 556		Ь D	
207	19	10 EBELING VERBUM 52	7/3A	BCD	
207	21	09 BOHL SPRACHE 12	5F	Ь D	+
:	:	75 MORAN SYRIAN SC 152	4	D	

```
I EA 208
I ******
```

TEXTES		DATE, OUVRAGE, PAGES, NOTES			CARACTERIST.
208		66 JUCQUOIS PHONET 35		D	?
:		71 HELCK BEZIEHUNG 183	96	Ь D	R C
208	9	10 EBELING VERBUM 63	13	BCD	
208	10	09 BOHL SPRACHE 73	34H	Ь D	
:	:	64 CAD 1A RV** 358-B		D	
208	11	10 EBELING VERBUM 79	APP	Ь D	
:	:	10 RANKE KEILSCHR. 17		Ь D	
:	:	71 HELCK BEZIEHUNG 249		D	
:	:	- 556		B D	
208	13	10 EBELING VERBUM 55	7/3A	ЬCD	

```
I EA 209
I ******
```

TEXTES		DATE, OUVRAGE, PAGES, NOTES			CARACTERIST.
209		51 DHORME NOUV.TAB 489	1	D	C
:		66 JUCQUOIS PHONET 35		D	
209	4	09 BOHL SPRACHE 2	1F	Ь D	
209	7	- 13	5G	Ь D	
:	:	10 EBELING VERBUM 53	7/3A	ЬCD	
209	8	09 BOHL SPRACHE 70	33P	B D	
209	13- 14	74 RAINEY EA NOTES 306		ЬCD	C
209	14	09 BOHL SPRACHE 62	30I	Ь D	
:	:	10 EBELING VERBUM 59	11/7	ЬCD	?
:	:	15 KNUDTZON EL-AM 1005/125/744B A			C
209	15	09 BOHL SPRACHE 71	33P	Ь D	
:	:	51 DHORME LANGUE 475		BCD	
209	16	09 BOHL SPRACHE 12	5D	Ь D	
:	:	15 KNUDTZON EL-AM 1005/126/744C A			C
:	:	- 1005/127/744D A			C

```
I EA 210
I ******
```

TEXTES		DATE, OUVRAGE, PAGES, NOTES			CARACTERIST.
210-213		66 JUCQUOIS PHONET 36		D	
210		64 CAMPBELL CHRON. 68-69		D	
:		- 135	5E	D	?
:		- 138		D	
:		67 REDFORD HISTORY 158	295	D	
:		73 KUHNE CHRONOLOG 16	72	D	
210	1	10 RANKE KEILSCHR. 14		Ь D	?
:	:	15 KNUDTZON EL-AM 1005/128/744F A			C
:	:	64 CAMPBELL CHRON. 69		Ь D	R C
:	:	67 REDFORD HISTORY 158		Ь D	R C ?

```
I                                    C I T A T I O N S                I
I        T E X T E S        ------------------------------------------- I
I                           DATE,  OUVRAGE, PAGES, NOTES  CARACTERIST.  I
I      ----------------------       --------------------- ------------  I
I        210       3        64 CAMPBELL CHRON.   36           D    C    I
I                                                                       I
I EA 211                                                                I
I ******                                                                I
I      211-213              09 BOHL SPRACHE    55      28Q    D         I
I       211       3         71 HELCK BEZIEHUNG 187           D    C     I
I        :        :                    -       480      21  B D    EC   I
I       211       5         76 AHW >S RV**     1197-A       Ƃ D         I
I       211       6         09 BOHL SPRACHE     6       3L  Ƃ D         I
I        :        :         71 CAD  K RV**      14-A        Ƃ D         I
I       211       9- 10     66 JUCQUOIS PHONET 158          ƂCD         I
I       211      10, 19     09 BOHL SPRACHE    68      32R  Ƃ D         I
I        :        :    :    74 RAINEY EA NOTES 300          Ƃ D         I
I        :        :    :    75 MORAN SYRIAN SC 164      67   D    EC    I
I       211      11         09 BOHL SPRACHE    44      27F  Ƃ D         I
I        :        :         10 EBELING VERBUM  56      7/3Ƃ ƃCD         I
I       211      13         09 BOHL SPRACHE    55      28R  Ƃ D         I
I        :        :         15 KNUDTZON EL-AM 1600          CD          I
I       211      15         09 BOHL SPRACHE    33      22F   D          I
I       211      16         66 JUCQUOIS PHONET 122          Ƃ D         I
I       211      17         09 BOHL SPRACHE    34      23C  Ƃ D   +     I
I        :        :                    -       82      37I  Ƃ D   +     I
I        :        :         51 DHORME LANGUE   467          Ƃ D   +     I
I        :        :         65 DISO-2 RV**     308     L.29 ƂCD   +     I
I       211      18         10 EBELING VERBUM  44      4/2  ƃCD         I
I        :        :                    -       51      6/2A ƂCD         I
I        :        :         75 MORAN SYRIAN SC 164      67   D    EC ? I
I       211      19- 20                -       163      54  ƂCD         I
I        :       19         09 BOHL SPRACHE    65      32F  B D         I
I       211      21- 25     15 KNUDTZ.CR/DELI. 164-B         D    C     I
I        :        :    :    71 HELCK BEZIEHUNG 248      11   D    C     I
I       211      22         10 EBELING VERBUM  54      7/3A ƂCD         I
I       211      25         15 KNUDTZON EL-AM 1600          C          I
I                                                                       I
I EA 212                                                                I
I ******                                                                I
I       212       2         71 HELCK BEZIEHUNG 187           D    C     I
I       212       4         09 BOHL SPRACHE     4       2D  Ƃ D         I
I        :        :         66 JUCQUOIS PHONET 95           Ƃ D         I
I       212       6- 11     15 KNUDTZ.CR/DELI. 164-B        CD    C     I
I        :        6- 10     15 KNUDTZON EL-AM 1600          CD          I
I       212       9         09 BOHL SPRACHE     2       1D  Ƃ D         I
I       212      12         15 KNUDTZON EL-AM 1597             G      ? I
I        :        :         74 RAINEY EA NOTES 300          Ƃ D         I
I                                                                       I
I EA 213                                                                I
I ******                                                                I
I       213       3         71 HELCK BEZIEHUNG 187           D    C     I
I       213       5         09 BOHL SPRACHE    21      9C   D           I
I        :        :         51 DHORME LANGUE   487          Ƃ D         I
I        :        :         71 CAD  K RV**      8-A         Ƃ D         I
I       213       6- 7      65 CAD  Ƃ RV**     195-A        Ƃ D   C     I
I       213       7- 9      15 KNUDTZ.CR/DELI. 164-A        CD    C     I
I       213       9                    -       164-A        Ƃ D   C     I
I       213      13         09 BOHL SPRACHE    47      270  ƂCD         I
I        :        :         10 EBELING VERBUM  64      14   ƂCD         I
I        :        :         51 DHORME LANGUE   438          ƂCD         I
I                                                                       I
I                                                                       I
```

```
I                                    C I T A T I O N S                    I
I        T E X T E S            ------------------------------------------ I
I                               DATE,  OUVRAGE, PAGES, NOTES  CARACTERIST. I
I      ----------------------   ------------------------------  ---------- I
I                                                                          I
I EA 214                                                                   I
I ******                                                                   I
I      214                      66 JUCQUOIS PHONET  35              D       I
I      214        5             09 BOHL SPRACHE     39      25F  Б D   R  ? I
I      214        6                 -              64      32C  Б D      ? I
I       :         :             10 EBELING VERBUM   69      18   Б D      ? I
I       :         :             15 KNUDTZON EL-AM 1600          Б D         I
I      214        8             09 BOHL SPRACHE     10      40   Б D         I
I      214       11             71 HELCK BEZIEHUNG 187          D      C     I
I                                                                          I
I EA 215                                                                   I
I ******                                                                   I
I     215-217     3             71 HELCK BEZIEHUNG 186          D      C     I
I     215-216                   66 JUCQUOIS PHONET  35          D           I
I     215,216                   09 BOHL SPRACHE     50      28F  D           I
I      :    :                      -               53      28M  D           I
I      :    :                      -               55      28O  D           I
I      :    :                   64 CAMPBELL CHRON. 100          D           I
I      215                         -              134      2C   D           I
I      :                           -              134      2F   D           I
I      215        4- 5          71 CAD   K RV**    14-A          БCD  +  C    I
I      :          4             09 БOHL SPRACHE     6       3L  БCD          I
I      215        5             76 AHW  >S RV**   1197-A        Б D           I
I      215        6             09 BOHL SPRACHE     39      25E  Б D           I
I      215        9- 12         64 CAMPBELL CHRON. 100      70  Б D     C      I
I      :          9             65 AHW   L RV**    560-A        БCD          I
I      215       10             71 HELCK BEZIEHUNG 250          D           I
I      215       13             09 BOHL SPRACHE     37      23I  D           I
I      :          :             10 EBELING VERBUM   53      7/3A БCD    EC     I
I      215       15             56 CAD   H RV**     84-B        Б D           I
I      215       16- 17         65 CAD   B RV**     61-A        БCD     C      I
I      :         16             10 EBELING VERBUM   62      12   БCD          I
I      :          :             51 DHORME LANGUE   434          БCD          I
I                                                                          I
I EA 216                                                                   I
I ******                                                                   I
I     216-218                   64 CAMPBELL CHRON.  75-76       D           I
I      :    :                      -              135      3C   D           I
I      216                         -              135      3E   D           I
I      216        6             10 EBELING VERBUM   56      7/3B БCD          I
I      216        8, 10            -               64      14   БCD          I
I      216        9             10 RANKE KEILSCHR.  17          Б D           I
I      216       10             09 BOHL SPRACHE     66      32K  Б D           I
I      :          :             66 JUCQUOIS PHONET 113          Б D           I
I      216       12- 14         71 HELCK BEZIEHUNG 248      11   D      C      I
I      :         12             74 RAINEY EA NOTES 295          B D           I
I      216       13             10 RANKE KEILSCHR.  12          Б D           I
I      :          :             64 CAMPBELL CHRON.  75          D      EC     I
I      :          :             71 HELCK BEZIEHUNG 250          D           I
I      216       15- 17         68 CAD 2A RV**     248-B        БCD     C      I
I      :         15, 20         09 BOHL SPRACHE     50      28F  Б D           I
I      216       16             10 RANKE KEILSCHR.  17          B D     R      I
I      216       18- 20         10 EBELING VERBUM   72      21   БCD    C      I
I      :          :   :         77 CAD 1M RV**     156-B         CD    C      I
I      :         18- 19         68 CAD 2A RV**      60-B        БCD    C      I
I      :         18             09 BOHL SPRACHE     53      28M  Б D           I
I      216       19- 20         77 CAD 1M RV**     156-B        Б D     C      I
I      216       20             15 KNUDTZON EL-AM 1005/129/752E A      C      I
```

```
I                                       C I T A T I O N S                    I
I      T E X T E S        ------------------------------------------------  I
I                         DATE,  OUVRAGE, PAGES, NOTES  CARACTERIST.         I
I      ----------------   ------------------------------  ------------       I
I                                                                           I
I EA 217                                                                    I
I ******                                                                    I
I      217                  66 JUCQUOIS PHONET   36                D         I
I      217        7         09 BOHL SPRACHE      55      28Q    B  D         I
I      217       15         -                    55      28Q    ъ  D    R    I
I       :        :          70 RAINEY TABLETS    82             ъ  D    R    I
I       :        :          74 RAINEY EA NOTES  3C8             B  D         I
I      217      16, 22      64 CAMPBELL CHRON.   75                D         I
I       :       16          10 RANKE KEILSCHR.   12             ъ  D         I
I       :        :          71 HELCK BEZIEHUNG  250                D         I
I      217       18         09 BOHL SPRACHE      5C      28F    ъ  D    R    I
I      217       20         15 KNUDTZON EL-AM 1005/130/754C A           C    I
I      217       22         10 RANKE KEILSCHR.   12             ъ  D         I
I       :        :          15 KNUDTZON EL-AM 1005/131/754D A           C    I
I                                                                           I
I EA 218                                                                    I
I ******                                                                    I
I      218-219              66 JUCQUOIS PHONET   35                D         I
I      218       13         09 BOHL SPRACHE      55      28Q    ъ  D         I
I      218       14         10 RANKE KEILSCHR.   12             ъ  D         I
I       :        :          64 CAMPBELL CHRON.   75                D         I
I       :        :          71 HELCK BEZIEHUNG  25C                D         I
I      218       15         09 BOHL SPRACHE      5C      28F    ъ  D         I
I       :        :          51 DHORME LANGUE    450             ъCD         I
I                                                                           I
I EA 219                                                                    I
I ******                                                                    I
I      219       23         15 KNUDTZON EL-AM 1600             ъCD          I
I                                                                           I
I EA 22C                                                                    I
I ******                                                                    I
I      220,221              73 KUHNE CHRONOLOG   12        49     D          I
I      22C                  66 JUCQUOIS PHONET   36              D          I
I      220        2         15 KNUDTZON EL-AM 1005/132/756D A           C   I
I      220        3         09 BOHL SPRACHE       7        3R   ъ  D        I
I       :         :         15 KNUDTZON EL-AM 1005/133/757F A           C   I
I       :         :         71 HELCK BEZIEHUNG 187               D      C ? I
I      220       4-  6      58 CAD  E RV**       187-A          ъCD     C    I
I      220        6         09 BOHL SPRACHE      21        9C    D          I
I       :         :         -                    36       23H   ъ  D        I
I       :         :         51 DHORME LANGUE    485         2   ъ  D        I
I       :         :         73 KUHNE CHRONOLOG    6       34D    D          I
I      220       9, 12      09 BOHL SPRACHE      55      28Q    ъ  D        I
I      22C      11- 13      71 HELCK BEZIEHUNG 248        11     D      C    I
I       :       11- 12      77 CAD 2M RV**       63-A          ъCD     C    I
I       :       11          09 BOHL SPRACHE      29       18D   ъCD         I
I      220      15, 25      -                    55      28Q    ъ  D        I
I       :       15          51 DHORME LANGUE    417             ъCD         I
I       :        :          74 RAINEY EA NOTES 297             ъ  D         I
I       :        :          75 MORAN AMARNA GL 154             ъ  D         I
I      220       21         09 BOHL SPRACHE      88       38Q   CD          I
I       :        :          1C EBELING VERBUM    53      7/3A  ъCD          I
I      220       24         -                    4C       1/3  ъCD          I
I       :        :          -                    52      7/3A  ъCD          I
I       :        :          77 CAD 1M RV**       75-B          ъ  D         I
I                                                                           I
I                                                                           I
I                                                                           I
```

```
I --------------------------------------------------------------------------,--------
I                              C I T A T I O N S                              I
I     T E X T E S         -------------------------------------------------- I
I                         DATE, OUVRAGE, PAGES, NOTES  CARACTERIST. I
I   ----------------------  -------------------------- ------------ I
I                                                                             I
I EA 221                                                                      I
I ******                                                                      I
I   221-223                66 JUCQUOIS PHONET   36              D             I
I   221,222                09 BOHL SPRACHE      55       28Q    D             I
I   221        4           71 HELCK BEZIEHUNG 187              D       C      I
I   221        6           09 BOHL SPRACHE      39       25E   Ƅ D            I
I   221        7              -                 64       32C   Ƅ D            I
I    :         :           10 EBELING VERBUM    68       18    ƄCD            I
I    :         :              -                 73       21    ƄCD            I
I    :        ˙:           73 KUHNE CHRONOLOG    6       34D    D             I
I   221        8           10 EBELING VERBUM    56       7/3Ƅ  ƄCD     EC     I
I    :         :              -                 56       7/3Ƅ  ƄCD            I
I   221       14- 16       64 CAD 1A RV**      112-B           ƄCD     C      I
I    :         :     :     71 CAD  K RV**      273-B           ƄCD     C      I
I    :        14           09 BOHL SPRACHE      52       28H   Ƅ D            I
I    :         :           10 EBELING VERBUM    46       5/1Ƅ  ƄCD            I
I   221       17           15 KNUDTZON EL-AM 1005/134|760A A          C      I
I                                                                             I
I EA 222                                                                      I
I ******                                                                      I
I   222        3           71 HELCK BEZIEHUNG 187              D       C      I
I   222        6           09 BOHL SPRACHE      64       32C   Ƅ D            I
I    :         :           10 EBELING VERBUM    68       18    ƄCD            I
I    :         :              -                 73       21    ƄCD            I
I   222        7           09 BOHL SPRACHE      44       27F   Ƅ D            I
I                                                                             I
I EA 223                                                                      I
I ******                                                                      I
I   223                    64 CAMPBELL CHRON. 111-112          D             I
I    :                        -                134       2E    D             I
I   223        4           51 DHORME NOUV.TAB 495             Ƅ D     R C    I
I    :         :           64 CAMPBELL CHRON. 112       10    Ƅ D     R      I
I    :         :           70 RAINEY TABLETS    89            Ƅ D     R      I
I   223        6           09 BOHL SPRACHE      64       32C   Ƅ D            I
I    :         :           10 EBELING VERBUM    68       18    ƄCD            I
I    :         :              -                 73       21    ƄCD            I
I    :         :           73 KUHNE CHRONOLOG    6       34D   ˙D             I
I   223        7- 9        77 CAD 2M RV**       79-B          Ƅ D     C      I
I   223        8- 10       58 CAD  E RV**      358-A         Ƅ D     C      I
I    :         8           09 BOHL SPRACHE      5C       28F   Ƅ D            I
I                                                                             I
I EA 224                                                                      I
I ******                                                                      I
I   224-225                64 CAMPBELL CHRON. 132              D             I
I    :     :                  -                135       2E    D             I
I    :     :               66 JUCQUOIS PHONET   35              D             I
I   224,225                09 BOHL SPRACHE      5C       28F    D             I
I    :     :                  -                 53       28M    D             I
I   224        3           64 CAMPBELL CHRON. 132            Ƅ D     C      I
I   224        7- 9        77 CAD 1M RV**       83-B          BCD    +R C    I
I    :         7           09 BOHL SPRACHE      44       27F   Ƅ D            I
I    :         :           10 EBELING VERBUM    56       7/3Ƅ  ƄCD            I
I   224        8           15 KNUDTZON EL-AM 1600              D             I
I   224        9           09 BOHL SPRACHE      83       37M    D     +      I
I   224       10- 18       71 HELCK BEZIEHUNG 248       13     D       C      I
I    :        10           09 BOHL SPRACHE      5C       28F   Ƅ D            I
I    :         :           10 EBELING VERBUM    74       24    ƄCD            I
I    :         :           51 DHORME LANGUE    451            Ƅ D            I
```

```
I ------------------------------------------------------------------------
I                              C  I  T  A  T  I  O  N  S            I
I      T E X T E S        -----------------------------------------  I
I                         DATE,  OUVRAGE, PAGES, NOTES  CARACTERIST.  I
I    ---------------------  -------------------------------  ------------  I
I      224      10        66 JUCQUOIS PHONET 220          BCD           I
I      224      14        09 BOHL SPRACHE      53    28M  B D           I
I       :       :         10 EBELING VERBUM    52   6/2B  BCD           I
I      224      15, 18    73 KUHNE CHRONOLOG 102     501   D            I
I       :       15        51 DHORME LANGUE    472          BCD           I
I      224      16- 18    68 CAD 2A RV**      471-A        BCD       C  I
I       :       :   :     71 HELCK BEZIEHUNG 371          CD        C  I
I       :       16        09 BOHL SPRACHE      70    330  BCD       ? I
I                                                                       I
I EA 225                                                                I
I ******                                                                I
I      225               09 BOHL SPRACHE      55    28Q   D            I
I       :                71 HELCK BEZIEHUNG 184     108   D        ? I
I       :                73 KUHNE CHRONOLOG  12     49    D            I
I      225       3       64 CAMPBELL CHRON. 132          B D      C  I
I      225       4       71 HELCK BEZIEHUNG  59    55   B D      C  I
I       :        :                 -         261         B D      C  I
I      225       5       09 BOHL SPRACHE       2    1F   B D           I
I      225       6                 -          39    25G  B D           I
I       :        :       77 CAD 2M RV**       66-A       B D           I
I      225       7- 13   15 KNUDTZ.CR/CELI. 164-B        CD       C  I
I      225      10- 13   15 KNUDTZON EL-AM 1600          CD       C  I
I       :       10       09 BOHL SPRACHE      50    28F  B D           I
I      225      '1       15 KNUDTZON EL-AM 1005/135/764D A        C  I
I                                                                       I
I EA 226                                                                I
I ******                                                                I
I      226               66 JUCQUOIS PHONET  36           D            I
I      226       3       71 HELCK BEZIEHUNG 187           D        C  I
I       :        :                 -         428          D        C  I
I      226       6       09 BOHL SPRACHE      50    28F  B D           I
I      226       7       10 EBELING VERBUM    53   7/3A  BCD           I
I      226       9       09 BOHL SPRACHE      44    27F  B D      ? I
I       :        :       10 EBELING VERBUM    56   7/3B  BCD           I
I      226      10- 14   56 CAD  H RV**       96-B       BCD   +R C  I
I      226      11- 12   15 KNUDTZ.CR/UNGN. 186          CD       ? I
I       :       11       51 DHORME NOUV.TAB 502          BCD   +R    I
I       :        :       58 CAD  E RV**      287-A        D            I
I       :        :       65 DISO-2 RV**       97    L.9   D    +   ? I
I       :        :       70 RAINEY TABLETS    63         B D          I
I       :        :                 -          64         B D   +      I
I      226      12       09 BOHL SPRACHE      55    28Q  BCD           I
I      226      13                 -          55    28R  B D           I
I       :        :       15 KNUDTZON EL-AM 1600          B D   R   ? I
I      226      15       09 BOHL SPRACHE      66    32K  B D           I
I       :        :       10 EBELING VERBUM    64    14   BCD           I
I       :        :       66 JUCQUOIS PHONET 113          B D           I
I       :        :                 -         147          B D           I
I      226      17       15 KNUDTZ.CR/UNGN. 186           D            I
I                                                                       I
I EA 227                                                                I
I ******                                                                I
I      227-228           66 JUCQUOIS PHONET  34           D            I
I      227,228           09 BOHL SPRACHE      55    28Q   D            I
I       :   :            70 KLENGEL GESCH.3 153     21    D            I
I       :   :            71 HELCK BEZIEHUNG 303           D            I
I       :   :                      -         317          D            I
I      227                         -         184    106   D            I
I      227       3       10 BURCHARDT ALTK.2 37-A   709  B D      C  I
```

TEXTES			CITATIONS					
			DATE, OUVRAGE, PAGES, NOTES			CARACTERIST.		
227	5- 6		68 CAD 2A RV**	19-A		BCD	C	
:	5		09 BOHL SPRACHE	46	27N	B D		
:	:		10 EBELING VERBUM	56	7/3B	BCD		
227	7		64 CAD 1A RV**	117-B		B D		
227	8- 9		68 CAD 2A RV**	361-A		BCD	C	
227	9		09 BOHL SPRACHE	47	27Q	B D		
:	:		10 EBELING VERBUM	56	7/3B	BCD		
:	:		-	76	24	BCD		
:	:		51 DHORME LANGUE	455		BCD		
:	:		-	483	9	BCD		
:	:		74 RAINEY EA NOTES	301		D		
227	10, 11		09 BOHL SPRACHE	50	28F	B D		
:	10		-	55	28R	B D		
:	:		-	86	38C	B D	+	
:	:		15 KNUDTZON EL-AM	1601		D		
227	11		09 BOHL SPRACHE	65	32I	B D		
:	:		10 EBELING VERBUM	56	7/3B	BCD		?
:	:		60 CAD IJ RV**	85-A		BCD		
:	:		63 AHW I RV**	372-B		B D		?
:	:		68 CAD 2A RV**	361-A		B D		
:	:		74 RAINEY EA NOTES	303		D		
227	12		09 BOHL SPRACHE	2	1D	B D		
227	13		-	46	27N	B D		
:	:		10 EBELING VERBUM	64	14	BCD		
227	15		09 BOHL SPRACHE	50	28F	B D		
227	16		10 RANKE KEILSCHR.	9		B D	R	
:	:		71 HELCK BEZIEHUNG	438		B D	R	?
227	18		72 AHW R RV**	989-B		G		

EA 228
******

228			71 HELCK BEZIEHUNG	184	106	D		
228	3		-	187	127	D	C	?
228	8		09 BOHL SPRACHE	33	22C	B D		
:	:		75 MORAN AMARNA GL	158		B D		
228	13- 14		68 CAD 2A RV**	148-B		BCD	C	
:	13		59 AHW A RV**	55-A		B		
:	:		68 CAD 2A RV**	147-A		B D		
228	14- 16		51 DHORME NOUV.TAB	494		CD	C	
228	15- 16		64 CAD 1A RV**	380-B		B D	C	
228	16		-	123-A		BCD		
228	18- 22		56 CAD H RV**	123-B		BCD	+ C	
:	18- 20		61 CAD Z RV**	22-B		BCD	+ C	
:	18- 19		66 JUCQUOIS PHONET	79		BCD	+ C	
:	18, 20		58 CAD E RV**	234-B		BCD	C	
:	18		10 EBELING VERBUM	41	1/4	BCD		
:	:		51 DHORME LANGUE	487		BCD	+	
228	19		09 BOHL SPRACHE	50	28F	B D	+	
:	:		-	82	37K	B D	+	
:	:		10 EBELING VERBUM	46	5/1B	BCD		
:	:		-	47	5/1B	BCD		
:	:		39 HARRIS CANAANIT	7	8	BCD	+	
:	:		-	48		BCD	+	
:	:		51 DHORME LANGUE	416		BCD	+	
:	:		65 DISO-2 RV**	76	L.30	B D	+	
:	:		66 JUCQUOIS PHONET	245		BCD	+	
228	21- 24		58 CAD E RV**	234-B		BCD	C	

```
I                                  C I T A T I O N S                      I
I        T E X T E S        -------------------------------------------   I
I                           DATE,  OUVRAGE, PAGES, NOTES  CARACTERIST.  I
I        -------------------  -------------------------------            I
I                                                                         I
I EA 229                                                                  I
I ******                                                                  I
I     229-230            66 JUCQUOIS PHONET  36                 D         I
I                                                                         I
I EA 230                                                                  I
I ******                                                                  I
I     230                64 CAMPBELL CHRON. 133                 D         I
I       :                    -              135        4E       D         I
I       :                75 MORAN SYRIAN SC 158         9       D      C  I
I     230       1        15 KNUDTZON EL-AM 1598                   G       I
I       :       :        75 MORAN SYRIAN SC 151         2     B D    R C  I
I     230       2        09 BOHL SPRACHE    88        38U     B D         I
I       :       :        71 HELCK BEZIEHUNG 187               D      C    I
I     230       5,  6    09 BOHL SPRACHE    60        29F     B D         I
I       :       :   :    10 EBELING VERBUM  74         22     BCD         I
I     230       6-  8    68 CAD 2A RV**        454-B          BCD    C    I
I       :       6        74 RAINEY EA NOTES 301              B D          I
I     230       8        15 KNUDTZON EL-AM 1601               D           I
I     230       9        09 BOHL SPRACHE    34        23B      D          I
I     230      10        10 EBELING VERBUM  54       7/3A     BCD         I
I       :       :        68 CAD 2A RV**        454-B          BCD    C    I
I     230      11        10 EBELING VERBUM  78        APP    B D          I
I       :       :        10 RANKE KEILSCHR.  19              B D          I
I       :       :        15 KNUDTZON EL-AM 1005/136/771G A        C       I
I       :       :        66 JUCQUOIS PHONET 238              BCD          I
I     230      13        09 BOHL SPRACHE    62        3UI    B D      ? I  I
I       :       :        74 RAINEY EA NOTES 306              B D          I
I     230      14        09 BOHL SPRACHE    60        29F    B D          I
I     230      15- 16    71 CAD  K RV**       305-B          BCD    C     I
I       :      15, 19    09 BOHL SPRACHE    22        10B    B D          I
I       :       :   :    10 EBELING VERBUM  54       7/3A    BCD          I
I     230      17        09 BOHL SPRACHE    34        23B     D           I
I     230      19        10 EBELING VERBUM  41        1/4    BCD          I
I       :       :        15 KNUDTZON EL-AM 1601              BCD          I
I     230      21        10 EBELING VERBUM  55       7/3A    BCD          I
I       :       :        60 CAD IJ RV**       161-A         B D          I
I                                                                         I
I EA 231                                                                  I
I ******                                                                  I
I     231                66 JUCQUOIS PHONET  35                D          I
I     231       8        09 BOHL SPRACHE    21         9C      D          I
I       :       :        10 EBELING VERBUM  41        1/4    BCD    EC    I
I       :       :        51 DHORME LANGUE   487             B D          I
I     231       9- 10    74 AHW >S RV**        1160-B       B D     R C   I
I     231      12- 13        -                 1160-B       B D     R C   I
I       :      12        75 MORAN AMARNA GL 157         1   B D          I
I                                                                         I
I EA 232                                                                  I
I ******                                                                  I
I     232-235            64 CAMPBELL CHRON. 125                D          I
I     232-234            66 JUCQUOIS PHONET  32                D          I
I     232,233            64 CAMPBELL CHRON. 104                D          I
I     232                    -              134        1E      D          I
I     232       3-  4    71 HELCK BEZIEHUNG 185                D      C   I
I       :       3        7C RAINEY TABLETS  90              B D          I
I       :       :        73 KUHNE CHRONOLOG  61        298     D          I
I     232       5        09 BOHL SPRACHE    21         9C      D          I
I       :       :        51 DHORME LANGUE   487             B D          I
```

```
I                                     C I T A T I O N S              I
I        T E X T E S      ------------------------------------------ I
I                         DATE,  OUVRAGE, PAGES, NOTES  CARACTERIST. I
I        ----------------  ----------------------------  ----------- I
I       232      6        62 CAD 'S RV**      139-B        B D      C I
I       232      9- 11        -              139-B        B D +    C I
I        :       :   :        -              261-B        BCD +    C I
I        :       9        09 BOHL SPRACHE     64      32C  B D       I
I        :       :        10 EBELING VERBUM   68       18  BCD       I
I        :       :            -               73       21  BCD       I
I        :       :        67 SYL. 2 RV**      19      105  B D      C I
I        :       :        73 KUHNE CHRONOLOG   6      340   D        I
I       232      10- 11   65 CAD  B RV**      78-B        BCD +    C I
I        :       :   :        -             178-A        BCD +    C I
I        :       10       09 BOHL SPRACHE     83      37L  B D +     I
I        :       :        15 KNUDTZ.CP/DELI. 164-A       B D +    C I
I        :       :        50 MORAN SYNTACTIC 107        5  B D +     I
I        :       :        51 DHORME LANGUE   459           BCD +     I
I        :       :        59 AHW  B RV**     101-B        B D +      I
I        :       :        65 DISO-2 RV**      34      L.1  BCD +     I
I        :       :        70 RAINEY TABLETS   75           B D +     I
I        :       :        71 CAD  K RV**      14-A        B D +      I
I       232      11       09 BOHL SPRACHE     15       6D  BCD       I
I        :       :            -               83      37L  BCD +     I
I        :       :        65 DISO-2 RV**     244      L.8  BCD +     I
I        :       :        66 JUCQUOIS PHONET  79           BCD +     I
I       232      12- 15   77 CAD 1M RV**    214-215       CD       C I
I        :       12           -            214-215       B D        I
I       232      13       09 BOHL SPRACHE     44      27F  B D       I
I       232      15, 16       -               50      28F  B D       I
I       232      16- 20   58 CAD  E RV**    194-B        BCD      C I
I        :       :   :    68 CAD 2A RV**    371-B        BCD      C I
I        :       :   :    71 CAD  K RV**    380-B        BCD     EC I
I        :       16       10 EBELING VERBUM   46     5/1B  BCD       I
I        :       :        51 DHORME LANGUE   449        1  BCD       I
I        :       :            -              455           BCD       I
I       232      19- 20   09 BOHL SPRACHE     62      30F  BCD      C I
I       232      20       10 EBELING VERBUM   59     11/7  BCD       I
I        :       :        39 HARRIS CANAANIT   7        6  BCD       I
I                                                                   I
I EA 233                                                            I
I ******                                                            I
I     233-235             09 BOHL SPRACHE     50      28F   D        I
I        :       :            -               55      28Q   D        I
I        :       :        64 CAMPBELL CHRON. 134       2F   D        I
I        :       :        71 HELCK BEZIEHUNG 185            D      EC I
I       233              73 KUHNE CHRONOLOG  12       49   D        I
I       233      7        09 BOHL SPRACHE     36      23H  B D       I
I       233      8            -               21       9C   D        I
I       233      13           -               64      32C  B D       I
I        :       :        10 EBELING VERBUM   68       18  BCD     EC I
I        :       :            -               73       21  BCD     EC I
I        :       :        73 KUHNE CHRONOLOG   6      340   D        I
I       233      16, 18   09 BOHL SPRACHE     50      28F  B D       I
I        :       16       10 EBELING VERBUM   66       16  BCD       I
I        :       :        51 DHORME LANGUE   444           BCD       I
I        :       :        66 JUCQUOIS PHONET 256           B D       I
I       233      18       09 BOHL SPRACHE     55      28R   D        I
I        :       :        15 KNUDTZON EL-AM 1600             G       I
I       233      19       09 BOHL SPRACHE     50      28F   D        I
I                                                                   I
I                                                                   I
I                                                                   I
```

```
I---------------------------------------------------------------I
I                                 C I T A T I O N S             I
I        T E X T E S        ------------------------------------I
I                           DATE, OUVRAGE, PAGES, NOTES  CARACTERIST. I
I        --------------     --------------------------  ------------I
I                                                               I
I EA 234                                                        I
I ******                                                        I
I     234,235              71 HELCK BEZIEHUNG 371        D       I
I     234                  64 CAMPBELL CHRON. 134    2D    D     I
I     234       2          74 AHW >S RV**     1160-B     B D   C I
I     234       5          09 BOHL SPRACHE    36    23H  B D     I
I     234       6          -                  21    9C     D     I
I      :        :          51 DHORME LANGUE   487        B D     I
I     234       9          09 BOHL SPRACHE    64    32C  B D     I
I      :        :          10 EBELING VERBUM  68    18   BCD     I
I      :        :          -                  73    21   BCD     I
I      :        :          73 KUHNE CHRONOLOG  6    34D    D     I
I     234     10, 16       09 BOHL SPRACHE    50    28F  B D     I
I      :      10           15 KNUDTZON EL-AM 1005/137/776C A    C I
I     234     11           71 HELCK BEZIEHUNG 481   24   B D   R I
I     234     12           10 EBELING VERBUM  56    7/3B BCD     I
I     234     13           67 REDFORD HISTORY 219        D       I
I     234     14           71 HELCK BEZIEHUNG 250        D       I
I     234     16           77 CAD 2M RV**     79-B      B D      I
I     234     18           15 KNUDTZON EL-AM 1590       B D      I
I     234     19           -                  1597           G  E I
I     234     20           10 EBELING VERBUM  53    7/3A BCD     I
I      :       :           77 CAD 2M RV**     79-A      BCD      I
I     234     21, 23       09 BOHL SPRACHE    50    28F  B D     I
I      :      21           10 EBELING VERBUM  40    1/4  BCD     I
I      :       :           69 AHW  P RV**     850-B         G    I
I     234     26- 27       77 CAD 1M RV**     37-A      B D    C I
I     234     27           09 BOHL SPRACHE    55    28Q  B D     I
I     234     31           70 RAINEY TABLETS  81         D       I
I     234     32           09 BOHL SPRACHE    50    28F  B D     I
I     234     34- 35       71 HELCK BEZIEHUNG 248   17   D     C I
I                                                               I
I EA 235                                                        I
I ******                                                        I
I     235-238             66 JUCQUOIS PHONET  35         D     ? I
I     235                 -                   32         D     ? I
I     235       3         74 AHW >S RV**     1160-B     B D   C I
I     235       6         09 BOHL SPRACHE    36    23H  B D     I
I     235       9         -                  64    32C  B D   R I
I      :        :         73 KUHNE CHRONOLOG  6    34D    D     I
I     235      27         09 BOHL SPRACHE    32    21B  B D     I
I                                                               I
I EA 236                                                        I
I ******                                                        I
I     236                 64 CAMPBELL CHRON. 63         D       I
I      :                  73 KUHNE CHRONOLOG 70    345  D       I
I     236       4         15 KNUDTZON EL-AM 1005/139/779F A    C I
I                                                               I
I EA 237                                                        I
I ******                                                        I
I     237-238             64 CAMPBELL CHRON. 108        D       I
I      :  :               75 MORAN SYRIAN SC 159   17   D       I
I      :  :               -                  160   28   D       I
I     237,238             09 BOHL SPRACHE    46    27N  D       I
I      :  :               71 HELCK BEZIEHUNG 187        D       I
I     237                 64 CAMPBELL CHRON. 134   1E   D     ? I
I      :                  73 KUHNE CHRONOLOG 12    49   D       I
I      :                  75 MORAN SYRIAN SC 150   N.222 D    ? I
```

```
I ---------------------------------------------------------------- I
I                              C I T A T I O N S              I
I       T E X T E S       ------------------------------------ I
I                         DATE,  OUVRAGE, PAGES, NOTES  CARACTERIST. I
I ---------------------   ------------------------------   ----------- I
I      237               75 MORAN SYRIAN SC 155      1/E      D        ? I
I       :                      -              160       26     D          I
I      237        2       64 CAMPBELL CHRON. 108               D          I
I      237        9- 12   73 CAD  L RV**         54-B       BCD      C  I
I      237       13       09 BOHL SPRACHE      6C      29F    B D         I
I       :        :        1C EBELING VERBUM    74       22   BCD         I
I      237       15       09 BOHL SPRACHE      46      27N    B D         I
I       :        :        1C EBELING VERBUM    56      7/3B  BCD         I
I      237       16- 18   68 CAD 2A RV**       2C-B         B D      C  I
I      237       20       75 MORAN AMARNA GL  151        2    B D         I
I       :        :        75 MORAN SYRIAN SC 164       55    B D         I
I                                                                     I
I EA 238                                                              I
I ******                                                              I
I      238               73 KUHNE CHRONOLOG    4       25     D          I
I       :                75 MORAN SYRIAN SC 15C     N.142    D        ? I
I       :                      -             15C     N.175    D        ? I
I       :                      -             15C     N.222    D        ? I
I      238        1       65 CAD  B RV**      196-A         B D      R  I
I      238        3            -             196-A          D          I
I      238        4       09 BOHL SPRACHE      8       3S    B D         I
I       :        :        69 AHW  P RV**      825-A         D          I
I      238        7       09 BOHL SPRACHE     6C      29F    B D         I
I       :        :        1C EBELING VERBUM   74       22   BCD     EC I
I      238        8       09 BOHL SPRACHE     14       6C    B D         I
I      238        9       66 JUCQUOIS PHONET 156              B D         I
I      238       11       09 BOHL SPRACHE     24      11C    B D         I
I       :        :        71 HELCK BEZIEHUNG 254              CD         I
I       :        :        77 CAD 1M RV**      333-B          D      R  I
I      238       23       64 CAMPBELL CHRON. 108              E D      R  I
I      238       24       15 KNUDTZON EL-AM 1005/139/782B A         C  I
I      238       28, 29   65 CAD  B RV**      196-A          D          I
I      238       29- 30   73 CAD  L RV**       54-B        B D      C  I
I      238       31- 33   1C EBELING VERBUM   72       21   BCD   +  C  I
I       :        :  :     65 CAD  B RV**       63-A       BCD   +  C  I
I       :        :  :     68 CAD 2A RV**      516-A       B D   +  C  I
I       :       31, 33    1C EBELING VERBUM   73       21   BCD         I
I       :        :  :     51 DHORME LANGUE    472        BCD   +  C  I
I       :       31, 32         -             47C        B D         I
I       :       31        09 BOHL SPRACHE     68      320    B D         I
I       :        :        77 CAD 1M RV**      427-A       b D      C  I
I      238       33       09 BOHL SPRACHE     54      28N   BCD         I
I       :        :             -             68      320    B D   +     I
I       :        :        1C EBELING VERBUM   64       14   BCD   +     I
I       :        :        51 DHORME LANGUE    453        BCD   +     I
I       :        :        65 DISO-2 RV**      145     L.23    B D   +     I
I       :        :        77 CAD 1M RV**      427-A       B D   +     I
I                                                                     I
I EA 239                                                              I
I ******                                                              I
I      239               66 JUCQUOIS PHONET  35               D          I
I      239        3       71 HELCK BEZIEHUNG 187              D      C  I
I       :        :             -             48C       20   B D         I
I      239       10       09 BOHL SPRACHE     59      29E   BCD         I
I       :        :        66 JUCQUOIS PHONET 109              B D         I
I      239       11- 12   64 CAD 1A RV**     112-B        BCD      C  I
I       :        :  :     68 CAD 2A RV**     366-A        E D      C  I
I      239       13       09 BOHL SPRACHE     5C      28F    B D         I
I      239       18- 19   68 CAD 2A RV**     248-B        BCD      C  I
```

```
I                              C I T A T I O N S                    I
I       T E X T E S       -------------------------------------------- I
I                         DATE,  OUVRAGE, PAGES, NOTES  CARACTERIST.  I
I       ---------------   --------------------------------------      I
I       239       19      09 BOHL SPRACHE      36      23H     D      I
I       239       20- 23  68 CAD 2A RV**      366-A            BCD   C I
I        :        20      10 EBELING VERBUM    69      20   BCD       I
I       239       22- 23  60 CAD IJ RV**       24-B            BCD   C I
I       239       23- 27  73 CAD  L RV**      125-A            BCD   C I
I       239       24      09 BOHL SPRACHE      32      21C  BCD       I
I       239       27      -                    50      28F   B D      I
I                                                                     I
I EA 240                                                              I
I ******                                                              I
I       240               66 JUCQUOIS PHONET  35                D     I
I                                                                     I
I EA 241                                                              I
I ******                                                              I
I       241               66 JUCQUOIS PHONET  35                D     I
I        :                71 HELCK BEZIEHUNG 184      107       D     I
I       241       4       10 BURCHARDT ALTK.2 41-B    794    B D     C I
I        :        :       70 KLENGEL GESCH.3 101            B D    EC I
I        :        :       71 HELCK BEZIEHUNG 129      21    B D    EC I
I        :        :       -                   260           B D     C I
I       241       5       09 BOHL SPRACHE      36      23H   B D      I
I       241       6       -                    21       9C      D     I
I        :        :       -                    36      23H      D     I
I        :        :       51 DHORME LANGUE    487           B D      I
I       241       7       09 BOHL SPRACHE       6       3G   B D      I
I        :        :       71 CAD  K RV**      362-B         B D      I
I       241       9- 11   59 CAD  D RV**      114-B            BCD   C I
I       241       11      68 CAD 2A RV**      220-A            D      I
I                                                                     I
I EA 242                                                              I
I ******                                                              I
I       242-247           09 BOHL SPRACHE      44      27F      D     I
I        :    :           -                    50      28F      D     I
I        :    :           -                    55      28Q      D     I
I       242-246           39 HARRIS CANAANIT   22              D      I
I        :    :           64 CAMPBELL CHRON.  108              D      I
I        :    :           66 JUCQUOIS PHONET   34              D      I
I       242-245           64 CAMPBELL CHRON.  134      1E      D      I
I       242       4       09 BURCHARDT ALTK.1  41      123  B D     C I
I        :        :       10 BURCHARDT ALTK.2  28-A    526   B D    C I
I       242       8       09 BOHL SPRACHE      64      32C   B D      I
I        :        :       10 EBELING VERBUM    68      18    BCD      I
I        :        :       -                    73      21    BCD      I
I        :        :       73 KUHNE CHRONOLOG    6      34D      D     I
I       242       9       09 BOHL SPRACHE      73      34H   B D      I
I        :        :       10 EBELING VERBUM    54      7/3A  BCD      I
I       242       10      77 AHW >S RV**      1262-B         B D  R  ? I
I       242       11      71 HELCK BEZIEHUNG 372       16       D     I
I       242       15      15 KNUDTZON EL-AM 1005/140/788A A       C   I
I                                                                     I
I EA 243                                                              I
I ******                                                              I
I       243,244           51 DHORME NOUV.TAB 497-498            D     I
I       243       10- 13  77 CAD 2M RV**      130-B            BCD   C I
I       243       13      09 BOHL SPRACHE      83      37M   B D   +  I
I        :        :       39 HARRIS CANAANIT   30             BCD  +R I
I        :        :       73 CAD  L RV**      184-B         B D   +  I
I        :        :       77 CAD 2M RV**      130-B         B D   +R I
I        :        :       -                   295-A         B D   +R I
```

```
I                                 C I T A T I O N S                    I
I     T E X T E S                                                      I
I                            DATE, OUVRAGE, PAGES, NOTES CARACTERIST.  I
I     ---------------------  ----------------------------- ----------- I
I      243       16- 18     59 CAD  D RV**      196-A        6CD     C  I
I      243       19         10 EBELING VERBUM   53     7/3A  6CD        I
I      243       21, 22     60 AHW  E RV**      188-B        BCD     C  I
I                                                                      I
I EA 244                                                               I
I ******                                                               I
I      244,245              64 CAMPBELL CHRON. 104              D       I
I      244       10         09 BOHL SPRACHE     65     32F   B D       I
I       :        :          10 RANKE KEILSCHR.  17           B D       I
I      244       11- 17     53 MORAN SUMMA      79-B          D        I
I       :        11         09 BOHL SPRACHE     65     32F   B D       I
I      244       13- 16     65 CAD  B RV**      98-B         6CD   +  C I
I      244       14         09 BOHL SPRACHE     83     37M   6 D   +  ? I
I       :        :          10 EBELING VERBUM   42     2/3   6CD      ? I
I       :        :          -                   62     12    6CD   +  ? I
I       :        :          59 AHW  B RV**      104-A        B         I
I       :        :          65 DISO-2 RV**      262    L.32  6 D  +R  ? I
I       :        :          70 RAINEY TABLETS   59          6 D   +    I
I       :        :          -                   67          D          I
I       :        :          74 RAINEY EA NOTES 304          6CD   +  ? I
I      244       15- 16     68 CAD 2A RV**      361-A        6CD     C  I
I      244       16         09 BOHL SPRACHE     15     6G    6 D   +    I
I       :        :          -                   83     37M   6 D   +    I
I       :        :          51 DHORME LANGUE   460           6CD   +    I
I       :        :          64 CAD 1A RV**      83-A         B D        I
I       :        :          65 DISO-2 RV**      315    L.16  BCD   +    I
I      244       18         09 BOHL SPRACHE     44     27F   B D        I
I       :        :          10 EBELING VERBUM   56     7/3B  6CD        I
I       :        :          73 CAD  L RV**      54-B         B D        I
I      244       19         09 BOHL SPRACHE     54     28N   6 D        I
I       :        :          39 HARRIS CANAANIT  37          6 D        I
I       :        :          75 MORAN SYRIAN SC 163     49    6 D    R   I
I      244       20         10 RANKE KEILSCHR.  17          6 D        I
I      244       21- 24     53 MORAN SUMMA      79-B          D        I
I      244       25- 38     -                   78-A          D        I
I       :        25- 27     09 BOHL SPRACHE     72     34E   6CD     C  I
I      244       30- 43     53 MORAN SUMMA      79           BCD       I
I       :        30- 33     56 CAD  G RV**      25-B         6CD     C  I
I       :        30- 32     64 CAD 1A RV**      385-A        6 D     C  I
I       :        :    :     77 CAD 2M RV**      296-A        6CD   +  C I
I       :        30         10 EBELING VERBUM   53     7/3A  6CD       I
I      244       31- 33     51 DHORME NOUV.TAB 501     4     6 D       I
I       :        31         09 BOHL SPRACHE      7     3Q    B D       I
I       :        :          64 CAMPBELL CHRON.  55     76    D         I
I       :        :          71 HELCK BEZIEHUNG 183          D          I
I      244       32         09 BOHL SPRACHE     13     5G    6 D    EC  I
I      244       33         53 MORAN SUMMA      79     8     CD        I
I      244       35         09 BOHL SPRACHE     24     11C   6 D       I
I       :        :          71 HELCK BEZIEHUNG 254          CD         I
I       :        :          77 CAD 1M RV**      333-B        D         I
I      244       39         09 BOHL SPRACHE     32     21B   6 D       I
I       :        :          51 DHORME LANGUE   447          6CD        I
I      244       42         09 BOHL SPRACHE     84     37R   D         I
I      244       43         -                   15     6G    6 D       I
I       :        :          -                   51     28F   6 D       I
I       :        :          10 EBELING VERBUM   61     12    6CD       I
I       :        :          51 DHORME LANGUE   456          6CD        I
I       :        :          66 JUCQUOIS PHONET 220          6CD        I
I       :        :          -                   222          6CD       I
```

```
------------------------------------------------------------------------
I                                    C I T A T I O N S              I
I          T E X T E S         -------------------------------------- I
I                              DATE,  OUVPAGE, PAGES, NOTES  CARACTERIST. I
I         ---------------------  ---------------------------   ----------- I
I                                                                   I
I EA 245                                                            I
I ******                                                            I
I      245                     09 BOHL SPRACHE     83    37M   D        I
I       :                      64 CAMPBELL CHRON. 134     1E   D        I
I       :                      71 HELCK BEZIEHUNG 185          D        I
I      245       1             10 EBELING VERBUM   62     13   BCD      I
I       :        :             59 AHW   D RV**    147-B        B D      I
I       :        :             59 CAD   D RV**     13-A        BCD      I
I      245       3-  7         58 CAD   E RV**    195-A        BCD    C  I
I       :        3-  4         60 CAD  IJ RV**     94-B        BCD    C  I
I       :        3             09 BOHL SPRACHE    50-51  28F   B D      I
I       :        :             10 EBELING VERBUM   46    5/1B  BCD      I
I      245       5-  7         64 CAD  1A RV**     14-B        BCD    C  I
I       :        :   :         65 CAD   B RV**     66-B        BCD  + C  I
I       :        :   :         71 CAD   K RV**    277-E        BCD    C  I
I      245       6, 10         09 BOHL SPRACHE     83    37M   B D  +   I
I       :        6                   -             6      3F   B D  +   I
I       :        :                   -             15     6E   B D  +   I
I       :        :             51 DHORME LANGUE   458          BCD  +   I
I       :        :             56 CAD   H RV**     32-B        B D  +   I
I       :        :             59 AHW   B RV**    100-B        BC   +   I
I       :        :             65 DISO-2 RV**      86   L.10   BCD  +   I
I      245       8-  9         74 RAINEY EA NOTES 306          BCD  +   I
I       :        8             10 EBELING VERBUM   60   11/7   BCD  +  ? I
I       :        :                   -             75    24    BCD    EC I
I       :        :             15 KNUDTZON EL-AM 1601          BCD  +R   I
I       :        :             70 RAINEY TABLETS   74          B D    EC I
I       :        :                   -             87          B D  + EC I
I       :        :             71 HELCK BEZIEHUNG 435     6    BCD  +R   I
I       :        :             74 RAINEY EA NOTES 301          B D  +   I
I       :        :                   -            301          B D      I
I      245       9             09 BOHL SPRACHE     55    28Q   B D      I
I      245      10, 14         39 HARRIS CANAANIT   6     1    B D  +   I
I       :        :   :         51 DHORME LANGUE   473          BCD  +   I
I       :       10             09 BOHL SPRACHE     25   13F    B D      I
I       :        :                   -             26   13H    D    +   I
I       :        :                   -             27   15A    B D  +   I
I       :        :             39 HARRIS CANAANIT  44          BCD  +   I
I       :        :             51 DHORME LANGUE   475          BCD  +   I
I       :        :             64 CAD  1A RV**    194-B        B D  +   I
I       :        :             65 DISO-2 RV**      11   L.7    B D  +   I
I       :        :             66 JUCQUOIS PHONET  78          BCD  +   I
I       :        :             68 CAD  2A RV**    281-A        B D  +   I
I       :        :             73 KUHNE CHRONOLOG  11    46    D    +   I
I      245      11             09 BOHL SPRACHE     55    28Q   B D    ? I
I       :        :             71 AHW   R RV**    944-B        G        I
I      245      13- 14         52 MORAN KARATEPE?  79-B   27   B D      I
I       :       13                   -             77-A   9    BCD      I
I      245      14             09 BOHL SPRACHE     83    37M   B D  +   I
I       :        :             10 EBELING VERBUM   54   7/3A   BCD  +   I
I       :        :                   -             55   7/3A   BCD  +   I
I       :        :             51 DHORME LANGUE  424-425       BCD  +   I
I       :        :             65 DISO-2 RV**     147   L.46   B D  +   I
I       :        :             69 MORAN DEATH OF   96-A        D      ? I
I       :        :             77 CAD  1M RV**     73-A        B D  +   I
I      245      15             09 BOHL SPRACHE     73    34H   B D      I
I       :        :             64 CAD  1A RV**    358-B        BCD      I
I      245      16- 18         58 CAD   E RV**    263-B        BCD    C  I
```

TEXTES		CITATIONS			
		DATE, OUVRAGE, PAGES, NOTES			CARACTERIST.
245	16	66 JUCQUOIS PHONET	170		6 D
:	:	70 RAINEY TABLETS	83		6 D R
245	17	09 BOHL SPRACHE	51	28F	6 D
:	:	10 EBELING VERBUM	47	5/1B	6CD
245	18	09 BOHL SPRACHE	13	5G	6 D
245	24- 30	73 KUHNE CHRONOLOG	105	515	D
:	24	70 RAINEY TABLETS	90		6 D
245	26	67 SYL. 2 RV**	8	40	6 D C
245	27	09 BOHL SPRACHE	51	28F	6 D
245	28- 30	68 CAD 2A RV**	106-A		6CD + C
:	28, 35	09 BOHL SPRACHE	83	37M	6 D +
:	28	-	74	34N	6 D
:	:	51 DHORME LANGUE	460		6CD +
:	:	65 DISO-2 RV**	19	L.5	6CD +
245	29	10 EBELING VERBUM	68	17/1	6CD EC
245	31, 33	70 RAINEY TABLETS	9C		6 D
245	32	10 RANKE KEILSCHR.	22		6 D
:	:	73 KUHNE CHRONOLOG	61	297	6 D
245	34- 35	60 CAD IJ RV**	172-6		6CD C
:	34	09 BOHL SPRACHE	88	38N	D
:	:	1C EBELING VERBUM	53	7/3A	6CD
:	:	71 CAD K RV**	247-A		6 D
245	35	09 BOHL SPRACHE	27	15A	6 D +
:	:	-	69	33E	6 D +
:	:	39 HARRIS CANAANIT	6	1	6 D +
:	:	51 DHORME LANGUE	473		6CD +
:	:	-	474		6CD +
:	:	65 CAD B RV**	27-B		6CD +
:	:	65 DISO-2 RV**	103	L.27	6 D +
245	36- 37	71 CAD K RV**	17-A		C C
:	: :	77 CAD 2M RV**	92-B		6 D C
:	36	10 EBELING VERBUM	54	7/3A	6CD
245	38- 40	71 CAD K RV**	17-A		6C + C
:	38, 39	09 BOHL SPRACHE	83	37M	6 D +
:	38	-	64	32A	6 D +
:	:	-	67	32N	6 D +
:	:	10 EBELING VERBUM	74	24	6CD +
:	:	51 DHORME LANGUE	446		6CD +
:	:	-	472		6CD +
:	:	65 DISO-2 RV**	259	L.7	6 D +
:	:	66 JUCQUOIS PHONET	245		6CD +
245	39- 40	64 CAD 1A RV**	199-5		6CD C
:	39	51 DHORME LANGUE	435		6CD +
:	:	65 DISO-2 RV**	114	L.30	6 D +
:	:	66 JUCQUOIS PHONET	245		6CD +
:	:	75 MORAN AMARNA GL	156		6 D +
245	40	70 RAINEY TABLETS	79		6 D
:	:	74 AHW 'S RV**	1089-A		G
245	41- 45	73 MORAN DUAL PRON	51		6CD C
:	41, 43	70 RAINEY TABLETS	90		6 D
245	42, 44	51 DHORME LANGUE	444		6CD
:	42	10 EBELING VERBUM	68	17/1	6CD
245	44	64 CAMPBELL CHRON.	115		D
:	:	70 RAINEY TABLETS	86		6 D
245	45	73 MORAN DUAL PRON	50		6 D
:	:	-	53		D C
245	46- 47	6C CAD IJ RV**	24-6		6 D C

```
I                           C I T A T I O N S                 I
I       T E X T E S       --------------------------------------- I
I                         DATE,  OUVRAGE, PAGES, NOTES  CARACTERIST. I
I       ----------------  ------------------------------  ------------- I
I                                                                     I
I EA 246                                                              I
I ******                                                             I
I       246-329          39 HARRIS CANAANIT  24              D        I
I       246              64 CAMPBELL CHRON. 134       2E     D        I
I       :               71 HELCK BEZIEHUNG 185              D        I
I       246      3-  4  68 CAD 2A RV**     248-B           BCD    C   I
I       246      8-  9  75 MORAN AMARNA GL 152        B D   REC      I
I       246      '3     09 BOHL SPRACHE    59        29F   B D       I
I       246      '5- '7 73 MORAN DUAL PRON 51             BCD    C   I
I       :        '5- '6 64 CAMPBELL CHRON. 108              D        I
I       246      '7     73 MORAN DUAL PRON 50         B D          I
I       :        :      -                  53              D    C   I
I                                                                     I
I EA 247                                                              I
I ******                                                             I
I       247-248         66 JUCQUOIS PHONET 34              D      ? I
I       247,248         64 CAMPBELL CHRON. 109              D        I
I       :   :          71 HELCK BEZIEHUNG 185              D        I
I       247      9     09 BOHL SPRACHE    51        28F   b D       I
I       247      15    71 CAD  K RV**     72-A            bCD       I
I                                                                     I
I EA 248                                                              I
I ******                                                             I
I       246            64 CAMPBELL CHRON. 134       2E     D        I
I       248      4-  5 58 CAD  E RV**     186-B           BCD    C   I
I       248      8     70 RAINEY TABLETS  58         B D          I
I       248      9- 17 71 HELCK BEZIEHUNG 475              D    C   I
I       248      11    09 BOHL SPRACHE    51        28F   b D       I
I       :        :     39 HARRIS CANAANIT 37         B D          I
I       248      13    09 BOHL SPRACHE    24        11C   BCD    ? I
I       :        :     70 RAINEY TABLETS  73         B D          I
I       :        :     74 RAINEY EA NOTES 306        B D   R      I
I       248      14- 17 64 CAD 1A RV**     371-B          BCD    C   I
I       :        14    10 BURCHARDT ALTK.2 55-A    1079   B D   R C ? I
I       248      15    10 EBELING VERBUM   54       7/3A   b D      ? I
I       :        :     67 AHW  N RV**     721-A            B        I
I       :        :     70 RAINEY TABLETS  73         B D          I
I       248      17- 20 59 CAD  D RV**     188-A          BCD    C   I
I       :        17    09 BOHL SPRACHE    87        38K   CD        I
I       :        :     10 EBELING VERBUM  62         13   BCD       I
I       248      18- 20 65 CAD  B RV**     150-A          BCD    C   I
I       248      20    09 BOHL SPRACHE    59        29F   B D       I
I       :        :     10 EBELING VERBUM  74         22   bCD       I
I       248      21- 22 60 CAD IJ RV**     28-A          B D    C   I
I                                                                     I
I EA 249                                                              I
I ******                                                             I
I       249-251         71 HELCK BEZIEHUNG 303              D        I
I       249-250         66 JUCQUOIS PHONET 36              D        I
I       249,250         09 BOHL SPRACHE    44        27F   D        I
I       :   :          -                  46        27N   D        I
I       :   :          -                  51        28F   D        I
I       :   :          -                  53        28M   D        I
I       :   :          -                  55        28Q   D        I
I       :   :          64 CAMPBELL CHRON. 109-110          D        I
I       249           -                  134        1E     D        I
I       249      2     70 RAINEY TABLETS  88         B D          I
I       :        :     71 HELCK BEZIEHUNG 187        B D    C   I
```

TEXTES			CITATIONS						
			DATE,	OUVRAGE,	PAGES,	NOTES	CARACTERIST.		
249	3		75	MORAN SYRIAN SC	149	N.175	AB D	C	
249	5, 13		09	BOHL SPRACHE	53	28M	B D		
:	5, 10		15	KNUDTZON EL-AM	1601		C		
:	5		10	EBELING VERBUM	71	21	BCD		
249	6- 8			-	78	APP	CD	C	
:	6		09	BOHL SPRACHE	46	27N	B D		
:	:		10	EBELING VERBUM	56	7/3B	BCD		
:	:		58	CAD E RV**	226-A		BCD		
249	7		09	BOHL SPRACHE	51	28F	B D		
:	:		15	KNUDTZON EL-AM	1601		B	R	?
:	:		56	CAD H RV**	5-B		BCD		
249	8- 10		58	CAD E RV**	155-A		BCD	C	
249	9		09	BOHL SPRACHE	44	27F	b D		
:	:		10	EBELING VERBUM	56	7/3B	BCD		
249	10		09	BOHL SPRACHE	74	34P	D		
:	:		10	EBELING VERBUM	71	21	BCD		
:	:		75	MORAN SYRIAN SC	149	N.201	AB D	C	
249	11		15	KNUDTZON EL-AM	1005/141/BCD	A	A	C	
249	16- 17		64	CAMPBELL CHRON.	109		D		
249	18		09	BOHL SPRACHE	51	28F	B D	R	
249	26		10	EBELING VERBUM	63	13	BCD		

EA 250
******

TEXTES			CITATIONS						
250			64	CAMPBELL CHRON.	125		D		
:				-	134	2D	D		
:				-	134	2F	D		
:			73	MORAN DUAL PRON	53		D		
250	2		64	CAMPBELL CHRON.	125		B D	C	
:	:		70	RAINEY TABLETS	88		B D		
:	:		71	HELCK BEZIEHUNG	185	111	B D	C	
:	:			-	187		D	C	
250	5- 8		73	MORAN DUAL PRON	51		BCD	C	
:	5, 6		77	AHW T RV**	1327-A		b D	C	
:	5		09	BOHL SPRACHE	45	27I	BCD		
:	:		10	EBELING VERBUM	63	13	BCD	EC	
:	:		51	DHORME LANGUE	437	3	bCD		
250	6, 8		73	MORAN DUAL PRON	50		B D		
:	6		77	AHW >S RV**	1276-B		B D	C	
250	7, 8		64	CAMPBELL CHRON.	109	4	D		
:	7		09	BOHL SPRACHE	63	31B	B D		
:	:		10	EBELING VERBUM	62	12	BCD		
:	:		51	DHORME LANGUE	433		BCD		
250	8		09	BOHL SPRACHE	45	27I	BCD		
:	:		10	EBELING VERBUM	62	13	BCD		
:	:		51	DHORME LANGUE	437		BCD		
:	:		73	MORAN DUAL PRON	51	6	d D	C	
250	9- 12		10	EBELING VERBUM	76	APP	CD	C	
:	9- 11			-	71	21	BCD	C	
250	10		09	BOHL SPRACHE	15	6G	b D		?
:	:			-	30	18E	b D		
:	:			-	53	28M	b D		?
:	:		10	EBELING VERBUM	42	1/6	bCD		?
:	:		15	KNUDTZON EL-AM	1601		CD		?
:	:		77	CAD 1M RV**	211-B		B D		
250	12		10	EBELING VERBUM	54	7/3A	BCD		
:	:		70	RAINEY TABLETS	92		b D		
250	14		10	EBELING VERBUM	53	7/3A	BCD		
250	15- 16			-	71	21	BCD	C	

TEXTES		DATE, OUVRAGE, PAGES, NOTES			CARACTERIST.	
250	16	09 BOHL SPRACHE	65	32F	Ƅ D	
:	:	10 EBELING VERBUM	58	8/4	BCD	
:	:	66 JUCQUOIS PHONET	282			
250	17, 21	71 HELCK BEZIEHUNG	127	44	Ƅ D	C
:	17	09 BOHL SPRACHE	69	33C	BCD	
:	:	10 EBELING VERBUM	55	7/3A	ƄCD	
250	18	-	45	5/1A	ƄCD	
250	19	09 BOHL SPRACHE	55	28Q	Ƅ D	
:	:	68 CAD 2A RV**	163-A		BCD	
:	:	73 MORAN DUAL PRON	50-51		ƄCD	
:	:	-	53		D	C
:	:	77 AHW >S RV**	1276-B		Ƅ D	
250	20	09 BOHL SPRACHE	51	28F	Ƅ D	
:	:	60 AHW E RV**	194-B		Ƅ D	
:	:	60 CAD IJ RV**	94-B		Ƅ D	
250	22- 27	73 KUHNE CHRONOLOG	62	301	D	
:	22, 23	09 BOHL SPRACHE	51	28F	Ƅ D	
250	24	64 CAMPBELL CHRON.	109-110	4	D	
250	26	10 EBELING VERBUM	51	6/2B	ƄCD	
:	:	-	70	21	ƄCD	
250	28	09 BOHL SPRACHE	51	28F	D	
250	33, 34	73 MORAN DUAL PRON	50-51		Ƅ D	
:	33	09 BOHL SPRACHE	51	28F	Ƅ D	
:	:	10 EBELING VERBUM	65	15	BCD	
:	:	51 DHORME LANGUE	441		ƄCD	
250	35- 39	73 MORAN DUAL PRON	51	7	ƄCD	
:	: :	75 MORAN AMARNA GL	151	1	D	
:	35	15 KNUDTZ.CR/UNGN.	186		CD	
:	:	68 CAD 2A RV**	356-A		Ƅ D	
250	37- 38	73 MORAN DUAL PRON	51		ƄCD	C
:	37	09 BOHL SPRACHE	63	31B	B D	
:	:	10 EBELING VERBUM	62	12	ƄCD	
:	:	51 DHORME LANGUE	433		ƄCD	
:	:	64 CAMPBELL CHRON.	109	4	D	
:	:	73 KUHNE CHRONOLOG	62	301	D	
250	38	73 MORAN DUAL PRON	50		Ƅ D	
250	39	09 BOHL SPRACHE	45	27I	BCD	
:	:	10 EBELING VERBUM	62	13	BCD	
:	:	51 DHORME LANGUE	437		ƄCD	
:	:	64 CAMPBELL CHRON.	109	4	ƄCD	
:	:	-	125		D	
250	41	09 BOHL SPRACHE	65	32F	Ƅ D	
:	:	66 JUCQUOIS PHONET	282		Ƅ D	
250	42	09 BOHL SPRACHE	51	28F	Ƅ D	
:	:	-	69	33C	BCD	
250	43- 44	71 HELCK BEZIEHUNG	185		D	C
:	43	10 BURCHARDT ALTK.2 19-B	358	Ƅ D	C	
:	:	-	2 44-B	858	Ƅ D	C
:	:	51 DHORME NOUV.TAB	495		D	
:	:	71 HELCK BEZIEHUNG	126	117	Ƅ D	
250	45, 47	09 BOHL SPRACHE	81	37B	Ƅ D	+
:	45, 46	-	51	28F	Ƅ D	?
:	45	70 RAINEY TABLETS	74		3CD	
:	:	73 MORAN DUAL PPON	53		ƄCD	
250	46	70 RAINEY TABLETS	92		Ƅ D	
:	:	71 HELCK BEZIEHUNG	185	111	D	C
250	47	10 EBELING VERBUM	74	24	ƄCD	?
:	:	73 KUHNE CHRONOLOG	6	340	D	
250	48, 56	09 BOHL SPRACHE	51	28F	Ƅ D	

TEXTES			CITATIONS				CARACTERIST.
			DATE, OUVRAGE, PAGES, NOTES				
252-254			64 CAMPBELL CHRON.	114		D	
:	:		-	134	1E	D	
:	:		66 JUCQUOIS PHONET	35		D	
:	:		75 MORAN AMARNA GL	150		D	
252			09 BOHL SPRACHE	87	38F	D	
:			75 MORAN AMARNA GL	147	1	D	
252	5		10 EBELING VERBUM	54	7/3A	BCD	
252	6-	8	15 KNUDTZON EL-AM	1601		C	C
:	6-	7	75 MORAN AMARNA GL	150	3	D	?
:	6,	8	15 KNUDTZON EL-AM	1601		B D	
252	7		10 EBELING VERBUM	54	7/3A	BCD	
252	8		09 BOHL SPRACHE	62	30I	B D	
:	:		10 EBELING VERBUM	60	11/7	BCD	
:	:		-	72	21	D	?
:	:		71 CAD K RV**	321-A		BCD	
:	:		74 RAINEY EA NOTES	306		B D	
252	9,	12	10 EBELING VERBUM	53	7/3A	BCD	
252	10-	11	15 KNUDTZON EL-AM	1601		C	
:	10		-	1601		B D	R
:	:		70 RAINEY TABLETS	83		B D	
:	:		74 RAINEY EA NOTES	309		B D	EC
:	:		-	309		B D	REC ?
252	13-	15	76 AHW >S RV**	1193-A		B D	+ C ?
:	13-	14	09 BOHL SPRACHE	85	37V	B D	+
:	:	:	71 CAD K RV**	223-A		B D	+ C
:	:	:	74 RAINEY EA NOTES	308		B D	+ C
:	:	:	75 MORAN AMARNA GL	150	2	B D	
:	13		10 EBELING VERBUM	53	7/3A	BCD	
:	:		15 KNUDTZON EL-AM	1601		CD	?
252	14		10 EBELING VERBUM	57	7/3B	BCD	+
:	:		-	59	11/7	BCD	+
:	:		51 DHORME LANGUE	452		BCD	+
:	:		71 CAD K RV**	222-B		B	+
:	:		73 KUHNE CHRONOLOG	6	340	D	
:	:		75 MORAN SYRIAN SC	161	38	B D	+
252	16,	20	51 DHORME LANGUE	476		BCD	
:	16		67 AHW N RV**	725-A		B D	
252	17		09 BOHL SPRACHE	62	30F	BCD	?
:	:		10 EBELING VERBUM	60	11/7	BCD	?
:	:		75 MORAN AMARNA GL	148		BCD	
:	:		77 CAD 1M RV**	72-A		B D	
252	18,	27	09 BOHL SPRACHE	53	28M	B D	
:	18		-	18	8B	B D	
:	:		67 AHW N RV**	758-A		B D	
:	:		70 RAINEY TABLETS	68		B D	
:	:		-	74		B D	
:	:		75 MORAN AMARNA GL	148		BCD	R
:	:		-	149	1	B D	C
252	19		09 BOHL SPRACHE	51	28F	B D	?
252	20-	21	15 KNUDTZON EL-AM	1601		CD	
:	20,	23	75 MORAN AMARNA GL	149		BCD	
:	20		09 BOHL SPRACHE	55	28Q	B D	?
:	:		10 EBELING VERBUM	65	15	BCD	?
:	:		70 RAINEY TABLETS	80		B D	EC
:	:		75 MORAN AMARNA GL	149	1	B D	R C
252	21		09 BOHL SPRACHE	34	23B	B D	
:	:		15 KNUDTZON EL-AM	1601		B	R
:	:		77 CAD 1M RV**	226-B		BCD	R
252	22		10 EBELING VERBUM	53	7/3A	BCD	

```
I                                          C I T A T I O N S                      I
I       T E X T E S                  ------------------------------------------   I
I                                    DATE,  OUVRAGE, PAGES, NOTES  CARACTERIST.    I
I    ----------------------------    ------------------------------------------   I
I       252      23                  09 BOHL SPRACHE      54      28N   b D       I
I       252      25- 31              15 KNUDTZON EL-AM 1601             CD     C   I
I        :       25- 27              75 MORAN AMARNA GL 150       3      D        I
I        :       25                  15 KNUDTZON EL-AM 1601              D        I
I        :       :                        -            1601           b D    R    I
I        :       :                   67 AHW  N RV**       734-A       b D         I
I        :       :                   70 RAINEY TABLETS    73          b D         I
I       252      26                  15 KNUDTZON EL-AM 1601         b D       C   I
I        :       :                   67 AHW  N RV**       734-A        C        C  I
I        :       :                   77 AHW  T RV**      1302-B       BCD          I
I       252      27                  77 CAD 1M RV**        75-B       b D          I
I       252      28- 29              15 KNUDTZON EL-AM 1601              D         I
I        :       28, 31              09 BOHL SPRACHE      62      30I   b D        I
I        :       :    :              74 RAINEY EA NOTES 306            bCD         I
I        :       28                  10 EBELING VERBUM    60      11/7  BCD        I
I        :       :                        -            72         21   D        ? I
I        :       :                   70 RAINEY TABLETS   65           b D          I
I       252      29                  10 EBELING VERBUM    54      7/3A  BCD        I
I       252      30                  70 RAINEY TABLETS    83            bCD        I
I       252      31                  15 KNUDTZON EL-AM 1601               G        I
I                                                                                 I
I EA 253                                                                          I
I ******                                                                          I
I       253-254                      75 MORAN AMARNA GL 147-151          D         I
I       253,254                      64 CAMPBELL CHRON. 109       2      D         I
I       253                          75 MORAN SYRIAN SC 160      26      D         I
I       253       3-  4              71 CAD  K RV**        8-A       b D    R C    I
I       253       4                  09 BOHL SPRACHE      21       9C    D         I
I       253       7- 10              64 CAMPBELL CHRON. 109       2      D      C  I
I        :        7, 10              15 KNUDTZON EL-AM 1601            b D    R     I
I        :        7                  75 MORAN AMARNA GL 149       2    b D    R    I
I       253      10                        -            150           b D          I
I       253      15- 28                    -            148           BCD          I
I       253      16, 17              10 EBELING VERBUM    54      7/3A  BCD        I
I        :       16                  59 AHW  A RV**       65-A         ECD          I
I       253      17                  51 DHORME LANGUE    486           BCD          I
I        :       :                   56 CAD  H RV**      159-A          D           I
I       253      18- 24              64 CAMPBELL CHRON. 109       2      D          I
I        :       :    :              75 MORAN AMARNA GL 147       5      D          I
I        :       18- 23                    -            150          b D      C    I
I        :       18- 20              56 CAD  H RV**      211-A        BCD      C    I
I        :       :    :              68 CAD 2A RV**      138-B       BCD      C    I
I       253      19- 22              10 EBELING VERBUM    73      22    BCD      C  I
I       253      21- 24              64 CAMPBELL CHRON. 114               D        I
I        :       21                  09 BOHL SPRACHE      58      29C   BCD        I
I       253      23- 24              75 MORAN AMARNA GL 150       1      D      C  I
I        :       23                        -            147       5    bCD         I
I       253      24- 28              58 CAD  E RV**      165-A         bCD      C  I
I        :       24- 25              75 MORAN AMARNA GL 150       3      D          I
I        :       24, 30              09 BOHL SPRACHE      51      28F   b D         I
I        :       24                        -            15        6E   b D         I
I        :       :                   10 EBELING VERBUM    43      3/1   BCD        I
I        :       :                   60 AHW  E RV**      217-B        b D           I
I        :       :                   70 RAINEY TABLETS   57            D            I
I       253      25- 28              15 KNUDTZ.CR/UNGN. 186            C      C    I
I       253      26                  60 CAD IJ RV**      143-A       b D           I
I       253      28                  68 CAD 2A RV**      220-B         D            I
I       253      29- 35              75 MORAN AMARNA GL 148            D            I
I       253      30                  10 EBELING VERBUM    66      16   BCD          I
```

```
I                                          C  I  T  A  T  I  O  N  S              I
I        T E X T E S              ----------------------------------------------  I
I                                 DATE,  OUVRAGE, PAGES, NOTES  CARACTERIST.       I
I       ---------------------     -----------------------------------------       I
I        253        30            75 MORAN AMARNA GL 149              BCD          I
I        253        31            15 KNUDTZON EL-AM 1601                G          I
I        :          :             75 MORAN AMARNA GL 149              BCD    EC    I
I        253        32             -             150               B D             I
I                                                                                  I
I EA 254                                                                           I
I ******                                                                           I
I        254                      64 CAMPBELL CHRON. 103                D          I
I        :                         -             134      1C            D          I
I        :                         -             134      1E            D          I
I        :                        67 REDFORD HISTORY 155    282         D       ? I
I        :                        73 KUHNE CHRONOLOG  12     49         D          I
I        254        2-  3         58 CAD  E RV**      186-B           BCD     C    I
I        254        6- 10         64 CAMPBELL CHRON. 109       2       D      C    I
I        :          6             75 MORAN AMARNA GL 149       2     B D     EC    I
I        254        7              -             150               B D             I
I        254        8- 10         10 EBELING VERBUM   78     APP     CD      C     I
I        :          8             09 BOHL SPRACHE     29     18D     BCD           I
I        :          :             77 CAD 2M RV**      63-A             D           I
I        254        9- 10         75 MORAN AMARNA GL 151       1       D           I
I        :          9             09 BOHL SPRACHE     51     28F    B D            I
I        :          :             75 MORAN AMARNA GL 149              BCD          I
I        254        10- 12        56 CAD  H RV**      159-A           BCD     C    I
I        :          :   :         68 CAD 2A RV**      295-B           BCD     C    I
I        :          10- 11         -              19-A             B D     C       I
I        254        11, 12        10 EBELING VERBUM   54     7/3A    BCD           I
I        :          11            59 AHW  A. RV**     65-A           BCD           I
I        254        12            51 DHORME LANGUE    486            BCD           I
I        :          :             62 AHW  H RV**     338-A          B D            I
I        254        13- 15        65 CAD  B RV**      233-A          BCD      C    I
I        :          :   :         71 CAD  K RV**      100-B          BCD      C    I
I        :          13            09 BOHL SPRACHE     67     32N       D           I
I        254        14- 15        58 CAD  E RV**      298-B          BCD      C    I
I        254        16- 27        75 MORAN AMARNA GL 150             BCD           I
I        :          16- 17        56 CAD  H RV**       3-B           BCD      C    I
I        :          16            09 BOHL SPRACHE     85     37V       D   +   ? I
I        :          :             10 EBELING VERBUM   51     6/2B    BCD     EC    I
I        :          :             51 DHORME LANGUE    484            B D           I
I        254        17- 20        68 CAD 2A RV**      295-B          BCD      C    I
I        :          17            09 BOHL SPRACHE     85     37V     B D           I
I        :          :             10 EBELING VERBUM   57     7/3B    BCD           I
I        :          :             51 DHORME LANGUE    424            BCD           I
I        254        18, 19        72 AHW  S RV**     1022-A          B D      C    I
I        :          18            67 SYL. 2 RV**      43     223     B D      C    I
I        :          :             75 MORAN AMARNA GL 149             B D           I
I        254        19- 27        64 CAMPBELL CHRON. 114                D          I
I        :          19- 23        75 MORAN AMARNA GL 150             B D      C    I
I        254        20- 22        10 EBELING VERBUM   73      22     BCD      C    I
I        :          :   :         65 CAD  B RV**      149-B          BCD      C    I
I        :          20            67 SYL. 2 RV**      31     163     B D      C    I
I        254        21            09 BOHL SPRACHE     58     29C     BCD           I
I        254        22            67 SYL. 2 RV**      23     130     B D      C    I
I        254        23, 25        75 MORAN AMARNA GL 149             B D           I
I        254        24- 29        71 HELCK BEZIEHUNG 185               D      C    I
I        :          24- 27        75 MORAN AMARNA GL 150       3       D           I
I        :          24            71 AHW  P RV**      876-B          B D           I
I        :          :             75 MORAN AMARNA GL 150       3     B D           I
I        254        25- 29        64 CAMPBELL CHRON. 103                D          I
I        :          :   :          -             109       2         D      C    I
```

TEXTES			DATE, OUVRAGE, PAGES, NOTES			CARACTERIST.	
254	25-	27	64 CAD 1A RV**	232-A		BCD	C
:	:	:	77 CAD 2M RV**	81-A		BCD	C
:	25-		75 MORAN AMARNA GL	147	5	D	
:	25		09 BOHL SPRACHE	51	28F	B	
254	27		51 DHORME LANGUE	477		BCD	
:	:		59 AHW A RV**	24-A		B	
254	28-	29	60 CAD IJ RV**	24-A		B D	C
:	28		10 EBELING VERBUM	40	1/3	BCD	
254	30-	35	64 CAMPBELL CHRON.	109	2	D	C
254	31,	39	10 EBELING VERBUM	56	7/3B	BCD	
254	32-	35	60 CAD IJ RV**	25-A		B D	C
254	35-	41	15 KNUDTZ.CR/UNGN.	186		CD	C
:	35		10 EBELING VERBUM	67	16	BCD	
:	:		75 MORAN AMARNA GL	149		BCD	
254	36-	37	71 HELCK BEZIEHUNG	250		D	?
:	36		09 BOHL SPRACHE	46	27N	B D	
:	:		-	73	34H	B D	
:	:		10 EBELING VERBUM	56	7/3B	BCD	
254	38-	46	15 KNUDTZ.CR/DELI.	164-A		CD	C
:	38-	42	71 CAD K RV**	321-A		BCD	C
:	38,	40	65 AHW K RV**	467-B		G	
254	40-	45	58 CAD E RV**	220-A		C	C
:	40,	45	15 KNUDTZON EL-AM	1601		G	
:	:	:	15 KNUDTZ.CR/UNGN.	186		D	
:	40		09 BOHL SPRACHE	67	32N	D	
:	:		15 KNUDTZON EL-AM	1601		B D	
:	:		75 MORAN AMARNA GL	149		BCD	
254	42		10 EBELING VERBUM	56	7/3B	BCD	
254	43-	45	75 MORAN AMARNA GL	150	3	D	C
:	:	:	77 CAD 1M RV**	423-A		BCD	C
254	45-	46	15 KNUDTZ.CR/UNGN.	186		CD	C
:	:	:	58 CAD E RV**	220-A		BCD	C
:	:	:	65 AHW K RV**	467-B		B D	C
:	:	:	71 CAD K RV**	321-A		BCD	C
:	:	:	75 MORAN AMARNA GL	152		BCD	
:	45		09 BOHL SPRACHE	7	30	B D	
254	46		75 MORAN AMARNA GL	149		BCD	
254	47		15 KNUDTZON EL-AM	1005/142/ 813 A			C
:	:		64 CAMPBELL CHRON.	69-70		B D	C
:	:		-	97		D	C
:	:		-	103		CD	R C
:	:		-	109	3	D	C
:	:		64 HORNUNG UNTERS.	66		CD	C
:	:		67 REDFORD HISTORY	155	282	CD	C
:	:		71 HELCK BEZIEHUNG	185		CD	C ?

EA 255
******

255-256			64 CAMPBELL CHRON.	97		D	
:	:		-	134	2E	D	
:	:		66 JUCQUOIS PHONET	35		D	?
255,256			09 BOHL SPRACHE	44	27F	D	
:	:		-	51	28F	D	
:	:		73 KUHNE CHRONOLOG	62	301	D	
255	3		09 BOHL SPRACHE	15	6F	B D	
:	:		71 HELCK BEZIEHUNG	185	116	D	C
255	5		09 BOHL SPRACHE	21	9C	D	
:	:		51 DHORME LANGUE	487		B D	
255	8-		73 KUHNE CHRONOLOG	62	301	D	

```
I                                         C I T A T I O N S              I
I       T E X T E S          --------------------------------------------- I
I                            DATE, OUVRAGE, PAGES, NOTES  CARACTERIST.   I
I       --------------------  -------------------------------------------  I
I      255        8          09 BOHL SPRACHE      44      27F  Ḅ D         I
I       :         :          10 EBELING VERBUM    56      7/3B ḄCD         I
I       :         :          10 RANKE KEILSCHR.    9           Ḅ D         I
I      255        9- 25      71 HELCK BEZIEHUNG  428            D       C  I
I       :         9- 11      10 EBELING VERBUM    71      21   ḄCD     C  I
I       :         :    :     56 CAD  H RV**      111-A         ḄCD     C  I
I       :         9-         73 KUHNE CHRONOLOG  119     599    D         I
I       :         9          09 BOHL SPRACHE     12      5D   Ḅ D         I
I      255       11          10 EBELING VERBUM    62      12   ḄCD         I
I      255       12          77 CAD 2M RV**       63-A          D         I
I      255       13, 18      56 CAD  H RV**      111-A          D         I
I      255       15          15 KNUDTZON EL-AM 1005/143/6140 A        C  I
I       :         :          64 CAMPBELL CHRON.   97           Ḅ D         I
I      255       16          15 KNUDTZON EL-AM 1602            D         I
I      255       17          09 BOHL SPRACHE     51      28F  Ḅ D         I
I       :         :          10 EBELING VERBUM    40      1/3  ḄCD         I
I      255       21- 24      64 CAD 1A RV**       14-B         ḄCD     C  I
I      255       25          10 EBELING VERBUM    53      7/3A Ḅ D       ? I
I       :         :          15 KNUDTZ.CR/UNGN.  186           ḄCD         I
I       :         :          70 RAINEY TABLETS    74           Ḅ D     R  I
I                                                                          I
I EA 256                                                                   I
I ******                                                                   I
I      256                   51 DHORME NOUV.TAB 493-494         D         I
I       :                    64 CAMPBELL CHRON.   74            D         I
I       :                       -                116            D         I
I       :                       -                134      2C    D         I
I       :                    71 HELCK BEZIEHUNG 184            D         I
I       :                    73 KUHNE CHRONOLOG   4       25    D         I
I      256        2,  5      09 BOHL SPRACHE     15      6F   Ḅ D         I
I       :         :    :     71 HELCK BEZIEHUNG 184           Ḅ D     C  I
I      256        4          10 EBELING VERBUM    53      7/3A ḄCD         I
I      256        5- 10      64 CAD 1A RV**       46-B         ḄCD     C  I
I      256        6-  8      51 DHORME NOUV.TAB 493      7    CD      C  I
I       :         6          10 EBELING VERBUM    44      4/1  ḄCD         I
I       :         :             -                65      15   ḄCD         I
I       :         :             -                74      24   ḄCD         I
I       :         :          51 DHORME LANGUE    439           ḄCD    +   I
I       :         :          70 RAINEY TABLETS    88           Ḅ D        I
I      256        7-  8      10 EBELING VERBUM    42      2/4  ḄCD    + C  I
I       :         7          09 BOHL SPRACHE     84      37N  ḄCD    +  ? I
I       :         :          10 EBELING VERBUM    64      14   ḄCD    +    I
I       :         :          39 HARRIS CANAANIT   6       3    ḄCD    +  ? I
I       :         :             -                74           ḄCD    +    I
I       :         :          56 CAD  H RV**      184-A         ḄCD    +    I
I       :         :          65 DISO-2 RV**       81      L.7  Ḅ D    +    I
I      256        8-  9      10 EBELING VERBUM    64      14   CD     C   I
I       :         8, 13      70 RAINEY TABLETS    93           Ḅ D    R    I
I       :         8          66 JUCQUOIS PHONET  185           ḄCD       ? I
I      256        9          09 BOHL SPRACHE      8       3U   Ḅ D    +    I
I       :         :             -                25      13G  Ḅ D         I
I       :         :             -                26      13H   D     +    I
I       :         :             -                83      37N  ḄCD    +    I
I       :         :          10 EBELING VERBUM    41      1/4  ḄCD         I
I       :         :             -                42      2/1  Ḅ D         I
I       :         :             -                59      9/5  ḄCD    +    I
I       :         :          39 HARRIS CANAANIT  44           ḄCD    +    I
I       :         :          51 DHORME LANGUE    431           ḄCD    +    I
I       :         :             -                467           ḄCD    +    I
```

```
I                                              C  I  T  A  T  I  O  N  S               I
I         T E X T E S           ----------------------------------------------------   I
I                               DATE,  OUVPAGE, PAGES, NOTES  CARACTERIST.   I
I      ----------------------   ----------------------------------------------------   I
I      256        9            51 DHORME NOUV.TAB 502              BCD  +      I
I       :         :            61 MORAN HEB.LANG.  67        16    B D  +      I
I       :         :            65 DISO-2 RV**     193       L.3    B D  +      I
I       :         :            66 JUCQUOIS PHONET  78              BCD  +      I
I       :         :            73 KUHNE CHRONOLOG  11        46      D  +      I
I       :         :               -             85-86      421    BCD  +      I
I      256       10- 13        09 BOHL SPRACHE     73       34K    BCD         I
I       :        10- 12        65 CAD  B RV**     57-B             BCD      C  I
I      256       13            70 RAINEY TABLETS   88              B D         I
I      256       15- 18        64 CAD 1A RV**     358-B            B D      C  I
I      256       18            09 BOHL SPRACHE     88       38U    B D         I
I      256       19, 21        64 CAD 1A RV**     121-A            B D      C  I
I       :        19            09 BOHL SPRACHE     76       35C    BCD         I
I      256       20            65 CAD  B RV**     294-A                   G    I
I      256       21            10 EBELING VERBUM   43       3/4    BCD         I
I       :         :            15 KNUDTZON EL-AM 1602              BCD         I
I       :         :            67 AHW  N RV**     694-A            B D         I
I       :         :            70 KLENGEL GESCH.3 102              B D         I
I       :         :            70 RAINEY TABLETS   73              B D         I
I       :         :            71 HELCK BEZIEHUNG 184       103      D      C  I
I      256       22            10 EBELING VERBUM   54       7/3A   BCD         I
I      256       24- 28        71 HELCK BEZIEHUNG 184       104      D      C  I
I       :        24               -              144       221    B D         I
I      256       25            70 RAINEY TABLETS   93              B D     EC  I
I      256       27            10 EBELING VERBUM   53       7/3A   BCD         I
I      256       29            66 JUCQUOIS PHONET 122              B D         I
I       :         :            68 CAD 2A RV**     138-B            BCD         I
I      256       31            09 BOHL SPRACHE     47       27P    BCD         I
I       :         :            10 EBELING VERBUM   56       7/3B   BCD         I
I      256       32- 34        52 MORAN KARATEPE?  79-B       27   B D         I
I       :        32               -              77-A         9   BCD         I
I      256       33, 35        10 EBELING VERBUM   70        21    BCD      C  I
I      256       34               -               52       7/3A   BCD         I
I       :         :            70 RAINEY TABLETS   93              B D     R   I
I                                                                              I
I EA 257                                                                       I
I ******                                                                       I
I      257-260                 09 BOHL SPRACHE     46       27N     D          I
I       :         :               -               51       28F     D          I
I       :         :               -               53       28M     D          I
I       :         :               -               55       28Q     D          I
I       :         :            15 KNUDTZON EL-AM 1602                G         I
I       :         :            64 CAMPBELL CHRON. 115              D           I
I       :         :               -              134        2E    D           I
I       :         :            71 HELCK BEZIEHUNG 185              D           I
I      257-259                 66 JUCQUOIS PHONET  36              D           I
I      257        3            64 CAMPBELL CHRON. 115        15   B D      C   I
I      257       10            10 EBELING VERBUM   53       7/3A   BCD         I
I      257       12- 16        64 CAD 1A RV**      16-A            B D      C   I
I      257       13- 16        56 CAD  H RV**     230-A            BCD      C   I
I       :        13- 15        71 CAD  K RV**     448-A            BCD      C   I
I       :        13            09 BOHL SPRACHE     46       27N    B D         I
I       :         :            10 EBELING VERBUM   56       7/3B   BCD         I
I      257       14            65 AHW  K RV**     490-A            B D         I
I      257       15            09 BOHL SPRACHE     84       37T    B D         I
I       :         :            51 DHORME LANGUE   460              BCD         I
I      257       16            66 JUCQUOIS PHONET 176              BCD         I
I       :         :               -              248              BCD         I
I      257       17- 19        68 CAD 2A RV**     220-A            BCD      C   I
```

```
I                              C I T A T I O N S                    I
I        T E X T E S        ---------------------------------------  I
I                           DATE,  OUVRAGE, PAGES, NOTES  CARACTERIST. I
I        ---------------    ---------------------------------------  I
I        257      17        09 BOHL SPRACHE      15      6G    B D       I
I        257      20           -                 53     28M    B D       I
I                                                                         I
I EA 258                                                                  I
I ******                                                                  I
I        258                64 CAMPBELL CHRON. 132             D          I
I         :                 73 KUHNE CHRONOLOG  12      49     D          I
I        258       2        64 CAMPBELL CHRON. 115      15    B D    C    I
I         :        :        70 RAINEY TABLETS   88            B D         I
I        258       3- 4     71 CAD  K RV**      471-B         BCD    C    I
I        258       6- 8     77 CAD 2M RV**      79-B          B D    C    I
I        258       7        09 BOHL SPRACHE     51     28F    B D         I
I         :        :        10 EBELING VERBUM   66      16    BCD         I
I         :        :        51 DHORME LANGUE    442           BCD         I
I        258      '1        15 KNUDTZON EL-AM 1005/144/819G A        C    I
I                                                                         I
I EA 259                                                                  I
I ******                                                                  I
I        259       2        64 CAMPBELL CHRON. 115      15    B D    C    I
I         :        :        70 RAINEY TABLETS   88            B D    R    I
I        259       6        77 CAD 2M RV**      79-B          B D         I
I        259       7        10 EBELING VERBUM   54    7/3A    BCD         I
I                                                                         I
I EA 260                                                                  I
I ******                                                                  I
I        260                66 JUCQUOIS PHONET  36             D          I
I         :                 75 MORAN SYRIAN SC 151             D          I
I         :                    -               161      34     G         I
I        260       2        51 DHORME LANGUE    423      1    B D         I
I         :        :        64 CAMPBELL CHRON. 115      15    B D    C    I
I         :        :        70 RAINEY TABLETS   88            B D      ?  I
I        260       5        09 BOHL SPRACHE     55     28Q    B D         I
I        260       8        68 CAD 2A RV**      111-A          D          I
I        260      11        60 AHW  E RV**      188-B         BCD         I
I        260      13        09 BOHL SPRACHE     10      4C    B D         I
I         :        :        15 KNUDTZON EL-AM 1005/145/820C A        C    I
I         :        :        71 CAD  K RV**      237-A         B D    R    I
I        260      14        66 JUCQUOIS PHONET 152           BCD         I
I         :        :        70 KLENGEL GESCH.3  70      70    B D         I
I         :        :        71 HELCK BEZIEHUNG 166     134    B D    C    I
I                                                                         I
I EA 261                                                                  I
I ******                                                                  I
I       261-262             09 BOHL SPRACHE     51     28F     D          I
I        :   :              64 CAMPBELL CHRON. 132-133        D          I
I        :   :              66 JUCQUOIS PHONET  36             D          I
I       261,262             09 BOHL SPRACHE     55     28Q     D          I
I        261       3        71 HELCK BEZIEHUNG 187            D      C    I
I        261       8        09 BOHL SPRACHE     51     28F    B D         I
I        261      10        10 EBELING VERBUM   67      16    BCD         I
I                                                                         I
I EA 262                                                                  I
I ******                                                                  I
I        262                73 KUHNE CHRONOLOG  12      49     D          I
I        262       3        71 HELCK BEZIEHUNG 187            D      C    I
I        262       7- 10    56 CAD  G RV**      4            BCD    C    I
I         :        :   :    58 CAD  E RV**      228-A        BCD    C    I
I         :        7- 9     77 CAD 2M RV**      79-B         B D    C    I
I        262       8        09 BOHL SPRACHE     51     28F    B D         I
```

```
-------------------------------------------------------------------
I                                  C I T A T I O N S              I
I      T E X T E S           -------------------------------------  I
I                            DATE,  OUVRAGE, PAGES, NOTES CAPACTERIST. I
I    ----------------------  ------------------------------- ------- I
I      262      10           66 JUCQUOIS PHONET 257            BCD    I
I      262      '1           15 KNUDTZON EL-AM 1005/146|822A A     C  I
I                                                                     I
I EA 263                                                              I
I ******                                                              I
I      263                   64 CAMPBELL CHRON. 115            D      I
I       :                         -            134    2C       D      I
I       :                         -            134    2E       D      I
I       :                    66 JUCQUOIS PHONET 35             D      I
I      263      5            15 KNUDTZON EL-AM 1005/147|823B A     C  I
I      263      6- 9         10 EBELING VERBUM   73    22      BCD    C  I
I      263      8            09 BOHL SPRACHE     47    27P     BCD    I
I       :       :            51 DHORME LANGUE   448           BCD    I
I      263      9- 13        62 CAD 'S RV**     248-B         BCD  +  C  I
I       :       9            10 EBELING VERBUM   53    7/3A   BCD    I
I      263      11- 14       56 CAD  H RV**     166-A         BCD  +  C ? I
I       :       11- 12       68 CAD 2A RV**      6C-A         BCD    C  I
I       :       11, 12       10 EBELING VERBUM   53    7/3A   BCD    EC I
I      263      12, 13       09 BOHL SPRACHE     84    370    B D  +  I
I       :       12                -              25    13F    B D    I
I       :       :            39 HARRIS CANAANIT  42           BCD  +  I
I       :       :                 -             59           BCD  +  I
I       :       :            51 DHORME LANGUE   46C           BCD  +  I
I       :       :                 -            482           B D  +  I
I       :       :            60 CAD IJ RV**     133-B         B D  +  I
I       :       :            65 DISO-2 RV**     240    L.42   BCD  +  I
I       :       :            66 JUCQUOIS PHONET  78           BCD  +  I
I       :       :            70 RAINEY TABLETS   80           B D  +  I
I      263      13           09 BOHL SPRACHE     15    6E     B D  +  I
I       :       :            10 EBELING VERBUM   41    1/4    BCD    I
I       :       :                 -             58    7/3B   BCD    EC I
I       :       :            65 DISO-2 RV**      93    L.25   BCD  +  I
I      263      14- 15       77 CAD 2M RV**      79           B D    C  I
I       :       14           09 BOHL SPRACHE     44    27F    B D    I
I       :       :            10 EBELING VERBUM   56    7/3B   BCD    I
I      263      16           09 BOHL SPRACHE     29    16A    B D    I
I      263      17           10 EBELING VERBUM   53    7/3A   BCD    EC I
I      263      18- 20       77 CAD 1M RV**     156-B         BCD    C  I
I      263      20           09 BOHL SPRACHE     47    27Q    B D    I
I       :       :            10 EBELING VERBUM   56    7/3B   BCD    I
I      263      21           10 RANKE KEILSCHR.  16           B D    I
I       :       :            64 CAMPBELL CHRON. 115           D      I
I       :       :            70 RAINEY TABLETS   90           B D    EC I
I       :       :            71 HELCK BEZIEHUNG 255           B D    I
I      263      23           66 JUCQUOIS PHONET 156           B D    I
I      263      24           50 MORAN SYNTACTIC  84           B D  +  I
I       :       :            51 MORAN NEW EVID.  34    11     B D  +  I
I       :       :            77 CAD 1M RV**     336-A         B D  +  I
I      263      25, 28       09 BOHL SPRACHE     84    370    B D  +R I
I       :       :    :       65 DISO-2 RV**     195    L.27   B D  +R C  I
I       :       :    :       70 RAINEY TABLETS   77           B D  +R ? I
I       :       25           71 HELCK BEZIEHUNG 304    26     D      I
I      263      26           09 BOHL SPRACHE     44    27F    B D    I
I       :       :            10 EBELING VERBUM   56    7/3B   BCD    I
I      263      34           64 CAMPBELL CHRON. 103           D      I
I                                                                     I
I EA 264                                                              I
I ******                                                              I
I    264-272                 66 JUCQUOIS PHONET  36           D      I
```

```
I                                    C I T A T I O N S              I
I        T E X T E S        ------------------------------------------- I
I                           DATE,  OUVRAGE, PAGES, NOTES  CARACTERIST. I
I        ---------------------    ---------------------------   ------------ I
I      264-266            09 BOHL SPRACHE      46      27N      D           I
I       :     :                    -          51      28F      D           I
I       :     :                    -          55      28Q      D           I
I       :     :           64 CAMPBELL CHRON. 114               D           I
I       :     :                    -         134      2E       D           I
I      264         5- 13  71 HELCK BEZIEHUNG 428               D       C ? I
I       :         5-  7   65 CAD   B RV**    363-B             BCD     C   I
I      264        6-  7   56 CAD   H RV**    111-A             BCD     C   I
I       :        6,  9    09 BOHL SPRACHE     63      31B      B D         I
I       :        6        -                   47      27Q      B D         I
I       :        :        10 EBELING VERBUM   63      13       BCD         I
I       :        :        51 DHORME LANGUE   433               BCD         I
I       :        :                  -        434               BCD         I
I       :        :                  -        456               BCD         I
I       :        :        66 JUCQUOIS PHONET  78               BCD         I
I      264       8, 12    09 BOHL SPRACHE     75      34U      BCD         I
I       :       :   :     10 EBELING VERBUM   52      7/3A     BCD         I
I       :       8         77 CAD 1M RV**      75-B             D           I
I      264       9        09 BOHL SPRACHE     55      28Q      B D         I
I      264      10, 21    56 CAD   H RV**    111-A             D           I
I      264      11        71 HELCK BEZIEHUNG 248      13       D           I
I      264      12        10 EBELING VERBUM   40      1/3      BCD         I
I       :       :         77 CAD 1M RV**      75-B             B D         I
I      264      14- 15    6C CAD IJ RV**     156-B             BCD     C   I
I       :      14         68 CAD 2A RV**      19-A             B D         I
I      264      15- 19    09 BOHL SPRACHE    84/1     37P      D           I
I       :      15- 17     58 CAD   E RV**    117-B             BCD     C   I
I       :      :   :                -        310-B             BCD     C   I
I       :      15         60 AHW   E RV**    208-A             BC          I
I      264      16        09 BOHL SPRACHE     34      23C      B D   +     I
I       :      :                    -         82      37I      B D   +     I
I       :      :          39 HARRIS CANAANIT  34               BCD   +     I
I       :      :          51 DHORME LANGUE   467               B D   +     I
I       :      :          65 DISO-2 RV**     308      L.29     BCD   +     I
I      264      17        60 AHW   E RV**    245-A             BCD         I
I      264      18        09 BOHL SPRACHE     25      13F      B D         I
I       :      :                    -         84      37P      B D   +     I
I       :      :          39 HARRIS CANAANIT  42               BCD   +     I
I       :      :          51 DHORME LANGUE   46C               BCD   +     I
I       :      :                    -        472               BCD   +     I
I       :      :                    -        482               B D   +     I
I       :      :          65 DISO-2 RV**     269      L.16     B D   +     I
I       :      :                    -        269      L.32     D     +     I
I       :      :          66 JUCQUOIS PHONET  78               BCD   +     I
I       :      :          71 HELCK BEZIEHUNG 528               B D   +     I
I      264     20         09 BOHL SPRACHE     47      27Q      B D         I
I       :      :          10 EBELING VERBUM   63      13       BCD    EC   I
I       :      :          51 DHORME LANGUE   456               BCD         I
I       :      :          65 CAD   B RV**    363-B             D           I
I      264     23- 25     68 CAD 2A RV**     220-A             B D     C   I
I       :      :   :      73 CAD   L RV**     54-B             BCD     C   I
I       :      23         09 BOHL SPRACHE     51      28F      B D         I
I                                                                         I
I EA 265                                                                  I
I ******                                                                  I
I      265      4-  5     68 CAD 2A RV**      56-B             BCD     C   I
I       :       4         10 EBELING VERBUM   63      13       BCD         I
I       :       :         67 SYL. 2 RV**       9      44       B D     C   I
I      265       5        59 AHW   D RV**    150-A             G           I
```

```
I                                          C I T A T I O N S                    I
I        T E X T E S        -------------------------------------------------   I
I                           DATE,  OUVRAGE, PAGES, NOTES    CARACTERIST.  I
I        ---------------    ---------------------------    ------------  I
I        265        7- 10   77 AHW  >S RV**     1270-B        B D      C   I
I        265        8       15 KNUDTZON EL-AM 1602             C           I
I          :        :       66 JUCQUOIS PHONET 115           B D           I
I        265        9, 11   10 RANKE KEILSCHR.   18          B D           I
I          :        :  :    71 HELCK BEZIEHUNG 439           B D      C   I
I        265        10      10 EBELING VERBUM    56    7/3B  BCD          I
I        265        11      51 DHORME NOUV.TAB 494            B D      C   I
I        265        13      71 CAD  K RV**       474-A        B D          I
I                                                                          I
I EA 266                                                                   I
I ******                                                                   I
I        266-271           75 MORAN AMARNA GL 154         1    D           I
I        266        9- 11  65 AHW  K RV**       470-A        B D      C   I
I          :        9- 10  59 CAD  D RV**        22-A          D           I
I          :        9-     71 CAD  K RV**       328-B          D           I
I          :        9, 10  10 EBELING VERBUM    56    7/3B  BCD          I
I        266       12, 15  -                    58    7/3B  BCD          I
I          :        :  :   69 AHW  N RV**       769-B        B D          I
I        266       13      10 EBELING VERBUM    56    7/3B  BCD          I
I          :        :      59 CAD  D RV**        22-A          D           I
I        266       16      10 EBELING VERBUM    56    7/3B  BCD          I
I        266       17      68 CAD 2A RV**       220-B          D           I
I        266       19- 21  10 EBELING VERBUM    78    APP   CD     R C   I
I        266       20      09 BOHL SPRACHE      12-13  5F   B D    +R   ? I
I          :        :      -                    84    37P   B D    +     ? I
I          :        :      15 KNUDTZON EL-AM 1005/148/628C A     +   C   I
I          :        :      15 KNUDTZ.CR/MEIS 1516           B D    +   C   I
I          :        :      51 DHORME LANGUE    464           BCD   +     I
I          :        :      73 CAD  L RV**       176-B          D           I
I        266       21      76 AHW  >S RV**      1174-B        B D          I
I          :        :      77 AHW  T RV**       1321-A        B D    R   ? I
I        266       23- 24  76 AHW  >S RV**      1174-B        B D      C   I
I        266       26      10 EBELING VERBUM    63    13    BCD          I
I        266       27      59 AHW  A RV**        80-B          D        ? I
I          :        :      68 CAD 2A RV**       441-A        B D          I
I          :        :      70 RAINEY TABLETS    59            D           I
I                                                                          I
I EA 267                                                                   I
I ******                                                                   I
I        267-271           09 BOHL SPRACHE      51    28F   D           I
I          :    :          -                    53    28M   D           I
I          :    :          -                    55    28Q   D           I
I        267-270           64 CAMPBELL CHRON. 134     2E    D           I
I        267-269           -                    109-110       D           I
I        267        9- 11  64 CAD 1A RV**        18-A        B D      C   I
I          :        9- 10  58 CAD  E RV**       358-A        BCD      C   I
I          :        9      09 BOHL SPRACHE      23    10E   B D          I
I        267       11- 12  58 CAD  E RV**       358-A        BCD      C   I
I        267       12      09 BOHL SPRACHE      66    32K   B D          I
I          :        :      10 EBELING VERBUM    64    14    BCD          I
I        267       15      09 BOHL SPRACHE      18    8B    D           I
I          :        :      -                    51    28F   B D          I
I        267       18- 20  68 CAD 2A RV**       458-B        B D          I
I          :       18      10 EBELING VERBUM    53    7/3A  BCD          I
I        267       20      09 BOHL SPRACHE      70    33P   B D          I
I                                                                          I
I EA 268                                                                   I
I ******                                                                   I
I        268        9      10 EBELING VERBUM    53    7/3A  BCD          I
```

```
I                            C I T A T I O N S                I
I      T E X T E S       ---------------------------------------  I
I                        DATE,  OUVRAGE, PAGES, NOTES  CARACTERIST.  I
I      ----------------  -------------------------------  -----------  I
I      268      15- 20   71 HELCK BEZIEHUNG 348              D      C   I
I      268      16       10 RANKE KEILSCHR.    9           Ь D        I
I      268      19       09 BOHL SPRACHE      87      38I  Ь D        I
I       :        :       51 DHORME LANGUE    467           ЬCD        I
I       :        :       68 CAD 2A RV**      440-B         Ь D        I
I       :        :       70 RAINEY TABLETS    59           Ь D        I
I                                                                     I
I EA 269                                                              I
I ******                                                             I
I      269       9       10 EBELING VERBUM    56      7/3B  ЬCD        I
I      269      11        -                   61      12    ЬCD        I
I      269      12       10 RANKE KEILSCHR.   16           Ь D        I
I      269      16       51 DHORME LANGUE    460           ЬCD  +     I
I       :        :       65 DISO-2 RV**      145     L.20  ЬCD  +     I
I       :        :       67 AHW  M RV**      676-A         B D        I
I      269      17       09 BOHL SPRACHE      88      38P  ЬCD        I
I       :        :       51 DHORME LANGUE    465           ЬCD        I
I       :        :       66 JUCQUOIS PHONET   82           ЬCD        I
I       :        :       72 AHW  R RV**      987-B         Ь D        I
I                                                                     I
I EA 270                                                              I
I ******                                                             I
I      270,271           64 CAMPBELL CHRON.   98            D         I
I       :    :            -                  109            D         I
I      270                -                   97            D         I
I       :                 -                  134     1C     D       ?  I
I      270      10, 14   09 BOHL SPRACHE      51      28F  Ь D        I
I       :       10        -                   33      22C  Ь D        I
I      270      12- 13   68 CAD 2A RV**      361-A         ЬCD    C   I
I       :       12       66 JUCQUOIS PHONET 122           Ь D        I
I      270      14- 20   65 CAD  B RV**      363-A         ЬCD    C   I
I      270      15       09 BOHL SPRACHE      39      25H  Ь D        I
I      270      17- 21   77 CAD 1M RV**       75-B          CD    C   I
I       :       17, 27   09 BOHL SPRACHE      51      28F  Ь D        I
I      270      18       51 DHORME LANGUE    447           ЬCD    R   I
I      270      20- 21   77 CAD 1M RV**       75-B         Ь D    C   I
I      270      21       09 BOHL SPRACHE      55      28Q  B D      ?  I
I      270      22- 23   60 CAD IJ RV**       24-A         B D    C   I
I      270      29       56 CAD  H RV**       37-A         Ь D        I
I                                                                     I
I EA 271                                                              I
I ******                                                             I
I      271               51 DHORME NOUV.TAB 497            D         I
I       :                64 CAMPBELL CHRON. 134     1C     D         I
I       :                 -                 134     1E     D         I
I      271      10       10 EBELING VERBUM   53      7/3A  ЬCD        I
I      271      11- 12   64 CAMPBELL CHRON. 110            D         I
I      271      12       66 JUCQUOIS PHONET  93           B D        I
I      271      13       09 BOHL SPRACHE    .51      28F  Ь D        I
I      271      14- 16   51 DHORME NOUV.TAB 497            CD    C   I
I      271      20- 21   10 EBELING VERBUM   49      5/1B  ЬCD    C   I
I       :       :   :    77 CAD 1M RV**       75-B         ЬCD    C   I
I       :       20       64 CAMPBELL CHRON. 110            D         I
I      271      21       09 BOHL SPRACHE     53      28M  B D        I
I       :        :       66 JUCQUOIS PHONET 282           B D        I
I      271      26       09 BOHL SPRACHE     62      3CF  ЬCD        I
I       :        :       10 EBELING VERBUM   59      11/7 ЬCD        I
I       :        :       59 CAD  E RV**     196-B         D          I
I                                                                     I
```

TEXTES			CITATIONS						
			DATE, OUVRAGE, PAGES, NOTES CARACTERIST.						

EA 272
******

272	2-	3	71 HELCK BEZIEHUNG	187			B D	C	
272	11		10 EBELING VERBUM	54	7/3A	BCD			
272	12-	13	77 CAD 1M RV**	88-B			B D	R C	
272	14-	17	51 DHORME NOUV.TAB	498			BCD	C	
:	14		10 EBELING VERBUM	53	7/3A	BCD			
272	18-	22	58 CAD E RV**	196-B			BCD	C	
:	18		09 BOHL SPRACHE	51	28F	B D			
272	21		-	62	30F	BCD			
:	:		10 EBELING VERBUM	59	11/7	BCD			
272	23-	24	73 CAD L RV**	58-A			BCD	C	
:	23		10 EBELING VERBUM	42	1/5	B D		?	
:	:		73 KUHNE CHRONOLOG	6	340	D			
272	25		09 BOHL SPRACHE	26	14B	B D			
272	33		-	51	28F	B D		?	

EA 273
******

273-361			66 JUCQUOIS PHONET	54		D			
273-280			75 MORAN AMARNA GL	154	1	D			
273-274			64 CAMPBELL CHRON.	115-116		D			
:	:		-	134	2F	D			
:	:		66 JUCQUOIS PHONET	34		D			
273,274			09 BOHL SPRACHE	51	28F	D			
273	3		-	68	32S	B D			
:	:		10 EBELING VERBUM	75/1	24	B D		C	
273	5		68 CAD 2A RV**	85-A		D			
273	7		09 BOHL SPRACHE	39	25E	B D		C	
273	10		-	59/2	29F	B D			
:	:		10 EBELING VERBUM	53	7/3A	BCD			
273	11-	14	56 CAD G RV**	25-B			BCD	C	
:	11		10 EBELING VERBUM	53	7/3A	BCD			
:	:		62 AHW G RV**	276-B		B D			
273	13-	14	64 CAMPBELL CHRON.	116		D			
273	18-	20	-	116		D		C	
:	18		10 EBELING VERBUM	55	7/3A	BCD			
273	20,	21	71 HELCK BEZIEHUNG	185	109	D		C	
:	20		10 BURCHARDT ALTK.2	1-B	13	B D		C	
:	:		75 MORAN SYRIAN SC	150		B D			
273	22-	23	77 CAD 1M RV**	75-B			BCD	C	
:	22		09 BOHL SPRACHE	75	340	BCD			
273	23-	24	64 CAMPBELL CHRON.	115		D			
:	23		10 EBELING VERBUM	54	7/3A	BCD			
:	:		51 DHORME LANGUE	425		BCD			

EA 274
******

274	3		09 BOHL SPRACHE	68	32S	B D			
:	:		10 EBELING VERBUM	75/1	24	B D		C	
274	5		68 CAD 2A RV**	85-A		D			
274	9		09 BOHL SPRACHE	39	25E	B D		C	
274	10-	13	64 CAMPBELL CHRON.	116		D			
:	10		09 BOHL SPRACHE	51	28F	B D			
274	14		56 CAD H RV**	37-A		B D			
274	15		09 BOHL SPRACHE	48	27S	B D			
:	:		10 EBELING VERBUM	58	7/3B	BCD			
:	:		39 HARRIS CANAANIT	46		BCD			

```
I                                C I T A T I O N S              I
I       T E X T E S       --------------------------------------- I
I                         DATE,  OUVRAGE, PAGES, NOTES  CARACTERIST. I
I  ----------------------- --------------------------  ----------- I
I       274     15        50 MORAN SYNTACTIC 117       70   B D      I
I        :      :         51 DHORME LANGUE    423           BCD      I
I        :      :         70 RAINEY TABLETS    69           B D    R I
I        :      :         73 CAD  L RV**      101-A          BCD      I
I       274     17- 18         -              54-B           BCD    C I
I                                                                    I
I EA 275                                                             I
I ******                                                             I
I       275-276           64 CAMPBELL CHRON. 134       1E    D       I
I       275,276           66 JUCQUOIS PHONET  35             D      ? I
I       275              64 CAMPBELL CHRON. 112-113         D       I
I       275     4         70 RAINEY TABLETS   89           BCD      I
I        :      :         71 HELCK BEZIEHUNG 187            D      C I
I       275     9         09 BOHL SPRACHE      2       1F   B D      I
I       275     13             -               66      32K  B D      I
I        :      :         10 EBELING VERBUM    64      14   BCD    EC I
I        :      :         51 DHORME LANGUE    439            B D      I
I                                                                    I
I EA 276                                                             I
I ******                                                             I
I       276              64 CAMPBELL CHRON. 112-113         D       I
I       276     4         10 EBELING VERBUM    47      5/1B B D      I
I        :      :         15 KNUDTZON EL-AM 1007/149 843C A      C I
I        :      :         70 RAINEY TABLETS   89           BCD      I
I        :      :         71 HELCK BEZIEHUNG 187            D      C I
I       276     6,  7     64 CAMPBELL CHRON. 113            D       I
I       276     8         09 BOHL SPRACHE     39       25E  B D    C I
I        :      :         64 CAMPBELL CHRON. 113            B D      I
I       276     10, 11         -             113            D       I
I       276     12, 15         -             113            B D      I
I        :      12         09 BOHL SPRACHE     66      32K  B D      I
I        :      :         10 EBELING VERBUM    64      14   BCD      I
I        :      :         51 DHORME LANGUE    439            B D      I
I                                                                    I
I EA 277                                                             I
I ******                                                             I
I       277              64 CAMPBELL CHRON. 113            D       I
I        :                    -             134       1E    D      ? I
I        :                66 JUCQUOIS PHONET  35             D       I
I       277     7         09 BOHL SPRACHE     39       25E  B D    C I
I       277     11             -               66      32K  B D      I
I        :      :         10 EBELING VERBUM    64      14   BCD      I
I        :      :         51 DHORME LANGUE    439            B D      I
I                                                                    I
I EA 278                                                             I
I ******                                                             I
I       278-284           09 BOHL SPRACHE     46       27N  D       I
I        :   :                -               51      28F   D       I
I        :   :                -               55      28Q   D    •  I
I        :   :            66 JUCQUOIS PHONET  34             D       I
I       278              64 CAMPBELL CHRON. 110            D       I
I        :                    -             112-113         D       I
I        :                    -             134       1E    D       I
I       278     4         66 JUCQUOIS PHONET  93            B D      I
I       278     6,  7     64 CAMPBELL CHRON. 113            D       I
I       278     8         09 BOHL SPRACHE     39       25E  B D    C I
I        :      :         64 CAMPBELL CHRON. 113            B D      I
I       278     10, 11         -             113            D       I
I       278     12, 15         -             113            B D      I
```

```
------------------------------------------------------------------
I                                    C I T A T I O N S            I
I        T E X T E S        ---------------------------------------- I
I                           DATE,  OUVRAGE, PAGES, NOTES  CAPACTERIST. I
I      --------------------  ----------------------------------------- I
I        278        12      09 BOHL SPRACHE      66      32K   Б D      I
I         :          :      10 EBELING VERBUM    64      14   БCD   EC  I
I                                                                      I
I EA 279                                                               I
I ******                                                               I
I        279-284            64 CAMPBELL CHRON. 134      2E    D        I
I        279,280                   -          110             D        I
I        279         8      09 BOHL SPRACHE     39      25E  Б D    C   I
I        279        10      10 EBELING VERBUM   53      7/3A БCD    EC  I
I        279        15      10 RANKE KEILSCHR.  17           Б D   R   I
I        279        19- 22  59 CAD  D RV**     186-A         Б D    C   I
I        279        20      09 BOHL SPRACHE     87      38K  CD        I
I         :          :      10 EBELING VERBUM   44      4/1  БCD       I
I                                                                      I
I EA 280                                                               I
I ******                                                               I
I        280                75 MORAN SYRIAN SC 156           D        I
I        280         8      09 BOHL SPRACHE     39      25E  Б D    C   I
I        280         9-     71 HELCK BEZIEHUNG 186      117  D        I
I         :          9      09 BOHL SPRACHE     51      28F  Б D        I
I        280        10            -             63      31B  БCD       I
I         :          :      10 EBELING VERBUM   59      10/6 БCD    ? I
I         :          :      15 KNUDTZON EL-AM  1595          D        I
I        280        12      09 BOHL SPRACHE     47      27P  БCD       I
I         :          :            -             58      29C  БCD       I
I         :          :      10 EBELING VERBUM   73      22   БCD       I
I         :          :      39 HARRIS CANAANIT   8      11   БCD       I
I        280        13, 15  60 CAD IJ RV**     328-B         Б D        I
I         :         13      10 EBELING VERBUM   53      7/3A БCD       I
I        280        14- 15  77 AHW  T RV**     1336-A        Б D    C   I
I         :         14      10 EBELING VERBUM   64      14   БCD       I
I        280        16- 18  77 CAD 1M RV**     212-B        БCD    C   I
I        280        19      10 EBELING VERBUM   59      8/4  БCD       I
I         :          :      51 DHORME LANGUE   411           БCD       I
I        280        20      09 BOHL SPRACHE     88      38T  D        I
I        280        25- 29  64 CAD 1A RV**     366-A        БCD    C   I
I         :         25- 26  60 CAD IJ RV**     111-B        C      C   I
I         :         25, 28  71 CAD  K RV**     469-B        C      C   I
I         :         25, 26  51 DHORME LANGUE   443           БCD       I
I         :         25      09 BOHL SPRACHE     51      28F  Б D        I
I         :          :      10 EBELING VERBUM   66      16   БCD       I
I         :          :      39 HARRIS CANAANIT  62           БCD       I
I         :          :      74 AHW >S RV**     1152-A        Б        I
I        280        26- 29  68 CAD 2A RV**      50-B        БCD    C   I
I         :         26      09 BOHL SPRACHE     55      28Q  Б D        I
I         :          :      10 EBELING VERBUM   66      16   БCD       I
I        280        27- 28  60 CAD IJ RV**     111-B        БCD    C   I
I        280        29      71 CAD  K RV**     469-B        БCD       I
I        280        30- 32  64 CAMPBELL CHRON. 110          D        I
I        280        31- 32  73 CAD  L RV**     145-A        Б D    C   I
I         :         31      10 EBELING VERBUM   66      16   БCD       I
I         :          :      51 DHORME LANGUE   442           БCD       I
I        280        35      73 CAD  L RV**     145-A        D        I
I        280        36      60 CAD IJ RV**      28-A        Б D        I
I        280        38- 39  77 AHW  T RV**     1336-A        Б D    C   I
I         :         38      09 BOHL SPRACHE     55      28Q  Б D        I
I        280        39            -             51      28F  Б D        I
I         :          :            -             68      320  Б D        I
I         :          :      10 EBELING VERBUM   64      14   БCD       I
```

```
I---------------------------------------------------------------------------I
I                              C I T A T I O N S                             I
I     T E X T E S        -------------------------------------------------   I
I                        DATE,  OUVRAGE, PAGES, NOTES  CARACTERIST.          I
I     ------------------ -------------------------------  ------------       I
I                                                                           I
I EA 281                                                                    I
I ******                                                                    I
I     281,282             64 CAMPBELL CHRON. 110                 D          I
I     281        6-  7    62 CAD 'S RV**      261-B        BCD       C      I
I     281        7        51 DHORME LANGUE    459          ɮ D              I
I      :         :        71 CAD  K RV**       14-A        ɮ D              I
I     281       12        10 RANKE KEILSCHR.   16          ɮ D              I
I     281       13        09 BOHL SPRACHE      62     30F  ɮ D          ? I
I      :         :        10 EBELING VERBUM    60     11/7 BCD             I
I      :         :        71 HELCK BEZIEHUNG  185      111  D              I
I     281       15, 16    74 RAINEY EA NOTES  305          ɮ D    + EC ? I
I      :        15        10 RANKE KEILSCHR.   24          ɮ D             I
I      :         :        72 AHW  R RV**      981-A        ɮ D         ? I
I     281       16        74 RAINEY EA NOTES  306             G            I
I     281       18- 19    56 CAD  H RV**       55-A        ɮCD     R C ? I
I      :         :    :   74 RAINEY EA NOTES  301          ɮ D    R C ? I
I      :        18        -                   305          ɮ D    R       I
I     281       20        66 JUCQUOIS PHONET  243          ɮ D            I
I     281       24        09 BOHL SPRACHE      51     28F  ɮ D            I
I     281       26        58 CAD  E RV**      232-B        ɮ D    R       I
I      :         :        66 JUCQUOIS PHONET  171          ɮCD            I
I     281       28        10 RANKE KEILSCHR.   16          ɮ D            I
I                                                                         I
I EA 282                                                                  I
I ******                                                                  I
I     282        4        10 EBELING VERBUM    56     7/3B ɮCD            I
I      :         :        77 CAD 2M RV**       66-A        BCD           I
I     282        6        09 BOHL SPRACHE      15     60   BCD           I
I     282        7        62 CAD 'S RV**      261-B        B D           I
I     282        8-  9    73 CAD  L RV**       54-9        BCD       C   I
I     282        9        09 BOHL SPRACHE      60     29F  ɮ D           I
I      :         :        10 EBELING VERBUM    74     22   BCD           I
I      :         :        60 CAD IJ RV**      276-B        ɮ D          I
I      :         :        68 CAD 2A RV**      108-B        ɮCD          I
I     282       10- 12    77 CAD 1M RV**        4-B        ɮCD       C  I
I      :         :    :   -                    30-B        CD        C  I
I     282       11        10 RANKE KEILSCHR.   17          ɮ D         I
I     282       12        09 BOHL SPRACHE      14     6C   ɮ D         I
I      :         :        77 CAD 1M RV**       30-B        ɮ D         I
I     282       13- 14    51 DHORME LANGUE    440          ɮCD    + C I
I      :        13        60 AHW  E RV**      194-B        ɮ D        I
I     282       14        09 BOHL SPRACHE      51     28F  ɮ D    +   I
I      :         :        -                    66     32L  ɮ D    +   I
I      :         :        -                    84     37Q  ɮ D    + ? I
I      :         :        10 EBELING VERBUM    42     2/1  BCD       I
I      :         :        -                    64     14   BCD       I
I      :         :        51 DHORME LANGUE    450          BCD    +  I
I      :         :        65 DISO-2 RV**      110     L.11 ɮ D    + ? I
I      :         :        66 JUCQUOIS PHONET  245          ɮCD    +  I
I                                                                    I
I EA 283                                                            I
I ******                                                           I
I     283                 64 CAMPBELL CHRON. 134     2C    D       I
I     283        4-  6    77 CAD 1M RV**     242-B        ɮ D    C I
I      :         4        68 CAD 2A RV**     125-B        C     C I
I     283        5        -                  125-B        ɮCD     I
I      :         :        77 CAD 2M RV**      66-A        ɮ D     I
I     283        6        10 EBELING VERBUM   56     7/3B ɮCD     I
```

T E X T E S			C I T A T I O N S						
			DATE, OUVRAGE, PAGES, NOTES			CARACTERIST.			
283	7		10 EBELING VERBUM	53	7/3A	вCD			
283	8-	9	58 CAD E RV**	269-A		вCD		C	
:	8,	11	60 AHW E RV**	236-A		в D			
283	9,	10	66 AHW M RV**	576-A		в D		R C	
283	10-	11	77 CAD 1M RV**	42-A		вCD		C	
:	10,	16	09 BOHL SPRACHE	51	28F	в D			
:	10		77 CAD 2M RV**	63-A		в D			
283	11		10 EBELING VERBUM	62	12	вCD			
283	12		15 KNUDTZON EL-AM	1007/150/853G	A			C	
283	13-	14	64 CAMPBELL CHRON.	98		CD			
263	14		09 BOHL SPRACHE	71	33P	в D			
:	:		51 DHORME LANGUE	475		вCD			
283	15-	16	77 CAD 2M RV**	66-A		вCD		C ?	
:	15		68 CAD 2A RV**	125-B		в D			
283	16		10 RANKE·KEILSCHR.	17		в D			
283	18		73 CAD L RV**	55-A			G		
263	21		09 BOHL SPRACHE	60	29F	в D			
:	:		10 EBELING VERBUM	74	22	BCD			
283	22		-	53	7/3A	вCD			
283	23		09 BOHL SPRACHE	45	27I	вCD			
:	:		10 EBELING VERBUM	62	13	вCD			
:	:		51 DHORME LANGUE	471		вCD			
:	:		67 AHW N RV**	709-A		в D			
283	26		10 RANKE KEILSCHR.	17		в D			
263	27-	33	64 CAMPBELL CHRON.	98		CD		C	
:	27-	29	-	98	67	в D		C	
283	28		71 HELCK BEZIEHUNG	250		D			
283	29		09 BOHL SPRACHE	51	28F	в D		R	
283	31		10 EBELING VERBUM	53	7/3A	вCD			
:	:		59 CAD D RV**	97-A		D			

EA 284
******

284			64 CAMPBELL CHRON.	134	2C	D		?	
284	4-	5	77 CAD 2M RV**	66-A		BCD		C	
:	4,	5	10 EBELING VERBUM	56	7/3B	вCD			
:	4		09 BOHL SPRACHE	48	27R	в D			
264	5		-	15	60	вCD			
:	:		62 CAD 'S RV**	261-B		в D			
:	:		64 CAMPBELL CHRON.	99			G		
:	:		77 CAD 1M RV**	242-B		в D			
264	7-	8	73 CAD L RV**	101-A		в D		C	
:	7		09 BOHL SPRACHE	48	27S	в D			
:	:		10 EBELING VERBUM	58	7/3B	вCD			
:	:		70 RAINEY TABLETS	69		в D		R ?	
284	8		09 BOHL SPRACHE	60	29F	в D			
:	:		10 EBELING VERBUM	74	22	вCD			
284	9		10 RANKE KEILSCHR.	17		в D			
:	:		60 CAD IJ RV**	276-B		вCD			
:	:		71 HELCK BEZIEHUNG	439		в D		R	
284	10		10 RANKE KEILSCHR.	17		C		C	
284	13		09 BOHL SPRACHE	46	27N	в D			
:	:		10 EBELING VERBUM	56	7/3B	вCD			
284	18		68 CAD 2A RV**	125-B		D			
:	:		77 CAD 2M RV**	66-A		в D		R ?	
284	20		59 CAD D RV**	93-B		в D			
284	22		09 BOHL SPRACHE	48	27R	в D			
:	:		10 EBELING VERBUM	56	7/3B	вCD			
:	:		77 CAD 1M RV**	242-в		в D			

```
I                               C I T A T I O N S              I
I       T E X T E S        ------------------------------------ I
I                          DATE,  OUVRAGE, PAGES, NOTES CARACTERIST. I
I       -----------------  -----------------------------  ------------ I
I       284      31        64 CAMPBELL CHRON.   99              G      I
I       284      33           -               98-99            D      I
I        :       :         71 HELCK BEZIEHUNG 250              D      I
I                                                                     I
I EA 285                                                              I
I ******                                                              I
I       285-290            09 BOHL SPRACHE      18      8B     D      I
I        :       :            -                 26     13H     D      I
I        :       :            -                 44     27F     D      I
I        :       :            -                 46     27N     D      I
I        :       :            -                 53     28M     D      I
I        :       :         39 HARRIS CANAANIT   22             D      I
I        :       :         66 JUCQUOIS PHONET   34             D      I
I       285-286            64 CAMPBELL CHRON.  134      2E     D      I
I       285,286               -               134      1C     D      I
I       285                   -               134      1C     D    ? I
I       285      3,  7     75 MORAN SYRIAN SC 158       4     D    C I
I        :       3         15 KNUDTZON EL-AM  998             C      I
I       285      5-  6     75 MORAN SYRIAN SC 156             D      I
I       285      6         10 EBELING VERBUM   78     APP   B D      I
I        :       :         10 RANKE KEILSCHR.  19           B D      I
I       285      7         75 MORAN SYRIAN SC 157       4.    D    C I
I       285      9- 11     64 CAMPBELL CHRON.   99           BCD    R I
I        :       9         15 KNUDTZON EL-AM  1602         B        R I
I       285      10        71 HELCK BEZIEHUNG 250           D       I
I       285      16        10 RANKE KEILSCHR.  16           B D     I
I       285      17        65 CAD  B RV**     195-A         B D     I
I       285      19        75 MORAN SYRIAN SC 154     4/B   B D     I
I       285      22- 25    64 CAMPBELL CHRON. 103           D       I
I        :       22- 24       -               103     75   BCD    R I
I       285      23        75 MORAN SYRIAN SC 153     3/D   B D     I
I        :       :            -               154     3/D   B D     I
I       285      24- 25    58 CAD  E RV**     282-B        BCD    C I
I        :       24        71 HELCK BEZIEHUNG 250         B D     I
I       285      26        09 BOHL SPRACHE     84     37N   D       I
I       285      27        75 MORAN SYRIAN SC 157       4   D    C I
I       285      28        66 JUCQUOIS PHONET 156          B D     I
I        :       :         75 MORAN SYRIAN SC 150          B D     I
I        :       :            -               153     3/A  B D     I
I       285      29           -               155     1/F  BCD     I
I                                                                   I
I EA 286                                                            I
I ******                                                            I
I       286-287            64 CAMPBELL CHRON. 110           D      I
I       286                   -                99           D      I
I       286      1         75 MORAN SYRIAN SC 151       2  B D     I
I       286      2,  7     73 KUHNE CHRONOLOG    6     34D  D      I
I        :       2,  6     75 MORAN SYRIAN SC 157       4   D    C I
I        :       2            -               157       4   D    C I
I       286      3         65 CAD  B RV**     195-A        B D     I
I       286      5-  6     64 CAD 1A RV**     255-B        BCD    C I
I        :       :    :    77 CAD 1M RV**     212-B         CD    C I
I        :       5         09 BOHL SPRACHE     29     18B  BCD     I
I        :       :         10 EBELING VERBUM   56     7/3B BCD     I
I        :       :         77 CAD 1M RV**     212-B        B D     I
I       286      6-  7     76 AHW >S RV**    1193-A        B D    C ? I
I        :       6         09 BOHL SPRACHE     85     37V  B D  +  I
I        :       :         10 EBELING VERBUM   60     11/7 BCD  + EC  I
I        :       :         15 KNUDTZON EL-AM 1007/151/859H A      C  I
```

TEXTES			DATE, OUVRAGE, PAGES, NOTES				CARACTERIST.			
286	6		51 DHORME LANGUE	484			B D			
:	:		71 CAD K RV**	222-B			B D	+		
:	:		74 RAINEY EA NOTES	308			B D	+		
:	:		75 MORAN SYRIAN SC	152			B D	+		
:	:		-	153	3/B		B D	+		
:	:		-	161	38		B D		C	
:	:		-	166	78		D			
286	7		09 BOHL SPRACHE	24	11B		B D			
:	:		66 JUCQUOIS PHONET	251			BCD			?
:	:		75 MORAN SYRIAN SC	163	52		B D			
286	8		10 EBELING VERBUM	56	7/3B		BCD			
:	:		51 DHORME LANGUE	422			BCD			
286	9- 13		75 MORAN SYRIAN SC	155			D		C	
:	9		68 CAD 2A RV**	458-B			C		C	
286	10- 11		-	458-B			BCD		C	
:	10		10 EBELING VERBUM	52-53	7/3A		BCD	+		
:	:		15 KNUDTZON EL-AM	1007/152	860B	A		+	C	
:	:		51 DHORME LANGUE	472	1		BCD	+		
:	:		75 MORAN SYRIAN SC	152			D	+		
286	11		-	153	1		B D			
286	12- 13		58 CAD E RV**	269-B			BCD		C	
:	: :		59 CAD D RV**	93-B			BCD		C	
:	: :		61 CAD Z RV**	167-A			B D		C	
:	12, 13		75 MORAN SYRIAN SC	157	4		D		C	
:	12		09 BOHL SPRACHE	15	6F		B D			
:	:		-	25	13F		B D			
:	:		-	84	37R		B D			
:	:		51 DHORME LANGUE	462			BCD			
:	:		66 JUCQUOIS PHONET	78			BCD			
:	:		75 MORAN SYRIAN SC	166	78		BCD			
286	13		10 EBELING VERBUM	63	14		BCD			
:	:		75 MORAN SYRIAN SC	156			CD			
286	14- 15		58 CAD E RV**	203-B			BCD		C	
:	14, 18		75 MORAN SYRIAN SC	157	4		D		C	
:	14		68 CAD 2A RV**	111-A			D			
:	:		75 MORAN SYRIAN SC	153	3/B		B D			
286	15		09 BOHL SPRACHE	24	11B		B D			
:	:		66 JUCQUOIS PHONET	251			BCD			?
:	:		75 MORAN SYRIAN SC	152			D	+		
:	:		-	163	52		B D			
286	16- 17		65 CAD B RV**	57-A			BCD		C	
:	16		09 BOHL SPRACHE	73	34K		BCD			
:	:		-	73	34K		D			
286	17- 24		75 MORAN SYRIAN SC	161	37		D		C	
286	18- 20		51 DHORME NOUV.TAB	498			CD		C	
:	: :		61 CAD Z RV**	98-B			BCD		R C	
:	18, 20		10 EBELING VERBUM	51	6/2A		BCD			
:	: :		15 KNUDTZON EL-AM	1602			D			
:	: :		75 MORAN SYRIAN SC	162	38		B D		C	
:	: :		-	166	78		D			
:	18		10 EBELING VERBUM	42	1/6		BCD			
:	:		74 RAINEY EA NOTES	307			B D			
286	19		56 CAD H RV**	85-A			B D			
:	:		75 MORAN SYRIAN SC	154	4/B		B D		R	
286	20- 21		71 CAD K RV**	380-B			BCD		C	
:	: :		75 MORAN SYRIAN SC	161	37		BCD		C	
:	20		61 CAD Z RV**	97-A			B D			
:	:		66 JUCQUOIS PHONET	246			BCD			
:	:		70 RAINEY TABLETS	86			B D			

I			C I T A T I O N S					I
I	T E X T E S		DATE, OUVRAGE, PAGES, NOTES CARACTERIST.					I
I	286	20	74 RAINEY EA NOTES 310			ƀ D		I
I	286	21, 24	09 BOHL SPRACHE	62	30F	ƀCD	?	I
I	:	: :	10 EBELING VERBUM	60	11/7	ƀCD	EC	I
I	:	: :	74 RAINEY EA NOTES 308			ƀ D	?	I
I	:	: :	75 MORAN SYRIAN SC 151			ƀ D		I
I	:	: :	- 166		78	D		I
I	:	: :	76 AHW >S RV** 1193-A			ƀ D	?	I
I	286	22- 23	75 MORAN SYRIAN SC 161		37	ƀCD	C	I
I	:	22	09 BOHL SPRACHE	37	23I	D		I
I	:	:	- 55		28R	ƀ D		I
I	:	:	10 EBELING VERBUM	53	7/3A	ƀCD		I
I	:	:	74 RAINEY EA NOTES 308			ƀ		I
I	:	:	75 MORAN SYRIAN SC 151			ƀ D	R	I
I	:	:	- 162		46	ƀ D	EC	I
I	286	23- 24	161		37	ƀCD	C	I
I	286	25	09 BOHL SPRACHE	18	8B	ƀ D		I
I	:	:	75 MORAN SYRIAN SC 151			ƀ D		I
I	286	26	10 EBELING VERBUM	56	7/3B	ƀCD		I
I	286	27	- 53		7/3A	ƀCD		I
I	286	28	64 CAMPBELL CHRON.	99		D		I
I	286	32	09 BOHL SPRACHE	24	11B	ƀ D		I
I	:	:	66 JUCQUOIS PHONET 251			ƀ D	R	I
I	:	:	75 MORAN SYRIAN SC 163		52	ƀ D		I
I	286	34, 38	09 BOHL SPRACHE	84	37N	D		I
I	286	35, 36	75 MORAN SYRIAN SC 162		46	ƀ D		I
I	:	35	09 BOHL SPRACHE	37	23I	D		I
I	:	:	- 48		27S	ƀ D		I
I	:	:	10 EBELING VERBUM	56	7/3B	ƀCD		I
I	286	38	75 MORAN SYRIAN SC 151			ƀ D		I
I	286	39- 41	58 CAD E RV** 265-B			ƀ D	C	I
I	:	39	10 EBELING VERBUM	45	5/1A	ƀCD		I
I	:	:	66 JUCQUOIS PHONET 118			ƀCD		I
I	:	:	- 135			ƀCD		I
I	:	:	75 MORAN SYRIAN SC 153		3/B	ƀ D		I
I	286	40- 41	68 CAD 2A RV** 20-B			ƀ D	C	I
I	:	40, 46	66 JUCQUOIS PHONET 156			ƀ D		I
I	:	: :	75 MORAN SYRIAN SC 153		3/A	ƀ D		I
I	:	40, 43	- 154		4/D	ƀ D		I
I	286	42- 43	58 CAD E RV** 265-B			ƀCD	C	I
I	:	42	09 BOHL SPRACHE	14	6C	ƀ D		I
I	:	:	51 DHORME LANGUE	455		ƀCD		I
I	:	:	75 MORAN SYRIAN SC 154		4/C	ƀ D		I
I	:	:	- 157		4	D	C	I
I	286	43	09 BOHL SPRACHE	63	31B	ƀ D		I
I	:	:	10 EBELING VERBUM	44	4/1	ƀCD		I
I	:	:	- 59		10/6	ƀCD		I
I	:	:	66 JUCQUOIS PHONET 122			ƀ D		I
I	:	:	- 138			ƀCD		I
I	:	:	75 MORAN SYRIAN SC 153		3/B	ƀ D		I
I	286	44	77 AHW T RV** 1327-B			ƀ D		I
I	286	45	66 JUCQUOIS PHONET 156			ƀ D		I
I	:	:	75 MORAN SYRIAN SC 150			ƀ D		I
I	286	46	09 BOHL SPRACHE	24	11B	ƀ D		I
I	:	:	10 EBELING VERBUM	41	1/4	ƀCD		I
I	:	:	- 69		20	ƀCD		I
I	:	:	66 JUCQUOIS PHONET 155			ƀCD		I
I	:	:	- 251			ƀCD		I
I	286	47	68 CAD 2A RV** 366-A			C	C	I
I	:	:	75 MORAN SYRIAN SC 152			D	+	I

```
I                                          C  I  T  A  T  I  O  N  S        I
I         T E X T E S              ----------------------------------------  I
I                                  DATE,  OUVRAGE, PAGES, NOTES  CARACTERIST. I
I    --------------------          ---------------------------  ----------   I
I       286         48, 50      75 MORAN SYRIAN SC 153      3/D   B D         I
I        :          48          68 CAD 2A RV**      366-A          BCD    R   I
I       286         49          10 EBELING VERBUM    53     7/3A  BCD         I
I        :          :           75 MORAN SYRIAN SC 161       37   BCD     C   I
I        :          :              -               162       46   B D         I
I       286         50          10 EBELING VERBUM    51     6/2A  BCD         I
I        :          :              -                75       24   BCD         I
I        :          :           66 JUCQUOIS PHONET 219            BCD         I
I        :          :           75 MORAN SYRIAN SC 164       63   B D         I
I        :          :              -               166       78   D           I
I       286         51          10 EBELING VERBUM    54     7/3A  BCD         I
I        :          :           56 CAD  H RV**      163-B          B D         I
I        :          :           75 MORAN SYRIAN SC 150            B D         I
I       286         52             -               154      4/B   B D         I
I       286         53, 54      10 RANKE KEILSCHR.   16            B D         I
I       286         54, 60      75 MORAN SYRIAN SC 164       64   B D         I
I        :          54          10 EBELING VERBUM    69       20  BCD         I
I        :          :           66 JUCQUOIS PHONET 156            B D         I
I        :          :           75 MORAN SYRIAN SC 153      3/A   B D     EC  I
I       286         56          09 BOHL SPRACHE      44      27F  B D         I
I        :          :           10 EBELING VERBUM    56     7/3B  BCD     EC  I
I        :          :           51 DHORME NOUV.TAB 498            BCD         I
I        :          :           56 CAD  H RV**       10-B         BCD     EC  I
I       286         57- 58      65 CAD  B RV**      149-B          D           I
I        :          57, 59      10 RANKE KEILSCHR.   16           B D         I
I        :          57, 58      75 MORAN SYRIAN SC 164       64   B D         I
I       286         60          10 EBELING VERBUM    53     7/3A  BCD         I
I        :          :           75 MORAN SYRIAN SC 162       46   B D         I
I       286         61- 64      73 KUHNE CHRONOLOG    4       26   D       EC  I
I        :          61             -                 6      340   D           I
I        :          :           75 MORAN SYRIAN SC 155        2   CD      C   I
I       286         62- 63      65 CAD  B RV**       82-B         B D     C   I
I        :          :   :       75 MORAN SYRIAN SC 155      1/C   B D         I
I        :          62          58 CAD  E RV**      273-B          D           I
I        :          :           75 MORAN SYRIAN SC 152            D   +       I
I        :          :              -               153      3/B   B D  +       I
I       286         63- 64         -               161       37   B D     EC  I
I        :          63, 64         -               162       46   B D     EC  I
I                                                                             I
I  EA 287                                                                     I
I  ******                                                                     I
I       287-290                 64 CAMPBELL CHRON. 134        2F   D           I
I       287                        -              102-103          D           I
I        :                         -              103             D           I
I        :                         -              134        2C   D           I
I        :                      69 KLENGEL GESCH.2 237        83   D           I
I        :                      71 HELCK BEZIEHUNG 249            D           I
I        :                      75 MORAN SYRIAN SC 157             G           I
I       287         6,  7          -              152             D   +    ? I
I        :          6               -              157        4    D      C   I
I       287         7           15 KNUDTZON EL-AM 1007/153/864B A    +  C   I
I        :          :           75 MORAN SYRIAN SC 148      N.64  AB D    C   I
I        :          :           76 AHW >S RV**     1236-B          B D         I
I       287         11          09 BOHL SPRACHE     18        8B   B D         I
I        :          :           10 EBELING VERBUM   44       4/2   BCD         I
I        :          :              -                63       14   BCD     ? I
I        :          :           75 MORAN SYRIAN SC 151             B D         I
I        :          :              -              153       3/B   B D         I
I        :          :              -              159        13   D           I
```

TEXTES		CITATIONS DATE, OUVRAGE	PAGES	NOTES	CARACTERIST.
287	12	10 EBELING VERBUM	58	7/3B	BCD
:	:	-	62	12	BCD ?
:	:	15 KNUDTZON EL-AM	1601		G
:	:	-	1602		BCD
:	:	51 DHORME LANGUE	424		BCD
:	:	-	425-426		BCD
287	13, 17	09 BOHL SPRACHE	84	37N	D
:	13	67 SYL. 2 RV**	47	238	B D C
:	:	75 MORAN SYPIAN SC	151		B D
287	14- 16	71 HELCK BEZIEHUNG	186		D C
:	: :	77 CAD 1M RV**	116-A		BCD + C
:	14, 15	75 MORAN SYPIAN SC	151	3	B D
:	14	71 HELCK BEZIEHUNG	304		D
287	15- 16	64 CAD 1A RV**	240-A		BCD C
:	15	51 DHORME LANGUE	486		B D
:	:	75 MORAN SYRIAN SC	152	5	B D
287	16	09 BOHL SPRACHE	86	38D	B D +
:	:	10 EBELING VERBUM	78	APP	BCD + C
:	:	51 DHORME LANGUE	474		BCD +
:	:	-	486		BCD +
:	:	65 DISO-2 RV**	147	L.43	BCD +
:	:	71 HELCK BEZIEHUNG	402		D
:	:	75 MORAN SYRIAN SC	152		D +
:	:	77 CAD 2M RV**	77-A		BCD +
287	17	09 BOHL SPRACHE	35	23D	BCD
:	:	10 RANKE KEILSCHR.	16		B D
287	18	10 EBELING VERBUM	42	1/5	BCD
:	:	-	44	4/1	BCD
:	:	10 RANKE KEILSCHR.	16		B D
:	:	66 JUCQUOIS PHONET	156		B D
:	:	-	256		BCD
:	:	75 MORAN SYRIAN SC	150		B D
:	:	-	153	3/A	B D
287	19	10 EBELING VERBUM	51	6/2A	BCD
:	:	58 CAD E RV**	203-204		BCD
:	:	75 MORAN SYRIAN SC	153	3/B	B D
:	:	-	157	4	D C
287	20- 22	65 CAD B RV**	149-B		BCD C
:	20	75 MORAN SYRIAN SC	164	64	D
287	21- 22	-	154	3/D	B D R C
:	21, 23	10 RANKE KEILSCHR.	16		B D
287	22	75 MORAN SYRIAN SC	154	4/B	B D
287	24	-	154	4/B	B D
287	25- 28	-	155		D C
:	25	39 HARRIS CANAANIT	34		BCD
:	:	64 CAD 1A RV**	68-B		CD C
:	:	75 MORAN SYRIAN SC	151	3	B D
287	26	09 BOHL SPRACHE	4	3A	BCD
:	:	-	27	15C	B D
:	:	15 KNUDTZ.CR/UNGN.	181		B D
:	:	-	186		B D
:	:	64 CAD 1A RV**	68-B		BCD
:	:	75 MORAN SYRIAN SC	163	52	BCD
287	27- 28	61 CAD Z RV**	167-A		BCD +R C
:	27, 28	10 EBELING VERBUM	52	7/3A	BCD
:	27	09 BOHL SPRACHE	15	6F	B D
:	:	-	25	13F	B D
:	:	-	84	37R	b D +
:	:	51 DHORME LANGUE	462		BCD

T E X T E S			C I T A T I O N S					
			DATE, OUVRAGE, PAGES, NOTES CARACTERIST.						
287	27		65 DISO-2 RV**	80	L.32	BCD	+	
:	:		66 JUCQUOIS PHONET	78		BCD	+	
:	:		75 MORAN SYRIAN SC	152		D	+	
:	:		-	166	78	BCD	+	
287	28		09 BOHL SPRACHE	28	15E	B D		
287	29- 31		51 DHORME NOUV.TAB	499		D		C
:	:	:	64 CAMPBELL CHRON.	103		D		
:	:	:	-	109		D		
:	29		75 MORAN SYRIAN SC	152	1	BCD		
287	30		-	157	4	D		C
287	31		10 EBELING VERBUM	54	7/3A	BCD		
:	:		56 CAD H RV**	85-A		B D		
:	:		75 MORAN SYRIAN SC	157	4	D		C
287	32- 33		62 CAD 'S RV**	$59-B		BCD		C
:	32		09 BOHL SPRACHE	25	13G	B D		
:	:		10 EBELING VERBUM	58	7/3B	BCD		
:	:		39 HARRIS CANAANIT	46		BCD		
:	:		51 DHORME LANGUE	423		BCD		
:	:		-	482		BCD		
:	:		66 JUCQUOIS PHONET	78		BCD		
:	:		68 CAD 2A RV**	19-A		B D		
:	:		70 RAINEY TABLETS	78		B D		
:	:		74 AHW 'S RV**	1074-A		BCD		
:	:		75 MORAN SYRIAN SC	166	78	BCD		
287	33		09 BOHL SPRACHE	35	23D	BCD		
:	:		10 RANKE KEILSCHR.	11	2	B D		
287	34		71 HELCK BEZIEHUNG	248	13	D		
287	35, 38		10 EBELING VERBUM	61	12	BCD		
:	35		09 BOHL SPRACHE	15	6G	B D		
:	:		10 EBELING VERBUM	75	24	BCD		
:	:		65 CAD B RV**	364-A		B D		
:	:		71 CAD K RV**	26-B		B D		
287	36		09 BOHL SPRACHE	44	27F	B D		
:	:		-	65	32E	B D		
:	:		-	88	38M	BCD		
:	:		10 EBELING VERBUM	57	7/3B	BCD		
:	:		51 DHORME LANGUE	424		BCD		
:	:		-	453		BCD		
:	:		65 AHW L RV**	537-B		G		
:	:		73 CAD L RV**	100-A		B D		
:	:		75 MORAN SYRIAN SC	160	32	BCD	R	
287	37		09 BOHL SPRACHE	81	37B	BCD	+	?
:	:		15 KNUDTZON EL-AM	1602		D		
:	:		56 CAD G RV**	9-B		B D	+	?
:	:		74 RAINEY EA NOTES	303		B D	+	
:	:		-	310		B D	+	
:	:		75 MORAN SYRIAN SC	152		D	+	
:	:		-	153	2	BCD	+	
287	38		66 JUCQUOIS PHONET	156		B D		
287	39		74 RAINEY EA NOTES	309		B D	R	
287	40		09 BOHL SPRACHE	84	37N	D		
:	:		75 MORAN SYRIAN SC	151		B D		
287	41		-	152		D	+	?
287	43- 44		77 CAD 1M RV**	25-A		BCD	R C	
:	43		75 MORAN SYRIAN SC	149	N.117	AB D		C
:	:		-	157	4	D		C
287	44		65 AHW L RV**	561-A		B		
:	:		73 CAD L RV**	229-A		B D		?
287	45- 52		64 CAMPBELL CHRON.	103		D		

	TEXTES				CITATIONS					
					DATE, OUVRAGE, PAGES, NOTES CARACTERIST.					
287	45- 48		52	MORAN KARATEPE?	77-A		BCD			
:	45, 47		71	HELCK BEZIEHUNG	250		D			
:	:	:	75	MORAN SYRIAN SC	153	3/C	B D			
:	45, 46		58	CAD E RV**	116-B		BCD	C		
:	45		10	EBELING VERBUM	79	APP	Ъ D			
:	:		10	RANKE KEILSCHR.	16		Ъ D			
:	:		51	DHORME NOUV.TAB	491	2	D			
:	:		52	MORAN KARATEPE?	77-A	9	Ъ D			
:	:		60	AHW E RV**	208-A		Ъ D			
:	:		64	CAMPBELL CHRON.	102		D			
:	:		69	KLENGEL GESCH.2	237	83	B D	R C		
:	:		70	RAINEY TABLETS	90		Ъ D			
:	:		75	MORAN SYRIAN SC	153	3/B	Ъ D			
287	46		10	EBELING VERBUM	56	7/3B	BCD			
:	:		52	MORAN KARATEPE?	77-A		Ъ D	R		
:	:		75	MORAN SYRIAN SC	151	3	Ъ D			
:	:			-	166	78	D			
287	47		10	EBELING VERBUM	78	APP	Ъ D			
:	:		10	RANKE KEILSCHR.	19		Ъ D			
:	:		75	MORAN SYRIAN SC	154	1/A	BCD			
287	48			-	151		Ъ D			
287	50, 52		15	KNUDTZON EL-AM	1602		CD			
:	50		09	BOHL SPRACHE	88	38N	D			
:	:		10	EBELING VERBUM	45	5/1A	BCD			
287	52, 56		75	MORAN SYRIAN SC	152		D	+		
:	52		68	CAD 2A RV**	132-B		Ъ D	+		
:	:		75	MORAN SYRIAN SC	154	1/B	BCD	+		
287	53		09	BOHL SPRACHE	47	270	B D			
:	:		10	EBELING VERBUM	63	13	BCD			
:	:		68	CAD 2A RV**	332-A		C	C		
287	54		09	BOHL SPRACHE	39	25H	Ъ D			
:	:			-	87	38I	Ъ D			
:	:		51	DHORME LANGUE	467		BCD			
:	:		61	MORAN HEB.LANG.	68	40	Ъ D			
:	:		68	CAD 2A RV**	332-A		Ъ D			
:	:			-	440-B		Ъ D			
:	:		70	RAINEY TABLETS	58		D			
:	:			-	59		Ъ D			
287	55- 56		73	CAD L RV**	100-A		ЪCD	+	C	
:	55		09	BOHL SPRACHE	25	13G	Ъ D			
:	:		61	MORAN HEB.LANG.	69	57	ЪCD			
287	56, 59		75	MORAN SYRIAN SC	164	62	Ъ D			
:	56		09	BOHL SPRACHE	18	8B	Ъ D	+		
:	:			-	22	10A	Ъ D	+		
:	:			-	65	32E	Ъ D			
:	:			-	84	37R	Ъ D	+		
:	:			-	88	38M	BCD			
:	:		10	EBELING VERBUM	58	7/3B	BCD			
:	:		39	HARRIS CANAANIT	34		BCD	+		
:	:			-	63		BCD	+		
:	:		51	DHORME LANGUE	424		BCD			
:	:			-	460		ЪCD	+		
:	:			-	485		Ъ D	+		
:	:		65	AHW L RV**	537-B		Ъ D			
:	:		65	DISO-2 RV**	291	L.37	BCD	+		
:	:		75	MORAN SYRIAN SC	151		Ъ D	+		
:	:			-	152	6	Ъ D	+		
287	57, 59			-	151		Ъ D			
:	57			-	150		Ъ D			

```
I                                           C I T A T I O N S                    I
I         T E X T E S             --------------------------------------------   I
I                                 DATE,  OUVRAGE,  PAGES,  NOTES  CARACTERIST.    I
I    ------------------------     --------------------------------------------   I
I     287      58- 59      73 CAD  L RV**      153-A         BCD   +   C          I
I      :       58          09 BOHL SPRACHE      14      6C   B D                  I
I      :       :           10 EBELING VERBUM    51      6/2A BCD                  I
I      :       :              -                 63      13   BCD   +              I
I      :       :              -                 75      24   BCD                  I
I      :       :           51 DHORME LANGUE    433           BCD   +              I
I      :       :           75 MORAN SYRIAN SC 152            D     +              I
I      :       :              -                154      4/C  B D   +              I
I     287      59          09 BOHL SPRACHE      18      8B   BCD                  I
I      :       :           73 CAD  L RV**       54-B        B D                   I
I      :       :           75 MORAN SYRIAN SC 153       2   B D                   I
I      :       :              -                164      57  B D        C          I
I     287      60- 61      59 CAD  D RV**      113-B        BCD        C          I
I      :       60          10 EBELING VERBUM    56      7/3B BCD                  I
I     287      61          75 MORAN SYRIAN SC 155       1/0 B D                   I
I     287      62- 63      73 CAD  L RV**      153-A        BCD        C          I
I      :       62          09 BOHL SPRACHE      14      6C   B D                  I
I      :       :              -                 63      31B  B D                  I
I      :       :           10 EBELING VERBUM    50      6/2A BCD                  I
I      :       :              -                 59      10/6 BCD                  I
I      :       :           51 DHORME LANGUE    450           BCD                  I
I      :       :           75 MORAN SYRIAN SC 153       3/B  B D                  I
I      :       :              -                154      4/C  B D                  I
I      :       :              -                162      46   BCD       C          I
I     287      63             -                162      46   B D                  I
I     287      64- 78      73 KUHNE CHRONOLOG    4      26    D                   I
I      :       64          75 MORAN SYRIAN SC 155       2    CD        C          I
I     287      65             -                151      2    B D                  I
I     287      66, 69      09 BOHL SPRACHE      25      13E  B D                  I
I      :       :   :          -                 26      14A  B D                  I
I      :       :   :       51 DHORME LANGUE    470            B D                 I
I      :       :   :          -                482            B D                 I
I      :       :   :       66 JUCQUOIS PHONET   77            B D                 I
I      :       :   :          -                 90            BCD                 I
I      :       :   :       68 CAD 2A RV**      146-B          B D                 I
I      :       :   :       73 KUHNE CHRONOLOG   11      46     D                  I
I      :       :   :       75 MORAN SYRIAN SC 163       52   B D                  I
I     287      67- 68      58 CAD  E RV**      273-B        BCD        C          I
I      :       :   :       65 CAD  B RV**       82-B        BCD        C          I
I      :       67          75 MORAN SYRIAN SC 153       3/B  B D                  I
I      :       :              -                155      1/C  B D                  I
I     287      69          10 EBELING VERBUM    78      APP  B D                  I
I      :       :           10 RANKE KEILSCHR.   19            B D                 I
I      :       :           75 MORAN SYRIAN SC 156            D      EC            I
I      :       :              -                166      78   BCD                  I
I     287      70, 73      10 EBELING VERBUM    57      7/3B BCD           ?      I
I      :       70          70 RAINEY TABLETS    61           BCD                  I
I      :       :              -                 71           B D                  I
I      :       :           75 MORAN SYRIAN SC 166       75   BCD      R C         I
I      :       :           77 CAD 1M RV**        4-B         D                    I
I      :       :              -                423-A        D                     I
I     287      71- 72      58 CAD  E RV**      209-B        BCD        C          I
I      :       :   :       75 MORAN SYRIAN SC 164       61   BCD       C          I
I      :       71, 72      10 EBELING VERBUM    49      5/1B BCD       C          I
I      :       71          09 BOHL SPRACHE      53      28M  B D                  I
I      :       :           10 EBELING VERBUM    75      24   BCD                  I
I      :       :           65 AHW  L RV**      543-B        B D                   I
I      :       :           75 MORAN SYRIAN SC 153       3/B  B D                  I
I      :       :              -                154      4/A   D                   I
```

```
---------------------------------------------------------------
I                                    C I T A T I O N S             I
I       T E X T E S          --------------------------------------- I
I                            DATE,  OUVRAGE, PAGES, NOTES  CARACTERIST. I
I    ----------------------  --------------------------------  ----------- I
I      287      71           75 MORAN SYRIAN SC 157      4      D      C  I
I      287      72, 74              -             152      6    B D        I
I       :       72           10 RANKE KEILSCHR.   11      2    B D        I
I      287      73           09 BOHL SPRACHE      75     34U   BCD        I
I       :       :            15 KNUDTZON EL-AM 1007/154/868C A      +  C  I
I       :       :            75 MORAN SYRIAN SC  151           B D   +    I
I       :       :                   -            152           D     +    I
I       :       :                   -            153     3/C   B D   +    I
I      287      74           10 RANKE KEILSCHR.   11      2    B D    R  ? I
I      287      75           75 MORAN SYRIAN SC  152           D     +    I
I                                                                          I
I EA 288                                                                   I
I ******                                                                   I
I      288                   64 CAMPBELL CHRON. 110           D           I
I       :                           -           115           D           I
I       :                           -           134     2F    D           I
I       :                    75 MORAN SYRIAN SC 157           G           I
I      288      4                   -           148    N.74 Ab D    C     I
I      288      5            10 EBELING VERBUM   56     7/3B  BCD         I
I      288      6-  7        58 CAD   E RV**    259-A         BCD   C     I
I       :       :   :        77 CAD  2M RV**    249-A         B D   C     I
I       :       6            67 AHW   M RV**    680-A         B D         I
I      288      7-  8        09 BOHL SPRACHE     15     6E    B D   C     I
I       :       :   :               -            87    38L   BCD   C     I
I       :       :   :        56 CAD   H RV**     76-B         BCD   C     I
I       :       :   :               -            81-A         BCD   C     I
I       :       :   :        62 AHW   H RV**    320-A         BCD   C     I
I       :       :   :        75 MORAN SYRIAN SC 166     78    BCD         I
I       :       7            51 DHORME LANGUE   460           BCD         I
I       :       :            60 AHW   E RV**    233-B         B           I
I       :       :            75 MORAN SYRIAN SC 166     78    D           I
I      288      8            10 EBELING VERBUM   47     5/1B  BCD         I
I      288      9- 10        56 CAD   H RV**    164-A         BCD   C     I
I       :       :   :        68 CAD  2A RV**    108-A         BCD   C     I
I       :       :   :        75 MORAN SYRIAN SC 156           D           I
I       :       9            66 JUCQUOIS PHONET  77           B D         I
I       :       :                   -            90           BCD         I
I       :       :            75 MORAN SYRIAN SC 154     4/B   B D         I
I      288      10           10 EBELING VERBUM   78     APP   B D         I
I       :       :            10 RANKE KEILSCHR.  19           B D         I
I       :       :            66 JUCQUOIS PHONET 238           BCD         I
I      288      11, 12       09 BOHL SPRACHE     25     13G   B D         I
I       :       11           10 RANKE KEILSCHR.  25           BCD    EC   I
I       :       :            66 JUCQUOIS PHONET  78           BCD         I
I       :       :            72 AHW   R RV**    998-A         B           I
I       :       :            74 RAINEY EA NOTES 308           B D         I
I       :       :            75 MORAN SYRIAN SC 166     79    B D   C     I
I      288      12  .        10 EBELING VERBUM   59     9/5   BCD         I
I       :       :            51 DHORME LANGUE   431           b D         I
I       :       :                   -           482           B D         I
I       :       :            64 CAD  1A RV**     53-B         BCD         I
I       :       :            75 MORAN AMARNA GL 158           D           I
I      288      13- 15       09 BOHL SPRACHE     27     15C   CD          I
I       :       :   :        75 MORAN SYRIAN SC 155           D     C     I
I       :       13, 15       09 BOHL SPRACHE     27     15C   BCD         I
I       :       :   :        15 KNUDTZ.CR/UNGN. 181           b D    R    I
I       :       :   :                -          186           G           I
I       :       :   :        75 MORAN SYRIAN SC 163     52    BCD         I
I       :       13           64 CAD  1A RV**     68-B         b D         I
```

TEXTES		C I T A T I O N S					
		DATE, OUVRAGE, PAGES, NOTES				CARACTERIST.	
288	14- 15	61 CAD Z RV**	167-A		BCD	C	
:	14	09 BOHL SPRACHE	15	6F	B D		
:	:	-	25	13F	B D		
:	:	-	84	37R	B D		
:	:	51 DHORME LANGUE	462		BCD		
:	:	66 JUCQUOIS PHONET	78		BCD		
:	:	75 MORAN SYRIAN SC	148	N.72	AB D	C	
:	:	-	166	78	BCD		
288	15	10 EBELING VERBUM	52-53	7/3A	BCD		
:	:	75 MORAN SYRIAN SC	156		CD		
288	17, 25	09 BOHL SPRACHE	44	27F	B D		
:	17	10 EBELING VERBUM	56	7/3B	BCD		
288	18- 22	71 HELCK BEZIEHUNG	348		D	C	
:	18, 21	10 EBELING VERBUM	56	7/3B	BCD		
:	18	68 CAD 2A RV**	248-B		BCD		
288	19	71 HELCK BEZIEHUNG	250		D		
288	20- 21	68 CAD 2A RV**	332-A		BCD	C	
:	20	75 MORAN SYRIAN SC	148	N.77	AB D	C	
288	21	09 BOHL SPRACHE	87	38I	B D		
:	:	51 DHORME LANGUE	467		BCD		
:	:	61 MORAN HEB.LANG.	68	40	B D		
:	:	70 RAINEY TABLETS	58		D		
:	:	-	59		B D		
288	22	68 CAD 2A RV**	332-A		C	C	
288	23	74 RAINEY EA NOTES	297		D		
:	:	75 MORAN SYRIAN SC	157	4	D	C	
:	:	77 CAD 1M RV**	156-B		B D		
288	24	10 EBELING VERBUM	53	7/3A	BCD		
:	:	75 MORAN SYRIAN SC	162	46	B D		
288	25	09 BOHL SPRACHE	46	27N	BCD		
:	:	10 EBELING VERBUM	56	7/3B	BCD		
:	:	39 HARRIS CANAANIT	45		BCD		
:	:	51 DHORME LANGUE	421		BCD		
:	:	-	472		BCD		
:	:	62 CAD 'S RV**	16-B		G		
288	26	39 HARRIS CANAANIT	9	16	B D		
:	:	-	34		BCD	?	
:	:	70 RAINEY TABLETS	92		B D		
:	:	75 MORAN SYRIAN SC	151		B D		
:	:	-	158	6	D	C	
288	27	15 KNUDTZON EL-AM	1602		BCD		
:	:	72 AHW S RV**	1014-A		B D		
288	28- 33	10 EBELING VERBUM	78	APP	CD	C	
:	28- 30	15 KNUDTZON EL-AM	1602		C	C	
:	28- 29	68 CAD 2A RV**	65-A		BCD	C ?	
288	29, 32	10 EBELING VERBUM	53	7/3A	BCD		
:	29	74 RAINEY EA NOTES	301		B D	R	
:	:	75 MORAN SYRIAN SC	166	74	BCD	R	
288	30- 31	68 CAD 2A RV**	20-B		B D	C	
288	31- 32	71 CAD K RV**	319-B		BCD	C	
288	32	09 BOHL SPRACHE	46	27N	B D		
288	33	64 CAD 1A RV**	221-B		B D		
:	:	74 RAINEY EA NOTES	300		B D	?	
:	:	75 MORAN SYRIAN SC	166	74	BCD		
288	34	09 BOHL SPRACHE	15	6F	B D		
:	:	-	25	13F	B D		
:	:	-	84	37R	B D		
:	:	51 DHORME LANGUE	462		BCD		
:	:	61 CAD Z RV**	167-A		B D		

TEXTES			CITATIONS						
			DATE, OUVRAGE, PAGES, NOTES CAPACTERIST.						
288	34		65 DISO-2 RV**	80	L.32	BCD	+		
:	:		66 JUCQUOIS PHONET	78		BCD			
:	:		75 MORAN SYRIAN SC	166	78	BCD	+		
288	35		10 EBELING VERBUM	50	6/2A	BCD			
288	36- 46		75 MORAN SYRIAN SC	156		D			
:	36- 40		51 DHORME NOUV.TAB	498		CD		C	
:	36- 38		10 EBELING VERBUM	49	5/1B	BCD		C	
288	38		09 BOHL SPRACHE	53	28M	B D			
:	:		10 EBELING VERBUM	52	6/2B	BCD			
:	:		-	75	24	BCD		EC	
:	:		56 CAD H RV**	85-A		B D			
:	:		66 JUCQUOIS PHONET	138		BCD			
:	:		75 MORAN SYRIAN SC	153-154	3/D	B D			
:	:		-	164	63	B D			
:	:		-	166	78	D			
288	40		10 EBELING VERBUM	54	7/3A	BCD			
:	:		75 MORAN SYRIAN SC	150		B D			
288	41- 46		64 CAMPBELL CHRON.	113		D			
:	41, 45		10 EBELING VERBUM	53	7/3A	BCD			
:	: :		75 MORAN SYRIAN SC	151		B D			
:	: :		-	153	3/C	B D			
:	: :		-	166	78	D			
:	41		10 RANKE KEILSCHR.	25		B D			?
:	:		71 HELCK BEZIEHUNG	186	120	D			
288	42, 46		10 EBELING VERBUM	53	7/3A	BCD			
:	: :		70 RAINEY TABLETS	93		B D	R		
:	42		09 BOHL SPRACHE	67	32N	D			
:	:		71 HELCK BEZIEHUNG	186	120	CD		C	
288	43- 44		64 CAMPBELL CHRON.	101		CD			
:	43		10 EBELING VERBUM	75	24	BCD		E	
:	:		39 HARRIS CANAANIT	34		BCD			
:	:		-	62		B D			
:	:		51 DHORME LANGUE	486		B D			
288	44		09 BOHL SPRACHE	64	32E	B D			
:	:		10 EBELING VERBUM	43	3/5	BCD			
288	45		-	47	5/1B	B D			
288	47		15 KNUDTZON EL-AM	1602		C			?
:	:		75 MORAN SYRIAN SC	157	4	D		C	
288	48		09 BOHL SPRACHE	84	37N	D			
:	:		75 MORAN SYRIAN SC	151		B D			
288	49		67 AHW N RV**	702-B		G			
288	50		10 RANKE KEILSCHR.	16		B D			
288	51, 57		-	16		B D			
288	52- 53		09 BOHL SPRACHE	84	37R	B D	+	C	
:	52, 55		10 EBELING VERBUM	53	7/3A	BCD			
:	52		-	56	7/3B	BCD		EC	
:	:		39 HARRIS CANAANIT	58		BCD	+		
:	:		51 DHORME LANGUE	424		BCD	+		
:	:		-	448		BCD	+		
:	:		-	485		B D			
:	:		64 CAD 1A RV**	45-A		B D			
:	:		65 DISO-2 RV**	1	L.44	B D	+		
:	:		-	2	L.7	D	+		
:	:		75 MORAN SYRIAN SC	150		D			
288	53		-	152		D	+		
288	54, 59		-	154	3/D	B D			
:	54		10 EBELING VERBUM	75	24	BCD		EC	
288	56		75 MORAN SYRIAN SC	154	4/B	B D			
288	58		66 JUCQUOIS PHONET	156		B D			

```
I                                C I T A T I O N S                     I
I        T E X T E S      ---------------------------------------------I
I                         DATE,  OUVRAGE, PAGES, NOTES  CARACTERIST.  I
I   ---------------------  --------------------------   -----------   I
I     288      58         75 MORAN SYRIAN SC 150          B D          I
I      :       :             -              153     3/A   B D          I
I     288      59- 61     64 CAD 1A RV**    123-A         BCD     C    I
I      :       59- 60     73 CAD  L RV**    134-A         BCD     C    I
I      :       59         10 EBELING VERBUM  75      24   BCD          I
I      :       :          66 JUCQUOIS PHONET 219          B D          I
I     288      60- 61     09 BOHL SPRACHE    13      5G   B D     C    I
I      :       60            -               7       3Q   B D          I
I      :       :          75 MORAN SYRIAN SC 153     3/C  b D          I
I      :       :             -              154     1/A   BCD          I
I     288      61         10 EBELING VERBUM  45      5/1A BCD          I
I      :       :          51 DHORME LANGUE  417          BCD          I
I      :       :          75 MORAN SYRIAN SC 166     78    D           I
I     288      62- 66     73 KUHNE CHRONOLOG   4      26   D           I
I      :       62         75 MORAN SYRIAN SC 155      2   CD     C     I
I     288      64- 65        -              155     1/C  b D     C     I
I      :       64         10 EBELING VERBUM  64      14   BCD          I
I      :       :          58 CAD  E RV**    273-B         D            I
I      :       :          75 MORAN SYRIAN SC 153     3/B  B D          I
I     288      65         65 CAD  B RV**     82-B         D            I
I     288      66         75 MORAN SYRIAN SC 157      4    D      C    I
I      :       :          77 CAD 1M RV**    314-B         B D    R     I
I                                                                     I
I EA 289                                                              I
I ******                                                             I
I     289,290             64 CAMPBELL CHRON.  99          D            I
I      :  :                  -              103          D            I
I     289                    -              102-103      D            I
I      :                     -              110          D            I
I      :                     -              134      2C   D           I
I      :                  69 KLENGEL GESCH.2 237     83   D           I
I      :                  71 HELCK BEZIEHUNG 249          D           I
I     289      4          75 MORAN SYRIAN SC 148   N.74 AB D     C    I
I     289      5- 10      64 CAMPBELL CHRON. 109          D      C    I
I      :       5-  6         -              103          D            I
I      :       5          09 BOHL SPRACHE    88      38N  D           I
I      :       :          15 KNUDTZON EL-AM 1602         B      R     I
I      :       :          64 CAMPBELL CHRON.  41      34  BCD    R C   I
I     289      6-  7         -               40-41       B D     C    I
I     289      7          71 HELCK BEZIEHUNG 481     23   B D          I
I      :       :          75 MORAN SYRIAN SC 153     3/B  B D          I
I     289      9- 10      60 CAD IJ RV**    168-169      BCD     C    I
I      :       9, 12      09 BOHL SPRACHE    29      16B  B D          I
I      :       9             -               65      32G  B D          I
I      :       :          66 JUCQUOIS PHONET 109          B D          I
I      :       :          75 MORAN SYRIAN SC 151          b D          I
I      :       :             -              153      1   BCD          I
I      :       :             -              153     3/B  B D          I
I      :       :             -              162      39  B D     C    I
I     289      10         09 BOHL SPRACHE    44      27F  B D          I
I      :       :          10 EBELING VERBUM  56     7/3B  BCD          I
I      :       :          39 HARRIS CANAANIT 45          BCD          I
I      :       :          51 DHORME LANGUE  451          BCD          I
I     289      11         64 CAMPBELL CHRON. 115          D           I
I     289      12         75 MORAN SYRIAN SC 153      1   BCD          I
I      :       :             -              153     3/B  B D          I
I      :       :             -              162      39  B D          I
I     289      13         71 HELCK BEZIEHUNG 128     1C5  D      C    I
I      :       :             -              186          B D     C    I
```

TEXTES			CITATIONS DATE, OUVRAGE, PAGES, NOTES				CARACTERIST.			
289	14, 20		39 HARRIS CANAANIT	34			ƁCD			
289	15- 16		65 CAD B RV**	149-B			ƁCD		C	
289	16- 17		75 MORAN SYRIAN SC	166	74		ƁCD			
289	17		10 EBELING VERBUM	53	7/3A		ƁCD			
:	:		15 KNUDTZON EL-AM	1007/155	874A	A	A		C	
:	:		51 DHORME LANGUE	483			Ɓ D			
289	18- 20		71 HELCK BEZIEHUNG	191			CD		C	
:	18, 19		39 HARRIS CANAANIT	9	16		Ɓ D			
:	: :		75 MORAN SYRIAN SC	151			Ɓ D			
:	18		70 RAINEY TABLETS	92			Ɓ D			
:	:		71 HELCK BEZIEHUNG	185	115		D			
:	:		75 MORAN SYRIAN SC	151	3		Ɓ D			
289	19, 25		64 CAMPBELL CHRON.	115			D			
:	19		70 RAINEY TABLETS	92			Ɓ D			
:	:		75 MORAN SYRIAN SC	154	3/D		Ɓ D			
:	:		76 SYL.S2 RV**	6			Ɓ D		C	
289	20, 25		64 CAMPBELL CHRON.	40	28		D			
289	21- 24		-	86	48		CD			
:	: :		-	103			D			
:	21- 22		75 MORAN SYPIAN SC	166	74		ƁCD			
289	22- 24		51 DHORME NOUV.TAB	498-499			CD		C	
289	23		39 HARRIS CANAANIT	62-63			ƁCD			
:	:		64 CAMPBELL CHRON.	86	48		Ɓ D			
:	:		75 MORAN SYRIAN SC	152	5		Ɓ D			
:	:		-	152	6		Ɓ D			
289	24		56 CAD H RV**	85-A			Ɓ			
289	25		09 BOHL SPRACHE	44	27F		Ɓ D			
:	:		10 EBELING VERBUM	56	7/3B		ƁCD			
289	26- 28		68 CAD 2A RV**	54-B			ƁCD		R C	
:	26		09 BOHL SPRACHE	39	25G		Ɓ D			
:	:		15 KNUDTZON EL-AM	1007/156	874E	A	A		C	
:	:		59 AHW A RV**	90-B			Ɓ	R		
:	:		70 RAINEY TABLETS	57			ƁCD			
:	:		75 MORAN SYRIAN SC	162	42		ƁCD	R	?	
289	27		58 CAD E RV**	298-B			Ɓ D			
289	29		09 BOHL SPRACHE	88	38N		D		?	
289	30- 35		64 CAMPBELL CHRON.	103			D			
:	30		77 CAD 1M RV**	336-A			Ɓ D			
289	31		10 RANKE KEILSCHR.	9			Ɓ D			
:	:		-	12			Ɓ D			
:	:		64 CAMPBELL CHRON.	112			D			
:	:		71 HELCK BEZIEHUNG	255			Ɓ D			
:	:		75 MORAN SYRIAN SC	157	4		D		C	
289	32		10 EBELING VEPBUM	53	7/3A		ƁCD			
:	:		-	56	7/3B		ƁCD			
:	:		71 HELCK BEZIEHUNG	250			D			
289	33, 40		51 DHORME LANGUE	483			Ɓ D			
:	33		71 HELCK BEZIEHUNG	304			D			
289	35		75 MORAN SYPIAN SC	151			Ɓ D			
289	36		77 CAD 1M RV**	336-A			D			
289	37- 39		60 CAD IJ RV**	173-Ɓ			ƁCD		C ?	
:	37		09 BOHL SPRACHE	73	34K		D			
:	:		65 CAD B RV**	57-B			D			
289	38- 39		10 EBELING VEPBUM	78	APP		Ɓ D		C	
:	38, 40		64 CAMPBELL CHRON.	102			D			
:	38		10 EBELING VERBUM	79	APP		Ɓ D			
:	:		10 RANKE KEILSCHR.	16			Ɓ D			
:	:		63 AHW I RV**	386-A			Ɓ D			
:	:		70 RAINEY TABLETS	90			Ɓ D			

```
I-------------------------------------------------------------I
I                                C  I  T  A  T  I  O  N  S    I
I     T E X T E S          ---------------------------------- I
I                          DATE,  OUVRAGE, PAGES, NOTES  CARACTERIST. I
I  --------------------    -----------------------------  ----------- I
I     289      39- 43      61 CAD  Z RV**      22              C       C   I
I      :       39          09 BOHL SPRACHE     88      38N   B D           I
I      :       :           10 EBELING VERBUM   56      7/3B  BCD          I
I      :       :           75 MORAN SYRIAN SC 155      1/G   b D          I
I     289      41          09 BOHL SPRACHE     82      37K   b D          I
I      :       :           61 CAD  Z RV**      22-A          b D          I
I     289      42- 43      71 HELCK BEZIEHUNG 254            CD      C   I
I      :       42          66 JUCQUOIS PHONET 156            b D          I
I      :       :           75 MORAN SYRIAN SC 150            b D          I
I      :       :               -             153      3/A   b D          I
I     289      44          10 EBELING VERBUM   56      7/3B  BCD          I
I      :       :           64 CAMPBELL CHRON.  99            BCD     C   I
I     289      45          10 EBELING VERBUM   47      5/1B  b D          I
I      :       :           64 CAMPBELL CHRON.  99            b D          I
I      :       :           71 HELCK BEZIEHUNG 250            D            I
I     289      46          75 MORAN SYRIAN SC 151            b D          I
I     289      47- 50      73 KUHNE CHRONOLOG   4       26   D            I
I      :       47          75 MORAN SYRIAN SC 155       2   CD      C   I
I     289      49- 50      68 CAD 2A RV**      31-A          BCD     C   I
I      :       49          65 CAD  B RV**      82-B          D            I
I      :       :           75 MORAN SYRIAN SC 155      1/C   B D     R   I
I     289      50          10 EBELING VERBUM   57      7/3B  BCD       ? I
I      :       :           70 RAINEY TABLETS   61            BCD          I
I      :       :               -              71            b D          I
I      :       :           75 MORAN SYRIAN SC 166       75   BCD     R C I
I      :       :           77 CAD 1M RV**       4-B          B D          I
I      :       :               -              30-B          B D          I
I      :       :               -             423-A          BCD          I
I                                                                        I
I EA 290                                                                 I
I ******                                                                 I
I     290                  64 CAMPBELL CHRON. 109-110        D            I
I      :                        -             115            D            I
I     290      2           75 MORAN SYPIAN SC 151       2   B D          I
I     290      5-  7       77 CAD 1M RV**      68-B          CD      C   I
I      :       5           75 MORAN SYRIAN SC 152            D       +   I
I      :       :               -             153      3/B   b D     +   I
I     290      8- 11       77 CAD 1M RV**      68-B          BCD     C   I
I      :       8           09 BOHL SPRACHE     88      38M   BCD       ? I
I      :       :           10 EBELING VERBUM   63       13   BCD       ? I
I      :       :           51 DHORME LANGUE   437            BCD          I
I      :       :           75 MORAN SYRIAN SC 151       1   B D          I
I     290      9           70 RAINEY TABLETS   91            b D          I
I     290      10, 18      75 MORAN SYRIAN SC 158       6   D       C   I
I     290      11          10 EBELING VERBUM   54      7/3A  BCD          I
I      :       :           75 MORAN SYRIAN SC 151       3   B D          I
I     290      12- 13      51 DHORME NOUV.TAB 498            BCD     C   I
I      :       12, 17      10 EBELING VERBUM   56      7/3B  BCD          I
I      :       :   :       51 DHORME LANGUE   424            BCD          I
I     290      13          56 CAD  H RV**      85-A          B D          I
I     290      15- 18      71 HELCK BEZIEHUNG 186            D       C   I
I     290      16- 18      74 RAINEY EA NOTES 301            D            I
I      :       16          71 HELCK BEZIEHUNG 186            b D     C   I
I     290      17- 18      68 CAD 2A RV**     415-B          bCD     C   I
I      :       17, 23      09 BOHL SPRACHE     48      27S   B D          I
I      :       17, 18           -              88      38N   b D     C   I
I     290      20, 21      75 MORAN SYRIAN SC 153      3/A   b D          I
I      :       20          10 RANKE KEILSCHR.  16            b D          I
I      :       :           66 JUCQUOIS PHONET 156            b D          I
```

```
I---------------------------------------------------------------------------I
I                            C I T A T I O N S                              I
I       T E X T E S         ------------------------------------------------I
I                           DATE, OUVRAGE, PAGES, NOTES  CARACTERIST.        I
I       ------------------   ------------------------------  --------------  I
I       290       20        75 MORAN SYRIAN SC 150            B D           I
I       290       21        09 BOHL SPRACHE      68     320   B D           I
I        :        :         66 JUCQUOIS PHONET 156      42    B D           I
I        :        :         77 AHW   T RV**      1334-B         D           I
I       290       22        10 RANKE KEILSCHR.   16           B D           I
I       290       23- 24    51 DHORME NOUV.TAB 498            BCD       C   I
I        :        :   :     56 CAD   H RV**      85-A         B D  +    C   I
I        :        23        10 EBELING VERBUM    56     7/3B  BCD           I
I        :        :         15 KNUDTZON EL-AM 1602              C           I
I        :        :         51 DHORME LANGUE    424            BCD           I
I       290       24        75 MORAN SYRIAN SC 152              D  +     ? I
I       290       25        15 KNUDTZON EL-AM 1007/157/877F A          C   I
I        :        :         75 MORAN SYRIAN SC 152       1    BCD           I
I       290       26, 27    15 KNUDTZON EL-AM 1007/158/877G A          C   I
I       290       28        70 RAINEY TABLETS    92           b D  R        I
I        :        :         75 MORAN SYRIAN SC 151           B D  R        I
I        :        :         76 SYL.S2 RV**        6           B D  R C      I
I       290       29        10 EBELING VERBUM    47     5/1B  BCD           I
I        :        :         67 SYL. 2 RV**       47     238   B D      C   I
I                                                                           I
I EA 291                                                                    I
I ******                                                                    I
I       291                 66 JUCQUOIS PHONET   34             D       ? I
I                                                                           I
I EA 292                                                                    I
I ******                                                                    I
I       292-295             09 BOHL SPRACHE      44     27F    D           I
I        :    :                      -          46     27N    D           I
I        :    :                      -          51     28F    D           I
I        :    :                      -          55     28Q    D           I
I        :    :             64 CAMPBELL CHRON. 126            D           I
I        :    :                      -         135     3E     D           I
I       292-294             75 MORAN AMARNA GL 153-155        D           I
I       292                 64 CAMPBELL CHRON.  75-76         D           I
I        :                           -         135     3C     D           I
I        :                  66 JUCQUOIS PHONET  35            D           I
I        :                  75 MORAN SYRIAN SC 158       9    D       C   I
I       292        3        74 RAINEY EA NOTES 310           B D           I
I       292        5-  7    75 MORAN AMARNA GL 153           B D       C   I
I       292        8- 12    59 CAD   D RV**      22-A         BCD      C   I
I        :         8-  9    65 AHW   K RV**      470-A        B D           I
I        :        :   :     71 CAD . K RV**      328-B        B D           I
I        :         8,  9    10 EBELING VERBUM    56     7/3B  BCD           I
I       292       10, 12    69 AHW   N RV**      769-B        B D           I
I       292       12        10 EBELING VERBUM    52     7/3A  BCD           I
I       292       13        73 CAD   L RV**      176-B        B D           I
I       292       14        09 BOHL SPRACHE      84/1   37T    D           I
I        :        :         15 KNUDTZON EL-AM 1602             CD           I
I        :        :         77 AHW   T RV**      1321-A       B D           I
I       292       15        09 BOHL SPRACHE      55     28Q   B D           I
I       292       17- 19    75 MORAN AMARNA GL 154           B D       C   I
I       292       20        71 HELCK BEZIEHUNG 248      11     D           I
I       292       22- 23    75 MORAN AMARNA GL 154           b D           I
I       292       23        74 RAINEY EA NOTES 297           B D           I
I       292       24- 25    75 MORAN AMARNA GL 154           B D           I
I       292       26- 27              -         154          B D           I
I        :        26        73 CAD   L RV**      55-A          D           I
I       292       29- 40    71 HELCK BEZIEHUNG 186      123    D       C   I
I        :        29- 36    64 CAMPBELL CHRON.  75             D           I
```

TEXTES		CITATIONS						
		DATE, OUVRAGE, PAGES, NOTES				CARACTERIST.		
292	29, 30	72 AHW R RV**	959-B			б D	C	
:	29	09 BOHL SPRACHE	46	27N		в D		
:	:	-	47	27Q		б D	+R	
:	:	-	84	37S		B D	+	
:	:	10 EBELING VERBUM	56	7/3B		BCD		
292	30	71 HELCK BEZIEHUNG	185	109		D	C	
292	31	10 EBELING VERBUM	64	14		БCD		
292	32	10 RANKE KEILSCHR.	17			б D		
292	33- 35	64 CAMPBELL CHRON.	126			D		
:	33- 34	64 CAD 1A RV**	35B-B			бCD	C	
:	33	09 BOHL SPRACHE	73	34H		ö D		
:	:	10 RANKE KEILSCHR.	12	1		б D	?	
:	:	64 CAMPBELL CHRON.	75			D		
:	:	-	101			D		
:	:	71 HELCK BEZIEHUNG	250			D		
:	:	75 MORAN AMARNA GL	154			б D		
292	34	09 BOHL SPRACHE	44	27F		ö D		
292	36	-	8	3S		б D		
:	:	10 RANKE KEILSCHR.	18			ä D		
:	:	69 AHW P RV**	825-A			G		
292	37	09 BOHL SPRACHE	51	28F		B D		
:	:	-	68	320		ö D		
:	:	10 EBELING VERBUM	64	14		бCD		
:	:	77 AHW T RV**	1336-A			D		
292	39	09 BOHL SPRACHE	66/2	32K		ö D		
:	:	10 EBELING VERBUM	44	4/2		БCD		
292	40	10 RANKE KEILSCHR.	17			б D		
292	41- 44	75 MORAN AMARNA GL	154			ä D		
292	42	64 CAMPBELL CHRON.	126			B D	C	
:	:	71 HELCK BEZIEHUNG	255			b D	C	
292	43- 44	68 CAD 2A RV**	85-A			B D	C	
:	: :	75 MORAN AMARNA GL	153			D		
292	44- 45	60 MORAN EARLY CAN	17	2		ä D		
:	44	77 CAD 1M RV**	211-B			ä D		
292	45	09 BOHL SPRACHE	51	28F		b D		
:	:	-	74	34P		D		
292	46- 47	56 CAD H RV**	214			бCD	R C	
:	: :	61 CAD Z RV**	134-B			D		
:	46	09 BOHL SPRACHE	58	29C		B D		
:	:	58 CAD E RV**	235-B			D		
292	47	10 EBELING VERBUM	78	APP		D	+ EC	
:	:	15 KNUDTZON EL-AM	1602			C		
:	:	72 AHW R RV**	995-A			G	?	
292	49- 50	68 CAD 2A RV**	59-B			бCD	C	
292	50	09 BOHL SPRACHE	88	38N		D		
:	:	69 AHW P RV**	851-B			ä D		
:	:	71 CAD K RV**	246-B			БCD		
292	51- 52	68 CAD 2A RV**	251-A			бCD	C	
:	51	64 CAMPBELL CHRON.	126			B D	C	

EA 293
******

293-295		66 JUCQUOIS PHONET	35			D	?	
293	3	74 RAINEY EA NOTES	310			ä D	R	
293	5- 7	75 MORAN AMARNA GL	153			B D	C	
293	11	09 BOHL SPRACHE	70	33P		ä D		
:	:	68 CAD 2A RV**	458-B			D		
293	12	74 RAINEY EA NOTES	297			E D		
:	:	75 MORAN AMARNA GL	154			ö D		

```
I                                     C I T A T I O N S                    I
I        T E X T E S        -------------------------------------------    I
I                           DATE,  OUVRAGE, PAGES, NOTES  CARACTERIST.     I
I     ----------------------  ----------------------------  -----------    I
I        293     13          09 BOHL SPRACHE      10      40   B D         I
I         :       :          75 MORAN AMARNA GL 154           B D         I
I         :       :          77 CAD 2M RV**        295-A      b D         I
I        293     20- 22      75 MORAN AMARNA GL 154           B D   R C   I
I        293     22          63 AHW  K RV**        461-A        D         I
I         :       :          71 CAD  K RV**        281-B      b D         I
I                                                                         I
I EA 294                                                                  I
I ******                                                                  I
I        294,295             64 CAMPBELL CHRON. 101-102  73     D         I
I        294                 73 KUHNE CHRONOLOG  12      49     D         I
I        294      3          64 CAMPBELL CHRON. 101-102  73   B D         I
I         :       :          -                  126      39     D     C   I
I         :       :          74 RAINEY EA NOTES 310            D         I
I         :       :          -                  311          b D   R   ? I
I         :       :          75 MORAN AMARNA GL 153          B D   R     I
I         :       :          -                  155         AB D         I
I        294      4-  6      -                  153          b D     C   I
I        294      6- 12      15 KNUDTZON EL-AM 1007/159/884C A        C   I
I         :       6-  8      75 MORAN AMARNA GL 154          b D     C   I
I        294      9          64 CAMPBELL CHRON.  75           D         I
I        294     11- 12      75 MORAN AMARNA GL 154          B D         I
I        294     12          74 RAINEY EA NOTES 297          B D         I
I        294     13          09 BOHL SPRACHE      44     27F B D         I
I         :       :          10 EBELING VERBUM    56    7/3B BCD         I
I         :       :          51 DHORME LANGUE    453         BCD         I
I        294     14- 15      73 CAD  L RV**        55-A      BCD   R C   I
I         :       :   :      75 MORAN AMARNA GL 154          B D         I
I        294     16- 18      -                  154          b D         I
I         :      16- 17      71 HELCK BEZIEHUNG 255          B D     C   I
I        294     18- 22      -                  304            D     C   I
I        294     19- 22      68 CAD 2A RV**        220-A      BCD     C   I
I         :      19- 20      09 BOHL SPRACHE      63     31B B D     C   I
I         :      19          10 EBELING VERBUM    63      13 BCD         I
I        294     20          10 BURCHARDT ALTK.2 12-A    215 b D     C   I
I         :       :          10 EBELING VERBUM    62      12 BCD         I
I         :       :          51 DHORME LANGUE    433         BCD         I
I         :       :          70 RAINEY TABLETS    92           D         I
I        294     22          71 HELCK BEZIEHUNG 255           D   +     I
I        294     23          64 CAD 1A RV**        358-B       D         I
I         :       :          75 MORAN AMARNA GL 154          B D         I
I        294     25- 26      73 CAD  L RV**        56-B      B D     C   I
I        294     26          68 CAD 2A RV**        43-A        D         I
I        294     27          09 BOHL SPRACHE      51     28F b D         I
I        294     29- 30      74 RAINEY EA NOTES 298          BCD         I
I        294     32- 33      68 CAD 2A RV**        220-A      b D     C   I
I        294     34- 35      64 CAD 1A RV**        118-A      b D     C   I
I         :      34          75 MORAN AMARNA GL 154          b D         I
I         :       :          77 CAD 2M RV**        295-A      B D         I
I        294     35          59 AHW  D RV**        164-A      b           I
I                                                                         I
I EA 295                                                                  I
I ******                                                                  I
I        295                 64 CAMPBELL CHRON. 101            D         I
I         :                  -                  135      3E    D         I
I        295      3          74 RAINEY EA NOTES 31C          b D   R     I
I        295      4          76 AHW >S RV**       1174-B      b D         I
I        295      8,  9      68 CAD 2A RV**        220-A      b D     C   I
I        295      9- 10      76 AHW >S RV**       1214-B      b D   R C   I
```

TEXTES			CITATIONS					
			DATE, OUVRAGE, PAGES, NOTES			CARACTERIST.		
295	14		64 CAMPBELL CHRON.	101		Ḃ D	R	
295	16		15 KNUDTZON EL-AM	1007/160/887G	A		C	
295	17		09 BOHL SPRACHE	51	28F	B D		
:	:		66 JUCQUOIS PHONET	150		ᵬCD		
295	'3		15 KNUDTZON EL-AM	1007/161/888A	A		C	
295	'6		09 BOHL SPRACHE	9	3Z	Ḃ D		
:	:		71 HELCK BEZIEHUNG	254		CD	?	
295	'7		67 SYL. 2 RV**	9	46	B D	C	
:	:		-	39	210	Ḃ D	C	
:	:		7C RAINEY TABLETS	92		Ḃ D		
:	:		75 MORAN SYRIAN SC	162	40	Ḃ D	?	
295	'3		56 CAD H RV**	111-A		D		
:	:		71 HELCK BEZIEHUNG	428		D		
295	'9-'10		58 CAD E RV**	265-B		ḂCD	C	
:	'9,'10		68 CAD 2A RV**	22C		Ḃ D	C	

EA 296
******

296			09 BOHL SPRACHE	46	27N	D		
:			-	51	28F	D		
:			64 CAMPBELL CHRON.	10C		D		
:			-	134	2C	D		
:			-	134	2F	D		
:			66 JUCQUOIS PHONET	35		D	?	
:			71 HELCK BEZIEHUNG	186	124	D		
:			-	351		D		
296	4		64 CAMPBELL CHRON.	10C	71	Ḃ D	C	
:	:		71 HELCK BEZIEHUNG	186	124	B D	C ?	
296	7		09 BOHL SPRACHE	36	23G	D		
296	9- 10		71 CAD K RV**	471-B		ᵬ	C	
296	11- 13		65 AHW K RV**	47C-A		B D		
:	: :		71 CAD K RV**	326-B		B D	C	
:	11, 12		10 EBELING VERBUM	56	7/3B	ᵬCD		
296	14, 16		-	52	7/3A	ᵬCD		
:	14		69 AHW N RV**	769-B		ᵬ D		
:	14		10 EBELING VERBUM	56	7/3B	ᵬCD		
296	17- 22		73 CAD L RV**	176-B		ᵬCD	+ C	
:	17- 19		15 KNUDTZ.CR/DELI.	164-B		C	C	
:	17		39 HARRIS CANAANIT	38		ᵬCD		
296	18- 19		77 AHW T RV**	1321-A		B D	C	
:	18		C9 BOHL SPRACHE	84	37P	Ḃ D	+	
:	:		-	84	37T	ᵬ D	+	
296	19		-	84/1	37T	ᵬCD		
:	:		15 KNUDTZON EL-AM	16C2		CD		
:	:		15 KNUDTZ.CR/DELI.	164-B		CD		
296	20		09 BOHL SPRACHE	55	28Q	Ḃ D		
296	23, 30		71 HELCK BEZIEHUNG	248	13	D		
296	24		10 EBELING VERBUM	47	5/1B	Ḃ D		
296	25- 28		09 BOHL SPRACHE	59	29D	CD	C	
:	25		62 CAD 'S RV**	183-B		Ḃ D		
:	:		7C RAINEY TABLETS	79		Ḃ D		
296	26- 29		10 EBELING VERBUM	73	22	ᵬCD	C	
296	27- 28		68 CAD 2A RV**	220-A		Ḃ D	C	
:	27, 28		09 BOHL SPRACHE	59	29D	B D	C	
:	27		-	58-59	29C	ᵬCD		
:	:		59 AHW A RV**	63-A		Ḃ D		
:	:		66 JUCQUOIS PHONET	91		ᵬCD		
296	28- 29		64 CAD 1A RV**	85-A		ᵬCD	C	
:	: :		64 CAMPBELL CHRON.	10C		CD	C	

```
I                                        C I T A T I O N S            I
I        T E X T E S        ------------------------------------------ I
I                           DATE,  OUVRAGE, PAGES, NOTES  CARACTERIST. I
I      ---------------------  -----------------------------  ---------- I
I      296      28         09 BOHL SPRACHE      59      29C  BCD        I
I      296      30- 39     71 HELCK BEZIEHUNG 304           D      EC   I
I      296      31- 32     64 CAD 1A RV**      85-A         BCD    C    I
I      296      32         71 HELCK BEZIEHUNG 304           D           I
I      296      33- 35     10 EBELING VERBUM    48      5/1B BCD    C   I
I       :       33         70 RAINEY TABLETS    92           D          I
I       :       :          71 HELCK BEZIEHUNG 253           D      C    I
I      296      34         10 RANKE KEILSCHR.   17          B D         I
I      296      35         09 BOHL SPRACHE      53      28M  B D        I
I      296      36         68 CAD 2A RV**      148-A        B D         I
I      296      37- 39     64 CAD 1A RV**       16-A        BCD         I
I      296      38- 39     56 CAD  H RV**      230-A        BCD    + C  I
I       :       38         09 BOHL SPRACHE      15      6G   B D    +   I
I       :       :             -                 84      37T  B D    +   I
I       :       :          51 DHORME LANGUE    460       2   BCD    +   I
I       :       :          65 DISO-2 RV**      210     L.51  B D    +   I
I       :       :          66 JUCQUOIS PHONET   78          BCD    +    I
I       :       :          69 AHW   N RV**     794-A        B      +    I
I      296      39         65 AHW   K RV**     490-A            G       I
I       :       :          71 CAD   K RV**     448-A        B D         I
I                                                                      I
I EA 297                                                               I
I ******                                                               I
I      297-300             09 BOHL SPRACHE      44      27F  D          I
I       :       :             -                 53      28M  D          I
I       :       :             -                 55      28Q  D          I
I       :       :          64 CAMPBELL CHRON. 109           D          I
I       :       :             -                126           D          I
I       :       :             -                135       3E  D          I
I       :       :          66 JUCQUOIS PHONET  33           D          I
I       :       :          71 HELCK BEZIEHUNG 186      122  D          I
I      297                 61 CAD  Z RV**      134-B        D          I
I                          75 MORAN AMARNA GL 154           D          I
I      297       5- 7         -               153-154       B D    C   I
I      297       8- 11     59 CAD  D RV**      68-A         BCD    C   I
I       :        9         09 BOHL SPRACHE      44      27F  B D       I
I       :        :         10 EBELING VERBUM    56      7/3B BCD       I
I      297      10         70 RAINEY TABLETS    61              G      I
I      297      12- 16     10 EBELING VERBUM    78      APP  CD    + C I
I       :        :  :      56 CAD  H RV**      214-A        BCD    C ? I
I       :       12- 14     15 KNUDTZON EL-AM 1602          CD     C   I
I       :        :  :      58 CAD  E RV**      235-B        B D    C ? I
I       :        :  :      61 CAD  Z RV**      134          BCD    + C I
I       :       12, 19     09 BOHL SPRACHE      59      29C  BCD       I
I       :       12         10 EBELING VERBUM    65      15   BCD       I
I       :        :         51 DHORME LANGUE    441          BCD       I
I      297      13         15 KNUDTZON EL-AM 1007/162/891B A      C   I
I       :        :         72 AHW   R RV**     995-A        B D       I
I      297      16         71 HELCK BEZIEHUNG 275           D         I
I      297      17- 20     68 CAD 2A RV**      366-A        BCB    C  I
I      297      19         10 EBELING VERBUM    67      16   BCD      I
I      297      20            -                 52      7/3A BCD      I
I                                                                     I
I EA 298                                                              I
I ******                                                              I
I      298                 71 HELCK BEZIEHUNG 476           D         I
I      298       4         68 CAD 2A RV**      251-A        B D    C  I
I      298       6- 8      58 CAD  E RV**      187-A        B D    C  I
I       :        6- 7      68 CAD 2A RV**      251-A        B D    C  I
```

TEXTES		CITATIONS DATE, OUVRAGE, PAGES, NOTES			CARACTERIST.
298	7- 8	71 CAD K RV**	226-A		BCD C
:	7	09 BOHL SPRACHE	86	38C	BCD
:	:	56 CAD G RV**	147-B		B D
298	12- 14	62 CAD 'S RV**	139-B		BCD C
:	12	09 BOHL SPRACHE	64	32C	B D
:	:	10 EBELING VERBUM	73	21	BCD
298	14	09 BOHL SPRACHE	30	19B	B D
298	20	10 EBELING VERBUM	40	1/3	BCD
298	22	09 BOHL SPRACHE	70	33M	BCD
:	:	15 KNUDTZON EL-AM	1602		B R
:	:	62 CAD 'S RV**	182-A		BCD
:	:	70 RAINEY TABLETS	79		B D R
298	23- 24	60 CAD IJ RV**	327-B		BCD C
:	23, 26	09 BOHL SPRACHE	44	27F	B D
:	: :	10 EBELING VERBUM	56	7/3B	BCD
:	23	09 BOHL SPRACHE	45	27G	B D
298	24	10 EBELING VERBUM	74	24	BCD
298	25	71 HELCK BEZIEHUNG	121	61	B D
:	:	-	185	109	D C
298	27	56 CAD H RV**	84-B		B D
298	30	77 CAD 1M RV**	156-B		B D
298	31- 33	71 HELCK BEZIEHUNG	248	15	D C

EA 299
******

TEXTES		CITATIONS DATE, OUVRAGE, PAGES, NOTES			CARACTERIST.
299	4	09 BURCHARDT ALTK.1	29	80	B D C
:	:	-	1 49	151	B D C
:	:	-	1 49	153	B D C
:	:	10 BURCHARDT ALTK.2	49-B	959	B D C
:	:	68 CAD 2A RV**	57-B		B D
299	5- 6	56 CAD G RV**	147-B		BCD C
299	6	09 BOHL SPRACHE	86	38C	BCD
:	:	10 BURCHARDT ALTK.2	53-B	1039	B D EC
:	:	10 RANKE KEILSCHR.	23		B D
299	7	62 CAD 'S RV**	139-B		BCD C
299	10- 11	-	139-B		BCD C
299	11	51 DHORME LANGUE	459		B D
:	:	71 CAD K RV**	14-A		B D
299	15, 17	77 CAD 1M RV**	156-B		B D C
299	17	74 RAINEY EA NOTES	297		D EC
299	18	10 EBELING VERBUM	54	7/3A	BCD
299	21, 22	15 KNUDTZON EL-AM	1602		C
299	22	-	1007/163/694D		A C
299	24- 26	10 EBELING VERBUM	49	5/1B	BCD C
:	: :	62 AHW G RV**	277-B		B C
299	25- 26	56 CAD G RV**	29-B		BCD C
:	25	09 BOHL SPRACHE	53	28M	B D

EA 300
******

TEXTES		CITATIONS DATE, OUVRAGE, PAGES, NOTES			CARACTERIST.
300		64 CAMPBELL CHRON.	75-76		D
:		-	135	3C	D
300	5-	73 KUHNE CHRONOLOG	6	34D	D
300	7	56 CAD G RV**	147-B		B D
:	:	71 CAD K RV**	226-A		BCD
300	16	10 RANKE KEILSCHR.	16		B D R
300	18	09 BOHL SPRACHE	53	28M	B D
:	:	-	66	32K	BCD
300	20- 22	68 CAD 2A RV**	220-A		B D C

```
I                                        C I T A T I O N S                    I
I        T E X T E S             -------------------------------------------- I
I                               DATE,  OUVRAGE, PAGES, NOTES  CARACTERIST.   I
I  ----------------------       -------------------------------------------- I
I       303       11- 12        62 CAD 'S RV**       139-B       B D      C   I
I        :        11            71 CAD  K RV**        14-A         D          I
I       303       20            10 RANKE KEILSCHR.  18           B D          I
I        :         :            15 KNUDTZON EL-AM 1007/164/900B A         C   I
I        :         :            71 HELCK BEZIEHUNG 439           B D          I
I                                                                             I
I EA 304                                                                      I
I ******                                                                      I
I       304        4            71 HELCK BEZIEHUNG 187             D       C   I
I        :         :             -                  480           D       C   I
I       304        5-  7        58 CAD  E RV**       187-A       BCD     R C   I
I       304        7            09 BOHL SPRACHE      86      38C BCD          I
I        :         :            10 BURCHARDT ALTK.2 53-B    1039 B D      C   I
I        :         :            10 RANKE KEILSCHR.  23           B D          I
I        :         :            56 CAD  G RV**       147-B         D          I
I       304       12            09 BOHL SPRACHE      64      32C B D          I
I        :         :            10 EBELING VERBUM    73       21 BCD          I
I       304       13            71 CAD  K RV**        14-A         D          I
I                                                                             I
I EA 305                                                                      I
I ******                                                                      I
I       305        4            71 HELCK BEZIEHUNG 187             D       C   I
I        :         :             -                  480           D       C   I
I       305        7            09 BOHL SPRACHE      86      38C BCD          I
I        :         :            10 RANKE KEILSCHR.  23           B D          I
I        :         :            56 CAD  G RV**       147-B         D          I
I       305       12            09 BOHL SPRACHE      64      32C B D          I
I        :         :            10 EBELING VERBUM    73       21 BCD          I
I        :         :            51 DHORME LANGUE    445          BCD          I
I       305       21            10 EBELING VERBUM    54     7/3A BCD          I
I       305       23- 24        60 CAD IJ RV**       28-A        B D      C   I
I                                                                             I
I EA 306                                                                      I
I ******                                                                      I
I       306        3            71 HELCK BEZIEHUNG 187             D       C   I
I        :         :             -                  480           D       C   I
I       306        5            10 RANKE KEILSCHR.  23           B D    R     I
I        :         :            15 KNUDTZON EL-AM 1602           B      R     I
I        :         :            56 CAD  G RV**       147-B         D          I
I       306        6            62 CAD 'S RV**       261-B       B D      C   I
I       306        9- 11         -                  261-B       B D      C   I
I        :         9            09 BOHL SPRACHE      64      32C B D          I
I        :         :            10 EBELING VERBUM    73       21 BCD          I
I        :         :            51 DHORME LANGUE    445          BCD          I
I       306       10- 11        50 MORAN SYNTACTIC 107        5 B D      R C   I
I        :        10            71 CAD  K RV**        14-A         D          I
I       306       11            09 BOHL SPRACHE      15      6D  BCD          I
I        :         :            74 AHW 'S RV**      1115-A        BCD      C   I
I       306       12            10 EBELING VERBUM    56     7/3B BCD          I
I       306       13            15 KNUDTZON EL-AM 1007/165/905D A         C   I
I       306       17- 18        68 CAD 2A RV**       15-B        BCD      C   I
I       306       18- 22         -                  102-A        BCD      C   I
I       306       19            09 BOHL SPRACHE      55      28Q B D          I
I       306       22            10 EBELING VERBUM    54     7/3A BCD          I
I        :         :            77 CAD 1M RV**       30-A        B D          I
I       306       23- 24        64 CAD 1A RV**       358-B       BCD      C   I
I        :         :   :        68 CAD 2A RV**       247-B       BCD      C   I
I        :        23            10 EBELING VERBUM    63       13 BCD          I
I       306       26- 27        64 CAD 1A RV**       358-B       BCD     R C   I
```

```
I                                      C I T A T I O N S
I        T E X T E S          ------------------------------------------
I                             DATE,  OUVRAGE, PAGES, NOTES  CARACTERIST.
I    ----------------------                                 ------------
I       306      26          59 AHW   D RV**      150-A              G
I        :        :          59 CAD   D RV**       21-B          D
I       306      28- 30      60 CAD IJ RV**       230-A        B D      C
I       306      29- 32      77 CAD 1M RV**       370-B        BCD    R C
I       306      30- 31      64 CAD 1A RV**       381-B        BCD      C
I       306      32          09 BOHL SPRACHE       13      5G  B D    REC
I        :        :          60 CAD IJ RV**       230-A        B D    +
I       306      34          15 KNUDTZON EL-AM 1007/166/907K A        C
I
I EA 307
I ******
I      307-313              66 JUCQUOIS PHONET   35              D
I       307       2         09 BOHL SPRACHE      64      32C  B D
I        :        :         10 EBELING VERBUM    73       21  BCD
I       307       6, 11     09 BOHL SPRACHE      51      28F  B D
I       307       8         10 EBELING VERBUM    54      7/3A BCD
I
I EA 308
I ******
I       308       2         73 KUHNE CHRONOLOG    6      34D  D
I       308       7         09 BOHL SPRACHE      64      32C  B D    R
I       308       5         71 HELCK BEZIEHUNG 374       26  D
I       308       6         77 CAD 1M RV**      341-B         D      R
I
I EA 309
I ******
I       309                 71 HELCK BEZIEHUNG 383             D
I       309      23, 24        -                348         CD       C
I       309      24         68 CAD 2A RV**       80-A       B D
I        :        :            -                82-B       B D
I       309      25         75 MORAN SYRIAN SC 148     N.64 AB D     C
I
I EA 311
I ******
I       311       8         10 RANKE KEILSCHR.   23          B D    R
I        :        :         15 KNUDTZON EL-AM  1602          B D
I
I EA 312
I ******
I       312       4- 5      10 RANKE KEILSCHR.   23          BCD    R  ?
I
I EA 313
I ******
I       313                 71 HELCK BEZIEHUNG 383             D
I       313       4         77 CAD 1M RV**       75-B          D
I       313       8         09 BOHL SPRACHE      39      25H  B D
I
I EA 314
I ******
I      314-316              09 BOHL SPRACHE      44      27F  D
I        :  :                  -                55      28Q  D
I        :  :               64 CAMPBELL CHRON. 126           D
I        :  :                  -                135      3E  D
I      314-315              66 JUCQUOIS PHONET   36           D
I       314       3, 4      71 HELCK BEZIEHUNG 186      126  D       C
I        :        3         09 BOHL SPRACHE      15      6F  B D
I       314       4         10 BURCHARDT ALTK.2 13-A     232  B D    C
I        :        :         70 RAINEY TABLETS    92           B D
I        :        :         71 HELCK BEZIEHUNG 121       60  B D
```

	TEXTES			CITATIONS				
				DATE, OUVRAGE, PAGES, NOTES			CARACTERIST.	
I	314	8		09 BOHL SPRACHE	64	32C	B D	
I	314	9- 10		62 CAD 'S RV**	139-B		B D	C
I	314	14- 16		09 BOHL SPRACHE	76	35A	BCD	C
I	:	14		-	7	30	B D	
I	:	:		15 KNUDTZON EL-AM	1602		B	R
I	:	:		74 RAINEY EA NOTES	304		B D	
I	314	19		58 CAD E RV**	51-B		B D	
I	:	:		71 HELCK BEZIEHUNG	393	148	B D	R
I	:	:		74 RAINEY EA NOTES	303		B D	R
I EA 315								
I ******								
I	315			64 CAMPBELL CHRON.	135	3C	D	
I	315	3		70 RAINEY TABLETS	92		B D	
I	:	:		71 HELCK BEZIEHUNG	121	60	B D	
I	315	6		09 BOHL SPRACHE	39	25E	B D	
I	:	:		-	64	32C	B D	
I	315	10, 14		10 EBELING VERBUM	56	7/3B	BCD	EC
I	:	10		09 BOHL SPRACHE	44	27F	B D	
I	315	11- 12		77 CAD 2M RV**	295-A		B D	C
I	:	11		09 BOHL SPRACHE	10	40	B D	
I	315	13		10 RANKE KEILSCHR.	18		B D	
I	:	:		71 HELCK BEZIEHUNG	250		D	
I	315	16		09 BOHL SPRACHE	7	30	B D	
I	:	:		-	23-24	11A	B D	
I	:	:		73 KUHNE CHRONOLOG	145	29	D	
I	:	:		74 RAINEY EA NOTES	304		B D	
I	315	17		15 KNUDTZON EL-AM	1602		B	R
I EA 316								
I ******								
I	316			64 CAMPBELL CHRON.	127		D	
I	:			-	135	3C	D	
I	:			66 JUCQUOIS PHONET	36		D	
I	316	4		09 BOHL SPRACHE	12	5F	B D	+
I	316	5		-	86	38C	BCD	+
I	:	:		56 CAD G RV**	147-B		D	
I	316	9		62 CAD 'S RV**	139-B		B D	
I	:	:		71 CAD K RV**	14-A		B D	+
I	316	11- 12		77 CAD 2M RV**	62-63		B D	R C ?
I	316	12		09 BOHL SPRACHE	7	30	B D	
I	:	:		74 RAINEY EA NOTES	304		E D	
I	316	14		77 CAD 2M RV**	62-63		B D	C
I	316	15		10 RANKE KEILSCHR.	21		B D	R ?
I	:	:		15 KNUDTZON EL-AM	1007/167/920G A			C
I	:	:		64 CAMPBELL CHRON.	127		B D	?
I	:	:		71 HELCK BEZIEHUNG	437		B D	R
I	316	16- 25		-	428		D	C
I	:	: :		73 KUHNE CHRONOLOG	4	26	D	
I	:	: :		75 MORAN SYPIAN SC	155	2	D	C
I	:	16		10 RANKE KEILSCHR.	18		B D	?
I	:	:		71 HELCK BEZIEHUNG	428		B D	C
I	:	:		-	435	6	BCD	
I	316	21		10 EBELING VERBUM	63	13	BCD	
I	316	22, 24		15 KNUDTZON EL-AM	1602		CD	
I	316	23		09 BOHL SPRACHE	66	32K	B D	
I	:	:		66 JUCQUOIS PHONET	113		B D	
I	316	24		15 KNUDTZON EL-AM	1602		B	
I	316	25		09 BOHL SPRACHE	12	5D	B D	

```
I                                      C I T A T I O N S                I
I         T E X T E S         ----------------------------------------  I
I                             DATE, OUVRAGE, PAGES, NOTES  CARACTERIST.  I
I     -----------------------  ----------------------------  ----------- I
I                                                                        I
I EA 317                                                                 I
I ******                                                                 I
I     317-318            66 JUCQUOIS PHONET  35              D           I
I     317,318            09 BOHL SPRACHE     55      28Q     D           I
I     317                75 MORAN SYRIAN SC 150     N.175    D           I
I       :                -                  151              D           I
I       :                -                  160      29      D           I
I       :                -                  161      34          G       I
I     317      2,  9     51 DHORME LANGUE   422       5    B D      C    I
I       :      2         71 HELCK BEZIEHUNG 187              D      C    I
I       :      :         75 MORAN SYRIAN SC 149     N.136 AB D      C    I
I     317      3         -                  148      N.38 AB D      C    I
I     317      6         51 DHORME LANGUE   417            BCD           I
I     317      7         75 MORAN SYRIAN SC 149     N.124 AB D      C    I
I     317      9, 13     71 HELCK BEZIEHUNG 187              D      C    I
I     317      10- 12    59 CAD  D RV**      92-A          B D      C    I
I     317      13        51 DHORME LANGUE   422       5    B D      C    I
I     317      19        75 MORAN SYRIAN SC 149     N.124 AB D      C    I
I     317      21        64 CAMPBELL CHRON.  75           B D      +     I
I       :      :         70 RAINEY TABLETS   64           B D      +     I
I       :      :         71 HELCK BEZIEHUNG 248      11     D            I
I     317      22        59 CAD  D RV**      92-A           D            I
I     317      23        75 MORAN SYRIAN SC 148     N.64  AB D      C    I
I     317      24        15 KNUDTZON EL-AM  998            C            I
I     317      25        09 BOHL SPRACHE     18      8B     D            I
I       :      :         75 MORAN SYRIAN SC 149     N.124 AB D      C    I
I                                                                        I
I EA 318                                                                 I
I ******                                                                 I
I     318                70 KLENGEL GESCH.3 2C3             D            I
I     318      3         51 DHORME LANGUE   422       5    B D           I
I     318      4         71 HELCK BEZIEHUNG 187             D       C    I
I     318      7         51 DHORME LANGUE   417           BCD           T
I     318      8         1C EBELING VERBUM   64      14   BCD           I
I       :      :         75 MORAN SYRIAN SC 164      56   B D           I
I     318      1C- 15    69 KLENGEL GESCH.2 261      20     D            I
I       :      10- 13    51 DHORME NOUV.TAB 499            CD       C    I
I       :      10        09 BOHL SPRACHE     13      5G   B D           I
I     318      11- 13    -                  12/1     5F   BCD           I
I       :      :  :      71 HELCK BEZIEHUNG 275             D       C    I
I       :      11        56 CAD  H RV**      84-B         B D           I
I       :      :         74 KESTEMONT DIPL.  77     370   B D           I
I       :      :         -                   78     382   BCD           I
I     318      13        71 HELCK BEZIEHUNG 275             D            I
I     318      14        75 MORAN SYRIAN SC 164      58   B D           I
I     318      16, 17    15 KNUDTZON EL-AM 1007/168/924D A         C    I
I     318      20        1C EBELING VERBUM   63      14   BCD           I
I                                                                        I
I EA 319                                                                 I
I ******                                                                 I
I     319                66 JUCQUOIS PHONET  34             D        ?   I
I       :                71 HELCK BEZIEHUNG 185     114     D            I
I     319      5         1C BURCHARDT ALTK.2 69-B         B D      R C ? I
I       :      :         70 RAINEY TABLETS   92          B D      R     I
I       :      :         71 HELCK BEZIEHUNG 127      44   B D      C    I
I     319      7-  8     09 BOHL SPRACHE     86      38C  BCD      C    I
I     319      8         56 CAD  G RV**     147-B           G           I
I       :      :         73 KUHNE CHRONOLOG   6     34D     D            I
```

```
I                                C I T A T I O N S                    I
I       T E X T E S       ----------------------------------------    I
I                         DATE, OUVRAGE, PAGES, NOTES  CARACTERIST.    I
I       ----------------  -----------------------------------------   I
I       319       13      09 BOHL SPRACHE      64      32C  B D        I
I       319       14      71 CAD  K RV**       14-A         B D        I
I       319       17      71 HELCK BEZIEHUNG 248      11      D        I
I       319       19- 21  77 CAD 1M RV**      215-A        BCD     C   I
I        :        19      09 BOHL SPRACHE       7      30   B D        I
I        :         :      15 KNUDTZON EL-AM 1007/169/926B A         C  I
I        :         :       -               1602           C           I
I        :         :      71 CAD  K RV**       72-A            G       I
I       319       20      09 BOHL SPRACHE      51      28F  b D        I
I       319       23      75 MORAN SYRIAN SC 148      N.77 AB D.    C  I
I                                                                     I
I EA 320                                                              I
I ******                                                              I
I       320-326           09 BOHL SPRACHE      44      27F      D     I
I        :    :            -               51      28F      D         I
I        :    :            -               55      28Q      D         I
I        :    :           64 CAMPBELL CHRON. 113-114         D        I
I        :    :           66 JUCQUOIS PHONET  32            D          I
I        :    :           71 HELCK BEZIEHUNG 186     125     D         I
I        :    :            -              304             D            I
I       320-325           64 CAMPBELL CHRON. 134      2F      D        I
I       320        3-  4  74 AHW >S RV**     1160-B        B D     C   I
I       320        5      70 RAINEY TABLETS   89          b D         I
I       320        6      10 BURCHARDT ALTK.2  9-A    142  b D     C  I
I       320        7-     73 KUHNE CHRONOLOG   6      34D     D        I
I       320        8-  9  09 BOHL SPRACHE      86      38C  BCD    C   I
I       320        9      56 CAD  G RV**      147-B           G        I
I       320       13      09 BOHL SPRACHE      64      32C  B D        I
I       320       18       -               44      27F  b D           I
I        :         :      10 EBELING VERBUM   56      7/3B  BCD        I
I       320       22      09 BOHL SPRACHE       7      30   B D        I
I        :         :      15 KNUDTZ.CP/DELI. 164-B          D      C  I
I        :         :      63 AHW  K RV**      424-B        B D         I
I        :         :      71 CAD  K RV**       72-A           G        I
I       320       23      74 RAINEY EA NOTES 295       7   B D         I
I       320       25      15 KNUDTZON EL-AM  998             D         I
I                                                                     I
I EA 321                                                              I
I ******                                                              I
I       321        1      75 MORAN SYRIAN SC 148      N.50 AB D     C  I
I       321        5      70 RAINEY TABLETS   89          b D         I
I       321        6      66 JUCQUOIS PHONET  76          B D         I
I       321        7-     73 KUHNE CHRONOLOG   6      34D     D        I
I        :         7      60 AHW  E RV**      223-A        BCD         I
I       321        8, 10  64 CAMPBELL CHRON. 113      14   B D     C  I
I       321       11       -              113      14   B D     C     I
I       321       13      75 MORAN SYRIAN SC 148      N.74 AB D     C  I
I       321       14      09 BOHL SPRACHE      64      32C  B D        I
I       321       15- 23  71 HELCK BEZIEHUNG 248      11      D     C  I
I        :       15-      64 CAMPBELL CHRON. 114             D         I
I        :       15       09 BOHL SPRACHE       8      3U   B D  +     I
I        :        :        -               13      5F   b D  +        I
I        :        :       64 CAMPBELL CHRON.  75          b D  +       I
I       321       25      68 CAD 2A RV**      458-B           D        I
I                                                                     I
I EA 322                                                              I
I ******                                                              I
I       322        4      70 RAINEY TABLETS   89          B D         I
I       322       12      09 BOHL SPRACHE      64      32C  b D        I
```

```
I                              C I T A T I O N S                I
I       T E X T E S     ------------------------------------------- I
I                        DATE,  OUVRAGE, PAGES, NOTES  CARACTERIST. I
I       -----------------  -------------------------   ------------  I
I       322      13      71 CAD   K RV**      14-A          D        I
I       322      15      66 AHW   M RV**     639-A           G       I
I       322      16      68 CAD 2A RV**      458-B          D        I
I       322      17      09 BOHL SPRACHE       7      30   Ḃ D       I
I        :       :                 -          29     18C   ḂCD       I
I        :       :       63 AHW   K RV**     424-B         Ḃ D       I
I        :       :       71 CAD   K RV**      72-A           G       I
I       322      18      74 RAINEY EA NOTES  295       7   Ḃ D       I
I                                                                    I
I EA 323                                                             I
I ******                                                             I
I       323       3      70 RAINEY TABLETS    89            Ḃ D      I
I       323       7      09 BOHL SPRACHE      39     25E   Ḃ D       I
I        :       :                 -          64     32C   Ḃ D       I
I       323     13- 16   58 CAD   E RV**      51-B         ḂCD    C  I
I        :      13-      64 CAMPBELL CHRON.  114           D         I
I        :      13       09 BOHL SPRACHE      44     27F   Ḃ D       I
I        :       :       10 EBELING VEPBUM    56     7/3B  ḂCD       I
I       323     14, 16   60 AHW   E RV**     191-B         D         I
I        :       :    :  71 HELCK BEZIEHUNG 393      148   B D   REC I
I        :       :    :  74 RAINEY EA NOTES 303            B D   R   I
I       323     15       10 EBELING VERBUM    63      13   ḂCD       I
I       323     17- 19   77 CAD 2M RV**      62-63         B D    C  I
I       323     18       09 BOHL SPRACHE       7      30   Ḃ D       I
I        :       :       15 KNUDTZ.CR/DELI.  164-B         B D    C  I
I        :       :       74 RAINEY EA NOTES 304            B D       I
I       323     19                 -         295       7   Ḃ D       I
I       323     22- 23   09 BOHL SPRACHE      52     28H   Ḃ D    C  I
I        :       :    :  10 EBELING VERBUM    48     5/1B  ḂCD   EC  I
I        :       :    :  64 MORAN   TAQTUL    81            ḂCD    C  I
I        :      22       10 EBELING VEPBUM    51     6/2B  ḂCD       I
I        :       :       15 KNUDTZON EL-AM  1595           Ḃ D       I
I        :       :       51 DHORME LANGUE    416           ḂCD       I
I        :       :       64 MORAN   TAQTUL    80       1   D         I
I        :       :                 -          82          Ḃ D       I
I                                                                    I
I EA 324                                                             I
I ******                                                             I
I       324       4      70 RAINEY TABLETS    89           Ḃ D       I
I       324       8      09 BOHL SPRACHE      64     32C   Ḃ D       I
I       324     10-      64 CAMPBELL CHRON.  114           D         I
I       324     12, 14   58 CAD   E RV**     358-A         ḂCD    C  I
I        :      12       09 BOHL SPRACHE      47     270   ḂCD       I
I        :       :       10 EBELING VEPBUM    64      14   ḃCD       I
I        :       :       51 DHORME LANGUE    438           ḂCD       I
I        :       :       60 AHW   E RV**     255-A         ḂCD       I
I       324     13       71 HELCK BEZIEHUNG 372      15    D         I
I        :       :                 -         402           D         I
I       324     14       09 BOHL SPRACHE       9      3Z   ḂCD    ? I
I        :       :       50 MORAN SYNTACTIC 170           Ḃ D   R   I
I        :       :       74 RAINEY EA NOTES 303           B D   R   I
I       324     16- 17   77 CAD 2M RV**      62-63        Ḃ D    C  I
I        :      16       09 BOHL SPRACHE       7      30   B D       I
I        :       :       15 KNUDTZ.CR/DELI.  164-B        Ḃ D    C  I
I        :       :       74 RAINEY EA NOTES 304           Ḃ D       I
I       324     17                 -         295       7  Ḃ D       I
I                                                                    I
I                                                                    I
I                                                                    I
```

```
-------------------------------------------------------------------
I                                 C I T A T I O N S              I
I       T E X T E S       ------------------------------------    I
I                         DATE, OUVRAGE, PAGES, NOTES CARACTERIST. I
I    ----------------     --------------------------- ----------   I
I                                                                  I
I EA 325                                                           I
I ******                                                          I
I     325      3       70 RAINEY TABLETS    89            B D      I
I     325      5       09 BOHL SPRACHE      86      38C   BCD      I
I     325      8          -                 64      32C   B D      I
I     :        :       10 EBELING VERBUM    68      17/1  BCD      I
I     :        :          -                 73      21    BCD      I
I     :        :       51 DHORME LANGUE    445            BCD      I
I     :        :       66 JUCQUOIS PHONET   79            BCD      I
I     325     12- 13   77 CAD 2M RV**     62-63          B D    C  I
I     325     13       09 BOHL SPRACHE      7      30    B D       I
I     :        :       74 RAINEY EA NOTES 295       7    B D       I
I     :        :          -               304            B D       I
I     325     15- 16   64 CAMPBELL CHRON. 114            D         I
I     :       15, 19   09 BOHL SPRACHE     47     270    BCD       I
I     :        :  :    10 EBELING VERBUM   64      14    BCD       I
I     325     16       09 BOHL SPRACHE      9      3Z    BCD     ? I
I     :        :       50 MORAN SYNTACTIC 170           B D    R   I
I     :        :       71 HELCK BEZIEHUNG 372      15    B D       I
I     :        :       74 RAINEY EA NOTES 303           B D    R   I
I     325     18       10 EBELING VERBUM   56     7/3B   BCD       I
I                                                                  I
I EA 326                                                           I
I ******                                                          I
I     326              64 CAMPBELL CHRON. 126            D         I
I     :                   -               134      2F    D       ? I
I     :                   -               135      3C    D         I
I     :                   -               135      3E    D       ? I
I     :                73 KUHNE CHRONOLOG  12      49    D         I
I     326      2       09 BOHL SPRACHE    34/1     23A   B D       I
I     :        :       15 KNUDTZON EL-AM  998            B D    R ? I
I     326      3       70 RAINEY TABLETS   89           B D       I
I     326      4       09 BOHL SPRACHE     86      38C   BCD       I
I     :        :       63 AHW  K RV**     451-A          B D       I
I     :        :       71 CAD  K RV**     226-A          B D       I
I     326      7       09 BOHL SPRACHE     64      32C   B D       I
I     326     12, 15   15 KNUDTZON EL-AM 1602           B      R ? I
I     :       12          -              1601           D         I
I     :        :       75 MORAN SYRIAN SC 148    N.45  AB D    C  I
I     326     13- 15   71 HELCK BEZIEHUNG 248      18   D      C  I
I     :       13- 14   64 CAMPBELL CHRON. 114           D         I
I     326     15       09 BOHL SPRACHE     51      28F   B D       I
I     :        :       10 EBELING VERBUM   44      4/2   BCD       I
I     :        :       15 KNUDTZON EL-AM 1601           D       ? I
I     :        :       66 JUCQUOIS PHONET 138           B D       I
I     :        :       75 MORAN SYRIAN SC 164      67   D         I
I     326     16       09 BOHL SPRACHE     44      27F   B D       I
I     :        :       10 EBELING VERBUM   56     7/3B   BCD       I
I     326     17       10 RANKE KEILSCHR.  18           B D       I
I     :        :       64 CAMPBELL CHRON. 113           D         I
I     :        :       71 HELCK BEZIEHUNG 250           D         I
I     326     18       10 EBELING VERBUM   52     7/3A   BCD       I
I     326     19          -                76      24    BCD       I
I     :        :       64 CAD 1A RV**     10-B          B D       I
I     326     20       75 MORAN SYRIAN SC 149   N.136  AB D    C  I
I     326     21- 22   77 CAD 2M RV**     295-A          B D    R C I
I     326     22       09 BOHL SPRACHE     10      4D    B D       I
I     326     23          -                 2      1F    B D       I
```

```
I                                     C I T A T I O N S              I
I       T E X T E S          --------------------------------------  I
I                            DATE,  OUVRAGE, PAGES, NOTES  CAPACTERIST. I
I      ---------------------  ---------------------------  ---------- I
I       326      '1          15 KNUDTZON EL-AM 1007/170/936G A      C  I
I                                                                      I
I EA 327                                                              I
I ******                                                              I
I       327                  66 JUCQUOIS PHONET   35             D    I
I       327      1           71 HELCK BEZIEHUNG 248      11      D    I
I       327      3           09 BOHL SPRACHE      63     31B   B D    I
I        :       :           10 EBELING VERBUM    59     10/6  BCD    I
I        :       :           51 DHORME LANGUE    431            B D   I
I        :       :              -                482            B D   I
I       327      5           09 BOHL SPRACHE      62     30I   B D    I
I        :       :           67 AHW  N RV**      756-A          B D   I
I        :       :           74 RAINEY EA NOTES 306            B D    I
I       327      8           15 KNUDTZON EL-AM 1007/171/938A A      C  I
I        :       :           60 AHW  E RV**      191-B          D   R  I
I        :       :           74 RAINEY EA NOTES 303            B D   R I
I       327      10          09 BOHL SPRACHE      85     37U   B D  +R I
I        :       :           15 KNUDTZON EL-AM 1007/172/938B A    + C  I
I        :       :           66 AHW  M RV**      628-B          B D    I
I        :       :           77 CAD 1M RV**      382-B          BCD +R ? I
I                                                                      I
I EA 328                                                              I
I ******                                                              I
I       328-333              64 CAMPBELL CHRON. 101             D    I
I       328-329              66 JUCQUOIS PHONET  34             D    I
I       328                  64 CAMPBELL CHRON.  75-76          D    I
I        :                      -                135     3C     D    I
I        :                      -                135     3E     D    I
I       328      4           10 EBELING VERBUM   47     5/1B   B D    I
I        :       :           71 HELCK BEZIEHUNG 186     121     D   C  I
I       328      8           09 BOHL SPRACHE      86     38C   BCD    I
I       328      14             -                 64     32C   B D    I
I        :       :           15 KNUDTZON EL-AM 1602            B    R  I
I       328      15          71 CAD  K RV**       14-A          D    I
I       328      17- 26      71 HELCK BEZIEHUNG 248      11     D   C  I
I       328      21          09 BOHL SPRACHE      55     28Q   B D    I
I       328      23             -                 51     28F   B D    I
I       328      24          10 RANKE KEILSCHR.   12            B D   I
I        :       :           64 CAMPBELL CHRON.   75            D    I
I        :       :           71 HELCK BEZIEHUNG 250            D    I
I                                                                      I
I EA 329                                                              I
I ******                                                              I
I       329                  64 CAMPBELL CHRON. 134      2F     D    I
I       329      8, 9           -                113      14   B D   C I
I       329      10             -                113      14   B D   C I
I       329      12          09 BOHL SPRACHE      64     32C   B D    I
I        :       :           10 EBELING VERBUM   73      21   BCD    I
I       329      16          09 BOHL SPRACHE      55     28Q   B D    I
I                                                                      I
I EA 330                                                              I
I ******                                                              I
I       330-332              09 BOHL SPRACHE      51     28F   D     I
I        :   :                  -                 55     28Q   D     I
I        :   :               64 CAMPBELL CHRON. 134      2F    D     I
I        :   :               66 JUCQUOIS PHONET  34            D   ? I
I       330                  64 CAMPBELL CHRON. 100            D     I
I        :                      -                134      2C   D     I
I       330      3           09 BOHL SPRACHE      88     38U   B D    I
```

	TEXTES			CITATIONS							
				DATE, OUVRAGE, PAGES, NOTES				CARACTERIST.			
I	330	7		77 CAD 2M RV**	66-A		B D		R	?	I
I	330	8		09 BOHL SPRACHE	13	5K	B D				I
I	330	14- 16		64 CAMPBELL CHRON.	100		D				I
I	330	19		10 EBELING VERBUM	53	7/3A	бCD				I
I											I
I	EA 331										I
I	******										I
I	331	4		15 KNUDTZON EL-AM	1007/173/942A	A			C		I
I	331	6		09 BOHL SPRACHE	86	38C	BCD				I
I	:	:		71 CAD K RV**	226-A		B D				I
I	331	10- 11		10 EBELING VERBUM	68	17/1	бCD		EC		I
I	:	: :		-	73	21	BCD		C		I
I	:	: :		51 DHORME LANGUE	445		бCD				I
I	:	: :		66 JUCQUOIS PHONET	78		бCD		R		I
I	:	10		09 BOHL SPRACHE	64	32C	B D				I
I	331	15		-	60	29F	б D				I
I	331	16		10 EBELING VERBUM	56	7/3B	BCD				I
I	331	17		74 RAINEY EA NOTES	303		B D		R		I
I	331	19		09 BOHL SPRACHE	73	34H	B D				I
I	331	20		10 EBELING VERBUM	63	13	BCD		EC		I
I											I
I	EA 333										I
I	******										I
I	333			64 CAMPBELL CHRON.	134	2C	D				I
I	:			66 JUCQUOIS PHONET	34		D				I
I	:			70 RAINEY CR/1MILL	594		D				I
I	:			70 RAINEY TABLETS	107			G			I
I	:			73 KUHNE CHRONOLOG	3	13	D				I
I	:			-	4	25	D				I
I	333	5		09 BOHL SPRACHE	53	28M	B D			?	I
I	:	:		70 RAINEY TABLETS	82		б D				I
I	:	:		76 AHW >S RV**	1205-A		B D		C		I
I	333	7		71 AHW P RV**	876-B		B D				I
I	:	:		75 MORAN AMARNA GL	150	3	бCD				I
I	333	11		09 BOHL SPRACHE	44	27F	б D				I
I	:	:		10 EBELING VERBUM	56	7/3B	BCD				I
I	333	13		15 KNUDTZON EL-AM	1007/174/946F	A			C		I
I	333	14		67 AHW N RV**	729-A		B				I
I	333	15- 16		10 EBELING VERBUM	71	21	бCD		C		I
I	333	17- 18		60 AHW E RV**	229-A		б D		C		I
I	333	18		09 BOHL SPRACHE	59	29C	B D				I
I	:	:		10 EBELING VERBUM	65	15	BCD				I
I	:	:		51 DHORME LANGUE	441		бCD				I
I	333	19		09 BOHL SPRACHE	73	34K	бCD				I
I	333	20, 21		70 RAINEY TABLETS	82		б D				I
I	:	: :		76 AHW >S RV**	1205-A		б D		C		I
I	:	20		67 AHW M RV**	670-B		B D				I
I	:	:		77 CAD 2M RV**	188-B		BCD				I
I	333	24		70 RAINEY TABLETS	90		B D			?	I
I	333	25		09 BOHL SPRACHE	51	28F	B D				I
I	333	26		15 KNUDTZON EL-AM	998		B		R		I
I											I
I	EA 334										I
I	******										I
I	334-335			66 JUCQUOIS PHONET	36		D				I
I	334	3		15 KNUDTZON EL-AM	998		D				I
I	:	:		71 HELCK BEZIEHUNG	187		б D		C		I

```
I -----------------------------------------------------------------------  I
I                            C I T A T I O N S                             I
I        T E X T E S       -------------------------------------------     I
I                          DATE,  OUVRAGE, PAGES, NOTES  CARACTERIST.  I
I     ----------------------  -------------------------------  ----------  I
I                                                                          I
I EA 335                                                                   I
I ******                                                                   I
I     335                    64 CAMPBELL CHRON. 113              D         I
I       :                       -              134       2F     D         I
I     335        3,  9       71 HELCK BEZIEHUNG 187             D      C   I
I     335        8           1C EBELING VERBUM   52      7/3A  BCD         I
I       :        :           77 CAD 1M RV**      75-B          B D        I
I     335        9           10 RANKE KEILSCHR.  25           B D    R  ? I
I       :        :           71 HELCK BEZIEHUNG 186      120    D         I
I     335        10- 20      64 CAMPBELL CHRON. 110             D      C   I
I       :        10, 16      51 DHORME LANGUE   486           B D         I
I       :        10          39 HARRIS CANAANIT  34           BCD         I
I     335        11, 14      75 MORAN SYRIAN SC 148      N.23 AB D     C   I
I       :        11          66 JUCQUOIS PHONET 249           BCD         I
I       :        :           75 MORAN SYRIAN SC 148      N.50 AB D     C   I
I     335        12          64 CAMPBELL CHRON. 113             D         I
I     335        16          09 BOHL SPRACHE     48      27S  B D         I
I       :        :           1C EBELING VERBUM   58      7/3B BCD         I
I       :        :           51 DHORME LANGUE   424           BCD         I
I                                                                          I
I EA 336                                                                   I
I ******                                                                   I
I     336-361                66 JUCQUOIS PHONET  36             D         I
I     336-337                64 CAMPBELL CHRON. 128             D         I
I       :    :                  -              135       3E     D         I
I     336,337                09 BOHL SPRACHE     44      27F    D         I
I       :    :                  -               46      27N    D         I
I       :    :                  -               51      28F    D         I
I     336        5              -               46      27N  B D    R     I
I       :        :           10 EBELING VERBUM   56      7/3B BCD         I
I                                                                          I
I EA 337                                                                   I
I ******                                                                   I
I     337                    64 CAMPBELL CHRON.  75-76          D         I
I       :                       -              135       3C     D         I
I     337        1           75 MORAN SYRIAN SC 148      N.50 AB D     C   I
I     337        4           71 HELCK BEZIEHUNG 186             D      C   I
I     337        7           10 EBELING VERBUM   56      7/3B BCD         I
I     337        9, 11       10 RANKE KEILSCHR.  23       3   B D  +      I
I       :        9           09 BOHL SPRACHE     81      37B B D  +    ? I
I       :        :           10 RANKE KEILSCHR.  23           B D        I
I       :        :           77 CAD 1M RV**     161-A         B D    R   I
I     337        11          10 RANKE KEILSCHR.  17           B D        I
I     337        12          15 KNUDTZON EL-AM  998           B D        I
I     337        13          09 BOHL SPRACHE     51      28F B D        I
I       :        :           39 HARRIS CANAANIT  37           B D        I
I     337        15- 16      73 CAD  L RV**      54-B         BCD     C   I
I       :        15, 17      09 BOHL SPRACHE     51      28F B D        I
I       :        15          10 EBELING VERBUM   66      16   BCD        I
I     337        17- 18      73 CAD  L RV**      54-B         BCD     C   I
I     337        19- 23      77 CAD 1M RV**     161-A        BCD  +R C    I
I       :        19          09 BOHL SPRACHE     47      270  BCD        I
I       :        :           10 EBELING VERBUM   64      14   BCD        I
I       :        :           15 KNUDTZON EL-AM 1602            C         I
I       :        :           51 DHORME LANGUE   438           BCD        I
I     337        21          09 BOHL SPRACHE     81      37B B D  +    ? I
I       :        :           10 RANKE KEILSCHR.  23           B D        I
I     337        24          10 EBELING VERBUM   56      7/3B BCD        I
```

```
I                                        C  I  T  A  T  I  O  N  S              I
I        T E X T E S              ------------------------------------------    I
I                                 DATE,  OUVRAGE, PAGES, NOTES  CARACTERIST.     I
I     ----------------------      -----------------------------  -----------    I
I        337      24             75 MOPAN SYRIAN SC 149    N.124 AB  D      C    I
I        337      26, 29         10 RANKE KEILSCHR.  12          B  D            I
I         :       26             71 HELCK BEZIEHUNG 250             D            I
I        337      28             09 BOHL SPRACHE      62-63  30I  B  D           I
I         :       :                 -              73        34K  BCD            I
I         :       :              74 RAINEY EA NOTES 306          BCD             I
I        337      29             64 CAMPBELL CHRON.  75             D            I
I                                                                               I
I EA 338                                                                        I
I ******                                                                        I
I        338       5             15 KNUDTZON EL-AM 1007/175/953G A         C     I
I                                                                               I
I EA 340                                                                        I
I ******                                                                        I
I        340                     66 JUCQUOIS PHONET 122              D           I
I        340       6             74 RAINEY EA NOTES 300           b  D        ?  I
I        340       7             15 KNUDTZ.CR/UNGN. 186           BCD         ?  I
I         :        :             60 AHW  E RV**     243-A         B  D           I
I         :        :             66 JUCQUOIS PHONET 122           B  D           I
I                                                                               I
I EA 341                                                                        I
I ******                                                                        I
I        341                     70 RAINEY CR/1MILL 594              D           I
I         :                      70 RAINEY TABLETS   6              D            I
I         :                      73 KUHNE CHRONOLOG  45     209      D           I
I         :                         -              138              D           I
I         :                      74 RAINEY EA NOTES 296             D            I
I        341       6             15 KNUDTZON EL-AM 1007/176/955N A         C     I
I        341       7             74 RAINEY EA NOTES 306          B  D            I
I        341      10             67 SYL. 2 RV**        7      36  B  D      EC    I
I                                                                               I
I EA 342                                                                        I
I ******                                                                        I
I       342-355                  73 KUHNE CHRONOLOG  70     345      D           I
I        342                     64 CAMPBELL CHRON.  63             D            I
I                                                                               I
I EA 343                                                                        I
I ******                                                                        I
I       343-355                  64 CAMPBELL CHRON.  63             D            I
I                                                                               I
I EA 345                                                                        I
I ******                                                                        I
I       345-355                  71 HELCK BEZIEHUNG 435             D            I
I                                                                               I
I EA 347                                                                        I
I ******                                                                        I
I        347       3             10 RANKE KEILSCHR.  24          B  D       ?    I
I                                                                               I
I EA 348                                                                        I
I ******                                                                        I
I        348  1/  '4             15 KNUDTZON EL-AM 1007/177/959E A         C     I
I        348  1/  '9                -              1007/181/959I A         C     I
I        348  1/  '11               -              1007/182/959K A         C     I
I        348  2/  '4                -              1007/178/959F A         C     I
I        348  2/  '5                -              1007/179/959G A         C     I
I        348  2/  '8                -              1007/180/959H A         C     I
I                                                                               I
I                                                                               I
I                                                                               I
```

```
I                               C I T A T I O N S              I
I       T E X T E S        --------------------------------------  I
I                          DATE,  OUVRAGE, PAGES, NOTES  CARACTERIST.  I
I      ----------------    ----------------------------  ------------  I
I                                                              I
I EA 351                                                       I
I ******                                                       I
I       351  2/   6,  7    70 RAINEY  TABLETS    73        B D     R     I
I       351  3/  10- 11    62 CAD 'S RV**        176-B     B D   + EC    I
I       351  3/  11        70 RAINEY  TABLETS    78        B D     EC    I
I                                                              I
I EA 353                                                       I
I ******                                                       I
I       353  2/   5        15 KNUDTZON EL-AM 1007/183/962B A       C     I
I                                                              I
I EA 356                                                       I
I ******                                                       I
I       356-358           73 KUHNE  CHRONOLOG 138-139        D          I
I       356       3       77 AHW  >S RV**      1274-A      B D     R   ? I
I       356       4       73 KUHNE  CHRONOLOG 139     685  D            I
I       356       5-      71 AHW   Q RV**       889-B          G    C    I
I        :       :   :    76 AHW  >S RV**      1206-B          G    C    I
I        :       5,  6    63 AHW   K RV**       444-A          G         I
I        :       5        71 AHW   P RV**       872-B      B D           I
I       356       6-  7   61 CAD   Z RV**        64-B      B D     C     I
I        :       6        15 KNUDTZON EL-AM 1602       1   D            I
I        :       :        76 AHW  >S RV**      1207-A      B D           I
I       356       7,  9   70 RAINEY  TABLETS    86         D            I
I       356       8,  9   73 KUHNE  CHPONOLOG 138     678  D            I
I        :       8        76 AHW  >S RV**      1195-B          G         I
I        :       :        77 AHW  >S RV**      1264-A      D            I
I       356       9       61 CAD   Z RV**        64-B      D            I
I       356      10- 12   15 KNUDTZON EL-AM 1602       1   D            I
I        :      10        68 CAD 2A RV**        163-A      BCD           I
I        :       :        73 KUHNE  CHRONOLOG 138     682  D            I
I        :       :        77 AHW  >S RV**      1264-A      B D           I
I       356      11       63 AHW   K RV**       444-A      BCD           I
I        :       :        73 KUHNE  CHRONOLOG 139     684  D            I
I       356      13- 14   68 CAD 2A RV**        132-B      BCD     C     I
I        :      13        77 AHW   T RV**      1342-A      B D           I
I       356      14, 21   73 KUHNE  CHRONOLOG 138     681  D            I
I        :      14        59 AHW   A RV**        52-B      B            I
I        :       :        65 AHW   L RV**       535-A      B D           I
I        :       :        73 CAD   L RV**        84-A      B D           I
I       356      15, 16   15 KNUDTZON EL-AM 1602       1   D            I
I        :      15        63 AHW   K RV**       45C-A          G         I
I        :       :        66 AHW   M RV**       597-A      B D     R     I
I        :       :        71 CAD   K RV**       222-A      B D           I
I        :       :        77 CAD 1M P.V**       174-A      B D     R     I
I       356      16       66 JUCQUOIS PHONET 281          B D           I
I       356      19       15 KNUDTZON EL-AM 998           C            I
I        :       :              -            1602         B D     R     I
I       356      21- 22   58 CAD   E RV**      408-409    BCD     C     I
I        :       :   :          -             414-B      BCD     C     I
I        :      21        60 AHW   E RV**       265-B      B D           I
I        :       :        74 AHW  >S RV**      1151-B          G         I
I       356      22- 23   71 CAD   K RV**       222-A      BCD     C     I
I        :       :   :    77 CAD 1M RV**       213-A      BCD     C     I
I        :      22        15 KNUDTZON EL-AM 1602         C            I
I        :       :        51 DHORME  LANGUE     476      BCD           I
I        :       :        52 GAG   1 RV**       175    12GC  B D       I
I        :       :        60 AHW   E RV**       267-A      BCD           I
I        :       :        71 CAD   K RV**       329-A      B D           I
```

TEXTES			CITATIONS DATE, OUVRAGE, PAGES, NOTES				CARACTERIST.
356	23, 25		73 KUHNE CHPONOLOG	138	682	D	
:	23, 24		76 AHW >S RV**	1241-A		Б D	
:	23		15 KNUDTZON EL-AM	1602	1	D	
:	:		51 DHORME LANGUE	485		Б D	
:	:		63 AHW K RV**	450-B		G	
:	:		64 CAD 1A RV**	260-B		C	C
356	24		51 DHORME LANGUE	477		БCD	
:	:		59 AHW A RV**	27-B		БCD	
:	:		60 AHW E RV**	227-A		БCD	
:	:		64 CAD 1A RV**	260-B		БCD	
:	:		77 CAD 1M RV**	215-A		БCD	
356	25		69 AHW P RV**	814-B		Б	
:	:		73 KUHNE CHRONOLOG	139	684	D	
356	26, 29		15 KNUDTZON EL-AM	1602	1	D	
:	26		59 AHW D RV**	157-B		G	
:	:		73 KUHNE CHRONOLOG	139	685	D	
:	:		74 AHW 'S RV**	1096-A		Б D	
356	27- 28		71 CAD K RV**	524-B		БCD	C
356	28		63 AHW I RV**	409-A		B	
:	:		65 AHW K RV**	504-A		Б D	
356	29- 30		71 CAD K RV**	515-A		БCD	
:	29, 30		65 AHW K RV**	503-A		B	C
:	: :		67 AHW M RV**	691-A		Б D	
356	30		66 JUCQUOIS PHONET	168		БCD	
:	:		-	173		БCD	
356	31- 33		15 KNUDTZON EL-AM	1602	1	D	
:	31- 32		73 CAD L RV**	18-B		БCD	C
:	: :		-	229-B		БCD	C
:	31, 32		65 AHW K RV**	503-A		Б	C
:	31		65 AHW L RV**	560-B		БCD	
356	32		52 GAG 1 RV**	121	92H	БCD	
:	:		52 GAG S1 RV**	19	92H	Б D	
:	:		69 AHW P RV**	844-A		Б D	
356	33		66 AHW M RV**	643-A		D	
:	:		77 CAD 2M RV**	9-A		БCD	
356	36		15 KNUDTZON EL-AM	1602	1	D	
:	:		63 AHW K RV**	444-A		БCD	
:	:		66 JUCQUOIS PHONET	271		БCD	
356	37, 38		74 AHW >S RV**	1160-B		G	
:	37		60 AHW E RV**	207-A		G	
:	:		74 AHW 'S RV**	1070-A		G	
356	38		15 KNUDTZON EL-AM	1602		G	
:	:		60 AHW E RV**	2C7-A		БCD	
356	39		63 AHW I RV**	409-A		Б	
356	41- 42		15 KNUDTZON EL-AM	1602		C	
:	: :		77 CAD 1M RV**	213-A		БCD	
:	41		51 DHORME LANGUE	476		БCD	
:	:		58 CAD E RV**	.414-B		БCD	
:	:		60 AHW E RV**	265-B		Б D	
:	:		-	267-A		Б D	
:	:		71 CAD K RV**	329-A		Б D	
356	42, 43		15 KNUDTZON EL-AM	1602	1	D	
:	42		71 CAD K RV**	222-A		БCD	
356	43- 44		63 AHW K RV**	450-A		БC	C
:	43, 44		76 AHW >S RV**	1241-A		Б D	
:	43		71 CAD K RV**	222-A		Б D	
356	45		69 AHW P RV**	814-B		Б	
356	46, 47		71 AHW Q RV**	916-A		Ь	C
:	46		69 AHW P RV**	821-B		Б D	

```
I                                   C I T A T I O N S                    I
I        T E X T E S        ------------------------------------------   I
I                           DATE,  OUVRAGE, PAGES, NOTES  CARACTERIST.   I
I        ----------------   ------------------------------  -----------  I
I        356      46        73 KUHNE CHRONOLOG 138      680      D       I
I         :       :         74 AHW 'S RV**     1096-A          B D       I
I        356      47        76 AHW >S RV**     1195-B          b D       I
I        356      48, 49    15 KNUDTZON EL-AM 1602          1   D        I
I         :       48        59 AHW  A RV**       32-A           B        I
I         :       :         63 AHW  K RV**      444-A            G       I
I         :       :         64 CAD 1A RV**      303-B           D        I
I        356      49, 54    68 CAD 2A RV**      163-A           D        I
I        356      50, 51    74 RAINEY EA NOTES 309          b D          I
I         :       50        71 AHW  Q RV**      886-A          b          I
I        356      51        15 KNUDTZON EL-AM 1602-1603      bCD         I
I         :       :         59 AHW  B RV**      108-A          b          I
I         :       :         66 AHW  M RV**      623-B          bCD        I
I         :       :         77 CAD 1M RV**      355-A           D         I
I         :       :            -                356-A          bCD        I
I         :       :         77 CAD 2M RV**      257-B          bCD        I
I        356      52        61 CAD  Z RV**       64-B          bCD        I
I         :       :         70 RAINEY TABLETS   86             D          I
I        356      53        77 AHW >S RV**     1274-A          bCD    R   I
I        356      55        15 KNUDTZON EL-AM 1007/184/968A A         C   I
I        356      56- 60       -               1602          1   D        I
I         :       56        67 AHW  N RV**      716-B          B D        I
I        356      57- 58    71 CAD  K RV**      525-A          bCD    C   I
I        356      58- 59       -                23-A          bCD    C    I
I         :       58        65 AHW  K RV**      504-A           G        I
I        356      61- 65    73 KUHNE CHRONOLOG 138      679    D          I
I        356      63- 64    73 CAD  L RV**       19-A          bCD    C   I
I         :       :  :         -               229-B          b D    C   I
I         :       63, 67    66 JUCQUOIS PHONET 272           bCD         I
I         :       63, 64    15 KNUDTZON EL-AM 1602          1   D         I
I         :       63        65 AHW  L RV**      560-B           G         I
I        356      64           -               524-A          B          I
I        356      65        52 GAG S1 RV**       19      92H  b D         I
I         :       :         69 AHW  P RV**      844-A          B D        I
I        356      66        59 AHW  D RV**      149-B          b D        I
I         :       :         74 AHW 'S RV**     1096-A          B D        I
I        356      67        59 AHW  A RV**       32-A          B          I
I         :       :         64 CAD 1A RV**      303-B          b D        I
I        356      69        66 JUCQUOIS PHONET 168            BCD         I
I        356      70        71 AHW  Q RV**      900-B          b D        I
I                                                                        I
I EA 357                                                                 I
I ******                                                                 I
I        357               15 KNUDTZON EL-AM  998             D          I
I         :                73 KUHNE CHRONOLOG  45      209    D          I
I        357      1- 2     60 CAD IJ RV**      160-A         BCD    C    I
I         :       1, 9     63 AHW  I RV**      374-A          b D        I
I         :       1        60 CAD IJ RV**       91-A          B D        I
I         :       :        71 AHW  Q RV**      917-B          B D        I
I        357      2- 3     09 BOHL SPRACHE      3       2B   B D    C    I
I         :       :  :     64 CAD 1A RV**      173-A          bCD    C   I
I         :       2, 7     73 KUHNE CHRONOLOG 138      682    D          I
I         :       2        58 CAD  E RV**      281-A          b D        I
I         :       :        60 AHW  E RV**      238-B          B          I
I        357      3        77 CAD 1M RV**      265-B          b D        I
I        357      4- 5     58 CAD  E RV**      118-A          BCD    C   I
I         :       :  :     68 CAD 2A RV**      216-B          bCD    C   I
I         :       4        73 KUHNE CHRONOLOG 139      684    D          I
I        357      5, 6        -               138      678    D          I
```

TEXTES		CITATIONS DATE, OUVRAGE, PAGES, NOTES				CARACTERIST.
357	5	51 DHORME LANGUE	470			B D
:	:	60 AHW E RV**	207-A			B D
:	:	66 JUCQUOIS PHONET	134			BCD
:	:	68 CAD 2A RV**	512-A			B D
357	6	65 AHW K RV**	513-A			BCD
:	:	71 CAD K RV**	578-B			BCD
:	:	73 CAD L RV**	133-B			BCD
:	:	73 KUHNE CHRONOLOG	138	679		D
:	:	-	138	681		D
:	:	-	138	683		D
357	8, 13	70 RAINEY TABLETS	79			B D
:	8	60 AHW E RV**	207-A			G
:	:	62 CAD 'S RV**	213-A			BCD
:	:	66 JUCQUOIS PHONET	246			BCD
:	:	74 AHW 'S RV**	1105-A			B D
357	9	68 CAD 2A RV**	392-B			BCD R
357	15	59 AHW D RV**	174-B			BC
357	26, 27	73 KUHNE CHRONOLOG	138	679		D
:	26	15 KNUDTZON EL-AM	998			C
:	:	77 AHW T RV**	1342-A			B D
357	28- 29	59 CAD D RV**	8-A			BCD
:	28, 29	63 AHW I RV**	374-A			B D
:	: :	73 KUHNE CHRONOLOG	138	681		D
:	28	-	138	683		D
357	29	60 CAD IJ RV**	91-A			B D
:	:	73 KUHNE CHRONOLOG	139	684		D
:	:	76 AHW >S RV**	1195-B			B D
357	30- 31	68 CAD 2A RV**	12-B			BCD C
:	30	77 AHW T RV**	1342-A			B D
357	31	65 CAD B RV**	188-189			BCD
:	:	73 CAD L RV**	134-A			B D
:	:	77 CAD 1M RV**	107-A			B D
357	32, 36	68 CAD 2A RV**	289-A			BCD
:	32	66 AHW M RV**	604-A			B D
:	:	73 KUHNE CHRONOLOG	139	685		D
:	:	77 CAD 1M RV**	222-B			BCD
357	33	64 CAD 1A RV**	227-B			BCD
:	:	77 AHW T RV**	1342-A			B D
357	34	15 KNUDTZON EL-AM	998			C
357	37	64 CAD 1A RV**	227-B			D
357	42	60 CAD IJ RV**	275-A			B D
:	:	63 AHW I RV**	400-A			B
:	:	74 RAINEY EA NOTES	304			B D
357	44	15 KNUDTZON EL-AM	1603			C
357	45	-	1603			D
357	46	-	1584	25		D
357	48	60 CAD IJ RV**	9-A			D
:	:	76 AHW >S RV**	1187-B			B D
357	49	62 CAD 'S RV**	172-A			B D
357	50	73 KUHNE CHRONOLOG	138	679		D
357	51	15 KNUDTZON EL-AM	998			C
357	52, 54	59 AHW A RV**	88-B			B D
:	52	66 JUCQUOIS PHONET	281			BCD
:	:	68 CAD 2A RV**	517-A			BCD R
357	53, 57	73 KUHNE CHRONOLOG	138	679		D
:	53, 56	-	138	683		D
:	53	58 CAD E RV**	265-B			BCD
:	:	72 AHW R RV**	953-B			B D
:	:	74 RAINEY EA NOTES	310			B D

	TEXTES		DATE, OUVRAGE, PAGES, NOTES			CARACTERIST.

```
I----------------------------------------------------------------I
I                                C I T A T I O N S            I
I      T E X T E S         ----------------------------------- I
I                          DATE,  OUVRAGE, PAGES, NOTES  CARACTERIST. I
I   ---------------------  ---------------------------   ----------- I
I      357      79         66 JUCQUOIS PHONET 266         B D       I
I       :       :          67 AHW   N RV**      720-B     B D       I
I       :       :          71 AHW   Q RV**      901-A       G       I
I      357      80         64 CAD 1A RV**       203-A     BCD       I
I       :       :          68 CAD 2A RV**        30-B     BCD       I
I      357      81         59 AHW   D RV**      174-B     BC        I
I       :       :          72 AHW   R RV**      953-B     B D       I
I      357      82- 83     58 CAD   E RV**      311-A     BCD     C I
I       :       :  :       62 CAD  'S RV**       32-B     BCD     C I
I       :       :  :       74 AHW  'S RV**     1070-B     B       C I
I       :       82         65 AHW   L RV**      559-A     B D       I
I       :       :          65 CAD   B RV**      190-B     B D     C I
I       :       :          66 JUCQUOIS PHONET 281         BCD       I
I       :       :          68 CAD 2A RV**      110-B      BCD       I
I       :       :              -                465-A       D       I
I       :       :          77 CAD 2M RV**      315-B      B D       I
I      357      83- 85     65 CAD   B RV**      195-A     BCD     C I
I       :       83         60 AHW   E RV**      245-A       G       I
I       :       :          72 AHW   R RV**      956-B     B D       I
I       :       :          73 KUHNE CHRONOLOG 138    683    D       I
I      357      84- 85     65 CAD   B RV**      190-B     BCD     C I
I       :       84         69 AHW   N RV**      777-A     B D       I
I      357      85         75 MORAN AMARNA GL 151     2  B D       I
I      357      86         15 KNUDTZON EL-AM 1603        B       R I
I       :       :          51 DHORME LANGUE     485      BCD       I
I       :       :          59 AHW   D RV**      171-A     BCD       I
I       :       :          59 CAD   D RV**      147-B     BCD    EC I
I       :       :          62 CAD  'S RV**       12-A     BCD       I
I       :       :          63 AHW   K RV**      442-B     BC        I
I       :       :          67 AHW   N RV**      759-A     B         I
I       :       :          71 CAD   K RV**      178-B     BC        I
I       :       :          74 AHW  'S RV**     1066-B     BCD       I
I      357      87- 88     71 CAD   K RV**      380-B     BCD   C ? I
I       :       87         58 CAD   E RV**      283-A     BCD       I
I       :       :          60 AHW   E RV**      239-B       G       I
I       :       :          77 CAD 2M RV**       92-B     B D       I
I      357      88         75 MORAN SYRIAN SC 154   1/A  B D       I
I                                                                   I
I EA 358                                                            I
I ******                                                            I
I      358                 15 KNUDTZON EL-AM  997          D       I
I       :                  70 RAINEY TABLETS    1          D       I
I      358      1          73 KUHNE CHRONOLOG 138    680    D       I
I      358      2              -                138    682    D       I
I      358      4              -                139    684    D       I
I      358      6,  8          -                138    681    D       I
I       :       6          76 AHW  >S RV**     1196-A       G       I
I      358      7, 16      73 KUHNE CHRONOLOG 138    683    D       I
I       :       7,  9          -                138    678    D       I
I      358      8              -                138    678    D       I
I      358      9          65 AHW   L RV**      547-A     B D     ? I
I      358      11, 13     73 KUHNE CHRONOLOG 138    678    D       I
I      358      12             -                138    680    D       I
I      358      16         74 RAINEY EA NOTES 310        B D       I
I      358      18, 24     73 KUHNE CHRONOLOG 138    678    D       I
I       :       18, 21         -                139    684    D       I
I      358      21             -                138    682    D       I
I      358      23             -                138    681    D       I
I      358      24         65 AHW   L RV**      525-B       G       I
```

```
I                                      C  I  T  A  T  I  O  N  S              I
I       T E X T E S         ---------------------------------------------    I
I                           DATE,  OUVRAGE,  PAGES,  NOTES   CARACTERIST.     I
I       --------------------     --------------------------------------      I
I       358        26        73 KUHNE CHRONOLOG 139        685     D          I
I       358        28, 29              -          138      682     D          I
I       358        29        68 CAD 2A RV**     163-A              D          I
I                                                                            I
I EA 359                                                                     I
I ******                                                                     I
I       359-379              70 RAINEY CR/BRINK 289-290           D          I
I       :    :              70 RAINEY CR/CAPLI 474-475           D          I
I       :    :              70 RAINEY CR/EDZAR 123-125           D          I
I       :    :              70 RAINEY CR/KLENG 261-263           D          I
I       :    :              70 RAINEY CR/ROBER  30                  G   C    I
I       :    :              70 RAINEY CR/ROLLI 122-123           D       C    I
I       :    :              70 RAINEY CR/STOL   72-73            D          I
I       :    :              70 RAINEY CR/TOURN 471        2      D          I
I       :    :              70 RAINEY CR/1MILL 594               D       C    I
I       :    :              70 RAINEY CR/2MILL 125-127           D          I
I       :    :              70 RAINEY TABLETS    1                  G       I
I       :    :                      -            4-5             D          I
I       :    :                      -            53                G       I
I       :    :              73 KUHNE CHRONOLOG  3         13       G       I
I       359-377             64 CAMPBELL CHRON.  79-80     29       G       I
I       359                 70 RAINEY CR/EDZAR 124               D          I
I       :                   70 RAINEY CR/ROLLI 122               D          I
I       :                   70 RAINEY CR/1MILL 594               D          I
I       :                   70 RAINEY CR/2MILL 127               D          I
I       :                   70 RAINEY TABLETS    1               D          I
I       :                           -            3               D          I
I       :                   73 KUHNE CHRONOLOG 138               D       C    I
I       :                   74 RAINEY EA NOTES 301               D          I
I       359        1- 35    70 RAINEY TABLETS    6-9           BCD          I
I       :         1                  -           91           B D     R     I
I       :         :                  -           94           B D           I
I       359       2                  -           69           B D     R     I
I       :         :                  -           81           B D           I
I       :         :                  -           83           B D           I
I       :         :         77 AHW  T RV**      1314-A        B D           I
I       359       3,  6     70 RAINEY TABLETS   68            B D           I
I       :         3,  4              -           90           B D           I
I       359       4                  -           62           B D           I
I       :         :                  -           63           B D           I
I       :         :                  -           66           B D           I
I       359       5                  -           57           B D     R    I.
I       :         :                  -           68           B D           I
I       :         :                  -           86           B D           I
I       :         :                  -           92           B D     R     I
I       359       6                  -           59           B D           I
I       :         :                  -           67           B D           I
I       359       7, 11     74 RAINEY EA NOTES 296              C       C    I
I       :         7         70 RAINEY TABLETS   58            B D           I
I       :         :                  -           64           B D     R     I
I       :         :                  -           82           B D       ?  I
I       :         :                  -           90           B D           I
I       :         :         76 AHW >S RV**      1205-A        B D           I
I       359       8, 12     70 RAINEY TABLETS   56            B D           I
I       :         8                  -           60           B D           I
I       :         :                  -           63           B D     R     I
I       :         :                  -           64           B D           I
I       :         :                  -           66           B D     R     I
I       :         :                  -           75           B D           I
```

TEXTES			DATE, OUVRAGE, PAGES, NOTES		CARACTERIST.			
359	9, 10		70 RAINEY TABLETS	64	B D			
:	9		–	56	B D	R		
:	:		–	71	B D			
:	:		–	91	B D			
359	10		–	59	B D			
:	:		–	61	B D			
:	:		–	65	B D	R	?	
359	11, 19		–	68	B D			
:	11, 13		–	77	B D			
:	11		–	58	B D			
:	:		–	75	B D			
359	12-		70 RAINEY CR/BRINK	290	B D	R		
:	12, 17		70 RAINEY TABLETS	69	B D			
:	12, 14		–	85	B D			
:	12		60 CAD IJ RV**	12-A	BCD			
:	:		70 RAINEY TABLETS	57	B D			
:	:		–	60	BCD			
:	:		–	65	BCD			
359	13, 18		–	86	B D			
:	13, 16		–	71	B D			
:	:	:	–	83	BCD			
:	:	:	77 AHW T RV**	1315-A	D	C		
:	13		70 RAINEY TABLETS	62	B D			
:	:		–	68	B D			
359	14		–	56	B D			
:	:		–	58	B D	R		
:	:		–	64	B D			
:	:		–	67	BCD			
359	15, 19		–	85	B D			
:	15		–	66	B D	R		
:	:		–	75	B D			
:	:		–	80,81	B D			
359	16		–	58	B D			
:	:		–	60	B D		?	
:	:		–	70	B D			
:	:		–	72	B D			
:	:		77 CAD 1M RV**	299-B	B D			
359	17		70 RAINEY TABLETS	91	B D			
:	:		–	92	B D			
359	18, 20		–	90	B D			
:	18		–	58	B D			
:	:		–	67	B D			
:	:		–	68	B D			
:	:		–	70	B D			
:	:		–	83	B D			
:	:		77 CAD 1M RV**	62-63	BCD	C		
359	19, 20		70 RAINEY TABLETS	64	B D			
:	19		56 CAD H RV**	106-A	B D	R	?	
:	:		70 RAINEY TABLETS	58	B D		?	
:	:		–	62	B D	E		
:	:		–	66	B D			
359	20, 23		–	68	B D			
:	20		–	67	B D			
:	:		–	73	B D			
:	:		–	85	B D			
:	:		–	86	B D			
359	21, 25		–	56	B D			
:	21, 22		–	62	B D			
:	21		59 CAD D RV**	118-B	BCD	C	?	

TEXTES			DATE, OUVRAGE, PAGES, NOTES			CARACTERIST.
359	21		70 RAINEY TABLETS	61		Ь D
:	:		—	65		B D
:	:		—	73		Ь D
:	:		—	94		Ь D
359	22, 23		—	71		B D
:	:	:	—	83		BCD
:	:	:	—	85		B D
:	22		—	62		B D
:	:		—	69		Ь D
:	:		—	75		Ь D ?
359	23		—	62		Ь D
:	:		—	68		B D
:	:		—	70		B D
:	:		—	76		Ь D
:	:		77 AHW T RV**	1315-A		D C
:	:		77 CAD 1M RV**	63-A		BCD R C
359	24, 28		70 RAINEY TABLETS	63		Ь D
:	24, 27		—	91		Ь D R
:	24		—	56		B D
:	:		—	59		B D R ?
:	:		77 AHW T RV**	1314-A		B D
359	25, 28		70 RAINEY TABLETS	67		Ь D
:	25		—	55		B D
:	:		—	59		Ь D ?
:	:		—	64		Ь D
:	:		—	72		B D
:	:		—	80		Ь D
359	26, 28		—	83		B D
:	26, 27		—	56		B D
:	:	:	—	63		B D
:	26		—	56		B D
:	:		—	71		B D
:	:		—	85		B D
:	:		77 CAD 1M RV**	273-A		B D
359	27, 30		70 RAINEY TABLETS	59		B D
:	27, 29		—	64		B D
:	27		—	60		B D
:	:		—	61		B D
359	28, 29		—	85		Ь D
:	28		—	64		B D
:	:		—	80		B D EC
:	:		77 AHW T RV**	1306-B		B D
359	29		70 RAINEY TABLETS	58		BCD
:	:		—	60		B D ?
:	:		—	82		B D
:	:		—	84		B D
:	:		74 AHW 'S RV**	1111-B		B D ?
:	:		76 AHW >S RV**	1237-B		B D
359	30- 32		70 RAINEY TABLETS	60		Ь D EC
:	30, 31		58 CAD E RV**	23-B		BCD C
:	:	:	70 RAINEY TABLETS	70		B D
:	30		—	58		Ь D R
:	:		—	61		B D R
:	:		—	76		Ь D
:	:		—	82		B D ?
:	:		72 AHW R RV**	974-B		D
:	:		76 AHW >S RV**	1235-B		B D
359	31, 32		70 RAINEY TABLETS	66		Ь D
:	31		—	73		Ь D

```
I                             C I T A T I O N S                    I
I     T E X T E S      ----------------------------------------    I
I                      DATE, OUVRAGE, PAGES, NOTES  CARACTERIST.   I
I     ---------------  ----------------------------  -----------   I
I     359    32, 33   70 RAINEY TABLETS      80      B D           I
I      :     32              -               66      B D           I
I     359    34              -               66      B D           I
I     359    35              -               56      B D      ?    I
I     359    '1-'29          -              8-11     BCD           I
I     359    '2              -               78      B D           I
I     359    '3, '6          -               68      B D    R      I
I      :     :  :            -               90      B D           I
I      :     '3              -               57      B D           I
I      :     :               -               62      B D           I
I      :     :               -               68      B D    R      I
I      :     :               -               76      B D           I
I      :     :               -               85      B D    R      I
I      :     :               -               86      B D    R      I
I     359    '4, '9          -               67      B D           I
I      :     '4, '8          -               66      B D           I
I      :     :  :            -               90      B D           I
I      :     '4, '6          -               86      B D           I
I      :     '4              -               55      B D           I
I      :     :               -               56      B D           I
I      :     :               -               57      B D    R      I
I      :     :               -               72      B D           I
I     359    '5, '8          -               69      B D           I
I      :     '5, '6          -               58      B D           I
I      :     '5       56 CAD  H RV**       243-B     B D      ?    I
I      :     :        70 RAINEY TABLETS     62       B D      ?    I
I      :     :               -               62      B D           I
I      :     :               -               63      B D           I
I      :     :               -               64      B D           I
I      :     :               -               67      B D      ?    I
I      :     :               -               68      B D           I
I      :     :               -               80      B D    R      I
I      :     :        74 RAINEY EA NOTES 296         B D           I
I     359    '6, '7   70 RAINEY TABLETS     55       B D           I
I      :     :  :            -               57      B D           I
I     359    '7              -               56      B D           I
I      :     :               -               71      B D           I
I      :     :               -               75      B D           I
I      :     :               -               90      B D           I
I     359    '8,'13          -               85      B D           I
I      :     '8              -               55      B D      ?    I
I      :     :               -               56      B D           I
I      :     :               -               59      B D           I
I      :     :               -               64      B D      ?    I
I      :     :               -               65      B D      ?    I
I      :     :               -               76      B D    R ?    I
I     359    '9              -               61      B D           I
I      :     :               -               63      B D           I
I      :     :               -               66      B D           I
I      :     :               -               70      B D           I
I      :     :               -               72      B D      ?    I
I      :     :               -               73      B D    R      I
I      :     :               -               77      B D           I
I      :     :               -               83      BCD      ?    I
I     359    '10,'16         -               62      B D           I
I      :     '10,'15         -               90      B D           I
I      :     '10,'14         -               75      B D           I
I      :     '10,'13         -               76      B D           I
I      :     '10,'11         -               68      B D           I
```

				C I T A T I O N S			
T E X T E S			DATE, OUVRAGE, PAGES, NOTES			CARACTERIST.	
359	'10		70 RAINEY TABLETS	55		B D	
:	:		—	84		B D	
359	'11,'16		—	72		B D	
:	: :		—	94		B D	
:	: :		77 CAD 2M RV**	49-A		B D	
:	'11		67 SYL. 2 RV**	52	269	B D	C
:	:		70 RAINEY TABLETS	57		B D	
:	:		—	66		B D	
:	:		—	68		B D	R
:	:		—	68		B D	
:	:		—	86		B D	
359	'12		—	56		B D	
:	:		—	61		B D	R
:	:		—	67		B D	
359	'13,'17		—	55		B D	
:	: :		—	63		B D	
:	'13,'14		—	64		B D	
:	'13		—	76		B D	
:	:		—	83		B D	
:	:		72 AHW R RV**	973-B		BCD	
:	:		77 AHW T RV**	1306-B		B D	
359	'14,'19		70 RAINEY TABLETS	65		B D	
:	'14,'16		—	68		B D	
:	'14,'15		—	58		B D	
:	: :		—	67		B D	
:	'14		—	58		B D	
:	:		—	75		B D	
:	:		—	81		B D	
:	:		—	94		B D	R
359	'15,'18		—	76		B D	
:	'15		—	62		B D	
:	:		—	70		B D	
:	:		—	71		B D	R
:	:		—	90		B D	
359	'16,'18		—	90		B D	
:	'16		—	56		B D	
359	'17,'19		—	72		B D	
:	: :		—	90		B D	
:	'17		—	56		B D	
:	:		—	66		B D	
:	:		—	67		B D	
:	:		—	69		D	
:	:		—	80		B D	
359	'18		56 CAD H RV**	243-B		B D	?
:	:		70 RAINEY TABLETS	58		B D	
:	:		—	62		B D	
:	:		—	67		B D	?
:	:		—	68		B D	
:	:		—	69		B D	
359	'19,'20		—	61		B D	
:	'19		—	60		B D	
:	:		—	68		B D	
:	:		—	78		B D	
:	:		77 CAD 2M RV**	84-B		B D	C
359	'20,'24		70 RAINEY TABLETS	74		B D	
:	'20,'22		—	75		B D	
:	'20,'21		—	81		B D	
:	'20		—	55		B D	
:	:		—	71		B D	

TEXTES			CITATIONS				
			DATE, OUVRAGE, PAGES, NOTES			CARACTERIST.	
359	'20		70 RAINEY TABLETS	91		B D	
:	:		76 AHW >S RV**	1162-A		G	
359	'21,'25		70 RAINEY TABLETS	85		B D	
:	'21,'24		-	67		B D	
:	'21,'23		-	60		B D	
:	'21		-	63		B D	
:	:		-	73		B D	
:	:		76 AHW >S RV**	1162-A		B D	?
359	'22		70 RAINEY TABLETS	59		B D	
:	:		-	68		B D	?
:	:		-	70		B D	
:	:		-	73		B D	?
:	:		-	82		B D	
:	:		-	84		B D	
:	:		77 AHW T RV**	1335-B		B D	
:	:		77 AHW >S RV**	1261-A		B D C	
359	'23,'27		70 RAINEY TABLETS	72		B D	
:	'23,'24		-	84		B D	
:	'23		-	62		B D	
:	:		72 AHW R RV**	972-A		B D	
:	:		74 RAINEY EA NOTES	297		B D C	
359	'24,'27		70 RAINEY TABLETS	80		B D	
:	'24,'25		-	59		B D	
:	: :		-	77		B D	?
:	: :		74 RAINEY EA NOTES	297		B D C	
:	: :		-	308		B D	
:	'24		70 RAINEY TABLETS	62		B D	?
:	:		-	64		BCD	
:	:		74 AHW >S RV**	1149-A		D	?
359	'25		70 RAINEY TABLETS	60		B D	
:	:		-	65		B D R	?
:	:		-	75		B D	?
359	'26		65 CAD B RV**	185-A		B D	?
:	:		70 RAINEY TABLETS	56		B D	
:	:		-	58		B D	
:	:		-	70		D	
:	:		-	75		B D	?
:	:		-	84		B D	?
359	'27, 28		-	58		B D	
:	'27		-	76		B D	
:	:		-	82		B D	
:	:		-	90		B D	
:	:		75 MORAN SYRIAN SC	151		B D	
359	'29		70 RAINEY TABLETS	66		B D	
:	:		-	69		BCD	
:	:		-	81		B D	
:	:		-	83		B D	
:	:		-	84		B D	
:	:		77 AHW T RV**	1314-A		B D	
EA 360							
******							
360-361			70 RAINEY CR/EDZAR	124		D	
360			70 RAINEY TABLETS	12		B D	
EA 361							
******							
361			70 RAINEY TABLETS	13		B D	
361	3		-	13		C	

			DATE, OUVRAGE, PAGES, NOTES		CARACTERIST.
			C I T A T I O N S		
	T E X T E S				
361	3		70 RAINEY TABLETS	57	B D R
:	:		-	60	B D .
361	'14		-	107	G
EA 362					
******					
362-371			70 RAINEY TABLETS	3	D
362-368			66 JUCQUOIS PHONET	54	D C
362-367			39 HARRIS CANAANIT	26	G C
:	:		51 DHORME NOUV.TAB	489 1	D C
:	:		70 RAINEY CR/EDZAR	124	D
:	:		70 RAINEY CR/ROLLI	122	D
:	:		70 RAINEY CR/TOURN	471	G C
:	:		70 RAINEY TABLETS	107	G
362			50 MORAN SYNTACTIC	1-190	D C
:			-	6 9	D C
:			51 DHORME NOUV.TAB	489-492	D C
:			-	492 3	D C
:			51 MORAN NEW EVID.	35-B 15	D C
:			60 MORAN EARLY CAN	4 5	D C
:			62 KITCHEN SUPPILU	29	D C
:			64 CAMPBELL CHRON.	79	D
:			-	80	D
:			-	84	D
:			-	102	D
:			-	134 2C	D
:			-	134 2D	D
:			66 JUCQUOIS PHONET	33	D C
:			69 KLENGEL GESCH.2	191	D
:			-	196	D
:			-	201	D
:			-	237 83	D
:			-	238 90	D
:			-	427	D
:			70 RAINEY CR/BRINK	290	D
:			70 RAINEY CR/1MILL	594	D
:			70 RAINEY CR/2MILL	126	D
:			71 HELCK BEZIEHUNG	185 112	D C
362	1- 69		70 RAINEY TABLETS	14-19	BCD
:	1- 4		51 DHORME NOUV.TAB	489-490	BCD C
:	1		50 MORAN SYNTACTIC	10 C/4	B D C
:	:		70 RAINEY TABLETS	68	B D
:	:		-	90	B D
:	:		75 MORAN SYRIAN SC	151 2	B D C
362	2, 3		70 RAINEY TABLETS	60	B D
362	3- 4		77 CAD 1M RV**	242-B	B D C
:	3		70 RAINEY TABLETS	82	B D EC
:	:		-	82	B D
362	4, 7		-	70	B D
:	4		-	82	B D
362	5- 6		68 CAD 2A RV**	148-A	BCD C
:	5		39 HARRIS CANAANIT	34	BCD C
:	:		-	46	BCD C
:	:		51 DHORME NOUV.TAB	505	BCD C
:	:		70 RAINEY TABLETS	57	B D
:	:		74 RAINEY EA NOTES	308	B D
362	6, 9		70 RAINEY TABLETS	60	B D
:	6, 7		-	64	B D
:	6		50 MORAN SYNTACTIC	35 B	BCD C

TEXTES			DATE, OUVRAGE, PAGES, NOTES			CARACTERIST.	
362	6		70 RAINEY TABLETS	70		BCD	
362	7-	8	51 DHORME NOUV.TAB	490		BCD	C
:	:	:	56 CAD H RV**	63-A		B D	C
:	7		51 DHORME NOUV.TAB	504		BCD	C
:	:		62 AHW H RV**	316-A		G	C
362	8-		52 MORAN KARATEPE?	79-A	23	D	C
:	8,	10	70 RAINEY TABLETS	58		B D	
:	:	:	-	76		B D	
:	:	:	-	78		B D	
:	8		52 MORAN KARATEPE?	78-A		B D	C
:			70 RAINEY TABLETS	67		B D	
362	9-	13	51 DHORME NOUV.TAB	490		CD	C
:	9-	11	50 MORAN SYNTACTIC	72	1	D	C
:	:	:	-	73	2	BCD	C
:	9		70 RAINEY TABLETS	58		B D	
362	10		50 MORAN SYNTACTIC	15	G/C	B D	C
:	:		52 MORAN KARATEPE?	78-B		B D	C
:	:		70 RAINEY TABLETS	69		D	
362	11,	12	50 MORAN SYNTACTIC	129	155	B D	C
:	11		39 HARRIS CANAANIT	7	8	BCD	C
:	:		70 RAINEY TABLETS	71		B D	
:	:		-	74		B D	
362	12-	13	50 MORAN SYNTACTIC	61		D	C
:	12		70 RAINEY TABLETS	56		B D	
:	:		75 MORAN AMARNA GL	157	1	B D	
362	13-	15	64 CAD 1A RV**	141-142		BCD	C
:	:	:	77 CAD 1M RV**	28-A		BCD	C
:	13		50 MORAN SYNTACTIC	10	C	B D	C
:	:		51 DHORME NOUV.TAB	504		BCD	C
:	:		65 AHW L RV**	545-B		B D	C
:	:		70 RAINEY TABLETS	55		B D	
:	:		-	69		B D	
362	14,	16	51 DHORME NOUV.TAB	505		BCD	C
:	:	:	70 RAINEY TABLETS	80		B D	
:	:	:	-	84		B D	
:	:	:	74 AHW >S RV**	1150-B		B D	
362	15-	30	69 MORAN DEATH OF	97-98		D	C
:	15-	23	60 MORAN EARLY CAN	4		BCD	C
:	:	:	69 KLENGEL GESCH.2	238	91	G	
:	15		50 MORAN SYNTACTIC	65		BCD	C
:	:		-	115	63	BCD	C
:	:		66 AHW M RV**	574-B		G	C
:	:		70 RAINEY TABLETS	65		B D	
:	:		-	70		B D	
362	17-	18	50 MORAN SYNTACTIC	15	G/C	B D	C
:	:	:	52 MORAN KARATEPE?	78-B		B D	C
:	17,	21	51 DHORME NOUV.TAB	504		BCD	C
:	17,	20	74 RAINEY EA NOTES	296		B D	
:	17		50 MORAN SYNTACTIC	64	4	B D	C
:	:		-	66		BCD	C
:	:		70 RAINEY TABLETS	65		B D	
:	:		-	68		B D	
362	18-	23	50 MORAN SYNTACTIC	178		CD	C
:	18-	20	-	87		BCD	C
:	:	:	-	101		BCD	C
:	:	:	74 RAINEY EA NOTES	297		CD	C
:	18,	22	70 RAINEY TABLETS	81		B D	
:	18,	19	69 MORAN DEATH OF	98-A		BCD	C
:	:	:	70 RAINEY TABLETS	76		B D	

TEXTES			CITATIONS					
			DATE, OUVRAGE, PAGES, NOTES			CARACTERIST.		
362	28		70 RAINEY TABLETS	56		B D	R	?
:	:		-	83		B D		
362	29-	30	50 MORAN SYNTACTIC	71		BCD	R C	
:	:	:	-	101		BCD	R C	
:	:	:	60 CAD IJ RV**	323-B		BCD	C	
:	:	:	60 MORAN EARLY CAN	14		BCD	C	
:	:	:	68 CAD 2A RV**	53-A		B D	C	
:	29		70 RAINEY TABLETS	65		B D		
362	30,	37	76 AHW >S RV**	1199-A		BCD		
:	30,	35	51 DHORME NOUV.TAB	504		BCD	C	
:	30		60 MORAN EARLY CAN	17		B D	C	
:	:		70 RAINEY TABLETS	2		B D		
:	:		-	58		B D		
:	:		-	82		B D	R	
:	":		74 RAINEY EA NOTES	296		B D		
362	31-	39	51 DHORME NOUV.TAB	492		CD	C	
:	31,	38	70 RAINEY TABLETS	74		B D		
:	31		-	57		B D		
362	32,	38	-	56		B D		
:	:	:	-	92		B D		
:	32		50 MORAN SYNTACTIC	129	155	B D	C	
:	:		70 RAINEY CR/BRINK	290		B D	R	
:	:		70 RAINEY TABLETS	56		B D		
362	33-	39	60 MORAN EARLY CAN	14		BCD	C	
:	33-	37	50 MORAN SYNTACTIC	73	3	D	C	
:	:	:	-	101		BCD	C	
:	:	:	-	134	187	D	C	
:	:	:	-	178-179		CD	C	
:	33-	35	60 MORAN EARLY CAN	14	3	CD	C	
:	33-	34	60 CAD IJ RV**	159-B		B D	C	
:	33,	34	50 MORAN SYNTACTIC	179		B D	C	
:	:	:	70 RAINEY CR/BRINK	290		B D		
:	33		50 MORAN SYNTACTIC	134	187	BCD	C	
:	:		67 AHW M RV**	687-B		G	C	
:	:		70 RAINEY TABLETS	66		B D		
:	:		-	72		B D		
:	:		-	85		B D		
:	:		77 CAD 2M RV**	295-A		B D		
362	34,	36	50 MORAN SYNTACTIC	129	155	B D	C	
:	:	:	70 RAINEY TABLETS	71		B D		
:	34		51 DHORME NOUV.TAB	503		BCD	C	
:	:		70 RAINEY TABLETS	67		B D		
362	35,	38	-	57		B D		
:	35		69 AHW P RV**	850-B		B D	C	
:	:		70 RAINEY TABLETS	75		B D		
362	36		-	69		B D		
362	37-	38	60 CAD IJ RV**	323-B		B D	C	
:	:	:	68 CAD 2A RV**	53-A		BCD	C	
:	37		70 RAINEY TABLETS	65		B D		
:	:		-	82		B D		
362	39		-	60		B D		
362	40-	41	50 MORAN SYNTACTIC	101		BCD	C	
:	:	:	51 DHORME NOUV.TAB	490		BCD	C	
:	:	:	56 CAD H RV**	63-A		BCD	C	
:	:	:	60 MORAN EARLY CAN	2		BCD	R C	
:	40,	42	70 RAINEY TABLETS	60		B D		
:	40,	41	52 MORAN KARATEPE?	78-B		B D	C	
:	40		62 AHW H RV**	316-A		B D	C	
:	:		70 RAINEY TABLETS	64		B D		

```
I                                     C I T A T I O N S            I
I       T E X T E S           ---------------------------------------  I
I                             DATE,  OUVRAGE, PAGES, NOTES CARACTERIST. I
I    ----------------------   -------------------------------- -------- I
I       362     41, 44    70 RAINEY TABLETS     71          B D         I
I        :      41            -                 76          B D         I
I        :      :            -                  78          B D         I
I       362     42- 44    50 MORAN SYNTACTIC    76      1     D      C   I
I        :      42- 43    60 CAD IJ RV**       159-B         BCD    C   I
I        :      42        70 RAINEY TABLETS     66          B D         I
I        :      :            -                  82          B D         I
I        :      :         76 AHW >S RV**       1204-A        B D         I
I       362     43- 44    52 MORAN KARATEPE?   79-B     28   B D      C   I
I        :      43        70 RAINEY TABLETS     57          B D         I
I        :      :            -                  70          B D         I
I       362     44, 48    51 DHORME NOUV.TAB   504          BCD      C   I
I        :      44, 46    70 RAINEY TABLETS     66          B D         I
I        :      44        50 MORAN SYNTACTIC    64      4    B D      C   I
I        :      :            -                  67      3    BCD      C   I
I        :      :         51 MORAN NEW EVID.    35-B         B D      C   I
I        :      :         60 CAD IJ RV**       161-A          D         I
I        :      :         70 RAINEY TABLETS     65          B D         I
I       362     45- 47    65 CAD  B RV**       364-A        BCD      C   I
I        :      45- 46    51 DHORME NOUV.TAB   491           D       C   I
I        :      45           -                 491          BCD      C   I
I        :      :            -                 504          BCD      C   I
I        :      :         58 CAD  E RV**       203-B          D         I
I        :      :         63 AHW  I RV**       385-A             G      I
I        :      :         70 RAINEY CR/BRINK  289-290       B D     R   I
I        :      :         70 RAINEY TABLETS     58          B D         I
I        :      :            -                  59          B D         I
I        :      :            -                  62          B D         I
I       362     46           -                  68          B D         I
I        :      :            -                  75          B D         I
I       362     47, 50    50 MORAN SYNTACTIC   129     155   B D        C  I
I        :      47           -                  15      G/C  BCD        C  I
I        :      :         51 DHORME NOUV.TAB   492            CD        C  I
I        :      :            -                 501             D    +   C  I
I        :      :         65 DISO-2 RV**       146      L.1  B D    +   C  I
I        :      :         70 RAINEY TABLETS     71          B D         I
I        :      :            -                  72          B D    +     I
I        :      :         77 CAD 2M RV**       296-A        B D    +   C  I
I        :      :            -                 317-A        B D   +R   C  I
I       362     48- 49    68 CAD 2A RV**        32-A        BCD        C  I
I        :      48, 51    70 RAINEY TABLETS     60          B D         I
I        :      48           -                  69           D          I
I        :      :            -                  82          B D         I
I       362     49- 50    50 MORAN SYNTACTIC    15      G/C  BCD      C   I
I        :      :  :      51 DHORME NOUV.TAB   492            CD      C   I
I        :      :  :      67 AHW  M RV**       687-B         B D      C   I
I        :      :  :      77 CAD 2M RV**       296-A        BCD      C   I
I        :      49, 52    70 RAINEY TABLETS     57          B D         I
I        :      :  :         -                  81          B D         I
I        :      49           -                  65          B D         I
I       362     50        50 MORAN SYNTACTIC    18      C/1   D       C   I
I        :      :            -                  65          BCD     R C   I
I        :      :         51 DHORME NOUV.TAB   501      4    B D      C   I
I        :      :         66 JUCQUOIS PHONET   276      71   BCD     R C   I
I        :      :         70 RAINEY CR/BRINK   289          BCD         I
I        :      :         70 RAINEY TABLETS     72          B D         I
I        :      :            -                  75          B D         I
I        :      :            -                  80          B D         I
I        :      :         74 RAINEY EA NOTES   297          BCD      C   I
```

	TEXTES				CITATIONS				
					DATE, OUVRAGE, PAGES, NOTES		CARACTERIST.		
I	362	51- 53		51	DHORME NOUV.TAB	490-491		BCD	C
I	:	: :		71	CAD K RV**	310-A		BCD	C
I	:	51- 52		50	MORAN SYNTACTIC	67	3	D	C
I	:	51-		60	CAD IJ RV**	161-A		D	
I	:	51, 55		70	RAINEY TABLETS	66		B D	
I	:	51			-	65		B D	
I	362	52- 53		65	AHW K RV**	467-A		B D	C
I	:	52, 55		70	RAINEY TABLETS	69		D	
I	362	53		51	DHORME NOUV.TAB	505		BCD	C
I	:	:		70	RAINEY TABLETS	60		B D	
I	:	:			-	67		B D	
I	362	54		60	AHW G RV**	272-A		B D	
I	:	:		62	AHW H RV**	339-A		B D	
I	:	:		70	RAINEY TABLETS	63		B D	
I	:	:			-	64		B D	
I	:	:		74	RAINEY EA NOTES	297		B	C
I	362	55- 56		50	MORAN SYNTACTIC	101-102		BCD	C
I	:	: :		68	CAD 2A RV**	365-B		BCD	C
I	:	55, 56		70	RAINEY TABLETS	76		B D	
I	:	55		74	RAINEY EA NOTES	307		B D	
I	362	56, 58		70	RAINEY TABLETS	58		B D	
I	:	56		50	MORAN SYNTACTIC	15	G/C	BCD	C
I	:	:		52	MORAN KARATEPE?	78-A		B D	C
I	:	:		60	MORAN EARLY CAN	2	2	B D	C
I	:	:				17		B D	C
I	:	:		70	RAINEY TABLETS	78		B D	
I	362	57, 59		50	MORAN SYNTACTIC	70	2	D	C
I	:	: :		70	RAINEY TABLETS	66		B D	
I	:	57		50	MORAN SYNTACTIC	28-29	A	BCD	C
I	:	:		70	RAINEY TABLETS	75		B D	
I	:	:			-	83		B D	
I	362	58- 59		70	RAINEY CR/BRINK	289		CD	
I	:	58		51	DHORME NOUV.TAB	503		BCD	C
I	:	:		52	MORAN KARATEPE?	78-B		B D	C
I	:	:		65	CAD B RV**	360-B		B D	
I	:	:		68	CAD 2A RV**	365-B		BCD	
I	:	:		70	RAINEY TABLETS	2		B D	
I	:	:			-	57		B D	
I	:	:			-	59		B D	
I	362	59		50	MORAN SYNTACTIC	65		BCD	C
I	:	:		60	CAD IJ RV**	327-A		B D	
I	:	:		70	RAINEY TABLETS	65		B D	
I	:	:				71		B D	
I	:	:		77	CAD 1M RV**	273-A		D	
I	362	60- 61		60	MORAN EARLY CAN	2		BCD	C
I	:	: :		68	CAD 2A RV**	365-B		BCD	C
I	:	: :		69	KLENGEL GESCH.2	238	91	G	
I	:	: :		73	CAD L RV**	145-A		B D	C
I	:	60, 66		70	RAINEY TABLETS	60		B D	
I	:	60, 62			-	58		B D	
I	:	60, 61		51	DHORME NOUV.TAB	504		BCD	C
I	:	60		50	MORAN SYNTACTIC	101		BCD	C
I	:	:		70	RAINEY TABLETS	56		B D	
I	362	61, 68			-	71		B D	
I	:	61, 63		60	AHW G RV**	272-A		B	
I	:	61		65	AHW L RV**	545-A		B D	
I	:	:		70	RAINEY TABLETS	63		B D	
I	:	:			-	69		B D	
I	362	62- 64		50	MORAN SYNTACTIC	33	A	BCD	C

```
I ---------------------------------------------------------------------------- I
I                                  C I T A T I O N S                           I
I      T E X T E S       ------------------------------------------------------ I
I                        DATE,  OUVRAGE, PAGES, NOTES  CARACTERIST.  I
I -----------------------                              ------------  I
I     362       62- 64   50 MORAN SYNTACTIC  77        5  BCD        C   I
I      :         :    :                  -   102          BCD        C   I
I      :        62       60 MORAN EARLY CAN   2        2  B D        C   I
I      :         :                       -    17          B D        C   I
I      :         :       70 RAINEY TABLETS   56          B D            I
I      :         :                       -    85          BCD        EC  I
I     362       63- 64   50 MORAN SYNTACTIC  62        3  B D        C   I
I      :        63, 68   70 RAINEY TABLETS   63          B D          ? I
I      :        63, 66   51 DHORME NOUV.TAB 504          BCD        C   I
I      :        63       58 CAD  E RV**     235-A          D            I
I      :         :       70 RAINEY TABLETS   62          B D            I
I     362       64, 68                   -    60          B D            I
I      :        64                       -    71          B D            I
I     362       65, 69                   -    66          B D            I
I      :        65, 68                   -    72          B D            I
I      :        65       50 MORAN SYNTACTIC  18       B/5   D        C   I
I      :         :                       -    99          BCD        C   I
I      :         :                       -   162           D        C   I
I      :         :       66 AHW   M RV**    651-B        B D        C   I
I      :         :       70 RAINEY TABLETS   75          B D            I
I      :         :                       -    78          B D            I
I      :         :       77 CAD 2M RV**      62-B          D            I
I     362       66- 69   69 KLENGEL GESCH.2 201           D         C   I
I      :        66- 68   51 DHORME NOUV.TAB 492           CD        C   I
I      :        66, 69   70 RAINEY TABLETS   58          B D            I
I      :        66       51 DHORME NOUV.TAB 502           D    +    C   I
I      :         :       60 MORAN EARLY CAN   7        2  B D        C   I
I      :         :       65 DISO-2 RV**     312       L.1  BCD   +    C   I
I      :         :       70 RAINEY TABLETS   57          B D            I
I      :         :                       -    69           D            I
I      :         :                       -    82          B D    +      I
I     362       67, 69                   -    61          B D            I
I      :        67       51 DHORME NOUV.TAB 492        5  BCD        C   I
I      :         :       70 RAINEY TABLETS   65          B D            I
I      :         :                       -    71          B D            I
I      :         :                       -    88          B D            I
I     362       68- 69   50 MORAN SYNTACTIC  79          BCD        C   I
I      :         :    :  51 DHORME NOUV.TAB 491          BCD        C   I
I      :         :    :  77 CAD 2M RV**      62-B        BCD        C   I
I      :        68       60 AHW   G RV**    272-A        B D            I
I      :         :       70 RAINEY TABLETS   83          B D        EC  I
I     362       69       51 DHORME NOUV.TAB 491           D         C   I
I      :         :                       -   502          BCD   +    C   I
I      :         :                       -   505          BCD        C   I
I      :         :       58 CAD  E RV**     203-B          D            I
I      :         :       60 MORAN EARLY CAN  10        1   D         C   I
I      :         :       61 MORAN HEB.LANG.  67       16  B D        C   I
I      :         :       64 CAMPBELL CHRON. 102           D            I
I      :         :       65 DISO-2 RV**     193       L.3  B D   +    C   I
I      :         :       69 KLENGEL GESCH.2 237       83  B D      R C   I
I      :         :       69 MORAN DEATH OF   96-B     14   D         C   I
I      :         :       70 RAINEY TABLETS   62          B D            I
I      :         :                       -    76          B D    +      I
I      :         :                       -    77          B D            I
I      :         :                       -    90          B D            I
I                                                                       I
I EA 363                                                                I
I ******                                                                I
I     363,364            66 JUCQUOIS PHONET  53           D         C   I
```

```
-----------------------------------------------------------------------
I                           C  I  T  A  T  I  O  N  S            I
I        T E X T E S       ------------------------------------- I
I                          DATE,  OUVRAGE, PAGES, NOTES  CARACTERIST. I
I  ----------------------  ------------------------------  ----------- I
I     363                  51 DHORME NOUV.TAB  493              D    C   I
I      :                   62 KITCHEN SUPPILU   14             D    C   I
I      :                      -                 16              G    C   I
I      :                      -                 17      4      D    C   I
I      :                      -                 29             D    C   I
I      :                      -                 30      1      D    C   I
I      :                      -                 31             D    C   I
I      :                      -                 45             D    C   I
I      :                   64 CAMPBELL CHRON.  123             D        I
I      :                      -                135     4D      D        I
I      :                   66 JUCQUOIS PHONET   33             D    C   I
I      :                   69 KLENGEL GESCH.2  146             D        I
I      :                      -                165             D        I
I      :                      -                167             D      ? I
I      :                      -                282             D        I
I      :                      -                287             D        I
I     363        1- 23     70 RAINEY CR/STOL    72             D    C   I
I      :          :  :     70 RAINEY TABLETS   20-21        BCD         I
I      :          1,  5        -                60           B D        I
I      :          1            -                65           B D        I
I      :          :        75 MORAN AMARNA GL  155      1    B D    R   I
I     363         2        70 RAINEY TABLETS    68           B D        I
I     363         3,  4    69 KLENGEL GESCH.2  165             D    R C I
I      :          3        70 RAINEY TABLETS    85           B D        I
I      :          :            -                88           B D        I
I     363         4- 5         -                83           B D    C   I
I      :          :  :         -                85           B D    C   I
I      :          4, 10        -                56           B D        I
I      :          :  :         -                57           B D        I
I      :          4        70 KLENGEL GESCH.3  61,62         B D    C   I
I      :          :        70 RAINEY TABLETS    91           B D    R   I
I      :          :        71 HELCK BEZIEHUNG  178     68    B D    C   I
I      :          :        74 RAINEY EA NOTES  297             D    C   I
I     363         5,  6    70 RAINEY TABLETS    82           B D        I
I     363         6            -                70           B D        I
I     363         7- 8     65 CAD  B  RV**     150-A        BCD    C   I
I      :          7        51 DHORME NOUV.TAB  505          BCD    C   I
I      :          :        68 CAD 2A RV**       19-A        B D        I
I      :          :        70 RAINEY TABLETS    56           B D        I
I      :          :            -                60           B D    R   I
I      :          :            -                74           B D        I
I     363         8, 13        -                60           B D        I
I      :          8, 12        -                56           B D        I
I      :          8        70 KLENGEL GESCH.3   67     40      D        I
I     363         9- 11    62 KITCHEN SUPPILU   14      4      D    C   I
I      :          9        70 RAINEY CR/EDZAR  124             D        I
I      :          :        70 RAINEY TABLETS    56           B D        I
I      :          :            -                89           B D        I
I     363        10            -                92           B D        I
I     363        11, 18        -                78           B D        I
I      :         11            -                75           B D        I
I      :          :            -                92           B D        I
I     363        12- 14    60 CAD IJ RV**      230-B        B D    C   I
I      :         12        51 DHORME NOUV.TAB  505          BCD    C   I
I      :          :        70 RAINEY TABLETS    80           B D        I
I      :          :        74 AHW >S RV**      1135-A       B D        I
I     363        14        60 CAD IJ RV**      227-B        B D        I
I      :          :        70 RAINEY CR/BRINK  289           B D        I
I      :          :        70 RAINEY TABLETS    66           B D        I
```

```
I -----------------------------------------------------------------------  I
I                                         C I T A T I O N S               I
I         T E X T E S           ----------------------------------------- I
I                               DATE,  OUVRAGE, PAGES, NOTES  CARACTERIST. I
I -----------------------        -------------------------------  ------   I
I     363        15         60 CAD IJ RV**       28-A           D          I
I      :         :          70 RAINEY TABLETS    65          B  D          I
I     363        16, 17        -                  60          B  D          I
I     363        17- 20     68 CAD 2A RV**       398-A          C       C   I
I      :         17          70 RAINEY TABLETS    73          B  D          I
I     363        18            -                  76          B  D          I
I     363        19         58 CAD  E RV**       202-A          D          I
I      :         :          70 RAINEY TABLETS    ·62          B  D          I
I     363        20, 22        -                  56          B  D          I
I     363        21- 23     68 CAD 2A RV**       398-A        BCD       C   I
I      :         21         51 DHORME NOUV.TAB   503          BCD       C   I
I      :         :          70 RAINEY TABLETS    58          B  D          I
I     363        23            -                  65          B  D          I
I      :         :             -                  81          B  D  +       I
I                                                                           I
I EA 364                                                                    I
I ******                                                                    I
I     364-366               51 DHORME NOUV.TAB   493            D       C   I
I     364                   64 CAMPBELL CHRON.   116            D          I
I      :                       -                 134      2E    D          I
I      :                    66 JUCQUOIS PHONET    35            D       C   I
I      :                    73 KUHNE CHRONOLOG    62      301   D       C   I
I     364        1- 28      70 RAINEY TABLETS   22-23         BCD          I
I      :         1,  4         -                  60          B  D          I
I     364        2             -                  88          B  D          I
I     364        3-  4         -                  82          B  D          I
I     364        5             -                  82          B  D          I
I     364        6             -                  57          B  D          I
I      :         :             -                  70          B  D          I
I     364        7, 11         -                  60          B  D          I
I      :         7, 10      70 RAINEY CR/BRINK  290          B  D    R      I
I     364        8-  9      68 CAD 2A RV**      166-B        B  D  +    C   I
I      :         :          70 RAINEY TABLETS    62          B  D  +    C   I
I      :         8          51 DHORME NOUV.TAB   502          BCD  +    C   I
I      :         :          58 CAD  E RV**      185-A        B  D  +       I
I      :         :          60 AHW  E RV**      222-B        B  D  +    C   I
I      :         :          65 DISO-2 RV**      219      L.32 BCD  +    C   I
I      :         :          70 RAINEY TABLETS    58          B  D  +       I
I     364        9, 10         -                  82          B  D          I
I     364        10, 17        -                  81          B  D          I
I      :         10         51 DHORME NOUV.TAB   503          BCD       C   I
I      :         :          70 RAINEY CR/BRINK  290          B  D    R      I
I     364        12- 13     70 RAINEY TABLETS    69          B  D       C   I
I      :         12            -                  65          B  D          I
I     364        13            -                  88          B  D     EC   I
I      :         :          71 HELCK BEZIEHUNG  439          B  D       C   I
I     364        14         64 CAD 1A RV**      131-A        BCD          I
I      :         :          66 JUCQUOIS PHONET  115          BCD       C   I
I      :         :          70 RAINEY TABLETS    55          B  D          I
I      :         :             -                  74          B  D       ? I
I      :         :          74 RAINEY EA NOTES  297          BCD    R C ? I
I     364        15         66 AHW  M RV**      574-B           G       C   I
I      :         :          70 RAINEY TABLETS    70          B  D          I
I     364        16         64 CAD 1A RV**      131-A        BCD    R C     I
I      :         :          70 RAINEY TABLETS    60          B  D          I
I     364        17         70 RAINEY CR/BRINK  290          B  D          I
I     364        18- 20     73 CAD  L RV**      144-B        BCD       C   I
I      :         18         70 RAINEY TABLETS    92          B  D          I
I      :         :          71 HELCK BEZIEHUNG  184      103   D       C   I
```

TEXTES			CITATIONS				CARACTERIST.
			DATE, OUVRAGE, PAGES, NOTES				
364	19- 20		60 CAD IJ RV**	327-B		B D	C
:	19		70 RAINEY TABLETS	69		B D	
364	20		-	56		B D	
:	:		-	65,66		B D	
:	:		-	80		B D	?
364	21- 23		-	56		BCD	C
:	21- 22		58 CAD E RV**	215-A		BCD	C
:	: :		68 CAD 2A RV**	6-B		BCD	C
:	21		70 RAINEY TABLETS	82		B D	
:	:		-	85		BCD	EC
364	22		63 AHW I RV**	385-A		B D	
:	:		70 RAINEY TABLETS	62		B D	
:	:		-	74		B D	
364	23		-	81		B D	
364	24- 28		60 CAD IJ RV**	28-A		BCD	C
:	24- 25		64 CAD 1A RV**	131-A		B D	C
:	24		70 RAINEY TABLETS	55		B D	
:	:		-	65		B D	
364	25, 26		-	60		B D	
364	26- 28		77 CAD 1M RV**	156-B		B D	C
364	27		70 RAINEY TABLETS	70		B D	
364	28		70 RAINEY CR/EDZAR	124		CD	
:	:		74 RAINEY EA NOTES	297		CD	C

EA 365
******

365			39 HARRIS CANAANIT	22		D	C
:			51 DHORME NOUV.TAB	494-495		D	C
:			64 CAMPBELL CHRON.	108		D	
:			-	134	2E	D	
:			66 JUCQUOIS PHONET	34		D	C
:			-	53		D	C
:			70 RAINEY CR/2MILL	126		G	
:			71 HELCK BEZIEHUNG	247		D	C
365	1- 31		70 RAINEY TABLETS	24-27		BCD	
:	1, 5		-	60		B D	
365	2, 6		-	81		B D	
:	2		-	68		B D	
365	3		-	88		B D	
365	4, 8		-	81		B D	
:	4		65 AHW K RV**	494-B		B	C
:	:		70 RAINEY TABLETS	67		B D	
365	5		-	82		B D	
365	6- 7		-	82		B D	
365	7		70 RAINEY CR/BRINK	290		B D	R
:	:		70 RAINEY TABLETS	70		B D	
365	8		-	65		B D	
365	9		-	56		B D	
365	10- 14		56 CAD H RV**	96		BCD +	C
:	10- 11		58 CAD E RV**	287-A		BCD +	C
:	: :		60 AHW E RV**	238-B		B +	C
:	: :		68 CAD 2A RV**	108-B		BCD	C
:	10, 13		70 RAINEY TABLETS	57		B D	
365	11- 14		51 DHORME NOUV.TAB	494-495		CD	C
:	11, 20		70 RAINEY TABLETS	63		B D	
:	11		39 HARRIS CANAANIT	8	12	BCD +	C
:	:		51 DHORME NOUV.TAB	502		B D +	C
:	:		65 DISO-2 RV**	97	L.9	B D +	C
:	:		70 RAINEY TABLETS	64		B D +	

TEXTES		CITATIONS							CARACTERIST.
		DATE, OUVRAGE, PAGES, NOTES							
366	20- 26	71 HELCK BEZIEHUNG	254				D		C ?
:	20- 21	51 DHORME NOUV.TAB	495				CD		C
:	: :	64 CAMPBELL CHRON.	110				D		
:	: :	68 CAD 2A RV**	108-B				BCD		C
:	: :	74 RAINEY EA NOTES	298				D		C
:	20, 26	70 RAINEY TABLETS	57				B D		
:	20	70 RAINEY CR/2MILL	127				B D		
:	:	70 RAINEY TABLETS	88				B D		
366	21, 28	69 AHW N RV**	803-A				G		C
:	21, 25	70 RAINEY TABLETS	64				B D		
:	21	-	74				B D		EC ?
:	:	74 RAINEY EA NOTES	298				B D		C
:	:	-	307				B D		
366	22- 26	73 MORAN DUAL PRON	51				BCD	+	C
:	22- 23	64 CAMPBELL CHRON.	98				D		
:	22, 23	70 RAINEY TABLETS	57				B D		
:	: :	-	91				B D		
:	22	-	90				B D		
366	23	51 DHORME NOUV.TAB	495				BCD		C
:	:	64 CAMPBELL CHRON.	112	10			B D		
:	:	70 RAINEY TABLETS	89				B D	R	?
366	24, 25	65 DISO-2 RV**	188	L.1			BCD	+R	C ?
:	24	51 DHORME NOUV.TAB	502				BCD	+	EC
:	:	70 RAINEY CR/2MILL	126				D	+	
:	:	70 RAINEY TABLETS	73				B D		
:	:	-	74				B D	+	EC
:	:	-	83				B D		
:	:	73 MORAN DUAL PRON	50				B D		
:	:	-	51	8			G	+	C
:	:	-	53				D		C
366	25	70 RAINEY TABLETS	74				B D		
366	26- 28	70 RAINEY CR/2MILL	126				CD		
:	26	70 RAINEY TABLETS	72				B D		
366	27	-	60				B D		
:	:	-	66				B D		EC
366	28- 29	77 AHW T RV**	1327-B				B D		C
:	28, 32	70 RAINEY TABLETS	74				B D		
:	: :	-	84				B D		
366	29, 33		60				B D		
:	: :	-	81				B D		
:	29	-	75				B D		
366	30-	64 CAMPBELL CHRON.	98				D		
:	30, 31	70 RAINEY TABLETS	70				D		
:	30	51 DHORME NOUV.TAB	504				BCD		C
:	:	70 RAINEY TABLETS	58				B D		
:	:	-	89				B D		
366	31- 32	58 CAD E RV**	215-A				BCD		C
:	: :	74 RAINEY EA NOTES	298				D		C
:	31, 32	69 AHW N RV**	803-A				B D		C
:	: :	74 RAINEY EA NOTES	307				B D		C
:	31	70 RAINEY TABLETS	62				B D		
:	:	-	63				BCD		
:	:	74 RAINEY EA NOTES	298				B D		C
366	32- 33	-	298				D		C
:	32	70 RAINEY TABLETS	70				D		
:	:	77 AHW T RV**	1334-B				D		
366	33	70 RAINEY TABLETS	71				B D		
366	34	-	75				B D	+	
:	:	-	85				B D	+	

```
I                              C I T A T I O N S              I
I     T E X T E S      -------------------------------------------- I
I                      DATE,  OUVRAGE, PAGES, NOTES  CARACTERIST. I
I    ----------------------                          ------------ I
I     366    34          74 RAINEY EA NOTES 298          B     C  I
I                                                                 I
I EA 367                                                          I
I ******                                                          I
I     367                51 DHORME NOUV.TAB 495-496          D    C  I
I      :                 64 CAMPBELL CHRON. 111-112          D       I
I      :                     -             134      2C       D       I
I      :                     -             134      2E       D       I
I      :                 66 JUCQUOIS PHONET  33              D    C  I
I      :                     -              53              D    C  I
I      :                 70 RAINEY CR/1MILL 594              D       I
I      :                 71 HELCK BEZIEHUNG 184     105      D    EC I
I      :                 73 KUHNE CHRONOLOG 135              D    C  I
I      :                     -             138              D    C  I
I     367     1- 25      70 RAINEY TABLETS   32-33        BCD       I
I      :      1          64 CAMPBELL CHRON. 112      10    B D       I
I      :      :          70 RAINEY TABLETS   57           B D       I
I      :      :              -               89           B D       I
I      :      :              -               91           B D       I
I     367     2,  8      73 KUHNE CHRONOLOG 138              D    C  I
I      :      2,  6          -              136              D    C  I
I      :      2,  3      70 RAINEY TABLETS   68           B D       I
I     367     3,  6          -               57           B D       I
I      :      3          68 CAD 2A RV**     148-B         B D       I
I      :      :          70 RAINEY TABLETS   55           B D       I
I      :      :              -               84           B D       I
I      :      :          73 KUHNE CHRONOLOG 136              D    C  I
I     367     4-  5      68 CAD 2A RV**     458-B         BCD    C  I
I      :      4,  5      70 RAINEY TABLETS   70              D       I
I      :      4              -               67           B D       I
I      :      :              -               74           B D       I
I      :      :          73 KUHNE CHRONOLOG  10      44              C  I
I      :      :          74 RAINEY EA NOTES 306           B D       I
I      :      :          75 MORAN AMARNA GL 152           B D       I
I     367     5          70 RAINEY TABLETS   59           B D       I
I      :      :              -               66           B D       I
I     367     6, 10      70 RAINEY CR/2MILL 126              D       I
I      :      6          70 RAINEY TABLETS   71           B D       I
I      :      :          74 RAINEY EA NOTES 305              D       I
I     367     7-  8      71 HELCK BEZIEHUNG 255           B D    C  I
I      :      7          70 RAINEY TABLETS   89           B D       I
I      :      :              -               90           B D       I
I      :      :          71 HELCK BEZIEHUNG 438              D       I
I      :      :          73 KUHNE CHRONOLOG 138              D    C  I
I     367     8          64 CAMPBELL CHRON. 111       7      D    C  I
I      :      :          70 PAINEY TABLETS   56           B D       I
I      :      :              -               92           B D       I
I      :      :          71 HELCK BEZIEHUNG 438           BCD    R C I
I     367     9- 13      51 DHORME NOUV.TAB 496             CD    C  I
I      :      9- 11      59 CAD  D RV**      92-A         BCD    C  I
I      :      9, 12      70 RAINEY TABLETS   68           B D       I
I      :      :   :          -               82           B D       I
I     367    10-         59 AHW  D RV**     157-A            D    C  I
I      :     10, 18      70 RAINEY TABLETS   67           B D       I
I      :     10, 14          -               69              D       I
I      :     10, 12          -               61           B D       I
I      :     10          59 CAD  D RV**      68-A            D       I
I     367    11- 14      77 CAD 2M RV**       8-B         BCD    C  I
I      :     11- 13      59 CAD  D RV**      68-A         BCD    C  I
```

```
I                              C I T A T I O N S                    I
I     T E X T E S        -------------------------------------------- I
I                        DATE,  OUVRAGE, PAGES, NOTES  CARACTERIST.  I
I     ------------------  --------------------------  -------------  I
I     367    11, 19      70 RAINEY TABLETS    58        B D          I
I      :     11              -                57        B D          I
I      :      :              -                63        B D          I
I     367    12          59 CAD   D RV**      92-A        D          I
I     367    13          70 RAINEY TABLETS    61        B D          I
I      :      :              .                62        B D          I
I     367    14, 20      73 KUHNE CHRONOLOG  138          D      C   I
I      :     14          66 AHW   M RV**     643-A          G    C   I
I      :      :          70 RAINEY TABLETS    70        B D          I
I      :      :              -                74        B D          I
I      :      :          73 KUHNE CHRONOLOG  136          D      C   I
I      :      :          74 RAINEY EA NOTES  306        B D          I
I     367    15- 17      71 CAD   K RV**     203-A      BCD      C   I
I      :     15          60 AHW   E RV**     255-A      B D      C   I
I      :      :          70 RAINEY TABLETS    58        B D          I
I      :      :              -                75        B D          I
I     367    16- 17      51 DHORME NOUV.TAB  496          CD     C   I
I      :      :   :      77 CAD 2M RV**       74        BCD      C   I
I      :     16, 17      70 RAINEY TABLETS    70        B D          I
I      :     16              -                56        B D          I
I      :      :              -                76        B D          I
I      :      :              -                78        B D          I
I     367    17              -                63        B D      ?   I
I      :      :              -                67        B D          I
I      :      :              -                72        B D          I
I     367    18- 19      o8 CAD 2A RV**      257-A      BCD      C   I
I      :     18          70 RAINEY TABLETS    57        B D          I
I      :      :          73 KUHNE CHRONOLOG  136          D      C   I
I     367    20- 21      51 DHORME NOUV.TAB  495          CD     C   I
I      :     20          67 AHW   N RV**     720-B          D    C   I
I      :      :          70 RAINEY TABLETS    68        B D          I
I      :      :              -                73        B D          I
I     367    21              -                55        B D          I
I     367    22- 23      60 CAD IJ RV**       24-B      BCD      C   I
I      :      :   :          -               161-A      B D      C   I
I      :     22          70 RAINEY TABLETS    65        B D          I
I      :      :              -                66        B D          I
I      :      :              -                70          D          I
I     367    23              -                67        B D          I
I      :      :              -                80        B D          I
I      :      :              -                81        B D          I
I      :      :          73 KUHNE CHRONOLOG   10    42    D      C   I
I     367    24, 25      77 CAD 1M RV**       30-A      B D      C   I
I      :     24          70 RAINEY TABLETS    74        B D          I
I      :      :              -                77        B D          I
I      :      :              -                78        B D          I
I     367    25          70 RAINEY CR/BRINK  289        BCD          I
I      :      :          70 RAINEY TABLETS    70        B D          I
I      :      :              -                83        B D          I
I                                                                   I
I EA 368                                                            I
I ******                                                            I
I     368,369            70 RAINEY TABLETS   107          G          I
I     368               66 JUCQUOIS PHONET    32          D      C ? I
I      :                     -                36          D      C   I
I      :                70 RAINEY CR/EDZAR   124          D          I
I      :                70 RAINEY CR/ROLLI   122          D          I
I      :                70 RAINEY CR/1MILL   594          D          I
I      :                70 RAINEY CR/2MILL   127          D          I
```

```
I                               C I T A T I O N S                    I
I      T E X T E S            ------------------------------------   I
I                             DATE,  OUVRAGE, PAGES, NOTES CARACTERIST. I
I     ----------------------  ----------------------------------  ------------ I
I      368               73 KUHNE CHRONOLOG 139              D     C  I
I       :                  -                139     688      G     C  I
I       :               75 MORAN SYRIAN SC 157       3      D        I
I      368      1- 17    70 RAINEY TABLETS   34             B D       I
I       :      1-  6     74 RAINEY EA NOTES 298              D     C  I
I       :      1         73 KUHNE CHRONOLOG 139              D     C  I
I       :      :         75 MORAN SYRIAN SC 151              D        I
I      368      2,  5    73 KUHNE CHRONOLOG 139          A   D     C ? I
I      368      3,  4       -                139              D     C  I
I      368      4,  5    75 MORAN SYRIAN SC 151              D        I
I      368      6,  7    73 KUHNE CHRONOLOG 139              D     C  I
I      368      7- 15    70 RAINEY TABLETS   35             CD        I
I      368      8        73 KUHNE CHRONOLOG 139              D     C  I
I      368     14        75 MORAN SYRIAN SC 151              D        I
I      368     '1-'11    70 RAINEY TABLETS   34             b D       I
I      368     '5        75 MORAN SYRIAN SC 151              D        I
I      368     '6-'11    70 RAINEY TABLETS   35             CD        I
I      368     '7,'11    73 KUHNE CHRONOLOG 139          A   D     C ? I
I EA 369                                                               I
I ******                                                               I
I      369-371          70 RAINEY CR/EDZAR 124              D        I
I       :   :           70 RAINEY CR/ROLLI 122              D        I
I      369-370          73 KUHNE CHRONOLOG 135              D     C  I
I      369             39 HARRIS CANAANIT  26               G     C  I
I       :              64 CAMPBELL CHRON.  97-98            D        I
I       :                 -                109              D        I
I       :                 -                134     1C       D        I
I       :                 -                134     1E       D        I
I       :              66 JUCQUOIS PHONET   33              D     C  I
I       :                 -                 52              D     C  I
I       :              67 REDFORD HISTORY 155     282      D        I
I       :              70 RAINEY CR/TOURN 471               G     C  I
I       :              70 RAINEY CR/1MILL 594              D        I
I       :              75 MORAN AMARNA GL 151-153           D        I
I      369      1- 32   70 RAINEY TABLETS  36-39           BCD       I
I       :      1- 13    71 HELCK BEZIEHUNG 438              D     C ? I
I       :      1,  7    73 KUHNE CHRONOLOG 138              D     C  I
I       :      1        70 RAINEY TABLETS   90             B D       I
I       :      :           -                91             B D   R   I
I       :      :        71 HELCK BEZIEHUNG 185     109      D     C  I
I       :      :        73 KUHNE CHRONOLOG 136              D     C  I
I      369      2,  4   70 RAINEY TABLETS   57             b D       I
I       :      :   :    73 KUHNE CHRONOLOG 136              D     C  I
I       :      2        70 RAINEY TABLETS   84             B D       I
I       :      :        75 MORAN AMARNA GL 151       2     B D   R   I
I       :      :        75 MORAN SYRIAN SC 160      26      D        I
I       :      :           -                164      55    B D       I
I      369      3,  7   70 RAINEY TABLETS   68             B D       I
I       :      3           -                 55             B D       I
I      369      4- 32   75 MORAN AMARNA GL 153              D        I
I       :      4           -                152             B D       I
I      369      5       64 CAMPBELL CHRON. 127              D     C  I
I       :      :        70 RAINEY CR/2MILL 126              D        I
I       :      :        70 RAINEY TABLETS   71             b D       I
I       :      :           -                 89             b D       I
I       :      :        73 KUHNE CHRONOLOG 138              D     C  I
I      369      6       70 RAINEY TABLETS   56             b D   R ? I
I       :      :           -                 76             B D       I
```

TEXTES		DATE, OUVRAGE, PAGES, NOTES			CARACTERIST.
369	6	70 RAINEY TABLETS	78		B D
:	:	-	84		B D
:	:	71 HELCK BEZIEHUNG	255		B D C
:	:	-	438		BCD C
369	7, 11	70 RAINEY TABLETS	72		B D
:	7	-	69		B D
369	8, 11	-	61		B D
:	8	70 RAINEY CR/BRINK	290		B D R
:	:	70 RAINEY TABLETS	80		B D
:	:	75 MORAN AMARNA GL	151	2	B D +
:	:	76 AHW >S RV**	1179-A		B D +
369	9	65 DISO-2 RV**	151	L.51	BCD + C ?
:	:	69 MORAN DEATH OF	99	28	B D + C
:	:	70 RAINEY TABLETS	64		B D
:	:	-	67		B D
:	:	-	68		B D +
:	:	-	70		B D +
:	:	71 CAD K RV**	474-A		BCD + C
:	:	73 KUHNE CHRONOLOG	137		D C
:	:	77 CAD 1M RV**	162-A		BCD +
369	10, 19	70 RAINEY TABLETS	68		B D
:	10, 11	-	66		B D
:	: :	73 KUHNE CHRONOLOG	136		D C
:	10	70 RAINEY CR/1MILL	594		BCD
:	:	70 RAINEY TABLETS	55		B D
:	:	-	77		BCD ?
:	:	74 RAINEY EA NOTES	310		B D
369	11	70 RAINEY TABLETS	69		B D
369	12, 13	-	74		B D EC
:	12	-	71		B D
:	:	-	83		B D R
:	:	-	84		B D
369	13- 14	71 HELCK BEZIEHUNG	348		D C
:	13, 14	70 RAINEY TABLETS	62		B D
:	13	-	80		B D
369	14, 15	-	80		B D
:	: :	76 AHW >S RV**	1179-A		B D
:	14	70 RAINEY TABLETS	67		B D
:	:	-	82		B D
369	15- 18	59 CAD D RV**	70-B		BCD C
:	15	70 RAINEY TABLETS	58		B D R
369	16- 18	62 CAD 'S RV**	55-B		BCD C
:	16	70 RAINEY TABLETS	61		B D
369	17- 18	75 MORAN AMARNA GL	151	2	CD C
:	17	70 RAINEY TABLETS	65		B D
:	:	-	78		B D
:	:	75 MORAN AMARNA GL	151	2	B D R
369	18	70 RAINEY TABLETS	70		B D
369	19	73 KUHNE CHRONOLOG	136		D C
369	20, 21	70 RAINEY TABLETS	60		B D
:	20	73 KUHNE CHRONOLOG	136		D C
369	21- 23	75 MORAN AMARNA GL	151		BCD C
:	: :	-	152		C
:	21	65 CAD B RV**	81-A		D
:	:	-	82-B		BCD C
:	:	70 RAINEY TABLETS	82		B D
369	22- 23	75 MORAN AMARNA GL	152		B D R C
:	22, 25	70 RAINEY TABLETS	67		B D
:	22	-	59		B D

```
I                                        C I T A T I O N S                    I
I        T E X T E S        --------------------------------------------------  I
I                           DATE,   OUVRAGE, PAGES, NOTES  CARACTERIST.         I
I        ----------------   ------------------------------  -----------         I
I        369        23, 30  70 RAINEY TABLETS    81          B D                I
I         :         23      76 AHW >S RV**     1244-B          D     EC         I
I        369        24      70 RAINEY TABLETS    65          B D                I
I         :         :        -                   66          B D                I
I         :         :        -                   70            D                I
I         :         :       75 MORAN AMARNA GL 153             C                I
I        369        25      70 RAINEY TABLETS    81          B D                I
I         :         :       73 KUHNE CHRONOLOG   10        42  D      C         I
I        369        26      70 RAINEY TABLETS    74          B D                I
I         :         :        -                   78          B D                I
I        369        27       -                   70          B D                I
I         :         :        -                   77          B D                I
I         :         :        -                   83          B D                I
I        369        28- 32  64 CAMPBELL CHRON.   98          CD      C          I
I         :         28      70 RAINEY TABLETS    57          B D                I
I         :         :        -                   73          B D                I
I         :         :       73 KUHNE CHRONOLOG   10        44 B D      C         I
I        369        29, 30  70 RAINEY TABLETS    71          B D                I
I         :         :   :   73 KUHNE CHRONOLOG  136            D      C         I
I         :         29      70 RAINEY TABLETS    62          B D                I
I         :         :        -                   94          B D                I
I        369        30, 31   -                   81          B D     EC         I
I         :         30       -                   79          B D                I
I        369        31- 32   -                   82          B D     EC         I
I         :         :   :    -                   83          B D                I
I         :         31       -                   62          B D                I
I         :         :       73 KUHNE CHRONOLOG  137            D      C         I
I                                                                              I
I EA 370                                                                       I
I ******                                                                       I
I        370-377            70 RAINEY CR/EDZAR 124            D                 I
I         :    :            70 RAINEY CR/STOL   73            D                 I
I         :    :            70 RAINEY CR/TOURN 471              G      C         I
I         :    :            70 RAINEY CR/1MILL 594            D                 I
I         :    :            70 RAINEY TABLETS  107              G               I
I         :    :            74 RAINEY EA NOTES 299            D                 I
I         :    :            75 MORAN SYRIAN SC 158         9  D                 I
I        370               64 CAMPBELL CHRON. 134        2F  D                 I
I         :                70 RAINEY CR/1MILL 594            D                 I
I         :                75 MORAN SYRIAN SC 150     N.124  D                 I
I        370        1- 9   70 RAINEY TABLETS   40-41       BCD                 I
I         :         1, 8   64 CAMPBELL CHRON. 114          B D      C          I
I         :         1      70 RAINEY TABLETS   57          B D                 I
I         :         :       -                  89          B D                 I
I         :         :       -                  91          B D                 I
I        370        2, 4    -                  68          B D                 I
I        370        3, 7    -                  57          B D                 I
I         :         3       -                  55          B D                 I
I         :         :       -                  84          B D                 I
I        370        4- 5   74 RAINEY EA NOTES 306          B D      C          I
I         :         4, 5   70 RAINEY TABLETS   74          B D                 I
I         :         4       -                  67          B D                 I
I         :         :      75 MORAN AMARNA GL 152          B D                 I
I        370        5      70 RAINEY TABLETS   70            D                 I
I        370        6       -                  66          B D                 I
I        370        7      67 SYL. 2 RV**      56       288 B D     R C        I
I         :         :      70 RAINEY CR/2MILL 126            D                 I
I         :         :      70 RAINEY TABLETS   71          B D     R          I
I         :         :      74 RAINEY EA NOTES 305            D                 I
```

```
I                                    C I T A T I O N S                I
I      T E X T E S            ----------------------------------      I
I                             DATE,  OUVRAGE, PAGES, NOTES  CARACTERIST. I
I    -------------------      ----------------------------------      I
I      371      30         70 RAINEY TABLETS    60        B D         I
I       :       :                    -          66        B D         I
I      371      32, 37               -          67        B D         I
I      371      33                   -          75        B D         I
I       :       :                    -          81        B D         I
I      371      34                   -          77        B D         I
I      371      35                   -          55        B D         I
I       :       :                    -          56        B D      ?  I
I      371      36                   -          72        B D         I
I      371      38                   -          57        B D         I
I       :       :                    -          76        B D         I
I                                                                     I
I EA 372                                                              I
I ******                                                              I
I      372                70 RAINEY CR/EDZAR 124         D            I
I       :                 70 RAINEY TABLETS    44-45     D            I
I                                                                     I
I EA 373                                                              I
I ******                                                              I
I      373-374            70 RAINEY CR/EDZAR 124         D            I
I      373,374            70 RAINEY CR/ROLLI 122         D            I
I      373      1- 18     70 RAINEY TABLETS    44-45     BCD          I
I       :       1                    -          74        B D    R    I
I      373      4                    -          65        B D    R    I
I      373      5                    -          73        B D         I
I      373      6                    -          84        B D    R    I
I       :       :         77 AHW  T RV**     1351-B      BCD    R    I
I      373      7         70 RAINEY TABLETS    84        B D       ?  I
I       :       :         77 AHW  T RV**     1341-B      B D    R  ?  I
I      373      8         70 RAINEY TABLETS    84        B D         I
I       :       :         77 AHW  T RV**     1347-A      B D         I
I      373      9         70 RAINEY TABLETS    67        B D    R  ?  I
I      373      10                   -          76        B D       ?  I
I      373      11, 12    63 AHW  K RV**      440-B       D      C    I
I       :       :   :     70 RAINEY TABLETS    68        B D    EC    I
I      373      13                   -          84        B D    EC    I
I       :       :         77 AHW  T RV**     1344-B      B D    R    I
I      373      14        70 RAINEY TABLETS    78        B D    EC    I
I      373      17        74 AHW  >S RV**     1142-B      B D         I
I                                                                     I
I EA 374                                                              I
I ******                                                              I
I      374      1         70 RAINEY TABLETS    94        B D    R    I
I      374      12                   -          94        B D       ?  I
I      374      13        70 RAINEY CR/EDZAR 124          D           I
I       :       :         70 RAINEY TABLETS    94        B D         I
I      374      14, 15               -          94        B D         I
I       :       14        70 RAINEY CR/EDZAR 124         BCD          I
I       :       :         70 RAINEY TABLETS    80        B D         I
I      374      15                   -          76        B D         I
I       :       :         74 RAINEY EA NOTES 311         B D         I
I      374      16        70 RAINEY TABLETS    55        B D         I
I      374      30                   -          94        B D    R  ?  I
I      374      31                   -          94        B D       ?  I
I      374      32, 33               -          94        B D         I
I      374      34                   -          94        B D       ?  I
I      374  1/                       -          46         D          I
I       :   :                74 RAINEY EA NOTES 299           G       I
I      374  1/   2,  7     73 KUHNE CHRONOLOG 136          D      C   I
```

```
I                                    C I T A T I O N S            I
I     T E X T E S              -----------------------------------   I
I                             DATE,  OUVRAGE, PAGES, NOTES  CARACTERIST.  I
I     ----------------------  -----------------------------  ------------   I
I       374   2/   10- 17     70 RAINEY TABLETS    46        B D           I
I        :         :    :     74 RAINEY EA NOTES 299         B D     C     I
I       374   2/   13- 14     70 RAINEY TABLETS    47        C             I
I       374   2/   15         70 RAINEY CR/CAPLI 475         B D           I
I       374   3/   29- 34     70 RAINEY TABLETS    46        B D           I
I        :         :    :     74 RAINEY EA NOTES 299         B D     C     I
I       374   4/              70 RAINEY TABLETS    46          D           I
I        :    :              74 RAINEY EA NOTES 299            G           I
I                                                                         I
I EA 375                                                                  I
I ******                                                                  I
I       375                   70 RAINEY CR/EDZAR 124           D        ? I
I        :                    70 RAINEY CR/ROLLI 122           D        ? I
I        :                    70 RAINEY CR/1MILL 594           D          I
I        :                    70 RAINEY CR/2MILL 127           D          I
I        :                    70 RAINEY TABLETS     6          D          I
I        :                        -              46-47         D        ? I
I       375        1              -                 91       B D          I
I       375        2              -                 84       B D        ? I
I       375        '1- '2         -              48-49       BCD          I
I                                                                         I
I EA 376                                                                  I
I ******                                                                  I
I       376-377               70 RAINEY CR/EDZAR 124           D          I
I       376                   70 RAINEY CR/ROLLI 122           D          I
I       376        1-  8      70 RAINEY TABLETS    48        B D        ? I
I                                                                         I
I EA 377                                                                  I
I ******                                                                  I
I       377                   70 RAINEY TABLETS    49          D          I
I                                                                         I
I EA 378                                                                  I
I ******                                                                  I
I       378                   70 RAINEY CR/EDZAR 124           D          I
I        :                    70 RAINEY CR/ROLLI 122           D          I
I        :                    70 RAINEY CR/TOURN 471           G     C     I
I        :                    70 RAINEY TABLETS   107          G          I
I       378        1- 26          -              50-51       BCD          I
I        :         1,  6          -                 65       B D          I
I       378        2,  6          -                 81       B D          I
I       378        3              -                 77       B D    R     I
I        :         :              -                 89       B D    R     I
I       378        4              -                 62       B D          I
I        :         :              -                 82       B D    R     I
I        :         :              -                 91       B D          I
I       378        5,  8          -                 82       B D          I
I       378        7              -                 77       B D          I
I        :         :              -                 82       B D          I.
I       378        9, 13          -                 66       B D          I
I       378        10, 18         -                 57       B D          I
I        :         10             -                 79       B D          I
I       378        11             -                 59       B D          I
I        :         :              -                 74       B D          I
I       378        12, 15         -                 81       B D          I
I       378        14, 16         -                 63       B D          I
I        :         14             -                 72       B D          I
I       378        15         70 RAINEY CR/BRINK 290         B D    R     I
I       378        16         70 RAINEY TABLETS    65        B D          I
I       378        17             -                 62       BCD          I
```

```
I                                     C I T A T I O N S              I
I      T E X T E S         ------------------------------------------ I
I                          DATE,  OUVRAGE, PAGES, NOTES  CARACTERIST. I
I  ----------------------  ---------------------------   ------------ I
I      378       18- 26    74 RAINEY EA NOTES 295      6      D        I
I       :        18- 20    70 RAINEY CR/BRINK 290         B  D    R    I
I       :        18, 19    70 RAINEY TABLETS   71         B  D    R    I
I       :        18                 -          66         B  D         I
I      378       19- 21    74 RAINEY EA NOTES 300            D      C  I
I       :        19, 20             -         305            D         I
I      378       20, 21    70 RAINEY TABLETS   71         B  D         I
I       :        20        70 RAINEY CR/BRINK 290         B  D    R    I
I      378       21        70 RAINEY TABLETS   63         B  D         I
I       :         :        74 RAINEY EA NOTES 305            D         I
I      378       22        70 RAINEY TABLETS   60         B  D         I
I       :         :                 -          72         B  D         I
I      378       23                 -          57         B  D         I
I       :         :                 -          65         B  D         I
I      378       24                 -          81         B  D         I
I      378       25                 -          77         B  D    EC   I
I       :         :                 -          85         B  D         I
I      378       26                 -          82         B  D         I
I       :         :        74 RAINEY EA NOTES 295      6  B  D    C    I
I       :         :        76 AHW >S RV**    1212-B       B  D         I
I                                                                      I
I EA 379                                                               I
I ******                                                               I
I      379                 66 JUCQUOIS PHONET  34            D      C ? I
I       :                           -          36            D      C  I
I       :                  70 RAINEY CR/EDZAR 124            D      EC  I
I       :                  70 RAINEY CR/ROLLI 122            D         I
I      379        1- 13    70 RAINEY TABLETS   52         B  D         I
I                                                                      I
I EA 380                                                               I
I ******                                                               I
I      380                 70 RAINEY CR/KLENG 262            D      C  I
I                                                                      I
I EA 381                                                               I
I ******                                                               I
I      381                 70 RAINEY CR/KLENG 262            D      C  I
I                                                                      I
I EA HC GZR                                                            I
I ***********                                                          I
I GZR          1- 13       75 MORAN SYRIAN SC 160     25     D      C  I
I GZR          2                    -         147    N.64    D      C  I
I                                                                      I
I EA HC KMD                                                            I
I ***********                                                          I
I KMD     1-  2            70 RAINEY CR/EDZAR 124      1     D         I
I KMD     1-  4            70 RAINEY CR/CAPLI 474            D      C  I
I        :   :            70 RAINEY CR/KLENG 262      3     D      C  I
I        :   :            73 KUHNE CHRONOLOG 62-63   301    D      C  I
I KMD     1-  5            70 RAINEY CR/STOL   73            D      C  I
I KMD     5                70 RAINEY CR/KLENG 262      3     G      C  I
I                                                                      I
I EA HC T'NK                                                           I
I ***********                                                          I
I T'NK   1-  4             09 BOHL SPRACHE    41-42   26D    D      C  I
I T'NK   1-  4A            66 JUCQUOIS PHONET  36            G         I
I        :   :                     -          54            D         I
I T'NK   1     4           59 CAD  D RV**     68-A       BCD          I
I        :   :            65 CAD  B RV**     55-A       BCD          I
I T'NK   1     5-  7                -         294-A      BCD       C  I
```

TEXTES			DATE, OUVRAGE, PAGES, NOTES				CARACTERIST.
T'NK	1	14	50 MORAN SYNTACTIC	173		Б D	
T'NK	1	15- 16	77 CAD 2M RV**	78-A		Б D	C
:		15, 17	66 JUCQUOIS PHONET	94		B D	
T'NK	1	17	-	122		B D	
T'NK	1	19- 21	65 CAD B RV**	149-B		BCD	C ?
T'NK	1	24	66 JUCQUOIS PHONET	94		B D	
T'NK	1	28- 30	65 CAD B RV**	197-B		BCD	C
T'NK	1	29	76 AHW >S RV**	1194-A		BCD	EC
T'NK	1	30	66 JUCQUOIS PHONET	94		B D	
T'NK	2	2	09 BOHL SPRACHE	89	38U	Б D	C
T'NK	2	8- 9	71 CAD K RV**	550-B		B D	R C ?
:		: :	77 CAD 1M RV**	33-34		BCD	C
T'NK	2	10- 11	56 CAD G RV**	26-A		B D	C ?
T'NK	2	13- 14	58 CAD E RV**	202-A		D	C
:		13	09 BOHL SPRACHE	40/1	25M	Б D	C
T'NK	2	15	77 CAD 1M RV**	212-B		B D	
T'NK	2	18	58 CAD E RV**	223-A		B D	
T'NK	2	19, 21	09 BOHL SPRACHE	40/1	25M	Б D	C
:		19	76 AHW >S RV**	1236-B		D	C
T'NK	2	20, 21	66 JUCQUOIS PHONET	162		B D	
:		20	50 MORAN SYNTACTIC	138	221	BCD	?
T'NK	2	21- 24	56 CAD H RV**	150-A		БCD	C
T'NK	5	6- 8	65 CAD B RV**	236-A		BCD	C
T'NK	5	8	77 AHW T RV**	1313-A		B D	R C
T'NK	5	10	09 BOHL SPRACHE	87	38I	D	
T'NK	5	13- 15	77 CAD 1M RV**	50-B		BCD	C
T'NK	5	14	09 BOHL SPRACHE	88	38T	БCD	
T'NK	6	6- 8	56 CAD H RV**	76-B		BCD	C ?
:		: :	65 CAD B RV**	149-B		BCD	C
T'NK	6	7	77 CAD 1M RV**	333-B		D	C
T'NK	6	8	09 BOHL SPRACHE	87/2	38I	B D	
:		:	51 DHORME LANGUE	467		BCD	
T'NK	6	12	71 HELCK BEZIEHUNG	249		D	C
T'NK	6	13- 14	73 CAD L RV**	1-B		B D	C
:		13	09 BOHL SPRACHE	60	29F	B D	
T'NK	6	15	66 JUCQUOIS PHONET	77		B D	R
T'NK	6	17	09 BOHL SPRACHE	59	29F	B D	
T'NK	6	23	56 CAD H RV**	241-B		D	?
T'NK	6	29	77 CAD 1M RV**	50-B		B D	R C
T'NK	7	'10	66 JUCQUOIS PHONET	222		Б D	

```
I                                 C I T A T I O N S          I
I       T E X T E S        ----------------------------------- I
I                          DATE, OUVRAGE, PAGES, NOTES CARACTERIST. I
I      --------------------  ----------------------------  ------------ I
I                                                             I
I AT GN                                                       I
I ******                                                      I
I        1     24      51 DHORME LANGUE    461                I
I        4     15, 24  09 BOHL SPRACHE      38      25D       I
I        6     16         -                 83      37L       I
I        :     :       51 DHORME LANGUE    459                I
I       10     10      71 HELCK BEZIEHUNG 278       12        I
I       10     15- 20  09 BOHL SPRACHE      57      28T       I
I       11     27- 32  74 KESTEMONT DIPL.   79      388       I
I       12     1-  5      -                 79      388       I
I       14      3      51 DHORME NOUV.TAB 500                 I
I       14      6      50 MORAN SYNTACTIC 108       8         I
I       14     13      74 KESTEMONT DIPL.   79      388       I
I       14     14      09 BOHL SPRACHE      87/2    38I       I
I       14     15      71 HELCK BEZIEHUNG 271       68        I
I       15      7      50 MORAN SYNTACTIC 113       49        I
I       15     10      15 KNUDTZ.CR/DELI. 164-B               I
I       19     37      09 BOHL SPRACHE      57      28U       I
I       22     24      71 HELCK BEZIEHUNG 270                 I
I       25     26      52 MORAN KARATEPE?  79-A                I
I       27     34      50 MORAN SYNTACTIC  22       B         I
I       27     42         -                132      168       I
I       27     45         -                113      46        I
I       28     12      51 DHORME LANGUE    458       1        I
I       30      8      61 MORAN HEB.LANG.   62                I
I       31      6      51 DHORME LANGUE    428                I
I       31      7      09 BOHL SPRACHE      39/1    25G       I
I       31     39      51 DHORME LANGUE    461                I
I       31     41      09 BOHL SPRACHE      39/1    25G       I
I       33      3         -                 64/1    32B       I
I       35      8      73 KUHNE CHRONOLOG   36      168       I
I       37     17      51 DHORME LANGUE    468                I
I       38     14, 21     -                468                I
I       40     13, 20  73 KUHNE CHRONOLOG 143       714       I
I       40     15      10 EBELING VERBUM    62      12        I
I        :     :       51 DHORME LANGUE    433                I
I       41     43      73 KUHNE CHRONOLOG 106       524       I
I       42     11      51 DHORME LANGUE    471                I
I       42     17- 18  73 KUHNE CHRONOLOG 143                 I
I       42     25      50 MORAN SYNTACTIC 138       226       I
I       49     11      51 DHORME LANGUE    461                I
I        :     :       61 MORAN HEB.LANG.   60                I
I        :     :          -                 62                I
I                                                             I
I AT EX                                                       I
I ******                                                      I
I        3     12      50 MORAN SYNTACTIC 136       200       I
I        4     26         -                116      65        I
I       14     15         -                 20      A/2       I
I        :     :       60 MORAN EARLY CAN   8       1         I
I       15      6      61 MORAN HEB.LANG.   60                I
I        :     :          -                 62                I
I       16      7,  8  51 DHORME LANGUE    471                I
I        :      7      50 MORAN SYNTACTIC  20       A/1       I
I       16     13         -                136      200       I
I       16     15      09 BOHL SPRACHE      29/1    18B       I
I        :     :       50 MORAN SYNTACTIC 112       44        I
I       18      4         -                 18      B/2       I
```

```
I                                        C I T A T I O N S                  I
I       T E X T E S              ---------------------------------------    I
I                               DATE, OUVRAGE, PAGES, NOTES  CARACTERIST.    I
I       ----------------------  -------------------------------  ----------- I
I                                                                           I
I AT LV                                                                     I
I ******                                                                    I
I        7     35           50 MORAN SYNTACTIC   77         5               I
I       13     57            -                  178                         I
I       16      2            -                   87                         I
I       23     15- 16       73 KUHNE CHRONOLOG  143                         I
I       23     43           50 MORAN SYNTACTIC  136        200              I
I                                                                          I
I AT NM                                                                     I
I ******                                                                    I
I        8     24- 25       73 KUHNE CHRONOLOG   18         80              I
I       16     11           50 MORAN SYNTACTIC   20        A/1              I
I       17      2            -                    87                        I
I       23     18           51 DHORME LANGUE    461                         I
I       24      3            -                  461                         I
I       24     15            -                  461                         I
I       30      3            -                  441                         I
I       32     32            -                  471                         I
I                                                                          I
I AT DT                                                                     I
I ******                                                                    I
I        2     23           71 HELCK BEZIEHUNG 229                          I
I       14     25           50 MORAN SYNTACTIC   18        B/4              I
I       23      5            -                  136        200              I
I       24      9            -                  136        200              I
I       25     17            -                  136        200              I
I       28     38           09 BOHL SPRACHE      15         6E              I
I        :      :            -                   84        370              I
I       32      7           50 MORAN SYNTACTIC  160                         I
I       33     11           61 MORAN HEB.LANG.   60                         I
I       33     16           51 DHORME LANGUE    461                         I
I                                                                          I
I AT JOS                                                                    I
I ******                                                                    I
I        2     10           50 MORAN SYNTACTIC  136        200              I
I        5     13            -                  136        200              I
I        7      1           10 EBELING VERBUM    42        2/3              I
I        7     21           15 KNUDTZ.CR/MEIS  1516                         I
I        :      :           73 KUHNE CHRONOLOG   46        212              I
I        7     25           50 MORAN SYNTACTIC  155                         I
I       10      3           70 KLENGEL GESCH.3   23          6              I
I        :      :           71 HELCK BEZIEHUNG   49          C              I
I       10      8            -                  253         48              I
I       10     23           70 KLENGEL GESCH.3   23          6              I
I       11      1           51 DHORME NOUV.TAB  495                         I
I        :      :           71 HELCK BEZIEHUNG   53         11              I
I       12     11           70 KLENGEL GESCH.3   23          6              I
I       12     17           09 BOHL SPRACHE      19         9A              I
I       12     20           51 DHORME NOUV.TAB  495-496                     I
I       15      5           71 HELCK BEZIEHUNG 318                          I
I       15     34           51 DHORME LANGUE    468                         I
I       19     14           73 KUHNE CHRONOLOG   61        297              I
I       19     25           51 DHORME NOUV.TAB  496                         I
I        :      :           71 HELCK BEZIEHUNG   53         11              I
I       19     28            -                   56         32              I
I       19     35            -                   54         19              I
I       19     36            -                  317                         I
I       21     29            -                  253         48              I
```

```
I                                      C I T A T I O N S               I
I       T E X T E S         ------------------------------------------- I
I                           DATE,  OUVRAGE, PAGES, NOTES  CARACTERIST.  I
I     -------------------------   ---------------------------  ---------- I
I                                                                       I
I AT JDC                                                                I
I ******                                                                I
I        1      18          66 JUCQUOIS PHONET   76                     I
I        5       2,  4      50 MORAN SYNTACTIC 136         200          I
I        5      15          51 DHORME LANGUE    466                     I
I        8       3          50 MORAN SYNTACTIC 116          65          I
I        9       4          71 HELCK BEZIEHUNG 489                      I
I        9      10, 12      51 DHORME LANGUE    411                     I
I        :      10                -              410                    I
I        9      29          50 MORAN SYNTACTIC 142         253          I
I       11       1-  3      71 HELCK BEZIEHUNG 489                    C I
I       20      16          10 EBELING VERBUM    69          18         I
I                                                                       I
I AT 1 S                                                                I
I ******                                                                I
I        1      28          51 DHORME LANGUE    439                     I
I        7      14          50 MORAN SYNTACTIC 166                     I
I       17      46                -              129         151        I
I       20       8                -               21         A/3        I
I       21       2          51 DHORME LANGUE    462                     I
I       21       3                -              432           4        I
I       22                  71 HELCK BEZIEHUNG 489                      I
I       22       9          51 DHORME LANGUE    462                     I
I       27       5          50 MORAN SYNTACTIC  21          A/3         I
I       28       8          51 DHORME LANGUE    411                     I
I                                                                       I
I AT 2 S                                                                I
I ******                                                                I
I        2-  4              09 BOHL SPRACHE       5          3E         I
I        2       3          50 MORAN SYNTACTIC 130         155          I
I        3       7          73 KUHNE CHRONOLOG   36         175         I
I        4       4          09 BOHL SPRACHE       5          3E         I
I        8       8          71 HELCK BEZIEHUNG 130           6          I
I       10       8          75 MORAN AMARNA GL  157                     I
I       10      12          50 MORAN SYNTACTIC 172                      I
I       11      21          09 BOHL SPRACHE       5          3E         I
I       12       8          73 KUHNE CHRONOLOG   36         175         I
I       13      28          50 MORAN SYNTACTIC  68                      I
I       14       9                -              107           4        I
I       14      19                -               76           2        I
I       15      35          09 BOHL SPRACHE      72         34H         I
I       16      21- 22      73 KUHNE CHRONOLOG   36         175         I
I       20      19          50 MORAN SYNTACTIC 130         155          I
I       21       8          09 BOHL SPRACHE       5          3E         I
I       22      44          51 DHORME LANGUE    466                     I
I       24       2          50 MORAN SYNTACTIC 139         228          I
I        :       :          60 MORAN EARLY CAN   12           1         I
I                                                                       I
I AT 1 R                                                                I
I ******                                                                I
I        1      27          50 MORAN SYNTACTIC 109          16          I
I        2      13-         73 KUHNE CHRONOLOG   36         175         I
I        2      36, 42      51 DHORME LANGUE    462                     I
I        3       7          73 KUHNE CHRONOLOG   18          80         I
I        4      10          09 BOHL SPRACHE      19          9A         I
I        8      20          50 MORAN SYNTACTIC 118          72          I
I       14      21          73 KUHNE CHRONOLOG   18          80         I
I       17       1          50 MORAN SYNTACTIC  29           A          I
```

```
I                                      C I T A T I O N S          I
I       T E X T E S        ------------------------------------  I
I                          DATE,  OUVRAGE, PAGES, NOTES  CARACTERIST. I
I    ----------------------                             ------------ I
I       17        9, 10    71 HELCK BEZIEHUNG 316              C    I
I       18       15        50 MORAN SYNTACTIC   29      A          I
I       18       28            -              150                  I
I                                                                  I
I AT 2 R                                                           I
I ******                                                           I
I        3       14        50 MORAN SYNTACTIC   29      A          I
I        5       14        73 KUHNE CHRONOLOG   18      80         I
I        5       16        50 MORAN SYNTACTIC   29      A          I
I        8       13        09 BOHL SPRACHE      76      35A        I
I        :        :        51 DHORME LANGUE    475                I
I       16        7        62 KITCHEN SUPPILU   26      1          I
I       17       26        50 MORAN SYNTACTIC  150                I
I       18        9- 10    73 KUHNE CHRONOLOG  143                I
I        :        :  :         -              144      719        I
I       20        4        50 MORAN SYNTACTIC   13      G/A        I
I       24        1, 10    66 JUCQUOIS PHONET   76      18         I
I       24       11            -               76      18         I
I       25        1            -               76                 I
I       25        8, 11        -               76      18         I
I                                                                  I
I AT JES                                                           I
I ******                                                           I
I        3        7        15 KNUDTZ.CR/DELI. 164-B               I
I        5       19        60 MORAN EARLY CAN   12      5          I
I        9       18        50 MORAN SYNTACTIC 107-108   8         I
I       10       13        51 DHORME LANGUE    432                I
I       11        6        73 KUHNE CHRONOLOG   18      80         I
I       19       18        51 DHORME LANGUE    405                I
I       20        1        50 MORAN SYNTACTIC   59                I
I       22       15        09 BOHL SPRACHE      83      37N        I
I        :        :        51 DHORME LANGUE    431                I
I        :        :        66 JUCQUOIS PHONET   78                I
I       23       12        50 MORAN SYNTACTIC   65                I
I       30       26        09 BOHL SPRACHE      38      25D        I
I       40       24        50 MORAN SYNTACTIC   13      G/A        I
I        :        :        51 DHORME LANGUE    432                I
I        :        :            -              437                 I
I       43        9            -              441                 I
I       46        1        66 JUCQUOIS PHONET   76                I
I       47        2        51 DHORME LANGUE    411      3         I
I       51       12        15 KNUDTZ.CR/DELI. 164-B               I
I                                                                  I
I AT JR                                                            I
I ******                                                           I
I        2       12        51 DHORME LANGUE    410                I
I        3        9        10 EBELING VERBUM    47      5/1B       I
I        5       27        09 BOHL SPRACHE      82      37F        I
I        9        1        50 MORAN SYNTACTIC  142      253        I
I       15        2        51 DHORME NOUV.TAB 501                 I
I       15        9        50 MORAN SYNTACTIC    9      A/3        I
I       18       21        51 DHORME NOUV.TAB 501                 I
I       23       15        09 BOHL SPRACHE      87      38L        I
I       30       13        51 DHORME LANGUE    465                I
I        :        :        66 JUCQUOIS PHONET   82                I
I       39       13            -               76      18         I
I       43       11        51 DHORME NOUV.TAB 502                 I
I       47        4        71 HELCK BEZIEHUNG 229                 I
I       50        5        51 DHORME LANGUE    441                I
```

```
I----------------------------------------------------------------------I
I                                     C I T A T I O N S                 I
I      T E X T E S        ----------------------------------------------I
I                         DATE,  OUVRAGE, PAGES, NOTES  CARACTERIST.    I
I      -----------------  ------------------------------   -----------  I
I                                                                       I
I AT EZ                                                                 I
I ******                                                                I
I      13        11, 20      51 DHORME LANGUE    428                    I
I      13        18, 20         -                473                    I
I      14         3             -                440          3         I
I      23        44          66 JUCQUOIS PHONET  82                     I
I      23        48          51 DHORME LANGUE    473                    I
I      25         9             -                468                    I
I      25        13             -                462-463                I
I      28         2          50 MORAN SYNTACTIC  29          A          I
I      32        20          51 DHORME LANGUE    410                    I
I      34        17             -                428                    I
I      34        31             -                428                    I
I      37        16, 19      51 DHORME NOUV.TAB  500                    I
I      46        19          51 DHORME LANGUE    468                    I
I                                                                       I
I AT HOS                                                                I
I ******                                                                I
I      11         3          51 DHORME LANGUE    442                    I
I      13         3             -                432                    I
I                                                                       I
I AT JL                                                                 I
I ******                                                                I
I       3        11          51 DHORME LANGUE    441                    I
I       4         3          50 MORAN SYNTACTIC  18          B/4        I
I                                                                       I
I AT AM                                                                 I
I ******                                                                I
I       3        12          39 HARRIS CANAANIT  34          13         I
I       4         3          51 DHORME LANGUE    428                    I
I       8         1,  2      09 BOHL SPRACHE     82          37F        I
I       9         3          50 MORAN SYNTACTIC 138          226        I
I       9         7          71 HELCK BEZIEHUNG 229                     I
I                                                                       I
I AT MI                                                                 I
I ******                                                                I
I       6        10          50 MORAN SYNTACTIC 107          4          I
I       7         1          09 BOHL SPRACHE     73          34H        I
I                                                                       I
I AT NAH                                                                I
I ******                                                                I
I       1         5          61 MORAN HEB.LANG.  71          108        I
I                                                                       I
I AT HAB                                                                I
I ******                                                                I
I       3         7          71 HELCK BEZIEHUNG  58          50         I
I                                                                       I
I AT HAG                                                                I
I ******                                                                I
I       1         9          52 MORAN KARATEPE?  79-A                   I
I                                                                       I
I AT ZAC                                                                I
I ******                                                                I
I      11        17          51 DHORME LANGUE    461                    I
I                                                                       I
I AT PS                                                                 I
I ******                                                                I
I       3         5          15 KNUDTZ.CR/DELI. 164-A                   I
```

```
I                                  C I T A T I O N S                I
I      T E X T E S          -------------------------------------------  I
I                           DATE, OUVRAGE, PAGES, NOTES  CARACTERIST.  I
I      ----------------     -------------------------------  ----------  I
I         7      6         10 EBELING VERBUM    52    6/2B             I
I        11      7         15 KNUDTZON EL-AM  1597                     I
I        12      7         09 BOHL SPRACHE     38    25D              I
I        17      5         52 MORAN KARATEPE?  80-A   31              I
I        23      1         66 JUCQUOIS PHONET  78                     I
I        23      5         15 KNUDTZ.CR/UNGN. 185                     I
I        35     19         50 MORAN SYNTACTIC 169                     I
I        45      9         51 DHORME LANGUE   466                     I
I        66     17         15 KNUDTZ.CR/DELI. 164-A                   I
I        77     18         51 DHORME LANGUE   432                     I
I        79     12         09 BOHL SPRACHE     38    25D              I
I        80      2         66 JUCQUOIS PHONET  78                     I
I        80     14         51 DHORME LANGUE   442                     I
I        91      7         73 KUHNE CHRONOLOG  40    194              I
I       114      8         51 DHORME LANGUE   461                     I
I       119    136         50 MORAN SYNTACTIC  70     3               I
I       138      8- 10     09 BOHL SPRACHE     84    37P              I
I       139      2         10 EBELING VERBUM   57    7/3B             I
I       144      2         51 DHORME LANGUE   466                     I
I       144      3            -               475                     I
I                                                                     I
I AT JOB                                                              I
I ******                                                             I
I         3     13         50 MORAN SYNTACTIC  65                     I
I         3     26         51 DHORME LANGUE   452                     I
I         9     15            -               432                     I
I        10     15         09 BOHL SPRACHE     73    34H             I
I        16     14         15 KNUDTZ.CR/DELI. 163-164                I
I        18     14- 15     64 MORAN  TAQTUL    80                    I
I        18     15            -                82     1              I
I        20      8,  9        -                82     1              I
I        20      9            -                80                    I
I        26      9         51 DHORME LANGUE   442                    I
I        27     15         51 DHORME NOUV.TAB 501                    I
I        31      7-        50 MORAN SYNTACTIC 142    255            I
I        33     13         10 EBELING VERBUM   57    7/3B           I
I         :      :         51 DHORME LANGUE   429     3             I
I        34     17         15 KNUDTZ.CR/DELI. 164-B                I
I        36      3         50 MORAN SYNTACTIC 172                  I
I        40     13         09 BOHL SPRACHE     82    37I           I
I                                                                  I
I AT PRV                                                           I
I ******                                                          I
I        10      4         50 MORAN SYNTACTIC 155                 I
I        11     22            -               157                 I
I        13     20         09 BOHL SPRACHE    25/1   13G          I
I        17     25            -               80/2   37B          I
I        23      7         50 MORAN SYNTACTIC  14    G/B          I.
I        24     23            -                14    G/B          I
I        27     10         09 BOHL SPRACHE    25/1   13G          I
I        28      7            -               25/1   13G          I
I        29      3            -               25/1   13G          I
I                                                                 I
I AT RT                                                           I
I ******                                                         I
I         1      9         60 MORAN EARLY CAN  11     3           I
I         2      8         51 DHORME LANGUE   414                 I
I         2      9         52 MORAN KARATEPE?  76-B               I
I         2     21         50 MORAN SYNTACTIC  68                 I
```

```
I                                    C I T A T I O N S
I       T E X T E S          -------------------------------------------
I                            DATE,  OUVRAGE, PAGES, NOTES  CARACTERIST.
I      ---------------------  -------------------------------  ------------
I         2       21         51 DHORME LANGUE      414
I         3        4            -                  414
I
I AT CT
I ******
I         1        7         09 BOHL SPRACHE       72       34D
I         8        2         51 DHORME LANGUE      466
I
I AT QOH
I ******
I         4        2         50 MORAN INF.ABSOL 169-B        5
I         :        :         50 MORAN SYNTACTIC 127        135
I         :        :         52 MORAN KARATEPE?  80-A       31
I        12       11         66 JUCQUOIS PHONET   78
I
I AT THR
I ******
I         1        1         50 MORAN SYNTACTIC   29         A
I         :        :         51 DHORME LANGUE     461
I         1       11         50 MORAN SYNTACTIC   18        B/4
I         3       16         09 BOHL SPRACHE      21         9C
I         3       42         51 DHORME LANGUE     471
I         3       58         10 EBELING VERBUM    57        7/3B
I
I AT EST
I ******
I         3       13         52 MORAN KARATEPE?  80-B       31
I         9        1            -                80-B       31
I
I AT DAN
I ******
I         3        8         09 BOHL SPRACHE      85        37V
I         4       16         51 DHORME LANGUE     464
I         6       24         09 BOHL SPRACHE      85        37V
I         9        2         10 EBELING VERBUM    57        7/3B
I         :        :         51 DHORME LANGUE     429        3
I        11       22         50 MORAN SYNTACTIC  175
I
I AT ESR
I ******
I         6        3         51 DHORME LANGUE     432        1
I
I AT NEH
I ******
I         6        9         50 MORAN SYNTACTIC  116        65
I         9       28            -                 65
I
I AT 1 C
I ******
I         5       16         71 HELCK BEZIEHUNG  260
I         6       58         51 DHORME LANGUE     469
I        11       10         50 MORAN SYNTACTIC  172
I        16        7            -                172
I        18        8         71 HELCK BEZIEHUNG  130         6
I        21        2         50 MORAN SYNTACTIC  139        228
I         :        :         60 MORAN EARLY CAN   12         1
I        23        3         73 KUHNE CHRONOLOG   18        80
I        27       26         09 BOHL SPRACHE      60        30C
I
```

```
--------------------------------------------------------------------
I                                    C I T A T I O N S              I
I        T E X T E S        -----------------------------------------I
I                           DATE, OUVRAGE, PAGES, NOTES CARACTERIST. I
I        -----------------  ------------------------------  ---------I
I                                                                   I
I AT 2 C                                                            I
I ******                                                           I
I        23        8        50 MORAN SYNTACTIC 175                 I
I        32        2           -              171                  I
I                                                                   I
I AT SIR                                                            I
I ******                                                           I
I         4        2        51 DHORME LANGUE    477                I
I                                                                   I
I NT MC                                                             I
I ******                                                           I
I         8       31        73 KUHNE CHRONOLOG 143                 I
I                                                                   I
I NT LC                                                             I
I ******                                                           I
I         4       26        71 HELCK BEZIEHUNG 316                 I
I                                                                   I
I NT ACT                                                            I
I ******                                                           I
I        27        9        73 KUHNE CHRONOLOG 105      514        I
I        28       11           -              105      514         I
I                                                                   I
I                                                                   I
I                                                                   I
I                                                                   I
I                                                                   I
I                                                                   I
--------------------------------------------------------------------
I              EDITION  DU  13 FEVRIER 1978                        I
I                                                                   I
I                                                                   I
--------------------------------------------------------------------
```

En cas d'erreurs, d'omissions ou d'imprécisions relevées dans cet Index, prière de remplir et d'expédier la présente fiche à l'adresse suivante :

G. R. E. S. A. Groupe de Recherches et d'Etudes Sémitiques Anciennes
Palais Universitaire — Bureau 127 — (M. J. G. Heintz)
F-67000 Strasbourg (France)

[Exemple réel:] Avec nos remerciements anticipés.

CIT. EA Index, p. 64	REF. BIBLIOGR.: 77 CAD 2 M RV 291-A	CARACT.:
AU LIEU DE: 22 61	CORRIGER EN: 22 2/ 61	[BD (EC)]
CIT. EA	REF. BIBLIOGR.:	CARACT.:
AU LIEU DE:	CORRIGER EN:	
CIT. EA	REF. BIBLIOGR.:	CARACT.:
AU LIEU DE:	CORRIGER EN:	
CIT. EA	REF. BIBLIOGR.:	CARACT.:
AU LIEU DE:	CORRIGER EN:	
CIT. EA	REF. BIBLIOGR.:	CARACT.:
AU LIEU DE:	CORRIGER EN:	
CIT. EA	REF. BIBLIOGR.:	CARACT.:
AU LIEU DE:	CORRIGER EN:	
CIT. EA	REF. BIBLIOGR.:	CARACT.:
AU LIEU DE:	CORRIGER EN:	
CIT. EA	REF. BIBLIOGR.:	CARACT.:
AU LIEU DE:	CORRIGER EN:	
CIT. EA	REF. BIBLIOGR.:	CARACT.:
AU LIEU DE:	CORRIGER EN:	
CIT. EA	REF. BIBLIOGR.:	CARACT.:
AU LIEU DE:	CORRIGER EN:	
CIT. EA	REF. BIBLIOGR.:	CARACT.:
AU LIEU DE:	CORRIGER EN:	
CIT. EA	REF. BIBLIOGR.:	CARACT.:
AU LIEU DE:	CORRIGER EN:	
CIT. EA	REF. BIBLIOGR.:	CARACT.:
AU LIEU DE:	CORRIGER EN:	
CIT. EA	REF. BIBLIOGR.:	CARACT.:
AU LIEU DE:	CORRIGER EN:	

N.B.: Outre le présent ouvrage, un ,,Index documentaire" complémentaire, intitulé **I.D.E.A. 2,** est disponible à l'adresse ci-dessus.

I.D.E.A, 2 inclut les parties suivantes:

1) *Bibliographie d'EL-AMARNA,* de sa découverte (1887/88) à nos jours;

2) *Index documentaire* des monographies, articles et thèses inédites (sauf les titres déjà cités in I.D.E.A. 1) de 1950 à nos jours (avec mises à jour régulières):
   — soit 35.000 références (fin 1981) collectées, vérifiées et classées;
   — une édition sur microfiches de cet Index est envisagée ultérieurement.

Pour tous renseignements, s'adresser au G.R.E.S.A.